150

HIPPOCRATE

TOME X

2e Partie

COLLECTION DES UNIVERSITÉS DE FRANCE

Publiée sous le patronage de l'ASSOCIATION GUILLAUME BUDÉ

HIPPOCRATE

TOME X

2e PARTIE

MALADIES II

TEXTE ÉTABLI ET TRADUIT

PAR

Jacques JOUANNA

Professeur à l'Université de Paris-Sorbonne

Ouvrage publié avec le concours du C.N.R.S.

PARIS

SOCIÉTÉ D'ÉDITION « *LES BELLES LETTRES* »

95, Boulevard Raspail

—

1983

Conformément aux statuts de l'Association Guillaume Budé, ce volume a été soumis à l'approbation de la commission technique, qui a chargé MM. Anargyros Anastassiou et Volker Langholf d'en faire la révision et d'en surveiller la correction en collaboration avec M. Jacques Jouanna.

© Société d'édition « LES BELLES LETTRES », Paris, 1983

ISBN : 2-251-00363-0

ISSN : 0184-7155

NOTICE

I

LE PROBLÈME DE L'UNITÉ DE *MALADIES II*

Place de l'œuvre dans la Collection hippocratique   Dans la tradition manuscrite médiévale, le texte transmis sous le titre de *Maladies II*[1] fait partie d'une série de traités intitulés *Maladies I, Maladies II, Maladies III* et *Maladies IV*[2]. Ces dénominations sont arbitraires, car ces traités ne forment pas un ensemble continu et sont écrits par des auteurs différents, comme le signalait déjà Littré[3]. La séquence *Maladies I - Maladies II* semble toutefois moins récente qu'on le pense d'ordinaire. Galien, au IIe siècle après J.-C., désignait déjà sous son titre actuel, non seulement *Maladies I*, ce que l'on sait[4], mais aussi probablement *Maladies II*, ce que l'on méconnaît. En effet Galien, dans son *Glossaire hippo-*

1. C'est le titre donné par le manuscrit M et les *recentiores*. Le manuscrit θ intitule le traité περὶ νούσων γ′ *(Maladies III)* ; mais cette indication de θ est erronée ; voir *infra*, p. 65 sqq.

2. La série est donnée par le manuscrit M (fol. 91ʳ-142ᵛ). C'est du reste le seul manuscrit présentant la série complète. Ni θ ni l'index de V ne comportent *Maladies IV*.

3. E. Littré, *Œuvres complètes d'Hippocrate...*, t. I, p. 359-363 et t. VII, p. 1.

4. Galien, *In Hippocratis epidemiarum I commentaria III*, éd. Wenkebach-Pfaff, CMG V, 10, 1, 138, 23 sq. (τοῦ <οὐ> καλῶς ἐπιγεγραμμένου πρώτου περὶ νούσων, « le traité qui est intitulé à tort *Maladies I* ») et *In Hippocratis de articulis librum commentarii IV*, éd. Kühn XVIII A, 513, 1 sq. (κἀν τῷ πρώτῳ περὶ νούσων, οὐκ ὀρθῶς ἐπιγεγραμμένῳ, « et dans *Maladies I* dont le titre n'est pas correct »). Dans son *Glossaire hippocratique* (éd. Kühn XIX, 76, 17), il désigne le traité par un autre titre, *Sur les empyèmes*.

cratique, situe le mot ἀποσπαρθάζουσιν dans le deuxième livre des *Maladies* (ἐν τῷ δευτέρῳ περὶ νούσων, éd. Kühn XIX, 85, 1 sq.) ; or ce terme, qui est un *hapax* dans la *Collection hippocratique*, se lit au c. 10 de notre actuel traité des *Maladies II* (141, 5). Galien connaissait donc apparemment déjà pour notre traité l'appellation de *Maladies II*. Néanmoins, cette appellation est exceptionnelle chez le médecin de Pergame[1]. Dans son *Glossaire hippocratique*, il donne régulièrement à ce même ouvrage le titre de *Premier livre des Maladies le grand* (ἐν τῷ πρώτῳ περὶ νούσων τῷ μείζονι)[2], le *Second livre des Maladies le grand* n'étant autre que notre traité des *Affections internes*[3]. Cette appellation,

---

1. Une autre glose que l'on a coutume d'attribuer à Galien, bien qu'elle ne figure pas dans l'édition de Kühn, désigne notre traité par son titre actuel. Littré (*Œuvres complètes d'Hippocrate...*, t. VII, p. 8, app. crit.) la cite d'après J. G. Franz, *Erotianus, Galenus et Herodotus, Glossaria in Hippocratem...*, Lipsiae, 1780, p. 422 : ἄλες · τὸ ἁλμυρὸν φλέγμα παρ' Ἱπποκράτει ἐν τῷ πρώτῳ περὶ νούσων (= éd. Littré VI, 164, 14 et éd. Wittern 36, 5) καὶ ἐν τῷ δευτέρῳ (= éd. Littré VII, 8, 21 et mon éd. 133, 12). Néanmoins, cette glose, qui est de troisième main dans le manuscrit E, ne provient pas de Galien. Elle fait partie d'un ensemble de gloses issues d'Érotien ; voir J. Ilberg, *De Galeni vocum hippocraticarum glossario* in *Commentationes philologae, quibus O. Ribbeckio... congratulantur*, Lipsiae, 1888, p. 335-337 et E. Nachmanson, *Erotianstudien*, Uppsala, 1917, p. 179-184. Cela ne signifie pas pour autant qu'Érotien connaissait notre traité sous son titre actuel. Outre que la glose, dont le contenu est absurde, ne semble pas provenir d'Érotien (c'est l'avis de J. Ilberg, *De Galeni...*, p. 337 : « Contra vocis ἄλες interpretatio tam stolide excogitata est, ut sciolo cuilibet quam glossographo Hippocratis peritissimo adscribere eam malimus »), la précision sur l'origine ἐν τῷ πρώτῳ περὶ νούσων καὶ ἐν τῷ δευτέρῳ peut avoir été ajoutée par le scholiaste de E (c'est l'avis d'E. Nachmanson, *Erotianstudien...*, p. 183).

2. Huit ou neuf fois ; voir éd. Kühn XIX, 77, 1 (ἐν τῷ πρώτῳ περὶ νούσων τῷ μείζονι) ; 82, 15 (id.) e corr., voir *infra*, p. 93 ; 84, 16 sq. (id.) ; 89, 16 sq. (id.) ; 115, 15 sq. (id.) ; 120, 6 (id.) ; 121, 13 (id.) ; 95, 16-96, 1 (ἐν τῷ περὶ νούσων τῷ πρώτῳ τῷ μείζονι) ; en 115, 6 il faut sans doute lire ἐν τῷ πρώτῳ περὶ νούσων <τῷ μείζονι>, voir *infra*, p. 94.

3. Toutes les gloses citées par Galien qui appartiennent au *Second livre des maladies le grand* se retrouvent dans notre traité

qui semble héritée des glossateurs, ne correspond pas toutefois à un titre couramment accepté à son époque. Lorsqu'il cite, en effet, le c. 68 de notre actuel *Maladies II* dans son *Commentaire du livre VI des Épidémies*, il désigne l'ouvrage par le titre général de Περὶ νούσων et reproduit la première phrase pour éviter toute confusion sur son identité[1]. Ainsi il apparaît qu'à l'époque de Galien, *Maladies II*, connu sous des titres divers, était tantôt considéré isolément, tantôt pris pour la suite de *Maladies I*, comme dans notre tradition manuscrite, tantôt rattaché à un ensemble qui n'est guère plus justifié que celui de notre tradition manuscrite, car *Affections internes*, pour de multiples raisons, ne saurait être du même auteur que *Maladies II*[2]. Plus anciennement déjà, à l'époque d'Érotien, glossateur de la *Collection hippocratique* du Ier siècle après J.-C., qui ne connaissait que deux livres des *Maladies*[3], il n'est pas impossible que notre actuel *Maladies II* ait été groupé avec *Affections internes*[4]. Mais si cet

___

des *Affections internes;* voir déjà E. Littré, *Œuvres complètes d'Hippocrate...*, t. I, p. 361.

1. Éd. Wenkebach, CMG V, 10, 2, 2, p. 55, 17.

2. En particulier *Affections internes* et *Maladies II* offrent des rédactions parallèles de mêmes maladies, dont les ressemblances attestent l'utilisation d'un modèle commun, mais dont les différences, notamment dans le domaine de l'étiologie, excluent l'identité d'auteur. Pour ces rédactions parallèles, voir *infra*, p. 82-84.

3. Dans le préambule de son *Glossaire*, Érotien nomme parmi les écrits thérapeutiques relatifs au régime Περὶ νούσων ᾱ β̄ (éd. Nachmanson, 9, 15). Cette division en deux livres se retrouve dans la *Vie d'Hippocrate* conservée par un manuscrit de Bruxelles (éd. Schöne in *Rheinisches Museum*, LVIII, 1903, p. 60 *item de morbis duos*).

4. L'examen de l'ordre des gloses ne permet pas de savoir avec certitude quels sont les traités actuels que recouvrent les deux livres des *Maladies* d'Érotien. Selon J. Ilberg, *Maladies I* d'Érotien correspond à *Maladies I, Semaines* et *Maladies II*, et *Maladies II* d'Érotien comprend *Maladies III* et *Affections internes*. Selon E. Nachmanson, la reconstruction d'Ilberg doit être au moins modifiée par l'interversion de *Maladies II* et de *Maladies III*. Il remarque à juste titre que l'hypothèse d'Ilberg détruit systématiquement les ensembles du *Glossaire* de Galien (groupement

ensemble était déjà connu d'Érotien, il était désigné sous le titre de Περὶ νούσων β̄ (= *Maladies II*), ce qui renforce l'impression de flottement dans les titres dès l'époque impériale[1]. Cette hésitation sur les titres traduit, dans une certaine mesure, une indécision sur la place du traité à l'intérieur d'une *Collection* dont on entrevoit que l'ordre a subi des modifications tout au long de son histoire[2].

de *Maladies II* et d'*Affections internes* d'un côté, et de l'autre de *Semaines* et de *Maladies III*) et que nous avons dans la *Collection hippocratique*, comme Ilberg l'avait du reste remarqué lui-même, une trace d'un ensemble *Semaines-Maladies III* (présence d'une réclame de *Maladies III* à la fin du traité des *Semaines*). La solution de Nachmanson paraît donc plus vraisemblable que celle d'Ilberg ; elle n'est, toutefois, pas certaine. Une autre solution a été envisagée récemment par P. Potter, *Die hippokratische Schrift* ΠΕΡΙ ΝΟΥΣΩΝ Γ *De morbis III*, Diss. Kiel, 1973, p. LV. Il propose d'identifier les deux livres des *Maladies* d'Érotien avec *Maladies I* et *Maladies III* ; les autres traités nosologiques de la *Collection* glosés par Érotien ne seraient pas cités dans son index ; à l'appui de son hypothèse, il remarque que Caelius Aurelianus donne à notre actuel *Maladies III* le titre de *Maladies II* (voir note suivante). Il paraît cependant peu vraisemblable que la divison en deux livres chez Érotien ne corresponde pas à des ensembles comme chez Galien.

1. Un autre témoignage prouve le flottement dans les titres des traités nosologiques. Caelius Aurelianus, que l'on situe au Ve siècle après J.-C., cite des passages de notre actuel *Maladies III* sous le titre de *Maladies II* dans son traité sur les *Maladies aiguës* (*Celerum sive acutarum passionum* III 4, 28 ; III 8, 85 ; III 17, 153) ; cette appellation peut remonter bien plus haut dans le temps, puisque Caelius Aurelianus utilise, comme modèle, une œuvre de Soranus (Ier/IIe siècle après J.-C.).

2. La thèse traditionnelle, selon laquelle nos recueils médiévaux remonteraient à une collection fixée dès l'époque alexandrine (cf. J. Ilberg, in éd. Kuehlewein, vol. I, p. LXIII) est actuellement contestée ; voir J. Irigoin, *Tradition manuscrite et histoire du texte. Quelques problèmes relatifs à la Collection hippocratique* in *La Collection hippocratique et son rôle dans l'histoire de la médecine*, Leiden, 1975, p. 7 sqq. et *L'Hippocrate du cardinal Bessarion (Marcianus graecus 269 [533])* in *Miscellanea Marciana di Studi Bessarionei* (*Medioevo e umanesimo*, 24), Padova, 1976, p. 171-174.

L'œuvre est formée de la réunion de deux traités

Bien que l'œuvre ait reçu depuis Érotien jusqu'à nos manuscrits médiévaux des dénominations différentes et ait appartenu à des ensembles différents, elle a toujours été considérée comme une unité. Les manuscrits ne présentent aucune division ; Galien non plus ne mettait pas en doute l'unité de l'œuvre : la maladie livide dont il cite la sémiologie (= c. 68 de *Maladies II*) dans son *Commentaire du livre VI des Épidémies* appartient à un traité qui avait déjà le même début que dans nos manuscrits et qui était attribué à un seul et même auteur[1]. Et à l'époque d'Érotien déjà, l'œuvre pouvait se présenter sous la forme actuelle, car les gloses de son *Lexique* semblent s'appliquer aussi bien au début qu'à la fin de *Maladies II*[2]. Pourtant la critique moderne admet unanimement comme un fait établi que *Maladies II* résulte de la réunion de deux ouvrages ou parties d'ouvrages qui ne sont pas de la même main. D'une part, comme on l'a remarqué depuis longtemps, les c. 1-11 décrivent quatorze maladies (de la tête et de la gorge) qui sont à nouveau décrites dans les c. 12-31 ; un même auteur n'aurait pas eu l'idée saugrenue d'exposer deux fois de suite les symptômes et parfois le pronostic d'une série de maladies[3]. D'autre part,

1. Pour la référence, voir *supra*, p. 9, n. 1. Nous avons vu que Galien reproduisait dans ce passage la première phrase du traité pour éviter toute confusion sur son identité ; or cette première phrase coïncide avec celle de nos manuscrits. Dans ce même passage, Galien précise que le traité, attribué à Hippocrate, passait, dans le cercle de Dioscoride, pour être l'œuvre d'Hippocrate, fils de Thessalos. Si l'identité de l'auteur était discutée à l'époque de Galien, l'unité de l'œuvre et son appartenance à un seul auteur ne l'était pas.

2. Il est impossible toutefois d'être tout à fait affirmatif, car la glose A 57 (ἀψυχέειν) qui porte sur le début de l'œuvre n'est pas située dans le *Glossaire* d'Érotien à la place attendue ; son attribution à *Maladies II* n'est donc pas absolument certaine ; voir *infra*, p. 89.

3. Pour les correspondances exactes entre les rédactions parallèles, on se reportera aux *Testimonia*.

il existe dans la tradition manuscrite du traité de la
Nature de l'homme, un indice que dans un état ancien
de la *Collection*, antérieur à Galien, le traité des
Maladies II commençait au c. 12 (de l'édition Littré)
et que les c. 1-11 ont été rajoutés postérieurement
lors d'une restauration de la *Collection hippocratique*[1].

Il convient donc de restituer leur autonomie à
chacun des deux ouvrages : on appellera *Maladies II* **1**
les c. 1-11 et *Maladies II* **2** les c. 12-75 ; et pour ne
pas heurter la tradition, la numérotation habituelle des
chapitres sera conservée pour l'ouvrage formé par les
c. 12-75 de *Maladies II* ; la numérotation réelle sera
indiquée entre parenthèses[2].

---

1. Le c. 23 de la *Nature de l'homme*, qui reproduit le début du
c. 12 de *Maladies II*, est dû à la survivance d'une réclame attes-
tant que dans un état ancien de la *Collection hippocratique*,
Maladies II c. 12 sqq. faisait suite au traité de la *Nature de
l'homme* ; voir J. Jouanna, *Hippocrate, La nature de l'homme*,
Introd., Texte, Trad., Comm. (thèse dactyl.), Paris, 1967, p. LXIII
sq. (= CMG I 1, 3 Berlin, 1975, p. 309 sq.) ; Id., *La structure du
traité hippocratique « Maladies II » et l'évolution de l'école de Cnide*
in *REG*, LXXXII, 1969, p. XV ; R. Boncompagni, [*Hipp.*] *De
Morbis II 12* in *Maia*, N.S. XXIV, 1972, p. 357 sq. ; J. Jouanna,
Hippocrate. Pour une archéologie de l'école de Cnide, Paris, 1974,
p. 115 sq., et surtout Id., *Remarques sur les réclames dans la
tradition hippocratique. Analyse archéologique du texte des manuscrits* in *Ktema* II, 1977, p. 391-395. Il faut ajouter à cela que
C. Fredrich, *Hippokratische Untersuchungen*, Berlin, 1899, p. 21,
avait déjà indiqué le fait (sans le mettre en rapport avec la
structure de *Maladies II*) dans une phrase qui a échappé à ses
successeurs, non seulement à J. Jouanna et à R. Boncompagni,
mais aussi à O. Villaret, *Hippocratis De natura hominis*, Diss.
Berlin, 1911, p. 85.

2. Nous adoptons pour l'édition une dénomination différente
de celle que nous avons choisie dans notre *Archéologie* où les c. 1-11
sont intitulés *Maladies II* B et les c. 12-75 *Maladies II* A. La
perspective est en effet différente. Alors que dans une étude
archéologique, l'histoire de la formation des traités ou de la genèse
du *Corpus* est reconstruite à partir des données de la tradition
médiévale, le rôle d'une édition est de présenter ces données,
indépendamment de toute reconstruction.

II

STRUCTURE ET CONTENU DE *MALADIES II* 1
ET DE *MALADIES II* 2

État de conservation de Maladies II 1 et de Maladies II 2 — *Maladies II* 1 constitue plus un fragment d'ouvrage qu'un traité à proprement parler. Il est certainement mutilé en son début par suite de la perte d'une partie de l'exposé consacré à la première maladie. Cette perte, facilement décelable par la comparaison avec la rédaction parallèle de *Maladies II* 2, c. 12 (c. 1), est ancienne, puisque Galien cite le début du traité sous sa forme actuelle. La mutilation est donc due à la détérioration du début du rouleau de papyrus sur lequel était recopié *Maladies II* 1, soit avant soit après la réunion de *Maladies II* 1 et de *Maladies II* 2[1]. De plus, étant donné la brièveté du traité, il n'est pas exclu qu'il soit tronqué à la fin[2].

Maladies II 2, en revanche, est un ouvrage plus étendu, dont nous possédons selon toute vraisemblance le début, car il commence par les maladies de la tête, mais dont nous ne pouvons dire s'il nous est parvenu dans son intégralité. Le dernier chapitre en tout cas (c. 75 = c. 64) décrit une variété de sphacèle qui renvoie explicitement dans la sémiologie, comme dans la thérapeutique, à une première variété que nous ne possédons plus[3].

1. Il manque la sémiologie et une partie de l'étiologie ; pour le détail de la démonstration, voir J. Jouanna, *Archéologie...*, p. 522-523. Cette lacune correspond à une ou deux colonnes de papyrus.
2. Voir J. Jouanna, *Archéologie...*, p. 124, n. 3.
3. Selon Grensemann, *Knidische Medizin*, I, Berlin, 1975, p. 175, ce dernier chapitre n'appartiendrait pas à *Maladies II* 2. À l'appui de cette opinion qui est énoncée sans être justifiée, on

Ces deux ouvrages, qui ne pré-
Ordre d'exposition   sentent aucun développement géné-
des maladies   ral de synthèse, sont constitués
dans les deux traités par la juxtaposition d'unités autonomes consacrées à l'exposé d'une maladie ou variété
de maladie. Les maladies, dans ces deux traités, sont
exposées suivant l'ordre *a capite ad calcem*. *Maladies II* **1**
présente d'abord les maladies de la tête (c. 1-8), puis
les maladies de la gorge (c. 9-11). Dans *Maladies II* **2**,
on a d'abord les maladies de la tête (c. 12 [c. 1]-c. 25
[c. 14]), puis les maladies de la gorge et du nez (c. 26
[c. 15]-c. 37 [c. 26]) ; viennent ensuite les maladies
de la poitrine et du dos (c. 44 [c. 33]-c. 62 [c. 51]).
Néanmoins, il reste des obscurités dans le détail du
classement des affections de *Maladies II* **2**. D'une
part, entre les maladies du nez et celles de la poitrine,
est insérée une série de six affections (c. 38 [c. 27]-
c. 43 [c. 32]), dont certaines au moins sont causées
par un excès de bile[1]. D'autre part, après les maladies

---

peut signaler que le verbe δρᾶν (214, 19) n'est pas employé dans
le reste de l'œuvre, et souligner la très grande brièveté de l'exposé.
Néanmoins, le schéma d'exposition de la maladie est comparable
à celui que l'on trouve dans le reste de *Maladies II* **2**. Il peut donc
s'agir d'un fragment isolé de l'œuvre partiellement conservée, ou
alors d'un fragment issu d'une œuvre apparentée, dérivée elle
aussi des *Sentences cnidiennes*. Pour l'origine de *Maladies II* **2**,
voir *infra*, p. 25 sqq.

1. Cela n'est pas une raison suffisante pour vouloir substituer
au principe de l'ordre *a capite ad calcem*, clairement vu par
J. Ilberg (*Die Ärzteschule von Knidos* in *Berichte über die Verhand-
lungen der sächsischen Akademie der Wissenschaften zu Leipzig*,
Phil.-hist. Klasse, LXXVI, 1924, 3. Heft, Leipzig, 1925, p. 7) un
principe de classement par l'étiologie bile-phlegme, comme le
propose L. Edelstein (Περὶ ἀέρων *und die Sammlung der hippokratischen Schriften*, Problemata 4, Berlin, 1931, p. 162-163).
Selon lui, dans les c. 1-37, l'auteur de *Maladies II* exposerait les
maladies causées par le phlegme, tandis que les c. 37 et suivants
seraient consacrés aux maladies causées par la bile. Pour la
critique de la thèse d'Edelstein, voir I. M. Lonie, *The cnidian
treatises of the « Corpus Hippocraticum »* in *Classical Quarterly*,
LIX, 1965, p. 12 et J. Jouanna, *Archéologie...*, p. 26, n. 3. S'il y a
une division de *Maladies II* à établir, c'est entre les onze premiers
chapitres et le reste, comme l'indiquera nettement l'étude des
schémas d'exposition des maladies ; voir *infra*, p. 15 sqq.

du dos, le traité s'achève par une section d'affections
variées (c. 63 [c. 52]-c. 75 [c. 64]), dont le principe de
classement nous échappe. L'ordre actuel n'est pas
nécessairement l'ordre originel. Comme l'ouvrage est
constitué par la juxtaposition de développements
consacrés à une maladie ou à une variété de maladie,
des déplacements ou des adjonctions ont pu survenir
plus aisément que dans un ouvrage organisé hiérarchi-
quement. Il y a, en tout cas, un indice évident d'un
remaniement postérieur à l'ordre originel : la maladie
du c. 54 b (43 b) reproduit exactement celle du c. 58
(c. 47) ; seul le nom de la maladie est différent[1].

Le schéma   Si l'ordre de succession des
d'exposition   affections (ou variétés d'affections)
des maladies   à l'intérieur de *Maladies II 2*
dans Maladies II 2 n'est pas toujours évident, il n'en
va pas de même de l'ordre d'exposition des développements consacrés à chaque maladie (ou variété de
maladie). Malgré des variantes ou des exceptions
inévitables, il n'est pas déplacé de parler dans ce cas
d'un schéma d'exposition obéissant à des normes,
tant la constance est grande tout au long du traité[2].
Ce schéma, qui a été trop souvent négligé, comprend

---

1. Pour une discussion détaillée de ce remaniement, voir
J. Jouanna, *Archéologie...*, p. 162-173.
2. Sur ce schéma d'exposition dans *Maladies II 2*, voir J. Jurk,
Ramenta hippocratea, Diss. Berlin, 1900, p. 13-14 ; J. Jouanna,
Archéologie..., p. 85-87 ; H. Grensemann, *Knidische Medizin*,
I..., p. 181 sqq. ; voir aussi J. Jouanna, *Le schéma d'exposition
des maladies et ses déformations dans les traités dérivés des Sentences
cnidiennes* in *La Collection hippocratique et son rôle dans l'histoire
de la médecine*, Colloque de Strasbourg 1972, Leiden, 1975,
p. 129-150, et D. Goltz, *Studien zur altorientalischen und griechischen Heilkunde. Therapie — Arzneibereitung — Rezeptstruktur*
in *Sudhoffs Archiv*, Beiheft 16, Wiesbaden, 1974, p. 104 sqq. Ce
schéma a été défiguré dans les *recentiores* et par conséquent dans
les éditions précédentes qui étaient toutes fondées sur ces *recentiores*. L'existence d'un tel schéma a été mise en doute par
J. Kollesch, *Die Stellung der knidischen Heilkunde in der wissen-
schaftlichen Medizin der Griechen* in *Corpus Hippocraticum* (Colloque de Mons, 1975), Mons, 1977, p. 114-119.

l'identification de la maladie, la sémiologie, la thérapeutique et le pronostic.

1. Identification de la maladie. Chaque exposé d'une maladie (ou d'une variété de maladie), n'étant pas relié à ce qui précède, forme une unité autonome[1]. Il commence par l'identification de la maladie. Cette identification est faite soit par un titre donnant le nom de la maladie (ex. c. 38 [c. 27] ἴκτερος ; c. 68 [c. 57] πελιή [sc. νοῦσος]), soit par une brève subordonnée généralement introduite par ἤν indiquant la nature de la maladie et éventuellement sa localisation et sa cause (ex. c. 23 [c. 12] ἤν σφάκελος λάβῃ ; c. 55 [c. 44] ἤν ἐρυσίπελας ἐν πλεύμονι γένηται[2]. Les deux modes

1. L'asyndète est bien la règle ; sur les 66 développements consacrés à une maladie ou à une variété de maladie, on ne trouve dans les manuscrits anciens θ M que 3 développements reliés à ce qui précède par δ'(ἐ) : c. 19 (c. 8) ; c. 22 (c. 11) ; c. 54 b (c. 43 b).

2. Sur 66 unités nosologiques, on rencontre dans les manuscrits anciens qui diffèrent beaucoup des éditions précédentes sur ce point, 37 fois le titre et 31 fois la subordonnée. Voici quelques précisions supplémentaires sur le titre et sur la subordonnée :

— titre : quand le titre désignant la maladie est un adjectif, et non un substantif, le mot νοῦσος est systématiquement sous-entendu dans les manuscrits anciens ; voir par ex. toute la série qui va du c. 63 (c. 52) au c. 75 (c. 64). Toutefois il est exprimé quand le titre ne comporte que l'indication vague « autre maladie » ἐτέρη (vel ἄλλη) νοῦσος (c. 13 [c. 2] ; c. 14 [c. 3] ; c. 16 [c. 5] ; c. 21 [c. 10]). Les adjectifs ἕτερος et ἄλλος dans le titre servent généralement à désigner les variétés de maladies (ex. c. 27 [c. 16] et c. 28 [c. 17] : variétés d'angine ; c. 34 [c. 23], c. 35 [c. 24], c. 36 [c. 25] et c. 37 [c. 26] : variétés de polype ; c. 39 [c. 28] : variété d'ictère ; c. 45 [c. 34] et c. 46 [c. 35] : variétés de pleurésie ; c. 49 [c. 38] : variété de phtisie ; c. 74 [c. 63] : variété de « maladie noire » ; voir aussi c. 41 [c. 30] ἄλλος πυρετός ;

— subordonnée : sur les 31 subordonnées, 23 sont introduites par ἤν (c. 15 [c. 4] ; c. 17 [c. 6] ; c. 18 [c. 7] ; c. 19 [c. 8] ; c. 20 [c. 9] ; c. 22 [c. 11] ; c. 23 [c. 12] ; c. 25 [c. 14] ; c. 29 [c. 18] ; c. 30 [c. 19] ; c. 31 [c. 20] ; c. 32 [c. 21] ; c. 33 [c. 22] ; c. 40 [c. 29] ; c. 42 [c. 31] ; c. 50 [c. 39] ; c. 53 [c. 42] ; c. 54 b [c. 43 b] ; c. 55 [c. 44] ; c. 58 [c. 47] ; c. 59 [c. 48] ; c. 61 [c. 50] ; c. 62 [c. 51]) ; 5 sont introduites par ὅταν (c. 24 [c. 13] ; c. 43 [c. 32] ; c. 44 [c. 33] ; c. 47 b [c. 36 b] ; c. 48 [c. 37]) et 3 par ἐπήν (c. 54 a [c. 43 a] ; c. 57 [c. 46] ; c. 60 [c. 49]). Pour la structure de cette subordonnée comprenant dans le type simple subordonnant + sujet + verbe

de présentation sont exceptionnellement conjugués[1].

et dans le type complexe subordonnant + sujet + verbe + complément (à une exception près, le c. 17 [c. 6]), voir J. Jouanna, *Archéologie...*, p. 541. On rencontre 17 fois le type simple contre 13 fois le type complexe. Dans le type complexe, le complément permet d'ajouter des précisions sur la localisation de la maladie ; il est alors généralement introduit par ἐν (c. 18 [c. 7] ; c. 24 [c. 13] ; c. 29 [c. 18] ; c. 33 [c. 22] ; c. 55 [c. 44] ; c. 57 [c. 46] ; c. 61 [c. 50] ; cf. aussi ἐπί + dat. c. 15 [c. 4] ; περί + acc. c. 17 [c. 6] ; ἐς + acc. c. 32 [c. 22] ; πρός + acc. c. 59 [c. 48]). Il permet aussi, mais plus rarement, d'indiquer la cause déclenchante de la maladie ; le complément est alors introduit par ἐκ (c. 22 [c. 11] ; c. 47 b [c. 36 b]). Chacun de ces deux types peut se subdiviser en trois catégories, suivant que le sujet désigne la maladie (cat. A), l'organe affecté (cat. B), le malade (cat. C). Les catégories A et B sont les mieux représentées (cat. A : 15 fois ; type simple : c. 23 [c. 12] ; c. 30 [c. 19] ; c. 31 [c. 20] ; c. 42 [c. 31] ; c. 43 [c. 32] ; type complexe : c. 15 [c. 4] ; c. 24 [c. 13] ; c. 29 [c. 18] ; c. 32 [c. 21] ; c. 33 [c. 22] ; c. 55 [c. 44] ; c. 57 [c. 46] ; c. 59 [c. 48] ; c. 60 [c. 49] ; c. 61 [c. 50]. Cat. B : 11 fois ; type simple : c. 19 [c. 8] ; c. 20 [c. 9] ; c. 50 [c. 39] ; c. 53 [c. 42] ; c. 54 a [c. 43 a] ; c. 54 b [c. 43 b] ; c. 58 [c. 47] ; c. 62 [c. 51] ; type complexe : c. 18 [c. 7] ; c. 19 [c. 8] ; c. 59 [c. 48]). La catégorie C est moins attestée : 5 fois ; type simple : c. 25 (c. 14) ; c. 40 (c. 29) ; c. 48 (c. 37) ; type complexe : c. 22 (c. 11) ; c. 47 b (c. 36 b).

Si la subordonnée est dans certains cas le strict équivalent du titre (ex. c. 23 [c. 12] ἢν σφάκελος λάβῃ ; cf. aussi c. 44 [c. 33] πλευρῖτις ὅταν λάβῃ), elle a souvent l'avantage de contenir plus d'indications qu'un titre, non seulement sur la localisation ou les causes déclenchantes, comme on l'a vu, mais aussi sur la cause profonde (voir c. 19 [c. 8] ἢν δὲ χολᾷ ὁ ἐγκέφαλος ; c. 40 [c. 29] ἢν χολᾷ ὁ ἄνθρωπος ; cf. aussi c. 18 [c. 7] ; c. 19 [c. 8] ; c. 59 [c. 48]).

1. Deux fois seulement, les deux modes de présentation sont conjugués dans θ et M à la fois (c. 17 [c. 6] ἑτέρη νοῦσος · ἢν κτλ. θ M ; c. 44 [c. 33] περὶ πλευρίτιδος (πλευρῖτις M) · πλευρῖτις ὅταν λάβῃ θ M). Deux autres fois, ils le sont dans M seul (c. 29 [c. 18] σταφυλή · ἢν σταφυλὴ γένηται M ; c. 43 [c. 32] τεταρταῖος · τεταρταῖος πυρετὸς ὅταν ἔχῃ M). Cette conjonction des deux modes de présentation n'est pas nécessairement ancienne. Dans ces cas, le titre peut provenir d'une manchette insérée dans le texte. J. Jurk, *Ramenta hippocratea...*, p. 13-14, a déjà remarqué que le titre περὶ πλευρίτιδος dans θ au c. 44 (c. 33) est douteux. L'emploi de la préposition ne correspond pas à l'usage en vigueur dans le reste du traité pour les titres. Le phénomène d'insertion d'un titre marginal dans le texte s'observe en tout cas dans la transmission du texte au niveau des *recentiores* dérivant de M. Ainsi au c. 30 (c. 19) ἢν ἀντιάδες M sed ἀντιάδες add. M[mg] :

2. Sémiologie. Après l'identification de la maladie
vient la sémiologie. Quand la maladie est présentée
dans un titre, le développement sur la sémiologie
y fait suite en asyndète (ex. c. 68 [c. 57] πελιή · πυρετὸς
ἴσχει κτλ.)[1] ; quand la maladie est présentée dans une
subordonnée, le développement sur la sémiologie
constitue la principale (ex. c. 20 [c. 9] ἢν σφακελίσῃ
ὁ ἐγκέφαλος, ὀδύνη λάζεται κτλ.). Cette partie est
formée de l'énumération des symptômes. Les symptômes
sont énoncés dans de courtes propositions indépendantes mises sur le même plan et régulièrement reliées
par καί (ex. c. 15 [c. 4], 149, 2-10 ; c. 16 [c. 5], 150, 8-16 ;
c. 19 [c. 8], 153, 5-11 etc.). Les verbes de ces propositions
sont presque exclusivement au présent de l'indicatif
(3e pers. du sing. ou parfois du pluriel)[2]. Quand le
sujet du verbe est le malade, le terme le désignant
est toujours sous-entendu (ex. c. 20 [c. 9], 154, 9
καὶ ἄπνοος τελέθει) ; il en est généralement de même
quand le malade est complément du verbe (ex. c. 17
[c. 6], 151, 19 πυρετὸς ἴσχει), bien que l'on rencontre
parfois l'anaphorique (ex. c. 18 [c. 7], 152, 10 σκοτοδινίη
μιν ἴσχει ; c. 28 [c. 17], 163, 17 διὰ τῶν ῥινῶν οἱ ῥεῖ)[3].
A l'intérieur du développement sémiologique, les
subordonnées sont très rares à l'exception des condi-

ἢν ἀντιάδες I sed περὶ ἀντιάδων add. Img περὶ ἀντιάδων · ἂν
ἀντιάδες R in textu Ἀντιάδες · ἢν ἀντιάδες Littré. En ajoutant
systématiquement des titres avant les subordonnées introduites
par ἤν, sur la foi de certains recentiores, les éditeurs ont défiguré le schéma d'exposition de Maladies II 2.

1. Sur les 37 cas où la maladie est introduite par un titre,
il n'y a aucune exception à cet usage de l'asyndète.

2. On rencontre aussi des parfaits et des aoristes d'expérience,
mais ces cas sont rares (parfait : c. 15 [c. 4], 149, 7 τέτριγε ; c. 21
[c. 10], 155, 12 κέχηνε ; aoriste : c. 21 [c. 10], 155, 11 ἔλαβε ; c. 55
[c. 44], 194, 1 διεχώρησεν. Quand le verbe est à la seconde
personne (3 cas), il a pour sujet le médecin traitant ; on a le futur
(c. 24 [c. 13] εὑρήσεις) ou son équivalent (c. 61 [c. 50] et c. 63
[c. 52] ἂν γνοίης).

3. A côté de μιν (c. 15 [c. 4] ; c. 16 [c. 5] ; c. 18 [c. 7] ; c. 25
[c. 14] ; c. 40 [c. 29]) et de οἱ (c. 16 [c. 5] ; c. 28 [c. 17] ; c. 50 [c.
39] ; c. 51 [c. 40] bis), on rencontre αὐτόν (c. 21 [c. 10] ; c. 40
[c. 29] bis ; c. 51 [c. 40] ; c. 72 [c. 61]) et αὐτῷ (c. 59 [c. 48]).

tionnelles ou des temporelles introduites par ἤν, ἐπήν, ὅταν, exceptionnellement ἐπειδάν et ὁπόταν[1].

3. Thérapeutique. Cette partie est introduite de façon stéréotypée soit par la formule ὅταν οὕτως ἔχῃ, qui a pour sujet le malade (ou sa variante ὅταν [vel ἤν] οὕτως ἔχοντι ἐπιτύχῃς qui a pour sujet le médecin traitant), soit par le démonstratif οὗτος (vel τοῦτον, τούτῳ), en asyndète, désignant le malade. Ces deux types d'introduction peuvent du reste être combinés[2].

1. Les développements sémiologiques ne comportent par exemple ni relatives ni consécutives ni causales. Pour les subordonnées introduites par ἤν, voir c. 15 (c. 4), c. 16 (c. 5), c. 21 (c. 10), c. 24 (c. 13), c. 26 (c. 15) bis, c. 28 (c. 17), c. 29 (c. 18), c. 36 (c. 25), c. 51 (c. 40) ter, c. 54 (c. 43), c. 61 (c. 50) bis, c. 62 (c. 51) ; par ἐπήν, voir c. 14 (c. 3), c. 33 (c. 22) ter, c. 48 (c. 37), c. 51 (c. 40), c. 60 (c. 49), c. 66 (c. 55) ter, c. 69 (c. 58) bis, c. 70 (c. 59), c. 71 (c. 60), c. 73 (c. 62), c. 75 (c. 64) ; par ὅταν, voir c. 40 (c. 29), c. 41 (c. 30), c. 45 (c. 34), c. 51 (c. 40), c. 55 (c. 44) ter, c. 65 (c. 54), c. 66 (c. 55), c. 68 (c. 57), c. 70 (c. 59) ter, c. 73 (c. 62) bis. Ἐπειδάν n'apparaît qu'une seule fois (c. 18 [c. 7]) ; il en est de même pour ὁπόταν (c. 73 [c. 62]). Le sujet de la subordonnée est tantôt le malade (ex. c. 15 [c. 4], 149, 5 sq. ἤν ἀναστῇ), tantôt le médecin traitant (ex. c. 24 [c. 13], 158, 4 ἤν τοῦτο ἀνατάμῃς), plus rarement une autre personne désignée par τις (ex. c. 14 [c. 3], 147, 9 ἐπήν κινήσῃ τις ἤσσον).

2. Sur 66 unités nosologiques, 7 seulement font exception (c. 37 [c. 26] ; c. 42 [c. 31] ; c. 43 [c. 32] ; c. 50 [c. 39] ; c. 53 [c. 42] ; c. 71 [c. 60] ; c. 75 [c. 64]). Le premier type d'introduction (ὅταν οὕτως ἔχῃ = type I a) apparaît 24 fois (c. 13 [c. 2] ; c. 14 [c. 3] ; c. 15 [c. 4] ; c. 16 [c. 5] ; c. 17 [c. 6] ; c. 18 [c. 7] ; c. 19 [c. 8] ; c. 23 [c. 12] ; c. 25 [c. 14] ; c. 27 [c. 16] ; c. 28 [c. 17] ; c. 29 [c. 18] ; c. 30 [c. 19] ; c. 31 [c. 20] ; c. 32 [c. 21] ; c. 33 [c. 22] ; c. 34 [c. 23] ; c. 35 [c. 24] ; c. 36 [c. 25] ; c. 38 [c. 27] ; c. 40 [c. 29] ; c. 41 [c. 30] ; c. 44 [c. 33] (scripsi) ; c. 51 [c. 40] ; comp. 47 a [36 a], 179, 11) et sa variante (ὅταν vel ἤν οὕτως ἔχοντι ἐπιτύχῃς = type I b) 3 fois (c. 12 [c. 1] ; c. 22 [c. 11] (scripsi) ; c. 24 [c. 13]). Le second type d'introduction (démonstratif en asyndète = type II) se rencontre 28 fois (c. 20 [c. 9] ; c. 39 [c. 28] ; c. 45 [c. 34] ; c. 46 [c. 35] ; c. 47 a [c. 36 a] ; c. 47 b [c. 36 b] ; c. 48 [c. 37] ; c. 49 [c. 38] ; c. 52 [c. 41] ; c. 54 a [c. 43 a] c. 55 [c. 44] ; c. 56 [c. 45] ; c. 57 [c. 46] ; c. 59 [c. 48] ; c. 60 [c. 49] ; c. 61 [c. 50] ; c. 62 [c. 51] ; c. 63 [c. 52] ; c. 64 [c. 53] ; c. 65 [c. 54] ; c. 66 [c. 55] ; c. 67 [c. 56] ; c. 68 [c. 57] ; c. 69 [c. 58] ; c. 70 [c. 59] ; c. 72 [c. 61] ; c. 73 [c. 62] ; c. 74 [c. 63]). La combinaison des deux types

Le corps du développement est formé par les prescriptions qui se succèdent à l'infinitif d'ordre ou à l'impératif. Quand elles s'adressent au médecin traitant, elles sont généralement à l'infinitif d'ordre, moins fréquemment à la deuxième personne de l'impératif ; quand elles concernent le malade, elles sont d'ordinaire à la troisième personne de l'impératif, moins souvent à l'infinitif d'ordre[1]. Relativement rares sont les prescriptions impersonnelles exprimées par un infinitif dépendant d'un verbe d'obli-

se produit 4 fois : type I a + type II c. 21 (c. 10), c. 54 b (c. 43 b), c. 58 (c. 47) ; type I b + type II c. 26 (c. 15).

Bien que les deux types d'introduction soient de fréquence égale sur l'ensemble du traité, il existe une disproportion flagrante de la répartition à l'intérieur du traité : dans les 33 premières unités nosologiques, le type I est nettement prédominant (26 fois le type I a et b contre 2 fois le type II et 2 fois la combinaison des types I et II ; dans les 33 autres, la proportion est inverse (26 fois le type II contre 1 fois le type I et 2 fois la combinaison des types I et II). Ce renversement de proportion est-il dû au hasard ou correspond-il à des niveaux de rédaction différents ?

1. Suivant l'usage (cf. R. Kühner — B. Gerth, *Ausführliche Grammatik der griechischen Sprache*, 3e éd., Hannover und Leipzig, 1904, II, 2, p. 20-23), les infinitifs d'ordre s'adressant au médecin (2e pers.) sont accompagnés de participes au nominatif ; ceux qui concernent le malade (3e pers.) sont accompagnés de participes à l'accusatif. Toutefois les manuscrits offrent parfois des participes à l'accusatif avec des infinitifs d'ordre correspondant à une 2e personne ; voir c. 12 (c. 1), 143, 16, l'accusatif πιπίσκοντα à côté du nominatif διαλείπων, 143, 14 ; c. 28 (c. 17), 164, 8 l'accusatif ἔψοντα à comparer au nominatif ἐψῶν (c. 31 [c. 20], 166, 5) ; c. 36 (c. 25), 169, 8 l'accusatif σχίσαντα à côté des nominatifs ποιήσας (169, 9) et ἐναλείφων (169, 10) ; c. 38 (c 27), 170, 4, l'accusatif λούοντα en face des nominatifs ἀποκαθαίρων, ἐψῶν, 170, 5 ; c. 48 (c. 37), 184, 14 προπιπίσκοντα ; c. 55 (c. 44) 194, 13, l'accusatif ἐπιχέαντα en face du nominatif γυμνάσας (194, 16). Inversement, le participe au nominatif est donné exceptionnellement par les manuscrits quand l'infinitif d'ordre dont il dépend concerne le malade (3e pers.) ; voir c. 47 a (c. 36 a), 179, 12 sq. συμμίσγων dépend de ῥυμφάνειν dont le sujet est « le malade » ; cf. μὴ ῥυμφανέτω, 179, 13 ; c. 64 (c. 53), 203, 7 sq. ῥυμφάνειν ... παραμίσγων. Faut-il corriger dans tous ces passages le texte des manuscrits pour les conformer à l'usage ? Les cas semblent trop nombreux dans la *Collection hippocratique* pour autoriser une correction systématique. Voir E. Schulte, *Observationes hippocraticae grammaticae*, Diss. Berlin, 1914, p. 17-20.

gation[1]. L'auteur de ces prescriptions n'intervient jamais à la première personne[2]. L'ouvrage est donc un traité technique, écrit par un auteur anonyme (ou des auteurs anonymes) à l'intention du médecin traitant, le malade étant considéré comme un tiers[3]. Enfin, dans un cas sur trois environ, le développement sur la thérapeutique se termine par une formule de conclusion. Dans son expression la plus simple, il s'agit de ταῦτα ποιεῖν en asyndète (c. 54 b [c. 43 b], 193, 7 ; c. 58 [c. 47], 198, 8 ; c. 74 [c. 63], 214, 15). Dans son expression développée, elle résume non seulement le traitement comme dans l'expression la plus simple, par ταῦτα ποιέων (*vel* ποιήσας) ou par ταῦτα ποιήσαντι (*vel* ποιέοντι) en asyndète, se rapportant soit au médecin soit au malade, mais aussi indique le résultat du traitement, généralement la guérison (ex. c. 38 [c. 27], 170, 18 sq. ταῦτα ποιέων ὑγιὴς γίνεται)[4].

4. **Pronostic.** En plus de l'identification de la maladie, de la sémiologie et de la thérapeutique, chaque développement consacré à une maladie (ou à une variété de maladie) comprend en règle générale un jugement sur le pronostic et l'évolution de la maladie. Cette

1. Le verbe d'obligation est toujours χρή ; cf. c. 12 (c. 1), 143, 10 ; c. 21 (c. 10), 156, 2 ; c. 22 (c. 11), 157, 1 ; c. 23 (c. 12), 157, 14 ; c. 34 (c. 23), 168, 6 ; c. 37 (c. 26), 169, 15 ; c. 47 a (c. 36 a), 179, 3 ; c. 49 (c. 38), 186, 4 ; c. 50 (c. 39), 187, 3 ; c. 52 (c. 41), 189, 13 ; c. 53 (c. 42), 190, 14 ; c. 57 (c. 46), 197, 7 ; c. 61 (c. 50), 201, 4 ; c. 63 (c. 52), 202, 12 ; c. 67 (c. 56), 206, 2 ; c. 74 (c. 63), 214, 8 ; c. 75 (c. 64), 214, 19.

2. La tradition manuscrite récente a introduit à un endroit (c. 27 [c. 16], 161, 19) une première personne qui a été adoptée à tort par les éditeurs précédents ; voir J. Jouanna, *Archéologie...*, p. 253-254.

3. Pour le problème de l'auteur (ou des auteurs), voir *infra*, p. 48.

4. Pour la formule développée, outre le c. 38 (c. 27), voir c. 12 (c. 1), 145, 11 sq. ; c. 15 (c. 4), 150, 2 ; c. 19 (c. 8), 154, 5 ; c. 20 (c. 9), 155, 8 sq. ; c. 25 (c. 14), 159, 4 ; c. 26 (c. 15), 161, 11 sq. ; c. 28 (c. 17), 164, 13 sq.; c. 32 (c. 21), 166, 17 ; c. 38 (c. 27), 170, 18 sq. ; c. 39 (c. 28), 171, 8 ; c. 54 b (c. 43 b), 193, 7 ; c. 64 (c. 53), 204, 2 ; c. 72 (c. 61), 212, 9 sq. ; c. 73 (c. 62), 213, 17 sq. ; comp. aussi c. 59 (c. 48), 199, 9 sq. ; c. 62 (c. 51), 202, 1.

partie sur le pronostic est brève. Elle est située soit entre la sémiologie et la thérapeutique, soit à la fin, après la thérapeutique. Quand le pronostic est placé entre la sémiologie et la thérapeutique, il est introduit, dans la majorité des cas, par un pronom démonstratif en asyndète désignant le malade (ex. c. 12 [c. 1] ; c. 16 [c. 5] ; c. 17 [c. 6] ; c. 20 [c. 9] ; c. 21 [c. 10] ; c. 40 [c. 29] ; c. 41 [c. 30] ; c. 46 [c. 35] ; c. 51 [c. 40] ; c. 54 b [c. 43 b] ; c. 58 [c. 47] ; c. 63 [c. 52] ; c. 67 [c. 56] ; c. 71 [c. 60]). Il a pour objet de préciser les jours critiques, c'est-à-dire les jours décisifs pour la mort ou la guérison, et éventuellement les signes critiques, ceux dont la présence ou l'absence entraînent une issue heureuse ou fatale[1]. Quand il est situé en fin d'exposé, après la thérapeutique, le pronostic se réduit généralement à une phrase formulaire très brève, introduite souvent par ἡ δὲ νοῦσος (ex. c. 19 [c. 8], 154, 5 sq. ἡ δὲ νοῦσος οὐ θανατώδης) : elle indique alors la gravité de la maladie, et parfois la durée, mais sans mention des jours critiques[2]. Dans quelques

---

1. Les jours critiques sont exprimés soit par les noms de nombres cardinaux qualifiant les jours (ex. c. 20 [c. 9], 154, 10 sq. οὗτος ἐν τρισὶν ἡμέρῃσιν ἀποθνήσκει) soit par les adjectifs ordinaux se rapportant au malade (ex. c. 17 [c. 6], 152, 3 Οὗτος ἀποθνήσκει πεμπταῖος ἢ ἑκταῖος). Les signes critiques (flux de liquides, fièvres, frissons, sueurs) sont énoncés dans les couples de subordonnées introduites par ἢν (μὲν) … ἢν δέ ; dans chaque couple, l'une des subordonnées est positive et l'autre est néga-tive ; on a donc soit ἢν μὲν + verbe … ἢν (vel εἰ) δὲ μὴ avec ou sans verbe (ex. c. 22 [c. 11], 156, 10-12 ἢν μὲν αὐτίκα καὶ παραχρῆμα λάβῃ μιν πυρετός … ἢν δὲ μὴ λάβῃ ; cf. aussi c. 16 [c. 5], 150, 16 sqq. ; c. 40 [c. 29], 171, 15 sqq. ; c. 41 [c. 30], 173, 3 sq. ; c. 44 [c. 33], 175, 13 sq. ; c. 61 [c. 50], 201, 10 sqq. ; c. 71 [c. 60], 210, 15 sqq.) soit ἢν μὴ + verbe … ἢν δὲ + verbe (ex. c. 14 [c. 3], 147, 12 sq. ἢν μή οἱ ῥαγῇ κατὰ τὰς ῥῖνας … ἢν δὲ ῥαγῇ ; cf. aussi c. 21 [c. 10], 155, 14 sq. ; c. 63 [c. 52], 202, 9 sqq. scripsi).
2. Sur cette formule qui clôt l'exposé, voir G. Preiser, All-gemeine Krankheitsbezeichnungen im Corpus Hippocraticum, Ber-lin, 1976, p. 11-18. A côté de la formule introduite par ἡ δὲ νοῦσος (outre le c. 19 [c. 8], voir c. 26 [c. 15], 161, 12 ; c. 28 [c. 17], 164, 14 ; c. 54 b [c. 43 b], 193, 7 ; c. 58 [c. 47], 198, 8 ; c. 66 [c. 55], 205, 15 ; c. 68 [c. 57], 208, 4 ; c. 69 [c. 58], 209, 7 ; c. 70 [c. 59], 210, 8 ; c. 71 [c. 60], 211, 13 sq. ; c. 74 [c. 63], 214, 15 ; cf. aussi

cas, le pronostic est situé aux deux places à la fois[1].

Il n'y a pas de développement propre consacré à l'étiologie, sauf cas exceptionnel ; mais éventuellement les causes de la maladie, déclenchantes ou internes, sont brièvement indiquées dans la subordonnée initiale identifiant la maladie[2]. C'est dans ce domaine de l'étiologie que réside la différence essentielle entre le schéma de *Maladies II* **2** et celui de *Maladies II* **1**.

Le schéma Les analogies entre le schéma
d'exposition de *Maladies II* **1** et *Maladies II* **2**
des maladies sont grandes pour la manière
dans Maladies II **1** d'introduire la maladie, de décrire
les symptômes et aussi, bien qu'à un moindre degré, pour le pronostic. Et comme il n'y a aucune maladie décrite dans *Maladies II* **1** qui ne soit exposée dans *Maladies II* **2**, les ressemblances sont étroites dans le contenu et dans la formulation pour ces parties communes[3].

Sur deux points toutefois, il y a une différence importante entre les schémas de *Maladies II* **2** et *Maladies II* **1**. La première est que *Maladies II* **1**

c. 46 [c. 35], 178, 7 ; c. 49 [c. 38], 186, 8 sq. αὕτη ἡ νοῦσος en asyndète ; c. 73 [c. 62], 213, 18 καὶ ἡ νοῦσος), on rencontre une formule du type ἐκφεύγουσι δὲ ὀλίγοι (c. 20 [c. 9], 155, 9 ; cf. aussi c. 21 [c. 10], 156, 8 sq. ; comp. c. 46 [c. 35], 178, 7). Les deux formules sont conjuguées au c. 26 (c. 15), 161, 12 sq. Ἡ δὲ νοῦσος θανατώδης, καὶ ἐκφυγγάνουσιν ὀλίγοι. La mention des jours critiques dans le pronostic situé après la thérapeutique est tout à fait exceptionnelle ; voir c. 40 (c. 29) ; c. 45 (c. 34) ; c. 61 (c. 50) ; c. 65 (c. 54).

1. Voir c. 20 (c. 9) ; c. 21 (c. 10) ; c. 40 (c. 29) ; c. 46 (c. 35) ; c. 54 b (c. 43 b) ; c. 58 (c. 47) ; c. 71 (c. 60).

2. Exceptionnellement, des indications étiologiques sont situées entre la sémiologie (ou le pronostic) et la thérapeutique (c. 16 [c. 5], 151, 2-4 ; c. 55 [c. 44], 194, 1-3), ou après la thérapeutique (c. 41 [c. 30], 173, 14 sq.). Sur le détail, voir J. Jouanna, *Archéologie...*, p. 136, n. 1. Pour les indications étiologiques données dans les subordonnées initiales, voir *supra*, p. 17, n. 2 de la p. 16.

3. Pour le détail de la comparaison des deux schémas, voir J. Jouanna, *Archéologie...*, p. 85, n. 2 (identification de la maladie par un titre ou une subordonnée), p. 85, n. 3 (sémiologie), p. 86, n. 2 (pronostic).

ne présente pas le développement sur la thérapeutique.
La seconde est que ce traité comporte en revanche un
développement sur l'étiologie qui n'existe pas dans
Maladies II 2.

Cette partie étiologique vient d'ordinaire après la
description des symptômes[1]. Elle est plusieurs fois
introduite par un pronom démonstratif en asyndète
désignant le malade[2]. Elle consiste généralement à
reprendre chaque symptôme pour en donner l'explication. En voici un exemple : c. 4 b, 136, 2-6.
Symptômes : « le malade est pris de douleur, de vertige
et de lourdeur dans la tête ». *Étiologie* : « Il y a douleur
du fait de la chaleur excessive du sang ; vertige, quand
le sang vient s'accumuler au visage ; lourdeur, étant
donné que le sang dans la tête est anormalement
abondant, trouble et morbide »[3]. Parfois l'explication
des différents symptômes est précédée par l'énoncé
de la cause de la maladie ou suivie par l'énoncé de la
cause de la guérison ou de la mort ; dans ce dernier
cas, la fin du développement étiologique constitue
une explication du pronostic[4]. Dans la fin de *Maladies
II 1*, le schéma n'est pas aussi net ; mais l'étiologie,
toujours présente, est indiquée dès la première phrase
(c. 9-11).

Ces ressemblances entre *Maladies II 1* et *Maladies II 2*,
tant dans les procédés d'exposition que dans le contenu,
posent le problème de l'origine de ces deux traités.

1. Voir c. 1 (toutefois la sémiologie et le début de l'étiologie
sont perdus) ; c. 2 ; c. 3 ; c. 4 a ; c. 4 b ; c. 5 ; c. 6 a ; c. 7 ; c. 8.
2. Voir c. 2, 133, 9 τούτῳ ; c. 3, 134, 1 οὗτος ; c. 7, 138, 11
οὗτος ; c. 8, 139, 4 οὗτος ; comp. c. 1, 133, 1 τούτῳ.
3. Voir aussi c. 2, 133, 9-19 ; c. 3, 134, 1-9 ; c. 4 a, 135, 4-12 ;
c. 5, 136, 10-137, 7 ; c. 7, 138, 11-15 ; c. 8, 139, 4-140, 6 ; comp.
c. 1, 132, 1-11.
4. Pour l'énoncé de la cause de la maladie, voir c. 8, 139, 6-10
avec ἡ μέν νυν ἀρχὴ τῆς νούσου en 139, 6 sq. ; cf. aussi c. 5, 136,
10-12. Pour l'énoncé de la cause de la guérison ou de la mort, voir
c. 6 a, 137, 16-138, 5 et c. 8, 140, 1-6 ; au c. 6 a, cette explication
rend compte du pronostic : ὑγιὴς γίνεται de la partie étiologique
(138, 2) reprend ὑγιὴς γίνεται du pronostic (137, 12) et ἀποθνήσκει
de la partie étiologique (138, 5) correspond à ἀποθνήσκει du
pronostic (137, 11).

III

ORIGINE DE *MALADIES II* 1
ET DE *MALADIES II* 2

État de la question   Jusqu'à ces dernières années, comme la distinction n'était pas faite entre les deux traités dont la réunion forme *Maladies II*, on a toujours raisonné sur l'origine de l'ensemble. La discussion la plus ancienne que nous possédions sur l'origine de *Maladies II* remonte à Galien. Dans son *Commentaire aux Épidémies VI*, Galien nous apprend que dans le cercle de Dioscoride, l'éditeur d'Hippocrate du Ier siècle après J.-C., *Maladies II*, traditionnellement attribué au grand Hippocrate, était l'œuvre d'Hippocrate, fils de Thessalos[1]. Cette opinion est révélatrice d'un préjugé de la critique hippocratique à l'époque impériale qui s'est perpétué pendant des siècles et selon lequel la *Collection hippocratique* était essentiellement, sinon exclusivement, l'œuvre du grand Hippocrate ou de ses disciples[2].

C'est aux éditeurs du XIXe siècle, Ermerins et Littré, que revient le grand mérite, selon les uns, la grande erreur, selon les autres, d'avoir essayé de montrer par des arguments précis que certains traités de la *Collection* ne provenaient pas d'Hippocrate ou de son entourage. Dès son introduction à son tome I des *Œuvres complètes d'Hippocrate* (1839), Littré signalait l'hypothèse de

---

1. Voir *supra*, p. 11, n. 1.
2. On trouve toutefois à la fin du *De difficultate respirationis* de Galien (éd. Kühn VII, 960, 2-3) l'idée clairement exprimée que la *Collection hippocratique* renferme à côté des ouvrages d'Hippocrate ou de ses disciples, des œuvres qui passent pour être d'Euryphon (ὅσα δοκεῖ μὲν Εὐρυφῶντος εἶναι, φέρεται δ' ἐν τοῖς Ἱπποκράτους). Malheureusement, aucune précision n'est donnée sur ces œuvres.

l'origine cnidienne de *Maladies II* (p. 363) : « Quelques
caractères intrinsèques porteraient à l'attribuer à
un médecin cnidien ; de plus (chose assez remarquable),
un passage copié dans un ouvrage d'Euryphon, auquel,
dans l'antiquité, on attribuait généralement les *Sentences
cnidiennes*, s'y retrouve textuellement. Cette circons-
tance fortifie les conjectures de ceux qui y voient
une œuvre de l'école de Cnide »[1]. A peu près à la même
époque, Ermerins, dans son édition du *Régime dans les
maladies aiguës* (1841), notait en outre un rapport
précis entre la critique de la thérapeutique des *Sentences
cnidiennes* dans le traité hippocratique du *Régime
dans les maladies aiguës* et certaines formules de la
thérapeutique de *Maladies II*[2]. Dix ans plus tard,
Littré, dans le tome VII de son édition (1851), est
revenu sur ce problème dans ses « Remarques sur le
deuxième livre des Maladies, le troisième et le livre
des Affections internes, et sur les médecins cnidiens »
(p. 304-309). Tenant compte des observations d'Ermerins
il y expose ces « caractères intrinsèques » auxquels
il avait seulement fait allusion dans son introduction
générale de 1839 et qui lui permettent d'affirmer
avec plus de force qu'en 1839 l'origine cnidienne de
Maladies II. Cette étude, remarquable par bien des

---

1. La formulation de Littré (« ceux qui y voient une œuvre de
l'école de Cnide ») indique que l'hypothèse de l'appartenance de
Maladies II à l'école de Cnide n'est pas une innovation à son
époque et invite à rechercher ces prédécesseurs que Littré ne
prend pas la peine de nommer. On doit vraisemblablement songer
à A. Foes, *Magni Hippocratis... opera omnia*, Francfort, 1595,
sect. V, note d'introduction à *Maladies I* (colonne 258, lignes 38
à 41) : « Quod tamen horum librorum (sc. *De Morbis* I-IV et *De
Morbis mulierum*) authorem Gnidium esse mihi arguere videtur,
qui morbos ex nominum diversitate et accidentibus distinguat,
idque in Gnidiis reprehendit Hippocr. initio lib. de rat. vict. in
morb. ac. » Voir I. M. Lonie, *Cos versus Cnidus and the historians*
in *History of Science*, XVI, 1978, p. 49 sq. Dans cet article (Part 1,
p. 42-75 ; Part 2, p. 77-92), Lonie retrace l'histoire de l'opposition
entre Cos et Cnide chez les philologues et les historiens de la
médecine depuis le XVIe siècle jusqu'au XIXe siècle.
2. F. Z. Ermerins, *Hippocratis liber De victus ratione in morbis
acutis*, Lugduni Batavorum, 1841, p. 104-106.

points, ignore toutefois parmi ces caractères intrinsèques le schéma d'exposition des maladies et en reste à une approche empirique, parce qu'elle ne pose pas le problème de la relation des deux traités formant *Maladies II* avec le modèle commun dont ils dérivent. Ces deux aspects de la question qui avaient été abordés à la fin du siècle dernier par J. Ilberg[1] et surtout dans un travail méconnu de J. Jurk[2] ont été repris et développés dans deux travaux récents sur les traités cnidiens de la *Collection*[3].

Rédactions parallèles et modèle commun Le problème de l'origine de *Maladies II* 1 est directement lié à celui de l'origine de *Maladies II* 2, dans la mesure où il n'y a pas un exposé de *Maladies II* 1 qui ne trouve sa rédaction parallèle dans *Maladies II* 2. Les ressemblances dans les procédés d'exposition, dans le contenu de la sémiologie où les correspondances littérales sont nombreuses, et aussi dans le pronostic, bien que les correspondances ne soient pas toujours aussi nettes, sont si évidentes que personne ne conteste l'existence d'une relation entre les deux traités. Trois hypothèses sont théoriquement possibles pour rendre compte de cette relation : influence de *Maladies II* 2 sur *Maladies II* 1, influence inverse, utilisation d'un modèle commun. L'hypothèse d'une influence directe de *Maladies II* 1 sur *Maladies II* 2 est à exclure pour bien des raisons et en particulier parce que la séquence des affections de la tête décrite dans *Maladies*

---

1. J. Ilberg, *Die medizinische Schrift « Über die Siebenzahl »* und *die Schule von Knidos* in *Griechische Studien Hermann Lipsius zum sechzigsten Geburtstag dargebracht*, Leipzig, 1894, p. 33-39. Id., *Die Ärzteschule von Knidos...*, p. 4.
2. J. Jurk, *Ramenta Hippocratea*, cité *supra*, p. 15, n. 2.
3. Travaux cités p. 15, n. 2 ; voir aussi M. Pohlenz, *Hippokratesstudien* in *Nachrichten von der Gesellschaft der Wissenschaften zu Göttingen*, Phil.-hist. Klasse, F. 1, Altertumswissenschaft, Neue Folge, Band II, Nr. 4, 1937, p. 91-92. G. Preiser, Περιπλευμονίη *in den Schriften der knidischen Ärzteschule* in *Medizingeschichte in unserer Zeit*, Festgabe für E. Heischkel und W. Artelt zum 65. Geburtstag, Stuttgart, 1971, p. 31-35.

II **2** est plus complète que la séquence correspondante
de *Maladies II* **1**[1]. Entre les deux solutions restantes,
il semble possible de choisir grâce au témoignage du
traité des *Affections* qui, dans sa partie nosologique,
offre sous forme de résumé un exposé des maladies
de la tête et de la gorge qui constitue une troisième
version de la séquence offerte par *Maladies II* **1** et
Maladies II **2**. Or certains détails de *Maladies II* **1**,
qui sont absents de *Maladies II* **2**, se retrouvent dans
la rédaction parallèle d'*Affections*. Cet accord rend peu
vraisemblable l'hypothèse d'une filiation directe *Maladies II* **1** - *Maladies II* **2**. Les deux traités, selon toute
apparence, dérivent indépendamment d'un modèle
commun[2].

De ce modèle commun dérivent non seulement
Maladies II **1** et *Maladies II* **2**, mais aussi, en totalité
ou en partie et plus ou moins fidèlement, *Affections
internes*, *Maladies III*, *Affections* et dans une moindre
mesure *Maladies I*. En effet, la comparaison de
Maladies II **2** avec ces traités montre que pour plus
de quarante-cinq maladies sur les soixante-six exposées
par *Maladies II* **2** il existe des rédactions parallèles
doubles, triples, voire quadruples. Si certaines différences dans ces passages parallèles indiquent que les
traités ne sauraient être du même auteur, de nombreuses
ressemblances, parfois littérales, dans la sémiologie,
dans le pronostic, et à un moindre degré dans la thérapeutique, témoignent en revanche de l'existence d'un
modèle commun, qui exposait les maladies ou variétés
de maladies selon l'ordre *a capite ad calcem* et qui
consacrait à chacune d'entre elles un exposé obéissant
à un schéma d'exposition séparant nettement sémiologie,
pronostic et thérapeutique[3].

---

1. Ne sont pas décrites dans *Maladies II* **1** les maladies de la
tête exposées dans *Maladies II* **2** c. 15 (c. 4), c. 16 (c. 5), c. 19 (c. 8)
et c. 23 (c. 12).

2. Pour le détail de la démonstration, voir J. Jouanna, *Archéologie...*, p. 125 sq. et 285, n. 1.

3. Pour la comparaison détaillée de ces rédactions parallèles,
voir J. Jouanna, *Archéologie...*, p. 26-450.

Le modèle commun de ce groupe
Le modèle commun de traités est-il l'ouvrage fonda-
et les Sentences mental de la médecine de Cnide
cnidiennes intitulé les *Sentences cnidiennes* ?
Malgré un scepticisme actuellement fort répandu,
c'est l'hypothèse qui apparaît encore la plus raisonnable
après un réexamen des témoignages anciens et récents
sur les *Sentences cnidiennes* ou sur les Cnidiens.

Qu'il y ait eu à époque ancienne un centre médical
à Cnide, il n'y a aucune raison d'en douter, même si
nous ne sommes pas en mesure de préciser dans le
détail son fonctionnement. En effet un médecin de
la fin du v⁰ siècle avant J.-C. ou du début du iv⁰ siècle,
l'auteur du *Régime dans les maladies aiguës*, qui avait
accès à l'ouvrage intitulé les *Sentences cnidiennes*
(c. 1, Littré II, 224, 1 = Joly, 36, 2 sq. τὰς Κνιδίας
καλεομένας γνώμας) non seulement sous une forme
remaniée, mais aussi sous sa forme primitive, atteste
qu'il a été composé et remanié par plusieurs médecins[1].
Il existait donc au v⁰ siècle avant J.-C. à Cnide une
communauté de médecins assez unie pour pouvoir
rédiger, puis réviser, un ouvrage en commun. Bien
que l'auteur du *Régime dans les maladies aiguës* ne
donne aucune indication sur l'identité de ces médecins
cnidiens, il est vraisemblable qu'il s'agit des Asclépiades
de Cnide dont l'existence est attestée, entre autres
témoignages, par une inscription de Delphes du iv⁰
siècle avant J.-C.[2] Ces Asclépiades de Cnide, au moins

---

1. Les pluriels Οἱ συγγράψαντες τὰς Κνιδίας καλεομένας γνώμας
(c. 1, Littré II, 224, 1 = Joly, 36, 2 sq.), « ceux qui ont composé
l'ouvrage intitulé les *Sentences cnidiennes* » et Οἱ ... ὕστερον
ἐπιδιασκευάσαντες (c. 1, Littré II, 226, 8 = Joly, c. 3, 36, 21-
37, 1) « ceux qui ont par la suite remanié l'ouvrage », ne peuvent
s'interpréter autrement. Le caractère collectif de l'ouvrage était
négligé à l'époque de Galien, où l'opinion commune l'attribuait à
Euryphon (*Commentaire du livre VI des Épidémies*, éd. Wenkebach, CMG V 10, 2, 2, p. 54).

2. Sur les Asclépiades de Cnide, le témoignage le plus ancien
est l'inscription de Delphes Inv. 6687 A et B (trouvée en 1939)
qui date de la première moitié du iv⁰ siècle ; pour le texte de cette
inscription, voir J. Bousquet, *Inscriptions de Delphes* (7. *Delphes*

à l'époque de la rédaction et de la révision de l'ouvrage intitulé les *Sentences cnidiennes* avaient un enseignement propre qui se distinguait par certaines caractéristiques. Déjà le titre même de l'ouvrage Κνίδιαι γνῶμαι, *Sentences cnidiennes*, dans la mesure où y figure l'adjectif Κνίδιος «cnidien», implique que ces γνῶμαι, ces *Sentences*, se distinguent d'une manière ou d'une autre, de l'enseignement d'autres Asclépiades, ceux de Cos par exemple.

et les Asclépiades) in *Bulletin de Correspondance hellénique*, LXXX, 1956, p. 579-591 ; cf. la réédition de F. Sokolowski, *Lois sacrées des cités grecques*, Supplément, Paris, 1962, p. 86 sq. et surtout la réédition avec un fragment nouveau de G. Rougemont, *Corpus des inscriptions de Delphes* I. *Lois sacrées et règlements religieux*, Paris, 1977, p. 122-124. Elle nous apprend sur les Asclépiades de Cnide, outre leurs rapports avec Delphes (privilèges relatifs à la consultation et au sacrifice), leur réunion, au IVᵉ siècle au moins, avec les Asclépiades de Cos dans un même κοινόν, toutes choses que l'on ne savait pas. On aimerait avoir de plus amples précisions sur ce κοινόν qui émet des règlements et a souci de réserver dans le *dogma* partiellement conservé par l'inscription les privilèges religieux aux Asclépiades authentiques, c'est-à-dire à ceux qui descendent par les mâles (κατὰ ἀνδρο[γέν]ειαν) d'Asclépios. Ce souci, outre qu'il montre la force des traditions aristocratiques et familiales dans certains milieux médicaux et confirme ainsi le témoignage du *Presbeutikos* (Littré IX, 416, 17 κατ' ἀνδρογένειαν, comme dans l'inscription), implique, comme le souligne J. Bousquet (p. 587), le désir « de réagir contre les prétentions probablement grandissantes des Asclépiades recrutés par voie d'association... Les Asclépiades de naissance défendent sur le plan religieux... l'exclusivité qu'ils sont obligés d'abandonner sur le plan professionnel ». Pour les autres témoignages sur les Asclépiades de Cnide, voir Théopompe, Frg. 103 (14), éd. Jacoby, II B, 559, 3-5 : περί τε τῶν ἐν Κῷ καὶ Κνίδῳ ἰατρῶν, ὡς Ἀσκληπιάδαι καὶ ὡς ἐκ Σύρνου οἱ πρῶτοι ἀφίκοντο ἀπόγονοι Ποδαλειρίου ; Aelius Aristide, *Discours sur les Asclépiades*, 13, éd. Keil, II, 316, 9 sq. : ἔσχον δὲ τὸν Καρικὸν τόπον καὶ Κνίδον τὴν τῆς Ἀφροδίτης ἱεράν. Galien, *De methodo medendi*, éd. Kühn X, 5, 15-6, 1 : καὶ πρόσθεν μὲν ἔρις ἦν οὐ σμικρά, νικῆσαι τῷ πλήθει τῶν εὑρημάτων ἀλλήλους ὁριγνωμένων τῶν ἐν Κῷ καὶ Κνίδῳ · διττὸν γὰρ ἔτι τοῦτο τὸ γένος ἦν τῶν ἐπὶ τῆς Ἀσίας Ἀσκληπιαδῶν, ἐπιλιπόντος τοῦ κατὰ Ῥόδον. Dans la liste des témoignages et des fragments sur les Cnidiens rassemblés par K. Deichgräber et publiés par H. Grensemann, *Knidische Medizin*, I..., p. 1 sqq., les témoignages sur Théopompe et sur Galien occupent les nᵒˢ 1 et 2 a ; ceux d'Aelius Aristide et de l'inscription ne sont pas mentionnés.

Et surtout, quelle serait la raison d'être de la place privilégiée réservée par l'auteur du *Régime dans les maladies aiguës* — quelle que soit du reste l'appartenance de cet auteur — dans sa polémique contre les anciens (c. 1, Littré II, 226, 10 = Joly, c. 3, 37, 2 οἱ ἀρχαῖοι) à un ouvrage issu d'une association de médecins cnidiens, si cet ouvrage ne possédait pas des caractéristiques propres, caractéristiques dont certaines sont mentionnées au cours de la polémique[1] ? Même si les relations furent étroites entre les familles des Asclépiades de Cos et de Cnide, puisqu'ils étaient unis, au moins au cours du IVe siècle, dans un κοινόν soucieux de préserver dans le domaine religieux les privilèges des membres authentiques du genos, cela n'exclut pas dans un autre ordre certaines particularités qui pouvaient différencier les médecins de Cnide et de Cos, voire des rivalités, en dépit d'un fonds commun de la médecine grecque, et d'influences réciproques, au moins à partir d'une certaine époque[2].

Pour ce qui est des Cnidiens, en tout cas, il a existé au Ve siècle, comme l'atteste formellement l'auteur du *Régime dans les maladies aiguës*, une association de médecins ayant son enseignement propre, consigné dans un ouvrage fondamental propre, dont le titre indique suffisamment qu'il n'émanait pas d'un κοινόν des Asclépiades de Cos et de Cnide[3].

---

1. Pour ces caractéristiques (petit nombre de remèdes, subdivision des maladies en variétés), voir *infra*, p. 33-36.
2. Sur la polémique d'un Asclépiade de Cnide contre un Asclépiade de Cos, voir le témoignage très précis de Galien, *Commentaire aux Articulations d'Hippocrate*, c. 40, éd. Kühn XVIII A, 731, 5-8 : « Ont reproché à Hippocrate de réduire la luxation de l'articulation de la hanche, en arguant que l'os ressortait aussitôt, en premier Ctésias de Cnide, son parent — de fait, lui-même appartenait à la famille des Asclépiades — et à la suite de Ctésias, certains autres aussi ».
3. La notion d'école médicale à l'époque classique a été remise en cause récemment par W. D. Smith, *Galen on Coans versus Cnidians* in *Bulletin of History of Medicine*, XLVII, 1973, p. 569-585. Il reproche aux érudits de privilégier un témoignage célèbre de Galien sur la rivalité entre les « chœurs » de Cos et de Cnide

Entre le modèle commun, dont dérivent *Maladies II* **2** et les autres traités du groupe, tel qu'il peut être reconstitué dans ses grandes lignes par la comparaison des rédactions parallèles, et les *Sentences cnidiennes*, telles qu'elles apparaissent dans les témoignages ou dans les fragments, il y a des analogies.

A. Le modèle commun du groupe et les témoignages sur les *Sentences cnidiennes*.

Il convient de faire le départ entre les témoignages sur les Cnidiens en général et ceux qui concernent les *Sentences cnidiennes* proprement dites. Si l'on excepte les témoignages citant des fragments de l'œuvre, il y a en tout et pour tout un seul témoignage sur les *Sentences cnidiennes*, mais il est important, par suite de son ancienneté, de son ampleur et de sa précision ; c'est la polémique de l'auteur du *Régime dans les maladies aiguës* contre les *Sentences cnidiennes* dans le préambule de son ouvrage[1]. De l'examen de ce témoignage, trois analogies peuvent être dégagées :

— du compte rendu critique des *Sentences cnidiennes*

(cité *supra*, p. 30, n. 2 de la p. 29), alors qu'un réexamen de tous les témoignages de Galien montre que le médecin de Pergame, dans ses jugements sur la *Collection hippocratique*, n'attribue pas des théories différentes aux *Cnidiens* et aux *Coaques* et ne fait pas de différence entre la médecine d'Euryphon et celle des fils d'Hippocrate. Cette critique, salutaire par certains côtés, excessive par d'autres, ne saurait remettre en cause le témoignage beaucoup plus ancien de l'auteur du *Régime dans les maladies aiguës* sur l'existence d'un ouvrage collectif issu de la communauté médicale de Cnide ni, du reste, les témoignages de Galien sur les « médecins de Cnide » (οἱ ἀπὸ τῆς Κνίδου ἰατροί *vel* οἱ Κνίδιοι ἰατροί *vel* οἱ Κνιδιακοὶ ἰατροί) ; voir aussi du même auteur, *The hippocratic tradition*, Cornell Publications in the History of Science, Ithaca and London, 1979, p. 142, n. 68. L'opposition doctrinale entre Cos et Cnide a été également remise en question par A. Thivel, *Cnide et Cos ? Essai sur les doctrines médicales dans la Collection hippocratique*, Publications de la Faculté des Lettres et des Sciences humaines de Nice-21, Paris, 1981 ; voir aussi V. di Benedetto, *Cos e Cnido* in *Hippocratica* (Actes du Colloque hippocratique de Paris, 1978, éd. M. D. Grmek), Colloques internationaux du CNRS n° 583, Paris, 1980, p. 97-111.

1. Voir déjà *supra*, p. 29.

par l'auteur du *Régime dans les maladies aiguës*, il ressort que pour chaque maladie il y avait un développement sur la sémiologie (c. 1, Littré II, 224, 1 sq. = Joly, 36, 3 sq. : ὁποῖα μὲν πάσχουσιν οἱ κάμνοντες ἐν ἑκάστοισι τῶν νοσημάτων), éventuellement sur le pronostic (c. 1, Littré II, 224, 3 = Joly, 36, 4 sq. : ὁποίως ἔνια ἀπέθαινεν), puis sur la thérapeutique (c. 1, Littré II, 224, 9 = Joly, 36, 11 sq.) ὡς χρὴ ἕκαστα ἰητρεύειν; cf. aussi c. 1, Littré II, 226, 9 = Joly, 37, 1 περὶ τῶν προσοιστέων ἑκάστοισιν). Or le schéma d'exposition de chacune des affections dans *Maladies II* **2** (et aussi dans d'autres traités du groupe) comprend, comme nous l'avons vu, ces trois parties. Par ailleurs, l'auteur du *Régime dans les maladies aiguës* fait une distinction à l'intérieur de la thérapeutique entre la médication (c. 1, Littré II, 226, 2 = Joly, c. 2, 36, 14 τοῖσιν ἄκεσιν) et le régime (c. 1, Littré II, 226, 10 = Joly, c. 3, 37, 2 περὶ διαίτης). De même, à l'intérieur de la thérapeutique dans *Maladies II* **2**, la distinction est souvent faite, comme nous l'avons vu, entre la médication et le régime[1] ;

— la médication, au moins dans la version primitive des *Sentences cnidiennes*, était sommaire. L'auteur du *Régime dans les maladies aiguës* reproche en effet

---

1. Cette analogie dans le schéma a été signalée récemment de façon indépendante par J. Jouanna, *Archéologie...*, p. 135 et 459-460 et H. Grensemann, *Knidische Medizin*, I..., p. 54. Selon d'autres, le compte rendu critique du *Régime dans les maladies aiguës* ne permet pas de reconstituer un schéma valable pour chaque maladie, car la critique porte sur l'ouvrage « comme un tout » ; voir J. Kollesch, *Die Stellung der knidischen Heilkunde...*, p. 113. On notera toutefois l'insistance avec laquelle l'auteur du *Régime dans les maladies aiguës* emploie le pronom ἕκαστος dans son compte rendu critique (6 fois) à propos des maladies. Il est naturel d'en conclure que les maladies étaient examinées une à une sous forme analytique comme dans le modèle commun du groupe ; cette conclusion est confirmée par le témoignage de Galien sur les variétés de maladies chez les Cnidiens (voir *infra*, p. 35) ; Galien y indique nettement par le choix des adverbes que les maladies sont exposées successivement (cf. πάλιν κατωτέρω ... πάλιν ἔτι κατωτέρω ... εἶτα πάλιν ἐφεξῆς).

aux auteurs de la première version des *Sentences cnidiennes* de réduire la médication à un petit nombre de remèdes, médicaments évacuants, lait et petit-lait. Or, non seulement la prescription des purgatifs, du lait et du petit-lait est fréquente dans *Maladies II 2* (et aussi dans *Affections internes*), mais également les formules qui y sont employées notamment pour prescrire le lait et le petit-lait correspondent parfois jusque dans les termes aux critiques de l'auteur du *Régime dans les maladies aiguës*, comme on l'a noté depuis Ermerins[1]. Voici les principaux rapprochements :

RMA	Maladies II 2	Affections internes
c. 1, Littré II, 226, 4-5 (Joly, c. 2, 36, 16-17) : φάρμακα ἐλατήρια διδόναι καὶ ὀρὸν καὶ γάλα τὴν ὥρην πιπίσκειν.	c. 66 (55), 205, 7 sq. : καὶ τὴν ὥρην ὄνου γάλα ἢ ὀρὸν πιπίσκων φάρμακον προσπῖσαι. c. 68 (c. 57), 207, 8-208, 1 : τοῦτον φάρμακον πιπίσκειν καὶ κάτω καὶ ἄνω ... καὶ ὀρὸν τὴν ὥρην καὶ γάλα ὄνου πιπίσκειν. c. 73 (c. 62), 213, 7 sq. : τοῦτον φάρμακον πιπίσκειν θαμὰ καὶ ὀρὸν καὶ γάλα τὴν ὥρην. comp. aussi c. 70 (c. 59), 209, 17 sq. : τοῦτον φάρμακον πιπίσκειν · καὶ ὀρὸν καὶ γάλα ὄνου πινέτω.	c. 3 (Littré VII, 176, 17) : πινέτω δὲ καὶ γάλα βοὸς καὶ αἰγὸς τὴν ὥρην. c. 6 (Littré VII, 182, 19-20) : καὶ ὀρὸν καὶ γάλα τὴν ὥρην πινέτω βοὸς καὶ αἰγὸς καὶ ὀνείου καὶ ἱππείου. c. 13 (Littré VII, 200, 17) : καὶ τὴν ὥρην γαλακτοποτείτω. c. 16 (Littré VII, 206, 6) : καὶ τὴν ὥρην ὀροποτείτω καὶ γαλακτοποτείτω. c. 48 (Littré VII, 288, 10 sq.) : καὶ γαλακτοποτείτω τὴν ὥρην καὶ ὀροποτείτω.

— d'après le compte rendu critique du *Régime dans les maladies aiguës*, il est vraisemblable que les *Sentences cnidiennes* subdivisaient les maladies en un nombre précis de variétés (c. 1, Littré II, 228, 1 sq. = Joly,

---

1. Référence donnée p. 26, n. 2. Sur la médication par le lait dans la *Collection hippocratique*, voir K. Deichgräber, *Zur Milchtherapie der Hippokratiker (Epid. VII)* in *Medizingeschichte in unserer Zeit*, Festschrift Artelt, Stuttgart, 1971, p. 36-53.

c. 3, 37, 5-7 τοὺς δ' ἀριθμοὺς ἑκάστου τῶν νοσημάτων σάφα ἐθέλοντες φράζειν). Sans doute le témoignage est-il moins net que dans le cas précédent, parce que l'auteur semble avoir élargi sa polémique aux anciens (c. 1, Littré II, 226, 10 = Joly, c. 3, 37, 2 οἱ ἀρχαῖοι). Néanmoins Galien, dans son *Commentaire au Régime dans les maladies aiguës*, indique, à propos de ce passage, que les médecins cnidiens (οἱ ἀπὸ τῆς Κνίδου) distinguaient 7 maladies de la bile, 12 maladies de la vessie, 4 maladies des reins, 4 stranguries, 3 tétanos, 4 ictères, 3 phtisies[1]. Il est donc raisonnable de penser que les auteurs des *Sentences cnidiennes* sont visés également sur ce point par l'auteur du *Régime dans les maladies aiguës*, sans que l'on puisse dire s'ils représentent tout ou partie des médecins mis en cause. Or dans *Maladies II 2* et dans les traités nosologiques qui dérivent avec lui d'un modèle commun, cette tendance à subdiviser les maladies en de multiples variétés

---

1. Voici le texte du commentaire de Galien (éd. Helmreich, CMG V 9, 1, 121, 21-122, 3 = Test. 12 Deichgräber-Grensemann) : Εἶπον ὀλίγον ἔμπροσθεν κατ' ἀρχάς, ὅτι ἔγραψαν οἱ ἀπὸ τῆς Κνίδου <...> « χολῆς νοῦσοι ἑπτά », κατὰ δὲ τὸν αὐτὸν τρόπον πάλιν κατωτέρω « ἀπὸ τῆς κύστεως νοῦσοι δώδεκα », καὶ πάλιν ἔτι κατωτέρω « νεφρῶν νοσήματα τέσσαρα », καὶ μετὰ τοῦτο πάλιν « ἀπὸ τῆς κύστεως νοῦσοι στραγγουριῶν τέσσαρες », εἶτα πάλιν ἐφεξῆς « τέτανοι τρεῖς », καὶ μετὰ ταῦτα πάλιν « ἴκτεροι τέσσαρες », εἶτα μετὰ τοῦτο « φθίσιες τρεῖς ». Sur la lacune après Κνίδου, voir H. Grensemann, *Knidische Medizin*, I..., p. 64. Bien qu'elle puisse être partiellement comblée (post Κνίδου lege ἰατροὶ περαιτέρω τοῦ προσήκοντος), il manque peut-être le début de la liste sur les variétés de maladies. Par les médecins de Cnide, il faut entendre, d'après le contexte, ceux qui ont écrit ou révisé les *Sentences cnidiennes* ; cf. quelques lignes plus haut dans le commentaire de Galien (éd. Helmreich 120, 11 sq. οἱ ἀπὸ τῆς Κνίδου ἰατροί à propos des réviseurs des *Sentences cnidiennes*). Les titres de maladies sont des citations comme l'indiquent les traces de dialecte ionien. Comp. dans *Affections internes* les titres suivants : φθίσιες τρεῖς (in M, def. θ, c. 10, Littré VII, 188, 26), ἴκτεροι τέσσερες (in θ, ἴκτεροι Δ̅ M, c. 35, *ibid.*, 252, 17), τέτανοι τρεῖς (in θ, τέτανοι Γ̅ M, c. 52, *ibid.*, 298, 11) ; cf. aussi c. 14, *ibid.*, 202, 1 Ἀπὸ νεφρῶν αἰδὲ (= αἵδε) νοῦσοι γίγνονται τέσσαρες (in M, def. θ).

et à les dénombrer est bien connue[1]. *Maladies II* **2** distingue 3 angines (c. 26 [c. 15] - c. 28 [c. 17]), 5 polypes (c. 33 [c. 22] - c. 37 [c. 26]), 2 ictères (c. 38 [c. 27] - c. 39 [c. 28]), 3 pleurésies (c. 44 [c. 33] - c. 46 [c. 35]) et 2 maladies noires (c. 73 [c. 62] et c. 74 [c. 63]). Il faut reconnaître cependant qu'il n'y a pas accord entre *Maladies II* **2** et les indications données par Galien sur le nombre précis des variétés de maladies chez les Cnidiens, l'unique fois où la comparaison est possible. *Maladies II* **2** ne présente que deux variétés d'ictères, alors que les Cnidiens, aux dires de Galien, en dénombraient quatre. Mais un autre traité du groupe, *Affections internes*, présente bien quatre variétés d'ictères, et plus généralement le nombre des variétés de maladies que Galien attribue aux Cnidiens[2].

B. Le modèle commun du groupe et les témoignages sur les Cnidiens.

En faveur de l'origine cnidienne de *Maladies II*, deux autres témoignages sur les Cnidiens ont été traditionnellement allégués. Après réexamen, l'un ne paraît pas convaincant et doit être abandonné ; l'autre est beaucoup plus intéressant et doit être utilisé avec plus de rigueur qu'on ne l'a fait jusqu'à présent :

a) le témoignage de Platon le Comique sur Euryphon.

Platon le Comique, d'après Galien, représente un patient d'Euryphon au sortir d'une pleurésie, avec de nombreuses escarres sur le corps. Voici le témoignage dans son contexte. Galien, dans son *Commentaire aux*

---

1. L'argument est utilisé par Littré dans ses « Remarques... », t. VII, p. 305.
2. *Affections internes*, c. 35-38, Littré VII, 252, 17-260, 21. Dans *Affections internes*, à la différence de *Maladies II* **2**, le nombre des variétés de maladies correspond aux données cnidiennes, chaque fois que la comparaison est possible (outre 4 ictères, 4 maladies des reins, 3 tétanos, 3 phtisies) ; cette correspondance a été notée depuis longtemps ; voir déjà A. Foes, *Magni Hippocratis... opera omnia*. Francofurti, 1595, sect. V, col. 282, l. 44-47, qui déduit de cette coïncidence l'origine cnidienne de ce traité.

Aphorismes d'Hippocrate (éd. Kühn XVIII A, 149,
8-150, 1) explique le sens du mot ἔμπυοι dans *Aphorismes VII*, 44 (Littré IV, 590, 1 = Test. 4 Deichgräber-
Grensemann) :

Μόνους δὲ ἐμπύους προσαγορεύει τοὐπίπαν ἐξαιρέτως, οἷς
μεταξὺ θώρακός τε καὶ πνεύμονος ἤθροισται τὸ πύον, οὓς
ὅτι συνήθως ἔκαιον οἱ παλαιοί, μαθεῖν ἔστι καὶ ἐξ ὧν
εἴρηκε Πλάτων ὁ κωμικὸς ἐπὶ Κινησίου κατὰ τήνδε τὴν
ῥῆσιν ·

μετὰ ταῦτα δὲ
† Εὐαγόρου † παῖς ἐκ πλευρίτιδος Κινησίας
σκελετός, <δι>άπυος, καλάμινα σκέλη φορῶν,
φθόης προφήτης, ἐσχάρας κεκαυμένος
πλείστας ὑπ' Εὐρυφῶντος ἐν τῷ σώματι

1 ἐξαιρέτως Deichgräber apud Grensemann : ἐξαιρέτους
vulg. ‖ 7 Εὐαγόρου locus desperatus Οἰάγρου Kock Πυαγόρου
Meineke ‖ 8 <δι>άπυος scripsi : ἄπυος vulg. ἔμπυος propos.
Littré dubitanter (t. I, p. 7, n. 2) ἄπυγος Meineke Kock
ἄπυος inter cruces inser. Grensemann.

(Hippocrate) appelle « empyématiques » généralement
de façon restreinte uniquement ceux chez qui le pus
s'est accumulé entre la poitrine et le poumon ; sur
ces malades, les anciens pratiquaient habituellement
des cautérisations ; on peut s'en rendre compte d'après
ce que Platon le comique a dit de Kinésias dans les
vers suivants :

après cela
le fils d'† Euagore †, Kinésias[1], au sortir d'une
[« pleurésie »[2],

1. Kinésias est un poète dithyrambique de la deuxième moitié
du ve siècle avant J.-C. Novateur en musique, il est raillé plusieurs
fois par Aristophane et d'autres poètes comiques. Strattis a
même écrit une comédie intitulée Κινησίας ; il est critique également par Platon dans le *Gorgias*. Il était en réalité fils de Mélès
(cf. *Gorgias*, 501 e Κινησίαν τὸν Μέλητος). L'appellation « fils
d'Oeagre » (si la conjecture de Kock est exacte) fait de lui un
second Orphée. Ses disgrâces physiques et sa maigreur sont aussi
raillées par Aristophane, *Oiseaux*, v. 1379-1380. Sur Kinésias,
voir RE, Bd. XI, *s.v.* Κινησίας (Pau Maas), col. 479-481.
2. « Au sortir d'une pleurésie » est l'interprétation tradition-

décharné, plein de pus[1], ayant les jambes comme
[des roseaux,
prophète de phtisie, portant de très nombreuses
[escarres sur le
corps par suite des cautérisations d'Euryphon...

nelle ; voir par exemple éd. Kühn XVIII A, 149, 27 sq. : « e
pleuritide » et éd. Littré I, 7, 18 « au sortir d'une pleurésie ».
Dans la *Collection hippocratique*, l'« empyème » peut effectivement
faire suite à une « pleurésie » ; voir *Maladies III*, c. 16 a, Littré
VII, 142, 18 : « il guérit de la « pleurésie », mais le vingtième jour,
il devient empyématique » ; le c. 16 b, *ibid.*, 150, 18 sqq., décrit,
en fait, un « empyème » après « pleurésie » ou péripneumonie;
c'est du reste la rédaction parallèle de *Maladies II 2*, c. 47 b
(c. 36 b), qui traite de l'« empyème » après une péripneumonie
(179, 20 sq. : ὅταν ἐκ περιπλευμονίης ἔμπυος γίνηται) ; on notera
que, pour la formulation, ἐκ περιπλευμονίης de *Maladies II 2*,
c. 47 b (c. 36 b), est analogue à ἐκ πλευρίτιδος de Platon le
comique ; cf. aussi *Maladies III*, c. 16 b, Littré VII, 154, 22.
Mais il n'est pas impossible que l'auteur comique joue sur un
deuxième sens : fils de Pleurésie ; pour ce deuxième sens, voir
H. Grensemann, *Knidische Medizin*, I ..., p. 6.
    1. La leçon de la *vulgate* ἄπυος a été corrigée par les éditeurs
de Platon le Comique en ἄπυγος « sans fesses » ; cet adjectif
semble convenir dans un contexte où la maigreur de Kinésias est
soulignée. Néanmoins, avec une telle leçon, on ne comprend plus
pourquoi ces vers de Platon le Comique sont cités par Galien pour
illustrer le traitement des « empyématiques » (ἐμπύους) ; pour cet
argument, voir déjà H. Grensemann, *Knidische Medizin*, I...,
p. 6. À la place d'ἄπυος, Littré, au tome I de son édition d'Hippocrate (p. 7, n. 2) propose (avec un point d'interrogation) de lire
ἔμπυος ; le mot n'est pas possible du point de vue de la scansion.
En revanche διάπυος, qui est un synonyme de ἔμπυος bien attesté
dans la littérature médicale, a l'avantage de convenir pour la
scansion et de ne présenter qu'une légère correction par rapport
au texte des manuscrits. Pour la synonymie entre διάπυος et
ἔμπυος, voir *Maladies I*, c. 18, Littré, 172, 18 (= Jouanna,
Archéologie..., p. 318, 16 et Wittern, 48, 1) διαπύου θ : ἐμπύου M ;
toutefois dans la *Collection hippocratique*, on observe généralement une différence dans l'usage : διάπυος est employé à propos des
organes pleins de pus et ἔμπυος à propos de l'individu « empyématique » ; cette différence s'observe clairement dans *Maladies II 2* ;
à c. 31 (c. 20), 166, 7 ἐπὴν δὲ διάπυον γένηται opposer c. 27
(c. 16), 162, 13 ἔμπυος γίνεται ; sur 13 emplois de ἔμπυος dans le
traité (voir *index verborum*), 12 désignent l'individu empyématique ; un seul s'applique à un organe (c. 47 a [c. 36 a], 179, 3 :
à propos du poumon).

On allègue généralement ce témoignage depuis Littré (t. VII, p. 306-307) pour prouver que *Maladies II*, *Affections internes* et *Maladies III* sont « bien cnidiens en cela ; car ils font le plus grand usage de la cautérisation dans les maladies thoraciques » (Littré VII, p. 307). Cet argument, par suite du contexte dans lequel est cité le témoignage n'a pas en lui-même un grand poids. Galien cite en effet l'exemple d'Euryphon pour prouver que la cautérisation était le traitement *habituel* de l'empyème chez les *anciens*. Dans l'esprit de Galien, ce n'est donc pas une caractéristique de la thérapeutique cnidienne ;

b) le témoignage de Galien sur l'« infusion dans le poumon ».

Si la pratique de la cautérisation n'est pas considérée par Galien comme une caractéristique de la thérapeutique cnidienne, il n'en est pas de même du procédé dit de l'« infusion dans le poumon ». Dans son traité *Sur la meilleure secte*, c. 10 (éd. Kühn I, 128, 16-129, 4), Galien donne comme exemple de méthode thérapeutique par analogie la pratique cnidienne suivante (Test. 17 Deichgräber-Grensemann) : κατὰ τοιοῦτον δή τινα λόγον οἱ Κνιδιακοὶ ἰατροὶ τοὺς ἐν πνεύμονι πύον ἔχοντας θεραπεύειν ἐπειρῶντο τῇ τοῦ ὁμοίου μεταβάσει χρώμενοι. Ἐπεὶ γὰρ πᾶν τὸ ἐν πνεύμονι ὑπάρχον διὰ βηχὸς ἀναφέρεται, ἐξέλκοντες τὴν γλῶτταν ἐνίεσάν τι εἰς τὴν ἀρτηρίαν ὑγρὸν τὸ σφοδρὰν βῆχα κινῆσαι δυνάμενον, ἵνα διὰ τῆς ὁμοιότητος τοῦ συμπτώματος ἀνενεχθῇ τὸ πύον, « Suivant un principe comparable, les médecins cnidiens s'efforçaient de soigner ceux qui avaient du pus dans le poumon par le recours à la méthode par analogie : comme tout ce qui est dans le poumon est expulsé par la toux, ils tiraient la langue (du malade) et infusaient dans la trachée quelque liquide capable de provoquer une forte toux afin que le pus fut expulsé grâce à un processus analogue à celui du symptôme. »

Comme Littré le notait déjà (t. VII, p. 5, p. 162-163 et p. 305), cette pratique cnidienne est fréquente dans

Maladies II 2[1]. En particulier, la description du procédé dans la thérapeutique de l'«empyème» (c. 47 b [c. 36 b] 180, 2 sqq.) concorde parfaitement avec celle de Galien : on tire la langue du malade (*Mal. II 2*, 180, 4 sq. ἐξειρύσας τὴν γλῶσσαν ; Galien ἐξέλκοντες τὴν γλῶτταν) et on y verse un liquide (*Mal. II 2*, 180, 5 ἐγχέαι ; Galien ἐνίεσαν) pour provoquer l'expulsion du pus (*Mal. II 2*, 180, 6 ἢν ... ὑπὸ τούτου τὸ πύον ῥαγῇ ; Galien ἵνα ... ἀνενεχθῇ τὸ πύον). Or, comme le développement sur la thérapeutique de l'«empyème», y compris le procédé de l'«infusion dans le poumon» se retrouve dans la rédaction parallèle de *Maladies III*, c. 16 b, il est certain que ce procédé, caractéristique des médecins de Cnide, était déjà prescrit dans le modèle commun de *Maladies II 2* et de *Maladies III*[2].

Étant donné ces quatre rapprochements qui peuvent être établis entre le modèle commun du groupe et ce que l'on sait des *Sentences cnidiennes* ou des caractéristiques de la médecine cnidienne soit par le témoignage fort ancien du *Régime dans les maladies aiguës*, soit par le témoignage plus récent de Galien, il n'est pas déraisonnable d'en conclure que ce modèle commun n'est autre que les *Sentences cnidiennes* ou dérive de cet ouvrage collectif des Cnidiens.

C. Le modèle commun du groupe et les fragments des *Sentences cnidiennes* ou d'Euryphon.

Des *Sentences cnidiennes* et d'Euryphon nous avons conservé trois fragments, malheureusement fort courts. Le premier est tiré des *Sentences cnidiennes* sans mention d'auteur ; le second est également tiré des *Sentences cnidiennes*, mais avec la mention supplémentaire de l'auteur auquel on rapportait l'œuvre, Euryphon ; le troisième, un peu plus long que les

1. Outre l'exemple de l'empyème cité dans le texte, voir c. 47 a (c. 36 a), 179, 17 ἐγχεῖν (péripneumonie) ; c. 50 (c. 39), 187, 14 : ἐγχεῖν ἐς τὸν πλεύμονα (conduit pulmonaire aphteux) ; c. 52 (c. 41), 189, 15 ἐγχεῖν ἐς τὸν πλεύμονα (maladie du poumon).

2. Sur ce point, voir déjà J. Jouanna, *Archéologie...*, p. 482.

précédents, est attribué à Euryphon, sans mention de l'œuvre ; aussi son appartenance aux *Sentences cnidiennes*, traditionnellement acceptée, est-elle actuellement discutée. Voici le texte de ces fragments[1] :

— Fragment 1 (= Test. 14 Deichgräber-Grensemann) : Rufus d'Éphèse, *Noms des parties du corps* (éd. Daremberg-Ruelle, 159, 13-160, 2) cite, à propos du terme ἀλώπεκας qui est une dénomination parmi d'autres des muscles lombaires, le début de la maladie appelée νεφρῖτις : Τοῦτο ἄρα ἦν καὶ τὸ ἐν ταῖς Κνιδίαις γνώμαις γεγραμμένον · « ἦν δὲ νεφρῖτις ἔχῃ, σημεῖα τάδε · οὐρεῖ παχὺ πυῶδες καὶ ὀδύναι ἔχουσιν ἔς τε τὴν ὀσφῦν καὶ τοὺς κενεῶνας καὶ τοὺς βουβῶνας καὶ τὸ ἐπίσειον, τοτὲ δὲ καὶ ἐς τὰς ἀλώπεκας ».

2 ἦν Jouanna[1] : ἐὰν codd. ‖ 3 οὐρεῖ Jouanna[1] (οὐρέει Ermerins) : ἐὰν οὐρῇ codd. Daremberg ‖ ἔχουσιν codd. : ἔχωσιν Daremberg.

« C'était justement ce terme qu'on trouvait dans les *Sentences cnidiennes* : « S'il y a néphritis, les symptômes sont les suivants ; l'urine est épaisse et purulente ; des douleurs se font sentir aux lombes, aux flancs, aux aines et au pubis, parfois aussi aux muscles lombaires (litt. « renards »). »

— Fragment 2 (= Test. 13 Deichgräber-Grensemann) : Galien, *Commentaire des Épidémies VI d'Hippocrate* (éd. Wenkebach, CMG V, 10, 2, 2, p. 54). Commentant l'expression πεμφιγώδεις (sc. πυρετοί) (= *Épidémies VI*, sect. 1, c. 14, Littré V, 274, 7), Galien

1. Ces trois fragments étaient déjà connus d'Ermerins qui les a réunis dans son édition du *Régime dans les maladies aiguës* de 1841 (*Hippocratis liber De victu ratione in morbis acutis...*, p. 99-101) et repris dans son édition des œuvres complètes d'Hippocrate (*Hippocratis et aliorum medicorum veterum reliquae*, t. II, Trajecti ad Rhenum, 1862, p. LXII-LXIII). Ils ont été réédités récemment par J. Jouanna, *Archéologie...*, p. 129 (frg. 1), p. 130 (frg. 2) et p. 18 (frg. 3) avec commentaire critique du frg. 3 p. 20, n. 1 ; et par H. Grensemann, *Knidische Medizin*, I..., p. 26-27 (frg. 1 = Test. 14), p. 25-26 (frg. 2 = Test. 13) et p. 27-28 (frg. 3 = Test. 15).

étudie longuement le sens de πέμφιξ et cite à ce propos
le fragment suivant des *Sentences cnidiennes* : Εἴρηταί
γε μὴν ἡ πέμφιξ κἀν ταῖς Κνιδίαις γνώμαις ἃς εἰς
Εὐρυφῶντα τὸν [καὶ] ἰατρὸν ἀναφέρουσι, <κατὰ> τήνδε
τὴν λέξιν · « οὐρεῖ ὀλίγον ἑκάστοτε αἰεὶ καὶ ἐφίσταται
πέμφιξ οἷον ἐλαίου χλωρὴ ὥσπερ ἀράχνιον ». Ἐοίκασι
γοῦν οὗτοι πέμφιγα καλεῖν οὐχ ὅλην τὴν φλύκταιναν,
ἀλλὰ μόνον τὸ περιγράφον αὐτὴν ἔξωθεν ἀραχνίῳ
παραπλήσιον.

1 Εἴρηταί edd. : εἴρητέ U ‖ Κνιδίαις Wenkebach : Κνιδείαις
U ‖ 2 καὶ cum Crasso et Cornario delevit Wenkebach : om. H
an Κνίδιον ? Wenkebach, p. 513, 23 ‖ <κατὰ> add. Kühn :
om. U ‖ 3 οὐρεῖ Jouanna[1] : οὐρέοι U οὐρέει a Charterio edd.
‖ αἰεὶ καὶ ex H conj. Wenkebach : καὶ κάει U edd. ‖ 4 χλωρὴ H
Wenkebach : χλορῆς U χλωρῆς edd.

« Le mot ἡ πέμφιξ est également employé dans les
Sentences cnidiennes, que l'on attribue au médecin
Euryphon, dans la phrase suivante : « Le malade urine
peu à chaque fois sans exception et il se forme à la
surface (de l'urine) une tache, comme s'il y avait de
l'huile, de couleur verte, semblable à une toile d'araignée ». Ces gens-là (?), en tout cas, semblent appeler
pemphix non pas la phlyctène tout entière, mais
seulement le pourtour, qui est semblable à une toile
d'araignée[1]. »

— Fragment 3 (= Test. 15 Deichgräber-Grensemann) Galien, *Commentaire des Épidémies VI
d'Hippocrate* (éd. Wenkebach, CMG V, 10, 2, 2, p. 55) ;
commentant l'expression οἱ δὲ πελιοί (sc. πυρετοί)
d'*Épidémies VI*, sect. 1, c. 14, Littré V, 274, 8, Galien
apporte un témoignage sur Euryphon : Τοὺς <δὲ> τοιού-
τους πυρετοὺς Εὐρυφῶν ὀνομάζει πελιὰς γράφων ὧδε ·
« πελιή · πυρετὸς ἴσχει καὶ βρυγμὸς ἄλλοτε καὶ ἄλλοτε

1. Sur le sens de πέμφιξ, qui peut désigner soit une « goutte »
(d'où une « tache ») soit une « bulle », voir J. Jouanna, *Archéologie..*,
p. 131, note 3 de la p. 130. Pour une autre interprétation, voir
W. D. Smith, *Galen on Coans versus Cnidians...*, p. 577, n. 24 :
« οἷον ἐλαίου could, I think, mean « like a bump on an olive tree ».

καὶ τὴν κεφαλὴν ἀλγεῖ καὶ τὰ σπλάγχνα ὀδύνη ἴσχει
καὶ ἐμεῖ χολὴν καὶ ὅταν ὀδύνη ἔχῃ ἀνορᾶν οὐ δύναται
ὅτι βαρύνεται · καὶ ἡ γαστὴρ ξηρὴ γίνεται καὶ ὁ χρὼς
πελιὸς ἅπας καὶ τὰ χείλεα οἷά περ μόρα τρώξαντι, καὶ
τῶν ὀφθαλμῶν τὰ λευκὰ πελιὰ καὶ ἐξορᾷ ὥσπερ ἀπαγχόμενος, ὁτὲ δὲ ἧσσον τοῦτο πάσχει καὶ μεταβάλλει
πολλάκις. »

1 δὲ add. Wenkebach ‖ Εὐρυφῶν Chartier : εὔρυφον U ‖
2 πελιή Jouanna[1] : πελιδνὸς U Wenkebach πελιὰς Kühn πελιάς
Grensemann πελίας Ermerins, *Hippocratis liber De victus ratione
in morbis acutis*..., p. 100 ‖ βρυγμὸς H Ermerins Wenkebach :
βρεγμὸς non incolume U Kühn ‖ 3 ἀλγεῖ Jouanna[1] : ἀλγέει U ‖ 4
ἐμεῖ Jouanna[1] : ἐμέει U ‖ ἔχῃ Kühn : ἔχει U ‖ ἀνορᾶν U recte ; cf.
Morb. II 2, c. 68 (c. 57), 207, 4 : ἐνορᾶν edd. ‖ 7 ἀπαγχόμενος a Bas. edd. : ἀπαχόμενος U ‖ 8 πολλάκις a Bas. edd. :
πολλακισι U.

« De telles fièvres Euryphon les appelle (maladies)
livides en écrivant ainsi : « (Maladie) livide. Il y a
fièvre, et de temps à autre, grincement de dents ;
maux de tête, douleur dans les viscères et vomissements
de bile. Quand le malade est en proie à la douleur,
il ne peut pas voir, car il a des lourdeurs. Son ventre
est sec ; sa peau est livide sur toute la surface ; ses
lèvres ressemblent exactement à celles d'un homme
qui a mangé des mûres ; le blanc de ses yeux est livide ;
il a les yeux exorbités comme dans le cas de strangulation ; parfois ce symptôme est moins accentué et
l'état du malade change souvent. »

Ces trois fragments sont extraits de développements
sémiologiques ; le premier donne le début d'un exposé
sur une maladie des reins ; le second concerne une maladie
qui n'est pas désignée ; le troisième donne la sémiologie
d'une maladie dite livide. Si le modèle commun du groupe
de traités nosologiques auquel appartient *Maladies II* 2
n'est autre que les *Sentences cnidiennes*, on est en droit
d'attendre des analogies entre les fragments et le modèle
commun du groupe, soit dans la technique d'exposition,
soit dans le contenu quand la comparaison est possible.
Concernant la technique d'exposition, les deux
fragments expressément attribués aux *Sentences cni-*

diennes, très courts il est vrai, offrent des procédés analogues à ceux des rédactions parallèles des traités nosologiques du groupe : énumération des symptômes dans de courtes phrases reliées par καί avec des verbes dont le sujet ou le complément, quand il est sous-entendu, est le malade anonyme atteint de la maladie décrite[1]. Le premier fragment présente en outre la séquence présentation de la maladie (dans une subordonnée introduite par ἥν) — description des symptômes, comme dans plusieurs rédactions parallèles des traités du groupe[2]. Concernant le contenu, la comparaison n'est guère possible. Pour le second fragment, elle est exclue, car nous ne connaissons pas la maladie à laquelle il se rapporte[3]. Le premier fragment concerne une affection des reins dénommée νεφρῖτις[4]. Dans la dernière

----

1. C'est vrai au moins pour le premier fragment. On opposera aux développements nosologiques des *Épidémies* où le singulier, quand il est employé à propos d'un malade, ne renvoie pas d'ordinaire à un malade anonyme, mais à un malade particulier.

2. Comp. par ex. *Mal. II* **1** c. 5 (136, 7 sq.) Ἥν σφακελίσῃ ὁ ἐγκέφαλος, ὀδύνη ἔχει ἐκ τῆς κεφαλῆς ; *Mal. II* **2** c. 20 (c. 9) (154, 7) Ἥν σφακελίσῃ ὁ ἐγκέφαλος, ὀδύνη λάζεται ἐκ τῆς κοτίδος ; *Mal. III*, c. 4 (Littré VII, 122, 5 sq. = Jouanna[1] 374, 1 Ἥν δὲ σφακελίσῃ ὁ ἐγκέφαλος, ὀδύνη ἔχει τὴν κεφαλήν. Comp. aussi *Mal. II* 2, c. 23 (c. 12), 157, 11 Ἥν σφάκελος λάβῃ, ὀδύνη ἴσχει. Il convient toutefois de rappeler que le texte des manuscrits de Rufus d'Éphèse a été corrigé depuis Ermerins (vide app. crit. *supra*, p. 41,) dans un sens qui rapproche la syntaxe de l'extrait des *Sentences cnidiennes* de celle des traités nosologiques du groupe. De plus le δὲ dans ἥν δὲ νεφρῖτις ἔχῃ ne correspond pas à la règle de juxtaposition en asyndète des unités autonomes ; voir *supra*, p. 16, n. 1.

3. De toute façon, les traités nosologiques du groupe n'ont pas conservé dans leur intégralité les exposés de maladies cnidiens. Ils n'ont conservé, parmi les variétés de maladies attribuées par Galien aux médecins de Cnide, ni les sept maladies de la bile, ni les douze maladies de la vessie, ni les quatre stranguries ; au moins dans le cas des stranguries, cela s'explique par le fait que les traités ne nous sont pas parvenus dans leur intégralité ; en effet, comme Littré l'a noté (t. VII, p. 305), l'auteur des *Affections internes*, au c. 14 (Littré VII, 202, 17-18), recommande dans la thérapeutique de la première maladie des reins les mêmes évacuants que pour la strangurie ; il renvoie donc vraisemblablement à une partie perdue de son ouvrage.

4. Sur la maladie nommée νεφρῖτις, voir la monographie de

des quatre maladies des reins d'*Affections internes*, on rencontre un passage approchant[1]. Mais le fragment des *Sentences cnidiennes* est trop bref et les rapprochements ne sont pas assez nets pour en tirer quelque conclusion sûre dans quelque sens que ce soit.

Reste le troisième fragment, pour lequel la coïncidence est remarquable pour la forme et pour le contenu avec la sémiologie de la maladie livide dans *Maladies II 2*, c. 68 (c. 57), 207, 1-7. A part quelques divergences de détail, dont certaines peuvent être dues à des erreurs dans la transmission du texte, les deux passages sont remarquablement parallèles[2]. De cette coïncidence, les érudits, depuis Littré et Ermerins, ont tiré argument pour établir un lien entre *Maladies II* et les *Sentences cnidiennes*[3]. Mais une telle argumentation a été remise en question tout récemment, et cela pour deux raisons[4]. D'abord Galien, lorsqu'il cite le fragment n° 3, l'attribue à Euryphon, sans préciser s'il s'agit ou non des *Sentences cnidiennes*. Il est donc

---

M. D. Grmek et R. Wittern, *Die Krankheit des attischen Strategen Nikias und die Nierenleiden im Corpus hippocraticum* in *Archives internationales d'histoire des sciences*, XXVI, 1977, p. 3-32, où l'on trouvera une édition des quatre maladies des reins d'*Affections internes* d'après les manuscrits anciens.

1. Comp. *Sentences cnidiennes* frg. 1 (41, 12) οὐρεῖ παχὺ πυῶδες et *Affections internes*, c. 17, Littré VII, 206, 17-18 τὸ δὲ οὖρον μόλις προέρχεται ὑπὸ ... παχύτητος ; comp. *Sentences cnidiennes* frg. 1 (41, 12-15) ὀδύναι ἔχουσιν ἔς τε τὴν ὀσφῦν καὶ τοὺς κενεῶνας ..., τοτὲ δὲ καὶ ἐς τὰς ἀλώπεκας et *Affections internes*, c. 17, *ibid.*, 206, 12-14 ὀδύναι πιέζουσιν αὐτὸν ἐς τὴν λαπάρην καὶ ἐς τὸν κενεῶνα καὶ ἐς τὴν ὀσφῦν καὶ ἐς τοὺς μύας τῆς ὀσφύος. Le rapprochement a déjà été fait par H. Grensemann, *Knidische Medizin*, I..., p. 26. Ἀ τὰς ἀλώπεκας des *Sentences cnidiennes* correspond τοὺς μύας τῆς ὀσφύος d'*Affections internes* ; dans la tradition du texte hippocratique, le mot rare a pu être remplacé par la périphrase plus claire.

2. Les variantes de la citation d'Euryphon par rapport à *Maladies II 2*, c. 68 (c. 57) sont consignées dans l'apparat critique *ad loc.* et commentées *infra*, p. 81 sq.

3. Voir par ex. Littré, t. VII, p. 304.

4. Voir W. D. Smith, *Galen on Coans versus Cnidians...*, p. 574 et 578 ; *The hippocratic tradition...*, p. 165 ; voir aussi J. Kollesch, *Die Stellung der knidischen Heilkunde...*, p. 109 sqq.

abusif de le considérer comme un fragment des *Sentences cnidiennes*. Ensuite Galien qui cite dans le même passage la sémiologie de la « fièvre livide » chez Euryphon et dans *Maladies II* n'en déduit pas comme les modernes que *Maladies II* est d'origine cnidienne. Concernant la seconde objection, il est exact que les modernes tirent de deux passages cités côte à côte par Galien une conclusion qui n'est même pas venue à l'esprit de Galien. Mais la préoccupation de Galien était tout autre : commentant le sens discuté de πεμφιγώδεις (sc. πυρετοί) dans *Épidémies VI*, sect. 1, c. 14, Galien pense que la dénomination de la fièvre vient de la coloration de la peau et non de la coloration des selles ; il accumule deux citations, peut-être reprises à de précédents commentateurs, pour illustrer ce sens ; effectivement dans les deux citations faites par Galien, il est question dans les symptômes de la lividité de la peau, mais non de la coloration des selles. Ce n'est pas parce que Galien en donnant ces deux citations s'abstient de tout commentaire sur la ressemblance des deux passages que les modernes doivent s'abstenir de constater et d'interpréter une rencontre trop littérale pour être due au hasard[1]. Concernant la première objection, il est exact que la critique traditionnelle a extrapolé en attribuant ce fragment aux *Sentences cnidiennes* ; elle s'est appuyée sur le fait que Galien, au moment où il cite le fragment n° 3 donnant la sémiologie de la maladie livide, venait de citer, dans le même développement concernant le même lemme d'*Épidémies VI*, le fragment n° 1 donnant aussi la

---

1. De même il n'est pas absurde de rapprocher les subdivisions cnidiennes des maladies données par Galien de celles d'*Affections internes* et d'en tirer des conclusions, bien que Galien n'en ait rien dit. Il n'est pas absurde non plus de mettre en rapport le c. 23 de la *Nature de l'homme* (= *Régime salutaire*, c. 8) avec le c. 12 (c. 1) de *Maladies II* et d'en tirer des conclusions, alors que Galien, tout en reconnaissant dans son *Commentaire de la Nature de l'homme* (éd. Mewaldt, 8, 5 sq.) que ce développement sur les maladies de l'encéphale a été rattaché par hasard au traité de la *Nature de l'homme*, ne dit rien de son origine.

sémiologie d'une maladie en précisant qu'on attribue
les *Sentences cnidiennes* à Euryphon ; et elle s'est
appuyée sur l'idée implicite qu'une description nosologique de celui qui passe pour le plus célèbre des médecins
cnidiens avait tout naturellement un rapport avec
l'ouvrage collectif des Cnidiens sur la nosologie. On
notera que les procédés d'exposition dans le fragment
n° 3 sont conformes à ceux des deux autres fragments
(très courts, il est vrai) qui sont attribués expressément
aux *Sentences cnidiennes*[1]. Admettons que cette extrapolation est abusive et que la critique traditionnelle
a eu tort de prendre ce fragment comme point de
départ de la relation entre *Maladies II* et les *Sentences
cnidiennes*. Il reste que la ressemblance en grande partie
littérale entre le fragment d'Euryphon, qu'il soit tiré
ou non des *Sentences cnidiennes*, et le c. 68 (c. 57)
de *Maladies II* **2** existe et qu'elle s'explique soit par
une influence directe de l'un sur l'autre, soit par
l'existence d'un modèle commun. On ne pourrait rien
dire de plus, s'il n'était avéré par une autre voie,
celle de l'analyse comparative d'un groupe de traités
nosologiques de la *Collection*, l'existence d'un modèle
de *Maladies II* **2**. Le parallélisme entre *Maladies II* **2**,
c. 68 (c. 57) et le fragment d'Euryphon n'est pas
différent par nature de ceux qui existent entre la
sémiologie de *Maladies II* **2** et de certains traités du
groupe, notamment *Maladies II* **1**, *Maladies III* et
Affections internes. Il est donc naturel d'expliquer
aussi cette rédaction parallèle par l'existence du
modèle commun, soit que l'ouvrage d'Euryphon dont
est extraite la citation de Galien dérive du modèle
commun au même titre que les autres traités du groupe,

---

1. Courtes phrases reliées par καί dont le verbe à la troisième
personne du singulier a pour sujet, quand il est sous-entendu, le
malade anonyme atteint de la maladie décrite ; comp. frg. 3
(43, 2 ἐμεῖ et frg. 1 (41, 12) οὐρεῖ. Comparaisons concrètes ;
comp. frg. 3 (43, 5 sq.) ὥσπερ ἀπαγχόμενος et frg. 2 (42, 6)
ὥσπερ ἀράχνιον. Noter aussi la similitude d'expression ὀδύναι
ἔχουσιν (frg. 1, 41, 12) et ὀδύνη ἴσχει … ὀδύνη ἔχῃ (frg. 3, 43, 1
et 2).

soit qu'il constitue ce modèle commun. Or, comme il a paru raisonnable de conclure, par l'examen des témoignages sur les *Sentences cnidiennes* ou sur les Cnidiens en général, indépendamment de la comparaison entre le c. 68 (c. 57) de *Maladies II 2* et la citation d'Euryphon par Galien, que ce modèle commun n'était autre que les *Sentences cnidiennes* ou dérivait de cet ouvrage collectif des Cnidiens, il en résulte que l'ouvrage d'Euryphon dont est extraite la sémiologie de la « fièvre livide » est, selon toute vraisemblance, soit les *Sentences cnidiennes* soit un traité dérivé directement ou indirectement des *Sentences cnidiennes*[1].

En définitive, de l'analyse comparative d'un groupe de traités nosologiques de la *Collection hippocratique*, puis du réexamen de tous les témoignages sur les *Sentences cnidiennes* et sur les Cnidiens en général, même si certaines affirmations traditionnelles doivent être rectifiées ou précisées, même si le problème de l'origine de *Maladies II*, qui comporte deux parties distinctes, doit être formulé en des termes plus rigoureux que du temps de Littré, il résulte la conclusion suivante : par suite de l'existence de rédactions parallèles entre plusieurs traités nosologiques de la *Collection hippo-cratique*, dont *Maladies II 1* et *Maladies II 2*, il existe un modèle commun dont ces traités dérivent, en totalité ou en partie et plus ou moins fidèlement ; par suite de plusieurs analogies entre certaines caractéristiques des traités du groupe et ce que l'on sait des *Sentences cnidiennes* ou des Cnidiens en général, il y a de grandes présomptions pour que ce modèle soit cet écrit collectif des médecins de Cnide ou en dérive[2]. *Maladies II 1* et *Maladies II 2* sont donc vraisemblablement cnidiens, ou, à tout le moins, utilisent du matériel cnidien.

---

1. Pour un avis franchement opposé, voir W. D. Smith (*Galen on Coans versus Cnidians...*, p. 582) : « The modern myth of Eury-phon's stupendous, comprehensive, and orderly *Cnidian Opinions* explains nothing and misinterprets what little Galen knew ».

2. Voir *supra*, p. 29 sq.

IV

LES CARACTÉRISTIQUES DE LA MÉDECINE DANS *MALADIES II 1* ET DANS *MALADIES II 2*

Signification des différences entre Maladies II 1 et Maladies II 2 Même si *Maladies II 1* et *Maladies II 2* ont utilisé un modèle commun, tout n'est pas identique, comme l'a montré déjà l'étude comparative du schéma d'exposition des maladies dans les deux traités. Pour s'en tenir aux différences essentielles, *Maladies II 1* présente pour chaque maladie un développement sur l'étiologie qui est absent de *Maladies II 2*, tandis que *Maladies II 2* possède un développement sur la thérapeutique qui ne se lit pas dans *Maladies II 1*. De l'interprétation de ces différences dépend le jugement que l'on portera non seulement sur la position de ces deux traités par rapport au modèle mais aussi sur les caractères mêmes de la médecine cnidienne. Sur un point aussi décisif, les avis des érudits sont partagés. Selon les uns, *Maladies II 1* et *Maladies II 2* ne présentent pour chaque exposé de maladie qu'une version fragmentaire du modèle, lequel comporterait, outre la sémiologie et le pronostic (présents dans les deux traités), un développement sur la thérapeutique (absent de *Maladies II 1*) et une partie sur l'étiologie (absente de *Maladies II 2*). Selon les autres, *Maladies II 2* avec ses exposés tripartites (sémiologie, thérapeutique, pronostic) serait un reflet relativement fidèle du modèle, tandis que *Maladies II 1*, tout en conservant la sémiologie et dans certains cas le pronostic, aurait négligé la thérapeutique et ajouté un développement sur l'étiologie. Dans la première hypothèse, *Mala-*

dies II **1** et *Maladies II* **2**, quelle que soit leur date respective de composition, sont les témoins partiels d'une médecine déjà définitivement constituée au niveau du modèle ; car la thérapeutique de *Maladies II* **2** présuppose l'étiologie de *Maladies II* **1**. Dans ce type d'explication, les différences entre les deux traités n'ont donc pas une signification essentielle, puisqu'elles ne mettent pas en cause les caractéristiques de la médecine cnidienne (au niveau du modèle) et témoignent simplement d'une différence des préoccupations de chacun des deux auteurs. Dans la seconde solution, les différences entre les deux traités correspondent en partie à des niveaux de rédactions différents : l'étiologie de *Maladies II* **1**, dans la mesure où elle comporte, notamment à propos des humeurs, des notions plus évoluées, plus systématiques et plus explicites que *Maladies II* **2** et même des notions ou des termes absents de ce traité, et dans la mesure où elle entraîne parfois des déformations ou des déplacements dans le schéma d'exposition, constitue un élément novateur qui a été inséré dans les éléments hérités du modèle (sémiologie et pronostic). Une telle insertion d'éléments novateurs dans les éléments hérités indique d'abord que *Maladies II* **1** est plus récent que *Maladies II* **2** ; elle témoigne ensuite, du moment qu'elle n'est pas particulière au seul traité des *Maladies II* **1**, mais se retrouve dans un autre traité du groupe, *Affections internes* (où de manière plus régulière l'étiologie est venue fissurer la syntaxe du modèle), d'une évolution de la médecine, postérieure aux deux éditions des *Sentences*, qui s'est produite entre *Maladies II* **2** d'une part et d'autre part *Maladies II* **1** et *Affections internes*, et qui se caractérise par un intérêt accru pour l'étiologie, par un développement et une systématisation d'une théorie humorale seulement implicite à l'époque antérieure[1].

---

1. Pour la première solution, voir, après J. Ilberg, *Die medizinische Schrift ' Über die Siebenzahl ' und die Schule von Knidos* in

V

MALADIES II ET L'HISTOIRE
DE LA MÉDECINE

Maladies II (**1** et **2**) a eu une importance toute particulière dans l'histoire du diagnostic par l'auscultation.

Maladies II et l'auscultation immédiate

Il a été très longtemps le texte fondamental pour le procédé diagnostic dit « *auscultation immédiate* ». Il faut distinguer dans la description de *Maladies II* deux procédés et trois

Griechische Studien Hermann Lipsius... dargebracht, Leipzig, 1894, p. 22-39, I. M. Lonie, *The cnidian treatises of the « Corpus Hippocraticum »*, in *Classical Quarterly*, LIX, 1965, p. 1-30 (avec la réserve formulée par l'auteur lui-même sur son article dans *Cos versus Cnidus and the Historians* in *History of Science*, XVI, 1978, p. 68). Pour la seconde solution voir, après J. Jurk, *Ramenta hippocratea...* p. 12-20, et après M. Pohlenz, *Hippokratesstudien* in *Nachrichten von der Gesellschaft der Wissenschaften zu Göttingen*, Phil.-hist. Klasse, F. I, Neue Folge, II, 4, 1937, p. 91-95, J. Jouanna, *Archéologie...*, p. 26-126 (la double rédaction de *Maladies II*) et 512 sq. (date proposée pour *Mal. II* **2** : années 440/420, et pour *Mal. II* **1**, années 400/390), H. Grensemann, *Knidische Medizin*, I..., p. 175 sqq. Les conclusions convergentes de J. Jouanna et de H. Grensemann sur la relation entre les deux parties de *Mal. II* ont été acceptées par les uns, critiquées par les autres, notamment par R. Joly dans plusieurs articles dont le dernier en date *L'école médicale de Cnide et son évolution* in *Antiquité classique*, XLVII, 1978, p. 528-537 comporte la référence aux autres, à l'exception d'un : *Indices lexicaux pour la datation de Génération, Nature de l'Enfant et Maladies IV* in *Corpus Hippocraticum*, Colloque de Mons 1975, Mons 1977, p. 136-147. Sur la conception de la maladie et du malade dans les traités cnidiens de *Maladies II* et d'*Affections internes*, voir R. Boncompagni, *Concezione della malattia e senso dell'individualità nei Testi Cnidi del Corpus Hippocraticum* in *La parola del passato*, CXLV, 1972, p. 209-238.

signes. Il y a d'abord le procédé de l'auscultation
immédiate proprement dite, c'est-à-dire sans intervention du médecin sur le malade. Le médecin applique
son oreille contre la poitrine et écoute le bruit interne.
Par ce procédé, *Maladies II* a repéré deux bruits différents : le « bruit du cuir » dans une affection du poumon
qui est « tombé contre le côté » (= *Mal. II* **2**, c. 59
[c. 48], 198, 14 sq.) et le « bruit du vinaigre » dans une
hydropisie du poumon (= *Mal. II* **2**, c. 61 [c. 50],
200, 14 sq.). Ces bruits sont deux signes différents. Le
« bruit du cuir » est en fait celui du frottement pleural ;
il est le signe de la pleurésie sèche. Cette comparaison
avec le « bruit du cuir » est encore employée dans les
ouvrages de médecine moderne pour caractériser le
frottement pleural (frottements dits de « cuir neuf »).
Quant au « bruit du vinaigre », il est la traduction
métaphorique de râles crépitants fins ; c'est le signe
d'une infiltration pulmonaire, c'est-à-dire de la pneumonie (par ex. une broncho-pneumonie, une infiltration
autour d'une caverne tuberculeuse, etc.). Le second
procédé est celui de l'auscultation immédiate avec
intervention sur le malade (= *Mal. II* **2**, c. 47 b
[c. 36 b], 181, 19 ; cf. aussi c. 61 [c. 50], 201, 6 sq.). Alors
que le malade est assis sur un siège stable et qu'un
aide lui maintient les bras, le médecin secoue le malade
par les épaules et écoute en appliquant l'oreille de
quel côté le clapotement du liquide se fait entendre,
avant de pratiquer une évacuation chirurgicale. C'est
le procédé de l'auscultation par succussion. Ce procédé
n'est pas particulier à *Maladies II*, mais il remonte
à son modèle, car, pour les deux passages où il est
attesté, il se rencontre dans les deux rédactions parallèles
conservées respectivement dans *Maladies III* et dans
Affections internes[1]. Pour les anciens, ce clapotement

1. À *Mal. II* **2** c. 47 b (c. 36 b), 181, 17-20, comp. *Maladies III*,
c. 16 b, Littré VII, 152, 19-22. Et à *Mal. II* **2**, c. 61 (c. 50), 201,
5-7, comp. *Affections internes*, c. 23, Littré VII, 226, 3 sq. ; voir
J. Jouanna, *Le schéma d'exposition des maladies et ses déformations
dans les traités dérivés des Sentences cnidiennes* in *La Collection*

était le signe de la présence dans la cavité pleurale de pus ou d'eau venus du poumon lors de l'évacuation d'un empyème ou d'une hydropisie du poumon ; pour la médecine moderne, il est l'expression clinique d'une pleurésie séreuse ou purulente avec la rupture de la paroi pulmonaire et l'entrée de l'air dans la cavité pleurale (séropneumothorax ou pyopneumothorax).

Maladies II et l'auscultation médiate

Le médecin qui a attiré l'attention sur deux de ces trois passages est l'inventeur de l'auscultation médiate, R. T. H. Laennec dans son célèbre traité *De l'auscultation médiate* paru en 1819 et réédité avec des modifications en 1826. Il distingue l'auscultation immédiate décrite dans le c. 59 de la méthode d'exploration par la succussion du c. 45[1].

Pour le passage relatif à l'auscultation immédiate (c. 59), Laennec s'étonne qu'il n'ait pas fixé avant lui l'attention des médecins et il n'hésite pas à discuter en philologue des diverses interprétations qui en ont été données[2]. Il avoue toutefois que ce passage oublié des autres et de lui-même n'est devenu significatif à ses yeux qu'après qu'il eût commencé ses propres recherches. Tout en dénonçant l'erreur de diagnostic d'Hippocrate et en soulignant les inconvénients de

hippocratique et son rôle dans l'histoire de la médecine (Colloque de Strasbourg 1972), Leiden, 1975, p. 133.

1. R. T. H. Laennec, *De l'auscultation médiate ou traité du diagnostic des maladies des poumons et du cœur, fondé principalement sur ce nouveau moyen d'exploration*, Paris, 1819, t. II, p. 117 sqq. (chapitre VIII : exploration des épanchements thoraciques par la fluctuation) ; *Traité de l'auscultation médiate et des maladies des poumons et du cœur*, 2e éd. entièrement refondue, Paris, 1826, t. I, p. 25 et 36-42 (chapitre III : De l'auscultation immédiate) et t. II, p. 275 sqq. (article III : De l'exploration du pneumothorax avec épanchement liquide, à l'aide de la fluctuation). Ainsi les développements sur l'auscultation immédiate (c. 59) et sur la succussion (c. 45) qui formaient un tout dans la 1re édition ont été scindés dans la 2e édition.

2. 1re éd. II, p. 118 n. (a) = 2e éd. I, p. 36, n. 1 ; 1re éd. II, p. 119 n. (a) = 2e éd. I, p. 38, n. 1.

l'auscultation immédiate, il s'étonne que ce passage
n'ait pas donné à d'autres avant lui l'idée des recherches
qu'il a entreprises. « L'erreur d'Hippocrate, poursuit-il,
eût pu le conduire lui-même à la découverte de beaucoup
de vérités utiles. Il avait cru reconnaître par l'auscultation un signe pathognomonique de l'hydrothorax ;
il semble naturel de penser qu'il eût dû appliquer
le même moyen d'exploration à l'étude des autres
maladies de poitrine ; et s'il l'eût fait, il n'y a pas de
doute que cet habile observateur eût tiré parti de cette
méthode, malgré ses imperfections et l'état peu avancé
de l'anatomie pathologique... mais Hippocrate s'est
arrêté à une observation inexacte, et ses successeurs
l'ont dédaignée »[1]. Laennec, qui tient à marquer l'indé-
pendance de sa découverte par rapport au texte hippocratique[2], considère toutefois Hippocrate comme un
précurseur et comme le père de l'auscultation immédiate.
Grâce à cette mention du texte hippocratique, Laennec
a contribué, un peu malgré lui, au renouveau de l'auscultation immédiate, puisque quelques médecins, après
la publication de ses travaux, soutinrent même que
ce procédé d'exploration était préférable à celui de
l'auscultation médiate, comme il l'indique dans sa
seconde édition[3].

---

1. 1ʳᵉ éd. II, p. 120 = 2ᵉ éd. I, p. 38 sq. Texte de la seconde
édition.

2. Une légère modification dans la 2ᵉ éd. est significative. Il
avait écrit dans la 1ʳᵉ éd. (II, p. 120) : « Le passage où elle (sc.
l'expérience d'Hippocrate sur l'auscultation) est rapportée
m'étant tombé de nouveau sous les yeux, *lorsque je commençais à
m'occuper des recherches que je publie aujourd'hui* » ; dans la
seconde édition le passage que nous avons souligné est remplacé
par « après que j'eus commencé mes recherches » pour éviter
toute ambiguïté sur l'antériorité de la découverte par rapport à
la relecture du texte hippocratique.

3. 2ᵉ éd. I, p. 39 sqq. Laennec y réfute longuement l'argumentation de ceux qui préfèrent l'auscultation immédiate à l'auscultation médiate. Mais il nuance son jugement sur le procédé déjà
utilisé du temps d'Hippocrate ; alors qu'il l'avait condamné
pratiquement sans appel dans sa 1ʳᵉ édition (II, p. 119 : « ou
plutôt elles rendent la première méthode [sc. l'auscultation immé-
diate] d'un usage tout à fait nul), dans sa 2ᵉ éd. il supprime cette

Quant à la méthode d'exploration par la succussion du c. 47, elle revêt plus d'importance à ses yeux dans des cas particuliers. Ici encore Laennec dénonce l'erreur de diagnostic : la fluctuation ne peut s'entendre dans le cas d'empyème ou d'hydrothorax simples ; il faut que s'y joigne le pneumothorax. Et il explique par cette erreur de diagnostic l'abandon de la méthode d'exploration par la succussion. Mais il loue l'exactitude de l'observation[1], et pense qu'elle aurait pu conduire à un diagnostic correct[2]. Hippocrate est donc ici encore un précurseur. Mais il est en plus, dans ce cas précis, un modèle de référence, car Laennec a réhabilité le procédé hippocratique de la succussion, amélioré par l'auscultation médiate. Il l'a en effet utilisé régulièrement pour le diagnostic du pneumothorax joint à un épanchement liquide, comme en témoignent les « observations », c'est-à-dire les récits détaillés de cas particuliers. Voici l'extrait d'un cas décrit par Laennec qu'il est intéressant de rapprocher du c. 47 b (c. 36 b), 181, 18-20 : « Je fis mettre le malade sur son séant, et le prenant par l'épaule, je secouai le tronc : on entendit alors une fluctuation semblable à celle que produirait l'agitation d'une bouteille à moitié pleine. Il était difficile de distinguer à l'oreille nue de quel

phrase (I, p. 37) et l'on trouve à la fin de sa critique de l'auscultation immédiate la conclusion suivante (I, p. 42) : « Par tous ces motifs, je ne crains pas d'affirmer que les médecins qui *se borneront* (nous soulignons) à l'auscultation immédiate n'acquerront jamais une grande sûreté de diagnostic et seront de temps en temps exposés à commettre de graves erreurs ».

1. 1re éd. II, p. 122 = 2e éd. II, p. 276 : « Sur cet objet, comme sur plusieurs autres, les Asclépiades, quelque bons observateurs qu'ils fussent, ont tiré des conséquences trop générales de quelques faits d'ailleurs bien vus. »

2. La remarque sur la quantité de pus qui empêche d'entendre la fluctuation (*Mal.* II c. 47 [36 b], 181, 21-182, 1 et *Prénotions coaques*, 424, Littré V, 680, 3-7) aurait dû, selon Laennec, conduire à la connaissance du pneumothorax, si elle avait été répétée. Selon lui, cette remarque supposait chez les médecins hippocratiques la vacuité d'une partie du thorax dans l'état naturel, ce qui n'est plus admissible. Voir 1re éd. II, p. 124-126 = 2e éd. II, p. 280-282.

côté de la poitrine avait lieu ce bruit ; mais, en appliquant le cylindre évasé sur le côté droit, on entendait distinctement la fluctuation au moment où cessait la commotion ; tandis que du côté gauche, on n'entendait rien de semblable. D'après ce phénomène, il ne restait plus aucun doute sur l'existence et du liquide épanché dans la poitrine, et du fluide élastique dont la présence avait été déjà soupçonnée »[1]. Si la référence à la méthode hippocratique n'est pas explicite ici, elle l'est dans d'autres observations analogues et même sur les fiches des malades[2]. Il reste toutefois de grandes différences entre le médecin hippocratique et Laennec ; en particulier, les médecins de la *Collection* ne pratiquaient pas l'autopsie, tandis que Laennec, qui opérait la succussion même après le décès, vérifiait systématiquement son interprétation des signes par l'anatomie pathologique[3].

De cette méthode d'exploration par la succussion, Laennec rapproche très justement la méthode thérapeutique par la succussion, attestée aussi dans *Maladies II* (également au c. 47, 180, 5), qui consiste à

---

1. Observation XXXIX, 1re éd., II, p. 132 sq. (= Obs. XXXVIII, 2e éd., II, p. 288 sq.).

2. Obs. XL, 1re éd., II, p. 145 sq. (= Obs. XXXIX, 2e éd., II, p. 302) : « Je fis placer le corps dans l'état de session et pratiquer la *commotion* en prenant le sujet par l'épaule, suivant la méthode d'Hippocrate ». Obs. XLII, 1re éd., II, p. 161, n. (a), qui est absente de la seconde édition ; la feuille de diagnostic du malade portait au 17 février : « Aegroto secundum methodum Hippocraticam commoto, strepitus liquidi fluctuantis evidenter auditur ». Obs. XLIII, 1re éd., II, p. 170 (= Obs. XLII, 2e éd., II, p. 321) : « Je fis, en conséquence, pratiquer la succussion suivant la méthode d'Hippocrate ». Obs. XLI, 2e éd., II, p. 315 (absente de la 1re éd.) : « J'annonçai alors qu'en secouant le tronc de la malade, on allait entendre la fluctuation du liquide. La commotion pratiquée selon le procédé d'Hippocrate donna effectivement ce résultat de la manière la plus évidente ».

3. Pour la succussion opérée après le décès, voir Obs. XXXIX, 1re éd., II, p. 137 (= Obs. XXXVIII, 2e éd., II, p. 294). Obs. XL citée à la note précédente. Obs. XLII, 1re éd., II, p. 162 (absente de la 2e éd.). Obs. XLIII, 1re éd., II, p. 176 (= Obs. XLII, 2e éd., II, p. 327 sq.).

secouer les épaules du malade pour faciliter l'évacuation des vomiques. Le commentaire de Laennec à ce passage est excellent : « Il me semble incontestable d'après ce passage que la commotion de la poitrine faite dans le dessein de procurer la rupture et l'évacuation d'une vomique était pratiquée par les *Asclépiades*, absolument de la même manière que lorsqu'ils voulaient s'assurer de l'existence d'un empyème, c'est-à-dire, en secouant fortement le malade par les épaules »[1].

En bref, Laennec, qui aborde le texte hippocratique en médecin et en philologue, a été un commentateur fort lucide des passages de *Maladies II* sur l'auscultation immédiate et sur la succussion, ainsi qu'un juge averti du niveau de la science hippocratique en ces domaines[2].

VI

LA TRADITION DU TEXTE ET SON HISTOIRE

A. *La tradition directe.*

Liste des manuscrits L'ouvrage des *Maladies II*, sans aucune distinction entre *Maladies II* **1** et *Maladies II* **2**, se lit dans 25 manuscrits

---

1. 1re éd., I, p. 116, n. (a) de la page 115 (= 2e éd., I, p. 692, n. 1 de la page 691). Il fait également référence aux *Prénotions coaques*, 424, Littré V, 680, 3-7, qu'il commente judicieusement.

2. Sa réhabilitation de l'empirisme hippocratique contre la médecine étiologiste de son temps (en particulier Broussais) ne l'empêche pas de dénoncer systématiquement les erreurs d'Hippocrate concernant le diagnostic ou l'explication des symptômes. Laennec professe, selon ses termes, « l'empirisme hippocratique, c'est-à-dire éclairé par l'observation de l'homme vivant et mort, le rapprochement des faits et un emploi très réservé de la méthode d'induction » (extrait de la *Réponse à l'Examen* de Broussais, cité par A. Rouxeau, *Laennec après 1806*, Paris, 1920, p. 326).

dont la plupart sont indiqués par H. Diels dans son catalogue des manuscrits médicaux ou dans son supplément[1]. Voici la liste de ces manuscrits, classés par siècle, mais à l'intérieur de chaque siècle par ordre alphabétique :

Marcianus gr. 269 (coll. 533)	s. x	fol. 102^r-121^r	M
Vindobonensis med. gr. 4	s. xi	fol. 132^r-174^v	θ
Parisinus gr. 2142 (pars ant.)	s. xii ex.	fol. 124^v-152^r	H^{a2}
Parisinus gr. 2140	s. xiii	fol. 84^v-100^r	I
Bodleianus Baroccianus 204	s. xiv	fol. 85^r-99^v	O
Parisinus gr. 2143	s. xiv	fol. 84^v-98^v	J
Parisinus gr. 2144	s. xiv	fol. 94^r-109^v	F
Vaticanus gr. 277	s. xiv	fol. 119^v-137^r	R
Vaticanus Urbinas gr. 68	s. xiv	fol. 95^v-110^v	U
Parisinus gr. 2141	s. xv	fol. 79^r-93^v	G
Parisinus gr. 2145	s. xv	fol. 128^v-150^r	K
Parisinus gr. 2255	s. xv	fol. 207^r-234^v	E
Laurentianus plut. LXXIV, 1	s. xv	fol. 78^v-92^r	Laur
Monacensis gr. 71	s. xv	fol. 85^r-98^r	Mo
Vaticanus Reg. Suec. gr. 182	s. xv	fol. 96^v-97^v	Reg^3

1. H. Diels, *Die Handschriften der antiken Ärzte* in *Abh. Preuss. Akad. Wiss.*, phil.-hist. Klasse, Berlin, 1905, p. 26, et *Erster Nachtrag zu Die Handschriften...*, Berlin, 1907, p. 26. Sur les 25 manuscrits donnant le texte en entier, il en cite 23. À sa liste, il faut ajouter le *Vindobonensis Suppl. gr.* 13 et le *Vossianus gr.* F 10[1]. En revanche, le *Palatinus gr.* 192 indiqué par Diels comporte le *Régime dans les maladies aiguës* et non *Maladies II* ; l'erreur vient de ce que ce manuscrit a au fol. 18^v le sous-titre ἀρχὴ τῶν νούσων (communication du Père Paramelle) ; ce sous-titre qu'il faut lire ἀρχὴ τῶν νόθων marque le début de l'Appendice du *Régime dans les maladies aiguës*.

2. Le *Parisinus gr.* 2142 comprend une partie ancienne de la fin du xiie siècle (= H^a) et une partie récente du xive siècle (= H^b). Cette partie récente est le résultat d'une restauration datant des années 1310 ; cf. J. Irigoin, cours professé aux Hautes Études en 1965.

3. Dans ce manuscrit du Vatican, *Maladies II* s'arrête brusquement à la fin du folio 97^v ; la suite se trouve aux folios 22^r-23^v et le texte s'interrompt en 146, 7 (διαχωρητικωτάτοισι). Le fait n'est pas signalé dans le catalogue de H. Stevenson (*Bibliothecae Apostolicae Vaticanae codices... Codices manuscripti graeci Reginae Suecorum...*, Rome, 1888, p. 124) ; les folios 98^r-101^r transmettent une partie d'un texte médical non répertorié qui n'appartient pas à la *Collection hippocratique*, mais contient des citations des *Aphorismes*.

Ambrosianus gr. 496 (L 110 sup.)	s. xv/		
	xvi	fol. 290ᵛ-306ʳ	Amb
Ambrosianus gr. 187 (C 85 sup.)	s. xvi	fol. 43ʳ-70ᵛ	S
Cantabrigensis (Gonville and			
Caius College) 50 (27)	s. xvi	fol. 114ᵛ-136ʳ	Ca
Hauniensis ant. fund. reg. 224	s. xvi	fol. 76ᵛ-90ᵛ	Haun
Mutinensis Estensis gr. 220	s. xvi	fol. 33ʳ-54ᵛ	Mut
Parisinus gr. 2148	s. xvi	fol. 11ʳ-18ᵛ	Z
Vaticanus gr. 278	a. 1512	fol. 217ᵛ-256ᵛ	W
Vindobonensis Suppl. gr. 13	s. xvi	fol. 175ʳ-200ᵛ	
Vossianus gr. F 10¹	s. xvi	fol. 288-341	Q
Atheniensis Βιβλ. τῆς Βουλῆς 39	s. xviii	fol. 21ᵛ-58ʳ	Ath

A cette liste, on ajoutera plusieurs manuscrits qui donnent des extraits de *Maladies II*[1] :

Parisinus gr. 2332	s. xv	fol. 218ᵛ-219ᵛ	X
Vindobonensis med. gr. 15	s. xvi	fol. 149ʳ	
Vindobonensis med. gr. 43	s. xvi	fol. 127ᵛ-128ʳ	

Manuscrits anciens 1. Présentation et date des manuscrits anciens.

Le texte de *Maladies II* est transmis par deux manuscrits antérieurs au xiiᵉ siècle : le *Marcianus gr.* 269 (coll. 533) (M) qui donne l'ensemble de *Maladies II* à partir du fol. 102ʳ (*col.* 2, l. 17), avec le titre περὶ νούσων ϛ̅ et la numérotation ιϛ̅, jusqu'au fol. 121ʳ (col. 2, l. 34), avec le titre de rappel περὶ νούσων ϛ̅ ; et le *Vindobonensis med. gr.* 4 (θ) qui présente le même texte depuis le fol. 132ʳ (l. 8) jusqu'au fol. 174ᵛ (l. 3) mais sous un titre différent ; l'ouvrage y est intitulé *Maladies III* (περὶ νούσων Γ) de première main, aussi bien dans le titre (fol. 132ʳ) que dans le titre de rappel (fol. 174ᵛ)[2]. Par suite de la perte d'un folio (après le fol. 160), qui est antérieure à la numérotation actuelle, le témoignage de θ fait défaut pour la fin du c. 50 (c. 39) depuis ὑποκλύ<σαι (187, 9) et pour le début du c. 51 (c. 40) jusqu'à γαλακτο>πωτέη (189, 2).

---

1. De ces manuscrits donnant des extraits, Diels ne signale que le *Parisinus gr.* 2332 (avec une erreur de cote : 2232 au lieu de 2332).

2. Pour l'explication de cette différence dans le titre, voir *infra,* p. 65 sqq.

Ces deux manuscrits de parchemin ont été souvent décrits ; il est inutile de revenir sur ce point[1]. En revanche, leur date doit être révisée. M, qui est traditionnellement daté du XIe, remonte à la seconde moitié du Xe siècle et peut-être au milieu du Xe, tandis que θ, qui est encore daté du Xe siècle dans le catalogue récent des manuscrits grecs de la bibliothèque nationale d'Autriche, est du XIe siècle et probablement de la seconde moitié du siècle. Une analyse comparée de l'écriture ne laisse aucun doute sur l'antériorité de M par rapport à θ[2].

2. Les corrections et les notes marginales dans les manuscrits anciens.

---

1. Pour la description de θ, voir J. Ilberg, *Zur Ueberlieferung des Hippokratischen Corpus* in *Rheinisches Museum*, N.F. XLII, 1887, p. 437-441 et *Prolegomena* in H. Kuehlewein, *Hippocratis opera*, vol. 1, Lipsiae, 1894, p. v-viii ; voir dernièrement H. Hunger — O. Kresten, *Katalog der griechischen Handschriften der österreichischen Nationalbibliothek*, Teil 2 : *Codices juridici, codices medici*, Wien, 1969, p. 46-47 et J. Irigoin, *Tradition manuscrite et histoire du texte. Quelques problèmes relatifs à la Collection hippocratique* in *La Collection hippocratique et son rôle dans l'histoire de la médecine*, Leiden 1975, p. 8-9, qui signale pour la première fois l'existence des signatures des cahiers, sans toutefois entrer dans le détail. En ce qui concerne notre traité, donné aux fol. 132r-174v, on rencontre des signatures anciennes de première main en haut à droite (en tête de quaternions) : fol. 135r (IΘ) ; fol. 143r (K) ; fol. 151r (KA) ; fol. 159r (KB) ; fol. 166r (KΓ) ; fol. 174r (KΔ) ; on rencontre aussi des signatures récentes de deuxième main (encre noire) en bas à gauche (à la fin de quaternions) : fol. 134v (IZ) ; fol. 142v (IH) ; fol. 150v (IΘ) ; fol. 158v (K) ; fol. 165v (KA) ; fol. 173v (KB). Les signatures récentes, tout comme les signatures anciennes, tiennent compte du folio manquant (après le fol. 160), alors que la pagination est postérieure à la perte de ce folio. Pour la description de M, voir J. Ilberg, *Zur Ueberlieferung...*, p. 449-450 et *Prolegomena...*, p. xviii-xxi ; voir surtout J. Irigoin, *L'Hippocrate du Cardinal Bessarion (Marcianus graecus 269 [533])* in *Miscellanea Marciana di Studi Bessarionei* (Medioevo e umanesimo, 24), Padova, 1976, p. 161-174.

2. C'est à J. Irigoin que revient le mérite d'avoir remis en question la date traditionnelle de ces deux manuscrits dans son cours professé aux Hautes Études en 1965 ; cf. J. Jouanna, *Hippocrate. La nature de l'homme*, CMG I 1, 3, Berlin, 1975, p. 63, n. 2. Voir depuis J. Irigoin, *Tradition manuscrite...*, p. 8 et 9 ; *L'Hippocrate du cardinal Bessarion...*, p. 164.

Bien qu'il soit écrit avec soin, que l'orthographe et l'accentuation soient généralement correctes, le manuscrit M a été corrigé par plusieurs mains. Outre les corrections et les notes marginales du scribe lui-même (= M[1])[1], outre les corrections par grattage dont l'origine n'est pas identifiable (= M[ras]), il existe des corrections anciennes (= M[2]) et récentes (= M[3]). Les corrections anciennes sont dues à plusieurs correcteurs dont deux au moins sont contemporains de la copie ou légèrement postérieurs, l'un dont l'écriture est carrée, l'autre dont le tracé est plus souple et plus arrondi[2]. Néanmoins, elles seront désignées par le

---

1. Voir par ex. fol. 113[r], l. 18 de la col. de droite (= 181, 12), ἔλθη om. M, add. M[1mg]. En plus des corrections, il y a des notations marginales de première main que l'on peut classer en trois catégories : 1° des termes rares qui sont signalés par la répétition du mot en marge : ex. fol. 105[v], col. de droite, l. 25, marge centrale (= 148, 17) ῥύμμασι ; fol. 112[r], col. de gauche, l. 30 (= 176, 14), ἀρισταζέσθω est signalé par ἀριστίζω dans la marge du bas ; fol. 114[r], col. de droite, l. 8 (= 185, 6) κρέασι μηλείοισι est repris dans la marge de droite par μήλειον κρέας ; quand le terme repris est un nom de maladie, il est difficile de savoir s'il joue également le rôle de sous-titre ; ex. fol. 109[r], col. de droite, l. 30-31 (= 165, 7), marge de droite ἀντιάδες ;
2° des *variae lectiones* précédées de γρ(άφεται), au nombre de deux : fol. 106[v], col. de droite, l. 9 (= 152, 16), marge centrale κατελίξαι ; fol. 109[v], col. de gauche, l. 17 (= 166, 5), marge de gauche καὶ τὴν ὠμήλεσιν ;
3° des gloses relativement nombreuses : glose à βληγός (139, 1), à πλέννα (142, 5), à κοτίς (155, 6), à τερηδών (158, 1), à πλεῦνες (162, 9), à κύαρ (167, 11), à ἄλειφα (180, 4), à φθόη (185, 20), à κρέας μήλειον (187, 16), à φωιδῶν (192, 8). Pour le contenu de ces gloses, on se reportera à l'apparat critique ; pour le problème de leur origine, voir *infra*, p. 91 sq.
2. La pluralité des correcteurs est particulièrement visible au fol. 111[r], l. 17 de la col. de gauche (= 172, 9) où ἔμπυρος *(recte)* M a été modifié en ἐμπύρετος par un premier correcteur qui a ajouté ετ au-dessus de la ligne et mis un accent sur l'upsilon, tandis qu'un second correcteur a barré ετ pour revenir à la leçon primitive de M. Le correcteur dont l'écriture est carrée a comblé plusieurs lacunes : fol. 103[v], col. de gauche, l. 38, marge de gauche (= 138, 7) καὶ ἀπόλλυται ὑπὸ τῶν αὐτῶν ; fol. 103[v], col. de droite, l. 19, marge centrale (= 139, 4 sq.) οὕτως (οὗτος M[ras]) ταῦτα πάσχει ; fol. 107[v], col. de droite, l. 6, marge centrale (= 157, 5) ἐκ τοῦ λουτροῦ ; fol. 108[r], col. de gauche, l. 14, supra lineam (= 158, 14) παντός ; fol. 112[v], col. de gauche, l. 8, marge de gauche

même sigle M², car les retouches portant sur une ou deux lettres sont difficiles à identifier, même lors d'une consultation directe du manuscrit. Elles ont contribué, dans la majorité des cas, à rapprocher le texte de M de celui de θ, notamment par la suppression de lacunes. Il est difficile d'en déterminer le modèle (ou les modèles) ; s'agit-il d'un ancêtre direct de M ou d'un manuscrit de la branche de θ ? θ lui-même est hors de cause, car il est postérieur aux deux correcteurs anciens de M qui ont comblé les lacunes. A ces correcteurs anciens s'oppose une main récente du xve siècle (M³) qui a modernisé la ponctuation, ajouté de nombreux ν éphelcystiques et comblé une lacune[1].

A la différence de M, θ présente de nombreuses fautes d'orthographe ou d'accentuation. Le copiste, dont les connaissances semblent limitées, recopie parfois sans comprendre[2]. Les corrections ne sont pas

---

(= 178, 6) ὀλίγοισι ; fol. 113ʳ, col. de gauche, l. 15, *supra lineam* (= 180, 10) ἢ ὄνειον ; fol. 113ʳ, col. de gauche, l. 25, marge centrale (= 180, 15) καὶ λιπαρωτάτοισι ; et peut-être fol. 120ᵛ, col. de gauche, l. 13, marge de gauche (= 211, 9) καὶ τῷ σιτίῳ πιέζειν. Le correcteur dont l'écriture est arrondie a comblé également quelques lacunes : fol. 107ʳ, col. de droite, l. 33, marge de droite (= 155, 15) ἐν τῆσι (-σιν M³) ἑπτὰ ἡμέρησι (-σιν M³) ἀποθνῄσκει · ἢν δὲ λάβῃ ; fol. 117ʳ, col. de droite, l. 17, marge de droite (= 197, 17 sq.) ἢν δὲ ταύτας ὑπερφύγῃ, ἐλπίδες ὡς τὰ πολλά · κινδυνεύει δὲ καὶ ἐν τῇσι ἑπτά; voir aussi fol. 111ᵛ, col. de gauche, l. 8, marge de gauche (= 174, 2) ἐπὴν δ' ἐξιδρώσῃ. C'est encore à une autre main que l'on doit au fol. 119ʳ, col. de droite, l. 39, marge du bas (= 206, 7 sq.), la notation ψυχρὸν καὶ λεπτὸν ὀλίγον dont il sera question à propos de la filiation M I (*infra*, p.74).

1. Ce correcteur a ajouté au fol. 103ᵛ, col. 1, l. 12 (= 137, 12) ἢν δέ μιν πῦρ ἐπιλάβῃ. Alors que les corrections de M² sont antérieures à la copie des *recentiores* Hᵃ et I sur M, c'est-à-dire antérieures à la fin du xiiᵉ siècle, date de Hᵃ, la correction de M³ est postérieure à cette copie. Sur les relations entre M et les *recentiores*, voir *infra*, p. 72 sqq.

2. La liste des erreurs dans θ résultant d'une mélecture d'onciale, donnée ci-dessous, est significative à cet égard. Certaines formes barbares sont dues aussi à une mauvaise coupure des mots ; ainsi au c. 34 (c. 23), 168, 6 ἐνθέντα χρὴ σύριγγα (recte) M : ἔνθεν τὰ χρησυρίγγια θ ; c. 47 b (c. 36 b), 183, 1 καὶ ἶνες (recte) M : καίειν ἐς θ. On trouve donc dans *Maladies II* quelques

pour autant très nombreuses ; la plupart sont faites par grattage (= θ[ras]) et concernent des fautes d'orthographe. Les corrections de seconde main (= θ[2]) sont extrêmement rares et de peu d'importance dans *Maladies II*[1]. Le manuscrit ne présente pas de notes marginales.

3. Écriture, forme et date du modèle commun perdu des manuscrits anciens.

M et θ possèdent des fautes communes qui attestent l'existence d'un modèle commun perdu déjà corrompu à ces endroits[2].

Cet archétype était écrit en onciale, comme en témoignent les fautes d'onciale de chacun des deux manuscrits. En voici la liste :

— fautes d'onciale dans M.

c. 16 (c. 5),	151, 7 ὑποκαῦσαι	M : ὑποκλύσαι θM[2] < ΥΠΟΚΛΥϹΑΙ
c. 21 (c. 10),	155, 14 ἐπάγει	M : ἐπαίει θ < ΕΠΑΙΕΙ
c. 40 (c. 29),	172, 3 ὑποκαῦσαι fort.	M : ὑποκλύσαι θM[2] < ΥΠΟΚΛΥϹΑΙ
c. 55 (c. 44),	194, 15 δ' ἔστ' ἄν	θ : δὲ ὅταν M < ΔΕϹΤΑΝ
c. 64 (c. 53),	203, 7 μὲν	M : μέλι θ < ΜΕΛΙ
c. 74 (c. 63),	214, 15 sq. ξυγκαταγηράσκοι	M : ξυνκαταγηράσκει θ < -ΚΕΙ

---

exemples de ces « monstra vocabulorum » dont parlait J. Ilberg et qui lui faisait dire « papyrum te manibus tenere autumaveris » (*Prolegomena...*, p. VIII).

1. Les corrections par grattage transforment des ει en ι ou des αι en ε (iotacismes), ou suppriment des iota adscrits qui se rencontrent indûment dans l'original avec des nominatifs en -η ou avec les finales verbales en -τω ou en -σθω. Mais ces corrections ne sont pas systématiques et elles sont parfois erronées. Pour les corrections de θ[2], voir uniquement *Mal. II* 1, c. 3, 134, 6 σώματι θ [corr] M : σώ- e corr. θ[2] (στόματι θ ?) et peut-être *Mal. II* 2, c. 55 (c. 44), 193, 16 δοκέει θ [corr] M sed -ει e corr. fort. θ[2].

2. Pour ces fautes décelables soit par la critique interne soit par la tradition indirecte, voir *infra*, p. 70.

— fautes d'onciale dans θ.

c. 6 a, 138, 2 κρατηθῇ θ : κρατήσῃ M
< ΚΡΑΤΗϹΗΙ

c. 12 (c. 1), 143, 2 αυτηι θ : αὐγή M
< ΑΥΓΗ

c. 13 (c. 2), 145, 15 πτέσῃς θ : πιέσῃς M
< ΠΙΕϹΗϹ

c. 14 (c. 3), 148, 7 διατρίβων θ : λεῖα τρίβων M
< ΛΕΙΑΤΡΙΒΩΝ

c. 18 (c. 7), 152, 18 καὶ ἀδῆσαι θ : καταδῆσαι M
< ΚΑΤΑΔΗϹΑΙ

c. 26 (c. 15), 160, 15 ούμβραν θ : θύμβραν M
< ΘΥΜΒΡΑΝ

c. 30 (c. 19), 165, 12 ελειος ρεῖ θ : εἰλιθέρει M^{corr}
< ΕΛΕΙΘΕΡΕΙ

c. 30 (c. 19), 165, 13 καταπλασθείη θ : καταπλάσσειν ἢ M
< ΚΑΤΑΠΛΑϹϹΕΙΝΗΙ

c. 33 (c. 22), 167, 9 τετραχόοι θ : τετραχόθι M
< ΤΕΤΡΑΧΟΘΙ

c. 33 (c. 22), 168, 1 καοικηι θ : καθίκῃ M
< ΚΑΘΙΚΗΙ

c. 40 (c. 29), 171, 12 sq. ὀλίγωι πίνων θ : ὀλίγων τινῶν M
< ΟΛΙΓΩΝΤΙΝΩΝ

c. 40 (c. 29), 171, 13 sq. καμβάνουσι θ : λαμβάνουσι M
< ΛΑΜΒΑΝΟΥϹΙ

c. 41 (c. 30), 172, 19 ἔσωσε θ : ἔσωθεν M
< ΕϹΩΘΕ(Ν)

c. 47 b (c. 36 b), 181, 2 χυλοῦ θ : αὐλοῦ M
< ΑΥΛΟΥ

c. 48 (c. 37), 183, 12 ὁρόρους θ : ὄρθρους M
< ΟΡΘΡΟΥϹ

c. 48 (c. 37), 185, 16 δεκέη θ : δοκέῃ M
< ΔΟΚΕΗΙ

c. 50 (c. 39), 187, 5 ημιευ θ : ἥμισυ M
< ΗΜΙϹΥ

c. 52 (c. 41), 189, 13 στεροῦ θ : ἑτέρου M
< ΕΤΕΡΟΥ

c. 52 (c. 41), 189, 17 ούμβρη θ : θύμβρῃ M
< ΘΥΜΒΡΗΙ

c. 56 (c. 45), 195, 20 ἀποτειτων θ : ἀποτέγγων M
< ΑΠΟΤΕΓΓΩΝ

c. 64 (c. 53), 203, 12 ούμβρην θ : θύμβρην M
< ΘΥΜΒΡΗΝ

c. 66 (c. 55), 204, 11 λυαντή θ : αὐαντή M
< ΑΥΑΝΤΗ

c. 69 (c. 58), 208, 9 βροχοον θ : βρόχθον M
< ΒΡΟΧΘΟΝ

c. 70 (c. 59), 210, 5 ἐλατήρων   θ : ἐλαιηρῶν M
                                      < ЄΛΑΙΗΡѠΝ

c. 71 (c. 60), 211, 6 οὔμβραν   θ : θύμβρην M
                                        < ΘΥΜΒΡΗΝ

c. 71 (c. 60), 211, 11 sq. ἤδησοντος   θ : ἤδη ἐόντος M
                                        < ΗΔΗ ЄΟΝΤΟϹ

Les fautes d'onciale sont nettement plus fréquentes dans θ que dans M. Cette disproportion indique que la translittération dans la branche de M a été plus soignée que dans la branche de θ, et probablement aussi que, lors de la translittération, le modèle de la branche de θ était moins lisible ou comportait déjà des fautes d'onciale.

Sur la forme et la date de l'archétype de θM, des éléments nouveaux peuvent être apportés grâce à l'examen des divergences que présentent ces deux manuscrits pour le titre et l'ordre des traités des *Maladies*. Ils offrent tous deux la séquence de trois livres sur les *Maladies* qui sont intitulés de *première main* περὶ νούσων α΄ (*Maladies I*), περὶ νούσων β΄ (*Maladies II*), περὶ νούσων γ΄ (*Maladies III*). Toutefois notre traité, qui porte le titre de περὶ νούσων β΄ (*Maladies II*) dans M et y occupe la seconde position, s'appelle περὶ νούσων γ΄ (*Maladies III*) dans θ et y vient en troisième position. Inversement, le traité qui est intitulé περὶ νούσων γ΄ (*Maladies III*) dans M (et dans les éditions) et qui occupe la troisième position dans ce manuscrit, est nommé de première main περὶ νούσων β΄ dans θ (*Maladies II*) et y est placé en seconde position. Il y a donc eu interversion des deux traités. Mais où se situe l'interversion ? dans la branche de M ou dans celle de θ ? Rien dans l'analyse interne des traités ne permet de se prononcer, car les traités sur les *Maladies* ne forment pas une suite continue et sont écrits par des auteurs différents. Rien non plus dans les témoignages externes ne donne un élément de solution : le *Vaticanus gr.* 276 (V), du XIIᵉ siècle, présente bien dans son index l'ordre *Maladies I*, *Maladies II*, *Maladies III*, mais il est impossible de savoir quel était le contenu respectif

de ces traités, car ils ne sont pas transmis dans V¹.
La solution se trouve en fait dans une « réclame »
de notre traité conservée par θ. A la fin du traité des
Maladies I, dans θ (fol. 114ᵛ, l. 14), juste avant le
titre de rappel marquant la fin du traité (περὶ νούσων α′),
on lit sans aucune interruption particulière dans le
texte : ἀποθνήσκει (= fin réelle de *Maladies I*), οὐρέεται
πολλὸν ὅταν ὑπερθερμανθῇ (= début de notre traité ;
cf. 132, 1). Il s'agit d'une « réclame » (allemand
« Fangzeile » ; anglais « catchline »). Ce phénomène,
qui est bien attesté dans la tradition hippocratique,
est la trace d'un usage qui remonte à une époque
où les textes étaient transcrits sur des rouleaux de
papyrus². Dans le cas d'une œuvre longue formée
de plusieurs livres, ou plus encore, dans le cas d'un
Corpus, constitué d'écrits hétérogènes, plusieurs rouleaux de papyrus étaient nécessaires, et l'une des
façons de préserver l'ordre des livres ou des traités
était d'inscrire à la fin du rouleau, correspondant
à la fin d'un traité, le début du livre ou du traité
suivant qui était en fait copié sur le début d'un autre
rouleau. Ce procédé de la « réclame » vise donc à main-
tenir une unité et un ordre entre deux livres ou deux
traités qui étaient séparés par suite des nécessités
de la copie sur *volumina*. La présence d'une telle
réclame dans θ prouve d'abord que l'interversion
fautive a eu lieu dans la branche de θ. Elle atteste,
en effet, un ordre ancien dans la branche de θ où notre
traité, annoncé par la réclame, venait immédiatement

1. On peut toutefois invoquer un témoignage externe en
faveur de l'ordre de M, même s'il n'est pas décisif. Galien attribue
la glose ἀποσπαρθάζουσιν (= A 4 *infra*, 94) au deuxième livre
des *Maladies* (ἐν τῷ δευτέρῳ περὶ νούσων).

2. Ce phénomène n'est évidemment pas particulier à la *Collection* ; il est assez largement attesté dans la tradition des auteurs
grecs ; aucune étude d'ensemble n'a toutefois été consacrée à
la survivance des réclames dans les manuscrits médiévaux grecs ;
pour la technique de la réclame, voir J. Vezin, *Codicologie comparée* in *Colloques internationaux du CNRS*, n° 547, *La Paléographie
hébraïque médiévale*, Paris, 1972, p. 153-157.

après *Maladies I*, et non en troisième position, comme actuellement dans θ. L'archétype de θM avait donc l'ordre des traités présenté par M, et notre ouvrage qui y venait en seconde position avait le titre de *Maladies II*, comme dans M, et non de *Maladies III* comme dans θ. Cette réclame permet non seulement de situer l'interversion dans la branche de θ, mais aussi d'en donner la cause. L'existence d'une réclame de *Maladies II* à la fin de *Maladies I*, conservée par le manuscrit médiéval, indique que la fin de *Maladies I* correspondait à la fin d'un rouleau, avant la transcription des *volumina* sur *codex*. Dès lors, il est hautement probable que l'interversion des deux traités suivants, dans la branche de θ, est due à l'interversion des deux rouleaux suivants. L'archétype de θM, pour les trois livres des *Maladies*, devait être constitué de *volumina* donnant chacun un traité ; il faut, selon toute vraisemblance, faire remonter sa date jusqu'au IVe/Ve siècle, date de la transcription des *volumina* sur *codex*. Ainsi l'analyse de la tradition de *Maladies II* dans les manuscrits anciens atteste non seulement deux translittérations distinctes, grâce aux fautes d'onciale, mais aussi, grâce à la présence d'une réclame dans l'un d'entre eux, deux transcriptions distinctes de *volumina* sur *codex*[1].

1. Pour les réclames dans les manuscrits de la *Collection hippocratique* en général et en particulier dans ce passage, voir J. Jouanna, *Remarques sur les réclames dans la tradition hippocratique. Analyse archéologique du texte des manuscrits* in *Ktema* II, 1977, p. 381-396.

4. Stemma des manuscrits anciens.

Ces conclusions peuvent se résumer dans le stemma suivant :

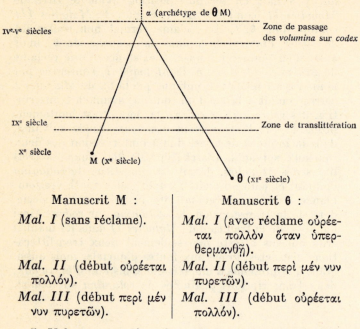

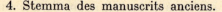

Manuscrit M :	Manuscrit ɵ :
Mal. I (sans réclame).	*Mal. I* (avec réclame οὐρέεται πολλὸν ὅταν ὑπερθερμανθῇ).
Mal. II (début οὐρέεται πολλόν).	*Mal. II* (début περὶ μέν νυν πυρετῶν).
Mal. III (début περὶ μέν νυν πυρετῶν).	*Mal. III* (début οὐρέεται πολλόν).

5. Valeur respective des manuscrits anciens ; état du texte de leur archétype.

Malgré l'ancienneté de la séparation des branches de M et de ɵ, les divergences entre le texte des deux manuscrits ne sont pas considérables, ce qui est un gage du caractère relativement conservateur des manuscrits.

ɵ est généralement jugé plus conservateur que M. Plusieurs indices tirés de l'analyse du texte de *Maladies II* confirment ce jugement, en dépit de l'interversion fautive de deux traités dans l'ancêtre de ɵ et de la date relativement récente de ɵ. Le fait que le scribe de ɵ ait recopié des formes barbares sans comprendre est déjà un indice de son caractère conservateur, car ces formes barbares peuvent recouvrir la bonne leçon[1]. Ce caractère conservateur se vérifie aussi par l'examen critique des variantes entre θ et M. Outre que les lacunes indiscutables[2] sont moins nombreuses dans θ que dans M, θ a préservé des formes rares qui ont été remplacées dans M par des mots plus courants[3], des particularités ioniennes qui ont disparu dans M[4] et des verbes composés ou surcomposés qui ont été simplifiés dans la branche de M[5]. Le caractère conservateur de θ est confirmé enfin par la tradition indirecte, qu'il s'agisse des rédactions parallèles dans la *Collection*

---

1. C'est le cas au c. 30 (c. 19), 165, 12 où ελειος ῥεῖ renvoie à un primitif ελειθερει dans un modèle en onciale ; cette leçon ancienne n'a pas été conservée par la tradition, car M, après correction, donne εἴλιθερει ; après réexamen de M, il apparaît que M, avant correction, avait lui aussi ελειθέρει ; ἐλειθερεῖ était donc la leçon de l'archétype de θM ; voir déjà J. Jouanna, *Archéologie...*, p. 22, n. 1 de la p. 20.

2. θ ne présente que 6 lacunes, dont quatre ne portent que sur deux mots : c. 15 (c. 4), 149, 19 ; c. 35 (c. 24), 169, 1 ; c. 40 (c. 29), 172, 6 ; c. 47 b (c. 36 b), 183, 1 ; c. 58 (c. 47), 198, 2 ; c. 68 (c. 57), 207, 3. M, en revanche, avant correction, présentait 18 lacunes de deux mots ou plus ; 10 ont été comblées par M[2] ou M[3] (voir *supra*, p. 61 sq.) ; voici la liste des 8 lacunes restantes : c. 12 (c. 1), 145, 6 sq. ; c. 13 (c. 2), 146, 15 sq. ; c. 16 (c. 5), 151, 8 sq. ; c. 22 (c. 11), 157, 7 ; c. 24 (c. 13), 158, 2 sq. ; c. 26 (c. 15), 160, 8 ; c. 27 (c. 16), 162, 1 sq. ; c. 71 (c. 60), 211, 3.

3. Par ex. c. 8, 139, 6 νυν θ : οὖν M ; c. 12 (c. 1), 143, 14 ἐγχεῖν θ : ἔχειν M ; c. 28 (c. 17), 164, 13 τύψαι θ : τρίψαι M ; c. 48 (c. 37), 183, 9 κύλα θ : κοῖλα M.

4. Insertion de οὖν entre le préverbe et le verbe : c. 27 (c. 16), 162, 12 ἀπουνεθανεν (lege ἀπ' οὖν ἔθανεν) : ἀπέθανεν M. Emploi du pronom 3ᵉ personne οἱ : c. 12 (c. 1), 144, 2 δέοι θ (lege δέ οἱ) : δὲ M ; c. 28 (c. 17), 163, 17 οἱ ῥεῖ θ : οἰδεῖ M ; c. 55 (c. 44), 194, 11 οἱ θ : om. M.

5. Verbes surcomposés simplifiés dans M : c. 20 (c. 9), 154, 12 ὑπεκφεύγουσι θ : ὑπερφ. M ; c. 27 (c. 16), 162, 13 ὑπεκφύγῃ θ : ὑπερφ. M ; c. 27 (c. 16), 163, 4 ὑπεκφύγοι θ : ὑπερφύγῃ M ; c. 65 (c. 54) , 204, 10 ὑπεκφύγῃ θ : ὑπερφ. M ; c. 67 (c. 56), 206, 1 ὑπεκφυγγάνει θ : ἐκφ. M. Verbes composés transformés en simples dans M : c. 18 (c. 7), 152, 18 ἐπιλῦσαι θ : λῦσαι M ; c. 46 (c. 35), 178, 2 ὑπομίσγειν θ : μίσγειν M ; c. 48 (c. 37), 185, 8 ἐμβάπτεσθαι θ : βάπτεσθαι M ; c. 55 (c. 44), 194, 17 ἐπιπίσκειν θ : πιπίσκειν M ; c. 69 (c. 58), 209, 3 ἀποκαθαίρειν θ : καθαίρειν M.

hippocratique ou du témoignage du *Glossaire hippo-cratique* de Galien[1].

Cela ne signifie pas pour autant que le texte de θ soit supérieur en tous points à celui de M. Les passages ne sont pas rares où le texte de M est supérieur à celui de θ. De son côté, M présente des formes verbales compo-sées[2] qui ont été vraisemblablement simplifiées dans la branche de θ, une particularité ionienne disparue dans θ[3], et quelques termes rares qui ont été corrompus dans θ ou remplacés par des *lectiones faciliores*[4]. Sans doute les passages où M a gardé le bon texte contre θ sont-ils un peu moins nombreux pour l'ensemble de *Maladies II* (**1** et **2**) que l'inverse ; mais la supériorité de θ sur M n'est pas flagrante, et le texte de M ne semble pas avoir été particulièrement remanié[5].

Quant au texte de l'archétype, tel qu'on peut le reconstituer par la comparaison des deux manuscrits, il semble d'assez bonne qualité, dans la mesure où la très grande majorité des mots relevés par les glossateurs s'y retrouvent[6]. Il possède toutefois à une dizaine d'endroits des fautes décelables par la critique interne ou la tradition indirecte[7]. Il possède malheureusement aussi des lacunes ; certaines d'entre elles peuvent se

---

1. Voir *infra*, p. 81 sqq. pour les rédactions parallèles et p. 92 sqq. pour le *Glossaire* de Galien.

2. C. 12 (c. 1), 143, 17 ἐπιπίνειν M : πίνειν θ : c. 27 (c 16), 163, 1 ἐπιλάβῃ M : λάβῃ θ ; c. 31 (c. 20), 166, 8 ἐκρήγνυται M : ῥήγνυται θ ; c. 55 (c. 44), 194, 11 ἐμποιέειν M : ποιέειν θ ; c. 60 (c. 49), 200, 1 ἀποξηρανθῇ M : ξηρανθῇ θ. Toutefois, il n'est pas impossible que le simple soit dans certains cas la *lectio difficilior*.

3. C. 40 (c. 29), 171, 20 ἐπ' οὖν ἔλαβε M : ἐπὴν ἔλαβε θ.

4. C. 5, 136, 9 ἄυπνος M : ὕπνος θ ; c. 33 (c. 22), 167, 5 σπόγ-γιον M : σπόγγον θ ; c. 50 (c. 39), 186, 12 βληχρός M : ἰσχυρός θ ; c. 58 (c. 47), 197, 14 ξυσμὸς M : ψυγμὸς θ.

5. Pour un exemple de remaniement dans M, voir c. 59 (c. 48), 198, 14 : τὸ δέρμα, conservé par θ, a été modifié dans la branche de M en τὸ αἷμα pour redonner un sens à un passage rendu incompré-hensible par l'insertion d'une glose ; voir *infra*, p. 106.

6. Pour Érotien, voir *infra*, p. 88 sqq., et pour Galien, p. 92 sqq.

7. Voir par ex. c. 2, 133, 9 ἐκ τοῦ νώτου θ M : ἐκ τῶν ὤτων Petr. Sallius Diversus apud Mack ; c. 2, 133, 16 αἵματος θ M : φλέγματος Ermerins (fort. recte) ; c. 5, 137, 7 σῶμα θ M : στόμα Ermerins ; c. 13 (c. 2), 145, 15 καὶ ἢν πιέσῃς θ M : ἢν πιέσῃς καὶ

déduire de la comparaison avec les rédactions parallèles[1] ; d'autres en revanche, en l'absence d'une tradition indirecte, resteront à jamais insoupçonnées dans un texte où les sauts du même au même pouvaient être fréquents, par suite de la succession de courtes propositions reliées par καί[2]. L'origine du texte de l'archétype ne peut pas être déterminée; on peut penser aux deux grandes éditions du Iᵉʳ siècle après J.-C., celles d'Artémidore Capiton et de Dioscoride ; mais rien, dans la tradition de *Maladies II*, n'apporte l'ombre d'une preuve[3].

Manuscrits récents   Si l'on excepte S qui est une copie directe de M et Ath qui dérive d'une édition imprimée[4], la masse des *recentiores* datant du XIVᵉ siècle au XVIᵉ siècle est issue directement ou indirectement soit du *Parisinus gr.* 2142 dont la partie ancienne (Hᵃ) date du XIIᵉ siècle, soit du *Parisinus gr.* 2140 (I) du XIIIᵉ siècle, soit du *Vaticanus gr.* 277 (R) du XIVᵉ siècle. Il est inutile, dans le cadre de cette édition, d'exposer en détail la filiation de tous les *recentiores* qui occupent le bas du stemma[5]. En

---

Jouanna[1] ; c. 48 (c. 37), 184, 11 σῶμα θ M : στόμα edd. E³ ; c. 54 b (c. 43 b), 192, 6 βλέπεται θ M edd.: βήσσεται Jouanna[1] ; c. 55 (c. 44), 193, 10, βρόγχου θ M : βράγχου Littré e *Aff. int.* c. 6; c. 57 (c. 46), 196, 12 φλεβῶν θ M : φῴδων Littré (cf. jam φωδῶν Mercurialis, n. 19 Foes², n. 153).

1. Pour ces lacunes, voir *infra*, p. 81 et 83 sqq.

2. Sans le témoignage d'Euryphon conservé par Galien, la lacune possible de la comparaison οἷά περ μόρα τρώξαντι dans la sémiologie de la maladie livide du c. 68 (c. 57), 207, 5, ne pouvait être soupçonnée.

3. Sur les éditions d'Artémidore et de Dioscoride, voir J. Ilberg, *Die Hippokratesausgaben des Artemidores Kapiton und Dioskurides* in *Rheinisches Museum für Philologie*, N.F. XLV, 1890, p. 111-137 ; sur la relation entre ces éditions et le texte de notre tradition manuscrite, voir les travaux de Wenkebach et de Pfaff clairement résumés par A. Rivier, *Recherches sur la tradition manuscrite...*, p. 33.

4. Il s'agit de l'édition de Foes citée *infra*, p. 119-121 ; voir P. Potter, CMG I 2, 3, p. 44-45.

5. Le détail du classement des *recentiores* du bas du stemma est réservé pour une édition dans le *Corpus Medicorum Graecorum* ; quelques indications très partielles (à propos de E³ G W) seront données dans le chapitre sur les éditions, *infra*, p. 114 sqq.

revanche, il est nécessaire de revenir sur les relations
entre HªIR et leur filiation : suivant une thèse ancienne,
les *recentiores* remonteraient avec M à un modèle
commun[1] ; ces manuscrits sont considérés dans les
études récentes[2] comme des descendants de M ; mais
cette origine a été parfois contestée[3] et des observations
nouvelles d'ordre codicologique sur le *Marcianus* ont
redonné de l'actualité à la question[4]. Dérivent-ils ou
non du manuscrit de Venise ? Leur témoignage doit-il
être retenu pour l'établissement du texte ou éliminé ?
Après collation de ces trois *recentiores* sur l'ensemble
du texte de *Maladies II*, la filiation M - HªIR ne fait
aucun doute pour ce traité. On ne donnera ici que les
grandes lignes de la démonstration[5].

Que HªIR appartiennent à la branche de M et non
à celle de θ est évident, car ils sont en accord avec M

---

1. J. Ilberg in H. Kuehlewein I, p. xxviii, suivi par H. Polack,
*Textkritische Untersuchungen zu der hippokratischen Schrift Pror-
rhetikos I*, Diss. Hamburg, 1954 in *Hamburger Philologische
Studien* 44, 1976, p. 48 sqq.
2. La thèse de H. Polack a été critiquée par A. Rivier, *Recherches sur la tradition manuscrite du traité hippocratique « De
morbo sacro »*, Berne, 1962, p. 186.
3. Voir B. Alexanderson, *Die hippokratische Schrift Progno-
stikon*, Göteborg, 1963, p. 102 et 170, et la critique de H. Diller in
Gnomon, XXXVI, 1964, p. 764 sq.
4. J. Irigoin, *Le rôle des recentiores dans l'établissement du
texte hippocratique* in *Corpus Hippocraticum* (Colloque de Mons
1975), Mons, 1977, p. 10-15 ; cf. aussi Id., *L'Hippocrate du cardinal
Bessarion...*, p. 167-171. Selon J. Irigoin, « si la mutilation du
Marcianus remonte d'une manière ou d'une autre au temps de
sa copie, les *recentiores* qui ne présentent pas sa lacune ne peuvent
descendre de lui » (*Le rôle...*, p. 12) et « l'accord de H et de I
permettrait de reconstituer le texte du prototype des *recentiores*
à mettre sur le même plan que le *Marcianus* » (*Le rôle...*, p. 15).
Aux observations codicologiques et paléographiques de J. Irigoin, S. Byl a apporté une contrepartie philologique en montrant
une filiation directe M — recc. pour les *recentiores* du *Régime*
*(Les recentiores du traité pseudo-hippocratique du Régime. Quelques
problèmes* in *Hippocratica* [Colloque de Paris, 1978], Colloques
internationaux du CNRS n° 583, Paris, 1980, p. 73-83).
5. En particulier, les exemples, reportés en notes, seront
strictement limités à chaque fois (cinq au maximum).

contre θ sur leçon fautive de M dans de nombreux passages et présentent toutes les lacunes de M qui ne sont pas corrigées[1]. Un tel accord peut théoriquement s'expliquer aussi bien par l'existence d'un modèle commun perdu de M et des *recentiores* que par la filiation M - H[a]IR. Mais le comportement des trois *recentiores* sur les corrections de M qui ne sont pas de première main est plus instructif. Quand les corrections sont anciennes dans M, les manuscrits H[a]IR donnent les leçons corrigées de M. En particulier, alors qu'ils présentent toutes les lacunes de M non corrigées, ils n'ont aucune des lacunes de M, lorsqu'elles sont comblées par un correcteur ancien[2]. Et dans la mesure où cet accord de M[2] - H[a](IR) a lieu non seulement sur bonne leçon mais aussi sur des corrections fautives, voire aberrantes dans M, il plaide nettement en faveur de la filiation (directe ou indirecte) des trois *recentiores*[3]. Qui plus est, deux erreurs de copie dans I d'une addition

1. Pour l'accord de M H[a]IR contre θ sur faute de M, voir par ex. c. 4 b, 136, 6 ἔωθεν θ : ἔσωθεν M H[a]IR ; c. 5, 137, 5 αὐτῆσι ζέσῃ θ : αὐτῇ συζέσῃ M H[a]IR ; c. 20 (c. 9), 154, 9 καὶ ἄπνοος θ : καινὸς M H[a]IR ; c. 25 (c. 14), 158, 14 λούειν θ : καίειν M H[a] IR ; c. 73 (c. 62), 213, 19 μελεδανθῇ (-λαι-) θ Littré : μελανθῇ M H[a]IR. Pour les lacunes de M non corrigées, voir par ex. c. 12 (c. 1), 145, 6 sq. δύο δ' ἐν τοῖσι κροτάφοισι θ : om. M H[a]IR ; c. 13 (c. 2), 146, 15 sq. καὶ τὴν ὥρην ὁροποτείτω θ : om. M H[a]IR ; c. 71 (c. 60), 211, 3 καὶ σελάχεσι, καὶ κρέασι τετριμμένοισι μηλείοισιν ἐφθοῖσι θ : om. M H[a] IR.
2. Voir par ex. c. 8, 139, 4 sq. οὗτος ταῦτα πάσχει θ : om. M sed add. M[2mg] hab. H[a] IR ; c. 21 (c. 10), 155, 15 ἐν τῇσι(ν) ἑπτὰ ἡμέρῃσι(ν) ἀποθνήσκει om. M sed add. M[2mg] hab. H[a] IR ; c. 71 (c. 60), 211, 9 καὶ τῷ σιτίῳ πιέζειν om. M sed add. M[2mg] hab. H[a]IR.
3. Voici quelques exemples d'accord de M[2]-H[a]IR sur correction fautive dans M : c. 30 (c. 19), 165, 12 ελειος ρεῖ θ (= ἐλειθερεῖ) : ελειθέρει M εἰλιθέρει M[corr] (εἰ- et -ι- e corr. M[2]) H[a]R εἰλθέρει I ; c. 64 (c. 53), 203, 17 πεφωγμένον θM : πεφωσμένον M[2] (-σ- in ras.) H[a]IR ; c. 67 (c. 56), 206, 3 ἐρίξαντα θ : ἐριξάντας M ἐριυξάντας M[corr] (-υ- inser. M[2]) ἐριύξαντας H[a]I ἐρύξαντας R. A côté de ces corrections anciennes de M qui sont passées dans les *recentiores* il existe des corrections récentes dont certaines peuvent provenir des *recentiores* ; voir par ex. c. 4 a, 135, 10, καὶ MH[a]IR : ὡς καὶ M[corr] (ὡς add. M[2 mg]) F[2mg] G.

marginale de seconde main de M ne peuvent s'expliquer que par la disposition du texte de M. Il est nécessaire d'exposer ces deux cas en détail : 1) au c. 66 (c. 55), 205, 10 sq. alors que HᵃR donnent comme M (et θ) τὸ φθινόπωρον δὲ καὶ τὸν χειμῶνα ἀλείμματι χρῆσθαι · καὶ περιπατέειν, I présente le texte suivant : τὸ φθινόπωρον δὲ καὶ τὸν χειμῶνα ἄλειμμά τι χρῆσθαι ψυχρὸν καὶ λεπτὸν ὀλίγον (ψ.κ.λ.ὀ. expunxit I²) καὶ περιπατέειν. L'addition absurde de ψυχρὸν καὶ λεπτὸν ὀλίγον dans I, qui a entraîné un solécisme (le datif ἀλείμματι complément de χρῆσθαι a été modifié en accusatif ἄλειμμά τι pour que l'accusatif ψυχρὸν καὶ λεπτὸν ὀλίγον puisse s'y rapporter), ne s'explique que par la disposition du bas du folio 119ʳ de M, manuscrit à deux colonnes. Les quatre dernières lignes de chacune des deux colonnes avec une addition marginale de *seconde main* au bas de la colonne de droite se présentent ainsi :

τὸ ἔαρ · τὸ φθινόπωρον
δὲ καὶ τὸν χειμῶνα ʹ/· ἀλείμμα ʹ/·
τι χρῆσθαι · καὶ περιπατέειν
καὶ γυμνάζεσθαι ὀλίγα · ἢν

ἡμερέων. ἢν μὴ ἀσθενής
σοι δοκέηι εἶναι · ἢν δ' ἀσθε
νὴς ἦι. χυλὸν πτισάνης
ψυχρὸν καὶ λεπτὸν ὀλίγον

ψυχρὸν καὶ λεπτὸν ὀλίγον

Les quatre lignes de gauche correspondent au passage du c. 66 (c. 55) considéré ; les quatre lignes de droite appartiennent au c. 67 (c. 56), 206, 6-8. Il est clair que l'addition marginale du bas de la colonne de droite (qui n'est en fait que la répétition de la dernière ligne appartenant au c. 67 [c. 56]) a été insérée par I (ou son modèle direct) dans le texte de la colonne de gauche[1].

---

1. Du reste, dans M, entre χειμῶνα et ἀλείμμα(τι), il y a un signe de renvoi dont le correspondant se trouve dans la colonne médiane à la même hauteur ; c'est sans doute un indice que la note marginale ψυχρὸν καὶ λεπτὸν ὀλίγον a été rattachée par certains au c. 66 (c. 55), 205, 10. Par ailleurs la transformation de ἀλείμματι en ἄλειμμά τι a pu être favorisée par le fait que dans M ἀλείμμα, en fin de ligne, est séparé de τι. L'addition fautive de I n'est pas passée dans les *recentiores* dépendant de I, car elle a été condamnée par I². J'ai signalé pour la première fois cet argument

2) au c. 46 (c. 35), 178, 6 sq., I présente une autre divergence par rapport à HᵃR susceptible du même type d'explication. Alors que Hᵃ et R écrivent τοῖσι (-σι Hᵃ : -σιν Hᵃ²R) ὀρνιθίοισι καὶ τῷ ζωμῷ καὶ τοῖσι σιτίοισι (-σι Hᵃ : -σιν Hᵃ²R) ὀλίγοισι χρήσθω, I présente un texte où ὀλίγοισι n'est pas à la même place : τοῖσιν ὀρνιθίοισιν ὀλίγοισι καὶ τῷ ζωμῷ καὶ τοῖσι σιτίοισι χρήσθω. Voici maintenant la disposition du texte dans M (colonne de gauche du folio 112ᵛ, l. 6-8) :

> ἐς ἑσπέρην δὲ τοῖσι κρέασι τοι
> σι ὀρνιθίοισι ⟋ καὶ τῶι ζωμῶι
> ⟋ ὀλίγοισι καὶ τοῖσι σιτίοισι χρήσθω · τὴν

M avait omis ὀλίγοισι qui a été ajouté de *seconde main* dans la marge de gauche avec un signe de renvoi qui a son correspondant entre les lignes 7 et 8 exactement entre les finales en -σι de ὀρνιθίοισι (l. 7) et de σιτίοισι (l. 8). C'est la position ambiguë du signe de renvoi à l'intérieur du texte de M qui explique ici la divergence entre Hᵃ(R) et I. Dans Hᵃ(R), ce signe (qui est, en fait, une sorte de flèche tournée vers le bas) a été correctement interprété (cf. la leçon de θ : σιτίοισιν ὀλίγοισι), tandis que I (ou son modèle direct) a cru que le signe prescrivait l'insertion après ὀρνιθίοισι. De ces deux erreurs de copie jointes à l'accord de M² - Hᵃ(IR), on déduira non seulement que HᵃIR dérivent de M mais aussi que I d'un côté et Hᵃ(R) de l'autre proviennent ici indépendamment de M, et non par l'intermédiaire d'un modèle commun perdu, comme on le suppose généralement pour d'autres traités[1]. Cela ne signifie pas pour autant qu'ils sont

codicologique au colloque de Paris, 1978 ; voir les actes du colloque *Hippocratica...*, p. 85 ; cet argument a été repris par H. Grensemann, *Bemerkungen zu den (jüngeren) Hippokrateshandschriften*, *ibid.*, p. 194, n. 1.

1. La majorité des éditeurs ou historiens du texte qui font dériver I et Hᵃ (R) de M postulent l'existence d'un modèle commun perdu intermédiaire entre M et les *recentiores* conservés, par suite de fautes communes à IHᵃ (R) qui ne sont pas dans M ;

copiés directement sur M. Entre M et I, il est nécessaire de postuler un modèle intermédiaire perdu (ξ), non seulement à cause des innovations fort nombreuses[1] de I par rapport à M, mais surtout parce que I possède la trace de variantes interlinéaires ou marginales intégrées dans son texte[2], qui ne sont pas dans M. H[a], en revanche, est vraisemblablement un apographe de M, car son texte primitif[3] est très proche de celui de M ; ce texte a néanmoins été modifié de façon considérable par de nombreuses corrections (H[a 2] vel H[aras]) dont la plupart sont dues au copiste qui a restauré le manuscrit au XIV[e] siècle en complétant les parties manquantes (= H[b])[4] ; à part de rares exceptions,

voir pour *Maladie sacrée*, A. Rivier, *Recherches...*, p. 147 (= δ) ; pour *Plaies*, D. Raupach, *Die handschriftliche Überlieferung der Schrift De Ulceribus*, Diss. Göttingen, 1965, p. 98 (= ρ) ; pour *Maladies I*, R. Wittern, *Die hippokratische Schrift De morbis I*, Hildesheim, 1974, p. XXXVII (= δ). Seul G. Preiser pour les *Jours critiques* (*Die hippokratischen Schriften De iudicationibus und De diebus iudicatoriis*, Diss. Kiel, 1957, p. VI*) fait dériver indépendamment I et H[a] de M. Pour notre traité aussi, I et H[a]R présentent quelques innovations communes par rapport à M, mais elles ne sont pas significatives : à part une interversion (c. 40 [c. 29]. 172, 6 πίνειν ψυχρὸν M : ψυχρὸν πίνειν H[a]IR), il s'agit de corrections minimes portant sur l'accord, le dialecte ou l'orthographe ; voir par ex. c. 31 (c. 20), 166, 6 ἀποιδέει M : ἀποιδέῃ H[a]IR ; c. 1, 132, 11 τεσσεράκοντα M : τεσσαράκοντα H[a]IR ; c. 70 (c. 59), 209, 19 ὁροποτίης V. Schmidt : ὁροπωτίης θ ὁροπωτίης M ὀρροπωτίης I ὁρροποτίης H[a 2]R.

1. Pour les innovations de I par rapport à M, voir *infra*, p. 79 sq.

2. Voir c. 12 (c. 1), 144, 14 μαλθακωτάτοισι M H[a] R : μαλακοῖσι καὶ μαλθακωτάτοισι I ; c. 58 (c. 47), 198, 1 ὑπερφύγῃ M H[a] R : ὑπερεκφύγῃ I qui renvoie à un modèle ὑπερ$\overset{εκ}{φ}$ύγῃ.

3. Il possède des fautes de M qui ont été corrigées dans I et R. Voir par ex. c. 7, 138, 13 ἐκκλείπει M H[a] : ἐκλείπει H[a 2]IR ; c. 41 (c. 30), 173, 11 προσθῆναι M H[a] : προσθεῖναι IR ; c. 50 (c. 39), 187, 16 ἰχῦσι MH[a] : ἰχθῦσι I ἰχθύσι R. De plus, les titres et notations marginales de première main dans H[a] reproduisent, souvent dans la disposition même, ceux de M ; ce n'est pas le cas dans I et dans R.

4. L'ensemble du texte de *Maladies II*, à l'exclusion des titres, comporte plus de deux cents corrections, sans tenir compte des grattages et de l'adjonction de -ν éphelcystiques.

ces corrections proviennent de I[1]. Reste à préciser la position de R, pour laquelle des solutions diverses ont été proposées[2]. En ce qui concerne notre traité, en tout cas, R est une copie de H[a] après corrections de H[a] [2] (vel H[a] [ras]). D'une part R possède la majorité des fautes[3] caractéristiques de H[a], d'autre part son texte est en accord avec celui de H[a]+H[a] [2] (vel H[a] [ras]), même lorsque H[a] [2] (vel H[a] [ras]) reproduit inexactement ou partiellement les innovations de I[4]. Et si R a repris

1. Voir par ex. c. 6 a, 137, 15 ἄλλη M H[a] : ἑξῆς H[a2] [sl] I ; c. 26 (c. 15), 160, 10 τοῦ καλάμου M H[a] (sed add. αὐλοῦ τοῦ H[a2] [sl]) : τοῦ αὐλοῦ τοῦ καλάμου I ; c. 75 (c. 64), 214, 20 προτέρης M H[a] (sed post προτ. add. ἐλέχθη H[a2]) : προτέρης ἐλέχθη I.

2. Trois solutions ont été proposées : 1° R et I remontent à un modèle commun perdu (par suite des fautes communes de R et de I contre H[a]), et ce modèle dérive avec H[a] soit de M (G. Preiser pour *Crises* et *Jours critiques* in *Die hippokratischen Schriften De iudicationibus und De diebus iudicatoriis...*, p. vi*), soit d'un *recentior* perdu dérivant de M (A. Rivier pour *Maladie sacrée* in *Recherches...*, p. 147, D. Raupach pour les *Plaies* in *Die handschriftliche Überlieferung der Schrift De Ulceribus...*, p. 98, et S. Byl pour le *Régime* in *Les recentiores du traité pseudo-hippocratique du Régime...*, p. 82) ; 2° R, I et H[a] dérivent indépendamment d'un *recentior* perdu copié sur M (R. Wittern pour *Maladies I* in *Die hippokratische Schrift De morbis I...*, p. xxxvii) ; 3° R dérive de H[a] après correction de H[a2] (P. Potter pour *Maladies III* in *Die hippokratische Schrift* ΠΕΡΙ ΝΟΥΣΩΝ Γ/ *De Morbis III*, Diss. Kiel, 1973, p. xiv-xv = CMG I 2, 3, Berlin, 1980, p. 27-28).

3. Voir par ex. c. 12 (c. 1), 144, 7 οἶνον MI : ὕδωρ H[a]R ; c. 15 (c. 4), 149, 15 φακείῳ MI : φαρμακείῳ H[a]R (sed del. -αρμ- R[ras]) ; c. 25 (c. 14), 159, 8 ἢ εἰκοσταῖος MI : om. H[a]R ; c. 32 (c. 21), 166, 13 ἐκκλύσῃς Ermerins : ἐκλύσῃ MI ἐλκύσῃ H[a]R ; c. 42 (c. 31), 173, 17, μὴ MI[sl] : om. H[a]R ; c. 71 (c. 60), 211, 11 ἤδη MI : om. H[a]R.

4. Voici quelques exemples montrant très clairement que le texte de R résulte de H[a] + H[a2] (vel H[a] [ras]) : c. 6 b, 138, 6 πάσχει τε MH[a] : καὶ γὰρ πάσχει I, unde καὶ γὰρ ante πάσχει add. H[a2] καὶ γὰρ πάσχει τε R ; c. 28 (c. 17), 164, 13 sq. τρίψαι · τοῖς πλείστοισι ταῦτα ποιήσαντι ὑγιέες γίνονται MH[a] : τρῆσαι · ταῦτα ποιήσαντι πολλοὶ ὑγιαίνουσιν I, unde τρῆσαι add. supra τρίψαι et πολλοὶ ante ὑγιέες add. H[a2] [sl] τρῆσαι τοῖς πλείστοισι · ταῦτα ποιήσαντι πολλοὶ ὑγιέες γίνονται R ; c. 51 (c. 40), 188, 11 sq. φήσει οἱ ἄνωθεν ἀπὸ τῆς κεφαλῆς κατὰ τὴν ῥάχιν ὁδοιπορέειν MH[a] : φήσει ἄνωθεν αὐτῷ ἀπὸ τῆς κεφαλῆς κατὰ τὴν ῥάχιν κατέρχεσθαι δοκεῖν I, unde οἱ

dans la très grande majorité des cas le texte corrigé, il lui arrive parfois de conserver le texte primitif et de reproduire la correction, soit en respectant la disposition du modèle, soit en l'intégrant dans le texte[1]. La filiation H[a] post corr. — R est donc un point de départ solide pour rendre compte de la physionomie du texte de R ; néanmoins dans quelques passages, il y a un accord de RI contre H[a] post corr. qui semble postuler l'utilisation épisodique d'un modèle secondaire, soit I, soit ξ, le modèle perdu de I[2].

Les relations entre MH[a] IR pour le traité des *Maladies* II peuvent se résumer dans le stemma suivant :

delev. H[ras] et δοκεῖν post ὁδοιπορέειν add. H[a2] φήσει ἄνωθεν ἀπὸ τῆς κεφαλῆς κατὰ τὴν ῥάχιν ὁδοιπορέειν δοκεῖν R. Pour une correction de H[a2], mal placée, reproduite par R, voir c. 33 (c. 22), 167, 15 sq. ἐπὴν δ' ἐκσπάσῃς MH[a] : ἐπὴν δὲ αὐτὸν ἐκσπάσῃς I, unde add. αὐτὸν (sed post ἐκσπάσῃς) H[a2] ἐπὴν δ' ἐκσπάσῃς αὐτὸς R.

1. Pour une correction intégrée, voir c. 24 (c. 13), 158, 8 sq. ξύσας ἐς τὴν διπλοΐδα MH[a] : ξύσας μέχρι τῆς διπλοΐδος I, unde μέχρι τῆς διπλοΐδος add. supra ἐς τὴν διπλοΐδα H[a2] ξύσας μέχρι τῆς διπλοΐδος ἐς τὴν διπλοΐδα R. Pour une correction reproduite suivant la disposition du modèle, voir c. 26 (c. 15), 161, 1-3 λαβὼν ῥάβδον λείην ποιήσας αὐτήν, ἐπικάμψας τὸ ἄκρον τὸ ἀπαλὸν τῆς ῥάβδου MH[a] : λαβὼν κλάδον λείην καὶ τὸ ἄκρον αὐτῆς ἐπικάμψας τὸ ἀπαλὸν I, unde κλάδον supra ῥάβδον, et καὶ τὸ ἄκρον αὐτῆς ἐπικάμψας τὸ ἀπαλὸν supra ποιήσας αὐτὴν ἐπικάμψας add. H[a2] λαβὼν ῥάβδον λείην ποιήσας αὐτὴν ἐπικάμψας τὸ ἄκρον τὸ ἀπαλὸν τῆς ῥάβδου R (sed κλάδον supra ῥάβδον et καὶ τὸ ἄκρον αὐτῆς ἐπικάμψας τὸ ἀπαλὸν supra ποιήσας αὐτὴν ἐπικάμψας add. R prima manu).

2. R possède quelques leçons communes avec I qu'il ne doit pas à H[a2] ; dans deux cas au moins, la rencontre de R et de I ne semble pas fortuite : c. 4 a, 134, 16 sq. οὐδ' ἀγαθὸν πλέον τοῦ δέοντος οἶόν τε γενέσθαι, οὐδ' ἀπὸ κακοῦ ἀγαθὸν γένοιτ' ἂν M H[a] (sed post οὐδ'[1] add. αὖ H[a2 s1]) : οὐδ' ἀπὸ κακοῦ ἀγαθὸν γένοιτ' ἂν οὐδ' αὖ ἀγαθὸν πλέον τοῦ δέοντος, οἷόν τε (τε om. I) γενέσθαι IR ; c. 8, 139, 1 glose à βλητός : βλητός · ὁ ἀπόπληκτος · ἐλέγοντο δὲ οὕτως καὶ οἱ ἀπὸ τῶν ὀξέων (ὀξείων H[a]) νοσημάτων αἰφνηδίως τελευτῶντες MH[a] : τί ἐστι βλητὸς ὁ ἀπόπληκτος (om. R) ἐλέγοντο δὲ (δὲ om. R) βλητοί, ὅσοι ἀπὸ ὀξέων νοσημάτων αἰφνιδίως ἐτελεύτων IR.

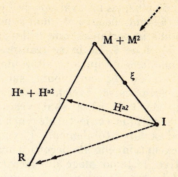

Le fait que les manuscrits HᵃIR dérivent directement ou indirectement de M n'exclut pas en théorie l'utilisation par ces manuscrits de sources secondaires, indépendantes de M ou des modèles intermédiaires (conservés ou perdus) qui en dérivent. En pratique, si le problème ne se pose pas pour Hᵃ ante corr., dont le texte est très proche de celui de M (+M²), il ne peut être éludé dans le cas de R, et surtout dans le cas de I, car I et, dans une moindre mesure, R présentent des innovations par rapport à M (vel M Hᵃ). En particulier, les passages ne sont pas rares[1] où les innovations de I et aussi celles de R rejoignent la leçon de θ. Il paraît cependant peu vraisemblable que ces *recentiores* aient utilisé θ comme source secondaire : dans la majorité des passages où I et R sont en accord, ensemble ou séparément, avec θ, il s'agit de bonnes leçons qui peuvent être aisément obtenues par correction du

---

1. Pour l'accord de θI contre MHᵃ, voir par ex. c. 10, 141, 7 sq. δι' ὀλίγου θI : δι' ὅλου MHᵃ ; c. 12 (c. 1), 143, 10 ἔχῃ θI : ἔχει MHᵃ ; c. 30 (c. 19), 165, 16 καθίσταται θI Hᵃ² : καθίστασθαι MHᵃ ; c. 35 (c. 24), 169, 1 διαίρειν θI Hᵃ² : διείρειν M Hᵃ ; pour l'accord de θR contre MHᵃ, voir par ex. c. 31 (c. 20), 166, 5 ὠμήλυσιν θR : ὠμὴν λύσιν MHᵃ ; c. 46 (c. 35), 178, 2 ῥοιῆς θR : ῥυῆς MHᵃ I ; c. 47 b (c. 36 b), 181, 5 ῥητίνην θR : ῥιτίνης MI ῥητίνης Hᵃ.

texte[1] de M ; de plus, les innovations de I qui rejoignent la leçon de θ sont beaucoup moins nombreuses et beaucoup moins importantes que celles qui s'écartent à la fois de M et de θ. Le texte transmis par I a été l'objet de remaniements qui ont altéré dans la plupart des cas le texte de M ; sans doute, sur la masse des innovations, certaines se révèlent heureuses[2] et améliorent le texte de θM. Elles sont vraisemblablement l'œuvre de la critique conjecturale ; néanmoins, il est impossible d'exclure totalement l'hypothèse d'une survivance exceptionnelle de leçons anciennes[3].

En définitive, le témoignage des *recentiores* du haut du stemma doit être éliminé en règle générale, puisqu'ils dérivent directement ou indirectement de M ; de manière exceptionnelle, toutefois, il mérite d'être retenu, quand ils apportent une variante intéressante.

B. *La tradition indirecte.*

Comparativement à d'autres traités de la *Collection hippocratique*, la tradition indirecte de *Maladies II* est pauvre. Il n'existe dans l'état actuel des connaissances ni traduction latine, ni traduction arabe[4]. Elle comprend

---

1. L'accord de θ I contre MH[a] au c. 35 (c. 24) sur une faute de θ est trop exceptionnel pour être significatif.

2. Pour des innovations intéressantes de I, voir par ex. c. 14 (c. 3), 147, 20 τὸ ἀπὸ I edd. : ἀπὸ θ MH[a] ; c. 22 (c. 11), 157, 2 ἐς ἑωυτὸν I edd. : ἑωυτὸν θM H[a]; c. 27 (c. 16), 163, 11 καὶ ἦν μὲν I edd. : ἦν μὲν θ MH[a].

3. Même dans les rares cas où I semble avoir une *lectio difficilior* (c. 21 [c. 10], 156, 7 κίνδυνος θM : δεῖμα μὴ I ; c. 47 b [c. 36 b], 181, 16 ὀφθαλμῶν θM : ὀμμάτων I), il n'est pas nécessaire d'admettre une source ancienne ; il est notable cependant que l'adjonction dans I de πάνυ devant χλωρὸν καὶ κάκοδμον au c. 46 (c. 35), 177, 14, correspond à σφόδρα (χλωρῷ καὶ δυσώδει) donné par θ M dans la rédaction parallèle de *Maladies III*, c. 16 ; voir J. Jouanna, *Archéologie..*, p. 417, où les deux textes sont édités face à face.

4. Pour les traductions latines d'Hippocrate, voir L. Thorndike et P. Kibre, *A catalogue of incipits of mediaeval scientific writings in Latin*, Cambridge, Mass., 1963. Pour les traductions arabes d'Hippocrate, voir en dernier lieu M. Ullmann, *Die Medizin im*

des passages parallèles notamment dans d'autres écrits de la *Collection hippocratique*, des gloses conservées par Érotien, Galien ou Hésychius, enfin quelques citations dans des ouvrages de Galien (ou attribués à Galien).

Rédactions parallèles : le fragment d'Euryphon

Le fragment d'Euryphon conservé par Galien (voir *supra*, p. 42 sqq.), qu'il appartienne ou non aux *Sentences cnidiennes*, constitue une rédaction parallèle du début du c. 68 (c. 57) de *Maladies II 2*. Son témoignage est utile pour l'établissement du texte dans les cas de divergence entre les manuscrits anciens. Par deux fois, il confirme la leçon de M contre θ, qui pourtant passe pour le manuscrit le plus conservateur : 207, 3 καὶ ἐμεῖ χολὴν καὶ recte M Euryphon : om. θ ; 207, 5 sq. τὰ λευκὰ πελιδνὰ recte M (cf. τὰ λευκὰ πελιὰ Euryphon : πελιδνὰ τὰ λευκὰ θ). Mais son intérêt vient surtout des données nouvelles qu'il apporte : il ne s'agit pas seulement de variantes mineures telles que πελιός en face de πελιδνός (207, 5 et 207, 6) ou le composé ἀπαγχόμενος en face du simple ἀγχόμενος (207, 6) ; il donne aussi des leçons franchement différentes : par exemple καὶ βρυγμὸς (« grincement de dents ») au lieu de ξηρὸς καὶ φρὶξ (207, 1) et surtout une comparaison οἷά περ μόρα τρώξαντι (« comme les lèvres d'un homme qui a mangé des mûres ») après χείλεα (207, 5) qui est absente de *Mal. II 2*, c. 68 (c. 57). Il serait hasardeux de vouloir harmoniser les deux versions qui sortent du même atelier, mais pas nécessairement de la même main. C'est ainsi que le remplacement de ξηρὸς καὶ φρὶξ au c. 68 (c. 57), 207, 1 par καὶ βρυγμὸς effectué par Ermerins ne

Islam, Leiden, 1970, p. 25-35 et F. Sezgin, *Geschichte des arabischen Schrifttums*, Bd. III : *Medizin, Pharmazie, Zoologie, Tierheilkunde bis ca. 430 H.*, Leiden, 1970, p. 23-47 ; Sezgin indique sous Hippocrate n° 20 une traduction arabe d'un traité sur les maladies (connu par plusieurs manuscrits) ; il n'a pas été encore vérifié s'il s'agit d'une traduction d'un écrit de la *Collection* ou d'une œuvre tardive attribuée à Hippocrate.

s'impose pas. En revanche, la disparition accidentelle de
οἷά περ μόρα τρώξαντι dans la tradition de *Maladies II* à une époque antérieure à Galien est d'autant
plus vraisemblable que les comparaisons familières et
concrètes ne sont pas rares dans la sémiologie des
traités cnidiens.

Rédactions   1. Les traités nosologiques déri-
parallèles   vés du même modèle commun.
dans d'autres traités   Parmi les rédactions parallèles
de la Collection   présentées par les traités nosologiques qui dérivent en totalité ou en partie du même
modèle commun, les seules qui soient utiles pour l'établissement du texte, en dehors de celles qui existent
entre *Maladies II* **1** et *Maladies II* **2**, appartiennent à
Affections internes, à *Maladies III* et dans une moindre
mesure à *Affections*[1]. La comparaison doit être utilisée
avec prudence ; les parallélismes ne sont pas toujours
étroits ; et même lorsque les ressemblances pour l'ensemble d'un passage sont nettes, il reste une ambiguïté
sur l'interprétation des divergences de détail : elles
n'ont pas nécessairement pour origine une erreur de
la tradition, car elles peuvent être dues à une modification du modèle de base par les auteurs des traités.
Cela dit, le témoignage des rédactions parallèles — qui
n'a pas été exploité systématiquement dans les éditions
précédentes — est, théoriquement et pratiquement,
d'un grand intérêt. En effet, alors que l'accord des
manuscrits sur un passage de *Maladies II* **1** ou *Maladies II* **2** renseigne sur l'état du texte au IVe siècle ou
au Ve siècle après J.-C. (date de l'archétype de θM)[2],
l'accord des manuscrits de *Maladies II* **1** ou *Maladies II* **2** avec ceux de la rédaction parallèle permet
d'atteindre, en théorie, l'état du texte au Ve siècle
avant J.-C. (date du modèle des rédactions parallè-

1. Les rédactions parallèles seront indiquées systématiquement
dans les *Testimonia*.
2. Sur cette date, voir *supra*, p. 65-67.

les)[1]. Dans les meilleurs cas, l'utilisation des rédactions parallèles permet donc de gagner environ dix siècles, avec cette réserve que, dans deux rédactions parallèles, le processus de normalisation, qui a progressivement entaché les textes hippocratiques, a pu se développer de façon parallèle et aboutir de manière indépendante à un même texte normalisé[2]. D'un point de vue pratique, c'est pour les passages de *Maladies II* 1 et de *Maladies II* 2 où θ et M sont en désaccord que la comparaison peut se révéler le plus sûrement utile. Ainsi en *Maladies II* 2, c. 24 (c. 13), 158, 2 sq., τὸ δέρμα, donné par θ et omis par M edd., doit être conservé, par suite de la présence de ce mot dans la rédaction parallèle de *Maladies II* 1, c. 7, 138, 10. De même en *Maladies II* 2, c. 16 (c. 5), 151, 8 sq., τὸ ἀπὸ τῶν κρίμνων ὕδωρ · ῥυμφάνειν δὲ διδόναι, donné par θ, est omis à tort par M edd., non seulement parce qu'une omission par un saut du même au même a pu facilement se produire, mais aussi parce que ῥυμφάνειν δὲ διδόναι (τὸν ἀπὸ τῆς πτισάνης χυλὸν ψυχρόν) est confirmé par la rédaction parallèle de *Maladies III*, c. 1 ῥυφεῖν δὲ (πτισάνης χυλὸν ψυχρόν). Parfois aussi, la comparaison permet de déceler une

---

1. L'auteur du *Régime dans les maladies aiguës*, que les érudits s'accordent à dater de la fin du ve siècle ou du début du ive siècle, range les réviseurs des *Sentences cnidiennes* dans la catégorie des « anciens » (ἀρχαῖοι c. 1, Littré II, 226, 10 = Joly 37, 2) ; la révision des *Sentences cnidiennes* n'est donc pas postérieure, selon toute vraisemblance, au milieu du ve siècle ; quant à la composition des *Sentences cnidiennes*, elle doit se situer dans la première moitié du ve siècle ou légèrement plus haut.

2. Voir par ex. le début de la sémiologie du sphacèle du cerveau dans les trois rédactions parallèles de *Mal. II* 1, c. 5, 136, 7 sq. ὀδύνη ἔχει ἐκ τῆς κεφαλῆς <ἐς> τὴν ῥάχιν, *Mal. II* 2, c. 20 (c. 9), 154, 7 sq. ὀδύνη λάζεται ἐκ τῆς κοτίδος ἐς τὴν ῥάχιν et *Mal. III*, c. 4, Littré VII, 122, 5-6 = Jouanna[1] 374, 1-2 ὀδύνη ἔχει τὴν κεφαλήν ... ἐς τὴν ῥάχιν. Malgré l'accord de *Mal. II* 1, c. 5 et de *Mal. III*, c. 4 sur ἔχει, il est vraisemblable que le verbe épique et ionien λάζεται de *Mal. II* 2, c. 20 est ancien et remonte au modèle, tandis que son synonyme courant ἔχει l'a remplacé indépendamment dans les deux rédactions de *Mal. II* 1 et *Mal. III*. Sur ce point, voir J. Jouanna, *Archéologie...*, p. 547 (avec des détails complémentaires).

corruption existant déjà dans l'archétype de θM, qu'il s'agisse d'une leçon fautive ou d'une omission. Par exemple, au c. 43 (c. 32) de *Maladies II* 2, 174, 7 sq. φάρμακον πῖσαι κάτω, transmis par θM, doit être corrigé en φάρμακον πῖσαι ἄνω ; la correction, suggérée par le contexte, est justifiée par la version parallèle d'*Affections*, c. 18 φάρμακον διδόναι ἄνω. En *Maladies II* 2, c. 55 (c. 44), 193, 9 l'omission après ὑγρὸν de πολλάκις δὲ λευκὸν καὶ παχύ, donné par la rédaction parallèle d'*Affections internes* c. 6, est probable. Enfin, dans *Maladies II* 2, c. 47 a (c. 36 a), tout un passage de la description des symptômes de la péripneumonie est altéré par des omissions et des leçons fautives, comme le montre clairement la comparaison avec la version parallèle de *Maladies III* c. 15[1].

2. Les traités de compilation : *Aphorismes* et *Prénotions coaques*.

Plusieurs passages des *Aphorismes* et des *Prénotions coaques*, concernant surtout le pronostic, présentent des analogies parfois étroites avec *Maladies II* 1 et *Maladies II* 2. Voici la liste des correspondances :

1) *Mal. II* 1, c. 5, 136, 7 et 137, 7 ; comp. *Aphorismes* VII, 50 et *Prénotions coaques*, 183 (cités *infra*).

2) *Mal. II* 1, c. 6 a, 137, 10 et 13 ; comp. *Aphorismes* VII, 40 (Littré IV, 588, 8 sq. = Jones IV, 202, 1-3) Ἢν ἡ γλῶσσα ἐξαίφνης ἀκρατὴς γένηται, ἢ ἀπόπληκτόν τι τοῦ σώματος, μελαγχολικὸν τὸ τοιοῦτον.

3) *Mal. II* 1, c. 6 a, 137, 9-12 ; comp. *Aphorismes* VI, 51 (cité *infra*).

4) *Mal. II* 2, c. 20 (c. 9), 154, 7 et 11 sq. ; comp. *Aphorismes* VII, 50 (Littré IV, 592, 1 sq. = Jones IV, 204, 8-10) : Ὁκόσοισιν ἂν σφακελισθῇ ὁ ἐγκέφαλος, ἐν τρισὶν ἡμέρῃσιν ἀπόλλυνται · ἢν δὲ ταύτας διαφύγωσιν, ὑγιεῖς γίνονται ; *Prénotions coaques*,

1. Pour la discussion détaillée de tous ces passages, voir J. Jouanna, *Archéologie...*, p. 609, 600, 585 et 596.

183 (Littré V, 624, 1-3) : Ἐγκεφάλου σφακελί-
ζοντος, οἱ μὲν ἐν τῇσι τρισὶν ἡμέρῃσιν, οἱ δὲ ἐν
τῇσιν ἑπτὰ τελευτῶσι · ταύτας δὲ διαφυγόντες,
σῴζονται.

5) *Mal. II* 2, c. 21 (c. 10), 155, 10 sq. et 14 sq. ; comp.
Aphorismes VI, 51 (Littré IV, 576, 6-8 = Jones IV,
190, 12-15) : Ὁκόσοισιν ὑγιαίνουσιν ἐξαίφνης
ὀδύναι γίνονται ἐν τῇ κεφαλῇ, καὶ παραχρῆμα
ἄφωνοι γίνονται, καὶ ῥέγκουσιν, ἀπόλλυνται ἐν ἑπτὰ
ἡμέρῃσιν, ἢν μὴ πυρετὸς ἐπιλάϐῃ.

6) *Mal. II* 2, c. 22 (c. 11), 156, 10-12 ; comp. *Aphorismes* V, 5 (Littré IV, 534, 1-3 = Jones IV,
158, 8-11) : Ἢν μεθύων ἐξαίφνης ἄφωνός τις
γένηται, σπασθεὶς ἀποθνῄσκει, ἢν μὴ πυρετὸς
ἐπιλάϐῃ, ἢ ἐς τὴν ὥρην ἐλθών, καθ᾽ ἢν αἱ κραιπάλαι
λύονται, φθέγξηται.

7) *Mal. II* 2, c. 26 (c. 15), 161, 7 sq. ; comp. *Aphorismes* VII, 49 (Littré IV, 590, 12-13 = Jones IV,
204, 5-7) : Ὑπὸ κυνάγχης ἐχομένῳ οἴδημα ἢ
ἐρύθημα ἐν τῷ στήθει ἐπιγενόμενον, ἀγαθόν · ἔξω
γὰρ τρέπεται τὸ νόσημα.

8) *Mal. II* 2, c. 27 (c. 16), 162, 9-13 ; comp. *Aphorismes* V, 10 (Littré IV, 534, 13 - 536, 2 = Jones IV,
158, 25 - 160, 3) : Ὁκόσοι κυνάγχην διαφεύγουσι,
καὶ ἐς τὸν πλεύμονα αὐτοῖσι τρέπεται, ἐν ἑπτὰ
ἡμέρῃσιν ἀποθνῄσκουσιν · ἢν δὲ ταύτας διαφύγωσιν,
ἔμπυοι γίνονται ; *Prénotions coaques*, 361 (Littré V,
660, 18-21) : Οἶσι δὲ κυνάγχη ἐς τὸν πλεύμονα
τρέπεται, οἱ μὲν ἐν τῇσιν ἑπτὰ ἡμέρῃσιν ἀπόλλυνται ·
οἱ δὲ διαφυγόντες ἔμπυοι γίνονται, μὴ γενομένης
αὐτοῖς ἀναγωγῆς φλεγματώδεος.

9) *Mal. II* 2, c. 32 (c. 21), 166, 10 sq. ; comp. *Prénotions coaques*, 233 (Littré V, 636, 2-3) : Οἶσι
περὶ τὴν ὑπερῴην ὑγροῦ σύστασις γίνεται, ὡς τὰ
πολλὰ πυοῦται.

10) *Mal. II* 2, c. 47 b (c. 36 b), 182, 19-183, 4 ; comp.
Aphorismes VII, 44 (Littré IV, 590, 1-3 = Jones IV,
202, 10-13) : Ὁκόσοι ἔμπυοι τέμνονται ἢ καίονται,

ἦν μὲν τὸ πύον καθαρὸν ῥυῇ καὶ λευκόν, περιγίνον-
ται · ἦν δὲ βορβορῶδες καὶ δυσῶδες, ἀπόλλυνται.

11) *Mal. II* **2**, c. 48 (c. 37), 183, 15-184, 2 ; comp.
Aphorismes V, 11 (Littré IV, 536, 3-5 = Jones IV,
160, 4-7) : Τοῖσιν ὑπὸ τῶν φθισίων ἐνοχλουμένοισιν,
ἦν τὸ πτύσμα, ὅ τι ἂν ἀποβήσσωσι, βαρὺ ὄζῃ ἐπὶ
τοὺς ἄνθρακας ἐπιχεόμενον, καὶ αἱ τρίχες ἀπὸ τῆς
κεφαλῆς ῥέωσι, θανατῶδες ; *Prénotions coaques*,
426 (Littré V, 680, 12-13) : Τῶν φθισικῶν οἷσιν
ἐπὶ τοῦ πυρὸς ὄζει τὸ πτύαλον κνίσης βαρύ, καὶ
αἱ τρίχες ἐκ τῆς κεφαλῆς ῥέουσιν, ἀπόλλυνται.

12) *Mal. II* **2**, c. 48 (c. 37), 183, 15-184, 3 ; comp.
Aphorismes V, 12 (Littré IV, 536, 6-7 = Jones IV,
160, 8-10) : Ὁκόσοισι φθισιῶσιν αἱ τρίχες ἀπὸ τῆς
κεφαλῆς ῥέουσιν, οὗτοι, διαρροίης ἐπιγενομένης,
ἀποθνήσκουσιν ; *Aphorismes* V, 14 (Littré IV,
536, 10 = Jones IV, 160, 13-14) : Ὑπὸ φθίσιος
ἐχομένῳ διάρροια ἐπιγενομένη, θανατῶδες ; *Prénotions coaques*, 428 (Littré V, 680, 16-18) : Ὅσοισι
τῶν φθισικῶν αἱ τρίχες ἐκ τῆς κεφαλῆς ῥέουσιν, ὑπὸ
διαρροίης ἀπόλλυνται · καὶ ὅσοισι φθισικοῖσιν ἐπι-
γίνονται διάρροιαι, θνήσκουσιν.

13) *Mal. II* **2**, c. 71 (c. 60), 210, 15 sq. ; comp. *Aphorismes* VII, 29 (Littré IV, 584, 4-5 = Jones IV,
198, 5 sq.) : Ἢν ὑπὸ λευκοῦ φλέγματος ἐχομένῳ
διάρροια ἐπιγένηται ἰσχυρή, λύει τὴν νοῦσον ;
Prénotions coaques, 472 (Littré V, 690, 6-7) : Τοὺς
λευκοφλεγματοῦντας διάρροια παύει.

Ces analogies, qui s'expliquent soit parce que *Maladies II* (**1** et **2**) est la source des deux compilations
soit parce que *Maladies II* **1**, *Maladies II* **2**, *Aphorismes*
et *Prénotions coaques* utilisent un matériel commun,
ne doivent pas être non plus négligées pour l'établissement du texte, même si leur utilisation, par suite
du caractère relativement récent du témoignage,
requiert plus de prudence encore que dans le cas des
rédactions parallèles entre les traités nosologiques

dérivés des *Sentences cnidiennes*[1]. Ce témoignage n'est
pas sans intérêt quand l'archétype de la tradition
directe est corrompu. Ainsi, en *Maladies II* **2**, c. 20
(c. 9), 154, 12, la conjecture de ὑγιής, qu'il était possible
de faire par le seul examen du contexte, est confirmée
par *Aphorismes* VII, 50 ὑγιεῖς γίνονται[2]. Dans le
même développement sur le pronostic, l'omission de
<ἢ ἐν ἑπτά> après ἀποθνῄσκει (154, 11) est vraisem-
blable, après comparaison avec *Prénotions coaques*,
183 οἱ δὲ ἐν τῇσιν ἑπτά. Enfin cette partie de la
tradition indirecte apporte une leçon nouvelle digne
de considération. En *Maladies II* **2**, c. 27 (c. 16), 162, 13,
les manuscrits θM donnent πέντε ; le chiffre correspondant est ἑπτά, aussi bien dans *Prénotions coaques*, 361,
que dans *Aphorismes* V, 10.

3. Le chapitre 23 de la *Nature de l'homme* (= c. 8
du *Régime salutaire*).

À la différence des rédactions parallèles précédentes
qui font partie intégrante d'autres traités de la *Collection*, la rédaction parallèle de *Maladies II* **2** c. 12 (c. 1),
qui occupe le c. 23 de la *Nature de l'homme*, n'appartient
pas en fait à ce traité ; sa présence y est due à la survivance d'une réclame. Si cette réclame est importante,
comme nous l'avons vu, pour l'histoire de la formation
de *Maladies II*, elle n'apporte rien, en revanche, pour
l'établissement du texte : là où les manuscrits de la

---

1. En particulier l'accord d'*Aphorismes* et de *Prénotions
coaques* contre *Maladies II* **2** (et **1**) n'indique pas nécessairement
que la leçon des deux compilations est supérieure ; il faut tenir
compte de l'évolution du vocabulaire dû soit à la date plus
récente des compilations soit au processus de normalisation dans
la transmission du texte. Par exemple, malgré l'accord d'*Aphorismes* VII, 50 et de *Prénotions coaques*, 183, sur le composé διαφεύγειν,
le composé ὑπερφεύγειν de *Mal. II* **2**, c. 20 (c. 9), 154, 12, qui
recouvre vraisemblablement le surcomposé ὑπεκφεύγειν, est une
lectio difficilior.
2. Voir *Archéologie...*, p. 548 (conjecture faite sans le rapprochement avec *Aphorismes*).

Nature de l'homme divergent de ceux de *Maladies II*, la variante ne se révèle pas supérieure[1].

Le témoignage
des glossateurs :
Érotien

Du *Glossaire hippocratique* d'Érotien, dédié à Andromachos, médecin de Néron, nous ne possédons qu'une version remaniée. Alors qu'Érotien avait relevé les gloses dans l'ordre où il lisait les traités pour que le lecteur pût facilement reconnaître la provenance du texte commenté, la version remaniée présente les gloses par ordre alphabétique, ce qui complique considérablement le problème de leur origine. Néanmoins, par un patient travail mené par J. Ilberg et E. Nachmanson, il a été possible de restituer leur provenance, car l'épitomateur, tout en rangeant les gloses par ordre alphabétique de la première lettre, a conservé à l'intérieur de chaque lettre l'ordre primitif. Cette version remaniée est lacunaire ; certaines scholies en marge des manuscrits hippocratiques ont été utilisées pour la compléter[2].

a. Les gloses d'Érotien et *Maladies II*.

Érotien a glosé moins de mots dans *Maladies II* que dans *Maladies I* ou *Maladies III*. Une seule glose est certaine ; deux autres sont probables.

1. Φ 19 φῷδες · ἔστι μὴν ἡ λέξις Δωρική · καλοῦσι δὲ φῷδας τὰ ἐκ τοῦ πυρὸς γινόμενα, μάλιστα δὲ ὅταν ἐκ ψύχους ἐπὶ τῷ πυρὶ (ἐν τ. π. codd. : ἐπὶ τ. π. Strecker

---

1. Pour la réclame dans ce passage, voir J. Jouanna, *Remarques sur les réclames...*, p. 389-395. Sur la valeur des variantes fournies par le témoignage indirect de la *Nature de l'homme*, voir J. Jouanna, *Hippocrate. La nature de l'homme...*, p. 310 sq.

2. Sur le glossaire d'Érotien, les deux travaux fondamentaux restent ceux de J. Ilberg, *Das Hippokrates-Glossar des Erotianos und seine ursprüngliche Gestalt*, Leipzig, 1893 et d'E. Nachmanson, *Erotianstudien*, Uppsala, 1917. Des mises au point sont toutefois nécessaires, en particulier par suite d'une meilleure connaissance des stemmas de la tradition manuscrite d'Hippocrate ; voir *infra*, p. 89-92 la mise au point sur l'origine des scholies de R relatives à *Maladies II*.

in M. Wellmann, *Hippokratesglossare*, p. 49 ἐν τῷ ποδὶ Nachmanson) καθίσωσι · στρογγύλα ἐπιφλογίσματα · ἐσχημάτισται δὲ ἡ λέξις ἀπὸ τοῦ φωτὸς καὶ ἐρεύθους κτλ. = *Mal. II* **2**, c. 54 b (c. 43 b), 192, 8 (vel c. 57 [c. 46], 196, 12 vel c. 58 [c. 47], 197, 14). Cette glose se situe entre Φ 17, issue du *Régime dans les maladies aiguës*, et une série de gloses Φ 20, Φ 21, Φ 22, appartenant aux traités gynécologiques ; entre les deux, Érotien n'a glosé que les livres sur les *Maladies*. Le mot φῴδων n'étant attesté que dans *Maladies II*, l'attribution de la glose à ce traité est certaine.

2. Π 56 πεντάφυλλον · βοτάνης ὄνομα = *Mal. II* **2**, c. 42 (c. 31), 173, 19 (vel *Mal. III*, c. 17, Littré VII, 158, 8). Comme la précédente, cette glose appartient aux traités sur les *Maladies*, car elle se situe entre une glose du *Régime dans les maladies aiguës* (Π 55) et une glose des traités gynécologiques (Π 57) ; néanmoins le mot glosé se rencontre aussi bien dans *Maladies III* que dans *Maladies II*.

3. A 57 ἀψυχέειν · λειποθυμεῖν est attribuée par Nachmanson (*Erotianstudien...*, p. 407) à *Mal. II* **1**, c. 5, 136, 14 avec le commentaire suivant : « C'est le seul passage où je trouve le verbe dans le texte d'Hippocrate. J'ai joint la glose à cet endroit, bien que cette localisation rompe fortement l'ordre de succession ». Il existe en fait un autre passage où la glose pourrait également s'appliquer : *Maladies des femmes* I, c. 36, Littré VIII, 84, 19 ἀψυχέει. Toutefois une telle attribution perturberait encore davantage l'ordre des gloses.

b. Les scholies hippocratiques de *Maladies II* et Érotien.

Dans les marges des manuscrits hippocratiques figurent des scholies dont certaines sont réputées provenir de gloses d'Érotien qui n'ont pas été conservées dans notre version alphabétique du *Glossaire*. On s'accorde à penser, en particulier depuis l'excellente étude de Nachmanson sur la tradition d'Érotien,

que certaines scholies de R apportent du matériel
nouveau sur son *Glossaire* indépendamment du reste
de la tradition hippocratique[1]. Sur la foi de R,
Nachmanson attribue à Érotien quatre scholies de
Maladies II (éd. Nachmanson 115, 6 sqq.) :

55. (Frg. XLVIII) ἐλέγοντο βλητοί, ὅσοι ἀπὸ ὀξέων
νοσημάτων αἰφνιδίως ἐτελεύτων (= *Mal. II* 1, c. 8,
139, 1 ; cf. *Mal. II* 2, c. 25 [c. 14], 158, 10).

56. (Frg. XLIX) κοτίς · ἔστι τῆς κεφαλῆς ἡ κορυφή
(= *Mal. II* 2, c. 20 [c. 9], 154, 8).

57. (Frg. L) τερηδών · λέγεται σκώληξ ξυλοτρώκτης
οἰκῶν ἐν ξύλῳ (= *Mal. II* 2, c. 24 [c. 13], 158, 1 ; cf.
Mal. II 1, c. 7, 138, 9).

58. (Frg. LI) κύαρ · τὸ τῆς ῥαφίδος τρῆμα · καὶ τὸ
τῆς κώπης τοῦ μύλου (= *Mal. II* 2, c. 33 [c. 22], 167, 11).

Après réexamen de l'ensemble des scholies données
par les manuscrits de *Maladies II*, la position de
Nachmanson sur les scholies de *Maladies II* doit être
rectifiée et complétée. Les gloses de R sont indûment
valorisées pour l'établissement du texte ; celles de
M au contraire sont méconnues ; les quatre scholies
de R proviennent de M par l'intermédiaire de H[a]
après corrections[2] de H[a2] ; le texte de R présente donc
des innovations fautives ; les scholies éditées par
Nachmanson sur la base de R doivent être rééditées
à partir du texte de M. Qui plus est, le témoignage de
R est incomplet, car ce manuscrit, à la différence
d'autres *recentiores*, n'a pas conservé toutes les scholies
de M. En voici la liste :

---

1. E. Nachmanson, *Erotianstudien...*, p. 155-185.
2. R est copié sur H[a] après corrections de H[a2] ; voir *supra*,
p. 77 sq. Pour ces gloses, comme pour le reste du texte de *Maladies
II*, certaines innovations de I par rapport à MH[a] sont passées
dans R par l'intermédiaire de H[a2]. Ex. : 56 (Nachmanson) ἔστι
om. MH[a] : habet IH[a2]R ; 57 (Nachmanson) λέγεται om. MH[a] :
habet IH[a2]R. Par ailleurs le frg. 55 (Nachmanson) comporte
une omission fautive (due à R) devant ἐλέγοντο de βλητός · ὁ
ἀπόπληκτος qui se trouve dans MH[a]I (avec l'addition dans
I de τί ἐστι devant βλητός).

1. βλητός · ὁ ἀπόπληκτος · ἐλέγοντο δὲ οὕτως καὶ οἱ ἀπὸ τῶν ὀξέων νοσημάτων αἰφνιδίως (IR : αἰφνηδίως Hᵃ M) τελευτῶντες = *Mal. II* 1, c. 8, 139, 1 ;

2. πλέννα · ἡ μύξα = *Mal. II* 2, c. 12 (c. 1), 142, 5 ;

3. κοτίς · κεφαλῆς (κεφαλῆς HᵃIR : κεφαλή M) κορυφή = *Mal. II* 2, c. 20 (c. 9), 155, 6 ;

4. τερηδών . σκώληξ ξυλοτρώκτης οἰκῶν ἐν ξύλῳ = *Mal. II* 2, c. 24 (c. 13), 158, 1 ;

5. λαπαρός · ἰσχνὸς καὶ ὑπεσταλμένος = *Mal. II* 2, c. 26 (c. 15), 159, 14 ;

6. κύαρ · τὸ τῆς ῥαφίδος τρῆμα · καὶ τὸ τῆς κώπης τοῦ μύλου = *Mal. II* 2, c. 33 (c. 22), 167, 11 ;

7. ἄλειφα · στέαρ · μύρον · χρῖσμα · ἔλαιον = *Mal. II* 2, c. 47 b (c. 36 b), 180, 4 ;

8. φθόη · φθίσις = *Mal. II* 2, c. 49 (c. 38), 185, 20 ;

9. κρέας μήλειον · τὸ τοῦ προβάτου καὶ τὸ τῆς αἰγός · μῆλα δὲ πάντα τὰ τετράποδα · ὅθεν καὶ πᾶσα βύρσα μηλωτή = *Mal. II* 2, c. 50 (c. 39), 187, 16 ;

10. glose à φῴδων : τὰ ἐκ τοῦ πυρὸς γινόμενα οἰδήματα · οἱ δὲ τὰς φλύκτεις = *Mal. II* 2, c. 54 b (c. 43 b), 192, 8.

Sur l'origine de ces scholies, une chose est certaine : elles ne proviennent pas du *Glossaire* de Galien, car, dans la majorité des cas où la comparaison est possible, le contenu des scholies de M est différent des gloses de Galien[1]. Sont-elles issues pour autant d'Érotien ? Une d'entre elles, la scholie nᵒ 10, rejoint sous une forme abrégée la glose d'Érotien à ce même mot (Φ 19 citée *supra*, p. 88 sq.). Il serait néanmoins imprudent d'en conclure par extrapolation, comme on a coutume

---

1. La comparaison est possible pour les gloses 2 (cf. Gal. *Gloss.*, *s.v.* πλεννεραί = B 19 citée *infra*, p. 98), 3 (cf. Gal. *Gloss.*, *s.v.* κοτίδι = B 13 citée *infra*, p. 97), 6 (cf. Gal. *Gloss, s.v.* κύαρ C 10 citée *infra*, p. 101), 7 (*s.v.* ἄλειφα = C 2 citée *infra*, p. 99) et 10 (cf. Gal. *Gloss.*, *s.v.* φωῖδες = B 26 citée *infra*, p. 99). Le contenu des gloses est différent à l'exception de la glose 2 et partiellement de la glose 6.

de le faire pour les gloses hippocratiques de R, que toutes ces scholies proviennent directement ou indirectement d'Érotien. La scholie n° 5 propose une explication qui contraste franchement avec celle d'Érotien Λ 11 λαπαρά · ἀπαλά. La source des gloses de M est plus récente, comme l'indiquera la comparaison avec les gloses d'Hésychius[1]. Pour *Maladies II*, en tout cas, l'édition des gloses de R comme fragments d'Érotien est trompeuse[2].

Les données fournies par Érotien n'ont pas d'incidence sur l'établissement du texte de *Maladies II* : les mots qu'il a glosés ont été conservés par les manuscrits hippocratiques.

Le témoignage des glossateurs : Galien

Alors que les gloses d'Érotien à *Maladies II* sont rares, celles de Galien sont particulièrement nombreuses. Elles se subdivisent en deux catégories : les gloses qui sont expressément attribuées à *Maladies II*, désigné régulièrement sous le titre de *Premier livre des Maladies le Grand* et exceptionnellement sous le titre actuel ; les gloses qui, sans être attribuées nommément à *Maladies II*, ne peuvent pas appartenir à un autre traité de la *Collection*, soit parce que le mot glosé est un *hapax* soit parce que la forme glosée est unique. En voici la liste[3] :

---

1. Voir *infra*, p. 111.
2. Le manuscrit R présente par rapport à M, pour *Maladies II*, des scholies nouvelles. Mais l'origine de ces scholies ne fait aucun doute ; elles proviennent toutes du glossaire de Galien. Scholie à c. 70 (c. 59), 209, 16 : πολφοί · ἐπαναστάσεις τοῦ δέρματος ὀχθώδεις τε ἅμα καὶ πλαδαραὶ καὶ ἐνερευθεῖς = glose de Galien C 15 citée *infra*, p. 102 ; scholie à c. 64 (c. 53), 203, 18 *s.v.* σκαφίδα : τὴν θαλασσίαν κόγχην τὴν παραμηκεστέραν, ἣν καὶ μύακα προσαγορεύουσι = glose de Galien C 19 (fin) citée *infra*, p. 103 ; scholie à c. 53 (c. 42), 190, 10 κρότωνες · τὰ ἐν τῷ πνεύμονι χονδρώδη βρόγχια = glose de Galien A 7 citée *infra*, p. 94.
3. Le texte de la vulgate (= éd. Kühn) est amélioré par la collation de Laur. (= *Laurentianus Plut.* 74, 3 xiiie s.) et de Marc. (= *Marcianus App.* V 15 du xvie s.) due à Helmreich (*Handschriftliche Verbesserungen zu dem Hippokratesglossar des Galen* in *Sitzungsberichte der Berliner Akademie der Wissenschaften*, 1916,

A. Gloses expressément attribuées à *Maladies II*.

A 1. (éd. Kühn XIX, 76, 16-77, 3) ἀμαλῶς (an ἀμαλῶς ? Cf. Hésychius *s.v.* cité *infra*, 108, 1) · τό τε
ἁπαλῶς, ὅπερ ἴσον δύναται τῷ μετρίως, ὡς ἐν τῷ
περὶ ἐμπύων (= *Mal. I*, c. 8) · τοῦτο δὲ ἀμαλῶς (ὀμ-
codd.) ἐπαινέουσι (ἐπαινέουσι Ilberg : ἐπαλλέουσι Laur.
ἐπαλέουσι vulg.) · καὶ τὸ ῥᾳδίως, ὥσπερ ἐν τῷ πρώτῳ
περὶ νούσων τῷ μείζονι (= *Mal. II*) · καὶ τοῖσιν
ὀφθαλμοῖσιν οὐχ ἀμαλῶς (ὀμ- codd.) ὁρᾷ · καὶ ἐν
τῷ δευτέρῳ <τῷ> (addidi) μείζονι (= *Aff. int.* c. 30) ·
καὶ τὰ σιτία οὐχ ἀμαλῶς (ὀμ- codd.) προσίεται (omnia
def. in M) = *Mal. II* **1**, c. 8, 139, 2 οὐχ ὁμαλῶς
ὁρᾷ **θM**.

A 2. (éd. Kühn XIX, 82, 14-17) ἄορτρον · τὸ ἀπηρτη-
μένον τοῦ πνεύμονος μέρος ἑκατέρωθεν, ὡς ἐν τῷ
<πρώτῳ> (add. Ilberg, p. 345, n. 1) περὶ νούσων
τῷ μείζονι · ἔτι δὲ καὶ ἀορτρὴν (Laur. : ἄορτριν
vulg.) τὸ αὐτὸ τοῦτο ἐνίοτε καλεῖ, ὡς Διοσκουρίδης
οἴεται · οὐ πάνυ δὲ σαφές ἐστιν (ὡς ἐν — ἐστιν def. in
M) = *Mal. II* **2**, c. 54 a (c. 43 a), 191, 8 ἄρθρα **θM**.

A 3. (éd. Kühn XIX, 84, 16 sq.) ἀποσκίμψῃς (Foes :
ἀπόσκημψις M ἀποσκήμψεις Laur. sed -εις e corr.
ἀπόσκηψις Marc. ἀποσκήψεις vulg.) · τὸ (Laur. om.
M Marc. τὰς vulg.) ἀποσχάσῃς (Foes : ἀπόσχασις M
Marc. ἀποσχάσεις Laur. vulg.) ἐν τῷ πρώτῳ περὶ
νούσων τῷ μείζονι (ἐν- μείζονι def. in M) = *Mal. II*
2, c. 26 (c. 15), 160, 3 ἀποσφίγξῃ **θM**.

p. 197-214) et par une collation personnelle de M (*Marcianus gr.*
269 du xe siècle). Ce manuscrit ne donne qu'une version abrégée du
Glossaire ; mais c'est de loin le manuscrit le plus ancien ; son
témoignage est précieux ; il a parfois conservé des leçons anciennes
qui ont disparu du reste de la tradition. Certaines améliorations
ont déjà été faites grâce au témoignage de M par J. Ilberg, *De
Galeni vocum hippocraticarum Glossario* in *Commentationes philologae quibus Ottoni Ribbeckio... congratulantur discipuli Lipsienses*,
Leipzig, 1888, p. 338-340. Dans l'apparat critique des gloses de
Galien données ici, les noms d'Ilberg et de Helmreich renvoient
aux deux travaux mentionnés ci-dessus. Le nom d'Ilberg est accompagné de la référence aux pages, car son étude ne suit pas, comme
celle de Helmreich, l'ordre des gloses. Mes remerciements vont à
A. Anastassiou qui a enrichi de onze gloses ma liste primitive.

A 4. (éd. Kühn XIX, 85, 1 sq.) ἀποσπαρθάζουσιν·
σπαίρουσιν ἢ σφύζουσιν ἐν τῷ δευτέρῳ περὶ νούσων
(ἐν — νούσων def. in M) = *Mal. II* 1, c. 10, 141, 5
ἀποσπαρθάζουσιν θΜ².

A 5. (éd. Kühn XIX, 89, 16-18) βρῆγμα· τὸ μετὰ
βηχὸς ἀναπτυόμενον ἐν τῷ πρώτῳ περὶ νούσων τῷ
μείζονι· καὶ βρήσσειν τὸ μετὰ βηχὸς ἀναπτύειν (ἐν-
αναπτύειν def. in M)· ἔνιοι (Laur. : τινὲς Μ) ταῦτα
(om. Μ) χωρὶς (Laur. : ἄνευ Μ) τοῦ ρ γράφουσιν =
Mal. II 2, c. 47 a (c. 36 a), 178, 17 βήγματος θΜ.

A 6. (éd. Kühn XIX, 95, 14-96, 2) ἐκμάξαι· καὶ τὸ
ἀναπλάσαι· ἔστιν ὅτε δὲ (δὲ Laur. : καὶ vulg.)
ἀλλοιῶσαι, ὡς ἐν τῷ περὶ ἀφόρων (= *Femmes
stériles*, c. 230)· ὥστε (Helmreich : ὡς ἐν^τε Laur.
om. vulg.) δακτύλῳ ἐκμάξαι, τοῦτ' ἔστιν ὡς τὸν
κυκλίσκον ἀναπλάσαι· ἀλλὰ καὶ τὸ ἐκθλῖψαι, ὡς ἐν
τῷ περὶ νούσων τῷ πρώτῳ τῷ μείζονι, ἐπί τε σπόγγου
καὶ τῆς λινοζώστιδος καὶ ἀκτῆς τῶν φύλλων (omnia
def. in Μ praeter ἐκμάξαι· ἐκθλῖψαι) = *Mal. II* 2,
c. 14 (c. 3), 148, 15 σπόγγους ... ἐκμάσσων θΜ ; =
ut videtur *Mal. II* 2, c. 12 (c. 1), 144, 2 sq. λινό-
ζωστιν ... τρίβων θΜ ; vide etiam *Mal. II* 2, c. 69
(c. 58), 208, 16 ; = fortasse *Mal. II* 2, c. 19 (c. 8),
153, 18 sq. τῆς ἀκτῆς τῶν φύλλων θΜ.

A 7. (éd. Kühn XIX, 115, 5 sq.) κροτῶνας (scripsi :
κρότωνας Laur. vulg. κρότωνος Μ)· τὰ ἐν τῷ πνεύμονι
χονδρώδη (χονδρώδη def. in Μ) βρόγχια ἐν τῷ πρώτῳ
περὶ νούσων (ἐν — νούσων om. Μ) <τῷ μείζονι>
(add. Ilberg, p. 345, n. 1) = *Mal. II* 2, c. 53 (c. 42),
190, 10 κρότωνες θΜ.

A 8. (éd. Kühn XIX, 115, 15 sq.) κύκλοι προσώπου·
τὰ μῆλα ἐν τῷ πρώτῳ περὶ νούσων τῷ μείζονι (omnia
def. in Μ) = *Mal. II* 2, c. 50 (c. 39), 186, 18 sq.
οἱ κύκλοι τοῦ προσώπου θΜ.

A 9. (éd. Kühn XIX, 120, 5 sq.) μάσσειν· οὐ μόνον
(οὐ μόνον om. Μ) τὸ ἀναδεύειν ἢ (ἢ Laur. vulg. :
καὶ Μ) φυρᾶν, ἀλλὰ καὶ τὸ (ἀλλὰ καὶ τὸ Laur. vulg. :
καὶ Μ) ἐκθλίβειν, ὡς ἐν τῷ πρώτῳ περὶ νούσων τῷ

μείζονι (ὡς-μείζονι def. in M) = *Mal. II* **2**, c. 14
(c. 3), 148, 15 ἐκμάσσων θM ; vide etiam A 6.

A 10. (éd. Kühn XIX, 121, 12-14) μελιηδέα · οὐ μόνον
τὸν ἡδύν, ἀλλὰ καὶ τῷ μέλιτι μεμιγμένον, ὡς ἐν τῷ
πρώτῳ περὶ νούσων τῷ μείζονι · ἐν δὲ τῷ αὐτῷ καὶ
μελίχρουν ὀνομάζει καὶ (καὶ Laur. : secl. Ilberg
fort. recte) τὸν τοιοῦτον οἶνον (def. in M sed habet
μελιηδέα · τὸν μελίχρουν οἶνον) = *Mal. II* **2**, c. 22
(c. 11), 157, 9 μελιηδέα θ : μελιτιηδέα M μελιτοειδέα
edd. et *Mal. II* **2**, c. 12 (c. 1), 144, 7 μελιχρόν θM.

B. Gloses qui se rapportent à *Maladies II* sans être
expressément attribuées au traité.

B 1. (éd. Kühn XIX, 75, 4) ἀλθαίνειν (Marc. : ἀλθν″
Laur. ἀλθεῖν vulg.) · ὑγιάζειν (omnia def. in M) =
Mal. II **2**, c. 33 (c. 22), 167, 19 ἀλθαίνηται θM ou
c. 34 (c. 23), 168, 10 *id.* Ce sont les seuls passages
de la *Collection* où le mot est employé. Comp.
Érotien ἄλθεσθαι (*vel* ἀλθέσθαι ?) · ὑγιάζεσθαι (A 81
éd. Nachmanson 22, 2). L'actif, dans Galien, est
une normalisation pour le moyen ἀλθαίνεσθαι,
vraisemblablement par influence de la glose ὑγιάζειν.

B 2. (éd. Kühn XIX, 75, 6) ἀλθίσκειν · ὑγιάζειν
(omnia def. in M) = *Mal. II* **2**, c. 36 (c. 25), 169, 12
ἀλθίσκειν θM² ; cf. *Mal. II* **2**, c. 37 (c. 26), 169, 16
ἀλθίσκειν θM. En dehors de ces deux passages, le
mot n'est pas attesté dans la *Collection*.

B 3. (éd. Kühn XIX, 86, 18) αὐαντή (M Marc. : αὐαψίᵀ
sed punctis delet. et αὐαντὴᵀˑ in marg. Laur. αὐαντὴ
ἢ αὐαψή vulg.) · ξηραντικὴ νόσος = *Mal. II* **2**, c. 66
(c. 55), 204, 11 αὐαντή M : λυαντή θ (<ΑΥΑΝΤΗ).
Hapax dans la *Collection.*

B 4. (éd. Kühn XIX, 87, 5) ἀφασσόμενα · ψηλα-
φώμενα, καὶ ἀφασαμένη (L. Dindorf : ἀφησαμένη Laur.
ἀφησσαμένη vulg.) ψηλαφήσασα (καὶ — ψηλαφήσασα def. in M) = *Mal. II* **2**, c. 30 (c. 19), 165, 15
ἀφασσόμενα θM. Le participe au neutre pluriel ne se
rencontre pas ailleurs dans la *Collection.*

B 5. (éd. Kühn XIX, 97, 5) ἐλειθερές (scripsi : ελιθερές

M ἐλιθερες Laur. ᶜᵒʳʳ εἰληθερές vulg. ἐληθερές Ilberg, p. 352) · τὸ (om. M) ὡς ἀπὸ ἡλίου θερμόν = *Mal. II* 2, c. 27 (c. 16), 162, 1 ελειθερες θ om. M εἰληθερές edd. ; cf. aussi *Mal. II* 2, c. 30 (c. 19), 165, 12.

B 6. (éd. Kühn XIX, 97, 6) ἐλειθερείσθω (scripsi : ἐλιθερείσθω Laur. ᶜᵒʳʳ ἐληθερείσθω vulg. ἐλειθερείτω scripserim ἐληθερείτω scripserit Ilberg, p. 352) · ἡλιούσθω (omnia def. in M) = *Mal. II* 2, c. 70 (c. 59), 210, 8 ἐλειθερείτω scripsi : ελειθερειτωι θ εἰλιθερείτω M εἰληθερεέτω edd.

B 7. (éd. Kühn XIX, 97, 12) ἔμιαι (Laur. : ἐμιαι M ἐμίαι Foes[1] ἔμεαι Marc. unde ἐμεσίαι Helmreich) · ἔμετοι · ἀττικὸν τὸ ὄνομα = *Mal. II* 2, c. 40 (c. 29), 171, 13, ἐμεσίαι θM ou c. 43 (c. 32), 175, 4, *id.* Le terme n'est pas attesté ailleurs dans la *Collection*.

B 8. (éd. Kühn XIX, 99, 2) ἔπακρα · τὰ εἰς στενὸν τελευτῶντα, ἅπερ καὶ ἔξουρα = *Mal. II* 2, c. 61 (c. 50), 201, 9 ἔπακρον θM. *Hapax* dans la *Collection hippocratique*. La différence entre le singulier de *Mal. II* 2 et le pluriel de Galien est étonnante. Indique-t-elle que Galien lisait l'adjectif dans un autre passage de la *Collection hippocratique* ?

B 9. (éd. Kühn XIX, 100, 15 sq.) ἐρυγματώδης (Laur. vulg. : ἐρευγμ. M) · ἡ ἐρυγμῶν ἀπεργαστικὴ νόσος (post νόσος add. ἢ τροφὴ J Ilberg, p. 341 : om. M Laur. vulg.) ἡ πνευματοῦσα = *Mal. II* 2, c. 69 (c. 58), 208, 6 ἐρυγματώδης θM. *Hapax* dans la *Collection*.

B 10. (éd. Kühn XIX, 111, 8) κεκωμῶσθαι · ἐν κώματι εἶναι = *Mal. II* 1, c. 8, 140, 1 κεκωφῶσθαι θM. Il n'existe aucune forme aussi approchante dans le reste de la *Collection*.

B 11. (éd. Kühn XIX, 111, 9-12) κερχαλέον (Helmreich e κερχαλαῖον Laur. : κερχαλαί M κερχναλέον vulg.) · κέρχου (Laur. : κέρχνου vulg.) ποιητικόν (κέρχου ποιητικόν def. in M) · οὕτως δὲ ἥ τε (τε om. M) τραχύτης ὀνομάζεται τῆς φάρυγγος καὶ ὁ ἐν τῷ πνεύμονι ψόφος · καὶ τὸ κέρχον (Laur. : κέρχνον vulg.) δὲ καὶ τὸ κέρχεται (Laur. : κέρχνεται vulg.)

καὶ οἱ κερχασμοὶ (scripsi : κερχνασμοὶ codd.) τὸ
ἀνάλογον δηλοῦσιν (καὶ τὸ κέρχον — δηλοῦσιν def. in
M) = *Mal. II* **2**, c. 53 (c. 42), 190, 8 κέρχεται θM :
κέρχνεται Littré. La forme n'est pas attestée ailleurs
dans la *Collection*.

B 12. (éd. Kühn XIX, 112, 1 sq.) κλήϊθρον · ὁ περὶ τὴν
κατάποσιν τόπος ὑπὸ τοῖς παρισθμίοις = *Mal. II* **2**,
c. 28 (c. 17), 163, 15 κλῆθρον θ : κλῆϊθρον M ; cf.
aussi *ibid.*, 164, 10. Le mot n'est pas attesté ailleurs
dans la *Collection*.

B 13. (éd. Kühn XIX, 113, 17) κοτίδι · τῷ ἰνίῳ · τῇ
παρεγκεφαλίδι = *Mal. II* **2**, c. 12 (c. 1), 145, 8
κοτίδι θM ; cf. aussi *Mal. II* **2**, c. 20 (c. 9), 154, 8 ;
ibid., 155, 6 ; *ibid.*, 155, 8. Le mot n'est pas attesté
dans le reste de la *Collection*.

B 14. (éd. Kühn XIX, 120, 4) μάσθλης · δέρμα (δέρμα
Cornarius Foes ex Hesychio Littré : θέρμα Laur.
θέρμης M Laur. ᶜᵒʳʳ vulg.) = *Mal. II* **2**, c. 59
(c. 48), 198, 15 μάσθλης θM. *Hapax* dans la *Collection*.

B 15. (éd. Kühn XIX, 120, 9) μαχαιρίδι ὀξυβελεῖ · τῷ
φλεβοτόμῳ = *Mal. II* **2**, c. 47 b (c. 36 b), 182, 6
ὀξυβελεῖ θM. L'adjectif n'est pas attesté ailleurs dans
la *Collection*.

B 16. (éd. Kühn XIX, 120, 10) μαχαιρίδι στηθοειδεῖ ·
σμιλίῳ (codd. : τῷ σμιλίῳ vulg.) ἰατρικῷ γαστρώδει =
Mal. II **2**, c. 47 b (c. 36 b), 182, 5 στηθοειδεῖ μαχαιρίδι
θM. *Hapax* dans la *Collection*.

B 17. (éd. Kühn XIX, 120, 11 sq.) μέλαινα · λέγεται (R :
λέγεται τε vulg.) καὶ νόσος (Laur. : ἡ νόσος vulg.) οὕτως
ἀπὸ μελαίνης χολῆς συνισταμένη (omnia def. in M) =
Mal. II **2**, c. 73 (c. 62), 212, 11 μέλαινα θM ; cf. aussi
c. 74 (c. 63), 213, 20. Ce sont les seuls passages de la
Collection où il soit question de maladie noire. Comp.
toutefois *Épidémies II*, 3, c. 15, Littré V, 116, 5.

B 18. (éd. Kühn XIX, 126, 4) ὀλόν (M : ὅλον Laur. ὅλον
vulg.) · τὸ μέλαν τῆς σηπίας = *Mal. II* **2**, c. 73 (c. 62),
212, 13 θολόν θM. Seule attribution possible.

B 19. (éd. Kühn XIX, 131, 7) πλεννεραί · μυξώδεις · καὶ πλέννα ἡ μύξα. La seconde partie de la glose s'applique très vraisemblablement à *Mal. II 2*, c. 12 (c. 1), 142, 5 πλέννα θM, car la forme en π- n'est pas attestée dans le reste de la *Collection*.

B 20. (éd. Kühn XIX, 131, 8) πλευμᾷ (Ilberg, p. 339 : πλευμαι M πλεύμαι Laur. πνεῦμαι Marc. πλευμοῖ vulg.) · πλευμώδης γίνηται ἢ φθίνη (γίνηται ἢ φθίνη Ilberg e γ χηφινη [sic] M : γίνεται ἢ φθίνει vulg. Kühn) = *Mal. II 2*, c. 48 (c. 37), 183, 5 (ὅταν) πλευμᾷ θM. *Hapax* dans la *Collection*.

B 21. (éd. Kühn XIX, 131, 9) πλεῦμος · φθόη ἢ τὸ πλευμῶδες πάθος = *Mal. II 2*, c. 52 (c. 41), 189, 9 πλεύμονος θMHᵃIR πλεύμονος νοῦσος recc. edd. La glose, qui n'était pas localisée jusqu'à présent, convient parfaitement pour ce passage qui est un titre de maladie.

B 22. (éd. Kühn XIX, 140, 13) στηθοειδεῖ (Laur. vulg. : -δῆ M) μαχαιρίῳ · τῷ (τῷ M Laur. : om. vulg.) σμιλίῳ ; voir B 16.

B 23. (éd. Kühn XIX, 141, 7) στόμβον · βαρύηχον, βαρύφθογγον = *Mal. II 2*, c. 33 (c. 22), 167, 4 φθέγγεται σομφόν ; seul endroit de la *Collection hippocratique* où se trouve l'expression. Selon P. Chantraine, *Dictionnaire étymologique...*, s. v. στέμβω, στόμβον est fautif. Est-ce certain?

B 24. (éd. Kühn XIX, 142, 13) συκίον · τὸ τῶν ἰσχάδων ἀφέψημα = *Mal. II 2*, c. 28 (c. 17), 164, 5 τῷ συκίῳ θM, *vel* c. 31 (c. 20), 166, 6 τῷ συκίῳ θM. Le mot n'est pas attesté ailleurs dans la *Collection*.

B 25. (éd. Kühn XIX, 149, 5) ὑπερχολήσῃ (Coraes Helmreich : ὑπερχολήσει codd. sed e corr. M -σι Mᵃᶜ ?) · πολλῆς (M vulg. : πολλὴν Laur. πολλῇ Marc.) πληρωθῇ (Coraes Helmreich : πληρωθῇ Laur. πληρωθεὶς M πληρωθεῖσα Marc. πληρώσει vulg.) χολῆς (M vulg. : χολὴν Laur. χολῇ Marc.) = *Mal. II 2*, c. 41 (c. 30), 173, 15 ὑπερχολήσῃ θM. *Hapax* dans la *Collection*.

B 26. (éd. Kühn XIX, 154, 3) φωΐδες · αἱ φαύσιγγες
(αἱ φ. vulg. : ἀφαυσιγγες Μ), ὑπὲρ ὧν εἴρηται (= éd.
Kühn XIX, 150, 14 φαύσιγγες [Μ : φαύσιγες vulg.] ·
κυρίως μὲν οἱ ἀπὸ τοῦ πυρὸς ἐν ταῖς κνήμαις ἐπανισ-
τάμενοι κύκλοι ἐρυθροί · καταχρηστικῶς δὲ [δὲ om.
fort. Μ] καὶ οἱ λοιποί) = Mal. II 2, c. 54 b (c. 43 b),
192, 8 φῴδων θΜ vel c. 57 (c. 46), 196, 12. vel c. 58
(c. 47), 197, 14. Le mot n'est pas attesté dans la
Collection en dehors du traité.

B 27. (éd. Kühn XIX, 155, 2 sq.) χηλήν · μήλην δίκρουν
κατὰ τὸ ἄκρον ἐκτετμημένην ἐμφερῶς χηλῇ = Mal. II
2, c. 33 (c. 22), 167, 14 χηλήν θΜ ; cf. aussi c. 35
(c. 24), 168, 19. Le mot n'est pas attesté ailleurs dans
la Collection.

C. A cette liste on joindra une vingtaine de gloses
susceptibles d'appartenir à Maladies II :

C 1. (éd. Kühn XIX, 69, 15) ἀγχόμενος · πνιγόμενος
(omnia def. in Μ) = Mal. II 2, c. 68 (c. 57), 207, 6
ἀγχόμενος θΜ ; cf. aussi Épidémies V 86 (Littré V,
252, 15) ἀγχόμενος.

C 2. (éd. Kühn XIX, 74, 18) ἄλειφα · ἔλαιον ἢ στέαρ
(omnia def. in Μ) = Mal. II 2, c. 13 (c. 2), 146, 13
ἄλειφα θΜ ; c. 26 (c. 15), 160, 6 ἄλειφα θΜ ; c. 47 b
(c. 36 b), 180, 4 ἄλειφα θΜ ; cf. aussi Nature de la
femme, c. 109, Littré VII, 430, 9 parmi bien d'autres
exemples. Comp. la glose de Μ à c. 47 b (c. 36 b)
citée supra, p. 91.

C 3. (éd. Kühn XIX, 75, 9 (s. v. ἀλλογνοῶν) ... οὕτω
δὲ καὶ τὸ ἀλλοφρόνησεν (ἀλλοφρόνησεν Laur. : ἀλλοφρο-
νήσας vulg.) εἴρηται πρὸ (Laur. : πρὸς vulg.) αὐτοῦ
(omnia def. in Μ). Le terme ne se trouve que dans
deux passages de la Collection hippocratique, en Mal.
II 2, c. 16 (c. 5), 150, 15 sq. ἀλλοφρονέει θΜ et en Mal.
fem. I, c. 41, Littré VIII, 100, 8 ἀλλοφάσσει θ recte :
ἀλλοφρονήσει MV. La leçon de Laur. est-elle un aoriste
ionien sans augment remplacé par un présent dans
Mal. II 2, c. 16 (c. 5) ? Recouvre-t-elle un futur
comme dans Mal. fem. I, c. 41 ?

C 4. (éd. Kühn XIX, 75, 14) ἁλυκόν · ἁλμυρόν (omnia def. in M). Plusieurs endroits dans la *Collection hippocratique* dont trois dans *Mal. II 2*, c. 27 (c. 16) 163, 7 ; c. 47 a (c. 36 a) 179, 14 ; c. 73 (c. 62), 213, 17.

C 5. (éd. Kühn XIX, 79, 11) ἄναλτον · τό τε χωρὶς ἁλῶν καὶ οὐχ ἁλμυρόν (omnia def. in M). Il y a plusieurs endroits dans la *Collection hippocratique* dont trois dans *Mal. II 2*, c. 54 a (c. 43 a) 192, 2 et 3 ; c. 55 (c. 44) 195, 5.

C 6. (éd. Kühn XIX, 87, 13) ἀψυχεῖ · λιποθυμεῖ (Laur. : λειπ. vulg.) · καὶ ἀψυχίη ἡ λιποψυχία (Laur. : λειπ. vulg.) (omnia def. in M) = *Mal. II 1*, c. 5, 136, 14 ἀψυχέει θM ; cf. aussi *Maladies des femmes I*, c. 36 (Littré VIII, 84, 19) ἀψυχέει ; = *Mal. II 1*, c. 5, 136, 8 ἀψυχίη θM ; cf. aussi *Maladies des femmes I*, c. 24, Littré VIII, 64, 7 ἀψυχίη parmi d'autres exemples.

C 7. (éd. Kühn XIX, 90, 2 sq.) βρυγμός · ὁ ἀπὸ τῶν ὀδόντων συγκρουομένων (-ομένων Laur. Kühn : -όμενος M) ψόφος · καὶ βρύχειν τὸ οὕτως ψοφεῖν (καὶ — ψοφεῖν def. in M) ; cf. *Mal. II 2*, c. 46 (c. 35), 177, 9 et c. 48 (c. 37), 183, 6. Le terme se rencontre dans d'autres passages de la *Collection* notamment dans les traités gynécologiques ; cf. entre autres exemples *Nature de la femme*, c. 35, Littré VII, 378, 5.

C 8. (éd. Kühn XIX, 102, 13) ἡμιτυβίου (Foes : ἡμιτύβιον M Laur. vulg.) · ὀθονίου (Laur. : ὀθωνίου M) παχέος (M : post παχέος add. μέρος Laur. vulg. μέρους Foes) = soit *Mal. II 2*, c. 54 b (c. 43 b), 193, 3 ἡμιτυβίου θM, soit *Articulations*, c. 37, Littré IV, 164, 6 (= Kühlewein II, 157, 10) ἡμιτυβίου. Le mot n'est pas attesté ailleurs dans la *Collection*.

C 9. (éd. Kühn XIX, 111, 3 sq.) κάχρυος (M : κάγχρυος vulg.) ῥίζαν · τῆς λιβανωτίδος · ὅταν δὲ πληθυντικῶς εἴπῃ τὰς κάχρυας (κάχρυας Mcorr κάχριας M : κάγχρυς vulg. κάχρυς legi potest cum Foes), τὰς πεφρυγμένας κριθὰς ἀκουστέον = *Mal. II 2*, c. 67 (c. 56), 206, 3 κάχρυς θM, pour la deuxième partie de la glose ; cf. aussi *Nature*

de la femme, c. 32 (Littré VII, 356, 10) κάχρυας
θV : χρύας M.

C 10. (éd. Kühn XIX, 115, 12) κύαρ · τὸ τῆς βελόνης
τρῆμα = *Mal. II* **2**, c. 33 (c. 22), 167, 11 κύαρ θM
et 167, 13 κύαρος θM ; cf. aussi *Régime dans les
maladies aiguës II*, c. 29 (Littré II, 516, 4 = Joly
c. 61, 95, 7) κύαρ.

C 11. (éd. Kühn XIX, 117, 11) λαπηρά (Helmreich :
λαμπτηρά M λαμπηρά vulg.) · τὰ ἀφρώδη · λάπη
(Helmreich : λάμπτη M Laur. λάπτη Marc. λάμπει
vulg.) γὰρ ὁ ἀφρός. Les deux corrections de Helmreich
s'appuient sur l'ordre alphabétique. Mais rien n'est
clair dans la morphologie de ce substantif écrit dans
les éditions λάπη ; les anciens en discutaient déjà ;
voir Érotien, *s.v.* λαπῶδες (Λ 7 éd. Nachmanson, 57,
6-11 ; cf. Λ 26) et Galien (CMG V, 9, 2, p. 103, 20 sqq.),
d'où il ressort que les anciens écrivaient la syllabe
initiale soit λαμπ- soit λαππ- soit λαπ-. Par ailleurs, en
ce qui concerne la syllabe finale, n'est-il pas singulier
que la forme avec un *tau* λάμπτη, qui est ancienne
dans la tradition de Galien, par suite de l'accord
de M et de Laur., se retrouve dans l'archétype du
Glossaire d'Érotien en Λ 7 (éd. Nachmanson, 57, 11
λαμπτῇ A : λαπτῇ HLMO λάπη Nachmanson) et
aussi dans le *Lexique* d'Hésychius *s.v.* λάπτης, forme
garantie par l'ordre alphabétique? Le substantif
λάπη est attesté dans plusieurs passages de la
Collection hippocratique et notamment quatre fois
dans *Mal. II* **2**, avec les variantes λάμπην et λάππην
dans θ en c.15 (c. 4), 149, 8 et c. 73 (c. 62), 212, 14
qui ne sont pas à négliger. La forme λάπη serait-elle
en définitive une *lectio facilior*?

C 12. (éd. Kühn XIX, 122, 15) μήλεια (M Laur.[corr] :
μῆλα · τὰ vulg.) · προβάτεια (Helmreich : προβάτια
M Laur. vulg.). Plusieurs passages dans la *Collection
hippocratique* dont quatre dans *Mal. II* **2** : c. 48
(c. 37), 185, 6 ; c. 50 (c. 39), 187, 16 ; c. 69 (c. 58),
209, 5 ; c. 71 (c. 60) 211, 3.

C 13. (éd. Kühn XIX, 125, 3) ξυσμή (Helmreich : ξύσμη Foes ξύμη codd. vulg.) · κνησμός (M Laur. sed ante κνησμός add. ὃ καλεῖται Laur.^corr vulg.) = *Mal. II* **2**, c. 54 b (c. 43 b), 192, 8 ξυσμὴ θM ; cf. aussi *Régime*, c. 70 (Littré VI, 606, 17 = Joly, 78, 18) ξυσμὸς θ edd. : ξυσμὴ M. Comp. à Érotien Ξ 2 ξυσμῷ · κνησμῷ κτλ. ; cf. *Mal. II* **2**, c. 58 (c. 47), 197, 14 ξυσμὸς θM.

C 14. (éd. Kühn XIX, 126, 10 sq.) ὀπός · ὁ (ὁ M : om. Laur. vulg.) τοῦ σιλφίου κατ᾽ ἐξοχήν, ὥσπερ καὶ καυλός · καλεῖ δὲ σίλφιον καὶ (καὶ M : om. Laur. vulg.) τὴν ῥίζαν μόνην = *Mal. II* **2**, c. 43 (c. 32) ὀποῦ θM *bis* 174, 12 et 175, 3 ; opposer à *Mal. II* **2**, c. 42 (c. 31), 173, 21 ὀπὸν σιλφίου et c. 47 b (c. 36 b), 180, 8 sq. ὀπὸν σιλφίου. Il y a toutefois de nombreux emplois de ὀπός dans le reste de la *Collection*.

C 15. (éd. Kühn XIX, 132, 4 sq.) πολφοί (R : πομφοί vulg.) · ἐπαναστάσεις τοῦ δέρματος ὀχθώδεις τε ἅμα καὶ πλαδαραὶ καὶ ἐνερευθεῖς (omnia def. in M) = *Mal. II* **2**, c. 70 (c. 59), 209, 16 πολφῶν θM ; cf. aussi *Mal. femmes II*, c. 118, Littré VIII, 254, 6 πολφοί *vel* πόλφοι.

C 16. (éd. Kühn XIX, 135, 12) ῥίζαν λευκήν · τὴν τοῦ δρακοντίου (cf. XIX, 118, 4 λευκὴν ῥίζαν · τὴν τοῦ δρακοντίου) = *Mal. II* **2**, c. 48 (c. 37), 184, 18 τὴν ῥίζαν τὴν λευκὴν θM ; cf. aussi *Nature de la femme*, c. 32, Littré VII, 352, 16 τὴν λευκὴν ῥίζαν θMV, parmi d'autres passages.

C 17. (éd. Kühn XIX, 136, 3 sq.) ῥωγματίης (Laur. vulg. : ῥωγματείης M) · ὁ ἐρρωγός τι τῶν ἐντὸς ἔχων, ὃν δὴ καὶ ῥηγματίαν ὀνομάζει = *Mal. II* **2**, c. 45 (c. 34), 177, 1 ῥηγματίας θM pour la seconde partie de la glose ; cf. aussi *Mal. II* **2**, c. 53 (c. 42), 190, 13 ; pour la première partie de la glose, voir *Maladies I*, c. 31 (Littré VI, 202, 7 sq. = Wittern, 90, 6 sq.) ῥωγματίης θ : ῥηγματίης M. Le mot ῥηγματίας (*vel* -τίης) est toutefois attesté aussi dans *Airs, eaux, lieux*, c. 4 (Littré II, 20, 3 sq. et 9 = Diller 30, 7 et 11).

C 18. (éd. Kühn XIX, 136, 14 sq.) σελάχεσιν · οὕτως καλεῖται ὅσα (ὅσα M Laur. Marc. ὅσα ἰχθύων vulg.) λεπίδα (λεπίδα M : -ίδας vulg.) οὐκ ἔχει καὶ ζωοτοκεῖ. Le terme se rencontre au datif pluriel dans 6 passages, deux fois dans *Maladies des femmes I* et *II*, et quatre fois dans *Mal. II* 2 : c. 48 (c. 37), 185, 9 ; c. 50 (c. 39), 187, 16 ; c. 71 (c. 60), 211, 3 ; c. 74 (c. 63), 214, 11.

C 19. (éd. Kühn XIX, 138, 7-10) σκαφίδα · Ἀττικοὶ μὲν τὴν ποιμενικὴν σκάφην (σκάφην M Laur. sed post σκάφην add. καθώς που λέγουσι Laur.corr vulg.) · γαυλοί τε σκαφίδες τε τετυγμένα τοῖσιν ἄμελγεν (*Odyssée* IX, 223) · Ἱπποκράτης δὲ τὴν θαλασσίαν κόγχην τὴν παραμηκεστέραν, ἣν οἱ (οἱ M Laur. : om. vulg. Kühn) πολλοὶ μύακα προσαγορεύουσι (πρ. Laur. vulg. : καλοῦσιν M) = *Mal. II* 2, c. 64 (c. 53), 203, 14 σκαφίδα θ : σκαφίδας M et 203, 18 σκαφίδα θM. Cet accusatif se rencontre néanmoins dans plusieurs autres passages de la *Collection* ; voir par ex. *Maladies des femmes I*, c. 86, Littré VIII, 210, 19.

C 20. (éd. Kühn XIX, 147, 10) τρωθῇ · βλαβῇ, κακωθῇ · καὶ τρῶμα ἡ βλάβη = *Mal. II* 2, c. 53 (c. 42), 190, 3 τρωθῇ θM ; d'autres passages de la *Collection* sont possibles ; voir entre autres exemples *Blessures de la tête*, c. 11 (Littré III, 218, 10 = Kuehlewein II, 13, 9) τρωθῇ, et *Prénotions coaques*, 499 (Littré V, 698, 6) τρωθῇ.

C 21. (éd. Kühn XIX, 151, 16 sq.) φλέγμα · οὐ μόνον τὸν χυμὸν τοῦτον τὸν λευκὸν καὶ ψυχρόν, ἀλλὰ καὶ τὴν φλόγωσιν δηλοῖ = *Mal. II* 2, c. 26 (c. 15), 161, 9 ; c. 27 (c. 16), 162, 6 ; c. 71 (c. 60), 210, 9 ; voir aussi c. 32 (c. 21), 166, 10.

C 22. (éd. Kühn XIX, 152, 10) φλογιᾷ (M Laur. : φλογεῖται Marc. φλογιᾷ ἢ φλογεῖται vulg.) · πυροῦται μετὰ ἐρυθήματος = *Mal. II* 2, c. 66 (c. 55), 204, 15 φλογιᾷ θM. La glose peut s'appliquer aussi à *Maladie sacrée*, c. 15 (Littré VI, 390, 6 = Grensemann 84, 69) φλογιᾷ.

C 23. (éd. Kühn XIX, 153, 11) φύλλα · τὰ κηπαῖα καὶ βοτανώδη χλωρὰ ἡδύσματα = *Mal. II* **2**, c. 26 (c. 15), 160, 17 τὰ φύλλα θM ; cf. aussi c. 27 (c. 16), 162, 1, c. 29 (c. 18), 162, 1 ; c. 30 (c. 19), 165, 12 ; c. 67 (c. 56), 206, 4.

C 24. (éd. Kühn XIX, 155, 15) χυτρίδα (Helmreich : χυτριδεα M χυτριδέαν Laur. vulg.) · χύτραν = *Mal. II* **2**, c. 26 (c. 15), 160, 7 χυτρίδα θM. La forme χυτρίδα se retrouve par trois fois dans un autre traité de la *Collection*, en *Affections internes*, c. 6, Littré VII, 180, 21, c. 51, *ibid.*, 294, 21 et c. 52, *ibid.*, 298, 20.

C 25. (éd. Kühn XIX, 156, 14 — 157, 2) ὠμήλεσιν (scripsi : ὠμηλέσειν M -λέσιν Laur. ὠμήλυσιν vulg.) · τὰ ἀπὸ τῶν ἀφρύκτων κριθῶν ἄλφιτά τε καὶ ἄλευρα · τὸ οἷον ὠμὸν ἄλευρον κυρίως φασὶν ὠμήλεσιν (ὠμήλεσιν HR : ὠμηλέσειν M -λέσιν Laur. ὠμήλυσιν vulg.) ὀνομάζεσθαι · καταχρηστικῶς (καταχρηστικῶς M : -τικώτερον vulg.) δὲ καὶ τὸ ἄλλο (ἄλλως M : ἄλλο πᾶν vulg.) ἄλευρον = *Mal. II* **2**, c. 30 (c. 19), 165, 13 ὠμήλυσιν θ : ὠμήλοισιν Mcorr (οι e corr. M²) ὠμήλεσιν M ? ; cf. aussi c. 31 (c. 20), 166, 5 ὠμήλυσιν θ ὠμὴν λύσιν M sed γρ. καὶ τὴν ὠμήλεσιν Mmg. La forme ὠμήλυσιν à l'accusatif se rencontre dans plusieurs autres passages de la *Collection*, dans les traités gynécologiques ; voir par ex. *Nature de la femme*, c. 27, Littré VII, 344, 3. Sur la forme ὠμήλεσις, voir *infra*, p. 165, n. 6.

La majorité des mots glosés par Galien se retrouvent dans nos manuscrits anciens (θM). Plusieurs divergences qui existaient entre la vulgate du *Glossaire* (= éd. Kühn) et celle de *Maladies II* (éd. Littré) disparaissent quand on se réfère aux témoins les plus anciens dans les deux traditions (voir gloses A 10, B 20, B 25, C 9). Cet accord est un indice du caractère relativement conservateur des manuscrits anciens, particulièrement de θ (cf. l'accord de θ Gal. contre M pour la glose A 10).

Il subsiste cependant des divergences soit dans les termes (gloses A 1, A 2, A 3, A 5, A 6 en partie,

B 10, B 18 et B 21), soit dans les formes (gloses A 7,
B 6). L'examen de ces divergences est utile pour
l'édition, car dans plusieurs cas la leçon de Galien
est supérieure à celle des manuscrits hippocratiques.
La préférence doit être donnée sans hésitation à la
leçon de Galien, chaque fois que le texte de l'archétype
se révèle corrompu par comparaison avec le témoignage
de Galien. Par exemple, pour la glose A 2, le texte
hippocratique (ἄρθρα ΘΜ) est manifestement fautif ;
la corruption a déjà été signalée par Foes (*Oeconomia*...,
p. 67), qui propose de lire avec Galien ἐπὴν ἄορτρον
σπασθῇ (*Magni Hippocratis*..., sect. V, col. 268, n. 143) ;
c'est le texte édité par Littré et repris dans la présente
édition. De même l'accusatif κροτῶνας de la glose A 7
(accentué par erreur κρότωνας dans les éditions de
Galien et d'Hippocrate) a été justement préféré par
Foes (*Oeconomia*..., p. 360 ; *Magni Hippocratis*...,
ibid., n. 140) au nominatif κροτῶνες des manuscrits
hippocratiques, car le contexte demande l'accusatif ;
comp. *Mal. II* **2**, c. 74 (c. 63), 214, 3 sq. ἐμεῖ ... οἷον
σταλαγμόν. La correction de Foes a été reprise par
les éditions à partir de van der Linden. A ces corrections de Foes, il faut en ajouter une nouvelle : le titre
de la maladie du c. 52 (c. 41), corrompu dans les
manuscrits hippocratiques (πλεύμονος gén. de πλεύμων !) a été conservé par Galien B 21 (πλεῦμος)[1]. Le
choix entre la tradition de Galien et celle d'Hippocrate
est plus difficile quand la divergence se produit sur une
leçon possible des manuscrits hippocratiques. Dans
plusieurs cas, il semble que Galien a conservé la *lectio
difficilior*. Ainsi en B 18 la variante ὀλόν de Galien
est plus rare que la forme θολόν des manuscrits hippocratiques ; de même en A 5 βρῆγμα, attesté par Galien
(et Hésychius)[2], est une *lectio difficilior* par rapport
à βῆγμα des manuscrits hippocratiques, qui est cependant une leçon ancienne, puisqu'elle est déjà mentionnée
par Galien lui-même ; enfin, comme on peut le déduire

1. La glose n'avait pas été localisée jusqu'à présent.
2. La glose d'Hésychius est citée *infra*, p. 108.

de la glose A 6, Galien lisait vraisemblablement le participe rare ἐκμάσσων là où nos manuscrits offrent un participe beaucoup plus fréquent τρίβων au c. 12 (c. 1), 144, 3. Néanmoins, même dans ces cas où la leçon de Galien paraît préférable, le texte hippocratique, qui est acceptable, sera conservé par prudence.

Les gloses de Galien offrent un dernier intérêt pour l'éditeur. Elles permettent de déceler dans le texte hippocratique des modifications provenant de ces gloses mêmes. On sait que les *Glossaires* ont eu une influence malencontreuse sur le texte d'Hippocrate : les mots glosés ont été parfois remplacés par leurs gloses ; parfois aussi les gloses ont été insérées dans le texte à côté du mot glosé. Ce dernier processus est particulièrement net au c. 59 (c. 48), comme Littré (t. VII, p. 92) l'a définitivement établi par comparaison avec la glose B 14 : dans le texte hippocratique, à proximité du mot glosé μάσθλης (198, 15), a été insérée la glose τὸ δέρμα conservée par le manuscrit θ mais corrigée dans la branche de M en τὸ αἷμα pour redonner un sens au passage ; l'insertion est ancienne puisqu'elle existait déjà dans l'archétype de θM. Suivant le même processus, au c. 28 (c. 17), 163, 15 τὸ ὑπὸ τῷ βρόγχῳ est apparemment une glose marginale insérée dans le texte à côté du mot glosé τὸ κλήϊθρον ; cette glose est analogue à celle de Galien τόπος ὑπὸ τοῖς παρισθμίοις (= B 12). Quant au remplacement d'un mot glosé par sa glose, il ne peut jamais être décelé avec certitude. Dans deux passages de *Maladies II 2*, ce processus n'est pas exclu. C'est la comparaison avec la rédaction parallèle d'*Affections internes* c. 1 qui suggère le remplacement d'un mot glosé par sa glose au c. 53 (c. 42). À ἐκβάλλει θρόμβους (190, 5) donné par les manuscrits de *Maladies II 2*, correspond θρόμβους ... ἐκβράσσεται (*lege* ἐκβράσσει) dans *Affections internes* c. 1 (Littré VII, 166, 11 sq.). La comparaison de ces deux passages avec la glose de Galien ἐκβρήσσει · ἐκβάλλει (éd. Kühn XIX, 95, 6) rend vraisemblable le remplacement d'un primitif ἐκβρήσσει *vel* ἐκβράσσει par ἐκβάλλει dans la version de *Maladies II* **2**. De manière analogue, au c. 35 (c. 24), 168, 19, τῇ μήλῃ τῇ ἐντετμημένῃ est peut-être un substitut de τῇ χηλῇ ; comp. glose B 27.

En bref, le *Glossaire* de Galien confirme généralement la tradition hippocratique. Il offre toutefois des variantes nouvelles qui aident à améliorer le texte hippocratique dans les cas les plus favorables soit par la rectification de leçons corrompues soit par la suppression de gloses insérées dans le texte.

Le témoignage des glossateurs : Hésychius

Parmi les gloses d'Hésychius, grammairien alexandrin du ve ou du vi^e siècle après J.-C., certaines sont issues des textes médicaux et particulièrement d'Hippocrate. Les gloses médicales proviennent de Diogénianos, comme Hésychius le mentionne clairement dans sa préface[1]. Il n'est malheureusement pas facile de déterminer si les gloses proviennent ou non de textes médicaux ; il est encore plus difficile de les localiser avec précision. Proviennent de *Maladies II* ou sont susceptibles de provenir de *Maladies II* les gloses suivantes :

1. (éd. K. Latte I, 94, 57) ἀκταῖοι ἰχθύες · οἱ μὴ πελάγιοι, ἀλλ᾽ αἰγιάλιοι ; cf. *Etym. Magnum*, éd. Gaisford 55, 8. K. Latte rattache la glose à *Mal. II* **2**, c. 74 (c. 63), 214, 11 ; voir toutefois aussi *Affections*, c. 52, Littré VI, 264, 4 ;

2. (éd. K. Latte I, 101, 52) ἄλειφα · στέαρ · μύρον · χρῖσμα · ἔλαιον. K. Latte rattache la glose à *Nature de la femme*, c. 109 ; elle peut porter sur d'autres passages de la *Collection* et en particulier sur *Mal. II* **2**, c. 47 b (c. 36 b), 180, 4 ; comp. la glose de M à ce passage citée *supra*, p. 91. Cf. la glose de Galien C 2 citée *supra*, p. 99 ;

---

1. Diogénianos d'Héraclée, grammairien grec du temps d'Hadrien, avait réuni dans sa Παντοδαπὴ λέξις les gloses provenant des médecins, à côté des gloses provenant des poètes, des orateurs et des historiens. Voir K. Latte, I, p. x sq., xlii sqq.

3. (éd. K. Latte I, 120, 20) ἀμαλῶς · μετρίως, εὐκόλως · ἀσθενῶς · ἀπαλῶς. K. Latte rattache la glose à *Affections internes*, c. 30 ; elle porte certainement aussi sur *Mal. II* 1, c. 8, 139, 2, comme l'indique la comparaison avec la glose localisée de Galien A 1 citée *supra*, p. 93 ;

4. (éd. K. Latte I, 225, 44) ἀποσπαρθάζουσι (Latte : -σπαράσσουσιν cod.) · σπαίρουσι · σφύζουσιν. La glose provient en toute certitude de *Mal. II* 1, c. 10, 141, 5, comme l'indique la comparaison avec la glose localisée de Galien A 4 citée *supra*, p. 94 ;

5. (éd. K. Latte I, 330, 94) βλένα · μύξα · οἱ δὲ διὰ τοῦ π πλένα καὶ πλέννα τὰ ἀσθενῆ καὶ δυσκίνητα ; cf. *Etym. magnum*, éd. Gaisford 199, 37. La glose peut s'appliquer, entre autres passages, à *Mal. II* 2, c. 12 (c. 1), 142, 5 ; comp. la glose de M à ce passage citée *supra*, p. 91 ;

6. (éd. K. Latte I, 331, 23) βλητός · ὁ ἀπόπληκτος ; cf. *Etym. magnum*, éd. Gaisford 200, 22 βλητός · ὁ ἀπόπληκτος ὁ ὑπὸ τῶν ὀξέων νοσημάτων αἰφνιδίως τελευτῶν. La glose peut se rapporter à *Mal. II* 1, c. 8, 139, 1 ; comp. la glose de M à ce passage citée *supra*, p. 91 ;

7. (éd. K. Latte I, 346, 17) βρῆγμα · ἀπόπτυσμα ἀπὸ θώρακος παρὰ Ἱπποκράτει ; cf. *Anecdota graeca*, éd. Bekker I, 223, 22. La glose est attribuée à juste titre par K. Latte à *Mal. II* 2, c. 47 a (c. 36 a), 178, 17 où le mot βῆγμα est un *hapax* ; comp. la glose de Galien A 5 (citée *supra*, p. 94), qui est localisée ;

8. (éd. K. Latte I, 350, 29) βρυγμός · κατανάλωσις καὶ νόσος ἀπὸ τοῦ βρύχειν κτλ. La glose peut s'appliquer entre autres passages à *Mal. II* 2, c. 46 (c. 35), 177, 9 et c. 48 (c. 37), 183, 6. Comp. la glose de Galien C 7, citée *supra*, p. 100 ;

9. (éd. K. Latte II, 29, 76) εἰληθερεῖν · ἐν ἡλίῳ θερμαίνεσθαι · εἴλην γάρ φασι τὴν τοῦ ἡλίου αὐγήν. La glose, pour laquelle Latte ne signale aucune attribution, peut s'appliquer à *Mal. II* 2, c. 68 (c. 57), 207, 10

ou c. 70 (c. 59), 210, 8. Le terme n'est pas attesté dans le reste de la *Collection* ; comp. la glose de Galien B 6 citée *supra*, p. 96 ;

10. (éd. K. Latte II, 45, 01) ἐκθύει · ἐκζεῖ · ἐξεμεῖ ; cf. Érotien E 75 ἐκθύει · ἐξορμᾷ. La glose est attribuée par K. Latte à *De l'usage des liquides*, c. 6. D'autres passages sont possibles dans la *Collection*, et en particulier *Mal. II* **1**, c. 2, 133, 8 et *Mal. II* **2**, c. 13 (c. 2), 145, 16 ;

11. (éd. K. Latte II, 63, 72) ἐλειθερεῖ (*vel* ἐλ-) · εὐδίᾳ. La glose, pour laquelle les éditeurs d'Hésychius ne proposent aucune attribution, se rapporte très vraisemblablement à *Maladies II* **2**, c. 30 (c. 19), 165, 12 ;

12. (éd. K. Latte II, 518, 96) κοτίς (κοτίς falso del. Latte)· <κεφαλῆς κορυφή> (supplevi e glossa in M). La glose peut se rapporter à *Mal. II* **2**, c. 20 (c. 9), 154, 8 ; comp. la glose de M à ce passage citée *supra*, p. 91 ou au c. 12 (c. 1), 145, 8 ; cf. la glose de Galien B 13 citée *supra*, p. 97 ;

13. (éd. K. Latte II, 539, 52) κύαρ · τὸ τῆς ῥαφίδος τρῆμα καὶ τὸ τῆς κώπης τοῦ μύλου (μύλου glossa in M : μήλου cod.). La glose est susceptible de s'appliquer à *Mal. II* **2**, c. 33 (c. 22), 167, 11 ; comp. la glose de M à ce passage citée *supra*, p. 91. Voir toutefois κύαρ en *Régime des maladies aiguës* II, c. 29, Littré II, 516, 4 (= Joly, c. 61, 95, 7). Comp. la glose de Galien C 10 citée *supra*, p. 101 ;

14. (éd. K. Latte II, 545, 92) κύλα · τὰ ὑποκάτω τῶν βλεφάρων κοιλώματα · τὰ ὑπὸ τοὺς ὀφθαλμοὺς μῆλα · τὰ ὑπώπια. La glose peut s'appliquer entre autres passages de la *Collection* à *Mal. II* **2**, c. 48 (c. 37), 183, 9 κύλα θ : κοῖλα M ;

15. (éd. K. Latte II, 558, 29) κωμαίνει · νυστάζει. La glose s'applique très probablement à *Mal. II* **1**, c. 8, 139, 3 κωμαίνει θM ; la forme est un *hapax* ; comp. en *Mal. II* **2**, c. 22 (c. 11), 156, 18 le participe κωμαίνων qui est également un *hapax* ;

16. (éd. K. Latte II, 572, 8) λαπαρός · ἰσχνός · ὑπεσταλμένος. La glose peut s'appliquer à *Mal. II* **2**, c. 26 (c. 15), 159, 14 ; comp. la glose de M à ce passage citée *supra*, p. 91. Opposer à Érotien Λ 11 λαπαρά · ἀπαλά;

17. (éd. K. Latte II, 631, 32) μάσθλη καὶ μάσθλης · δέρμα καὶ ὑπόδημα φοινικοῦν · καὶ ἡνία · διφθέρα. La première partie de la glose peut s'appliquer à *Mal. II* **2**, c. 59 (c. 48), 198, 15, comme l'indique la comparaison avec la glose B 14 de Galien citée *supra*, p. 97 ;

18. (éd. K. Latte II, 660, 82) μῆλα · κοινῶς μὲν πάντα τὰ τετράποδα · ὅθεν καὶ πᾶσα βύρσα [ὅ ἐστι πᾶν δέρμα] μηλωτὴ λέγεται · κατ' ἐπικράτειαν δὲ τὰ πρόβατα καὶ αἶγες · καὶ παντὸς δένδρου καρπός · ἐξαιρέτως δὲ τῆς μηλέας · πάντα τὰ δένδρα. Cf. Apollonios le Sophiste, éd. Bekker, 112, 17 et *Anecdota graeca*, éd. Bachmann I, 300, 25 sq. Cette glose homérique ne concerne pas directement *Maladies II* ; mais elle doit être comparée à la glose de M à κρέας μήλειον (*Mal. II* **2**, c. 50 [c. 39], 187, 16) citée *supra*, p. 91 ;

19. (éd. K. Latte II, 730, 92) ξυσμός · κνησμός. La glose, déjà attribuée par Schmidt à Hippocrate, est susceptible de s'appliquer, entre autres passages, à *Mal. II* **2**, c. 58 (c. 47), 197, 14 ; comp. la glose d'Érotien Ξ 2 ξυσμῷ · κνησμῷ κτλ. et la glose de Galien C 13 citée *supra*, p. 102 ;

20. (éd. K. Latte II, 754, 26) ὀλός · τὸ μέλαν τῆς σηπίας ; comp. la glose à θολός (éd. K. Latte II, 325, 34). La glose peut s'appliquer à *Mal. II* **2**, c. 73 (c. 62), 212, 13, comme l'indique la comparaison avec la glose de Galien B 18 citée *supra*, p. 97 ;

21. (éd. Schmidt IV, 143, 19) τερηδών · σκώληξ οἰκῶν ἐν ξύλῳ; cf. *Anecdota graeca*, éd. Bachmann 385, 4 σκώληξ ξυλοτρώκτης οἰκῶν ἐν ξύλῳ (unde Photius, *Lexicon*, éd. Porson 578, 11 et *Souda*, éd. Adler IV, 526, 13). La glose peut s'appliquer à *Mal. II* **2**, c. 24 (c. 13), 158, 1 ; comp. la glose de M à ce passage citée *supra*, p. 91 ;

22. (éd. Schmidt IV, 241, 21) φθόη · φθίσις · φθορά · λύμη ; cf. *Anecdota graeca*, éd. Bachmann 1, 405, 20 φθόη · φθίσις · ἢ ὄνομα πάθους. La glose est susceptible de s'appliquer à *Mal. II* **2**, c. 49 (c. 38), 185, 20 ; comp. la glose de M à ce passage citée *supra*, p. 91 ;

23. (éd. Schmidt IV, 265, 83) φωΐδες · τὰ ἐκ πυρὸς ἐν σώματι γινόμενα ἐκφυσήματα · οἱ δὲ τὰς φλυκταίνας. La glose peut s'appliquer à *Mal. II* **2**, c. 54 b (c. 43 b), 192, 8 ; comp. la glose de M à ce passage citée *supra*, p. 91 et la glose d'Érotien citée *supra*, p. 88 sq. ; cf. aussi la glose de Galien B 26 citée *supra*, p. 99.

Certaines de ces gloses rejoignent celles de Galien (gloses 4 et 20 ; cf. aussi 3 et 17). D'autres en revanche s'écartent par leur contenu des gloses de Galien (gloses 2, 7, 9, 11, 13, 18, 23) ou sont absentes de son *Glossaire hippocratique* (gloses 1, 5, 6, 10, 14, 15, 16, 21, 22). Parmi les gloses qui ne présentent pas de rapport avec Galien, quelques-unes ont des analogies avec celles d'Érotien (gloses 19 et 23) ; d'autres cependant ont un contenu franchement différent de celles d'Érotien et ne peuvent être issues de son *Glossaire* (gloses 10 et 16). Ce qui est beaucoup plus remarquable, c'est la grande convergence entre les gloses de M à *Maladies II* et celles d'Hésychius (comp. Hsch. 2 et M 7 ; Hsch. 5 et M 2 ; Hsch. 6 et M 1 ; Hsch. 13 et M 6 ; Hsch. 16 et M 5 ; Hsch. 18 et M 9 ; Hsch. 21 et M 4 ; Hsch. 22 et M 8 ; Hsch. 23 et M 10). Or, comme cette convergence a lieu aussi bien sur une glose qui semble extraite d'Érotien (Hsch. 23 et M 10) que sur une glose qui n'en provient pas (Hsch. 16 et M 5), les gloses hippocratiques, qui ne sauraient dériver directement d'Érotien, proviennent soit d'Hésychius soit d'une source proche d'Hésychius[1]. Il faut mettre

---

1. Les rares divergences entre les scholies de M (xe siècle) et les gloses d'Hésychius (transmises par un manuscrit unique du xve siècle qui est passablement fautif, le *Marc. gr.* 622) peuvent s'expliquer par des fautes dans la tradition d'Hésychius. C'est le cas par exemple pour l'omission de ξυλοτρώκτης en Hésychius

en garde contre le raisonnement fallacieux qui consis-
terait à déduire que certaines scholies d'Hésychius sont
issues d'Érotien, par suite de la concordance avec les
scholies hippocratiques de R qui sont traditionnellement
considérées comme des fragments d'Érotien.

Pour l'établissement du texte de *Maladies II*, une
seule glose d'Hésychius est intéressante, la glose 11
dont la forme ἐλειθερεῖ concorde avec celle de l'archétype des manuscrits anciens d'Hippocrate.

*Citations
de Maladies II
dans les
commentaires
hippocratiques
de Galien
ou du Pseudo-Galien*

Deux citations sont conservées
dans le *Commentaire aux Épidémies VI* de Galien. Quatre autres
se trouvent dans la version grecque
du *Commentaire aux Épidémies II*
qui est une falsification de la
Renaissance[1] :

1. Galien, *Commentaire aux Épidémies VI d'Hippocrate, I* 29 :

— éd. Wenkebach-Pfaff V 10, 2, 2, p. 56, 1 = citation des premiers mots de *Maladies II* depuis οὐρέεται
132, 1) jusqu'à κεφαλή (132, 2). Le témoignage
n'apporte rien pour l'édition de *Maladies II* ;

— éd. Wenkebach-Pfaff V 10, 2, 2, p. 56, 2-7 = citation de la première moitié du c. 68 (c. 57) depuis
πελιή (207, 1) jusqu'à γίνεται (207, 7). Les variantes
apportées par Galien sont insérées dans l'apparat
critique du c. 68 (c. 57). Bien que ce témoignage ne
soit pas exempt d'erreurs, il est utile pour l'édition
de *Maladies II*. Outre que l'accord de θM Gal. permet
d'atteindre un état du texte plus ancien que celui de
l'archétype de θM, il permet de choisir dans le cas de

---

21. Étant donné la grande convergence entre les scholies de M
et Hésychius, il ne paraît pas déraisonnable d'utiliser le témoignage de M, quand le manuscrit d'Hésychius est manifestement
fautif ; voir Hésychius 12.

1. Le commentaire authentique du livre II des *Épidémies* n'est
conservé que dans sa version arabe, éditée par E. Wenkebach et
F. Pfaff in CMG V 10, 1.

divergences entre θ et M. Par trois fois, il confirme la leçon de M contre θ : 207, 3 καὶ ἐμέει χολὴν καὶ M Gal. Euryphon : om. θ ; 207, 5 sq. τὰ λευκὰ πελιδνὰ M Gal. : πελιδνὰ τὰ λευκὰ θ τὰ λευκὰ πελιὰ Euryphon ; 207, 7 ἐκ πελιδνοῦ M Gal. : ἐκπελιδνοῦται θ. Dans deux cas, il présente deux variantes nouvelles qui rejoignent le témoignage d'Euryphon : 207, 3 ἔχει θM : ἴσχει Gal. Euryphon ; 207, 4 σκληρὴ θM : ξηρὰ Gal. ξηρὴ Euryphon. Théoriquement l'accord de Gal. Euryphon est préférable à celui de θM car il renvoie à un état du texte beaucoup plus ancien ; pratiquement, la chose est beaucoup moins sûre, car on ne peut exclure une harmonisation entre Euryphon et Gal., les deux citations étant données dans la même œuvre à quelques lignes d'intervalle. La leçon des manuscrits hippocratiques sera donc conservée.

2. Pseudo-Galien, *Commentaire aux Épidémies II*, éd. Kühn XVII A 429, 14-430, 4 :

— éd. Kühn XVII A 429, 15-16 : citation du c. 15 (c. 4) depuis καὶ ἐμέει (149, 8) jusqu'à σιτία (149, 8) ;

— *ibid.*, 429, 16-17 : citation du c. 55 (c. 44) depuis καὶ τὰ σπλάγχνα (193, 11 sq.) jusqu'à αἱμωδιᾷ (193, 13) ;

— *ibid.*, 430, 1 sq. : citation du c. 66 (c. 55) depuis καὶ ἐμέει (204, 13) jusqu'à καὶ δριμύ (204, 14) ;

— *ibid.*, 430, 3 sq. : citation du c. 73 (c. 62) depuis ἐμέει δὲ ὁτὲ μὲν δριμὺ (212, 13) jusqu'à χλωρήν (212, 14).

Ce témoignage ne peut apporter aucune donnée sûre pour l'établissement du texte de *Maladies II*, car il est trop récent, et de surcroît accessible dans une édition qui n'est pas digne de confiance. En tout cas, la variante ὁτὲ μὲν ... ὁτὲ δὲ ... ὁτὲ δὲ de la citation du c. 73 (c. 62) correspond à un état récent du texte dans la tradition hippocratique (τοτὲ δὲ ... τοτὲ δὲ ... τοτὲ δὲ θMHᵃ : ὁτὲ δὲ ... ὁτὲ δὲ ... ὁτὲ δὲ IHᵃ²R edd.).

C. *Les éditions*.

Émile Littré, au XIXe siècle, a été le premier érudit à présenter une édition critique digne de ce nom, reposant sur une collation soigneuse de tous les manuscrits dont il disposait. Ses mérites ne doivent pas toutefois rejeter dans l'ombre le travail de certains de ses prédécesseurs, particulièrement d'Anuce Foes au XVIe siècle[1].

Les éditions du XVIe siècle

1. F. Calvus (Rome 1525). La première édition du texte grec d'Hippocrate de 1526 a été précédée d'une traduction latine faite par un humaniste de Ravenne, Fabius Calvus ; publiée à Rome en 1525, cette traduction a été réimprimée à Bâle en 1526 ; dans la réimpression de 1526, *Maladies II* occupe les pages 194-208. L'auteur utilise comme modèle de base le *Vaticanus gr.* 278 (W), qui n'est autre que l'exemplaire de travail copié par Calvus lui-même à Rome en 1512[2]. Ce manuscrit appartient au groupe de I, mais il est muni d'additions postérieures provenant notamment de R (exemplaire qui a appartenu à l'érudit de Ravenne) et aussi de conjectures. La traduction latine tient compte de ces corrections[3]. Elle présente parfois des leçons propres, qui sont probablement

---

1. Sur les éditions d'Hippocrate, voir surtout O. Poeppel, *Die hippokratische Schrift* Κωακαὶ προγνώσεις *und ihre Überlieferung*, Diss. Kiel (dactyl.), 1959, *passim* et A. Rivier, *Recherches sur la tradition manuscrite du traité hippocratique « De morbo sacro »*, Berne, 1962, p. 148-168.

2. Ces renseignements sur le copiste et la date de W sont donnés par deux souscriptions aux fol. 961 et 998 ; voir I. Mercati-Cavalieri, *Codices vaticani graeci*, I, Rome, 1923, p. 372.

3. W est une copie de Laur. Pour des additions postérieures que Calvus a prises dans R et utilisées dans sa traduction latine, voir par ex. c. 14 (c. 3), 147, 21 κριμνων *(recte)* W : κρηνων W[1 mg] e κρηνῶν R *fontanamve* Calv. Pour des conjectures de Calvus notées en marge de W et utilisées dans son édition, voir par ex. c. 22 (c. 11), 156, 12 δε μη W : (δὲ) μην W[1 mg] ; la traduction latine *(cum sic habentem nancisceris)* ne comporte pas de négation : voir aussi c. 28 (c. 17), 164, 2 ροου W ροδου W[1 mg] *rosasve* Calv.

de nouvelles conjectures de l'auteur[1]. Les tentatives de Calvus pour améliorer le texte de *Maladies II*, que ce soit dans son manuscrit de travail ou dans son édition, ne sont pas très heureuses[2].

2. F. Asulanus (Venise 1526). C'est l'*editio princeps* du *Corpus hippocratique* ; elle présente le texte grec sans traduction. *Maladies II* se lit aux fol. 60ᵛ-68ᵛ. Nous avons conservé le manuscrit qui a servi de modèle au texte imprimé. Il s'agit du *Parisinus gr.* 2141 (G) qui est également un *recentior* du groupe de I[3]. En vue de l'édition, le manuscrit a été corrigé plusieurs fois de seconde main à l'aide du manuscrit ancien de Venise (M). Curieusement, c'est la seule édition avant Ermerins qui aura recours à M[4].

1. Pour des conjectures de Calvus postérieures à la copie et à la correction de W, voir par ex., c. 16 (c. 5), 151, 2 εκ λιπΰριης *(recte)* W : *molestia* Calv. (= ἐκ λύπης) ; c. 14 (c. 3), 148, 1 κατα τα ωτα W : *per nares auresve* Calv. *(fort. ex eodem cap.*, 147, 16 ἐκ τῶν ῥινῶν καὶ τῶν ὤτων).

2. Deux des conjectures citées dans les deux notes précédentes *(rosasve* et *molestia)* sont des échantillons assez significatifs de la maladresse de Calvus. Dans de rares cas, les conjectures de Calvus sont plus intéressantes et ont exercé une influence sur le texte de Cornarius et de ses successeurs ; voir c. 45 (c. 34), 177, 1 où la leçon τύχῃ en marge de W (cf. *fit* Calv.), qui se retrouve chez Cornarius et ses successeurs, rejoint la leçon de θ, alors que W et les autres descendants de M ont la leçon fautive τύχης ; au c. 46 (c. 35), 177, 16 à la place de τοῦτον W codd., Calvus en marge de W conjecture τούτῳ, conjecture qui sera faite à nouveau indépendamment par Foes (n. 102) et qui sera faussement attribuée depuis Mack à θ ; au c. 55 (c. 44), 194, 12 sq. Calvus traduit *capita tria allii, origani quantum tribus digitis capitur* ce qui correspond à un modèle grec σκορόδων δὲ κεφαλὰς τρεῖς καὶ ὀριγάνου δραχμίδα, ὅσην τρισὶ δακτύλοισι περιλαβεῖν ; c'est le texte édité par Littré et Ermerins, qui, en donnant τρεῖς et τρισὶ, pensent suivre θ ; en réalité ces deux mots ne sont donnés par aucun manuscrit ; ce sont deux conjectures de Calvus. Cornarius, dans sa traduction latine de 1546, reprendra avec discernement la seconde conjecture *(allii capita, et origani pugillum, quantum tribus digitis apprehendi potest)* : c'est la seule des deux qui soit vraisemblable.

3. G est une copie de F après corrections de F².

4. L'utilisation directe de M par G² est admise pour d'autres traités ; en ce qui concerne *Maladies II*, si G² Ald. est généralement en accord avec M, dans quelques cas, néanmoins, G² Ald.

3. J. Cornarius (Bâle 1538). *Maladies II* se lit aux pages 140-158. L'auteur justifie son entreprise par « la rareté des exemplaires » de l'Aldine et aussi par « les fautes dont ils sont remplis ». Il se vante d'avoir amendé, à l'aide de « trois manuscrits très anciens », plus de quatre mille passages »[1]. Il est vrai que pour *Maladies II* il a modifié le texte de l'Aldine, qui reste toutefois son modèle de base, dans cent quatre-vingts passages environ. Mais les améliorations apportées par Cornarius sont minimes, à part quelques bonnes conjectures, et ses corrections ne sont pas toujours heureuses[2]. Son édition est néanmoins importante pour l'histoire du texte ; elle a exercé une influence sur la tradition manuscrite et servira de base aux

offre des divergences par rapport à M ; voir par ex. c. 32 (c. 21), 166, 10 in tit. ἢν φλέγμα συστῇ ἐς τὴν ὑπερῴην G : φλέγμα συστὰν ἐς τὴν ὑπερῴην G^{corr} (del. ἢν et -ὰν sl. G²) Ald. : non hab. M ; c. 62 (c. 51), 201, 14 in tit. στῆθος ἢ μετάφρενον ῥαγέν om. G add. G² ᵐᵍ Ald. : non hab. M ; c. 50 (c. 39), 186, 21 θεραπευθῇ G : post θεραπευθῇ add. αἷμα πτύων καὶ πύον · ἔπειτα καὶ πυρετοὶ ἰσχυροὶ ἐπιγινόμενοι αὐτὸν ἔκτειναν G² ᵐᵍ Ald. : θεραπευθῇ αἷμα πτύων καὶ πύον · ἔπειτα καὶ πυρετοὶ ἰσχυροὶ ἐπιγινόμενοι κα-τουνεκτειναν M ; dans ce dernier passage, αὐτὸν ἔκτειναν peut provenir d'une mauvaise lecture de M par G², κατουν étant dans M en fin de ligne et εκτειναν au début de la ligne suivante.

1. Ces indications sont données dans l'avant-propos de son édition, dont on trouvera une traduction chez E. Littré, *Œuvres complètes...*, t. 1, p. 545.

2. Sur l'ensemble des modifications apportées, environ la moitié altère le texte de l'Aldine ; en particulier de nombreux ionismes disparaissent (voir « Le dialecte dans les éditions antérieures », *infra*, p. 126). Pour des fautes évidentes introduites par Cornarius, voir par ex. c. 13 (c. 2), 145, 15 πιέσῃς *recte* Ald. : πέσῃς Corn. ; c. 16 (c. 5), 151, 2 sq. ἀπαλλαγῇ *recte* Ald. : -γεὶς Corn. ; c. 23 (c. 12), 157, 12 κατὰ μικρὸν *recte* Ald. : ἐκ τοῦ κατὰ μικρὸν Corn.; c. 47 b (c. 36 b), 180, 6 τοι *recte* Ald. : om. Corn. À côté de cela, Cornarius a rectifié des fautes d'orthographe, rétabli de bonnes leçons manuscrites ou proposé des conjectures intéressantes, dont certaines rejoignent θ ; pour de bonnes conjectures, voir par ex. c. 25 (c. 14), 158, 14 καίειν *falso* Ald. M : καὶ λούειν Corn. λούειν θ ; c. 28 (c. 17), 163, 17 οἰδέει *falso* Ald. M : οἱ ῥέει Corn. θ ; c. 32 (c. 21), 166, 13 δὲ ἐκλύσῃ *falso* Ald. M : δὲ ἐκκλύσῃ Corn. Littré δὲ κλύσῃς θ δ' ἐκκλύσῃς θ apud Mack Ermerins.

éditions suivantes[1]. À Cornarius nous devons aussi
des conjectures manuscrites dans un exemplaire de
l'Aldine conservé à la bibliothèque de Göttingen et
dans un exemplaire de sa propre édition conservé
à la bibliothèque de Vienne[2] ainsi qu'une traduction

1. Le texte de Cornarius a eu de l'influence sur le manuscrit E.
Une vingtaine de leçons tirées du texte de *Maladies II* édité par
Cornarius ont été notées de seconde main dans E (= E³ Rivier).
Pour des erreurs de Cornarius reprises par E³, voir par ex. c. 13
(c. 2), 145, 15 cité à la note précédente πιέσῃς E : γρ πέσῃς E³ ᵐᵍ ;
c. 42 (c. 31), 173, 16 ἦν μὲν οὖν μὴ Ald. : ἢ μὲν οὖν μὴ Corn. ἦν μὲν
E : ἢ μὲν οὖν μὴ E³ ᵐᵍ ; pour de bonnes conjectures de Cornarius reprises par E³, voir c. 25 (c. 14), 158, 14 cité à la note précédente καίειν E : λούειν E³ Corn. ; c. 28 (c. 17), 163, 17 cité à la
note précédente, οἰδέει E : οἱ ῥέει E³ᵐᵍ Corn. ; c. 32 (c. 21), 166, 13
cité à la note précédente ἐλκύσῃ E : ἐκκλύσῃ Corn. : ἐκκλύσῃ
E³ ᵐᵍ. Quant à l'influence du texte de Cornarius sur les éditions
imprimées suivantes, elle est telle que Littré, au xixᵉ siècle,
acceptera encore dans son texte des fautes de Cornarius qui ne
se trouvaient pas dans l'Aldine, en dépit du témoignage de la
majorité ou de l'ensemble des manuscrits dont il disposait. Voir
par ex. c. 11, 141, 14 καὶ ψύχεος codd. Ald. : om. Corn. Littré ; il
est piquant de constater que Cornarius dans son édition latine
de 1546 avait corrigé son erreur *(et frigore)* ; c. 39 (c. 28), 171, 1
οὖν codd. Ald. : om. Corn. Littré ; c. 47 b (c. 36 b), 180, 6 τοι
codd. Ald. : om. Corn. Littré.
2. Les annotations marginales de Cornarius dans l'exemplaire
de Vienne sont indirectement connues par Mack qui cite des
exemples dans son apparat critique (= K′ chez Littré). Sur une
quinzaine de notes marginales transmises par Mack, rares sont
les conjectures qui s'imposent ; deux conjectures sont bonnes :
c. 24 (c. 13), 158, 8 τετρωμένον codd. : βεβρωμένον Corn. (K′) ; c. 27
(c. 16), 162, 7 χλιαρὸν codd. : ψυχρὸν Corn. (K′) Littré Fredrich.
Mais la collation directe de l'exemplaire de Vienne (cote 69 B 101
de la Bibliothèque nationale autrichienne) modifie singulièrement
les données, car elle montre que la collation de Mack est très
incomplète. Il omet de signaler une trentaine de corrections dont
certaines sont fort intéressantes. Dans plusieurs cas, Cornarius
rejoint la leçon correcte de θ : c. 5 (137, 5) αὐτῆσι ζέσῃ ; c. 19 (c. 8),
154, 1 ὀφρύος ; c. 21 (c. 10), 155, 14 ἐπαίει ; c. 56 (c. 45), 195, 22
δ' ; c. 60 (49), 200, 2 ἐγκεχυμένον ; c. 73 (c. 62), 212, 18 ἀνέχεται.
On ajoutera deux corrections qui améliorent le texte de l'archétype de nos manuscrits : c. 19 (c. 8), 154, 1 post γένηται add. καί ;
c. 54 b (c. 43 b), 192, 15 καὶ ῥοφάνειν. En revanche, je n'ai pas trouvé
dans l'exemplaire de Vienne certaines des corrections attribuées par
Mack à Cornarius, ni τοῦ αἵματος du c. 61 (c. 50) ni βεβρωμένον

latine (Venise 1546) qui tient compte de ce travail critique postérieur à son édition de 1538[1].

4. H. Mercurialis (Venise 1588). C'est la première édition qui présente à la fois le texte grec et la traduction latine et qui ajoute quelques notes à la fin des traités. *Maladies II* est édité aux pages 115-148. Ce travail est fort peu original. Il reprend, à quelques détails près, le texte grec de l'édition de Cornarius de 1538 et la traduction latine de Cornarius de 1546, sans même essayer d'harmoniser les deux[2]. Une particularité de cette édition consiste à ajouter en marge une vingtaine de leçons censées provenir d'un « *vetus codex* » et qui proviennent en fait soit de manuscrits récents soit de conjectures[3]. La contribution de

du c. 24 (c. 13) ; il est possible que ces deux dernières leçons soient une rétroversion faite par Mack de l'édition latine de Cornarius de 1546 qui donne respectivement *corrosum* et *sanguinem*. Je n'ai pas pu consulter l'exemplaire de Göttingen.

1. Les annotations manuscrites de Cornarius à son exemplaire de Vienne (= Corn. [Vind.]) ont été utilisées dans sa traduction latine ; voir par ex. c. 11, 141, 14 καὶ ψύχεος om. Corn. (Bas.) hab. Corn. (Vind.) *et frigore* Corn. (Lat.) ; c. 18 (c. 7), 152, 8 βραχέη Corn. (Bas.) βαρέη Corn. (Vind.) *gravis* Corn. (Lat.) ; c. 21 (c. 10), 155, 14 ἐπάγει Corn. (Bas.) ἐπαΐει Corn. (Vind.) *sentit* Corn. (Lat.) ; c. 27 (c. 16), 162, 7 χλιαρὸν Corn. (Bas.) ψυχρὸν Corn. (Vind.) *frigidam* Corn. (Lat.). La traduction de 1546 comporte cependant des innovations qui ne sont pas dans Corn. (Vind.) ; par ex. c. 61 (c. 50), 200, 14 ὄζει Corn. (Bas.) Corn. (Vind.) *ebullit* Corn. (Lat.) unde ζέει Foes[2] (n. 162) Littré Ermerins. Ce dernier exemple montre comment certaines corrections de Cornarius dans sa traduction latine sont passées dans la vulgate par le relais des rétroversions faites par Foes dans ses notes.

2. Voici deux exemples patents parmi d'autres : c. 61 (c. 50), 200, 14 ὄζει Corn. (Bas.) Merc. : *ebullit* Corn. (Lat.) Merc. ; *ibid.*, 201, 9 τοῦ ὕδατος Corn. (Bas.) Merc. : *sanguinem* Corn. (Lat.) Merc. Exceptionnellement toutefois, Mercurialis modifie le texte grec pour l'harmoniser à la traduction latine ou *vice versa* ; voir par ex. c. 19 (c. 8), 153, 18 αὐτῆς Corn. (Bas.) ; ἀκτῆς *recte* Merc. *sambuci* Corn. (Lat.) Merc. ; c. 47 a (c. 36 a), 179, 6 τρὶς Corn. (Bas.) Merc. : *bis* Corn. (Lat.) *ter* Merc.

3. Certaines leçons proviennent de manuscrits que Mercurialis a collationnés à Rome (W et R[U]). Les deux leçons précédées de ἴσως sont des conjectures : c. 12 (c. 1), 144, 3 *τρίβων Merc. in

Mercurialis à l'édition de *Maladies II* n'est pas cependant totalement négative : il est l'auteur de trois conjectures excellentes dont il est juste de lui redonner la paternité[1].

5. A. Foes (Francfort 1595). Pour un lecteur moderne, l'édition du médecin de Metz est déconcertante. Car son texte grec reproduit celui de l'édition de Cornarius de 1538, tandis que sa traduction latine est originale : elle tient compte d'améliorations au texte grec qu'il faut aller chercher dans les notes qui suivent. Le grand prix de l'édition de Foes tient donc dans ses notes qui sont particulièrement nombreuses pour *Maladies II* : deux cent une ! Certains aspects de son

textu : *ἴσως τρίγωνι Merc. ᵐᵍ (= Vet. cod.) et c. 38 (c. 27), 170, 17 μὲν Merc. in textu : *ἴσῶς μὴ Mercᵐᵍ (= Vet. cod.). La première de ces deux leçons ne se lit nulle part ailleurs ; la seconde est présentée dans la note 14, p. 147 comme une conjecture personnelle et justifiée par un rapprochement judicieux avec un passage des traités gynécologiques (*Mal. fem. II*, c. 119, Littré VIII, 258, 19-21).

1. La conjecture au c. 38 (c. 27) citée à la note précédente (μὴ au lieu de μὲν) est excellente. Il convient de redonner la primeur de cette conjecture à Mercurialis dont le nom a disparu des apparats critiques, parce que Foes, dans la note 83 de son édition, a attribué la leçon à « certains exemplaires » (quaedam [sc. exemplaria]) qu'il n'a pas vus (= Mercurialis Vet. cod. !) et parce que Mack, reprenant curieusement le rapprochement fait par Mercurialis avec *Mal. fem. II*, attribue faussement la leçon μὴ à θ. Une seconde conjecture excellente de Mercurialis améliore le texte au c. 57 (c. 46), 196, 12 φλεϐῶν codd. : φωδῶν Merc. (n. 19) ; ici encore le nom de Mercurialis a disparu des apparats critiques, parce que Foes dans son édition (n. 153) propose à nouveau la conjecture sans faire référence à Mercurialis, et parce que Mack, une fois encore, attribue faussement la leçon à θ. Une troisième conjecture a été faite indépendamment la même année par Mercurialis et par Foes (dans son *Œconomia Hippocratis* de 1588) : c. 54 a (c. 43 a), 191, 8 ἄρθρα codd. : ἀόρτρα Merc. (n. 18) e Gal. *Gloss.* ἄορτρα vel potius ἄορτρον Foes[1] (*s.v.* Ἀορτή) e Gal. *Gloss.* ; ici encore le nom de Mercurialis est absent des apparats critiques ; celui de Foes n'apparaît que dans l'apparat critique d'Ermerins ; pour cette conjecture, comme pour les précédentes, Mack, cité par Littré et Ermerins, s'est taillé une réputation en attribuant faussement à θ la leçon ἄορθρον.

édition sont évidemment dépassés. Son travail de collation ne doit pas faire trop illusion, bien qu'il parle des manuscrits du Vatican *(Vaticana)*, des manuscrits de la bibliothèque royale *(Regia)* et même parfois des manuscrits allemands *(Germanica)*[1] ; sa collation des variantes notées dans les marges d'une édition d'Asulanus appartenant à un médecin parisien, Albert Févré (= Q′ chez Littré), et d'une édition de Cornarius appartenant à un jurisconsulte parisien, Louis Servin (= L chez Littré), n'offre plus d'intérêt pour l'établissement du texte, quoiqu'elle ait joué un rôle dans l'histoire du texte jusqu'au XIXe siècle[2]. Mais dans ses notes concises et efficaces, Foes distille la quintessence de l'énorme savoir qu'il avait accumulé dans son *Oeconomia Hippocratis* de 1588 ; son apport à l'édition et à la compréhension de *Maladies II* est considérable, non seulement par les rapprochements qu'il fait, mais aussi par son travail critique remarquable par la méthode comme par les résultats[3]. Son

---

1. Le travail de collation de Foes a été jugé sévèrement par A. Rivier, *Recherches sur la tradition manuscrite du traité hippocratique « De morbo sacro »...*, p. 159-160. Foes a cependant regardé de près les traductions latines de Calvus et de Cornarius ; il est le premier à restituer les variantes grecques correspondant aux variantes latines de ces deux traducteurs.

2. A la suite des leçons de Févré et de Servin, Foes a publié les corrections d'Aemilius Portus au texte de Corn. (Bas.). Ces corrections n'offrent aucune leçon satisfaisante qui puisse amender le texte des manuscrits anciens, même si elles rejoignent en de rares occasions le texte de ces manuscrits : c. 29 (c. 18), 165, 4 διατεμνέειν Corn. (Bas.) διαταμέειν Portus ; cf. διαταμεῖν θ ; c. 35 (c. 24), 169, 1 διαίρειν Corn. (Bas.) διείρειν Portus M ; cette dernière correction est déjà proposée par Foes[2], n. 78.

3. La grande majorité des conjectures faites par Foes, notamment par une comparaison systématique avec les gloses de Galien et d'Hésychius, est digne d'intérêt ; en cela, il est supérieur à Cornarius dont le travail critique est plus inégal. Une dizaine de conjectures de Foes dans ses travaux de 1588 et de 1595 ont été brillamment confirmées par le témoignage de θ et de M ; voir par ex. c. 5, 137, 5 αὐτῇ συζέσῃ M recc. : αὐτῇσι ζέσῃ Foes[2] (n. 6) θ (sed vide jam Corn. [Vind.]) ; c. 21 (c. 10), 155, 14 ἐπάγει M recc. : ἐπαίει Foes[1] (*s.v.* ἐπαίειν) Foes[2] (n. 46) ex Hesychio θ (sed vide jam Corn. [Vind.] et Corn. [Lat.] *sentit*) ; c. 48 (c. 37), 183, 9

œuvre, méconnue des modernes mérite d'être réhabilitée. Littré au XIXe siècle ne s'était pas trompé, lorsqu'il déclarait : « Le travail de Foes est incontestablement supérieur à tous ceux qui l'ont précédé et à tous ceux qui l'ont suivi. C'est un beau monument de l'érudition médicale dans le XVIe siècle »[1].

Les éditions du XVIIe et du XVIIIe siècle — Avec le foisonnement des éditions de la Renaissance contraste la rareté des éditions au XVIIe et au XVIIIe siècle.

1. A. van der Linden (Lugduni Batavorum, 2 tomes 1665). *Maladies II* est édité dans le tome II aux pages 36-95. L'originalité de van der Linden, par rapport à ses prédécesseurs est de présenter un texte grec fort différent de celui de Cornarius ; mais les modifications apportées, qui s'appuient largement sur les variantes Q′ et L de Foes ainsi que sur ses notes, mêlent sans grand esprit critique le bon et le mauvais[2].

κοῖλα M recc. : κύλα Foes[2] (n. 119) ex Hesychio θ. Certaines conjectures améliorent le texte de θM ; voir par ex. c. 26 (c. 15), 160, 3 ἀποσφίγξῃ θM : ἀποσκίμψῃς fort. recte Foes[1] (*s.v.* ᾽Αποσκήψεις) Foes[2] (n. 54) e Gal. *Gloss.* ; c. 51 (c. 40), 188, 16 ἔπος M (del. θ) : αἶπος Foes[1] (*s.v.* αἶπος) Foes[2] (n. 134) ex Hesychio (sed vide jam Corn. [Lat.] *acclivem locum*) ; la conjecture est attribuée à tort par Littré à Mack qui reconnaît lui-même sa dette (n. 373) : « Sic cum Foesio legimus pro ἔπος ». Malgré son admiration pour Foes, Littré a privé l'érudit messin de plusieurs de ses conjectures ; voir aussi, parmi d'autres exemples, c. 53 (c. 42), 190, 10 κρότωνες codd. : κρότωνας Foes[1] (*s.v.* κρότων) Foes[2] (n. 140) e Gal. *Gloss.* (sed vide jam Corn. [Vind.]) ; la conjecture est attribuée par Littré à van der Linden, et à θ par suite d'une erreur de collation de Mack.

1. E. Littré, *Œuvres complètes d'Hippocrate...*, I, p. 548.

2. Pour l'influence de L sur van der Linden, voir par ex. c. 8, 140, 5, παντελῶς vulg. : πάντῃ L Lind. *falso* ; c. 47 b (c. 36 b), 180, 8 ἑκατέρων ἔστω vulg. : μερέων ἑκατέρου ἴσον ἔστω L Lind. *falso* ; pour l'influence de Q′, voir c. 26 (c. 15), 159, 16, κεῖσθαι vulg. : κείμενος Q′ Lind, *recte* ; c. 27 (c. 16), 163, 8 γινώσκειν vulg. : γινώσκεις Q′ Lind. *falso* γινώσκῃς θM *recte* ; c. 67 (c. 56), 206, 1 ὑγιαίνει vulg. : ἐκφυγγάνει Q′ Lind. Pour l'utilisation des notes de Foes, voir par ex. c. 48 (c. 37), 183, 9 κοῖλα vulg. : κύλα Foes[2] (n. 119) Lind. *recte* ; c. 67 (c. 56), 206, 3 ἐρείξαντα Foes[2] (n. 178) Lind. *recte*.

Sur la masse des conjectures proposées, rares sont celles qui méritent d'être retenues[1].

2. S. Mack (Vienne 1749). *Maladies II* est édité dans le tome II de 1749 aux pages 201-247. L'édition de Mack est tacitement en réaction contre celle de van der Linden. Il revient au texte de Cornarius. Néanmoins, il l'améliore en d'assez nombreux points par le matériel dont il pouvait disposer à la bibliothèque de Vienne. Il s'agit notamment du manuscrit ancien θ, utilisé pour la première fois. Mack a eu le mérite d'en reconnaître clairement l'importance, et d'améliorer le texte de la vulgate grâce à son témoignage, même si l'utilisation de θ est encore timide[2]. Malheureusement sa collation du manuscrit ancien de Vienne est défectueuse. Elle exercera sur l'histoire du texte imprimé de fâcheuses conséquences : les éditeurs du XIXe siècle ne connaîtront θ qu'à travers le miroir déformant de Mack et éditeront parfois des conjectures de la Renaissance en pensant rétablir un texte ancien[3].

---

1. Quelques conjectures de van der Linden sont confirmées par θ : c. 12 (c. 1), 144, 9 οὐρέει vulg. M : οὐρέῃ Lind. θ *recte* ; c. 15 (c. 4), 150, 1 sq. προσιέτω vulg. M : προσίτω Lind. θ *recte* ; c. 28 (c. 17), 164, 5 διῆναι vulg. M : διεῖναι Lind. θ *recte*. Une conjecture corrige le texte fautif de l'archétype de θM : c. 12 (c. 1), 144, 18 sq. ἦν ὥρη ᾖ (ἔη vulg. M) τοῦ ἔτεος, ἔπειτα vulg. θM : ἔπειτα ἦν ὥρη ἔη τοῦ ἔτεος Lind. *recte* ; sur ce dernier point, voir déjà E. Littré, *Œuvres complètes d'Hippocrate...*, t. VII, p. 22.

2. Pour l'importance accordée par Mack au manuscrit θ, voir sa note critique 83 (p. 208) au c. 12 (c. 1), 145, 6 : « Quapropter non modo ex hac scriptione, verum ex innumeris aliis inaestimabile videtur hujus MS. cod. (sc. θ) pretium ». Comme autres sources nouvelles par rapport à ses prédécesseurs, Mack utilise deux éditions imprimées de Vienne, une édition de Cornarius de 1538, pourvue de notes manuscrites de l'auteur (= K′ chez Littré) et une édition d'Asulanus de 1526, avec des variantes de J. Sambucus (= P′ chez Littré). Pour les notes manuscrites de Cornarius citées par Mack et pour la comparaison avec l'original conservé à Vienne, voir *supra*, p. 117, n. 2. Les variantes de Sambucus, dont nous avons perdu l'original, proviennent du *Parisinus gr.* 2255 (E), déjà pourvu de corrections, selon A. Rivier, *Recherches...*, p. 164-166. Une vérification reste à faire pour *Maladies II*.

3. Voici un exemple significatif. Au c. 47 b (c. 36 b), 181, 10,

Les éditions
du XIXe siècle

Dans les études hippocratiques, et particulièrement pour l'interprétation de *Maladies II*, le xixe siècle apparaît comme une seconde Renaissance.

1. É. Littré (Paris 1851). *Maladies II* est édité dans le tome VII, aux p. 1-115. Avec Littré commence l'ère de l'édition scientifique. Le texte est établi à partir d'une collation personnelle, et souvent précise, des manuscrits dont il disposait à Paris et des éditions avec les variantes manuscrites qu'elles renferment. Cette collation est consignée dans un apparat critique dont la richesse reste inégalée, même s'il n'est pas exempt d'erreurs, dont Mack n'est pas le seul responsable. Grâce à ce matériel et à quelques conjectures judicieuses, Littré améliore en maints endroits le texte de ses prédécesseurs[1]. Néanmoins son texte reste trop souvent entaché par la rouille de la vulgate ou les innovations des *recentiores*. Des deux manuscrits anciens, il ignorait l'un (M) et ne connaissait l'autre (θ) que par la collation défectueuse de Mack. Pour l'établissement du texte, son édition est donc dépassée, bien qu'elle soit remarquable pour son temps et nettement supérieure à celle de ses prédécesseurs. Ajoutons que par ses études sur la relation entre le traité et

---

après ἦν δὲ μὴ ῥαγῇ ὑπὸ τῶν ἐγχύτων, Mack écrit οὐδὲν θαυμαστόν en attribuant la leçon à θ. Cette addition inutile ne se trouve pas en fait dans ce manuscrit. Elle remonte à la note 110 de l'édition Foes qui restitue ainsi la leçon grecque correspondant à la conjecture de la traduction latine de Cornarius (1546). Ce dernier ajoute en effet (p. 207) « nihil miri est » ; cf. déjà l'addition de « ne mireris » dans la traduction latine de Calvus (1525), p. 202. La leçon οὐδὲν θαυμαστόν, introduite pour la première fois dans le texte grec par Mack, a été reprise par Littré, qui l'attribue à θ sur la foi de Mack. Ermerins, tout en attribuant comme Littré cette leçon à θ, a judicieusement éliminé de son texte l'addition fautive et conservé l'ellipse. Pour d'autres fautes de lecture de θ dues à Mack, voir *supra*, p. 116, n. 2 et p. 119, n. 1.

1. Voir par ex. c. 27 (c. 16), 163, 9 δειπνήσας pro δειπνήσαντα ; c. 50 (c. 39), 188, 1 τυροῦ pro πυροῦ ; c. 59 (c. 48), 198, 14 τὸ δέρμα seclus. Littré ; c. 66 (c. 55), 205, 12 ἤ addidit Littré.

l'école de Cnide, il tranche aussi sur les éditeurs précédents du traité et a contribué de manière appréciable à l'interprétation du texte[1].

2. F. Ermerins (Trajecti ad Rhenum 1862). *Maladies II* est édité au tome II, p. 185-244. Ermerins a largement utilisé le travail de Littré ; son apparat critique est en grande partie de seconde main et reproduit parfois les erreurs de Littré ; néanmoins il innove sur deux points : il ajoute la collation d'un manuscrit récent, le *Vossianus gr.* F 10[1] (Q), et surtout introduit les leçons du manuscrit ancien M qu'il connaissait indirectement par la collation de Cobet[2]. Malgré une propension exagérée à modifier le texte des manuscrits, Ermerins a amendé le texte en plusieurs endroits de façon décisive par d'excellentes conjectures[3].

**L'édition
de Maladies II
au XX⁰ siècle**

Avant la présente édition, *Maladies II* n'a jamais été réédité de façon intégrale depuis Ermerins. Une édition partielle l'a précédée.

1. J. Jouanna (Paris 1974). L'étude sur les traités nosologiques cnidiens de la *Collection* intitulée *Hippocrate. Pour une archéologie de l'école de Cnide* contient une réédition de l'ensemble de *Maladies II 1*, intitulé *Maladies II* B : c. 1-11 (p. 28-81) et d'une partie de *Maladies II 2*, intitulé *Maladies II* A : c. 12 à 14 (p. 28-47), c. 16 (p. 367-371), c. 17-18 (p. 46-51), c. 20-22 (p. 52-59), c. 24-31 (p. 60-83), c. 39 (p. 218-219),

---

1. Voir en particulier ses *Remarques* sur le deuxième livre des *Maladies*, le troisième et le livre des *Affections internes*, et sur les médecins cnidiens dans son tome VII, p. 304-309 déjà mentionnées *supra*, p. 25 sq.

2. Voir sa *Praefatio* du tome II *in fine*, p. xvi : « Subsidia manu scripta, quibus in hoc volumine edendo uti licuit, sunt : codicis Marciani collatio, quam Cobeto me debere dixi in praefatione ad vol. I et cod. Vossianus ».

3. Voir par ex. c. 4 a, 134, 10 ὑπεραιμήσῃ pro ὑπερεμήσῃ ; c. 5, 137, 7 στόμα pro σῶμα ; c. 27 (c. 16), 162, 11 ἐπ' οὖν ἔλαβε pro ἐπουνέλαβε θΜ et ἐπανέλαβε vulg. ; c. 47 b (c. 36 b), 181, 16 κύλα pro κοῖλα.

c. 42-43 (p. 276-281), c. 44-46 (partiellement p. 415-417), c. 47 a (p. 270-273), c. 48 et 50 (partiellement p. 470-471), c. 53 (p. 178-181), c. 54 b (p. 162-165), c. 55 (p. 192-199), c. 56 (partiellement p. 421), c. 58 (p. 162-165), c. 61 (p. 208-213), c. 62 (p. 202-203), c. 63 (p. 274-275), c. 64 (partiellement p. 420), c. 65 (p. 374-377), c. 68 (p. 19-20), c. 71 (p. 100-105), c. 72 (partiellement p. 455-456), c. 73 (partiellement p. 109), c. 74 (partiellement p. 455-456). Pour la première fois, le texte repose sur une collation directe des deux manuscrits anciens (θM) et sur une utilisation systématique de la tradition indirecte (glossateurs et rédactions parallèles), connue également pour la première fois à partir des manuscrits anciens. L'établissement du texte est justifié par un commentaire critique détaillé (p. 521 sqq.). La distinction entre les deux traités regroupés sous le titre de *Maladies II* est aussi faite pour la première fois dans une édition.

2. La présente édition reprend, pour les chapitres édités en 1974, le texte et la traduction déjà parus, à quelques exceptions près ; pour le détail du commentaire critique à ces passages, le lecteur se reportera à l'édition partielle de 1974. Les autres chapitres sont édités suivant les mêmes principes. Toutefois, par rapport à l'édition de 1974, l'apparat critique est précisé, dans la mesure du possible, sur la provenance des leçons qui ne viennent pas des manuscrits anciens, et complété par l'adjonction des conjectures faites par des érudits qui rejoignent la bonne leçon des manuscrits anciens qu'ils ne connaissaient pas. Par ces données supplémentaires, on a voulu éviter de faire table rase des résultats positifs accumulés au cours de plusieurs siècles par des érudits qui ne disposaient pas du matériel décanté que nous possédons aujourd'hui, et aussi aider à démêler, sur certains points, l'histoire des chemins obscurs (et souvent erronés) de la vulgate. C'est dans cette perspective que s'explique la mention relativement fréquente des manuscrits récents H[a]IR ; elle n'est pas exigée par le stemma.

VII

LE DIALECTE

Le dialecte dans les éditions antérieures

Les éditeurs précédents, à l'exception d'Ermerins, n'ont pas accordé une grande attention à l'ionien hippocratique. Un détail est significatif : l'*editio princeps* avait correctement édité dans de nombreux passages du traité les formes ioniennes ῥύφημα (« potage »), ῥυμφάνειν et ῥυφέειν (« prendre du potage ») ; Cornarius, suivi par tous les éditeurs jusqu'à Littré compris, a remplacé systématiquement ces formes ioniennes (dans une cinquantaine de passages !) par les formes vulgaires ῥόφημα, ῥοφέειν et par la forme incorrecte ῥοφάνειν. C'est ainsi que le présent à infixe nasal ῥυμφάνειν est ignoré des dictionnaires LSJ et Bailly qui écrivent à tort ῥυφάνειν[1].

Deux tentations contradictoires

Sur l'ionien hippocratique, il est impossible d'arriver à une solution satisfaisante, car aucun manuscrit n'a une position cohérente ; le dialecte y est souvent corrompu par des hyperionismes et des atticismes, et quand une forme ionienne est conservée dans l'une des deux branches de la tradition manuscrite[2], c'est tantôt dans θ tantôt dans M. L'éditeur est partagé

---

1. Le *Dictionnaire étymologique* de P. Chantraine, *s.v.* ῥοφέω donne les deux dérivés expressifs ῥυφάνω et ῥυμφάνω et renvoie à F. Bechtel, *Die Griechischen Dialekte*, III, Berlin, 1924, p. 198 sq. En réalité Bechtel ne cite que la forme à infixe nasal. La forme ῥυφάνω doit être rayée des dictionnaires.

2. Voici quelques exemples où M a conservé la forme ionienne contre θ : c. 38 (c. 27), 170, 6 πλήρεα M : πλήρη θ ; c. 43 (c. 32), 175, 2 ῥιζέων M : ῥιζῶν θ ; c. 54 a (c. 43 a), 192, 4 ἐπιεικέως M : -κῶς θ ; cf. aussi c. 55 (c. 44), 194, 10 ; c. 64 (c. 53), 203, 2, ἡμέρη M : ἡμέρᾳ θ. Il n'est pas impossible que M conserve à deux endroits

entre une résignation prudente qui consiste à respecter le texte des manuscrits pour éviter le reproche de normalisation abusive, et un désir légitime de remédier à l'incohérence flagrante des manuscrits, par un recours au témoignage des inscriptions. La tendance actuelle des éditeurs des traités hippocratiques est d'adopter un « sage » compromis entre ces deux attitudes extrêmes. Ainsi naît, malgré quelques variantes de détail, une vulgate dans le domaine dialectal hippocratique, dont on peut dire tout au plus qu'elle est un moindre mal[1].

*
* *

Deux membres de la brillante « école hippocratique de Hambourg », Anargyros Anastassiou et Volker Langholf ont bien voulu réviser avec un soin exem-

---

une trace de la psilose : c. 1, 132, 5 ἀπίκηται M : ἀφίκηται θ et c. 23 (c. 12), 157, 15 ἀπίκηται M : ἀφίκηται θ. Toutefois, les passages où θ a conservé la forme ionienne contre M sont plus nombreux. Voir par ex. c. 22 (c. 11), 156, 17 φλυηρῇ θ : φλυαρῇ M ; c. 26 (c. 15), 159, 10 σιηγόνια θ : σιαγόνια M ; cf. aussi *ibid.*, 160, 13, c. 27 (c. 16), 161, 20 et c. 29 (c. 18), 164, 18 ; c. 26 (c. 15), 159, 11 σίελα θ : σίαλα M ; cf. aussi *ibid.*, 161, 4 σίελον θ : σίαλον M ; c. 28 (c. 17), 164, 2 ἐρυθρῇς θ : ἐρυθρᾶς M ; en particulier pour le nom de nombre « quatre » et pour ses composés, le manuscrit θ présente régulièrement les formes ioniennes en τεσσερ-, alors que M donne tout aussi régulièrement les formes en τεσσαρ- qui peuvent s'interpréter soit comme des ionismes (attestés dans les inscriptions) soit comme des formes atticisantes ; voir c. 22 (c. 11), 157, 8 τέσσερας θ : τέσσαρας M ; c. 40 (c. 29), 172, 16 τεσσερεσκαιδεκαταῖος θ : τεσσαρ- M ; cf. aussi c. 44 (c. 33), 175, 15 et 17, c. 45 (c. 34), 177, 7, c. 46 (c. 35), 177, 16 et 178, 4, c. 47 a (c. 36 a), 178, 9 et 14 et 179, 8 sq., c. 56 (c. 45), 196, 2, c. 57 (c. 46), 196, 8, c. 63 (c. 52), 202, 10 ; dans un seul passage en c. 56 (c. 45), 195, 17 M et θ donnent la forme en τεσσαρ-.

1. Le point de départ de cette vulgate est H. Kuehlewein, *Hippocratis opera* I, Lipsiae, 1894, p. LXV-CXXVIII *(De dialecto hippocratica)*. Les principes adoptés ici pour le dialecte sont analogues à ceux de mon édition de la *Nature de l'homme* in *CMG* I, 1, 3, 1975, p. 133-155. Les solutions concrètes apparaîtront clairement dans l'apparat critique, où les variantes dialectales des manuscrits sont consignées systématiquement.

plaire le manuscrit et me faire de très nombreuses sugges-
tions positives sur le fond comme sur la forme. Mirko
D. Grmek, professeur d'histoire de la médecine à
l'École pratique des Hautes Études de Paris, m'a
fait l'amitié de relire également tout le manuscrit
et de me donner généreusement de nombreuses indications, notamment sur l'aspect médical du traité.
Ces trois collaborations m'ont apporté beaucoup.
Que ces trois érudits trouvent ici l'expression de ma
cordiale reconnaissance.

CONSPECTVS SIGLORVM

I. CODICES.

1. *De morbis II*

θ	= *Vindobonensis med. gr.* 4 ; s. XI.
θ¹	= emendatio scribae ipsius.
θ²	= manus posterior.
θcorr	= lectio post correctionem.
θras	= lectio post rasuram.
θ apud Mack	= falsa lectio apud Mack (vide editiones).
M	= *Marcianus gr.* 269 ; s. X.
M¹	= emendatio scribae ipsius.
M²	= manus posteriores.
Mac	= lectio ante correctionem
Mcorr	= lectio post correctionem.
Mras	= lectio post rasuram.

Raro memorantur :

Ha	= *Parisinus gr.* 2142 ; pars antiquior ; s. XII.
I	= *Parisinus gr.* 2140 ; s. XIII.
K	= *Parisinus gr.* 2145 ; s. XV.
R	= *Vaticanus gr.* 277 ; s. XIV.

2. Locus (= c. 12 [c. 1], 132, 1-133, 5) in *De natura hominis* c. 23 (= *Salubr.* c. 8) servatus.

A	= *Parisinus gr.* 2253 ; s. XI.
Mn	= *Marcianus gr.* 269 ; s. X.
V	= *Vaticanus gr.* 276 ; s. XII.
P	= versio latina in *Parisino lat.* 7027 ; s. X.
Gal. (U)	= Galeni lemmata in *Marciano gr.* 278 ; s. XIII/XIV.

Gal. (V) = Galeni lemmata in *Marciano gr.* 282 ; s. XV.

3. Locus (= c. 68 [c. 57], 207, 1-7) apud *Galeni in Hippocratis sextum librum epidemiarum commentaria I-VIII* servatus.

Euryphon = citatio Euryphontis.
Gal. = citatio Hippocratis.

II. Editiones.

Calvus (W^{mg}) = Calvus in margine codicis *Vaticani gr.* 278 ; a. 1512.

Calvus (Lat.) = M. Fabius Calvus, *Hippocratis Coi... octoginta volumina... latinitate donata*, Rome, 1525.

Ald. = Franciscus Asulanus, *Omnia opera Hippocratis...*, Venise, 1526.

Corn. (Bas.) = Janus Cornarius, *Hippocratis Coi... libri omnes*, Bâle, 1538.

Corn. (Vind.) = Janus Cornarius in margine editionis Corn. (Bas.) in Vindobonensi bibliotheca servatae (69 B 101).

Corn.(K′) = Janus Cornarius in margine eiusdem editionis secundum Mack[1].

Corn. (Lat.) = Janus Cornarius, *Hippocratis Coi... opera... latina lingua conscripta*, Venise, 1546.

Mercurialis = *Hippocratis Coi opera quae exstant...*, Venise, 1588.

Foes[1] = A. Foes, *Œconomia Hippocratis...*, Francfort, 1588.

Foes[2] = A. Foes, *Magni Hippocratis... opera omnia*, Francfort, 1595.

---

1. Pour la valeur de la collation de Mack, voir *supra*, p. 122 et n. 3 ; le sigle Corn. (K′) n'est utilisé dans l'apparat critique que dans les cas où Mack donne une leçon que je n'ai pas lue dans l'original.

L   = lectiones e Servini exemplari
                desumptae apud Foes².
Q'   = lectiones e Fevrei exemplari
                desumptae apud Foes².
Portus   = Aemilius Portus apud Foes².
Lind.   = J. A. van der Linden, *Hippo-*
                cratis... opera omnia, vol. II,
                Lugduni Batavorum, 1665.
Mack   = S. Mack, *Hippocratis opera*
                omnia..., vol. II, Vienne, 1749.
Littré   = É. Littré, *Œuvres complètes*
                d'Hippocrate, t. VII, Paris, 1851.
Ermerins   = F. Z. Ermerins, *Hippocratis...*
                reliquiae..., vol. II, Traiecti ad
                Rhenum, 1862.
Fredrich   = C. Fredrich, *Hippokratische Un-*
                tersuchungen in *Philologische Un-*
                tersuchungen, XV, Berlin, 1899.
Jouanna[1]   = J. Jouanna, *Hippocrate. Pour*
                une archéologie de l'école de Cnide,
                Paris, 1974.
Jouanna[2]   = J. Jouanna, *Hippocratis De na-*
                tura hominis, CMG, I 1, 3, Berlin,
                1975.

MALADIES II

MALADIES II 1

I. 1 <...> Il y a émission d'une urine abondante lorsque la tête est échauffée à l'excès[1]. En effet le phlegme se fond en elle ; et quand il se fond, il s'écoule, en partie dans les narines, en partie dans la bouche[2], en partie par les vaisseaux qui mènent aux organes génitaux. Quand il parvient aux organes génitaux, le malade urine et éprouve les symptômes de la strangurie[3]. Il y a amblyopie quand dans les petits vaisseaux des yeux pénètre du phlegme. En effet l'organe de la vision devient plus humide et plus trouble, le brillant de l'œil n'est plus aussi brillant et les objets, quand le malade veut regarder, n'y apparaissent pas avec autant de netteté que quand il était brillant et limpide[4]. **2** Ce malade guérit d'ordinaire en quarante jours. Et si, beaucoup plus tard, la maladie récidive, la peau de la tête s'épaissit, le reste du corps se gonfle, prend

---

1. Le début du développement consacré à cette première maladie est perdu, comme l'indiquent et la structure des développements consacrés à chaque maladie dans le traité et la comparaison avec la rédaction parallèle du c. 12 (c. 1) de *Mal. II* **2**. Il manque la partie sémiologique et une partie de l'étiologie. Voir *Archéologie...*, p. 522 sq.

2. Dans le passage parallèle du c. 12 (c. 1) de *Mal. II* **2** 142, 4, il est question d'un flux par les oreilles et non par la bouche ; même différence entre *Mal. II* **1**, c. 4 a 135, 13 et la rédaction parallèle de *Mal. II* **2**, c. 17 (c. 6), 152, 15, Comme la divergence revient deux fois, elle n'est sans doute pas imputable à une erreur de la tradition manuscrite.

ΠΕΡΙ ΝΟΥΣΩΝ Β΄

I. 1 ⟨...⟩ Οὐρεῖται πολλὸν ὅταν ὑπερθερμανθῇ ἡ VII, 8
κεφαλή · τήκεται γὰρ ἐν αὐτῇ τὸ φλέγμα · τηκόμενον δὲ
χωρεῖ τὸ μὲν ἐς τὰς ῥῖνας, τὸ δ᾽ ἐς τὸ στόμα, τὸ δὲ διὰ
τῶν φλεβῶν αἳ ἄγουσιν ἐς τὸ αἰδοῖον · ὅταν δ᾽ ἐς τὸ αἰδοῖον
5 ἀφίκηται, οὐρεῖ καὶ πάσχει οἷά περ ὑπὸ στραγγουρίης.
Ἀμβλυώσσουσι δ᾽ ὅταν ἐς τὰ ἐν τοῖσιν ὀφθαλμοῖσι
φλέβια ἐσέλθῃ φλέγμα · ὑδαρεστέρη τε γὰρ γίνεται ἡ
ὄψις καὶ θολερωτέρη καὶ τὸ λαμπρὸν ἐν τῷ ὀφθαλμῷ
οὐχ ὁμοίως λαμπρόν ἐστιν οὐδὲ καταφαίνεται ἐν αὐτῷ
10 ἢν θέλῃ ὁρᾶν ὁμοίως ὡς καὶ ὅτε λαμπρὸς καὶ καθαρὸς
ἦν. 2 Οὗτος ἐν τεσσεράκοντα ἡμέρῃσι μάλιστα ὑγιάζεται.
Ἢν δὲ χρόνῳ ὕστερον πολλῷ ὑποστρέψῃ ἡ νοῦσος, τὸ
δέρμα τῆς κεφαλῆς παχύνεται καὶ τὸ ἄλλο σῶμα αἴρεται

Test. 1 Οὐρεῖται — 2 κεφαλή] cf. Gal., *Comm. Epid. VI*
(ed. Wenkebach 56, 1).
   1 Οὐρεῖται — 133, 5 εἶναι] cf. *Morb. II* 2, c. 12 (c. 1), 142,
1 sqq.

Tit. ιζ Περὶ νούσων β̄ M : περὶ νούσων Γ̄ θ ‖ 1 ⟨...⟩ Οὐρεῖται
Jouanna[1] (initium def. ; cf. jam Littré, t. VII, p. 5) : οὐρέεται
θΜ ‖ οὐρέεται πολλὸν ὅταν ὑπερθερμανθῇ praebet θ etiam in
fine *Morb. I* (fol. 114ᵛ) ‖ 3 χωρεῖ Jouanna[1] : χωρέει θΜ ‖ δ᾽ θ :
δὲ M ‖ 4 pr. ἐς θ : εἰς M ‖ δ᾽ θ : δὲ M ‖ 5 ἀφίκηται θ : ἀπίκηται M ‖
οὐρεῖ Jouanna[1] : οὐρέει θΜ ‖ πάσχει οἷά περ ὑπὸ στραγγουρίης
θΜ : παύεται τῆς στραγγουρίης Jouanna[1] ‖ 6 δ᾽ θ : δὲ M ‖ τοῖσιν
θΜ² : -σι M ‖ 7 τε γὰρ M : γὰρ θ ‖ 9 ἐστιν θΜ² : -τι M ‖ 10 ἢν
Jouanna[1] : ἂν θΜΗᵃR ἐὰν I edd. ab Ald. & ἂν vel ἂν Langholf ‖
θέλῃ θ : ἐθέλῃ M ‖ λαμπρὸς καὶ καθαρὸς M : λαμπρῶς καὶ καθα-
ρῶς θ.

de l'embonpoint et une belle couleur. Chez ce malade, le phlegme se tourne vers les chairs ; ce qui explique l'embonpoint apparent ; et les chairs, du moment qu'elles sont imbibées, gonflées et plus lâches, attirent le sang des vaisseaux ; de là vient la belle couleur apparente des malades.

II. 1 Autre maladie. La tête se couvre d'ulcères ; le corps enfle ; le teint est ictérique ; sur le corps, tantôt ici tantôt là, surgissent des ulcères[1] ; le malade est pris de fièvre de temps à autre ; des oreilles coule de l'eau. 2 Chez ce malade, du phlegme subbilieux se développe dans la tête[2] ; alors les ulcères y naissent quand le bregma est imbibé de phlegme et de bile, que ces deux humeurs sont ténues et s'y sont accumulées[3] ; car tout cela stagne, se corrompt et s'ulcère. Quant au flux dans les oreilles, il est dû à du phlegme dilué qui y pénètre. Sur le reste du corps, les ulcères se forment pour les mêmes raisons que ceux de la tête, par suite de la corruption simultanée du sang et de la bile[4] aux endroits où ces humeurs se trouvent accumulées ; car à ces endroits, la chair se corrompt, s'ulcère et entraîne en outre la corruption du phlegme et de la bile qui peuvent y affluer ; il se forme alors du pus.

III. 1 Autre maladie. La tête est prise d'une vive

---

1. Le composé ἐκθύειν du verbe poétique et peut-être ionien θύειν « s'élancer impétueusement », qui n'est pas signalé dans les dictionnaires étymologiques de Frisk et de Chantraine, est probablement une création de la prose technique des médecins, car il n'est attesté que dans la *Collection hippocratique* où il désigne surtout l'éruption d'ulcères, de boutons ou de rougeurs : voir *Mal. II 2*, c. 13 (c. 2), 145, 16 ; c. 26 (c. 15), 161, 7 ; pour le reste de la *Collection*, voir *Prénotions coaques*, 112, Littré V, 606, 10 (ἐκθύει A), *Usage des liquides*, c. 6, Littré VI, 130, 3 et 11 ; *Lieux dans l'homme*, c. 13, *ibid.*, 300, 14 (= Joly 52, 22) ; c. 16, *ibid.*, 308, 16 (= Joly 57, 19) ; c. 33, *ibid.*, 324, 20-21 et 22 (= Joly 66, 22) ; *Epid.* VI, 5ᵉ sect., c. 15, Littré V, 322, 1 (ἐκθύουσιν MV). Les dérivés de ἐκθύω, ἔκθυμα et ἔκθυσις, qui ne sont attestés, eux aussi, que dans la *Collection*, confirment la spécialisation du composé dans la langue médicale.

καὶ παχύνεται καὶ εὐχροεῖ. Τούτῳ τὸ φλέγμα ἐς τὰς
σάρκας τρέπεται καὶ ὑπὸ τούτου δοκεῖ παχὺς εἶναι·
αἱ γὰρ σάρκες, ἅτε διάβροχοι ἐοῦσαι καὶ ἠρμέναι καὶ
ἀραιότεραι, ἕλκουσιν ἐκ τῶν φλεβῶν αἷμα, καὶ διὰ τοῦτο
5 δοκέουσιν εὔχροοι εἶναι.

II. 1 Ἑτέρη νοῦσος· ἡ κεφαλὴ ἑλκέων καταπίμπλαται
καὶ τὸ σῶμα οἰδεῖ καὶ ἡ χροιὴ ἰκτερώδης καὶ ἄλλοτε
ἄλλῃ τοῦ σώματος ἕλκεα ἐκθύει καὶ πυρετὸς λαμβάνει
ἄλλοτε καὶ ἄλλοτε καὶ ἐκ τῶν ὤτων ὕδωρ ῥεῖ. 2 Τούτῳ,
10 ὅταν ἐν τῇ κεφαλῇ φλέγμα ὑπόχολον ἐντραφῇ, τὰ μὲν
ἕλκεα γίνεται ὅταν τὸ βρέγμα διάβροχον γένηται τῷ
φλέγματι καὶ τῇ χολῇ καὶ ἀραιὸν ᾖ καὶ ἁλὲς τὸ φλέγμα
καὶ ἡ χολή· ἵσταται γὰρ τοῦτο καὶ σήπεται καὶ ἑλκοῦται·
ἐς δὲ τὰ ὦτα λεπτυνόμενον τὸ φλέγμα διαδιδοῖ. Ἐν δὲ τῷ
15 ἄλλῳ σώματι τά τε ἕλκεα κατὰ τὸν αὐτὸν λόγον τοῖσιν
ἐν τῇ κεφαλῇ γίνεται, συσσηπομένου τοῦ αἵματος ‖ καὶ τῆς 10
χολῆς, ᾗ ἂν τύχῃ ἁλισθέντα· ταύτῃ γὰρ ἡ σὰρξ σήπεται
καὶ ἑλκοῦται καὶ προσκατασήπει τὸ ἐσελθὸν τοῦ φλέγμα-
τός τε καὶ τῆς χολῆς καὶ γίνεται πύον.

20 III. 1 Ἑτέρη νοῦσος· περιωδυνίη τὴν κεφαλὴν ἴσχει,

Test. 6 Ἑτέρη — 133, 19 πύον] cf. Morb. II 2, c. 13 (c. 2), 145,
13 sqq.
8 ἐκθύει] cf. Hesych., s.v. (10 supra, 109, 4 = ed. Latte
II, 45, 1).
20 Ἑτέρη — 134, 9 εἴρηται] cf. Morb. II 2, c. 14 (c. 3), 147,
8 sqq.; Morb. III, c. 2 (ed. Littré VII, 118, 19 - 120, 16 = Jouanna¹ 370-372).

---

1 εὐχροεῖ Jouanna¹ : εὐχροέει θΜ ‖ τούτῳ θ : τοῦτο Μ ‖
2 δοκεῖ Jouanna¹ : δοκέει θΜ ‖ 3 ἅτε θΜʳᵃˢΙΗᵃ²R : ἄστε ? Μ
αἱ τε Ηᵃ ‖ 4 ἕλκουσιν θΜ² : -σι Μ ‖ 5 δοκέουσιν θΜ² : -σι Μ ‖
6 ἡ κεφαλῇ Μ :]εφαλὴ θ (init. casu eras.) ‖ 7 οἰδεῖ Jouanna¹ :
οἰδέει θΜ ‖ 9 ἐκ τῶν ὤτων Pet. Sallius Diversus apud Mack :
ἐκ τοῦ νώτου θΜ ‖ 10 ἐντραφῇ Μ : ἐντραχηι θ ‖ 12 ᾖ θ : ἔη Μ
secluserim (vide n. 3) ‖ ἁλὲς Ermerins : ἁλες θ ἅλες Μ ‖ 15 τοῖσιν
θΜ² : τοῖσι Μ ‖ 16 συσσηπομένου Μ : συνσ- θ ‖ αἵματος θΜ :
φλέγματος Ermerins.

douleur ; le malade vomit de la bile, a de la difficulté à uriner et délire. **2** Ce malade éprouve une vive douleur par suite de la chaleur excessive de la tête. Il délire lorsque le sang dans la tête se trouve, sous l'effet de la bile ou du phlegme, échauffé à l'excès et mû plus qu'à l'ordinaire[1]. Il vomit de la bile, étant donné que la bile est en mouvement dans le corps, et la tête, par suite de sa chaleur excessive, l'attire à elle ; la partie la plus épaisse de la bile, le malade la vomit ; tandis que la partie la plus ténue, la tête l'attire à elle. La difficulté à uriner[2], également dans cette maladie, est due aux mêmes causes que celles qui ont été mentionnées dans le cas précédent[3].

IV a. **1** Si des petits vaisseaux autour du cerveau regorgent de sang[4] — à vrai dire, le terme n'est pas exact pour la maladie[5] ; en effet il n'est pas possible qu'aucun petit vaisseau regorge de sang, quelle que soit sa taille. Pourtant on emploie ce terme et on dit « regorger de sang ». Mais supposons qu'ils regorgent au maximum de sang : une maladie ne saurait vraisemblablement résulter de ce fait. En effet, d'un bien il n'est pas possible que naisse un mal, pas plus qu'il n'est possible que naisse un bien excessif, et d'un mal, un bien ne saurait naître[6] ; mais il semble y avoir regorgement de sang quand, dans les vaisseaux, pénètre

1. L'expression implique la croyance dans le mouvement du sang à l'intérieur du corps. Mais l'auteur n'a pas conscience que le mouvement du sang dans les vaisseaux est circulaire. Le mouvement du sang est normal (cf. 134, 4 sq. τοῦ ἐωθότος) quand il y a dans le sang équilibre des qualités élémentaires (chaud et froid) ; le déséquilibre de ces qualités entraîne une perturbation de ce mouvement ; un excès de chaud provoque une accélération et inversement un excès de froid entraîne un ralentissement (cf. c. 6 a).

2. L'auteur reprend dans la partie étiologique chacun des symptômes énoncés dans la sémiologie pour l'expliquer ; la précision avec laquelle il reprend les mêmes termes (1ᵉʳ symptôme περιωδυνίη, 133, 20, repris par περιωδυνεῖ, 134, 2 ; 2ᵉ symptôme ἐμεῖ, 134, 1, repris par ἐμεῖ, 134, 5 ; 4ᵉ symptôme παραφρονεῖ, 134, 1, repris par παραφρονεῖ, 134, 2 sq.) invite à rétablir ici <δυσ>ουρεῖ correspondant à δυσουρεῖ (134, 1) de la partie sémiologique.

καὶ ἐμεῖ χολὴν καὶ δυσουρεῖ καὶ παραφρονεῖ. 2 Οὗτος
περιωδυνεῖ ὑπὸ τῆς ὑπερθερμασίης τῆς κεφαλῆς · παραφρονεῖ δὲ ὅταν τὸ αἷμα τὸ ἐν τῇ κεφαλῇ ὑπὸ χολῆς ἢ
φλέγματος ὑπερθερμανθῇ καὶ κινηθῇ μᾶλλον τοῦ ἐωθό-
5 τος · ἐμεῖ δὲ χολὴν ἅτε κεκινημένης τῆς χολῆς ἐν τῷ
σώματι καὶ ἡ κεφαλὴ ὑπὸ τῆς ὑπερθερμασίης ἕλκει ἐφ᾽
ἑωυτὴν καὶ τὸ μὲν παχύτατον ἐμεῖ, τὸ δὲ λεπτότατον
⟨ἕλκει⟩ ἐς ἑωυτήν · ⟨δυσ⟩ουρεῖ δὲ καὶ ἐν ταύτῃ ὑπὸ τῶν
αὐτῶν ὡς καὶ ἐν τῇ πρόσθεν εἴρηται.

10   IV a. 1 Ἦν περὶ τὸν ἐγκέφαλον φλέβια ὑπεραιμήσῃ
— τὸ μὲν οὔνομα οὐκ ὀρθὸν τῇ νούσῳ · οὐ γὰρ ἀνυστὸν
ὑπεραιμῆσαι οὐδὲν τῶν φλεβίων οὔτε τῶν ἐλασσόνων
οὔτε τῶν μειζόνων · ὀνομαίνουσι δὲ καί φασιν ὑπεραιμεῖν ·
εἰ δ᾽ ὡς μάλιστα ὑπεραιμήσειε, νοῦσος ὑπ᾽ αὐτοῦ οὐκ ἔοικεν
15 ἂν γίνεσθαι · ἀπὸ ἀγαθοῦ γὰρ κακὸν οὐχ οἷόν τε γενέσθαι,
οὐδ᾽ ἀγαθὸν πλέον τοῦ δέοντος οἷόν τε γενέσθαι · οὐδ᾽
ἀπὸ κακοῦ ἀγαθὸν γένοιτ᾽ ἄν · ἀλλ᾽ ὑπεραιμεῖν δοκεῖ

TEST. 10 Ἦν — 135, 14 ἀποθνήσκει] cf. *Morb. II* 2, c. 17 (c. 6),
151, 17 sqq.

---

1 ἐμεῖ Jouanna¹ : ἐμέει ΘM ‖ δυσουρεῖ Jouanna¹ : -ρέει ΘM ‖
παραφρονεῖ Jouanna¹ : -νέει ΘM ‖ 2 περιωδυνεῖ Jouanna¹ :
-νέει ΘM ‖ post περιωδυνεῖ add. μὲν IHᵃ²R edd. ab Ald. ‖ 2-3
παραφρονεῖ Jouanna¹ : -νέει ΘM ‖ 4-5 ἐωθότος Jouanna¹ :
εἰωθότος ΘM ‖ 5 ἐμεῖ Jouanna¹ : ἐμέει ΘM ‖ 6 σώματι Θᶜᵒʳʳ M :
σώ- e corr. Θᵃ (στόματι Θ ?) ‖ ὑπερθερμασίης Θ : θερμασίης M ‖
7 ἐμεῖ Jouanna¹ : ἐμέει ΘM ‖ 8 ἕλκει edd. ab Ald. : om. ΘMHᵃIR ‖
δυσουρεῖ Jouanna¹ : οὐρέει ΘM ‖ 10 post ἦν add. τὰ Ermerins ‖
ὑπεραιμήσῃ Ermerins (t. II, p. LXIV-LXV); vide etiam LSJ,
s.v. ὑπερεμέω : ὑπερεμήσῃ ΘM ὑπεραιμώσῃ Ermerins ‖ 11 τὸ
μὲν — 135, 2 σφύζουσι καὶ secl. Ermerins ‖ μὲν ΘM²ˢ¹ : om.
M ‖ 12 ὑπεραιμῆσαι, cf. *supra*, l. 10 : ὑπερεμῆσαι ΘM ‖ 13 ὀνομαίνουσι δὲ om. Θ (sed spatio circiter 14 litt. relicto) ‖
ὑπεραιμεῖν, cf. *supra*, l. 10 : ὑπερεμέειν ΘM ‖ 14 ὑπεραιμήσειε
G : ὑπερεμήσειε ΘM ‖ ἔοικεν ἂν Θ : ἔοικε M ‖ 15 οὐχ Θ : οὐκ M ‖
οἷόν τε M : οιονται Θ sed -ι del. Θʳᵃˢ ‖ 16 οἷόν τε M : οιονται
Θ sed -ι del. Θʳᵃˢ ‖ 17 ὑπεραιμεῖν, cf. *supra*, l. 10 : ὑπερεμέειν
ΘM ‖ δοκεῖ Jouanna¹ : δοκέει ΘM.

de la bile ou du phlegme. De fait, les vaisseaux se soulèvent et battent[1] — une douleur se fait sentir dans toute la tête, les oreilles bourdonnent et le malade n'entend rien. **2** Il y a bourdonnement à cause du battement et des pulsations des petits vaisseaux ; c'est à ce moment-là qu'un bourdonnement se produit dans la tête. Il y a dureté de l'ouïe, d'un côté, à cause du bruit et du bourdonnement intérieurs, de l'autre, par suite du gonflement du cerveau et des petits vaisseaux qui l'entourent. Car sous l'effet de la chaleur excessive, le cerveau remplit la cavité auriculaire avec sa propre masse et, étant donné que l'air qu'elle contient n'est plus en même quantité qu'auparavant et ne rend pas le même son, elle ne transmet pas au cerveau les paroles avec autant de netteté ; et pour cette raison il y a dureté d'ouïe[2]. **3** Ce malade, s'il se produit par les narines ou la bouche une éruption d'eau et de phlegme, guérit[3]. S'il ne s'en produit pas, le septième jour d'ordinaire il meurt.

IV b. **1** Si les vaisseaux de la tête regorgent de sang[4] — ils regorgent de sang pour les mêmes causes que celles qui ont été exposées dans le cas précédent ; voici du reste une preuve qu'ils regorgent de sang d'une telle façon : quand on incise le bras, ou la tête, ou toute autre partie du corps atteinte de cette affection, le sang coule noir, trouble et morbide ; pourtant cela n'est pas normal si l'on s'en tient au terme (« regorger de sang ») ; car c'est rouge et pur que le sang devrait

---

4. Comme dans la maladie du c. 4 a, une longue parenthèse a été insérée entre la subordonnée introduisant la maladie (ἢν — φλέ-6ες) et la description des symptômes (ἴσχει ὀδύνη κτλ.). Dans le modèle, la description des symptômes constituait la principale et faisait immédiatement suite à la subordonnée, comme l'indique ici encore la comparaison avec la rédaction parallèle de *Mal. II* **2**, c. 18 (c. 7). Par son contenu, cette parenthèse est analogue à celle du c. 4 a à laquelle il est fait du reste ici explicitement référence (« dans le cas précédent »).

ὅταν ἐς τὰς φλέβας χολὴ ἢ φλέγμα ἐσέλθῃ· μετεωρίζονταί
τε γὰρ αἱ φλέβες καὶ σφύζουσι — καὶ ὀδύνη κατὰ πᾶσαν τὴν
κεφαλὴν ἐγγίνεται καὶ τὰ ὦτα ἠχεῖ καὶ ἀκούει οὐδέν·
2 καὶ ἠχεῖ μὲν ἅτε τῶν φλεβίων σφυζόντων καὶ παλλομέ-
5 νων· τηνικαῦτα γὰρ ἦχος ἔνεστιν ἐν τῇ κεφαλῇ· βαρυηκοεῖ δὲ τὸ μέν τι καὶ ὑπὸ τοῦ ἔσωθεν ψόφου καὶ ἤχου, τὸ
δ᾽ ὅταν ὁ ἐγκέφαλος καὶ τὰ φλέβια τὰ περὶ αὐτὸν ἐπαρθῇ.
Ὑπὸ γὰρ τῆς ὑπερθερμασίης ἐμπίμπλησι τὸ κατὰ τὸ ‖ οὖς   12
κενεὸν ὁ ἐγκέφαλος ἑωυτοῦ, καὶ ἅτε οὐκ ἐνεόντος τοῦ
10 ἤέρος ἰσοπληθέος καὶ ἐν τῷ πρὶν χρόνῳ, οὐδὲ τὸν ἦχον
ἴσον παρέχοντος, οὐκ ἐνσημαίνει οἱ τὰ λεγόμενα ὁμαλῶς,
καὶ ἀπὸ τούτου βαρυηκοεῖ. 3 Οὗτος, ἢν μὲν ῥαγῇ αὐτῷ
ἐς τὰς ῥῖνας ἢ ἐς τὸ στόμα ὕδωρ καὶ φλέγμα, ὑγιὴς
γίνεται· ἢν δὲ μὴ ῥαγῇ, ἑβδομαῖος μάλιστα ἀποθνῄσκει.

15   IV b. 1 Ἢν δ᾽ αἱ ἐν τῇ κεφαλῇ ὑπεραιμήσωσι φλέβες·
ὑπεραιμέουσι δὲ ὑπὸ τῶν αὐτῶν ἃ καὶ ἐν τῷ πρόσθεν
εἴρηται· σημήϊον δ᾽ ὅτι τοιούτῳ τρόπῳ ὑπεραιμέουσι
τόδε· ὅταν τις ἢ χεῖρα τοῦτο πάσχουσαν ἐπιτάμῃ ἢ κεφαλὴν ἢ ἄλλο τι τοῦ σώματος, τὸ αἷμα μέλαν ῥεῖ καὶ θολερὸν
20 καὶ νοσῶδες· καίτοι οὐ δίκαιον κατὰ τὸ οὔνομα, ἀλλ᾽ ἐρυ-

TEST. 15 Ἢν — 136, 6 ἔωθεν] cf. *Morb. II* 2, c. 18 (c. 7), 152, 7.

---

3 ἠχεῖ Jouanna¹ : ἠχέει ΘΜ ‖ 4 ἠχεῖ Jouanna¹ : ἠχέει ΘΜ ‖
φλεβίων θ : βλεβίων Μ ‖ 5-6 βαρυηκοεῖ] εἶ in ras. Μ² ‖ 7 δ᾽ θ :
δὲ Μ ‖ 8 ὑπὸ Μ : τὰ θ ‖ ἐμπίμπλησι θ : ἐμπίπλησι Μ ‖ 10 καὶ
ΘΜΗªΙR : ὡς καὶ Μᶜᵒʳʳ (ὡς add. Μ²ᵐᵍ) edd. ab Ald. ‖ 12 βαρυηκοεῖ Μ : βαρυηκοέει θ ‖ αὐτῷ θ : αὐτὸ Μ ‖ 14 ἢν θ : εἰ Μ ‖
15 δ᾽ θ : δὲ Μ ‖ ὑπεραιμήσωσι, cf. *supra*, 134, 10: ὑπερεμη ἔωσι
θ (<ΥΠΕΡΕΜΗϹѺϹΙ) ὑπερεμεωσι Μ (sed σ super εω add.
Μ²ˢ¹) ὑπεραιμώσωσι Ermerins ‖ 16 ὑπεραιμέουσι, cf. *supra* 134,
10 : ὑπερεμέουσι θΜ ὑπεραιμόουσι Ermerins ‖ 17 σημήϊον Μ :
σημεῖον θ ‖ ὑπεραιμέουσι, cf. *supra*, 134, 10 : ὑπερεμέουσι
θΜ ὑπεραιμόουσι Ermerins ‖ 19 ἄλλο τι Μ : ἀλλ᾽ ὅτι θ ‖ ῥεῖ θ :
ῥέει Μ ‖ 20 καίτοι — 136, 1 ῥεῖν secl. Ermerins.

alors couler —, quand donc les vaisseaux regorgent de sang pour les mêmes causes, le malade est pris de douleur, de vertige et de lourdeur dans la tête. **2** Il y a douleur du fait de la chaleur excessive du sang ; vertige, quand le sang vient s'accumuler au visage ; lourdeur, étant donné que le sang dans la tête est anormalement abondant, trouble et morbide[1].

V. 1 Si le cerveau se sphacèle[2], le malade est en proie à une douleur qui va de la tête jusqu'à la colonne vertébrale[3] ; une défaillance gagne le cœur[4] ; il y a sueur[5], insomnie[6], saignements de nez, souvent aussi vomissements de sang. **2** Le cerveau se sphacèle quand il est échauffé ou refroidi à l'excès, ou quand il est anormalement rempli de bile ou de phlegme. Quand il éprouve l'un de ces accidents, il s'échauffe à l'excès, communique sa chaleur à la moelle épinière, et cette dernière cause de la douleur à la colonne vertébrale. Le malade défaille quand, sur le cœur, est venu se fixer du phlegme ou de la bile ; or il est inévitable que ces humeurs viennent s'y fixer, dès lors qu'elles sont en mouvement et liquéfiées. Quant à la sueur, elle provient de la souffrance. Le malade vomit du sang[7], quand les vaisseaux de la tête sont

6. La leçon des manuscrits n'est pas certaine. Au lieu de ἄϋπνος τελέθει « le malade a des insomnies », la version parallèle de *Mal. II* **2**, c. 20 (c. 9), 154, 9 donne ἄπνοος (vel -πνους) τελέθει « le malade a des difficultés respiratoires », symptôme qui semble mieux convenir au contexte. La troisième version, celle de *Mal. III*, c. 4 (Littré VII, 122, 8 = Jouanna[1] 374, 4), présente une troisième leçon ἄφωνος γίνεται « le malade perd la parole ». Le contexte n'apporte aucune lumière, car le symptôme n'est pas expliqué dans la partie étiologique.

7. On s'étonnera avec Ermerins de ne lire ici que ἐμεῖ ; en effet l'explication, dans les lignes suivantes, porte à la fois sur les vomissements et les saignements de nez. Il y a vraisemblablement une lacune ; au lieu de τὸ δὲ αἷμα ἐμεῖ « il y a vomissement de sang », il conviendrait peut-être de lire τὸ δὲ αἷμα <ῥεῖ καὶ> ἐμεῖ « le sang coule (sc. par les vaisseaux) et le patient vomit (sc. du sang) », en conformité avec la sémiologie (136, 9 sq.).

θρὸν καὶ εἰλικρινὲς ῥεῖν · ὅταν δ᾽ ὑπεραιμήσωσιν ὑπὸ τῶν
αὐτῶν, ἴσχει ὀδύνη καὶ σκοτοδινίη καὶ βάρος τὴν κεφαλήν ·
2 ὀδύνη μὲν ὑπὸ τῆς ὑπερθερμασίης τοῦ αἵματος, σκοτοδινίη δ᾽ ὅταν ἁλὲς ἐπὶ τὸ πρόσωπον χωρήσῃ τὸ αἷμα,
5 βάρος δὲ ἅτε τοῦ αἵματος πλέονος ἐόντος ἐν τῇ κεφαλῇ
καὶ θολερωτέρου καὶ νοσωδεστέρου ἢ ἔωθεν.

V. 1 Ἢν σφακελίσῃ ὁ ἐγκέφαλος, ὀδύνη ἔχει ἐκ τῆς
κεφαλῆς ⟨ἐς⟩ τὴν ῥάχιν καὶ ἐπὶ τὴν καρδίην φοιτᾷ ἀψυχίη
καὶ ἱδρὼς καὶ ἄϋπνος τελέθει καὶ ἐκ τῶν ῥινῶν αἷμα ῥεῖ,
10 πολλάκις δὲ καὶ ἐμεῖ αἷμα. 2 Σφακελίζει δ᾽ ὁ ἐγκέφαλος
ὅταν ἢ ὑπερθερμανθῇ ἢ ὑπερψυχθῇ ἢ χολώδης ἢ φλεγματώδης γένηται μᾶλλον τοῦ ἐωθότος · ὅταν δέ τι τούτων
πάθῃ, ὑπερθερμαίνεται καὶ τὸν νωτιαῖον μυελὸν δια-
θερμαίνει, καὶ οὗτος ὀδύνην τῇ ῥάχει παρέχει · ἀψυχεῖ δ᾽
15 ὅταν προσίστηται πρὸς τὴν καρδίην φλέγμα ἢ χολή ·
προσίστασθαι δ᾽ ἀνάγκη κεκινημένων καὶ ὑγρα‖σμένων · 14
ἱδρὼς δὲ ὑπὸ πόνου · τὸ δὲ αἷμα ἐμεῖ ὅταν αἱ φλέβες αἱ

TEST. 7 Ἢν — 137, 8 πολλά] cf. *Morb. II* **2**, c. 20 (c. 9), 154,
7 sqq. ; *Morb. III*, c. 4 (ed. Littré VII, 122, 5-14 = Jouanna[1] 374).
14 ἀψυχεῖ] cf. EROT., *s.v.* ἀψυχέειν (A 57, ed. Nachmanson 19,
1 ; cf. GAL., *Gloss.*, *s.v.* (C 6 *supra*, 100, 10 = ed. Kühn XIX,
87, 13).

---

1 post δ᾽ ras. 2 litt. M ‖ ὑπεραιμήσωσιν, cf. *supra*, 134, 10 :
ὑπερεμήσωσιν θ : ὑπερεμέσωσι M (-σιν M[2]) ὑπεραιμώσωσι Ermerins ‖ ὑπὸ θ : ἀπὸ M ‖ 4 ἁλὲς Ermerins : ἅλες θ ἅλες M ‖ 5 ἅτε
M : ὅταν θ ‖ πλέονος θ : πλείονος M ‖ 6 θολερωτέρου I edd.
ab Ald. : χολερωτέρου θ θολωδεστέρου MH[a]R ‖ ἔωθεν θ :
ἔσωθεν M εἴωθεν Coray apud Littré ‖ 8 ἐς add. Ermerins ‖
ante ἀψυχίη add. καὶ θ ‖ 9 ἱδρὼς M : ἵδρωι (lege ἱδρῷ) θ ‖
ἄϋπνος M : ὕπνος θ ‖ τελέθει M : τελεθῆ θ ‖ 10 ἐμεῖ Jouanna[1] :
ἐμέει θM ‖ δ᾽ θ : δὲ M ‖ 11 ὅταν om. θ ‖ 12 ἐωθότος θ : εἰωθότος M ‖ 13 νωτιαῖον M : νοτιαῖον θ ‖ 14 οὗτος θM : οὕτως
M[corr] (ω add. M[2s1]) ‖ ἀψυχεῖ Jouanna[1] : ἀψυχέει θM ‖ 15 καρδίην θ : καρδίαν M ‖ 16 προσίστασθαι θ : προσίσταται M ‖
δ᾽ om. θ ‖ 17 ἱδρὼς M : ἵδρω (lege ἱδρῷ) θ ‖ post pr. δὲ add.
γίνεται IH[a2]R edd. ab Ald. ‖ ἐμεῖ Jouanna[1] : ἐμέει θM ⟨ῥεῖ
καὶ⟩ ἐμεῖ scripserim.

échauffés par le cerveau, et ceux qui longent la colonne
vertébrale par la colonne vertébrale (la colonne vertébrale est échauffée par la moelle épinière, et la moelle
épinière par le cerveau où justement elle prend naissance)[1]. Quand donc les vaisseaux sont échauffés et
que le sang y bout[2], les vaisseaux de la tête se déversent
dans les narines tandis que les vaisseaux sanguins
de la colonne vertébrale se déversent dans la bouche[3].
3 Ce malade meurt le troisième jour ou le cinquième
dans la majorité des cas.

VI a. 1 Autre maladie. Soudain la tête est prise
de douleur, et aussitôt le malade perd la parole et est
impuissant à se mouvoir. **2** Ce malade meurt en sept
jours, à moins que la fièvre ne le prenne ; si elle le
prend, il guérit. **3** Ces symptômes se produisent quand
la bile noire[4] mise en mouvement dans la tête se met à
couler, principalement dans la région du cou et de la
poitrine où les petits vaisseaux sont les plus nombreux[5] ;
ensuite, le reste du corps[6] aussi est frappé de paralysie
et d'impuissance à se mouvoir[7], étant donné que le
sang est refroidi[8]. Et si le malade l'emporte, au point
que le sang se réchauffe, soit à la suite des soins admi-
nistrés, soit de lui-même, le sang se dilate, se diffuse,

---

1. On trouvera un passage très proche dans *Chairs*, c. 4,
Littré VIII, 588, 20 sq. (= Joly 191, 1-2) καὶ ὁ μυελὸς ὁ
καλεόμενος νωτιαῖος καθήκει ἀπὸ τοῦ ἐγκεφάλου, « la moelle
dite épinière descend du cerveau ». Ce passage confirme en particulier la conjecture de Mack.

2. Au moins dans le cas des vaisseaux de la colonne vertébrale,
l'explication par le débordement du sang qui bout se réfère implicitement à l'expérience courante d'une marmite d'eau bouillante ;
pour une telle référence explicite, comp. *Mal. III*, c. 17, Littré
VII, 156, 5-6 et *Semaines*, c. 34 a, Littré VIII, 657, 14-17 et IX,
455, 12-15 (= Roscher 57, 15-20).

3. La correction de σῶμα « corps » en στόμα « bouche », proposée
par Ermerins, s'impose, car l'auteur explique ici les vomissements
de sang (cf. ἐμεῖ, 136, 10). La faute des manuscrits résulte d'une
mélecture d'onciale, CTOMA étant lu CѠMA (confusion TO/Ѡ) ;
cette faute existait déjà dans l'archétype de θM.

μὲν ἐν τῇ κεφαλῇ ὑπὸ τοῦ ἐγκεφάλου θερμανθέωσιν, αἱ δὲ
παρὰ τὴν ῥάχιν ὑπὸ τῆς ῥάχιος, ἡ δὲ ῥάχις ὑπὸ τοῦ
νωτιαίου μυελοῦ, ὁ δὲ νωτιαῖος μυελὸς ὑπὸ τοῦ ἐγκεφάλου, ὅθεν περ πέφυκεν · ὅταν οὖν θερμανθέωσιν αἱ φλέβες
5 καὶ τὸ αἷμα ἐν αὐτῇσι ζέσῃ, διαδιδοῦσιν αἱ μὲν ἀπὸ τῆς
κεφαλῆς ἐς τὰς ῥῖνας, αἱ δ' ἀπὸ τῆς ῥάχιος αἱμόρροοι
ἐς τὸ στόμα. 3 Οὗτος τριταῖος ἀπόλλυται ἢ πεμπταῖος
ὡς τὰ πολλά.

VI a. 1 Ἄλλη · ἐξαπίνης ὀδύνη λαμβάνει τὴν κεφαλὴν
10 καὶ παραχρῆμα ἄφωνος γίνεται καὶ ἀκρατὴς ἑωυτοῦ.
2 Οὗτος ἀποθνήσκει ἐν ἑπτὰ ἡμέρῃσιν, ἢν μή μιν πῦρ
ἐπιλάβῃ · ἢν δ' ἐπιλάβῃ, ὑγιὴς γίνεται. 3 Πάσχει δὲ ταῦτα
ὅταν αὐτῷ μέλαινα χολὴ ἐν τῇ κεφαλῇ κινηθεῖσα ῥυῇ καὶ
μάλιστα καθ' ὃ τὰ πλεῖστα ἐν τῷ τραχήλῳ ἐστὶ φλέβια καὶ
15 τοῖσι στήθεσιν · ἔπειτα δὲ καὶ τῇ ἄλλῃ ἀπόπληκτος
γίνεται καὶ ἀκρατής, ἅτε τοῦ αἵματος ἐψυγμένου · καὶ ἢν
κρατήσῃ ὥστε τὸ αἷμα θερμανθῆναι, ἤν τε ὑπὸ τῶν προσφε-
ρομένων ἤν τε ὑφ' ἑωυτοῦ, μετεωρίζεται καὶ διαχεῖται καὶ

TEST. 7 sq. Οὗτος — πολλά] cf. Aph. VII, 50 (ed. Littré IV,
592, 1 sq. = Jones IV, 204, 8-10) et Coac. 183 (ed. Littré V, 624, 1-3).

9 Ἄλλη — 138, 5 ἀποθνῄσκει] cf. Morb. II 2, c. 21 (c. 10),
155, 10 sqq.; Morb. III, c. 8 (ed. Littré VII, 126, 17- 128, 4
= Jouanna¹ 378).

9 sqq. Cf. Aph. VII, 40 (ed. Littré IV, 588, 8 sq. = Jones IV,
202, 1-3).

9-12. Cf. Aph. VI, 51 (ed. Littré IV, 576, 6-8 = Jones IV,
190, 12-15).

1 θερμανθέωσιν scripsi : -ῶσιν θΜ² -ῶσι Μ ‖ 3 νωτιαῖος μυελὸς
Mack : νοτιαῖος θ μυελὸς Μ ‖ 4 θερμανθέωσιν scripsi : -ῶσιν θΜ²
-ῶσι Μ ‖ 5 αὐτῇσι ζέσῃ θ (cf. jam Corn. [Vind.] et Foes² [n. 6]) :
αὐτῇ συζέσῃ Μ ‖ 6 αἱμόρροοι Anastassiou : αἵμοροοι θΜ -ρρόοι
Μᵉᵒʳʳ edd. ab Ald. ‖ 7 στόμα Ermerins : σῶμα θΜ (<CTOMA) ‖
11 ἡμέρῃσιν θΜ² : -σι Μ ‖ 12 ἢν δ' ἐπιλάβῃ om. Μ sed ἢν
δέ μιν πῦρ ἐπιλάβῃ add. Μ²ᵐᵍ ‖ 15 στήθεσιν θΜ² : -σι Μ ‖ ἄλλῃ
θΜΗᵃ : ἐξῆς ΙΗᵃ²R edd. ab Ald. ‖ 17 θερμανθῆναι θΜ : διαθερ-
μανθῆναι Ermerins (cf. c. 8, 140, 2 sq.) ‖ 18 ὑφ' θ : ἐφ' Μ ‖
διαχεῖται θ : διαχέεται Μ.

reprend son mouvement, attire à lui le souffle, écume[1], se sépare de la bile, et le malade guérit. Mais s'il ne l'emporte pas, le sang se refroidit davantage ; et quand il est complètement refroidi et que la chaleur l'a quitté, il se coagule et ne peut plus se déplacer ; le malade meurt[2].

VI b. **1** Si ces symptômes se produisent à la suite d'ivresse répétée[3], les causes en sont identiques ; identiques aussi sont les causes de la mort, identiques les causes de salut[4].

VII. **1** Quand une carie se produit dans l'os[5], une douleur se fait sentir à partir de l'os. Avec le temps, la peau se détache de la tête ici et là. **2** Le malade éprouve ces symptômes lorsque du phlegme se formant peu à peu dans le diploé de l'os s'y dessèche ; à cet endroit l'os devient poreux et perd toute l'humidité qu'il contenait ; et étant donné qu'il est desséché, la peau s'en détache. **3** Cette maladie n'est pas mortelle[6].

---

4. Dans le modèle, à en juger par la rédaction parallèle de *Mal. II* **2**, c. 22 (c. 11), cette variété était sans doute l'objet d'un exposé distinct (comprenant un développement particulier sur le pronostic et sur la thérapeutique), comme c'était du reste l'usage dans le modèle pour les différentes variétés d'une même maladie. L'insistance avec laquelle l'auteur de *Mal. II* **1** affirme l'identité de cette variété avec la précédente (cf. la triple répétition de ὑπὸ τῶν αὐτῶν) est polémique ; elle indique que l'auteur prend ses distances par rapport au modèle.

5. Cette affection est un cas particulier du sphacèle ; c'est une perforation de l'os par nécrose comme si le trou avait été fait par un ver qui ronge le bois (τερηδών) ; voir [Galien], *Définitions médicales*, éd. Kühn XIX, 443, 11-13.

6. La divergence des manuscrits sur la négation est fâcheuse. Selon M, la maladie n'est pas mortelle ; selon θ elle l'est. Pour choisir, la rédaction parallèle de *Mal. II* **2**, c. 24 (c. 13), 158, 1 sqq. n'est d'aucun secours, car elle ne comporte aucune indication sur la gravité de la maladie. Dans *Archéologie...*, p. 60, j'ai choisi avec tous les autres éditeurs la leçon de M, car une omission de la négation dans θ est, philologiquement parlant, plus vraisemblable que son addition dans M. Mais Mirko D. Grmek me signale que la maladie décrite ici (ostéomyélite de la voûte crânienne soit tuberculeuse soit non spécifique) est effectivement mortelle. Faut-il adopter la leçon de θ ?

κινεῖται καὶ τὴν πνοιὴν ἐσάγεταί τε καὶ ἀφριεῖ καὶ χωρίζεται τῆς χολῆς · καὶ ὑγιὴς γίνεται. Ἢν δὲ μὴ κρατήσῃ,
ψύχεται ἐπὶ μᾶλλον, καὶ ὅταν ψυχθῇ παντάπασι καὶ
ἐκλίπῃ ἐξ αὐτοῦ τὸ θερμόν, πήγνυται καὶ κινηθῆναι οὐ
5 δύναται · ἀλλ' ἀποθνῄσκει.

VI b. 1 Ἢν δ' ἐκ θωρηξίων ταῦτα πάθῃ, πάσχει τε ὑπὸ
τῶν αὐτῶν καὶ ἀπόλλυται ὑπὸ τῶν αὐτῶν καὶ διαφεύγει
ὑπὸ τῶν αὐτῶν.

VII. 1 Ὅταν τερηδὼν γένηται ἐν τῷ ὀστέῳ, ὀδύνη λαμ-
10 βάνει ἐκ τοῦ ὀστέου · χρόνῳ δ' ἀφίσταται τὸ δέρμα ἀπὸ
τῆς κεφαλῆς ἄλλῃ καὶ ἄλλῃ. 2 Οὗτος ταῦτα πάσχει
ὅταν ἐν τῇ διπλόῃ τοῦ ‖ ὀστέου ὑπογενόμενον φλέγμα 16
ἐναποξηρανθῇ · ταύτῃ ἀραιὸν γίνεται καὶ ἐκλείπει ἐξ
αὐτοῦ ἡ ἰκμὰς πᾶσα καὶ ἅτε ξηροῦ ἐόντος ἀφίσταται
15 ἀπ' αὐτοῦ τὸ δέρμα. 3 Αὕτη ἡ νοῦσος οὐ θανάσιμός ἐστιν.

TEST. 6 Ἢν — 8 αὐτῶν] cf. *Morb. II* 2, c. 22 (c. 11), 156,
10 sqq. ; *Morb. III*, c. 8 (ed. Littré VII, 126, 17-22 = Jouanna¹
378, 12-16) ; *Aph.* V, 5 (ed. Littré IV, 534, 1-3 = Jones IV,
158, 8-11).

9 Ὅταν — 15 ἐστιν] cf. *Morb. II* 2, c. 24 (c. 13), 158, 1 sqq.

9 τερηδὼν] cf. EROT., Frg. 57 (ed. Nachmanson 115, 13 sq.)
et HESYCH., *s.v.* (21 *supra*, 110, 32 = ed. Schmidt IV, 143, 19) ;
vide etiam *Anecdota graeca* (ed. Bachmann 385, 4) ; PHOT.,
Lexicon (ed. Porson 578, 11) ; *Souda* (ed. Adler IV, 526, 13).

---

1 κινεῖται Jouanna¹ : κεινέεται θ (sed -ει- del. θʳᵃˢ) κινέε-
ται Μ ‖ ἀφριεῖ ΜΗᵃ : ἀφριει θ ἀφρέει ΙΗᵃ²R edd. ab Ald. ἀφρεῖ
Jouanna¹ ‖ 1-2 χωρίζεται Μ : χωρίζεταί τε θ ‖ 2 κρατήσῃ Μ :
κρατηθῇ θ (<ΚΡΑΤΗΟΗ) ‖ 3 ψυχθῇ παντάπασι θ : παντάπασιν
ψυχθῇ Μ ‖ 4 ἐκλίπῃ θ : ἐκκλείπει Μ ‖ 6 θωρηξίων θΜΗᵃ : θοριξίων
ΙR θωρήξιος Littré ‖ 7 καὶ ἀπόλλυται -8 αὐτῶν om. Μ sed
καὶ ἀπόλλυται ὑπὸ τῶν αὐτῶν add. Μ²ᵐᵍ ‖ 13 ἐκλείπει ΙΗᵃ²R
edd. ab Ald. : ἐκλίπει θ ἐκκλείπει ΜΗᵃ ‖ 15 ἀπ' αὐτοῦ τὸ
δέρμα θ : τὸ δέρμα ὑπ' αὐτοῦ ΜΗᵃR τὸ δέρμα ἀπ' αὐτοῦ Ι edd.
ab Ald. ‖ οὐ om. θ ‖ ἐστιν θ : ἐστι Μ.

VIII. **1** Si le malade est « frappé »[1], il a mal dans la partie antérieure de la tête et ne voit plus aussi bien[2] ; il est pris de somnolence ; ses vaisseaux battent, il est légèrement fiévreux et son corps est paralysé[3]. **2** Il éprouve ces symptômes lorsque les vaisseaux de la tête s'échauffent ; une fois échauffés, ils attirent le phlegme à eux. Telle est donc l'origine de la maladie. Le mal dans la partie antérieure de la tête provient de ce que les vaisseaux y sont les plus gros, et de ce que le cerveau occupe la partie antérieure de la tête plutôt que la partie postérieure. Quant à la perte de la vision, elle est due au fait que le cerveau est situé en avant de la tête et qu'il est enflammé. Le corps, lui, est pris de paralysie pour la raison suivante : quand les vaisseaux attirent à eux du phlegme, nécessairement, par suite du froid du phlegme, le sang se trouve plus stationnaire qu'auparavant et refroidi. Et comme le sang n'est plus en mouvement, il est

---

1. En dehors des trois rédactions parallèles de *Mal. II 1*, c. 8, de *Mal. II 2*, c. 25 (c. 14), et de *Mal. III*, c. 3, il est question de malades «frappés» (βλητοί) en *Régime dans les maladies aiguës* c. 5, Littré II, 260, 8-262, 2 (= Joly 43, 4-6), et en *Prénotions coaques*, 394, Littré V, 672, 6-8 ; mais, dans ces deux derniers passages, il ne doit pas s'agir de la même maladie, car elle se caractérise par une lividité au côté, comme si le malade avait été frappé, symptôme qui n'est pas mentionné dans les traités cnidiens ou dérivés d'un modèle cnidien.

2. A la place de ὁμαλῶς des manuscrits, Galien lisait ici ἀμαλῶς qu'il glose par ῥαδίως « facilement ». Cette leçon de Galien est attestée aussi chez Hésychius avec un esprit doux attendu. Bien qu'elle paraisse une *lectio difficilior*, le rapport est lointain entre le sens de ἀμαλός « tendre », « faible », et celui que Galien donne ici à ἀμαλῶς. On attendrait plutôt ἀμαλῶς ὁρᾷ, sans négation : « il voit faiblement » ; comp. l'absence de négation dans la citation de *Mal. I*, c. 8 (dans cette même glose A 1 citée *supra*, 93, 2 sqq.), là où nos manuscrits ont οὐχ ὁμαλῶς (*vel* ὁμοίως). La leçon des manuscrits de *Mal. II* est, en tout cas, indirectement confirmée par Érotien qui lisait ὁμαλῶς en *Épidémies IV*, c. 4, Littré V, 146, 5 (glose 0 4, ed. Nachmanson 64, 8 ὁμαλῶς · ὁμοίως). Οὐχ ὁμαλῶς signifie qu'il n'y voit pas comme avant, littéralement qu'il n'y voit pas « également ».

VIII. 1 Ἢν βλητὸς γένηται, ἀλγεῖ τῆς κεφαλῆς τὸ
πρόσθεν, καὶ τοῖσιν ὀφθαλμοῖσιν οὐχ ὁμαλῶς ὁρᾷ καὶ
κωμαίνει καὶ αἱ φλέβες σφύζουσι καὶ πυρετὸς ἴσχει
βληχρὸς καὶ τοῦ σώματος ἀκρασίη. 2 Οὗτος ταῦτα
5 πάσχει ὅταν αἱ ἐν τῇ κεφαλῇ φλέβες θερμανθέωσιν, θερμανθεῖσαι δὲ εἰρύσωσι φλέγμα ἐς ἑωυτάς. Ἡ μέν νυν ἀρχὴ τῆς
νούσου ἐκ τούτου γίνεται· τὸ δ᾽ ἔμπροσθεν τῆς κεφαλῆς
διὰ τόδε ἀλγεῖ, ὅτι αἱ φλέβες ταύτῃ εἰσὶν αἱ παχύταται
καὶ ὁ ἐγκέφαλος ἐς τὸ πρόσθεν μᾶλλον κεῖται τῆς κεφαλῆς
10 ἢ ἐς τοὔπισθεν· καὶ τοῖσιν ὀφθαλμοῖσι διὰ τοῦτο οὐχ
ὁρᾷ, προκειμένου τοῦ ἐγκεφάλου καὶ φλεγμαίνοντος. Τὸ
δὲ σῶμα διὰ τόδε ἀκρασίαι ἔχουσιν· αἱ φλέβες ἐπὴν ἐς
ἑωυτὰς εἰρύσωσι φλέγμα, ἀνάγκη ὑπὸ ψυχρότητος τοῦ
φλέγματος τὸ αἷμα ἑστάναι μᾶλλον ἢ ἐν τῷ πρὶν χρόνῳ
15 καὶ ἐψῦχθαι· μὴ κινεομένου δὲ τοῦ αἵματος, οὐχ οἷόν τε

TEST. 1 Ἢν — 140, 6 ἀποθνῄσκει] cf. *Morb. II* 2, c. 25 (c. 14),
158, 10 sqq.; *Morb. III*, c. 3 (ed. Littré VII, 120, 17 - 122, 4 =
Jouanna¹ 372, 13-23).

1 βλητὸς] cf. EROT., Frg. 55 (ed. Nachmanson 115, 7-8)
et HESYCH., *s.v.* (6 *supra*, 108, 18 = ed. Latte I, 331, 23).

2 καὶ — ὁρᾷ] cf. GAL., *Gloss.*, *s.v.* ἀμαλῶς (A 1 *supra*, 93, 2 sqq.
= ed. Kühn XIX, 76, 16 sqq.) et HESYCH., *s.v.* ἀμαλῶς (3 *supra*,
108, 1 sq. = ed. Latte I, 120, 20).

3 κωμαίνει] cf. HESYCH., *s.v.* (15 *supra*, 109, 33 = ed.
Latte II, 558, 29).

---

1 βλητὸς] βλητός· ὁ ἀπόπληκτος· ἐλέγοντο δὲ οὕτως καὶ οἱ
ἀπὸ τῶν ὀξέων νοσημάτων αἰφνηδίως τελευτῶντες add. M^mg ‖
ἀλγεῖ Jouanna¹ : ἀλγέει ΘΜ ‖ 2 τοῖσιν ΘΜ² : -σι Μ ‖ ὀφθαλμοῖσιν
ΘΜ² : -σι Μ ‖ ὁμαλῶς ΘΜ : ἀμαλῶς GAL., *Gloss.*, *s.v.* ἀμαλῶς
Hsch. ‖ 4-5 οὗτος ταῦτα πάσχει ΘΜ²^mg : om. Μ ‖ 5 θερμανθέωσιν
scripsi : -ῶσιν Θ -ῶσι Μ ‖ 5-6 θερμανθεῖσαι Θ : θερμανθῆσαι Μ
sed corr. Μ² ‖ 6 εἰρύσωσι Μ : εἰρύωσι Θ ‖ νυν Jouanna¹ : νῦν Θ
οὖν Μ ‖ 8 ἀλγεῖ Jouanna¹ : ἀλγέει ΘΜ ‖ 9 ἐς Μ : εἰς Θ ‖ 10 τοῖσιν
ΘΜ² : -σι Μ ‖ 11 φλεγμαίνοντος Μ : φλεγόνοντος Θ^ras (φλεγένοντος
Θ) ‖ 12 τόδε Θ : τοῦτο δὲ Θ ‖ ἀκρασίαι Μ : ἀκρασίαν Θ ‖ ἔχουσιν
Θ : -σι Μ ‖ ἐς Μ : εἰς Θ ‖ 15 κινεομένου Θ^ras (κειν- Θ) : κινουμένου Μ ‖ οἷόν τε Μ : οιονται Θ.

impossible que le corps ne soit pas atteint lui aussi d'immobilité et de torpeur[1]. Si le sang et le reste du corps l'emportent au point de se réchauffer, le malade en réchappe ; si en revanche le phlegme l'emporte, le sang se refroidit davantage[2] et se coagule ; et si le sang en arrive à ce degré de froid et de coagulation[3], il ne peut que se coaguler complètement[4] ; alors l'homme se refroidit entièrement et meurt[5].

IX. **1** L'angine[6] se produit lorsque le phlegme, mis en mouvement dans la tête, s'écoule en masse vers le bas et s'arrête dans la zone maxillaire et dans la région du cou. **2** Ce malade ne peut pas avaler sa salive, il respire difficilement, il râle, et parfois aussi il est pris de fièvre. **3** Telle est donc l'origine de la maladie ; elle se situe tantôt juste sous la langue, tantôt un peu au-dessus de la poitrine[7].

X. **1** Le grain de raisin[8] se forme quand, sur la luette, descend du phlegme provenant de la tête. La luette pend et devient rouge ; au bout d'un laps de temps, elle noircit. Elle noircit pour la raison suivante :

---

7. Le membre de phrase καὶ ἄλλοτε — ὀλίγον se rattache difficilement à ce qui précède. Aussi Ermerins propose-t-il de le transposer après τράχηλον (140, 9). La transposition donne au texte un sens satisfaisant. Est-il toutefois vraisemblable qu'un membre de phrase ait été séparé d'un contexte clair pour être rejeté à la fin du chapitre? Le texte est peut-être lacunaire.

8. Σταφυλή désigne ici par une expression imagée (litt. « grappe ») un œdème de l'extrémité de la luette ; la luette dont la partie supérieure est amincie et la partie inférieure enflée pend comme une grappe de raisin (cf. Rufus d'Éphèse, *Onom.*, éd. Daremberg-Ruelle, 141, 3-6) ou comme un grain de raisin (cf. Galien, *De compositione medicamentorum secundum locos*, *VI*, éd. Kühn XII, 972, 6-8 : ἔνιοι δὲ καὶ διὰ τοῦτο σταφυλὴν εἶπον κεκλῆσθαι τὸ πάθος, ὅτι ῥαγὶ σταφυλῆς ἔοικε τὸ ἄκρον τοῦ γαργαρεῶνος) ; comp. du reste l'étymologie du mot français « luette ». Pour cette affection de la luette dans la *Collection hippocratique*, voir, outre les deux *testimonia*, *Pronostic*, c. 23, Littré II, 178, 14 (= Alexanderson 226, 7), et, en dehors de la *Collection*, Aristote, *Histoire des animaux* I 11, 493 a 4.

μὴ οὐ καὶ τὸ σῶμα ἀτρεμίζειν καὶ κεκωφῶσθαι. Καὶ ἦν
μὲν τὸ αἷμα καὶ τὸ ἄλλο σῶμα κρατήσῃ ὥστε διαθερμανθῆ-
ναι, διαφεύγει· ἦν δὲ τὸ φλέγμα κρατήσῃ, ἐπιψύχεται
μᾶλλον τὸ αἷμα καὶ πήγνυται· καὶ ἦν ἐς τοῦτο ἐπιδιδοῖ
5 ψυχόμενον καὶ πηγνύμενον, πήγνυται παντελῶς, καὶ ἐκψύχεται ὥνθρωπος καὶ ἀποθνῄσκει.

IX. 1 Κυνάγχη δὲ γίνεται ὅταν ἐν τῇ κεφαλῇ φλέγμα
κινηθὲν ῥυῇ ἁλὲς κάτω καὶ στῇ ἐν τῇσι σιηγόσι καὶ περὶ
τὸν τράχηλον. 2 Οὗτος οὔτε τὸ σίελον δύναται καταπίνειν,
10 ἀναπνεῖ τε βιαίως καὶ ῥέγκει καὶ ἔστιν ὅτε καὶ πυρετὸς
αὐτὸν ἴσχει. 3 Τὸ μὲν οὖν νό‖σημα ἀπὸ τούτου γίνεται, 18
καὶ ἄλλοτε ὑπ᾽ αὐτὴν τὴν γλῶσσαν, ἄλλοτε ὑπὲρ τῶν
στηθέων ὀλίγον.

X. 1 Σταφυλὴ δὲ γίνεται ὅταν ἐς τὸν γαργαρεῶνα
15 καταβῇ φλέγμα ἐκ τῆς κεφαλῆς· κατακρίμναται καὶ γίνεται
ἐρυθρός· ἦν δὲ πλείων χρόνος ἐγγίνηται, μελαίνεται·

Test. 1 κεκωφῶσθαι] cf. Gal., Gloss. s.v. κεκωμῶσθαι (B 10
supra, 96, 28 sq. = ed. Kühn XIX, 111, 8).
7 Κυνάγχη — 13 ὀλίγον] cf. Morb. II 2, c. 26-28 (c. 15-17),
159, 9 sqq.; Morb. III, c. 10 (ed. Littré VII, 128, 16-130, 16 =
Jouanna¹ 380-382); Aff., c. 4 (ed. Littré VI, 212, 4-6 =
Jouanna¹ 266, 25 sq.).
14 Σταφυλὴ — 141, 8 ἀποπνίγονται] cf. Morb. II 2, c. 29 (c. 18),
164, 15 sqq.; Aff., c. 4 (ed. Littré VI, 212, 7-17 = Jouanna¹ 268,
3-12).

---

1 κεκωφῶσθαι θM : κεκωμῶσθαι Gal. Gloss., s.v. ‖ 3 ἐπιψύχεται M : ἐπὶ ἐπιψύχεται θ sed del. pr. ἐπὶ θʳᵃˢ ψύχεται ἐπὶ scribi
potest ‖ 4 ἐπιδιδοῖ MHªIR : ἐπιδοι θ ἐπιδιδῷ Littré ‖ 7 κυνάγχη δὲ θ : κυνάγχη· κυνάγχη δὲ M ‖ 8 ἁλὲς Ermerins : ἄλες
θ ἄλες M ἄλες edd. ab Ald. ‖ σιηγόσι Jouanna¹ : σιαγόσι
θM ‖ 9 σίελον FJ : σίαλον θMHªIR ‖ 10 τε MHªIR Ermerins : δὲ
θ δέ τε edd. ab Ald. ‖ ῥέγκει θ : ῥέγχει M ‖ 12 καὶ ἄλλοτε - 13
ὀλίγον transp. post τράχηλον (140, 9) Ermerins ‖ 14 ante
σταφυλὴ add. σταφυλὴ M περὶ σταφυλῆς HªIᵐᵍR ‖ 15 post
κεφαλῆς add. καὶ Mᵃˢˡ ‖ κατακρίμναται θMHª : κατακρήμναται
R edd. ab Ald. κατακρίμαται I ‖ 16 ἐγγίνηται Jouanna¹ : ἐνγίνηται
θ γένηται M.

la luette est située contre un gros vaisseau ; quand
elle s'enflamme, elle s'échauffe, et, par suite de sa
chaleur, attire, en plus, du sang du vaisseau ; et le
sang la fait noircir. Pour cette raison aussi, si vous ne
l'incisez pas quand elle est gonflée, les malades sont
pris soudain de convulsions[1] ; car le vaisseau s'échauffe,
et, par suite de la chaleur et de l'inflammation, remplit
de sang la région voisine de la luette, et les malades
étouffent rapidement[2].

XI. 1 Les amygdales, les parties sublinguales, les
gencives, la langue et toutes les parties analogues situées
à cet endroit deviennent toutes malades par suite du
phlegme. Le phlegme descend de la tête, qui elle-même
l'attire du corps ; elle l'attire lorsqu'elle s'est échauffée ;
cet échauffement provient des aliments, des boissons,
du soleil, du froid[3], des efforts et du feu. Quand elle
s'est échauffée, elle attire à elle, du corps, la partie
du phlegme la plus ténue ; une fois qu'elle l'a fait
monter, il redescend dans le corps[4] ; cela se produit
quand la tête en est remplie et se trouve échauffée
par l'une de ces causes[5].

---

1. Ἀποσπαρθάζουσιν est un *hapax*. La leçon des manuscrits
est confirmée par Galien qui lisait également cette forme dans
notre passage.

4. Formulation nette de la théorie humorale selon laquelle
le phlegme monte du ventre dans la tête, puis redescend sous forme
de flux dans le reste du corps pour y causer des maladies. Comp.
Mal. I, c. 15, Littré VI, 168, 14-18 (= Wittern 40, 19 - 42, 3) ;
cf. aussi *Affections*, c. 4, Littré VI, 212, 17 (où toutefois il n'est
pas question de la montée du flux). Cette théorie a été attribuée
par certains à Euryphon (cf. l'Anonyme de Londres, éd. Diels IV,
31-40). Voir aussi *Génération, Nature de l'enfant, Maladies IV*,
c. 35, Littré VII, 548, 11 sqq. (= Joly 87, 19 sqq.), *Vents*, c. 10,
Littré VI, 106, 11 sq. (= Nelson 22, 10 sq.) et *Glandes*, c. 7,
Littré VIII, 560, 22 - 562, 13 (= Joly 117, 7-24).

5. Dans toutes les éditions, la proposition ὅταν ... διαθερμανθεῖσα a été fâcheusement déplacée et insérée après le titre du
c. 12 (c. 1) qui appartient à un ouvrage d'un autre auteur. L'expression « l'une de ces causes » renvoie aux causes expliquées
quelques lignes auparavant dans ce c. 11.

μελαίνεται δ' ὧδε · ἐπὶ φλεβὸς πέφυκεν ὁ γαργαρεὼν
παχέης, καὶ ἐπὴν φλεγμήνῃ, θερμαίνεται καὶ ὑπὸ τῆς
θερμασίης ἕλκει καὶ ἐκ τῆς φλεβὸς τοῦ αἵματος καὶ
μελαίνεται ὑπ' αὐτοῦ. Διὰ τοῦτο δὲ καὶ ἢν μὴ ὀργῶντα
5 τάμνῃς, παραχρῆμα ἀποσπαρθάζουσιν · ἡ γὰρ φλὲψ
θερμαίνεται καὶ ὑπὸ τῆς θερμασίης καὶ φλεγμασίης
ἐμπιμπλεῖ τὰ περὶ τὸν γαργαρεῶνα αἵματος, καὶ δι' ὀλίγου ἀποπνίγονται.

XI. 1 Ἀντιάδες δὲ καὶ ὑπογλωσσίδες καὶ οὖλα καὶ
10 γλῶσσα καὶ ὅσα τοιαῦτα ταύτῃ πεφυκότα, ταῦτα πάντα
νοσεῖ ἀπὸ φλέγματος · τὸ δὲ φλέγμα ἀπὸ τῆς κεφαλῆς
καταβαίνει · ἡ δὲ κεφαλὴ ἐκ τοῦ σώματος ἕλκει · ἕλκει
δ' ὅταν διαθερμανθῇ · διαθερμαίνεται δὲ καὶ ὑπὸ σιτίων
καὶ ὑπὸ ποσίων καὶ ἡλίου καὶ ψύχεος καὶ πόνων καὶ
15 πυρός · ὅταν δὲ διαθερμανθῇ, ἕλκει τὸ λεπτότατον ἐς
ἑωυτὴν ἐκ τοῦ σώματος · ὅταν δὲ εἰρύσῃ, καταβαίνει
πάλιν ἐς τὸ σῶμα, ὅταν πλήρης γένηται ἡ κεφαλὴ καὶ
τύχῃ ὑπό τινος τούτων διαθερμανθεῖσα.

Test. 5 ἀποσπαρθάζουσιν] cf. Gal., Gloss., s.v. (A 4 supra,
94, 1 sq. = ed. Kühn XIX, 85, 1-2) ; Hesych., s.v. (4 supra,
108, 7 sq. = ed. Latte I, 225, 44).
9 Ἀντιάδες — 18 διαθερμανθεῖσα] cf. Morb. II 2, c. 30
(c. 19), 165, 7 sqq. et c. 31 (c. 20), 166, 1 sqq. ; Aff., c. 4 (ed.
Littré VI, 212, 6 sq. = Jouanna¹ 268, 1 sq.).

---

2 παχέης θ : παχείης M ‖ post φλεγμήνῃ ras. 1 lit. M ‖
5 ἀποσπαρθάζουσιν θM² (-σι M) Gal. Gloss. : ἀποσπαράσσουσιν
L ex Hesych. (cod.) Lind. ‖ 6 θερμαίνεται Jouanna¹ (cf. διαθερμαίνεται Ermerins) : θερμαίνει θM ‖ καὶ φλεγμασίης om. M ‖
7 ἐμπιμπλεῖ θ : ἐμπιπλεῖ M ‖ 7-8 δι' ὀλίγου θIHᵃ² (sed eras.) R :
δι' ὅλου MHᵃ ‖ 9 ἀντιάδες θ : ἀντιδιάδες M ‖ 11 νοσεῖ Jouanna¹ :
νοσέει θM ‖ pr. ἀπὸ θMHᵃI : ὑπὸ R θ apud Mack Littré Ermerins ‖ 13 δ' θ : δέ M ‖ 14 καὶ ὑπὸ ποσίων om. M ‖ καὶ ψύχεος
θMHᵃIR Corn. (Vind. Lat.) Ermerins : om. edd. a Corn. (Bas.) ‖
πόνων M : ποπόνων θ ‖ 15 τὸ λεπτότατον om. θ ‖ 17 πάλιν θ :
καὶ πάλιν M ‖ 17-18 ὅταν — διαθερμανθεῖσα θMHᵃIR (sed διαθερ-
μανθῆναι IR) : transp. ante νάρκα (142, 1) falso edd. ab Ald.

Maladies II **2**

XII (I). **1** Maladies provenant de la tête[1] : la tête est prise de torpeur[2] ; le malade urine fréquemment et éprouve tous les autres symptômes de la strangurie. **2** Il éprouve ces symptômes durant neuf jours ; puis, s'il y a, par les narines ou par les oreilles, éruption d'eau et de mucus[3], la maladie disparaît et la strangurie cesse. Le malade évacue sans douleur une urine abondante et blanche jusqu'au terme de vingt jours ; la

---

1. Le titre « Maladies provenant de la tête » est le seul du traité qui introduise un ensemble d'affections et non une maladie particulière. Le pluriel des manuscrits anciens τῶν κεφαλέων est inattendu, car dans le traité il est question généralement du malade et non des malades. Le titre pouvant toutefois être plus récent que le traité, il n'est pas indispensable, à la limite, de rechercher une harmonisation en adoptant le singulier τῆς κεφαλῆς des *recentiores*, comme je l'avais fait dans *Archéologie...*, p. 28 à la suite des éditeurs précédents.

2. La forme νάρκα de θ est digne d'attention ; voir V. Langholf, *Syntaktische Untersuchungen zu Hippokrates-Texten*, Akademie der Wissenschaften und der Literatur Mainz, 1977, p. 159 sq., qui signale aussi la forme νάρκα en *Épidémies IV*, c. 36, Littré V, 178, 20 et en *Maladies des femmes I*, c. 57, Littré VIII, 114, 18. Toutefois, dans notre passage, contrairement à ce qu'il indique, νάρκα n'est pas donné par M ; et il faut ajouter que la tradition indirecte est en accord avec M pour donner νάρκη. La forme νάρκα est encore donnée par θ, et aussi par M avec une faute d'accent, au c. 16 (c. 5), 150, 14. C'est vraisemblablement la *lectio difficilior*.

3. Πλέννα désigne du « mucus », des « mucosités », le mot le plus usuel étant μύξα ; cf. la note marginale dans M qui rejoint par le contenu la glose de Galien et celle d'Hésychius. Ces mucosités proviennent surtout du nez ; cf. dans le même chapitre (144, 8) κατὰ τὰς ῥῖνας τὰ βλεννώδεα ; voir aussi *Prorrhétique II*, c. 30, Littré IX, 60, 20. Elles peuvent aussi provenir de la matrice (*Maladies des femmes I*, c. 58, Littré VIII, 116, 11) ; comp. *ibid.*, c. 12, 50, 4. Sur cette humeur, voir C. Fredrich, *Hippokratische Untersuchungen*, Berlin, 1899, p. 42, n. 2. La variante orthographique donnée par θM est ancienne, puisqu'elle est connue de Galien ; elle est signalée aussi par Hésychius. Mais les manuscrits anciens manquent de constance : à côté de πλέννα, ils donnent βλεννώδεα (144, 8).

XII (I). 1 Νοῦσοι αἱ ἀπὸ τῶν κεφαλέων · νάρκα ἴσχει
τὴν κεφαλὴν καὶ οὐρεῖ θαμινὰ καὶ τἆλλα πάσχει ἅπερ ὑπὸ
στραγγουρίης. 2 Οὗτος ἡμέρας ἐννέα ταῦτα πάσχει, καὶ
ἢν μὲν ῥαγῇ ‖ κατὰ τὰς ῥῖνας ἢ κατὰ τὰ ὦτα ὕδωρ καὶ 20
5 πλέννα, ἀπαλλάσσεται τῆς νούσου καὶ παύεται τῆς στραγγουρίης · οὐρεῖ δὲ ἀπόνως πολλὸν καὶ λευκὸν ἐς τὰς εἴκοσιν

TEST. 1 Νοῦσοι — 145, 12 ἐγγίνεται] cf. Morb. II 1, c. 1, 132,
1 sqq.
   1 Νοῦσοι — 143, 2 αὐγή] cf. Nat. hom., c. 23 (= Salubr., c. 8),
ed. Littré VI, 84, 23 - 86, 6 = Jouanna² 220, 1-7.
   5 πλέννα] cf. GAL., Gloss., s.v. πλενvεραί (B 19 supra, 98, 1 sq.
= ed. Kühn XIX, 131, 7) et HESYCH., s.v. βλένα (5 supra,
108, 12 sq. = ed. Latte I, 330, 94).

---

1 νοῦσοι αἱ (αἱ om. MH^a) ἀπὸ τῶν κεφαλέων θMH^a : νοῦσοι αἱ
γινόμεναι ἀπὸ τῆς κεφαλῆς H^a²I^mg αἱ γινόμεναι νοῦσοι ἀπὸ τῆς
κεφαλῆς R νοῦσοι αἱ ἀπὸ τῆς κεφαλῆς γινόμεναι edd. ab Ald.
οἷσιν (ὁκόσοισι M^nV) αἱ (αἱ om. M^nV) νοῦσοι ἀπὸ τοῦ ἐγκεφάλου
γίνονται AM^nV Gal. (U) οἷσιν ἀπὸ τοῦ ἐγκεφάλου αἱ νοῦσοι
γίνονται Gal. (V) ‖ νάρκα θ : νάρκη M νάρκη πρῶτον AM^nV
Gal. (UV) ‖ 2 οὐρεῖ Jouanna^1-² : -ρέει θMAM^nV Gal. (UV) ‖
τἆλλα θAM^nV : τὰ ἄλλα M Gal. (UV) ‖ ἅπερ θM : ὅσα περ A
Gal. (U) ὁκόσα M^nV ὁκόσα περ Gal. (V) ‖ 2-3 ὑπὸ στραγγουρίης θM : ἐπὶ στραγγουρίη AM^nV Gal. (V) ἐπὶ στραγγου-
ρίαις Gal. (U) ‖ 3 οὗτος θAM^nV Gal. (V) : ὁ αὐτὸς M οὕτως
A^corr (ω add. A³sl) τοῦτ' Gal. (U) ‖ ante ἡμέρας add. ἐφ'
AM^nV Gal. (UV) (per P) ‖ ταῦτα θM : τοῦτο AM^nV Gal. (V)
(hoc P) om. Gal. (U) ‖ 4 μὲν θMM^nV Gal. (UV) : om. A ‖
ὕδωρ θMAM^nV Gal. (U) : ὕδωρ θερμὸν Gal. (V) ‖ καὶ θMA
Gal. (UV) in text. : ἢ M^nV (vel P) ἢ καὶ Gal. (UV) ‖ 5 πλέννα
θMH^a I ? : πλέννα · ἡ μύξα M^mg βλέννα H^a²RAM^nV Gal. (UV)
βλαίννα I² ‖ ἀπαλλάσσεται θAM^n (alt. σ add. M^n¹s¹) V Gal. (UV) :
ἀπαλλάττεται M ‖ 5-6 παύεται τῆς στραγγουρίης θM : τῆς στραγγουρίης παύεται AM^nV Gal. (U) τὰ τῆς στραγγουρίης παύεται
Gal. (V) ‖ 6 οὐρεῖ Jouanna^1-² : οὐρέει θMAM^nV Gal. (U)
οὐδὲν εἰ Gal. (V) ‖ ἀπόνως πολλὸν (πολλὸν Jouanna^1-² : πολὺ
θ Gal. (UV) πολὺν A) θA Gal. (UV) : ἀπόνως καὶ πολὺ M πολὺ
(πουλὺ M^n) καὶ ἀπόνως M^nV ‖ 6-143, 1 ἐς τὰς εἴκοσιν (-σιν
θM² : -σι M) ἡμέρας θM : ἔστ' ἂν εἴκοσιν ἡμέρας παρέλθῃ
AM^nV Gal. (UV).

douleur de tête disparaît ; mais quand il regarde, la lumière se dérobe à ses yeux et il lui semble voir la moitié des visages[1]. Ce malade guérit complètement le quarantième jour. Mais il arrive parfois que la maladie récidive[2] la septième ou la quatorzième année ; alors, la peau de la tête s'épaissit et cède au toucher ; et il suffit que le malade absorbe une petite quantité d'aliments pour que sa peau paraisse veloutée et son teint bien coloré ; l'ouïe n'est pas fine. **3** Quand vous êtes en présence d'un tel malade, qu'il en est encore au début de la maladie, avant l'éruption d'eau par les narines et par les oreilles[3], et qu'il est en proie à une vive douleur, rasez-lui la tête[4], attachez autour du front l'outre de cuir[5] que vous remplirez d'eau chaude ; l'eau sera aussi chaude qu'il pourra la supporter ; laissez le malade s'attiédir ; quand l'eau s'est refroidie, remplissez une seconde outre. Si le malade est faible, interrompez et après une pause reprenez le même traitement jusqu'à ce que la douleur vive se calme. Si le ventre ne se relâche pas, donnez un lavement ; faites boire des diurétiques[6], après quoi donnez à boire

---

1. Cas d'hémianopsie.

2. Cette position de οὖν entre le préverbe et le verbe à l'aoriste gnomique est particulièrement bien attestée dans la prose ionienne d'Hérodote et de la *Collection hippocratique* ; voir J. D. Denniston, *The Greek Particles*, p. 429-430. Pour notre traité, cf. aussi le c. 27 (c. 16), 162, 11 et 12, et le c. 51 (c. 40), 188, 18. Cet emploi de οὖν a été généralement ignoré des *recentiores* qui ont conjecturé pour notre passage le verbe surcomposé ὑπαναστρέφω ; ce verbe n'étant pas attesté par ailleurs, il s'agit vraisemblablement d'une création récente qui doit être éliminée des dictionnaires. Le passage parallèle de *Mal. II* **1**, c. 1, 132, 12. a également ὑποστρέφω ; cf. aussi ὑποστρέφῃ au c. 12 (c. 1).

3. Dans l'exposé de cette maladie de la tête, le traitement, qui est chronologique, reprend les grandes étapes de la maladie indiquées dans la sémiologie : 1. avant l'écoulement de l'eau par le nez ou les oreilles (143, 8 sq.) ; cf. dans la sémiologie 142, 4 ; 2. après l'écoulement des mucosités par le nez (144, 8) ; cf. dans la sémiologie 142, 4 sq. ; 3. à la fin de la maladie après quarante jours (144, 15 sq.) ; cf. dans la sémiologie 143, 3 ; 4. en cas de récidive (145, 2) ; cf. dans la sémiologie 143, 4.

ἡμέρας καὶ ἐκ τῆς κεφαλῆς ἡ ὀδύνη ἐκλείπει καὶ ἐκ τῶν
ὀφθαλμῶν ἐσορῶντι κλέπτεταί οἱ ἡ αὐγή, καὶ δοκεῖ τὸ
ἥμισυ τῶν προσώπων ὁρᾶν. Οὗτος τεσσερακοσταῖος παντάπασιν ὑγιὴς γίνεται· ἐνίοτε δὲ ὑπ᾽ οὖν ἔστρεψεν ἡ νοῦσος

5 ἑβδόμῳ ἔτει ἢ τεσσερεσκαιδεκάτῳ· καὶ τὸ δέρμα οἱ παχύνεται τῆς κεφαλῆς καὶ ψαυόμενον ὑπείκει, καὶ ἀπ᾽ ὀλίγων
σιτίων ἁπαλὸς καὶ εὔχρως φαίνεται καὶ ἀκούει οὐκ ὀξέα.

3 Ὅταν οὕτως ἔχοντι ἐπιτύχῃς ἀρχομένῳ τῆς νούσου πρόσθεν ἢ ῥαγῆναι κατὰ τὰς ῥῖνας τὸ ὕδωρ καὶ κατὰ τὰ ὦτα

10 καὶ ἔχῃ αὐτὸν ἡ περιωδυνίη, ἀποξυρήσαντα χρὴ αὐτὸν
τὴν κεφαλήν, περιδέοντα περὶ τὸ μέτωπον τὸν ἀσκὸν τὸν
σκύτινον, ὕδατος ἐμπιμπλάντα ὡς ἂν ἀνέχηται θερμοτά-
του, ἐὰν αὐτὸν χλιαίνεσθαι, καὶ ἐπὴν ἀποψυχθῇ, ἕτερον
ἐγχεῖν· ἢν δ᾽ ἀσθενῇ, παύεσθαι καὶ διαλείπων αὖτις

15 ποιεῖν ταὐτὰ ἔστ᾽ ἂν χαλάσῃ ἡ περιωδυνίη· καὶ ἢν ἡ
κοιλίη μὴ ὑποχωρῇ, ὑποκλύσαι αὐτὸν καὶ πιπίσκοντα
τῶν οὐρητικῶν μελίκρητα διδόναι ἐπιπίνειν ὑδαρέα· καὶ

1 ἡ ΘΜΑΜⁿV Gal. (V) : om. Gal. (U) || ἐκλείπει ΘΑΜⁿV Gal.
(U) : ἐκκλείπει Μ ἐκλείπη Aᶜᵒʳʳ (-η add. Aᵃˢˡ) ἐκλίπη Gal. (V) ||
1-2 καὶ ἐκ τῶν ὀφθαλμῶν ΘΜ : τῷ ἀνθρώπῳ ΑΜⁿV Gal. (UV) ||
2 ἐσορῶντι ΘΜΑ : ἐσορέοντι ΜⁿV ὁρέοντι Gal. (U) ἐσρέοντι
Gal. (V) || post ἐσορῶντι add. δὲ ΑΜⁿV Gal. (UV) : om. ΘΜ
(sed add. Μᵃˢˡ) || κλέπτεταί ΘΜⁿV Gal. (UV) : κλεπτεταί Μ
βλάπτεταί Α reparatur P || οἱ ΘΜΑΜⁿV Gal. (V) : om. Gal. (U) ||
ἡ ΜΜⁿV Gal. (UV) : om. ΘΑ (sed add. Aᵃˢˡ) || αὐγή ΜΑΜⁿV
Gal. (UV) : αυτηι Θ (<ΑΥΓΗ) || δοκεῖ Jouanna¹ : δοκέει ΘΜ ||
3-4 παντάπασιν ΘΜ² : -σι Μ || 4 δὲ ΘΜΗᵃ Ermerins : δὲ πολλοῖς
(vel πουλλοῖς) ΙΗᵃ²R edd. ab Ald. || ὑπ᾽ οὖν ἔστρεψεν Ermerins :
ὑπουνεστρεψεν ΘΜ ὑπανέστρεψεν ΙΗᵃᶜᵒʳʳ (-α- in ras. Ηᵃ²) R edd.
ab Ald. || 5 τεσσερεσκαιδεκάτῳ θ : τεσσαρ- Μ || 7 ἁπαλὸς ΘΜ
post ras. : ἁπαλῶς Μ || εὔχρως ΘΜ : an εὔχροος? (cf. c. 1,
133, 5 εὔχροοι) || 8 ante ἀρχομένῳ add. ἢ θ || 10 ἔχῃ θ : ἔχει Μ ||
περιωδυνίη θ : περιοδυνίη Μ || alt. αὐτὸν ΘΜΗᵃΙ : αὐτοῦ Ηᵃ²Rθ
apud Mack edd. a Lind. || 12 ἐμπιμπλάντα Jouanna¹ : ἐνπιμ-
πλάντα θ ἐμπιπλάντα Μ || 14 ἐγχεῖν θ : ἔχειν Μ || ἀσθενῇ
Jouanna¹ : -νέη θΜ || διαλείπων Jouanna¹ : διαλειπων θ δια-
λιπὼν ΜΗᵃΙR || 15 ποιεῖν Jouanna¹ : ποιέειν ΘΜ || ταὐτὰ Ηᵃ² Mack :
ταῦτα θ ταυτὰ ΜΗᵃΙR edd. ante Mack || περιωδυνίη θ : περιοδυνίη
Μ || 16 ὑποχωρῇ Jouanna¹ : -ρέη θΜ || 17 ἐπιπίνειν Μ : πίνειν θ.

du mélicrat étendu d'eau. Le malade se tiendra le plus possible au chaud. Comme potage, il prendra une décoction légère d'orge mondé[1] ; mais si le ventre ne se relâche pas, faites bouillir de la mercuriale dans de l'eau ; écrasez ; passez le jus ; mélangez en proportion égale la décoction d'orge mondé et celle de mercuriale ; mêlez une petite quantité de miel à la décoction ; le malade prendra ce potage trois fois par jour[2] et boira du vin blanc miellé, allongé d'eau, en petite quantité, par-dessus le potage. **4** Quand l'éruption de mucosités par les narines s'est produite, que l'urine est devenue épaisse[3] et que la douleur de tête a disparu, le malade cessera le traitement par l'outre, prendra un bain dans beaucoup d'eau chaude, boira les diurétiques et du mélicrat allongé d'eau. Les premiers jours, il sucera du millet[4] et mangera de la courge ou des bettes, cela pendant trois jours. Puis il usera d'aliments aussi émollients et laxatifs que possible, en augmentant régulièrement, par petites quantités, la ration. **5** Quand les quarante jours se sont écoulés[5] — d'ordinaire la maladie s'apaise au bout de cette période — après une purgation de la tête, purgez-le d'abord en lui donnant un évacuant par le bas ; puis[6], si c'est la

1. Le verbe ῥυμφάνω (cf. Bechtel, *Die griechischen Dialekte*, III, p. 198) est à tort indiqué par les dictionnaires (LSJ et Bailly) sous la forme ῥυφάνω, et cité par Schwyzer (*Griechische Grammatik* I, p. 700), qui s'appuie sur le témoignage des *Maladies*, comme exemple de présent en -άνω sans infixe nasal. La forme à infixe est régulièrement donnée par les manuscrits anciens d'Hippocrate. Par « décoction d'orge mondé » il faut entendre la décoction filtrée, sauf mention expresse.

2. Même préparation évacuante à base de mercuriale au c. 69 (c. 58), 208, 16 sq. Dans le *Régime*, c. 54, Littré VI, 562, 4 sq. (= Joly 54, 4 sq.), la mercuriale est citée parmi les plantes évacuantes.

3. La leçon des manuscrits παχύ a été conservée ici par prudence ; mais la restitution de πολύ (ionien πολλόν Jouanna[1]) semble s'imposer. La proposition temporelle ἐπὴν ... κεφαλῆς reprend les symptômes mentionnés dans la partie sémiologique (142, 4-143, 1 ἢν μὲν ... ἐκλείπει) : éruption de mucosités par le nez, urine « abondante » et non « épaisse », cessation de la douleur de tête. La confusion ΠΑΧΥ / ΠΟΛΥ n'est pas impossible dans un texte en onciale.

θαλπέσθω ὡς μάλιστα. Ῥυμφανέτω δὲ τὸν χυλὸν τῆς πτισάνης λεπτόν · ἢν δέ οἱ ἡ γαστὴρ μὴ ὑποχωρῇ, λινό-ζωστιν ἑψήσας ἐν ὕδατι, τρίβων, διηθέων τὸν χυλόν, συμ-μίσγειν ἴσου τοῦ ἀπὸ τῆς πτισάνης χυλοῦ καὶ τοῦ ἀπὸ
5 τῆς λινοζώστιος καὶ μέλι ὀλίγον παραμίσγειν ἐς τὸν χυλόν · τοῦτο ῥυμφάνειν τρὶς τῆς ἡμέρης καὶ ἐπιπίνειν οἶνον μελιχρόν, ὑδαρέα, λευκόν, ὀλίγον, ἐπὶ τῷ ῥυφήματι.
4 Ἐπὴν δέ οἱ ῥαγῇ κατὰ τὰς ῥῖνας τὰ βλεννώδεα καὶ οὐρῇ παχὺ καὶ τῆς ὀδύνης ἀπηλλαγμένος ᾖ τῆς ‖ κεφαλῆς, 22
10 τῷ ἀσκῷ μηκέτι χρήσθω, ἀλλὰ λουόμενος πολλῷ καὶ θερμῷ πινέτω τὰ διουρητικὰ καὶ μελίκρητα ὑδαρέα · καὶ τὰς μὲν πρώτας ἡμέρας κέγχρον λειχέτω καὶ κολοκύντην ἐσθιέτω ἢ σεῦτλα τρεῖς ἡμέρας · ἔπειτα σιτίοισι χρήσθω ὡς μαλθακωτάτοισι καὶ διαχωρητικωτάτοισι, προστιθεὶς
15 ὀλίγον αἰεὶ τῶν σιτίων. 5 Ἐπὴν δὲ αἱ τεσσεράκοντα ἡμέραι ἐξέλθωσι — καθίσταται γὰρ μάλιστα ἡ νοῦσος ἐν τοσούτῳ χρόνῳ — καθήρας αὐτοῦ τὴν κεφαλὴν πρότερόν οἱ φάρμακον δοὺς κάτω κάθηρον · ἔπειτα, ἢν ὥρη ᾖ τοῦ

TEST. 2-3 λινόζωστιν... τρίβων] cf. GAL., *Gloss.*, *s.v.* ἐκμάξαι (A 6 *supra*, 94, 11 sqq. = ed. Kühn XIX, 95, 14-96, 2).
7 μελιχρόν] cf. GAL., *Gloss.*, μελίχρουν, *s.v.* μελιηδέα (A 10 *supra*, 95, 6 = ed. Kühn XIX, 121, 14).

---

1 ῥυμφανέτω θ : ῥυφ- M sed μ add. M¹ˢ¹ ‖ 2 δέ οἱ Jouanna¹ : δέοι θ δὲ M ‖ ὑποχωρῇ Jouanna¹ : -ρέῃ θM ‖ 3-4 συμμίσγειν M : συνμίσγειν θ ‖ 4 ἴσου θM : ἴσον edd. a Corn. (Bas.) ‖ alt. τοῦ edd. a Corn. (Bas.) : τὸ I τῷ I² om. θMHᵃR ‖ 7 μελιχρόν θM : μελίχρουν GAL., *Gloss.*, *s.v.* μελιηδέα ‖ τῷ θM² : τὸ M ‖ 8 ῥαγῇ θMᶜᵒʳʳ (ῥ in ras. M²) ‖ 9 οὐρῇ Jouanna¹ : οὐρέῃ θ (cf. jam Lind.) οὐρέει M ‖ παχὺ θM edd. ab Ald. : πολλὸν Jouanna¹ ‖ ᾖ θ : ἔῃ M ‖ 9-10 τῆς κεφαλῆς, τῷ ἀσκῷ M : τῷ ἀσκῷ τῆς κεφαλῆς θ ‖ 13 σεῦτλα Ermerins : τεύτλα θ τεῦτλα M ‖ τρεῖς M : τρὶς θ ‖ 14 διαχωρητικωτάτοισι edd. ab Ald. : διαχωρηκωτάτοισι θ διαφορητικωτάτοισι MHᵃIR ‖ 15 αἰεὶ M ‖ αἱ om. M ‖ 16 ἐξέλθωσι θMHᵃ : διέλθωσι IHᵃ²ˢ¹R edd. παρέλθωσι proposue-rim ‖ 18 κάθηρον M : καθαρόν θ ‖ ἔπειτα huc transp. Lind. : post ἔτεος (145, 1) habent codd. ‖ ᾖ θ : ἔῃ M.

saison, faites-lui boire, après la purge, du petit-lait pendant sept jours. Si le malade est faible, raccourcissez la durée. **6** Si la maladie récidive, faites prendre au malade un bain de vapeur complet[1], et le lendemain donnez-lui à boire l'ellébore[2]. Puis, après un délai laissé à votre appréciation, purgez alors la tête, donnez un évacuant par le bas, faites à la tête huit escarres, deux le long des oreilles, deux aux tempes, deux derrière la tête, de chaque côté, à l'occiput[3], deux au nez, près du coin des yeux[4]. Vous cautériserez les vaisseaux qui passent le long des oreilles jusqu'à ce qu'ils cessent de battre. Pour cela, donnez aux ferrements la forme de petits coins et cautérisez en traversant les vaisseaux pris obliquement[5]. Avec ce traitement, la santé se rétablit.

XIII (II). **1** Autre maladie. La tête du malade se couvre d'ulcères ; les membres inférieurs enflent comme dans l'hydropisie[6] ; sur les jambes, la marque reste si l'on appuie[7] ; le teint est ictérique ; des ulcères surgissent tantôt ici, tantôt là, surtout aux jambes ; ils ne sont pas beaux à voir, mais quand l'inflammation cesse, ils guérissent rapidement ; de temps à autre le malade est pris de fièvre ; la tête est toujours chaude ;

---

6. Ὕδωρ semble désigner ici par métonymie « l'hydropisie » ; cf. les traductions « ex hydrope » (Ermerins) et « Wassersucht » (Fuchs, Kapferer). Littré traduit par « eau ». Pour une métonymie inverse, voir c. 16 (c. 5), 150, 17, où ὕδρωψ désigne, non pas l'hydropisie, mais une humeur aqueuse qui s'écoule du corps.

7. Le déplacement de καί s'impose ici, car la proposition « si vous appuyez » porte sur ce qui précède et non sur ce qui suit. Comparer *Maladies des femmes II*, c. 116, Littré VIII, 250, 25 - 252, 1 (leucorrhée) : « des œdèmes apparaissent aux membres inférieurs, et si vous pressez du doigt, il s'y forme une empreinte comme dans de la pâte » (ἐν τοῖσι σκέλεσιν οἰδήματα, καὶ ἢν πιέζῃς τῷ δακτύλῳ, ἐμπλάσσεται ὡς ἐν σταιτί) ; voir aussi c. 118, *ibid.*, 254, 7-8 ; c. 120, *ibid.*, 262, 7-8 ; *Affections internes*, c. 44, Littré VII, 276, 2-3 et *Pronostic*, c. 7, Littré II, 128, 11 sq. (= Alexanderson 202, 7). Selon V. Langholf, une autre possibilité de correction serait de placer ἢν πιέζῃς après ὕδατος καὶ (145, 14 sq.) ; cette correction impliquerait que ἢν πιέσῃς a été placé en marge à un moment donné de la tradition.

ἔτεος, ὀρὸν μεταπῖσαι ἑπτὰ ἡμέρας · ἢν δ' ἀσθενήσῃ,
ἐλάσσονας. 6 Ἦν δ' ὑποστρέψῃ ἡ νοῦσος, πυριήσας
αὐτὸν ὅλον, ἐς αὔριον δοῦναι ἐλλέβορον πιεῖν · κἄπειτα
διαλείπειν ὁπόσον ἄν σοι δοκῇ χρόνον, καὶ τότε τὴν
5 κεφαλὴν καθήρας, κατωτερικὸν δοὺς φάρμακον, καῦσον
τὴν κεφαλὴν ἐσχάρας ὀκτώ, δύο μὲν παρὰ τὰ ὦτα, δύο δ' ἐν
τοῖσι κροτάφοισι, δύο δ' ὄπισθεν τῆς κεφαλῆς ἔνθεν καὶ
ἔνθεν ἐν τῇ κοτίδι, δύο δ' ἐν τῇ ῥινὶ παρὰ τοὺς κανθούς ·
τὰς φλέβας καίειν δὲ τὰς μὲν παρὰ τὰ ὦτα ἔστ' ἂν παύ-
10 σωνται σφύζουσαι · τοῖσι δὲ σιδηρίοισι σφηνίσκους ποιησάμενος, διακαίειν πλαγίας τὰς φλέβας. Ταῦτα ποιήσαντι ὑγιείη ἐγγίνεται.

XIII (II). 1 Ἑτέρη νοῦσος · ἑλκέων καταπίμπλαται
τὴν κεφαλὴν καὶ τὰ σκέλεα οἰδίσκεται ὥσπερ ἀπὸ ὕδατος
15 καὶ ἐν τῇσι κνήμῃσιν ἐμπλάσσεται ἢν πιέσῃς καὶ ἡ χροιὴ
ἰκτερώδης καὶ ἐκθύει ἕλκεα ἄλλοτε ἄλλῃ, μάλιστα δ' ἐς
τὰς κνήμας καὶ φαίνεται πονηρὰ προσιδεῖν, ἀποφλεγ-
μήναντα δὲ ταχέως ὑγιέα γίνονται καὶ πυρετὸς ἄλλοτε
καὶ ἄλλοτε λαμβάνει · ἡ δὲ κεφαλὴ αἰεὶ θερμὴ γίνεται, καὶ

TEST. 8 κοτίδι] cf. GAL., Gloss., s.v. (B 13 supra, 97, 11 sq. = ed.
Kühn, XIX, 113, 17 ; cf. HESYCH., s.v. κοτίς (12 supra, 109, 14 sq.
= ed. Latte II 518, 96).
13 Ἑτέρη — 147, 7 γένηται] cf. Morb. II 1, c. 2, 133, 6 sqq.
16 ἐκθύει] vide TEST. ad c. 2 (133, 8).

---

1 ὀρὸν Η apud Littré : ὅρον θ ὀρὸν ΜΗᵃ ὀρρὸν Ηᵃ² ὀρρὸν ΙΡ ‖
ἀσθενήσῃ θΜ : ἀσθενὴς ᾖ prop. Anastassiou coll. c. 63 (c. 52),
202, 15 ‖ 2 πυριήσας Jouanna¹ : πυριάσας θΜ ‖ 3 ἐς θ : εἰς Μ ‖
πιεῖν θ : πίνειν Μ ‖ κἄπειτα Μ : καπιτα θ ‖ 4 δοκῇ Jouanna¹ :
δοκέῃ θΜ ‖ 6-7 δύο δ' ἐν τοῖσι κροτάφοισι om. Μ ‖ 8 δ' om. Μ ‖
9 τὰς φλέβας secl. Langholf ‖ 10 σιδηρίοισι θ : σηδ- Μ ‖ 12 ἐγγίνεται
Μ : ἐνγ- θ ‖ 15 κνήμῃσιν θΜ² : -σι Μ ‖ ἐμπλάσσεται Μ : ἐνπλ-
θ ‖ ἢν πιέσῃς καὶ Jouanna¹ : καὶ ἢν πτέσῃς (<ΠΙΕϹΗΙϹ) θ
καὶ ἢν πιέσῃς Μ edd. ab Ald. ‖ 16-17 δ'
ἐς τὰς θ : δὲ τὰς Μ ‖ 17 προσιδεῖν θʳᵃˢ (πρὸς ἰδεῖν θ) : -δέειν Μ ‖
18 ὑγιέα Μ : ὑγια θ ‖ 19 αἰεὶ θ : ἀεὶ Μ.

des oreilles coule de l'eau. **2** Quand le malade présente
ces symptômes, donnez-lui un médicament qui évacuera
le phlegme et la bile par le haut[1]. Si c'est l'époque des
froids[2], vous lui aurez préalablement donné un bain
de vapeur et un bain d'eau chaude ; ensuite, après
un intervalle[3] de trois jours, purgez-lui la tête. Après
cela, faites-lui boire un évacuant par le bas. Si c'est la
saison, il boira aussi par-dessus du petit-lait ; sinon,
du lait d'ânesse[4]. Après ces purgations, il s'alimentera
aussi peu que possible, et les aliments seront aussi
laxatifs que possible. Il s'abstiendra des bains. **3** Si la
tête se couvre d'ulcères, brûlez de la lie de vin, faites-en
un onguent ; mêlez-y de l'écorce de gland finement
pilée ; mêlez aussi du nitre en quantité égale. Après
l'application de cet onguent, il prendra un bain chaud.
Pour la tête, il utilisera l'onguent que voici : broyez
des baies de laurier, de la noix de galle[5], de la myrrhe,
de l'encens, de la fleur d'argent, de la graisse de porc
et de l'huile de laurier ; mêler le tout et oindre. **4** Dans
la période qui suivra, il usera des vomissements trois
fois par mois, fera des exercices et prendra des bains
chauds ; pendant la saison, il boira du petit-lait.
5 Si, grâce à ce traitement, la maladie quitte le reste
du corps, mais que les ulcères continuent à se former

---

1. Le sujet de καθαρεῖται est « le malade » ; φλέγμα et χολὴν
sont des accusatifs de relation. Même construction au c. 38
(c. 27), 170, 17 ; voir aussi, entre autres exemples, *Nature de
l'homme*, c. 6, Littré VI, 44, 12 (= Jouanna² 180, 2) : χολὴν
μοῦνον καθαρθείς et Hérodote I, 43, 2, καθαρθεὶς τὸν φόνον. La
correction de Cornarius n'est donc pas nécessaire.

2. On observe souvent dans la transmission du texte hippocratique une tendance à remplacer les pluriels par des singuliers.
Le pluriel ψύχη des manuscrits anciens est satisfaisant à condition de rétablir la forme ionienne ψύχεα. Comp. Hérodote qui
n'emploie que le pluriel ψύχεα (IV, 28, 2 ; 29 ; 30, 1 ; 129, 2 ; V,10).

3. La forme διαλειπών (sic) de ΘM avant correction est ambiguë ; on peut lire un participe présent avec la plupart des éditions
jusqu'à Littré compris, ou un participe aoriste avec Mack et
Ermerins.

ἐκ τῶν ὤτων ὕδωρ ῥεῖ. 2 Ὅταν οὕτως ἔχῃ, φάρμακόν οἱ
δοῦναι, ὑφ᾽ ‖ οὗ φλέγμα καὶ χολὴν καθαρεῖται ἄνω · ἢν 24
μὲν ψύχεα ᾖ, προπυριήσας, λούσας θερμῷ · ἔπειτα διαλείπων ἡμέρας τρεῖς τὴν κεφαλὴν καθῆραι · μετὰ δὲ κάτω
5 φάρμακον πῖσαι · ἢν δὲ ὥρη ᾖ, καὶ ὀρὸν μεταπιέτω · εἰ
δὲ μή, γάλα ὄνου · μετὰ δὲ τὰς καθάρσιας σιτίοισιν ὡς
ἐλαχίστοισι χρήσθω καὶ διαχωρητικωτάτοισι καὶ ἀλουτείτω. 3 Ἢν δὲ ἡ κεφαλὴ ἑλκῶται, τρύγα κατακαίων οἰνηρήν, σμῆγμα ποιέων, σύμμισγε τῆς βαλάνου τὸ ἔκλεμμα
10 λεῖον τρίβων, λίτρον συμμίσγων ἴσον · ἀποσμήξας τούτοισι, λούσθω θερμῷ. Χριέσθω δὲ τὴν κεφαλήν · δαφνίδας
τρίψας καὶ κηκῖδα καὶ σμύρναν καὶ λιβανωτὸν καὶ ἀργύρου
ἄνθος καὶ ὕειον ἄλειφα καὶ δάφνινον ἔλαιον, ταῦτα μίξας
χρίειν. 4 Τὸν δ᾽ ἔπειτα χρόνον ἐμέτοισι χρήσθω τρὶς τοῦ
15 μηνὸς καὶ γυμναζέσθω καὶ θερμολουτείτω καὶ τὴν ὥρην
ὀροποτείτω. 5 Ἢν δέ σοι ταῦτα ποιέοντι ἐκ μὲν τοῦ ἄλλου
σώματος ἡ νοῦσος ἐξεληλύθῃ, ἐν δὲ τῇ κεφαλῇ ἕλκεά οἱ

TEST. 13 ἄλειφα] cf. GAL., Gloss., s.v. (C 2 supra, 99, 21 =
ed. Kühn XIX, 74, 18).

---

1 ῥεῖ θ : ῥέει Μ ‖ 2 χολὴν θΜΗᵃΙR : χολὴ edd. a Corn.
(Bas.) ‖ καθαρεῖται θ (cf. jam Lind.) : καθαιρειται Μ ‖ 3 ψύχεα
Jouanna¹ : ψύχῃ θΜΗ ψῦχος ΙΗᵃᶜᵒʳʳR edd. ab Ald. ‖ ᾖ θ : ἔη
Μ ‖ προπυριήσας θ : προπυριάσας Μ ‖ 3-4 διαλείπων ΗᵃΙR :
διαλειπῶν θΜ (sed -ει- del. θʳᵃˢ) διαλιπὼν Μ² ‖ 4 τρεῖς Μ :
τρὶς θ ‖ 5 ᾖ θ : ἔη Μ ‖ ὀρὸν Η apud Littré : ὅρον θ ὀρὸν ΜΗᵃ
ὁρρὸν Ηᵃ² ὁρρὸν ΙR edd. ab Ald. ‖ 6 σιτίοισιν θΜ² : -σι Μ ‖ 7-8
ἀλουτείτω Jouanna¹ : ἀλουτίτω θ ἀλουτεέτω Μ ‖ 8 δὲ θ : δ᾽ Μ ‖
ἑλκῶται ΜΗᵃ Ermerins : ἕλκωται θ ἕλκωται ΗᵃᶜᵒʳʳΙR ἥλκωται
edd. a Foes ‖ 8-9 οἰνηρήν Μ : οιηρην θ ‖ 9 σμῆγμα Μ¹ vel Μ² :
σμίγμα θΜ? ‖ σύμμισγε Μ : σύνμ- θ ‖ 10 λίτρον θΜ : νίτρον Μᶜᵒʳʳ
(ν supra λ add. Μ²) ‖ συμμίσγων Μ : συνμ- θ ‖ ἀποσμήξας R
edd. a Corn. (Bas.) : ἀποσμίξας θΜΗᵃΙ ‖ 11 χριέσθω θ : χρεέσθω
Μ ‖ 12 κηκῖδα Jouanna¹ : κικίδα θ κηκίδας Μ ‖ ἀργύρου θ :
ἀργυρίου Μ ‖ 13 ὕειον Μ : ὗον θ ‖ 15 γυμναζέσθω Μ : γυμναζέτω
θ ‖ θερμολουτείτω Jouanna¹ : θερμολουτίτω θ θερμολουτεέτω Μ ‖
15-16 καὶ τὴν ὥρην ὀροποτείτω om. Μ edd. ab Ald. ‖ 16 ταῦτα
θ : τάδε Μ‖ ‖ 17 κεφαλῇ θΜΗᵃR : κεφαλῇ ἔτι Ι edd. ab Ald.

11

à la tête, purgez-lui la tête à nouveau, puis faites-lui boire un évacuant par le bas ; ensuite, rasez la tête et faites des incisions légères[1], et, quand le sang a coulé, des frictions. Ensuite, avec de la laine grasse que vous arroserez de vin, faites un bandage ; quand vous l'ôtez, épongez tout autour, mais sans mouiller l'éponge[2]. Ensuite, répandez de la poudre de cyprès ; en dessous, vous aurez au préalable mis une couche d'huile. Le malade utilisera les bandages de laine jusqu'à la guérison.

XIV (III). **1** Autre maladie. La tête est prise d'une vive douleur, et pour peu qu'on remue le malade[3], il vomit de la bile. Parfois aussi, il a de la difficulté à uriner et délire. **2** Quand il en est au septième jour, parfois il meurt. S'il échappe à ce jour, c'est le neuvième ou le onzième jour (qu'il meurt), à moins qu'il ne se produise une éruption par les narines ou par les oreilles. Si l'éruption se produit, le malade en réchappe. Il y a écoulement d'eau subbilieuse ; ensuite, avec le temps, cela devient du pus, lorsqu'il y a eu corruption. **3** Quand le malade présente ces symptômes, tant qu'il y a vive douleur, au début, avant l'éruption par les narines et les oreilles[4], prenez des éponges que vous tremperez dans de l'eau chaude et appliquez-les sur la tête[5]. Si par ce traitement la douleur ne se calme pas, utilisez l'outre exactement de la même façon que dans le cas précédent[6]. Il boira du mélicrat allongé d'eau ; et si même avec le mélicrat il n'y a pas d'amélioration[7], il boira l'eau de farine grossière d'orge. Comme potage, il prendra de la décoction d'orge mondé, et par-dessus boira du vin blanc allongé d'eau, en petite quantité.

---

1. Les traducteurs donnent à ἀραιάς le sens de « légères » (Littré, Kapferer), ou de « rares » (Ermerins, Fuchs). Il est difficile de choisir ici entre ces deux sens ; le mot n'apparaît pas ailleurs dans le traité.

2. Περισπογγίζειν est un *hapax* dans la *Collection* ; comp. Théophraste, *Caractères*, 25, 5. Le complément de βρέχειν est sous-entendu : τὸν σπόγγον à tirer de περισπογγίζειν ; comp. c. 14 (c. 3), 147, 16 sq. (σπόγγους βρέχειν) et c. 27 (c. 16), 161, 19.

γίνηται, καθήρας τὴν κεφαλὴν αὖτις, φάρμακον κάτω
μεταπῖσαι· ἔπειτα ξυρήσας τὴν κεφαλήν, καταταμεῖν
τομὰς ἀραιὰς καὶ ἐπὴν ἀπορρυῇ τὸ αἷμα, ἀνατρῖψαι·
ἔπειτα εἴρια πινόεντα οἴνῳ ῥαίνων ἐπιδεῖν καὶ ἐπὴν ἀπο-
5 λύσῃς, περισπογγίζειν καὶ μὴ βρέχειν· ἔπειτα κυπάρισσον
ἐπιπάσσειν ἐλαίῳ ὑποχρίων· τοῖσι δὲ εἰρίοισιν ἐπιδέσμοισι
χρήσθω, ἔστ᾿ ἂν ὑγιὴς γένηται.

XIV (III). 1 Ἑτέρη νοῦσος· περιωδυνίη λαμβάνει
τὴν κεφαλὴν καὶ ἐπὴν κινήσῃ τις ἧσσον, ἐμεῖ χολήν·
10 ἐνίοτε δὲ καὶ δυσουρεῖ καὶ παραφρονεῖ· 2 ἐπὴν δ᾿ ἑβδομαῖος γένηται, ἐνίοτε ἀποθνήσκει· ἢν δὲ ταύτην ἐκφύγῃ,
ἐναταῖος ἢ ἑνδεκαταῖος, ἢν μή οἱ ῥαγῇ κατὰ τὰς ῥῖνας ἢ
κατὰ τὰ ὦτα. Ἢν δὲ ῥαγῇ, ὑπεκφυγγάνει· ῥεῖ δὲ ‖ ὑπό- 26
χολον ὕδωρ, ἔπειτα τῷ χρόνῳ πύον γίνεται ἐπὴν σαπῇ.
15 3 Ὅταν οὕτως ἔχῃ, ἕως μὲν ἂν ἡ περιωδυνίη ἔχῃ κατ᾿
ἀρχὰς πρὶν ῥαγῆναι ἐκ τῶν ῥινῶν καὶ τῶν ὤτων, σπόγγους
ἐν ὕδατι θερμῷ βρέχων ἆσσον προστιθέναι πρὸς τὴν
κεφαλήν· ἢν δὲ μὴ τούτοισι χαλᾷ, τῷ ἀσκῷ χρῆσθαι τὸν
αὐτὸν τρόπον ὅνπερ ἐπὶ τῆς προτέρης· πινέτω δὲ μελί-
20 κρητα ὑδαρέα· ἢν δὲ μηδ᾿ ἀπὸ τοῦ μελικρήτου, τὸ ἀπὸ
τῶν κρίμνων ὕδωρ πινέτω· ῥυμφανέτω δὲ τὸν χυλὸν τῆς
πτισάνης καὶ ἐπιπινέτω λευκὸν οἶνον ὑδαρέα, ὀλίγον.

TEST. 8 Ἑτέρη — 148, 18 πρόσθεν] cf. *Morb. II* 1, c. 3, 133,
20 sqq.; *Morb. III*, c. 2 (ed. Littré VII, 118, 19-120, 16 =
Jouanna[1] 370-372).

2 καταταμεῖν Jouanna[1] : κατατάμειν θ -μέειν Μ ‖ 6 δὲ θ :
δ᾿ Μ ‖ εἰρίοισιν θΜ[2] : -σι Μ ‖ 9 ἧσσον θ : ἧττον Μ ἧσσον ἢ πλέον
Littré αὐτὸν prop. V. Schmidt, coll. c. 21 (c. 10), 155, 12 et c.
16 (c. 5), 150, 12 ‖ ἐμεῖ Jouanna[1] : ἐμέη θ ἐμέει Μ ‖ 10 δυσουρεῖ
Jouanna[1] : -ρέει θΜ ‖ παραφρονεῖ Jouanna[1] : -νέει θΜ ‖ 11 ἐνίοτε
Μ : ἐνίοτε καὶ θ ‖ 13 alt. δὲ θ : δ᾿ Μ ‖ 19 ὅνπερ θ : ὅπερ Μ sed
corr. Μ[2] ‖ 20 τὸ ἀπὸ I edd. ab Ald. : ἀπὸ θΜΗ[a]R ‖ 21 κρίμνων
θ : κρημνῶν Μ ‖ 22 ὀλίγον om. Μ.

4 Quand l'éruption se produit par les oreilles et que la fièvre se relâche ainsi que la douleur, il usera d'aliments laxatifs, en commençant par une petite quantité qu'il augmentera régulièrement[1], et se lavera la tête à l'eau chaude. Nettoyez soigneusement les oreilles avec de l'eau pure et appliquez des petites éponges trempées dans du miel. Si vous constatez[2] que les oreilles ne se sèchent pas par ce traitement et si, au contraire, l'écoulement devient chronique, après un nettoyage soigné, introduisez de la fleur d'argent, du réalgar, de la céruse, chacun en quantité égale, en les broyant finement. Remplissez l'oreille, bourrez, et s'il y a des suintements, rajoutez du médicament. L'oreille étant devenue sèche, nettoyez-la et faites partir le médicament avec de l'eau. Ensuite, comme l'oreille n'entend pas bien au début une fois qu'elle est séchée, exposez les oreilles du malade à de légers bains de vapeur : l'ouïe se rétablira chez lui avec le temps. **5** Les malades meurent aussi quand, l'oreille étant prise d'une vive douleur, il ne se produit pas d'éruption dans les sept jours[3]. Dans ce cas, baignez le malade dans beaucoup d'eau chaude ; prenez des éponges que vous tremperez dans de l'eau chaude et presserez ; et appliquez-les sur l'oreille tant qu'elles sont tièdes. Si malgré ces soins le flux ne se produit pas, faites un bain de vapeur à l'oreille[4]. Pour les potages[5] et pour les boissons, il suivra le même régime que dans les cas précédents[6].

---

2. Pour l'interprétation de τοι, on peut hésiter entre la particule affirmative (pour cet emploi de τοι dans une subordonnée conditionnelle, voir J. Denniston, *The Greek particles...*, p. 546) ou le pronom personnel ionien, 2e pers. sing., au datif éthique désignant le médecin. La seconde solution a été choisie. Il n'y a pas lieu en tout cas de changer τοι en σοι avec Ermerins.

3. L'auteur indique ici une variante de la maladie : au lieu de s'étendre à toute la tête, la douleur est localisée à l'oreille. Cette variante comporte un pronostic et un traitement particuliers.

4 Ἐπὴν δὲ ῥαγῇ κατὰ τὰ ὦτα καὶ ὁ πυρετὸς ἀνῇ καὶ ἡ
ὀδύνη, σιτίοισι χρήσθω διαχωρητικοῖσιν, ἀρξάμενος ἐξ
ὀλίγων, προστιθεὶς αἰεὶ καὶ λούσθω θερμῷ κατὰ κεφαλῆς ·
καὶ τὰ ὦτα διακλύζειν ὕδατι καθαρῷ καὶ ἐντιθέναι σπογγία
5 μέλιτι ἐμβάπτων. Ἢν δέ τοι μὴ ξηραίνηται οὕτως ἀλλὰ
χρόνιον γίνηται τὸ ῥεῦμα, διακλύσας ἐμβάλλειν ἀργύρου
ἄνθος, σανδαράκην, ψιμύθιον, ἴσον ἑκάστου, λεῖα τρίβων,
ἐμπιμπλεὶς τὸ οὖς σάσσειν καὶ ἢν παραρρέῃ, ἐπεμβάλλειν
τοῦ φαρμάκου · ἐπὴν δὲ ξηρὸν γένηται τὸ οὖς, ἐκκαθήρας,
10 ἐκκλύσαι τὸ φάρμακον · ἔπειτα — κωφὸν γὰρ γίνεται τὸ
πρῶτον ἀποξηρανθέν — πυριᾶν αὐτὸν βληχρῇσι πυρίῃσι
τὰ ὦτα · καταστήσεται γάρ οἱ τῷ χρόνῳ. 5 Ἀποθνήσκουσι
δὲ καὶ ἢν ἐς τὸ οὖς περιωδυνίης γενομένης μὴ ῥαγῇ ἐν
τῇσιν ἑπτὰ ἡμέρῃσι. Τοῦτον λούειν θερμῷ πολλῷ καὶ
15 σπόγγους ἐν ὕδατι θερμῷ βρέχων, ἐκμάσσων, χλιεροὺς
προστιθέναι πρὸς τὸ οὖς. Ἢν δὲ μηδ' οὕτω ῥηγνύηται,
πυριᾶν αὐτὸ⟨ν⟩ τὸ οὖς · ῥύμμασι δὲ καὶ πόμασι τοῖσιν
αὐτοῖσι χρῆσθαι οἷσί περ ἐπὶ τοῖσι πρόσθεν.

TEST. 15 ἐκμάσσων] cf. GAL., Gloss., s.v. ἐκμάξαι (A 6 supra,
94, 11 sqq. = ed. Kühn XIX, 95, 14-96, 2) et μάσσειν (A 9 supra,
94, 35 sqq. = ed. Kühn XIX, 120, 5 sq.).
17 ῥύμμασι] cf. GAL., Gloss., s.v. ῥόμματος (ed. Kühn XIX,
135, 15).

---

1 κατὰ τὰ ὦτα θΜ : per nares auresve Calv. (Lat.) ‖ 2 διαχωρητικοῖσιν θΜ² : -σι Μ ‖ 3 προστιθεὶς αἰεὶ Mack : προστιθεῖσαι ·
εἰ θ προστιθεὶς ἀεὶ Μ ‖ 4 ἐντιθέναι θ : ἐντιθέτω Μ ‖ σπογγία Jouanna¹ : σπόγγια θΜ ‖ 5 ἐμβάπτων Μ : ἐνб- θ ‖ τοι θΜ : σοι Ermerins ‖ 6 γίνηται θ : γίνεται Μ ‖ 7 σανδαράκην θ : σανδαράχην Μ ‖
λεῖα τρίβων Μ : διατρίβων θ (<ΛΕΙΑΤΡΙΒΩΝ) ‖ 8 ἐμπιμπλεὶς θ :
ἐμπιπλεὶς Μ ‖ 9 δὲ om. θ ‖ 10 ἐκκλύσαι θ : ἐκλύσαι Μ ‖ 11 αὐτὸν
θΜ^corr (-υτ- in ras. Μ²) ‖ 12 οἱ τῷ θ : οὕτω Μ ‖ 13 περιωδυνίης
γενομένης Ermerins : περιωδυνίη γενομένη θΜ ‖ 14 τῇσιν θΜ² :
-σι Μ ‖ ἡμέρῃσι θΜ : -σιν Μ² ‖ ante τοῦτον add. ἢ Μ ‖ 15 χλιεροὺς
Jouanna¹ : χλιαροὺς θΜ ‖ 16 ῥηγνύηται Μ : ῥηγνυνται θ ‖ 17 αὐτὸν
scripsi : αὐτὸ θΜ^corr (-υτο in ras. Μ²) Η^aIR Jouanna¹ αὐτῷ edd.
ab Ald. ‖ ῥύμμασι θΜ (et add. ῥύμμασι Μ^mg) I : ῥύγμασι Η^a
ῥυμφήμασι R Ald. ῥυφήμασι Ermerins Jouanna¹ ῥοφήμασι edd.
a Corn. (Bas.) ‖ πόμασι Μ : πώμασι θ ‖ τοῖσιν θΜ² : -σι Μ.

XV (IV). **1** Si une hydropisie[1] se produit au
cerveau, une douleur aiguë se fait sentir à travers le
bregma et les tempes, tantôt en un point, tantôt en
un autre ; le malade est pris de frisson et de fièvre
de temps à autre ; les cavités oculaires le font souffrir ;
il a la vue faible ; la pupille se fend, et au lieu d'un
objet il croit en voir deux ; s'il se lève, il est pris de
vertige ; il ne supporte pas le vent ni le soleil ; il a
des tintements d'oreille ; le bruit l'agace ; il vomit
des glaires et des matières écumeuses, parfois aussi
les aliments ; la peau de sa tête s'amincit et il éprouve
du plaisir[2] quand on la touche. **2** Quand le malade
présente ces symptômes, tout d'abord donnez-lui à
boire un évacuant par le haut qui attirera le phlegme,
et après cela purgez-lui la tête ; puis, après un intervalle,
donnez-lui à boire un évacuant par le bas. **3** Ensuite,
restaurez-le avec des aliments aussi laxatifs que possible,
en augmentant la dose graduellement par petites
quantités ; une fois que la dose d'aliments absorbés
est désormais suffisante, il pratiquera les vomissements
à jeun, avec la décoction de lentilles à laquelle il mêlera
du miel et du vinaigre[3] ; avant de la boire, il croquera
des légumes ; le jour du vomissement, tout d'abord
il boira du cycéon léger[4], puis vers le soir il prendra
des aliments en petite quantité. Il supprimera les
bains, mais fera des promenades après les repas et

---

1. Pour le sens d'hydropisie, voir *supra*, p. 145, n. 6. Même
les traducteurs qui donnent au c. 13 (c. 2), 145, 14, le sens d'hydropisie traduisent ici par « eau ». Une harmonisation de la traduction
des deux passages est souhaitable.
4. Le cycéon est une boisson formée de gruau d'orge saupoudré
dans un liquide ; son nom vient de ce qu'il faut remuer (χυχᾶν)
le mélange avant de l'absorber. Le type le plus simple est le
cycéon à l'eau (cf. *Mal. II 2*, c. 43 [c. 32], 174, 18 χυχεῶνα ἐφ᾽
ὕδατι). Mais il peut être aussi à base de vin, de miel ou de lait
(cf. *Régime*, c. 41, Littré VI, 538, 14-20 = Joly 42, 9-15). Quand
la nature du liquide n'est pas précisée (cf. dans *Mal. II 2*, outre
notre passage, le c. 50 [c. 39]), il doit s'agir du type le plus
simple. Sur le cycéon, voir A. Delatte, *Le Cycéon, breuvage rituel
des mystères d'Éleusis*, Paris, 1955.

XV (IV). 1 Ἢν ὕδωρ ἐπὶ τῷ ἐγκεφάλῳ γένηται,
ὀδύνη ‖ ὀξέα ἴσχει διὰ τοῦ βρέγματος καὶ τῶν κροτάφων 28
ἄλλοτε ἄλλῃ, καὶ ῥῖγος καὶ πυρετὸς ἄλλοτε καὶ ἄλλοτε,
καὶ τὰς χώρας τῶν ὀφθαλμῶν ἀλγεῖ, καὶ ἀμβλυώσσει,
5 καὶ ἡ κόρη σχίζεται, καὶ δοκεῖ ἐκ τοῦ ἑνὸς δύο ὁρᾶν, καὶ ἢν
ἀναστῇ, σκοτοδινίη μιν λαμβάνει, καὶ τὸν ἄνεμον οὐκ
ἀνέχεται οὐδὲ τὸν ἥλιον, καὶ τὰ ὦτα τέτριγε, καὶ τῷ ψόφῳ
ἄχθεται, καὶ ἐμεῖ σίελα καὶ λάπην, ἐνίοτε δὲ καὶ τὰ σιτία,
καὶ τὸ δέρμα λεπτύνεται τῆς κεφαλῆς, καὶ ἥδεται ψαυόμε-
10 νος. 2 Ὅταν οὕτως ἔχῃ, πρῶτον μέν οἱ πιεῖν φάρμακον
δοῦναι ἄνω ὅ τι φλέγμα ἄξει, καὶ μετὰ τοῦτο τὴν κεφαλὴν
καθῆραι· ἔπειτα διαλείπων φάρμακον πῖσαι κάτω. 3
Ἔπειτα σιτίοισιν ἀνακομίζειν αὐτὸν ὡς ὑποχωρητικωτάτοισιν, ὀλίγα αἰεὶ προστιθείς· ἐπὴν δὲ κατεσθίῃ ἤδη τὰ
15 σιτία ἀρκέοντα, ἐμέτοισι χρήσθω νῆστις, τῷ φακίῳ συμμίσγων μέλι καὶ ὄξος, λάχανα προτρώγων, καὶ τῇ ἡμέρῃ
ταύτῃ ᾗ ἂν ἐμέσῃ, πρῶτον μὲν κυκεῶνα πινέτω λεπτόν·
ἔπειτα ἐς ἑσπέρην σιτίοισιν ὀλίγοισι χρήσθω. Καὶ ἀλουτείτω καὶ περιπατείτω ἀπὸ τῶν σιτίων καὶ ὄρθρου, φυλασ-

---

TEST. 8 καὶ (ἐμεῖ) — σιτία] cf. PSEUDO-GAL., *Comm. Epid. II*
(ed. Kühn XVII A, 429, 15 sq.). Vide *supra*, p. 113.
8 λάπην] Cf. GAL., *Gloss.*, λάπη *s.v.* λαπηρά (C 11 *supra*,
101, 8 sqq. = ed. Kühn XIX, 117, 11).

---

2 ὀξέα scripsi : ὀξέη θ ὀξείη M ‖ 4 ἀλγεῖ scripsi : ἀλγέει θ
ἀλγέη M ‖ 5 δοκεῖ scripsi : δοκέει θM ‖ 8 post ἄχθεται add.
ἀκούων M ‖ ἐμεῖ scripsi : ἐμέει θM ‖ σίελα edd. ab Ald. : σίαλα
θMHᵃIR ‖ λάπην M : λάμπην θ λάπη Mᵐᵍ ‖ 10 πιεῖν scripsi :
πιειν θ πιέειν M ‖ 12 διαλείπων HᵃIR : διαλειπων θ sed -ει- del.
θʳᵃˢ διαλειπὼν (sed ι sup. ει add. M²) M unde διαλιπὼν Ermerins ‖ πῖσαι edd. : πίσαι θM (sed e corr. M) ‖ 13 σιτίοισιν θM² :
-σι M ‖ 13-14 ὑποχωρητικωτάτοισιν θM² : -σι M ‖ 14 αἰεὶ θ : ἀεὶ
M ‖ δὲ M : δὲ ἤδη θ ‖ 15 ἀρκέοντα scripsi : ἀρκοῦντα θM ‖ φακίῳ θ :
φακείῳ M ‖ 15-16 συμμίσγων M : ξυνμ- θ ‖ 17 ᾗ om. M ‖
πινέτω θ : πιέτω M ‖ 18 σιτίοισιν θM² : -σι M ‖ 18-19 ἀλουτείτω scripsi : -τίτω θ -τεέτω M ‖ 19 καὶ περιπατείτω om. θ.

au petit matin, en évitant le vent et le soleil[1], et il ne s'approchera pas du feu. **4** Si vous appliquez ce traitement et que le malade guérisse, c'est parfait[2] ; sinon, commencez par le purger au printemps[3] d'abord avec de l'ellébore[4], puis introduisez dans ses narines un évacuant[5] et après un court intervalle, purgez-le par le bas ; ensuite restaurez-le avec des aliments, puis incisez la tête au bregma et percez avec un trépan perforatif jusqu'au cerveau ; soignez la plaie comme dans le cas de trépanation par le trépan à scie[6].

XVI (V). **1** Autre maladie. Il y a frisson, fièvre et douleur à travers la tête, surtout à l'oreille, aux tempes et au bregma ; les cavités oculaires font souffrir le malade[7] ; les sourcils lui paraissent pesants et sa tête est lourde ; si on le remue, il désire uriner et urine abondamment et facilement[8] ; il a les dents agacées, et il est pris d'engourdissement[9] ; et les vaisseaux de la tête se soulèvent et battent ; il ne supporte pas de rester tranquille, mais il est éperdu et divague sous l'effet de la douleur. **2** Dans ce cas, si une éruption se produit par les narines ou par les oreilles, une eau subpurulente s'écoule et le malade guérit ; sinon, il meurt dans les

1. Comp. c. 50 (c. 39), 188, 4 sq. où l'on retrouve la même expression φυλασσόμενος τὸν ἄνεμον καὶ τὸν ἥλιον ; comp. aussi *Mal. III*, c. 16, Littré VII, 148, 19-20.

2. Pour l'emploi de τοι ici, il n'y a pas d'ambiguïté comme au chapitre précédent (voir n. 2 de la p. 148). Ce n'est pas la particule mais le pronom ionien (désignant le médecin) ; comp. c. 13 (c. 2), 146, 16. Pour l'ellipse de l'apodose dans le tour ἢν μὲν ... εἰ δὲ μή, voir Kühner-Gerth, *Ausführliche Grammatik...* II 2, p. 484 sq. Cette aposiopèse est fréquente dans la prose technique des médecins.

8. Comme le suggèrent Anastassiou et Langholf, les deux manuscrits anciens donnent probablement un désidératif οὐρησείει (*hapax* formé comme βρωσείω, etc. ; cf. Schwyzer, *Gr. Gr.* I, p. 789). L'index de Hambourg a adopté οὐρησείω. Le malade, quand on le remue, désire uriner et urine effectivement beaucoup et facilement ; on opposera au c. 21 (c. 10), 155, 13 où le malade, quand on le remue, urine beaucoup, mais sans s'en apercevoir. J'abandonne donc la conjecture de ἐμεῖ inspirée par Littré. Il reste que l'agacement des dents ne se justifie guère sans qu'il y ait vomissement.

σόμενος τὸν ἄνεμον καὶ τὸν ἥλιον, καὶ πρὸς πῦρ μὴ προσίτω. 4 Καὶ ἢν μέν τοι ταῦτα ποιήσαντι ὑγιὴς γένηται·
εἰ δὲ μή, προκαθήρας αὐτὸν τοῦ ἦρος πρῶτον μὲν ἐλλεβόρῳ, ἔπειτα ἐς τὰς ῥῖνας ἐγχέαι φάρμακον καὶ διαλείπων
5 ὀλίγον χρόνον κάτω καθῆραι· ἔπειτα ἀνακομίσας σιτίοισιν, εἶτα ταμὼν τὴν κεφαλὴν κατὰ τὸ βρέγμα, τρυπῆσαι
πρὸς τὸν ἐγκέφαλον καὶ ἰᾶσθαι ὡς πρῖσμα.

XVI (V). 1 Ἑτέρη νοῦσος· ῥῖγος καὶ πυρετὸς καὶ
ὀδύνη διὰ τῆς κεφαλῆς, μάλιστα δ᾽ ἐς τὸ οὖς καὶ ἐς τοὺς
10 κροτάφους καὶ ἐς τὸ βρέγμα, καὶ τὰς χώρας τῶν ὀφθαλμῶν
ἀλγεῖ καὶ αἱ ὀφρύες δοκέουσίν οἱ ἐπικεῖσθαι καὶ τὴν
κεφαλὴν βάρος ἔχει καὶ ἤν τίς μιν κινήσῃ, οὐρησείει ‖ καὶ 30
οὐρεῖ πολλὸν καὶ ῥηϊδίως, καὶ τοὺς ὀδόντας αἱμωδιᾷ καὶ
νάρκα ἔχει· καὶ αἱ φλέβες αἴρονται καὶ σφύζουσιν αἱ ἐν τῇ
15 κεφαλῇ καὶ οὐκ ἀνέχεται ἠρεμέων, ἀλλὰ ἀλύει καὶ ἀλλοφρονεῖ ὑπὸ τῆς ὀδύνης. 2 Τούτῳ ἢν μὲν κατὰ τὰς ῥῖνας ἢ
κατὰ τὰ ὦτα ῥαγῇ, ὕδρωψ ῥεῖ ὑπόπυος καὶ ὑγιὴς γίνεται·

TEST. 8 Ἑτέρη — 151, 16 κάτω] cf. Morb. III, c. 1 (ed.
Littré VII, 118, 1-18 = Jouanna¹ 367-370).
15 sq. ἀλλοφρονεῖ] cf. GAL., Gloss., s.v. ἀλλογνοῶν (C 3 supra,
99, 28 sqq. = ed. Kühn XIX, 75, 9).

1-2 προσίτω θ : προσιέτω Μ ‖ 2 τοι ταῦτα θ : τοιαῦτα Μ σοι
ταῦτα Ermerins ‖ 3 προκαθήρας θΜ : προκαθῆραι scripserim ‖
τοῦ ἦρος θΜ : ἄνω Littré ‖ 3-4 ἐλλεβόρῳ Μ : ἐλλ- θ ‖ 4 ἐς θ : εἰς
Μ ‖ διαλείπων scripsi : διαλειπὼν θ sed ει mut. in ι θʳᵃˢ διαλιπὼν
Μ (ι e corr. Μ¹ ᵛᵉˡ ²) ΗᵃΙR ‖ 5-6 σιτίοισιν θΜ² : -σι Μ ‖ 7 ἰᾶσθαι
θ : ἰήσθαι Μ ‖ 8-9 πυρετὸς καὶ ὀδύνη Ermerins : ὀδύνη καὶ πυρετὸς θΜ ‖ 11 ἀλγεῖ Jouanna¹ : ἀλγέει θΜ ‖ δοκέουσίν θ : -σί
Μ ‖ ἐπικεῖσθαι θ : ἐπικαίεσθαι Μ (sed έ supra -αί- add. Μ¹) ‖ 12
οὐρήσει ει (lege οὐρησείει) θ : οὐρήσηι εἰ Μ (sed εἰ e corr. et εἰ
καὶ del. Μ²) ἐμέσει Littré ἐμέει Ermerins ἐμεῖ Jouanna¹ ‖
13 οὐρεῖ Jouanna¹ : οὐρήσει θ οὐρέοι (e ΟΥΡΕΕΙ ?) Μ ἐμέει
Littré ‖ πολλὸν Jouanna¹ : πουλὺ θ πολὺ Μ ‖ 13-14 αἱμωδιᾷ
καὶ νάρκα ἔχει scripsi : αἱμοδίη καὶ νάρκα ἔχει θ ναρκᾷ καὶ αἱμωδίη ἔχει Μ edd. ab Ald. ναρκᾷ καὶ αἱμωδιᾷ Ermerins ‖ 14
σφύζουσιν θ : -σι Μ ‖ 14-15 αἱ ἐν τῇ κεφαλῇ θ : τὴν κεφαλὴν Μ
sed corr. τὴν κεφαλὴν in τῇ κεφαλῇ Μ² ‖ 15 ἀλύει Μ : ἄλλυει θ ‖
15-16 ἀλλοφρονεῖ Jouanna¹ : -έει θΜ.

sept jours pour la majorité des cas. **3** Cette maladie se déclare surtout à la suite d'une lipyrie[1], quand, au sortir de la fièvre, le corps est resté plein d'impuretés, ou quand on se gorge d'aliments, ou quand on fait des excès de boisson, ou quand on a fait des efforts en plein soleil. **4** Lorsque le malade présente ces symptômes, commencez par lui faire une saignée à la tête, à l'endroit que vous jugerez convenable ; après la saignée, rasez-lui la tête et faites-lui des applications réfrigérantes[2] ; et si le ventre ne se relâche pas, faites un lavement ; donnez à boire de l'eau de farine grossière d'orge[3] ; en potage donnez de la décoction d'orge mondé froide, et par-dessus, de l'eau à boire. Si les applications réfrigérantes ne lui apportent pas de soulagement, changez le traitement : employez l'outre et échauffez. Quand la douleur a disparu, il prendra des aliments relâchants, tout en évitant de se gorger. Quand il en est au vingtième jour après la disparition de la douleur[4], donnez-lui un bain de vapeur à la tête et mettez dans ses narines un évacuant ; après un intervalle de trois jours, faites-lui boire un évacuant par le bas.

XVII (VI). **1** Autre maladie. Si, regorgeant de sang, les petits vaisseaux sanguins qui entourent le cerveau échauffent le cerveau[5], le malade est pris d'une forte fièvre ; une douleur gagne les tempes, le bregma et l'arrière de la tête ; les oreilles bourdonnent et se

---

1. La lipyrie est une fièvre rémittente avec des variations de température dans la même journée ; cf. *Crises*, c. 11, Littré IX, 280, 11 : « la lipyrie attaque et cesse le même jour ». Cette fièvre est mentionnée une autre fois dans le traité au c. 51 (c. 40), 188, 18 ; voir note *ad loc.* Sur la lipyrie, voir R. Strömberg, *Griechische Wortstudien*, Göteborg, 1944, p. 81 sq.

2. Dans la rédaction parallèle de *Mal. III*, c. 1, Littré VII, 118, 12-16 (= Jouanna[1] 368, 17 - 370, 1), la saignée et les réfrigérants sont également prescrits.

4. Dans la rédaction parallèle de *Mal. III*, c. 1 Littré VII, 118, 12 (= Jouanna[1] 368, 15), c'est le vingt et unième jour et non le vingtième que la maladie se termine.

εἰ δὲ μή, ἀποθνήσκει ἐν ἑπτὰ ἡμέρῃσιν ὡς τὰ πολλά ·
3 Αὕτη ἡ νοῦσος γίνεται μάλιστα ἐκ λιπυρίης, ἐπὴν ἀπαλλαγῇ τοῦ πυρὸς ἀκάθαρτος ἐών, ἢ σιτίων ἐμπιμπλῆται,
ἢ θωρήσσηται, ἢ ἐν ἡλίῳ κάμῃ. 4 Ὅταν οὕτως ἔχῃ, πρῶτον
5 μὲν ἀφιέναι ἀπὸ τῆς κεφαλῆς τοῦ αἵματος ὁπόθεν ἄν σοι
δοκῇ · ἐπὴν δὲ ἀφῇς, τὴν κεφαλὴν ξυρήσας ψύγματά οἱ
προσφέρειν, καὶ ἢν μὴ ὑποχωρῇ ἡ γαστὴρ ὑποκλύσαι ·
πίνειν δὲ διδόναι τὸ ἀπὸ τῶν κρίμνων ὕδωρ · ῥυμφάνειν
δὲ διδόναι τὸν ἀπὸ τῆς πτισάνης χυλὸν ψυχρὸν καὶ ἐπι-
10 πίνειν ὕδωρ · ἢν δέ οἱ πρὸς τὰ ψύγματα μὴ χαλᾷ, μετα-
βαλὼν τῷ ἀσκῷ χρῆσθαι καὶ θερμαίνειν. Ἐπὴν δὲ παύσηται
ἡ ὀδύνη, σιτίοισι χρήσθω διαχωρητικοῖσι καὶ μὴ ἐμπιμπλάσθω · ἐπὴν δὲ γένηται εἰκοσταῖος πεπαυμένος τῆς ὀδύνης,
πυριήσας αὐτοῦ τὴν κεφαλήν, πρὸς τὰς ῥῖνας φάρμακον
15 προστίθει καὶ διαλείπων ἡμέρας τρεῖς φάρμακον πῖσαι
κάτω.

XVII (VI). 1 Ἑτέρη νοῦσος · ἢν ὑπεραιμήσαντα τὰ
φλέβια τὰ ἔναιμα τὰ περὶ τὸν ἐγκέφαλον θερμήνῃ τὸν
ἐγκέφαλον, πυρετὸς ἴσχει ἰσχυρὸς καὶ ὀδύνη ἐς τοὺς
20 κροτάφους καὶ τὸ βρέγμα καὶ ἐς τοὔπισθεν τῆς κεφαλῆς καὶ

Test. 17 Ἑτέρη — 152, 6 προτέρην] cf. Morb. II 1, c. 4 a
(134, 10 sqq.).

---

1 εἰ θ : ἢν M ‖ ἡμέρῃσιν θM² : -σι M ‖ 3 ἐμπιμπλῆται θ :
ἐμπλήσηται M ‖ 5 ἀφιέναι θ : ἀφεῖναι M ‖ 6 δοκῇ Jouanna¹ :
δοκέη θM ‖ 7 ὑποχωρῇ Jouanna¹ : -ρέη θM ‖ ὑποκλύσαι θM² :
ὑποκαῦσαι (<ΥΠΟΚΛΥΣΑΙ) M ‖ 8 τὸ ἀπό - 9 διδόναι om. M
edd. ab Ald. ‖ 12-13 ἐμπιμπλάσθω Jouanna¹ : ἐνπιμπλάσθω θ
ἐμπιπλάσθω M ‖ 13 πεπαυμένος θMHᵃIR Ermerins : πεπαυ-
μένης edd. ab Ald. ‖ 15 διαλείπων scripsi : διαλειπὼν θM διαλιπὼν
θʳᵃˢM² ‖ 17 ἑτέρη νοῦσος θM : secl. Jouanna¹ ‖ ὑπεραιμήσαντα
scripsi : ὑπερεμήσαντα θM ὑπεραιμώσαντα Ermerins ὑπεραιμήσῃ
Jouanna¹ ‖ 18 τὰ ἔναιμα τὰ M : τὰ ἐν αἵματα θ ‖ 18-19 θερμήνῃ
τὸν ἐγκέφαλον θM edd. ab Ald. : secl. Jouanna¹.

remplissent d'air ; le malade n'entend rien ; il est
éperdu et s'agite sans cesse sous l'effet de la douleur.
2 Ce malade meurt le cinquième ou le sixième jour.
3 Quand le malade présente ces symptômes, échauffez-
lui la tête. Faites cela, car s'il y a éruption d'eau par
les oreilles ou par les narines, dans ces conditions,
le malade en réchappe. S'il passe le cap des six jours,
donnez-lui le même régime que pour la maladie précédente[1].

XVIII (VII). **1** Si les vaisseaux de la tête regorgent
de sang, toute la tête est alors prise d'une douleur
lourde[2] qui gagne le cou et se déplace dans la tête,
tantôt ici, tantôt là ; et quand le malade se lève, il est
pris de vertige, mais il n'a pas de fièvre. **2** Quand il
présente ces symptômes, rasez-lui la tête[3], si la douleur
ne cède pas par les applications tièdes, et incisez le
front en partant de la tête, à l'endroit où cessent
les cheveux. Une fois l'incision faite, écartez la peau,
et quand le sang a fini de couler, répandez du sel fin.
Quand vous voyez que le sang a fini de couler, rapprochez
les deux bords de l'incision, et avec un fil double
recousez l'incision sur toute la longueur. Ensuite,
enduisez d'un mélange de cire et de résine[4] une compresse
que vous appliquerez à même la plaie, et appliquez
par-dessus de la laine grasse. Bandez bien le tout
et ne défaites pas le bandage de sept jours, à moins

---

4. Κηρόπισσος est un *hapax*. Mais le composé inverse πισσό-
κηρος est attesté chez Aristote (*Hist. an.* 624 a 17), où il désigne
un des deux enduits que les abeilles mettent à l'entrée de leur
ruche (mitys-pissoceros) ; cf. aussi Pline, *Hist. nat.* XI, 16, où
pissoceros désigne un des trois enduits que les abeilles utilisent
pour la fabrication de leur ruche (commosis, pissoceros, propolis).
L'emploi médical de ces enduits est signalé par Aristote (la
mytis est un remède pour les contusions ou les affections suppu-
rantes du même genre ; le pissoceros est un médicament moins
fort) et par Pline (la propolis sert beaucoup dans les médicaments ;
cf. aussi XXII, 107, XXIV, 47, XIII, 67 et Dioscoride II, 84).
La distinction entre ces trois enduits est actuellement abandonnée;
on n'emploie plus que le terme de propolis.

τὰ ὦτα ἠχεῖ καὶ πνεύματος ἐμπίμπλαται καὶ ἀκούει οὐδὲν
καὶ ἀλύει καὶ ῥιπτάζει αὐτὸς ἑωυτὸν ὑπὸ τῆς ὀδύνης.
2 Οὗτος ἀποθνήσκει πεμπταῖος ἢ ἑκταῖος. 3 Ὅταν οὕτως
ἔχῃ, θερμαίνειν αὐτοῦ τὴν κεφαλήν · ἢν γὰρ ῥαγῇ διὰ τῶν
5 ὤτων ἢ διὰ τῶν ῥινῶν ὕδωρ, οὕτως ἐκφυγγάνει · ἢν δ᾽
ἐκφύγῃ τὰς ἡμέρας τὰς ἕξ, διαιτᾶν ὥσπερ τὴν προτέρην. ‖

XVIII (VII). 1 Ἢν ὑπεραιμήσωσιν αἱ φλέβες ἐν τῇ 32
κεφαλῇ, ὀδύνη ἴσχει βαρέα τὴν κεφαλὴν πᾶσαν καὶ ἐς
τὸν τράχηλον, καὶ μεταβάλλει ἄλλοτε ἄλλη τῆς κεφαλῆς,
10 καὶ ἐπειδὰν ἀναστῇ, σκοτοδινίη μιν ἴσχει, πυρετὸς δ᾽ οὐ
λαμβάνει. 2 Ὅταν οὕτως ἔχῃ, ξυρήσας τὴν κεφαλήν, ἢν
μὴ τοῖσι χλιάσμασιν ὑπακούῃ, σχίσαι ἀπὸ τῆς κεφαλῆς
τὸ μέτωπον, ᾗ ἀπολήγει τὸ δασύ · ἐπὴν δὲ τάμῃς, δια-
στείλας τὸ δέρμα, ὅταν ἀπορρυῇ τὸ αἷμα, ἁλσὶ λεπτοῖσι
15 διαπάσαι · ἐπὴν δέ σοι τὸ αἷμα ἀπορρυῇ, συνθεὶς τὴν
τομήν, κρόκῃ διπλῇ κατειλίξαι πᾶσαν τὴν τομήν · ἔπειτα
περιχρίσας τῇ κηροπίσσῳ σπληνίσκον, ἐπιθεὶς κάτω ἐπὶ
τῷ ἕλκει, εἴριον πινόεν ἐπιθείς, καταδῆσαι καὶ μὴ ἐπιλῦσαι

Test. 7 Ἢν — 153, 4 ὕδωρ] cf. Morb. II 1, c. 4 b (135, 15 sqq.).

---

1 ἠχεῖ Jouanna[1] : ἠχέει θΜ ‖ ἐμπίμπλαται θ : ἐμπίπλαται Μ ‖
5 οὕτως θΜΗᵃR edd. a Lind. : om. I del. Ermerins οὗτος edd.
ante Lind. ‖ 6 διαιτᾶν Μ : δίαιταν θ ‖ 7 ὑπεραιμήσωσιν Jouanna[1] :
ὑπερεμήσωσιν θΜ[1] (-σι Μ) ὑπεραιμώσωσι Ermerins ‖ 8 ἴσχει θ :
ἔχει Μ ‖ βαρέα Ermerins (cf. jam βαρέη Corn. [Vind.] βαρείη
Corn. apud Foes² [n. 36] e Corn. [Lat.] gravis) : βραχέη θΜ ‖
9 μεταβάλλει Μ : -λη θ ‖ 11 ὅταν θΜΗᵃIR Ermerins : ὅταν οὖν
edd. ab Ald. ‖ ἔχῃ Μ : εξη θ ‖ post ξυρήσας add. αὐτοῦ θ ‖
12 χλιάσμασιν θ : -σι Μ ‖ ἀπὸ τῆς κεφαλῆς del. Ermerins ‖ 13 ᾗ Μ :
ἢ θ ‖ 16 κατειλίξαι Μ : κατέλιξε θ κατελίξαι Μᵞᵖ ᵐᵍ ‖ τὴν τομήν
θΜΗᵃR : αὐτὴν I edd. ab Ald. del. Ermerins ‖ 17 ἐπιθεὶς θΜ :
ὑποθεὶς Ermerins ‖ 18 ἕλκει Μ : ἕλκειν θ ‖ καταδῆσαι Μ : καὶ
ἀδῆσαι (<ΚΑΤΑΔΗϹΑΙ) θ ‖ ἐπιλῦσαι θ : λῦσαι Μ.

qu'il n'y ait douleur ; s'il y a douleur, on ôtera le bandage[1]. **3** Donnez, jusqu'à guérison, pour boisson l'eau de farine grossière d'orge et pour potage de la décoction d'orge mondé, après quoi le malade boira de l'eau.

XIX (VIII). **1** Si le cerveau souffre de la bile[2], le malade est pris de fièvre légère, de frisson et de douleur à travers la tête tout entière, particulièrement aux tempes, au bregma et dans les cavités oculaires ; les sourcils semblent pendre lourdement ; la douleur gagne parfois les oreilles ; de la bile s'écoule par les narines ; il a la vue faible ; dans la plupart des cas, la douleur gagne la moitié de la tête ; mais elle se fait sentir aussi dans la tête tout entière[3]. **2** Quand le malade présente ces symptômes, appliquez-lui des réfrigérants à la tête. Et une fois que la douleur et le flux cessent, mettez-lui des gouttes de jus de céleri[4] dans les narines. Il s'abstiendra des bains pendant la durée de la douleur. Il prendra un potage léger de millet dans lequel il versera un peu de miel, et boira de l'eau. Si le ventre ne se relâche pas, il croquera du chou[5] et prendra en potage de la décoction (de choux) ; sinon, des feuilles de sureau préparées de la même manière ; et quand vous estimez que le moment est venu, donnez-lui des aliments aussi évacuants que possible. **3** Et si, après la cessation du flux et de la douleur, une lourdeur se fait sentir au-dessus du sourcil et que

---

1. Pour ce développement sur l'incision et son traitement, comp. c. 13 (c. 2), 147, 2-7. En 152, 15 sq., la répétition de τὴν τομήν a gêné le copiste de I et la plupart des éditeurs ; c'est une caractéristique de la prose archaïque qu'il faut conserver avec les manuscrits anciens et certains éditeurs (van der Linden et Mack).

2. Le dénominatif χολᾶν a le sens technique de « souffrir de la bile » ; de même ὑπερχολᾶν au c. 41 (c. 30), 173, 15 signifie « souffrir d'un excès de bile » ; il n'implique aucune idée de colère ou de folie, comme dans l'usage familier des auteurs comiques (voir par ex. chez Aristophane l'emploi de χολᾶν en *Nuées*, 833 et de ὑπερχολᾶν en *Lysistrata*, 694).

ἑπτὰ ἡμερέων, ἢν μὴ ὀδύνη ἔχῃ · ἢν δ᾽ ἔχῃ, ἀπολύσασθαι.
3 Διδόναι δ᾽ ἔστ᾽ ἂν ὑγιὴς γένηται, πίνειν μὲν τὸ ἀπὸ
τοῦ κρίμνου, ῥυμφάνειν δὲ τὸν χυλὸν τῆς πτισάνης καὶ
ἐπιπίνειν ὕδωρ.

5 XIX (VIII). 1 Ἢν δὲ χολᾷ ὁ ἐγκέφαλος, πυρετὸς
ἴσχει βληχρὸς καὶ ῥῖγος καὶ ὀδύνη διὰ τῆς κεφαλῆς
πάσης, μάλιστα δὲ ἐς τοὺς κροτάφους καὶ ἐς τὸ βρέγμα
καὶ ἐς τὰς χώρας τῶν ὀφθαλμῶν, καὶ αἱ ὀφρύες ἐπικρέμασθαι δοκέουσι καὶ ἐς τὰ ὦτα ὀδύνη ἐσφοιτᾷ ἐνίοτε
10 καὶ κατὰ τὰς ῥῖνας χολὴ ῥεῖ, καὶ ἀμβλυώσσει τοῖσιν
ὀφθαλμοῖσι · καὶ τοῖσι μὲν πλείστοισιν ἐς τὸ ἥμισυ τῆς
κεφαλῆς ὀδύνη φοιτᾷ, γίνεται δὲ καὶ ἐν πάσῃ τῇ κεφαλῇ.
2 Ὅταν οὕτως ἔχῃ, ψύγματά οἱ προστιθέναι πρὸς τὴν
κεφαλήν · καὶ ἐπὴν ἡ ὀδύνη καὶ τὸ ῥεῦμα παύηται, σελίνου
15 χυλὸν ἐς τὰς ῥῖνας ἐνστάζειν · καὶ ἀλουτείτω ἕως ἂν ἡ
ὀδύνη ἔχῃ · καὶ ῥυμφανέτω κέγχρον λεπτόν, μέλι ὀλίγον
παραχέων, καὶ πινέτω ὕδωρ. Ἢν δὲ μὴ ὑποχωρῇ, κράμβας
τρωγέτω ‖ καὶ τὸν χυλὸν ῥυμφανέτω · εἰ δὲ μή, τῆς ἀκτῆς 34
τῶν φύλλων τὸν αὐτὸν τρόπον · καὶ ἐπήν σοι δοκῇ καιρὸς
20 εἶναι, σιτία οἱ προσφέρειν ὡς ὑποχωρητικώτατα · 3 καὶ
ἢν, ἀπηλλαγμένου τοῦ ῥεύματος καὶ τῆς ὀδύνης, ὑπὲρ

Test. 18-19 ἀκτῆς τῶν φύλλων] cf. Gal., Gloss., s.v. ἐκμάξαι
(A 6 supra, 94, 11 sqq. = ed. Kühn XIX, 95, 14-96, 2).

---

1 ἑπτὰ ΜΗ^a : ἐπ᾽ ἑπτὰ θ ἄχρις ἑπτὰ ΙΗ^{a corr} (ἄχρις add. Η^{a2 sl})
R edd. ab Ald. ‖ 2 δ᾽ om. Μ ‖ 3 κρίμνου θ : κρήμνου Μ ‖ 7 πάσης
fort. delendum ‖ ἐς om. θ ‖ 9 ὦτα θ : ὦτα ὦτα Μ sed expunx.
alt. ὦτα Μ¹ ‖ 10 ἀμβλυώσσει θ : -σσουσι Μ ‖ τοῖσιν ΙΗ^{a2}R : τοῖς
θ τοῖσι ΜΗ^a ‖ 11 πλείστοισιν θΜ² : -σι Μ ‖ 12 ante ὀδύνη add. ἡ
ΙΗ^{a2}R edd. ab Ald. ‖ φοιτᾷ θΜΗ^aR : ἐσφοιτᾷ I edd. ab Ald. ‖
14 ἡ θ : om. ΜΗ^aR ἥ τε I edd. ab Ald. ‖ 15 ἀλουτείτω scripsi :
ἀλουτίτω θ ἀλουτεέτω Μ ‖ ἕως θ : ὡς Μ ‖ 16 ῥυμφανέτω θ :
ῥιμφ- Μ ‖ 17 ὑποχωρῇ scripsi : -ρέη θΜ ‖ 18 τρωγέτω θΜ^{corr}
(τρωγ- in ras. Μ²) Η^aR Ermerins : ἐσθιέτω I edd. ab Ald. ‖
19 δοκῇ scripsi : δοκέη θΜ.

le nez contienne du mucus épais et corrompu, donnez-lui un bain de vapeur à base de vinaigre, d'eau et d'origan, puis baignez-le dans de l'eau chaude et appliquez-lui aux narines la fleur de cuivre et la myrrhe. 4 Grâce à ce traitement, dans la majorité des cas, le malade guérit. La maladie n'est pas mortelle.

XX (IX). 1 Si le cerveau se sphacèle, le malade est pris d'une douleur qui va de l'occiput jusqu'à la colonne vertébrale, et une sensation de froid descend sur la région cardiaque ; il y a sueurs soudaines, suffocation, saignements de nez et souvent aussi vomissements de sang. 2 Ce malade meurt dans les trois jours. S'il franchit le cap des sept jours, il guérit[1] ; peu de malades, à vrai dire, le franchissent[2]. 3 Dans ce cas, s'il vomit du sang ou a des saignements de nez, proscrivez les bains chauds et les applications tièdes[3] ; donnez à boire du vinaigre blanc allongé d'eau[4], le tout bien mélangé, et si le malade est faible, donnez-lui pour potage de la décoction d'orge mondé[5]. Mais si vous jugez que le malade perd une quantité anormale

---

1. Après la protase « s'il franchit le cap des sept jours », il convient de rétablir un mot indiquant la guérison. Comp. par ex. c. 65 (c. 54), 204, 9 sq. : οὗτος ἐν ἑπτὰ ἡμέρῃσιν ἀποθνῄσκει · ἢν δὲ ταύτας ὑπεκφύγῃ, ὑγιὴς γίνεται ; cf. aussi c. 45 (c. 34), 177, 6 sq. ; c. 63 (c. 52), 202, 10 sq. et c. 67 (c. 56), 205, 23-206, 1. La disparition de ὑγιής après ὑπεκφύγῃ est très possible dans un texte en onciale (-ΦΥΓΗΙ ΥΓΙΗϹ). La restitution de γίνεται après ὑγιής n'est pas indispensable ; comp. par ex. *Mal. III*, c. 11, Littré VII 130, 25 (= Jouanna¹ 384, 9) : ὑγιὴς θ (confirmé par *Jours critiques*, c. 9) : ὑγιὴς γίνεται M. Pour la confirmation de cette conjecture de ὑγιής (vel ὑγιὴς γίνεται) par le passage parallèle d'*Aphorismes* VII, 50, voir *supra*, p. 87.

2. Pour la variante ὑπερ- / ὑπεκφεύγειν, voir *Archéologie...*, p. 548-550.

3. Le traitement est construit autour des deux hypothèses 1) 154, 13 : « si le malade vomit du sang ou a des saignements de nez » ; 2) 155, 5 : « si le malade ne présente aucun des deux symptômes ». Dans un cas il faut refroidir, dans l'autre échauffer.

4. Le vinaigre était censé arrêter les hémorragies ; cf. Galien, *De simplicium medicamentorum temperamentis et facultatibus*, I, c. 20, éd. Kühn XI, 415, 7 ; cf. aussi Dioscoride V, 13. Le vinaigre blanc est également prescrit au c. 63 (c. 52), 202, 13 sq.

5. Pour l'addition de τὸν χυλὸν, voir *Archéologie...*, p. 550 sq.

τῆς ὀφρύος αὐτῷ βάρος ἐγγίνηται ⟨καὶ⟩ κατὰ τὸν μυξω-
τῆρα ἡ μύξα παχέα ᾖ καὶ σαπρή, πυριήσας αὐτὸν ὄξει
καὶ ὕδατι καὶ ὀριγάνῳ, ἔπειτα λούσας θερμῷ ὕδατι, προσθεῖναι τὸ ἄνθος τοῦ χαλκοῦ καὶ τὴν σμύρναν πρὸς τὰς
5 ῥῖνας. 4 Ταῦτα ποιήσας, ὡς τὰ πολλὰ ὑγιὴς γίνεται· ἡ
δὲ νοῦσος οὐ θανατώδης.

ΧΧ (ΙΧ). 1 Ἢν σφακελίσῃ ὁ ἐγκέφαλος, ὀδύνη λάζεται ἐκ τῆς κοτίδος ἐς τὴν ῥάχιν καὶ ἐπὶ τὴν καρδίην καταφοιτᾷ ψῦχος καὶ ἱδρὼς ἐξαπίνης καὶ ἄπνοος τελέθει, καὶ
10 διὰ τῶν ῥινῶν αἷμα ῥεῖ· πολλοὶ δὲ καὶ ἐμέουσιν. 2 Οὗτος
ἐν τρισὶν ἡμέρῃσιν ἀποθνήσκει· ἢν δὲ τὰς ἑπτὰ ἡμέρας
ὑπεκφύγῃ, ⟨ὑγιής⟩· οὐχ ὑπεκφεύγουσι δὲ πολλοί.
3 Οὗτος ἢν μὲν τὸ αἷμα ἐμῇ ἢ ἐκ τῶν ῥινῶν ῥέῃ, μήτε
λούειν αὐτὸν θερμῷ, μήτε χλιάσματα προσφέρειν, πίνειν
15 δὲ διδόναι ὄξος λευκὸν ὑδαρὲς κιρνάς, καὶ ἢν ἀσθενῇ,
⟨τὸν χυλὸν⟩ τῆς πτισάνης ῥυμφάνειν· ἢν δὲ πλέον σοι

Test. 7 Ἢν — 155, 9 ὀλίγοι] cf. Morb. ΙΙ 1, c. 5 (136, 7 sqq.) ;
Morb. ΙΙΙ, c. 4 (ed. Littré VII, 122, 5-14 = Jouanna¹ 374, 1-10).
8 κοτίδος] cf. Erot., Frg. 56 (ed. Nachmanson 115, 10 sq.)
et vide supra, 90 sqq..
10 sq. Cf. Aph. VII, 50 (ed. Littré IV, 592, 1 sq. = Jones IV,
204, 8 sqq.) ; Coac., 183 (ed. Littré V, 624, 1-3).

---

1 ὀφρύος Θ : ὀσφύος Μ ‖ ἐγγίνηται Μ : ἐνγ- Θ ‖ καὶ add.
Corn. (Vind.) Mack ‖ 2 ἡ Θ : ἣν Μ ᾖ Littré Ermerins e Θ
apud Mack ‖ παχέα Ermerins : παχέη Θ παχείη Μ ‖ ᾖ R :
om. Θ ᾖ ΜΗᵃΙ ‖ 3 ὕδατι secl. Ermerins ‖ 5 ποιήσας ΘΜ :
ποιήσαντί σοι Ermerins ‖ 6 οὐ ΘΜ¹ˢ¹ : om. Μ ‖ 9 καὶ ἄπνοος Θ :
καινὸς Μ ‖ τελέθει ΙR edd. ab Ald. : τελεθῇ Θ τελέθη ΜΗᵃ ‖
10 διὰ ΘΜ : ἐκ propos. Jouanna¹ ‖ 11 τρισὶν ΘΜ² : -σὶ Μ ‖ ἡμέρῃσιν ΘΜ² : -σι Μ ‖ 12 ὑπεκφύγῃ Jouanna¹ : ὑπερ- ΘΜ ‖ ὑγιής
add. Jouanna¹ ‖ ὑπεκφεύγουσι Θ : ὑπερφεύγουσι Μ ‖ 13 ἐμῇ
Jouanna¹ : ἐμέῃ ΘΜ ‖ 15 διδόναι om. Θ ‖ ὑδαρὲς Θ : ὑδαρέα Μ ‖
ἀσθενῇ Jouanna¹ : ἀσθενέῃ ΘΜ ‖ 16 τὸν χυλὸν add. Jouanna¹ ‖
πλέον σοι Ermerins : πλεονος οι Θ πλέονος σοι ΜΗᵃR πλείονός
σοι Ι edd. ante Lind. πλεῖόν σοι edd. a Lind.

de sang dans les vomissements ou dans les saignements
de nez, le malade, dans le cas de vomissements, boira
de l'eau saupoudrée de farine de l'année, et dans le
cas de saignements de nez, comprimera en outre par
des bandages les vaisseaux des bras et des tempes,
en plaçant des compresses sous le bandage. **4** Si aucun
de ces deux symptômes ne se produit, mais si le malade
souffre de l'occiput, du cou et de la colonne vertébrale,
et si le froid gagne le cœur, tiédissez avec des cataplasmes de graines de vesce[1] la poitrine, le dos[2],
l'occiput et le cou. **5** C'est par ce traitement que vous
avez le plus de chances d'être utile ; mais peu en
réchappent.

XXI (X). **1** Autre maladie. Soudain, en pleine
santé, le malade est pris de douleur à la tête et aussitôt
il perd la parole ; il râle, garde la bouche ouverte,
et, si on l'appelle ou si on le remue, il gémit, mais reste
totalement inconscient ; il urine en abondance, mais
le fait sans s'en apercevoir. **2** Ce malade, à moins
que la fièvre ne le prenne, meurt en sept jours ; si la
fièvre le prend, dans la majorité des cas, il guérit.
La maladie atteint plutôt les vieux que les jeunes.

1. Sur la manière dont on prépare et on applique les cataplasmes de graines de vesce, voir *Régime dans les maladies aiguës*,
c. 7, Littré II, 270, 7 sqq. (= Joly c. 21, 45, 9 sqq.) : « On peut
encore prendre des grains d'orge ou des graines de vesce ; on fait
macérer dans du vinaigre allongé d'eau, un peu plus acide qu'il
ne faudrait pour le boire ; on fait bouillir, on verse dans des sachets
que l'on coud et on applique ».
2. On peut hésiter entre le masculin τὸν νῶτον de M ou le
neutre τὸ νῶτον rétabli par Littré à partir de la leçon fautive
de θ. La même divergence se retrouve au c. 54 b (c. 43 b),
193, 4. Cependant les deux manuscrits anciens s'accordent pour
donner τὸν νῶτον au c. 54 a (c. 43 a), 192, 4. L'accusatif masculin est transmis par tous les manuscrits dans plusieurs endroits de
la *Collection hippocratique*. Voir *Épidémies V*, c. 14, Littré V,
214, 1 ; *ibid.*, c. 96, Littré V, 256, 6 ; *Épidémies VII*, c. 34,
Littré V, 402, 14 ; *Mal. III*, c. 7, Littré VII, 124, 24 (= Jouanna[1]
376, 6 sq.) ; *Maladies des femmes I*, c. 2, Littré VIII, 18, 5 ;
Prorrhétique II, c. 30, Littré IX, 62, 7 et 10 ; *ibid.*, c. 40, Littré IX,
68, 22 sq. Ces données corrigent et complètent J.Egli, *Heteroklisie
im Griechischen*, Diss. Zürich, 1954 (18), p. 85.

δοκῇ τοῦ δικαίου ἐμεῖν τὸ αἷμα ἢ ἐκ τῶν ῥινῶν οἱ ῥεῖν,
τοῦ μὲν ἐμέτου πινέτω ἄλητον σητάνιον ἐπὶ ὕδωρ ἐπιπάσσων, ἢν δ' ἐκ τῶν ῥινῶν ῥέῃ, καὶ ἀποδείτω τὰς φλέβας
τὰς ἐν τοῖσι βραχίοσι καὶ τὰς ἐν τοῖσι κροτάφοισι, σπλῆνας
5 ὑποτιθείς. 4 Ἢν δὲ τούτων οἱ μηδέτερον ᾖ, ἀλγῇ δὲ τὴν
κοτίδα καὶ τὸν τράχηλον καὶ τὴν ῥάχιν καὶ ἐπὶ τὴν καρδίην
ἴῃ τὸ ψῦχος, χλιαίνειν τοῖσιν ὀρόβοισι τὰ στέρνα καὶ τὸ
νῶτον καὶ τὴν κοτίδα καὶ τὸν τράχηλον. 5 Ταῦτα ποιέων
μάλιστ' ἂν ὠφελέοις · ἐκφεύγουσι δὲ ὀλίγοι. ‖

10 XXI (X). 1 Ἄλλη νοῦσος · ἐξαπίνης ὑγιαίνοντα ὀδύνη 36
ἔλαβε τὴν κεφαλὴν καὶ παραχρῆμα ἄφωνος γίνεται καὶ
ῥέγκει καὶ τὸ στόμα κέχηνε καὶ ἤν τις αὐτὸν καλῇ ἢ
κινήσῃ, στενάζει, ξυνιεῖ δ' οὐδὲν καὶ οὐρεῖ πολλὸν καὶ
οὐκ ἐπαΐει οὐρέων. 2 Οὗτος, ἤν μιν μὴ πυρετὸς λάβῃ,
15 ἐν τῆσιν ἑπτὰ ἡμέρησιν ἀποθνήσκει · ἢν δὲ λάβῃ, ὡς τὰ
πολλὰ ὑγιὴς γίνεται · ἡ δὲ νοῦσος πρεσβυτέροισι μᾶλλον

Test. 6 et 8 κοτίδα] vide *supra*, 154, 8 et 90 sqq.
    10 Ἄλλη — 156, 9 πρώτης] cf. *Morb. II* 1, c. 6 a (137, 9 sqq.) ;
Morb. III, c. 8 (ed. Littré VII, 126, 17-128, 4 = Jouanna[1]
378, 12-20).
    10 sqq. Cf. *Aph.* VI, 51 (ed. Littré IV, 576, 6-8 = Jones IV,
190, 12-15).

---

    1 δοκῇ Jouanna[1] : δοκέῃ ΘΜ ‖ ἐμεῖν Jouanna[1] : ἐμέειν ΘΜ ‖
ῥεῖν Jouanna[1] (ῥέειν L Lind. Ermerins) : ῥέῃ ΘΜ ‖ 3 καὶ
ΘΜ edd. ab Ald. : secl. Lind. Mack Ermerins ‖ 4 pr. τοῖσι Θ :
τοῖς Μ ‖ 5 μηδέτερον Ermerins : μηδέτερον Θ μηδ' ἕτερον Μ
edd. ab Ald. ‖ ᾖ Jouanna[1] : ἢ Θ ἔῃ Μ ‖ ἀλγῇ Jouanna[1] : ἀλγέῃ
ΘΜ ‖ 6 κοτίδα] κοτίς κεφαλή κορυφή Μ[mg] ‖ 7 ἴῃ Μ : ἢ (lege
ᾖ) Θ ‖ τοῖσιν ΘΜ[2] : -σι Μ ‖ 7-8 τὸ νῶτον Littré : τὸν ὦτον Θ
τὸν νῶτον Μ ‖ 9 ὠφελέοις Θ : -λέοι Μ ‖ 12 ῥέγκει Θ : ῥέγχει Μ ‖
καλῇ Jouanna[1] : καλέῃ ΘΜΗ[a]IR καλέσῃ Κ Littré ‖ 13 ξυνιεῖ
Jouanna[1] : ξυνιει Θ ξυνίει Μ ‖ οὐρεῖ Jouanna[1] : οὐρέει ΘΜ ‖
πολλὸν Jouanna[1] : πουλὺ Θ πολὺ Μ ‖ 14 ἐπαΐει Θ (cf. jam
Corn. [Vind.] Corn. [Lat.] *sentit* Foes[1] *s.v.* ἐπαΐειν Foes[2] [n. 46]
ex Hesychio) : ἐπάγει Μ (< ΕΠΑΙΕΙ) ‖ μὴ Θ : om. Μ sed add.
post πυρετὸς Μ[2s1] ‖ 15 ἐν τῆσιν - λάβῃ ΘΜ[2mg] : om. Μ.

3 Quand le malade présente ces symptômes, il faut lui donner un bain dans beaucoup d'eau chaude, le réchauffer le plus possible et instiller dans la bouche du mélicrat que vous ferez tiédir. S'il reprend connaissance et échappe à la maladie, vous le restaurerez par une alimentation solide, et, quand il vous paraît avoir repris ses forces, introduisez dans ses narines un évacuant ; après un intervalle de quelques jours, donnez-lui à boire un évacuant par le bas. Car si vous ne le purgez pas, il est à craindre que la maladie récidive. **4** Mais les gens qui échappent à la première attaque ne sont pas nombreux.

XXII (XI). **1** Quand la perte de la parole se produit à la suite d'ivresse[1], si la fièvre prend immédiatement et sans délai le malade, il guérit ; sinon, le troisième jour, il meurt. **2** Si vous êtes en présence d'un tel malade[2], donnez-lui un bain dans beaucoup d'eau chaude, appliquez sur sa tête des éponges que vous aurez plongées dans de l'eau chaude, et introduisez dans ses narines des oignons pelés[3]. **3** Si ce malade, ouvrant les yeux et se mettant à parler, revient à lui et ne divague pas, il reste ce jour-là dans la somnolence ; le lendemain, il guérit. Mais si, se levant, il vomit de la bile, il est pris de délire et meurt généralement dans les cinq jours, à moins qu'il ne s'endorme.

1. A la place du sing. θωρήξιος on attendrait le pluriel θωρηξίων non seulement parce que la rédaction parallèle de *Mal. II 1* c. 6 b (138, 6), donne le pluriel, mais aussi parce que le terme est employé au pluriel dans le reste du traité ; voir *supra*, p. 138, n. 3.

2. La suppression de δὲ μὴ est exigée par le sens et les normes de composition du traité. Nous avons affaire ici à une variante de la formule stéréotypée qui introduit en asyndète la thérapeutique ; voir *supra*, p. 19. L'erreur provient peut-être de la proximité de ἢν δὲ μὴ dans la phrase précédente.

3. L'introduction d'oignons pelés dans les narines a sans doute pour effet de provoquer de forts éternuements ; comp. dans la rédaction parallèle de *Mal. III*, c. 8, Littré VII, 126, 22 sq. (= Jouanna[1] 378, 16 sq.) : « chez ces malades, provoquez des éternuements violents ».

γίνεται ἢ νεωτέροισι. 3 Τοῦτον, ὅταν οὕτως ἔχῃ, λούειν
χρὴ πολλῷ καὶ θερμῷ καὶ θάλπειν ὡς μάλιστα · καὶ ἐνστάζειν μελίκρητον χλιαίνων ἐς τὸ στόμα. Ἢν δ᾽ ἔμφρων
γένηται καὶ ἐκφεύγῃ τὴν νοῦσον, ἀνακομίσας αὐτὸν
5 σιτίοισιν, ἐπήν σοι δοκῇ ἰσχύειν, ἐς τὰς ῥῖνας ἐνθεὶς αὐτῷ
φάρμακον καὶ διαλείπων ὀλίγας ἡμέρας κατωτερικὸν δὸς
φάρμακον πιεῖν · ἢν γὰρ μὴ καθήρῃς, κίνδυνος αὖτις τὴν
νοῦσον ὑποστρέψαι · 4 ἐκφυγγάνουσι δὲ οὐ μάλα ἐκ τῆς
πρώτης.

10 XXII (XI). 1 Ἢν δ᾽ ἐκ θωρήξιος ἄφωνος γένηται, ἢν
μὲν αὐτίκα καὶ παραχρῆμα λάβῃ μιν πυρετός, ὑγιὴς γίνεται · ἢν δὲ μὴ λάβῃ, τριταῖος ἀποθνήσκει. 2 Ἢν [δὲ μὴ]
οὕτως ἔχοντι ἐπιτύχῃς, λούειν πολλῷ καὶ θερμῷ καὶ πρὸς
τὴν κεφαλὴν σπόγγους ἐν ὕδατι βάπτων θερμῷ προστι-
15 θέναι, καὶ ἐς τὰς ῥῖνας κρόμμυα ἀπολέπων ἐντιθέναι.
3 Οὗτος ἢν μὲν ἀνατείνας τοὺς ὀφθαλμοὺς καὶ φθεγξάμενος
παρ᾽ ἑωυτῷ γένηται καὶ μὴ φλυηρῇ, τὴν μὲν ἡμέρην ταύτην κεῖται κωμαίνων, τῇ δ᾽ ὑστεραίῃ ὑγιὴς γίνεται · ἢν
δ᾽ ἀνιστάμενος χολὴν ἐμῇ, μαίνεται καὶ ἀποθνήσκει
20 μάλιστα ἐν πέντε ἡμέρῃσιν, ἢν μὴ κατακοιμηθῇ. 4 Τοῦτον

Test. 10 Ἢν — 157, 10 πρῶτον] cf. *Morb. II* 1, c. 6 b
(138, 6 sqq.) ; *Morb. III*, c. 8 (ed. Littré VII, 126, 17 - 128, 4 =
Jouanna[1] 378, 12-20).
10-12. Cf. *Aph.* V, 5 (ed. Littré IV, 534, 1-3 = Jones IV,
158, 8-11).

---

2 πολλῷ καὶ θερμῷ Μ : θερμῷ καὶ πολλῷ θ ‖ 5 σιτίοισιν θΜ² :
-σι Μ ‖ δοκῇ Jouanna[1] : δοκέῃ θΜ ‖ 6 διαλείπων Μ : διαλειπὼν θ ‖
6-7 δὸς φάρμακον om. Μ ‖ 7 καθήρῃς Μ : καθαρῃς θ ‖ κίνδυνος
θΜΗ[a]R : δεῖμα μὴ I ‖ 10 θωρήξιος θΜ : -ρηξίων Jouanna[1] ‖ 12 δὲ
μὴ secl. Jouanna[1] : δὲ μὴ θΜ Ald. Corn. (Bas.) Littré δὲ μὴν
Calvus (μην W[1 mg] ; Lat. *cum sic habentem nancisceris*) μὴ secl.
Corn. (Vind.) δὲ μὲν Foes² (n. 47) Mack δὲ οὖν L Lind. δὲ
Ermerins ‖ 15 κρόμμυα θ : κρόμυα Μ ‖ 17 φλυηρῇ θ : φλυαρῇ
Μ ‖ 18 ὑστεραίῃ θ : ὑστερέῃ Μ ‖ 19 ἐμῇ Jouanna[1] : ἐμέῃ θΜ ‖
20 ἡμέρῃσιν θΜ² : -σι Μ.

4 Dans ce cas, il faut alors traiter ainsi[1] : baignez le malade dans beaucoup d'eau chaude jusqu'à ce qu'il revienne à lui ; ensuite, frottez-le avec beaucoup d'onguent, couchez-le sur des couvertures moelleuses et jetez sur lui des manteaux[2] ; évitez d'allumer une lumière auprès de lui et de parler. Car généralement, au sortir du bain, il s'endort ; et s'il s'endort, il guérit. **5** Quand le malade revient à lui, les premiers jours, interdisez-lui les aliments solides, cela pendant trois ou quatre jours ; mais donnez-lui un léger potage de millet ou de la décoction d'orge mondé et du vin miellé pour boisson[3]. Par la suite, le malade usera d'aliments aussi émollients que possible, mais il n'en prendra qu'une petite quantité au début.

XXIII (XII). 1 Si un individu est pris de sphacèle[4], une douleur occupe surtout la partie antérieure de la tête ; elle se manifeste progressivement. Un gonflement se produit ; il devient livide. Le malade est pris de fièvre et de frisson. **2** Quand il présente ces symptômes, il faut inciser à l'endroit du gonflement, nettoyer soigneusement l'os et le ruginer jusqu'au diploé[5], puis traiter comme dans le cas de fracture.

---

1. Le développement thérapeutique qui suit (157, 1-6) s'applique au malade qui vomit de la bile : κατακοιμᾶται (157, 5) reprend κατακοιμηθῇ (156, 20). La présence de οὖν est singulière ; car dans le reste du traité, quand le développement thérapeutique est introduit par le démonstratif τοῦτον, il est toujours employé en asyndète ; voir *supra*, p. 19.
3. Les dictionnaires LSJ et Bailly citent pour ce passage l'*hapax* μελιτοειδής. Cette leçon, donnée par les éditeurs depuis l'édition *princeps*, dérive de la leçon de M après une double correction. Elle est fautive car la leçon de θ μελιηδέα est confirmée par le *Glossaire* de Galien qui donne à ce terme dans notre passage le sens de « vin mêlé de miel ». Comp. *Affections*, c. 55, Littré VI, 266, 6 sq. : γλυκεῖς οἶνοι καὶ μελιηδεῖς. L'adjectif μελιτοειδής est toutefois attesté en *Plaies*, c. 15. Littré VI, 418, 9 à propos de l'intérieur des figues. Pour le vin miellé, voir déjà c. 12 (c. 1), 144, 7 οἶνον μελίχρον, et comp. ce que dit Dioscoride à propos de μελιτίτης οἶνος et de οἰνόμελι (V, 7-8, éd. Wellmann III, p. 11-12).

οὖν τάδε χρὴ ποιεῖν · λούειν πολλῷ καὶ θερμῷ ἔστ᾽ ἂν αὐτὸς
ἐς ἑωυτὸν παρῇ · ἔπειτα ἀλείψας ἀλείφατι πολλῷ, κατα-
κλῖναι ἐς στρώματα μαλθακῶς καὶ ἐπιβαλεῖν ἱμάτια καὶ
μήτε λύχνον καίειν παρ᾽ αὐτῷ μήτε φθέγγεσθαι · ὡς γὰρ
5 ἐπὶ τὸ πολλὸν ἐκ ‖ τοῦ λουτροῦ κατακοιμᾶται · καὶ ἢν 38
τοῦτο ποιήσῃ, ὑγιὴς γίνεται. 5 Ἢν δὲ παρ᾽ ἑωυτῷ γένηται,
τὰς πρώτας ἡμέρας τῶν σιτίων ἐρύκειν αὐτόν, ἡμέρας
τρεῖς ἢ τέσσερας, διδόναι δὲ κέγχρον λεπτὸν ῥυμφάνειν ἢ
πτισάνης χυλὸν καὶ οἶνον μελιηδέα πίνειν · ἔπειτα σιτίοισι
10 χρῆσθαι ὡς μαλθακωτάτοισι καὶ ὀλίγοισι τὸ πρῶτον.

XXIII (XII). 1 Ἢν σφάκελος λάβῃ, ὀδύνη ἴσχει
μάλιστα τὸ πρόσθεν τῆς κεφαλῆς κατὰ σμικρόν, καὶ
ἀνοιδεῖ καὶ πελιδνὸν γίνεται, καὶ πυρετὸς καὶ ῥῖγος
λαμβάνει. 2 Ὅταν οὕτως ἔχῃ, ταμόντα χρὴ ᾗ ἂν ἐξοιδῇ,
15 διακαθήραντα τὸ ὀστέον, ξῦσαι ἔστ᾽ ἂν ἀφίκηται πρὸς
τὴν διπλοΐδα · ἔπειτα ἰᾶσθαι ὡς κάτηγμα.

Test. 9 μελιηδέα] cf. Gal., Gloss., s.v. (A 10 supra, 95, 3 sqq.
= ed. Kühn XIX, 121, 12 sqq.).

1 τάδε χρὴ θ : χρὴ τάδε M ‖ ποιεῖν θ : ποιέειν M ‖ 2 ἐς
ἑωυτὸν παρῇ I edd. ab Ald. : ἑωυτὸν παρίηι θ ἑωυτὸν παρῇ
MHᵃR ‖ ἔπειτα θ : ἔπειτ᾽ M ‖ 3 ἐπιβαλειν θ (lege ἐπιβαλεῖν) :
ἐπιβάλλειν M ‖ 5 πολλὸν Jouanna¹ : πολὺ θM ‖ ἐκ τοῦ λουτροῦ
θM²ᵐᵍ : om. M ‖ 6 τοῦτο θM¹ : τούτω M ‖ ἑωυτῷ θ : ἑωυτοῦ M ‖
7 τῶν σιτίων ἐρύκειν αὐτόν, ἡμέρας om. M ‖ 8 τέσσερας θ :
τέσσαρας M ‖ δὲ θM : del. M² ‖ 9 μελιηδέα θ Gal., Gloss.
(cf. jam Foes¹ s.v. μελιηδής, Foes² [n. 48] e Gal.) : μελιτιηδέα
MHᵃ (sed -τι- mut. in -το- Hᵃ²) μελιτοηδέα IHᵃ²R μελιτοειδέα
edd. ab Ald. ‖ 11 ante ὀδύνη add. ἡ M ‖ 13 ἀνοιδεῖ scripsi :
-δέει θM ‖ 14 ante ὅταν add. καὶ M sed del. Mʳᵃˢ ‖ ταμόντα
M : ταμωντα θ ‖ ᾗ ἂν Foes² (n. 49 [cum interpretibus]) Lind.
Mack Ermerins : ἢν θMHᵃR ἵν᾽ I Ald. Corn. (Bas.) Littré ‖
ἐξοιδῇ scripsi : ἐξοιδέη θ ἐξοιδέει ηι (lege ἐξοιδέει vel ἐξοιδέῃ) M ‖
15 ante διακαθήραντα add. καὶ M²I edd. ab Ald. ‖ ἀφίκηται θ :
ἀπίκηται M ‖ 16 ἰᾶσθαι θ : ἰῆσθαι M.

XXIV (XIII). **1** Quand une carie se produit dans
l'os[1], une douleur se fait sentir depuis l'os[2]. Avec
le temps la peau s'amincit, se boursoufle et il s'y
produit une fissure ; si on l'incise, on trouvera l'os
soulevé, rugueux et d'un jaune tirant sur le rouge,
parfois même rongé jusqu'au cerveau[3]. **2** Quand vous
êtes en présence d'un tel malade, si l'os est complètement rongé de part en part, le mieux est de le laisser[4]
et de soigner au plus vite la plaie ; s'il n'est pas rongé[5],
mais simplement rugueux, ruginez jusqu'au diploé
et soignez comme dans le cas précédent.

XXV (XIV). **1** Si le malade est « frappé »[6], il a mal
dans la partie antérieure de la tête et ne peut plus
voir ; il est pris de somnolence ; les vaisseaux dans
les tempes battent, il est légèrement fiévreux ; son
corps tout entier est impuissant à se mouvoir, et il
maigrit[7]. **2** Quand le malade présente ces symptômes,

1. Sur l'affection appelée τερηδών, voir *supra*, p. 138, n. 5.
2. La comparaison avec la rédaction parallèle de *Mal. II* **1**,
c. 7 (138, 10) condamne le texte de la vulgate ἀπὸ τούτου τὸ
ὀστέον abandonné par van der Linden et Littré mais repris par
Ermerins. En revanche, elle invite à supprimer τούτου ; de fait,
τῷ ὀστέῳ n'a pas été défini comme un os parmi d'autres ;
l'auteur traitant des maladies de la tête, τὸ ὀστέον désigne
« l'os de la tête », le crâne. Le pronom τούτου est vraisemblablement une variante marginale insérée dans le texte.
4. La leçon adoptée par Littré (αἱρεῖν « enlever ») donne un
sens exactement contraire ; mais elle repose sur une erreur de
Mack qui lisait à tort αἱρεῖν dans θ.
5. Pour la correction de τετρωμένον en βεβρωμένον, voir
Archéologie..., p. 556 sq. Si l'on voulait conserver une forme de
la racine *ter qui signifie « trouer, perforer » (cf. le nom de la
maladie τερηδών), le parfait de τετραίνω, τετρημένον, conviendrait mieux pour le sens.
6. Voir *supra*, p. 139, n. 1.
7. Μινύθη qui était vraisemblablement la leçon de l'archétype
θM, n'est pas un nom comme le voudrait Littré (t. VII, p. 40).
Tous les verbes du développement sémiologique ont été par erreur
transformés en subjonctifs. Comme les autres verbes, μινύθη
(lege μινύθῃ) doit donc être un subjonctif ; et comme pour les
autres verbes, il faut rétablir l'indicatif. Pour καὶ μινύθει voir
Mal. II **2**, c. 48 (c. 37), 183, 10 sq. ; c. 66 (c. 55), 205, 3 et
c. 73 (c. 62), 213, 7.

XXIV (XIII). 1 Ὅταν τερηδὼν γένηται ἐν τῷ ὀστέῳ,
ὀδύνη λαμβάνει ἀπὸ [τούτου] τοῦ ὀστέου · τῷ δὲ χρόνῳ τὸ
δέρμα λεπτὸν γίνεται καὶ ἀναφυσᾶται καὶ γίνεται ἐν αὐτῷ
κάτηγμα καὶ ἢν τοῦτο ἀνατάμῃς, εὑρήσεις ἀνατεῖνον ὀστέον
5 καὶ τρηχὺ καὶ πυρρόν, ἐνίοισι δὲ καὶ διαβεβρωμένον πρὸς
τὸν ἐγκέφαλον. 2 Ὅταν οὕτως ἔχοντι ἐπιτύχῃς, ἢν μὲν ᾖ
πέρην διαβεβρωμένον, ἐὰν ἄριστον, καὶ ἰᾶσθαι ὡς τάχιστα
τὸ ἕλκος · ἢν δὲ βεβρωμένον μὲν μὴ ᾖ, τρηχὺ δέ, ξύσας
ἐς τὴν διπλοΐδα, ἰᾶσθαι ὥσπερ τὴν πρόσθεν.

10 XXV (XIV). 1 Ἢν βλητὸς γένηται, ἀλγεῖ τὸ πρόσθεν
τῆς κεφαλῆς καὶ τοῖσιν ὀφθαλμοῖσιν οὐ δύναται ὁρᾶν
ἀλλὰ κῶμά μιν ἔχει καὶ αἱ φλέβες ἐν τοῖσι κροτάφοισι
σφύζουσι καὶ πυρετὸς βλη‖χρὸς ἔχει καὶ τοῦ σώματος 40
παντὸς ἀκρασίη καὶ μινύθει. 2 Ὅταν οὕτως ἔχῃ, λούειν

TEST. 1 τερηδὼν] vide TEST. ad c. 7 (138, 9).
1 Ὅταν — 9 πρόσθεν] cf. Morb. II 1, c. 7 (138, 9 sqq.).
10 Ἢν — 159, 8 πολλά] cf. Morb. II 1, c. 8 (139, 1 sqq.) ;
Morb. III, c. 3 (ed. Littré VII, 120, 17 - 122, 4 = Jouanna¹
372, 13-23).
10 βλητὸς] cf. EROT., Frg. 55 (ed. Nachmanson 115, 7-8).

---

1 τερηδὼν] τερηδών · σκώληξ ξυλοτρώκτης οἰκῶν ἐν ξύλῳ
add. Mᵐᵍ ‖ 2 τούτου secl. Jouanna¹ ‖ τοῦ ὀστέου ΘΜ Lind.
Littré : τὸ ὀστέον edd. ab Ald. ‖ τῷ Θ : τὸ Μ ‖ 2-3 τὸ δέρμα
om. Μ ‖ 3 λεπτὸν Μ : λεπον Θ ‖ 4 κάτηγμα ΘΜ sed haec lectio
dubia esse videtur ‖ ἀνατεῖνον Μ edd. ante Littré : ἀνατεί-
νον Θ ἄναιμον Littré (coll. V.C., c. 16 ἔξαιμον) ἀνατείνων Jouanna¹ ‖
5 tert. καὶ om. Θ ‖ 6 ᾖ Θ : ἔη Μ ‖ 7 ἐὰν ΘΜᶜᵒʳʳ (ἐὰ- in ras.) :
αἱρεῖν Littré (αἱρεῖν Θ apud Mack) ‖ ἰᾶσθαι Θ : ἰῆσθαι Μ ‖
8 βεβρωμένον Corn. (Κ΄ ; Lat. corrosum) : τετρωμένον ΘΜ edd.
ab Ald. διαβεβρωμένον Calvus (Wᵐᵍ) Ermerins an τετρημένον ? ‖
ᾖ Θ : ἔη Μ ‖ 9 ἐς om. Θ ‖ ἰᾶσθαι Θ : ἰῆσθαι Μ ‖ ὥσπερ om. Θ ‖
10 ἀλγεῖ Jouanna¹ (ἀλγέει I Littré) : καὶ ἀλγέη ΘΜΗᵃR ‖
11 τοῖσιν ΘΜ² : τοῖσι Μ ‖ ὀφθαλμοῖσιν οὐ δύναται L Lind. Littré :
ὀφθαλμοῖσι μὴ δύναται ΘΜΗᵃR ὀφθαλμοῖσιν οὐ δύναται I ‖
12 ἔχει I edd. ab Ald. : ειη Θ ἔχῃ ΜΗᵃR ‖ 13 σφύζουσι Littré :
σφύζωσι ΘΜ ‖ ἔχει Littré : ἔχῃ ΘΜ ‖ 14 παντὸς ΘΜ²ˢˡ : om. Μ ‖
μινύθεῖ Μ : μινύθη Θ ‖ λούειν ΘΕ³ (e καὶ λούειν Corn. [Bas.]) :
καίειν Μ.

donnez-lui un bain dans beaucoup d'eau chaude et
faites-lui des applications tièdes à la tête ; après la
fomentation, introduisez dans ses narines de la myrrhe
et de la fleur de cuivre. Le malade prendra pour potage
de la décoction d'orge mondé et pour boisson de l'eau.
3 Et si vous constatez que par ce traitement son état
s'améliore, c'est parfait. Sinon, il faut — et c'est la
seule chance de salut — inciser le bregma ; quand le
sang s'est écoulé, rapprochez les lèvres de la plaie,
soignez et mettez un bandage[1] ; si vous ne faites pas
d'incision, le malade meurt le dix-huitième ou le
vingtième jour dans la majorité des cas.

XXVI (XV). **1** Angine. Le malade est pris de fièvre,
de frisson et de douleur dans la tête ; la zone maxillaire
se gonfle ; le malade avale difficilement sa « salive » ;
il crache des matières glaireuses dures, en petite quantité
à chaque fois[2]. Dans la gorge[3], en bas, on entend un
râle ; et si vous tirez sa langue pour examiner, vous
verrez que la luette n'est pas gonflée mais plate, et
que l'intérieur de la gorge est rempli[4] de glaires visqueuses ; le malade n'arrive pas à expulser en se râclant
la gorge ; il ne supporte pas d'être couché, car, s'il
est étendu, il étouffe. **2** Si vous êtes en présence d'un
tel malade[5], voici le traitement. Tout d'abord, prenez

---

1. Pour l'incision et son traitement, comp. c. 18 (c. 7),
152, 12 sqq., où plus de détails sont donnés sur le traitement ;
cf. aussi c. 13 (c. 2), 147, 2-7.
   2. Le contexte ne permet pas de différencier les sens de πτύελον
et de σίελον. Les termes n'ont pas d'équivalent exact en français.
Ils désignent à la fois les crachats et la salive. Le rôle des glandes
salivaires n'est pas connu dans la *Collection hippocratique*.
   3. Φάρυγξ a le sens ancien de « gorge ». La traduction par
« pharynx » (Jouanna[1]) est sans doute trop restrictive, car la
distinction entre le pharynx (φάρυγξ) et le larynx (λάρυγξ) n'est
pas connue de l'auteur de *Mal. II 2*. Le terme de λάρυγξ est du
reste rarement employé dans la *Collection hippocratique* : 2 fois
dans les *Chairs* (c. 18 *bis*) et 2 fois dans *Nature des Os* (c. 1 et c. 13).
Sur les différents sens de φάρυγξ et de λάρυγξ en grec, voir
R. Strömberg, *Griechische Wortstudien*, Göteborg, 1944, p. 57-61.

αὐτὸν θερμῷ πολλῷ καὶ χλιάσματα πρὸς τὴν κεφαλὴν
προστιθέναι· ἐκ δὲ τῆς πυρίης ἐς τὰς ῥῖνας σμύρναν καὶ
ἄνθος χαλκοῦ· ῥυμφάνειν δὲ τὸν χυλὸν τῆς πτισάνης καὶ
πίνειν ὕδωρ. 3 Καὶ ἢν μὲν ταῦτα ποιέοντι ῥήιων γίνηται·
5 εἰ δὲ μή — ταύτῃ γὰρ μούνη ἐλπίς —, σχίσαι αὐτοῦ τὸ
βρέγμα καὶ ἐπὴν ἀπορρυῇ τὸ αἷμα, συνθεὶς τὰ χείλεα,
ἰᾶσθαι καὶ καταδῆσαι· ἢν δὲ μὴ σχίσῃς, ἀποθνήσκει
ὀκτωκαιδεκαταῖος ἢ εἰκοσταῖος ὡς τὰ πολλά.

XXVI (XV). 1 Κυνάγχη· πυρετὸς λαμβάνει καὶ ῥῖγος
10 καὶ ὀδύνη τὴν κεφαλὴν καὶ τὰ σιηγόνια οἰδίσκεται καὶ
τὸ πτύελον χαλεπῶς καταπίνει καὶ ἀποπτύει τὰ σίελα
σκληρὰ κατ᾽ ὀλίγα καὶ ἐν τῇ φάρυγγι κάτω ῥέγκει καὶ ἢν
καταλαβὼν τὴν γλῶσσαν σκέπτῃ, ὁ γαργαρεὼν οὐ μέγας,
ἀλλὰ λαπαρός, ἡ δὲ φάρυγξ ἔσωθεν σιέλου γλίσχρου
15 ἔμπλεος, καὶ οὐ δύναται ἐκχρέμπτεσθαι καὶ οὐκ ἀνέχεται
κείμενος, ἀλλ᾽ ἢν κατακέηται, πνίγεται. 2 Τοῦτον, ἢν
οὕτως ἐπιτύχῃς ἔχοντα, ποιεῖν τάδε· πρῶτον μὲν σικύην

TEST. 9 Κυνάγχη — 161, 13 ὀλίγοι] cf. *Morb. II* 1, c. 9
(140, 7 sqq.); *Morb. III*, c. 10 (ed. Littré VII, 128, 16 - 130, 16 =
Jouanna[1] 380, 10 - 382, 12) ; *Aff.*, c. 4 (ed. Littré VI, 212, 4-6 =
Jouanna[1] 266, 25 sq.).
14 λαπαρός] cf. HESYCH., *s.v.* (16 *supra*, 110, 1 sq. = ed.
Latte II 572, 8).

---

1 χλιάσματα θΜ ? : -τι Μ² (ι e corr.) ‖ 2 ante ἐς add. ἐγχεῖν
edd. a Corn. (Bas.) ‖ 3 χαλκοῦ θΜᶜᵒʳʳ(χαλ- in ras.) ‖ post
ῥυμφάνειν δὲ add. Ermerins ‖ διδόναι Ermerins ‖ 4 ῥήιων Jouanna[1] :
ῥαῖον θ ῥάιων Μ ‖ γίνηται θΜ² : γένηται Μ ‖ 5 ταύτῃ Μ : αὐτὴ θ ‖
μούνη Jouanna[1] : μόνη θΜ ‖ 6 ἐπὴν Μ : ἢν θ ‖ 7 ἰᾶσθαι θ :
ἰῆσθαι Μ ‖ 8 ὡς τὰ πολλά Μ : ὡς ἐπὶ τὰ πολλά θ ‖ 10 σιηγόνια
θ : σιαγόνια Μ ‖ 11 πτύελον Jouanna[1] : πτύαλον θΜ ‖ σίελα
θ : σίαλα Μ ‖ 12 κατ᾽ ὀλίγα θΜ²HᵃIR edd. ante Lind. : κατ᾽ ὀλίγον
ML edd. a Lind. ‖ ἐν τῇ Littré : τῇ θ ἐν Μ ‖ ῥέγκει θ :
ῥέγχει Μ ‖ 14 λαπαρός] ἰσχνὸς καὶ ὑπεσταλμένος Μᵐᵍ ‖ φάρυγξ
Μ : φάρυξ θ ‖ σιέλου Jouanna[1] : σιάλου θΜ ‖ 15 ἔμπλεος θ :
ἔμπλεως Μ ‖ ἐκχρέμπτεσθαι θ : ἐγχ- Μ ‖ 16 κατακέηται Μ :
κατακαίηται θ ‖ 17 ἐπιτύχῃς ἔχοντα θΜ : ἔχοντι ἐπιτύχῃς Ermerins fort. legendum ἐπ. ἔχοντι ‖ ποιεῖν Jouanna[1] : ποιέειν θΜ ‖
σικύην θ : σικύης ΜΗᵃIRᵃᶜ σικύας Iᵃ edd.

une ventouse que vous appliquerez à la première
vertèbre du cou, puis à la tête, le long de l'oreille
de part et d'autre, après y avoir rasé les cheveux,
et quand la ventouse a pris, laissez la ventouse en
place le plus longtemps possible[1]. **3** Ensuite, préparez
au malade une inhalation avec du vinaigre, du nitre,
de l'origan, de la graine de cresson ; broyez finement ;
mélangez le vinaigre à part égale avec de l'eau, ajoutez-y
quelques gouttes d'huile et délayez dans ce liquide.
Ensuite versez le tout dans une marmite ; mettez un
couvercle, fermez bien ; percez un trou dans le couvercle,
et adaptez-y un roseau creux. Ensuite, placez la marmite
sur des charbons et faites bouillir ; quand la vapeur
passe par le roseau, le malade, ouvrant la bouche,
aspirera la vapeur, en prenant garde de ne pas se
brûler la gorge ; et comme traitement externe, le
malade s'appliquera des éponges plongées dans de
l'eau chaude sur les mâchoires et sur la zone maxillaire.
4 Faites-lui un gargarisme[2] avec de l'origan, de la rue,
de la sarriette, du céleri, de la menthe et un peu de
nitre ; préparez du mélicrat allongé d'eau, et ajoutez-y
quelques gouttes de vinaigre ; pilez finement les feuilles
et le nitre, délayez avec ce liquide et faites tiédir ;

---

2. Pour les termes de la famille de γαργαρίζω « gargariser »,
il y a une lacune dans les dictionnaires étymologiques de H. Frisk
et P. Chantraine ; ils ne citent que les tardifs γαργαρίζω (Sch.
Il. 8, 48, Orib.), γαργαρισμός (Alex. Trall.), γαργαρισμάτιον
(Marcell. Emp.). Ils omettent les composés en ἀνα- qui sont
plus anciens. Ἀναγαργάριστον employé ici se retrouve dans la
rédaction parallèle d'*Affections*, c. 4, Littré VI, 212, 5 et 9 (et il
n'est pas attesté ailleurs). Ἀναγαργαρισμός se rencontre une fois
dans *Affections internes*, c. 38, Littré VII, 260, 17. Quant à
ἀναγαργαρίζειν, il est employé surtout dans *Mal. II* **2** (7 fois ;
voir index) et se lit également dans *Maladies des Femmes II*,
c. 185, Littré VIII, 366, 17, et dans l'Appendice du *Régime dans
les maladies aiguës*, c. 6, Littré II, 412, 9 (= Joly c. 9, 72, 18) ;
voir aussi *IG* 4.955.30 (Épidaure). Le groupe est donc bien
ancien chez les médecins, comme le supposait P. Chantraine par
l'existence de γαργαρεών (« luette ») chez Hippocrate et Aristote.

προσβαλεῖν πρὸς τὸν σφόνδυλον τὸν ἐν τῷ τραχήλῳ τὸν
πρῶτον, ἔπειτα παραξυρήσας ἐν τῇ κεφαλῇ παρὰ τὸ οὖς
ἔνθεν καὶ ἔνθεν, καὶ ἐπὴν ἀποσφίγξῃ, τὴν σικύην ἐᾶν
προσκεῖσθαι ὡς πλεῖστον χρόνον · 3 ἔπειτα πυριᾶν αὐτὸν
5 ὄξει καὶ λίτρῳ καὶ ὀριγάνῳ καὶ καρδάμου σπέρματι τρίψας
λεῖα, κεράσας τὸ ὄξος ἰσόχοον ὕδατι, καὶ ἄλειφα ὀλίγον
ἐπι‖στάξας, διεῖναι τούτῳ · ἔπειτα ἐς χυτρίδα ἐγχέας, 42
ἐπιθεὶς ἐπίθημα καὶ κατασκεπάσας, τρυπήσας τὸ ἐπίθημα,
κάλαμον ἐνθεῖναι κοῖλον · ἔπειτα ἐπιθεὶς ἐπ᾽ ἄνθρακας, ἀνα-
10 ζέσαι, καὶ ἐπὴν διὰ τοῦ καλάμου ἡ ἀτμὶς ἴῃ, περιχάσκων
ἑλκέτω ἔσω τὴν ἀτμίδα, φυλασσόμενος μὴ κατακαύσῃ τὴν
φάρυγγα · καὶ ἔξωθεν σπόγγους βάπτων ἐς ὕδωρ θερμὸν
προστιθέσθω πρὸς τὰς γνάθους καὶ τὰ σιηγόνια. 4 Ἀναγαργάριστον δ᾽ αὐτῷ ποιεῖν ὀρίγανον καὶ πήγανον καὶ
15 θύμβρην καὶ σέλινον καὶ μίνθην καὶ λίτρον ὀλίγον ·
μελίκρητον κεράσας ὑδαρές, ὄξος ὀλίγον ἐπιστάξαι · λεῖα
τρίψας τὰ φύλλα καὶ τὸ λίτρον, τούτῳ διείς, χλιήνας,

TEST. 3 ἀποσφίγξῃ] cf. GAL., Gloss., s.v. ἀποσκίμψης (A 3
supra, 93, 20 sqq. = ed. Kühn XIX, 84, 16 sq.).
7 χυτρίδα] cf. GAL., Gloss., s.v. (C 24 supra, 104, 6 sq. = ed.
Kühn XIX, 155, 15).
17 φύλλα] cf. GAL., Gloss., s.v. (C 23 supra, 104, 1 sq. = ed.
Kühn XIX, 153, 11).

1 προσβαλεῖν Jouanna¹ : προσβάλειν θ προσβαλέειν Μ ‖ σφόνδυλον θΜΗᵃR : σπόνδυλον I edd. ab Ald. ‖ 2 ἔπειτα θΜ : ἐπὶ τὰ
καὶ ἐπὶ τὰ Littré ‖ ἐν secl. Ermerins ‖ post παρὰ τὸ οὖς add.
τιθέναι IHᵃᵃR edd. ante Littré ‖ 3 alt. καὶ om. Μ ‖ ἀποσφίγξῃ θΜ :
ἀποσφίγξῃς I edd. ab Ald. ἀποσφίζῃ Ηᵃ ἀποσφύζῃ ΗᵃᵃR ἀποσκίμψῃς Foes¹ (s.v. Ἀποσκήψεις) Foes² (n. 54) e GAL., Gloss.
fort. recte ‖ σικύην Μ : σικυώνην θ ‖ 4 προσκεῖσθαι θ : προσ-
καίεσθαι Μ ‖ αὐτὸν θΜᶜᵒʳʳ (-υτο- in ras.) ‖ 5 λίτρῳ Μ : λίτρον θ ‖
ὀριγάνῳ καὶ καρδάμου σπέρματι Μ : καρδάμου σπέρμα καὶ ὀριγάνῳ θ ‖ 6 ἰσόχοον θΜ : ἰσόχουν Jouanna¹ ‖ 8 καὶ — ἐπίθημα
om. Μ ‖ 10 ἴῃ θ : ἔῃι Μ ‖ 13 σιηγόνια θ : σιαγόνια Μ ‖
14 ποιεῖν Jouanna¹ : ποιέειν θΜ ‖ καὶ πήγανον om. Μ ‖
15 θύμβρην Jouanna¹ : οὔμβραν (<ΘΥΜΒΡΑΝ) θ θύμβραν Μ ‖
17 τούτῳ θ (cf. jam Foes² [n. 56]) : τοῦτο Μ.

le malade prendra ce gargarisme. Si les glaires continuent à adhérer, prenez une baguette de myrte que
vous effeuillerez ; recourbez le bout flexible de la
baguette, enveloppez-le de laine moelleuse, et, en
regardant dans la gorge, nettoyez soigneusement
les glaires. 5 Si le ventre ne se relâche pas, donnez-lui
un suppositoire ou un lavement[1]. 6 Pour potage, il
prendra de la décoction d'orge mondé ; après quoi,
il boira de l'eau. 7 Si un gonflement fait éruption,
et si ce gonflement se forme à la poitrine, est rouge et
brûlant, les chances de salut sont plus nombreuses[2].
Voici en ce cas le traitement : quand l'inflammation[3]
s'est tournée vers l'extérieur, faites une application
avec des bettes que vous aurez plongées dans de l'eau
froide ; le malade fera des gargarismes tièdes et
supprimera les bains. 8 C'est en suivant ce traitement
qu'il a le plus de chances d'en réchapper. Mais la
maladie est mortelle, et peu de gens en réchappent.

XXVII (XVI). 1 Autre angine. Il y a fièvre, la
tête est prise de douleur ; la gorge s'enflamme ainsi
que la zone maxillaire. Le malade ne peut pas avaler
sa « salive » ; ses crachats sont épais et abondants ;
il parle difficilement. 2 Quand le malade présente
ces symptômes, tout d'abord, mettez une ventouse
comme dans le cas précédent[4]. Ensuite, appliquez une
éponge que vous aurez trempée dans de l'eau chaude
sur le cou et la zone maxillaire. Comme gargarisme,

---

1. D'après le *Régime dans les maladies aiguës*, c. 6, Littré II,
266, 7 (= Joly c. 19, 44, 12), il est clair que le suppositoire
(βάλανος) est un évacuant moins énergique que le lavement
et que le choix entre ces deux modes de traitement dépend de
l'état du malade ; s'il est fort, on prescrira le lavement, s'il est
faible, le suppositoire. Comp. *Mal. II 2*, c. 41 (c. 30), 173, 11 ;
c. 55 (c. 44), 194, 7 ; et c. 67 (c. 56), 206, 15 sq. ; cf. aussi *Mal. III*,
c. 14, Littré VII, 134, 21 sqq.
2. Même pronostic dans *Aphorismes* VII, 49, Littré IV, 590,
12 sq. (= Jones IV, 204, 5-7) : « chez un malade atteint d'angine,
quand il survient du gonflement et de la rougeur à la poitrine,
c'est bon signe, car la maladie se tourne au dehors ».

ἀναγαργαριζέτω · ἢν δὲ τὸ σίελον ἴσχηται, μύρτου λαβὼν
ῥάβδον, λείην ποιήσας αὐτήν, ἐπικάμψας τὸ ἄκρον τὸ
ἁπαλὸν τῆς ῥάβδου, κατειλίξας εἰρίῳ μαλθακῷ, καθορῶν
ἐς τὴν φάρυγγα, τὸ σίελον ἐκκαθαίρειν · 5 καὶ ἢν ἡ γαστὴρ
5 μὴ ὑποχωρῇ, βάλανον προστιθέναι ἢ ὑποκλύζειν · 6 ῥυμφανέτω δὲ τὸν χυλὸν τῆς πτισάνης καὶ ὕδωρ ἐπιπινέτω.
7 Ἦν δέ οἱ οἴδημα ἐκθύῃ καὶ οἰδίσκηται πρὸς τὰ στήθεα
καὶ ἐρυθρὸν ᾖ καὶ καίηται, ἐλπίδες πλέονες σωτηρίης ·
ποιεῖν δέ οἱ τάδε · ἐπὴν ἔξω τράπηται τὸ φλέγμα, σεῦτλα
10 ἐμβάπτων ἐς ὕδωρ ψυχρὸν προστιθέναι · ἀναγαργαριζέτω
δὲ χλιεροῖσι καὶ ἀλουτείτω. 8 Ταῦτα ποιέων μάλιστ' ἂν
ἐκφυγγάνοι. Ἡ δὲ νοῦσος θανατώδης, καὶ ἐκφυγγάνουσιν
ὀλίγοι.

XXVII (XVI). 1 Ἑτέρη κυνάγχη · πυρετὸς καὶ ὀδύνη
15 λαμβάνει τὴν κεφαλὴν καὶ ἡ φάρυγξ φλεγμαίνει καὶ τὰ
σιηγόνια, καὶ τὸ σίελον καταπίνειν οὐ δύναται, πτύει δὲ
παχὺ καὶ πολλὸν καὶ φθέγγεται χαλεπῶς. 2 Ὅταν οὕτως
ἔχῃ, πρῶτον μὲν σικύην προσβαλεῖν τὸν αὐτὸν τρόπον
ὥσπερ τῷ πρόσθεν · ἔπειτα προσίσχειν σπόγγον βρέχων ‖
20 ἐν ὕδατι θερμῷ πρὸς τὸν τράχηλον καὶ τὰ σιηγόνια · ἀναγαρ- 44

Test. 7-9. Cf. *Aph.* VII, 49 (ed. Littré IV, 590, 12 sq. =
Jones IV, 204, 5-7).
9 φλέγμα] cf. Gal., *Gloss.*, *s.v.* (C 21 *supra*, 103, 29 sqq. = ed.
Kühn XIX, 151, 16 sq.).
14 Ἑτέρη — 163, 13 ἔμπυον] vide Test. ad c. 26 (c. 15), 159, 9.

---

1 σίελον Jouanna¹ : σίαλον ΘΜ ‖ 2 λείην Μ : λίην θ ‖ 3 κατειλίξας Μ : κατελίξας θ ‖ 4 φάρυγγα Μ : φάρυγα θ ‖ σίελον θ :
σίαλον Μ ‖ 5 ὑποχωρῇ Jouanna¹ : ὑποχωρέῃ ΘΜ ‖ 8 ἢ θ : ἔῃ Μ ‖
9 ποιεῖν Jouanna¹ : ποιεῖν ΘΜ ‖ σεῦτλα Ermerins : τεῦτλα ΘΜ ‖
10 ἐμβάπτων Μ : ἐνθάπτων θ ‖ προστιθέναι Μ : προστιθέτω θ ‖
11 χλιεροῖσι Jouanna¹ : χλιαροῖσι ΘΜ ‖ ἀλουτείτω Jouanna¹ :
ἀλουτιτῶι θ ἀλουτεέτω Μ ‖ 16 σίελον Jouanna¹ : σίαλον ΘΜ ‖
18 πρῶτον θ : πρώτην Μ ‖ προσβαλεῖν Jouanna¹ : προσβάλειν θ προσβαλέειν Μ ‖ 20 σιηγόνια θ : σιαγόνια Μ.

donnez-lui la préparation faite avec les feuilles, chauffée au soleil[1] ; comme boisson, donnez-lui du mélicrat allongé d'eau ; et comme potage, obligez-le à prendre de la décoction d'orge mondé. **3** Si malgré ce traitement, les glaires demeurent, faites-lui prendre la même inhalation que dans la maladie précédente. **4** Si l'inflammation se tourne vers la poitrine ou vers le cou, avec des bettes ou des courges que vous aurez découpées et plongées dans de l'eau froide, faites une application ; et le malade boira tiède pour faciliter au mieux l'expulsion des glaires. Quand le gonflement se manifeste à la poitrine, plus de gens en réchappent[2]. **5** Mais si, après disparition[3] de l'inflammation de la gorge et des gonflements, la maladie se tourne vers le poumon, alors, il y a fièvre et douleur au côté, et, généralement, le malade alors meurt, quand cela se produit. S'il passe le cap de cinq jours, il devient empyématique, à moins que la toux ne le prenne

---

1. L'auteur ne précise pas la composition de ce gargarisme à base de feuilles ; il renvoie sans doute implicitement aux plantes qui entrent dans la composition du gargarisme au chapitre précédent (origan, rue, sarriette, céleri et menthe) ; cf. τὰ φύλλα en 160, 17. Même gargarisme au c. 29 (c. 18), 165, 5 et c. 30 (c. 19), 165, 12. Pour la forme ἐλειθερές (*vel* ἐλειθερές ?), voir *Archéologie...*, p. 21-22. Cette forme (non accentuée dans **θ**) devait être également lue par Galien ; la vulgate de Galien donne la forme εἰληθερές (comp. εἰληθερές donné dans notre passage par Littré) ; mais M, le manuscrit le plus ancien, qui n'avait pas été collationné, donne ελιθερές (voir *supra*, p. 95 sq.) ; or seule une glose en ελ- convient pour l'ordre alphabétique des gloses. Comp. Hésychius *s.v.* ἐλειθερεῖ et voir c. 30 (c. 19), 165, 12.

3. Le manuscrit **θ** a conservé à plusieurs endroits des traces du participe parfait féminin en -οῖα/-οίης que les grammairiens affirment être une caractéristique ionienne ; voir H. W. Smyth, *The Sounds and Inflections of the Greek Dialects. Vol. 1 : Ionic*, Oxford, 1894, p. 500 sq. La forme καθεστηκοίης, rétablie par V. Langholf à partir de la leçon de **θ**, est vraisemblablement la *lectio difficilior*.

γαρίζειν δὲ διδόναι τὸ ἀπὸ τῶν φύλλων ἐλειθερές · πίνειν
δὲ διδόναι μελίκρητον ὑδαρές · ῥυμφάνειν δὲ ἀναγκάζειν τὸν
χυλὸν τῆς πτισάνης. 3 Ἢν δέ οἱ τὸ σίελον ταῦτα ποιέοντι
μὴ ἴῃ, πυριᾶν τὸν αὐτὸν τρόπον ὥσπερ ἐν τῇ πρόσθεν.
5 4 Ἢν δέ οἱ ἐς τὰ στήθεα τράπηται ἢ ἐς τὸν τράχηλον τὸ
φλέγμα, σεῦτλα ἢ κολοκύντας καταταμών, ἐσβαλὼν ἐς
ὕδωρ ψυχρόν, ἐπιτιθέναι · καὶ πινέτω χλιερὸν ὅπως τὸ
σίελον εὐπετέστατα ἀποχρέμπτηται · ὅταν δ᾽ ἐξοιδήσῃ ἐς
τὰ στήθεα, πλεῦνες ἐκφεύγουσιν. 5 Ἢν δέ, τῆς φάρυγγος
10 καθεστηκοίης καὶ τῶν οἰδημάτων, τρεφθῇ ἐς τὸν πλεύμονα
ἡ νοῦσος, πυρετὸς ἐπ᾽ οὖν ἔλαβε καὶ ὀδύνη τοῦ πλευροῦ,
καὶ ὡς ἐπὶ τὸ πολλὸν ἀπ᾽ οὖν ἔθανεν, ἐπὴν τοῦτο γένηται ·
ἢν δ᾽ ὑπεκφύγῃ ἡμέρας πέντε, ἔμπυος γίνεται, ἢν μή μιν

Test. 1 ἐλειθερές] cf. Gal., Gloss., s.v. (B 5 supra, 95, 38-
96, 2 = ed. Kühn XIX, 97, 5).
6 φλέγμα] vide supra, 161, 9.
9 Ἢν — 13 γίνεται] cf. Aph. V, 10 (ed. Littré IV, 534, 13 -
536, 2 = Jones IV, 158, 25 sqq.) et Coac., 361 (ed. Littré V, 660,
18-21).

1 τὸ — 2 διδόναι om. M edd. ante Littré ‖ 1 ἀπὸ Littré : δεο
(<ΑΠΟ ?) θ ‖ ἐλειθερές Jouanna¹ : ελειθερες θ : εἰληθερές Littré ‖
3 σίελον Jouanna¹ : σίαλον θM ‖ 4 ἴῃ Jouanna¹ : ηι θ ἐη
MHᵃ ἐξίη IRᶜᵒʳʳ edd. ‖ 5 τράπηται M : τρέπηται θ ‖ 6 σεῦτλα
Ermerins : τεῦτλα θM ‖ καταταμών M : καταμων θ ‖ ἐσβαλὼν
θMHᵃ : ἐμβαλὼν IHᵃ²R edd. ab Ald. ‖ 7 ψυχρόν Corn. (Vind.
Lat. frigidam) Littré Fredrich : χλιαρόν θM ‖ ἐπιτιθέναι Jouanna¹ : ἐπιρυμφανέτω θM ἐπιτιθέσθω Littré προστιθέτω Fredrich
ἐπιρριπτέτω Corn. (Vind.) ‖ χλιερὸν Jouanna¹ : ψυχρὸν θM ‖
8 σίελον Jouanna¹ : σίαλον θM ‖ 9 πλεῦνες θMᶜᵒʳʳ (-λ- e
corr.) : ἀντὶ τοῦ πλείονες Mᵐᵍ ‖ ἐκφεύγουσιν θ : -σι M ‖ φάρυγγος M : φάρυγος θ ‖ καθεστηκοίης Langholf : καθεστηκοῖας θ
καθεστηκύης M καθεστηκυίης IHᵃR edd. ab Ald. ‖ πλεύμονα θ :
πνεύμονα M ‖ 11 ἐπ᾽ οὖν ἔλαβε Ermerins : ἐπουνελαβε θMHᵃ
ἐπανέλαβε IHᵃ²R edd. ab Ald. ‖ τοῦ πλευροῦ θM : τὸ πλευρὸν
prop. Jouanna¹ ‖ 12 πολλὸν Jouanna¹ : πουλὺ θ πολὺ M ‖ ἀπ᾽
οὖν ἔθανεν Jouanna¹ : ἀπουνεθανεν θ ἀπέθανεν M ‖ 13 ὑπεκφύγῃ
θ : ὑπερφύγῃ M ‖ πέντε θM : ἑπτά Aph. Coac. ‖ ἔμπυος θ :
ἔμπυρος M.

aussitôt ; si elle le prend, il expectore sans peine, évacue les impuretés et guérit[1]. **6** Dans un tel cas, tant que la douleur se fait sentir au côté, échauffez doucement le côté et administrez exactement les mêmes soins que dans le cas de la péripneumonie[2]. S'il passe le cap des cinq jours, que la fièvre se relâche et que la toux survienne, pendant les premiers jours, il ne prendra que des potages. Puis, quand il commence à passer à l'alimentation solide, il prendra des aliments aussi gras et aussi salés que possible[3]. Mais si la toux ne vient pas et si vous constatez qu'il devient empyématique, après le repas du soir, au moment de se coucher, il mangera de l'ail cru en aussi grande quantité que possible, et par-dessus boira du vin généreux, assez peu mélangé. Si, de cette façon, le pus fait éruption, c'est parfait[4] ; sinon, le lendemain, après un bain chaud, donnez-lui des fumigations[5] ; et si le pus fait éruption, soignez comme dans le cas de l'« empyème[6]. »

XXVIII (XVII). **1** Autre angine. Il y a inflammation de la partie postérieure de la langue et de l'isthme de la gorge[7] ; le malade ne peut pas avaler sa « salive », ni rien d'autre ; si on l'y force, cela ressort par ses narines. **2** Quand le malade présente ces symptômes,

---

1. Comp. *Aphorismes* V, 10 (vide *Test.*) : « ceux qui échappent à l'angine et chez qui le mal se porte sur le poumon, meurent en sept jours ; s'ils passent ce terme, ils deviennent empyématiques », et *Prénotions coaques*, 361 (vide *Test.*) : « quand l'angine se porte sur le poumon, les uns meurent dans les sept jours, les autres échappent, deviennent empyématiques, s'il ne survient pas chez eux une expectoration pituiteuse ». La prénotion coaque, plus complète que l'aphorisme, est très proche de notre passage ; entre ces deux textes et *Mal. II* **2**, il y a une légère différence concernant le pronostic (sept jours au lieu de cinq) ; voir *supra*, p. 87.
2. La péripneumonie est exposée au c. 47 a (c. 36 a), 178, 8 sqq.
3. Le régime gras et salé est destiné à favoriser l'évacuation du poumon ; comp. par ex. c. 47 a (c. 36 a), 179, 14 et c. 47 b (c. 36 b), 180, 15.
4. Pour l'aposiopèse, voir *supra*, p. 150, n. 2.

βὴξ ἐπιλάβῃ αὐτίκα · ἢν δ᾽ ἐπιλάβῃ, ὑποχρεμψάμενος καὶ
ἀποκαθαρθείς, ὑγιὴς γίνεται. 6 Τοῦτον, ἔστ᾽ ἂν μὲν ἡ
ὀδύνη τὸ πλευρὸν ἔχῃ, χλιαίνειν τὸ πλευρὸν καὶ προσφέρειν ὅσα περ εἰ περιπλευμονίη ἔχοιτο · ἢν δ᾽ ὑπεκφύγῃ
5 τὰς πέντε ἡμέρας καὶ ὁ πυρετὸς ἀνῇ, ἡ δὲ βὴξ ἔχῃ, τὰς
μὲν πρώτας ἡμέρας ῥυφήμασι διαχρῆσθαι · ἐπὴν δὲ τῶν
σιτίων ἄρξηται, ὡς λιπαρώτατα καὶ ἁλυκώτατα ἐσθίειν ·
ἢν δέ οἱ ἡ βὴξ μὴ ᾖ, ἀλλὰ γινώσκῃς ἔμπυον γινόμενον,
δειπνήσας, ἐπὴν μέλλῃ καθεύδειν, σκόροδα ὠμὰ τρωγέτω
10 ὡς πλεῖστα καὶ ἐπιπινέτω οἶνον οἰνώδεα ἀκρητέστερον ·
καὶ ἢν μὲν οὕτως οἱ ῥαγῇ τὸ πύον · εἰ δὲ μή, τῇ ὑστεραίῃ
λούσας θερμῷ θυμιῆσαι καὶ ἢν ῥαγῇ, ἰᾶσθαι ὥσπερ
ἔμπυον. ‖

XXVIII (XVII). 1 Ἑτέρη κυνάγχη · φλεγμαίνει τοῦ- 46
15 πισθεν τῆς γλώσσης καὶ τὸ κλήϊθρον [τὸ ὑπὸ τῷ βρόγχῳ],
καὶ οὐ δύναται καταπίνειν τὸ σίελον οὐδ᾽ ἄλλο οὐδέν · ἢν
δ᾽ ἀναγκασθῇ, διὰ τῶν ῥινῶν οἱ ῥεῖ. 2 Ὅταν οὕτως ἔχῃ,

TEST. 14 Ἑτέρη — 164, 14 θανατώδης] vide TEST. ad c. 26
(c. 15), 159, 9.
15 κλήϊθρον] cf. GAL., Gloss., s.v. (B 12 supra, 97, 6 sq. = ed.
Kühn XIX, 112, 1-2).

---

1 pr. ἐπιλάβῃ Μ : λάβῃ θ ‖ post αὐτίκα 1 lit. eras. Μ ‖ alt.
ἐπιλάβῃ θ : ὑπολάβῃ Μ ‖ ὑποχρεμψάμενος θΜ : ἀποχρ- Ermerins ‖
2 τοῦτον θΜ : τούτῳ Ermerins ‖ 4 ὅσα περ — ἔχοιτο θ : ὅσα
περιπνευμονίη ἔχοιτο Μ ‖ δ᾽ Μ : δὲ θ ‖ ὑπεκφύγῃ Jouanna[1] : ὑπεκφύγοι θ ὑπερφύγῃ Μ ‖ 7 ἐσθίειν Μ : μεθιειν θ ‖ 8 οἱ ἡ θ : τοι Μ ‖
ᾖ θ : ἔῃ Μ ‖ 9 δειπνήσας Littré : δειπνήσαντα θΜ ‖ 10 ἐπιπινέτω
θ : ἐπινέτω Μ sed corr. Μ² (πι add. sl) ‖ 11 καὶ ἢν ΙΗ^{a²}R edd.
ab Ald. : ἢν θΜΗ^a ‖ εἰ θ : ἢν Μ ‖ ὑστεραίη θ : ὑστερ^{α΄}έ῾ηι Μ ‖
12 θυμιῆσαι Jouanna[1] : θυμιάσαι θ θυμιᾶσαι Μ ‖ ἰᾶσθαι θ : ἰῆσθαι
Μ ‖ 15 κλήϊθρον Jouanna[1] e GAL., Gloss. : κλῆθρον θ κλῄιθρον Μ ‖
τὸ ὑπὸ τῷ βρόγχῳ (βρόχῳ ΜΗ^aR) θΜΗ^aR : secl. Jouanna[1] τὸ
ὑπὸ τὸν βρόγχον (βρόχον I) IL Lind. Littré τὸ ὑπὲρ τὸν
βρόγχον Weigel (cf. Littré, app. crit. ad loc.) Ermerins ‖
16 σίελον Jouanna[1] : σίαλον θΜ ‖ ἄλλο θ : ἀλλ᾽ Μ ‖ 17 οἱ ῥεῖ θ
(cf. jam οἱ ῥέει Corn. [Bas.] E³) : οἰδεῖ Μ.

pilez de la menthe verte, du céleri, de l'origan, du nitre et du sumac rouge[1], délayez avec du miel ; faites-en un mélange épais ; passez cet onguent sur la langue[2], en dedans, à l'endroit du gonflement. Ensuite, faites bouillir des figues ; transvasez l'eau de cuisson ; pilez du sumac et délayez-en une petite quantité dans l'eau des figues. Avec cette préparation, s'il en a la force, il se gargarisera[3] ; sinon, il prendra un bain de bouche. Donnez-lui à boire de l'eau de farine grossière d'orge. Pour le traitement externe, mettez sur le cou et la zone maxillaire un cataplasme de farine de froment, bouillie dans du vin et de l'huile, au moment où elle est tiède[4] ; appliquez aussi des pains chauds. Car il se forme du pus dans la majorité des cas à l'isthme. **3** Si le pus fait éruption spontanément, le malade guérit ; s'il ne fait pas éruption, vérifiez en palpant avec le doigt si la partie est molle, attachez au doigt un bistouri pointu et piquez[5]. **4** Grâce à ce traitement, les malades guérissent[6]. Cette maladie est rarement mortelle.

XXIX (XVIII). **1** Si un grain de raisin se forme dans la gorge[7], l'extrémité de la luette se remplit d'eau ; elle devient, à son extrémité, arrondie et transparente[8], et elle empêche la respiration. Si en plus la zone maxillaire s'enflamme des deux côtés,

---

1. Le « sumac rouge » est le fruit du sumac des corroyeurs *Rhus coriaria* (cf. Dioscoride I, 108 ; Pline XXIV, 93), qui rougit en même temps que le raisin (cf. Théophraste, *Hist. Plant.* III, 18, 5 et Pline XIII, 55). Comp. *Nature de la femme*, c. 109, Littré VII, 428, 13 : « quand le fruit du sumac est rouge ». Il sert à assaisonner les plats (cf. Galien, éd. Kühn XII, 353, 3 et 922, 15 ; Dioscoride I, 108 ; Pline XXIV, 93). Mélangé avec le miel, c'est un médicament antiinflammatoire particulièrement pour les affections de la bouche et de la langue, comme c'est le cas ici (voir Galien, éd. Kühn XII, 922, 17 ; Dioscoride I, 108 et Pline XXIV, 93). Le sumac rouge est assez fréquemment cité dans les traités gynécologiques (une dizaine de fois).

2. Le composé ἐσχρίειν « oindre » est un *hapax* absent des dictionnaires LSJ et Bailly. Pour ce composé, comp. ἐσαλείφειν, *Nature de la femme*, c. 9, Littré VII, 324, 16.

8. Autre sens possible : « enflammée » ; cf. διαφῆναι au c. 47 b (c. 36 b), 181, 1.

τρίψας μίνθην χλωρὴν καὶ σέλινον καὶ ὀρίγανον καὶ
λίτρον καὶ τῆς ῥόου τῆς ἐρυθρῆς, μέλιτι διείς, παχὺ
ποιέων, ἐσχρίειν τὴν γλῶσσαν ἔσωθεν ᾗ ἂν οἰδῇ · ἔπειτα
ἀναζέσας σῦκα, ἀποχέας τὸ ὕδωρ, τρίψας τῆς ῥόου,
5 ὀλίγην διεῖναι τῷ συκίῳ · τούτῳ, ἢν δύνηται, ἀναγαργαρίζειν, ἢν δὲ μή, διακλύζεσθαι · πίνειν δὲ διδόναι τὸ ἀπὸ τῶν
κρίμνων ὕδωρ · ἔξωθεν δὲ τὸν αὐχένα καὶ τὰ σιηγόνια
καταπλάσσειν ἀλήτῳ ἐν οἴνῳ καὶ ἐλαίῳ ἔψοντα χλιερῷ
καὶ ἄρτους προστιθέναι θερμούς. Ἀποπυΐσκεται γὰρ ὡς τὰ
10 πολλὰ ἐν τῷ κληΐθρῳ. 3 Καὶ ἢν μὲν ῥαγῇ αὐτόματον,
ὑγιὴς γίνεται · ἢν δὲ μὴ ῥηγνύηται, ψηλαφήσας τῷ
δακτύλῳ ἢν μαλθακὸν ᾖ, σιδήριον ὀξὺ προσδησάμενος
πρὸς τὸν δάκτυλον τύψαι. 4 Ταῦτα ποιήσαντες ὑγιεῖς
γίνονται. Ἡ δὲ νοῦσος αὕτη ἥκιστα θανατώδης.

15 XXIX (XVIII). 1 Ἢν σταφυλὴ γένηται ἐν τῇ φάρυγγι,
ἐμπίμπλαται ἄκρος ὁ γαργαρεὼν ὕδατος καὶ γίνεται
στρογγύλος τὸ ἄκρον καὶ διαφανής, καὶ ἐπιλαμβάνει τὴν
πνοιήν, καὶ ἢν φλεγμήνῃ τὰ σιηγόνια ἔνθεν καὶ ἔνθεν,

TEST. 5 συκίῳ] cf. GAL., *Gloss.*, *s.v.* συκίον (B 24 *supra*,
98, 27 sq. = ed. Kühn XIX, 142, 13).
15 Ἢν — 165, 6 λούεσθαι] cf. *Morb. II* 1, c. 10 (140, 14 sqq.) ;
Aff., c. 4 (ed. Littré VI, 212, 7-17 = Jouanna¹ 268, 3-12).

---

2 ἐρυθρῆς θ : ἐρυθρᾶς M ‖ 3 ἐσχρίειν Mack : ἐσχρίην θ ἐνχρίειν
M ἐγχρίειν IHᵃᶜᵒʳʳ (-γ- e corr. Hᵃ²) R edd. ab Ald. ‖ ᾗ om.
M ‖ οἰδῇ Jouanna¹ (οἰδέῃ I edd.) : οἰδέει θ ὠιδέει Mᶜᵒʳʳ ‖
4 ἀποχέας θ : ἀποζέσας M ‖ τὸ om. M ‖ 5 διεῖναι θ (cf. jam
Lind.) : διῆναι M ‖ ante τούτῳ add. καὶ Lind. ‖ ἢν Jouanna¹ : ἐὰν
θM ‖ 7 κρίμνων θ : κρήμνων M sed corr. M² ‖ 8 ἔψοντα θM :
ἔψων Jouanna¹ ‖ χλιερῷ Jouanna¹ : χλιαρῷ θM ‖ 10 κληΐθρῳ
Jouanna¹ : κληθρωι θ κλήϊθρῳ M ‖ 12 μαλθακὸν IHᵃ²R edd. ab
Ald. : μαλακὸν θMHᵃ ‖ 13 πρὸς τὸν edd. a Corn. (Bas.) : om. θ πρὸς
MHᵃIR ‖ τύψαι θ : τρίψαι MHᵃ τρῆσαι IHᵃ²R edd. ab Ald. ‖ ante
ταῦτα add. τοῖσι πλείστοισι θ τοῖς πλείστοισι MHᵃR om. I edd.
ab Ald. ‖ ποιήσαντες θ : ποιήσαντι M ‖ ὑγιεῖς Jouanna¹ :
ὑγείεες θ ὑγιέες M ‖ 15 ante ἢν add. σταφυλή M edd. ab Ald. ‖
16 ἐμπίμπλαται θ : ἐμπίπλαται M ‖ 18 σιηγόνια θ : σιαγόνια M.

le malade étouffe. **2** Si la luette est seule atteinte, sans qu'il y ait inflammation de la zone maxillaire, le malade risque moins de mourir. **3** Quand il présente ces symptômes, prenez la luette avec le doigt, pressez-la en haut contre le palais et coupez-en l'extrémité. Donnez ensuite en gargarisme la préparation faite avec les feuilles[1], le malade sucera de la farine de froment froide et boira par-dessus de l'eau ; il supprimera les bains.

XXX (XIX). **1** Si une amygdalite se produit[2], un gonflement se forme sous la mâchoire de chaque côté ; au toucher, on sent une dureté à l'extérieur ; la luette tout entière est enflammée[3]. **2** Quand le malade présente ces symptômes, en introduisant le doigt écartez les amygdales, et enduisez la luette de fleur de cuivre sèche[4] ; donnez en gargarisme la préparation faite avec les feuilles, chauffée au soleil[5]. Pour le traitement externe, appliquez à l'endroit du gonflement un cataplasme de farine d'orge non grillée[6], bouillie[7] dans du vin et de l'huile, au moment où elle est tiède. **3** Quand les tuméfactions, palpées de l'intérieur, vous paraissent être molles, percez-les avec un bistouri. Parfois même, la guérison des tuméfactions est spontanée.

---

1. Même dénomination du gargarisme qu'au c. 27 (c. 16), 162, 1 ; voir *supra*, p. 162, n. 1.
2. Dans la rédaction parallèle de *Mal. II* **1**, c. 11 (141, 9), ἀντιάδες désigne les amygdales ; il signifie ici « les amygdalites ». Le mot désignant un organe peut également désigner l'affection de cet organe ; cf. sur ce point R. Strömberg, *Theophrastes. Studien zur botanischen Begriffsbildung*, Diss. Göteborg, 1937, p. 188-190. Ce sens est beaucoup plus ancien que ne le laisse supposer le dictionnaire LSJ qui cite ce passage à tort sous le sens d'« amygdales ». Pour d'autres métonymies analogues dans la *Collection hippocratique*, voir V. Langholf, *Syntaktische Untersuchungen...*, p. 104.
3. L'inflammation de l'ensemble de la luette est à distinguer de l'inflammation décrite au c. 29 (c. 18), qui ne concernait que l'extrémité de la luette.

ἀποπνίγεται · 2 ἢν δὲ αὐτὸς ἐφ' ἑωυτοῦ γένηται, τούτων
μὴ φλεγμαινόντων, ἧσσον ἀποθνήσκει. 3 Ὅταν οὕτως
ἔχῃ, λαβὼν τῷ δακτύλῳ τὸν γαργαρεῶνα, ἄνω ἐς τὴν
ὑπερῴην ἀποπιέσας, διατα‖μεῖν ἄκρον · ἔπειτα διδόναι 48
5 ἀναγαργαρίζειν τὸ ἀπὸ τῶν φύλλων · λείχειν δὲ ἄλητον
ψυχρόν, καὶ ὕδωρ ἐπιπίνειν · καὶ μὴ λούεσθαι.

XXX (XIX). 1 Ἢν ἀντιάδες γένωνται, συνοιδεῖ ὑπὸ
τὴν γνάθον ἔνθεν καὶ ἔνθεν καὶ ψαυόμενον σκληρόν ἐστιν
ἔξωθεν καὶ ὁ γαργαρεὼν ὅλος φλεγμαίνει. 2 Ὅταν οὕτως
10 ἔχῃ, καθεὶς τὸν δάκτυλον, διωθεῖν τὰς ἀντιάδας, πρὸς δὲ
τὸν γαργαρεῶνα προσχρίειν ἄνθος χαλκοῦ ξηρόν · καὶ
ἀναγαργαρίζειν τῷ ἀπὸ τῶν φύλλων ἐλειθερεῖ · ἔξωθεν δὲ
καταπλάσσειν, ᾗ ἂν ἀποιδῇ, ὠμήλεσιν, ἐν οἴνῳ καὶ
ἐλαίῳ ἑψῶν, χλιερήν. 3 Ἐπὴν δέ σοι δοκέωσι τὰ φύματα
15 μαλθακὰ εἶναι ἔσωθεν ἀφασσόμενα, ὑποτύψαι μαχαιρίῳ ·
ἔνια δὲ καὶ αὐτόματα καθίσταται.

TEST. 7 Ἦν — 16 καθίσταται] cf. *Morb. II* **1**, c. 11 (141, 9 sqq.).
12 ἐλειθερεῖ] cf. HESYCH., *s.v.* (11, *supra*, 109, 10 = ed.
Latte II, 63, 72 et vide TEST. ad c. 27 (c. 16), 162, 1.
13 ὠμήλεσιν] cf. GAL., *Gloss., s.v.* (C 25, *supra*, 104, 12 sqq. =
ed. Kühn XIX, 156, 14 sqq.).
15 ἀφασσόμενα] cf. GAL., *Gloss., s.v.* (B 4 *supra*, 95, 32 sqq.
= ed. Kühn XIX, 87, 5).

---

1 αὐτὸς θ : αὐτὸ Μ ‖ 2 φλεγμαινόντων θ edd. ante Lind. :
φλεγμηνόντων ΜΗᵃΙR φλεγμηνάντων ΕQ' edd. a Lind. ‖ 4 διαταμεῖν θ (cf. jam διαταμέειν Portus) : διατεμέειν Μ ‖ 5 φύλλων
θΜ : φυλλίων vel φυλλείων prop. Littré coll. GAL., *Gloss., s.v.*
φύλλα et φύλλια ‖ 7 ante ἢν add. ἀντιάδες Μᵐᵍ edd. ab Ald. ‖
συνοιδεῖ Jouanna¹ : συνοιδέει θΜ ‖ 8 ἐστιν θΜ² : ἐστι Μ ‖
10 καθεὶς θ : καθεὶ Μ sed corr. Μ¹ (ς add. sl) ‖ διωθεῖν Jouanna¹ :
διωθέειν θΜ ‖ 12 ἀναγαργαρίζειν Μ : ἀναγαργαλίζειν θ ‖ ἐλειθερεῖ
Jouanna¹ : ελειος ῥεῖ (<ΕΛΕΙΘΕΡΕΙ) θ ελειθέρει Μ εἰλιθέρει
Μᶜᵒʳʳ (εἰ- et -ι- e corr. Μ²) ΗᵃR εἰλθέρει Ι εἰληθερεῖ Littré ‖
δὲ θ : τε Μ ‖ 13 καταπλάσσειν ᾗ Μ : καταπλασθείη (<ΚΑΤΑ-
ΠΛΑCCΕΙΝΗ) θ ‖ ἂν ἀποιδῇ Jouanna¹ : ἂν ἀποιδέη Μ ἀναπο-
δέη θ ‖ ὠμήλεσιν e GAL., *Gloss.* scripsi : ὠμήλυσιν θ ὠμήλᵒˡσιν
Μᶜᵒʳʳ (οι e corr. Μ²) ὠμήλεσιν Μ? (cf. 166, 5) ‖ 14 χλιερήν
Jouanna¹ : χλιαρήν θΜ ‖ 15 μαλθακὰ Jouanna¹ : μαλακὰ θΜ ‖
εἶναι om. θ ‖ 16 καθίσταται θ : καθίστασθαι Μ.

XXXI (XX). **1** Si une inflammation du dessous de la langue se produit[1], la langue enfle ainsi que la région sublinguale ; l'extérieur au toucher est dur ; le malade ne peut avaler sa « salive ». **2** Quand il présente ces symptômes, prenez une éponge que vous plongerez dans de l'eau chaude et appliquez ; avec de la farine d'orge non grillée, bouillie dans du vin et de l'huile, faites un cataplasme à l'extérieur, à l'endroit du gonflement[2]. Le malade se gargarisera avec la décoction de figues[3] et supprimera les bains. Quand le pus s'est bien formé, incisez. Parfois, l'éruption de pus se produit spontanément et la guérison a lieu sans incision[4] ; quand le pus s'est écoulé à l'extérieur, cautérisez en profondeur.

XXXII (XXI). **1** Si une inflammation se forme au palais[5], il y a un léger gonflement et du pus s'y produit. **2** Quand le malade présente ces symptômes, cautérisez la tuméfaction ; une fois que le pus sort, lavez ce qui peut rester, d'abord avec du nitre et de l'eau tiède, ensuite avec du vin ; une fois que vous avez bien lavé, pilez du raisin sec blanc sans les pépins, et appliquez à l'emplacement de la cautérisation ; une fois que le pus a fini de couler, le malade se lavera soigneusement la bouche avec du vin pur tiède ; et quand il s'apprête à prendre un aliment ou un potage, on placera une petite éponge (sur la cicatrice). **3** Voilà le traitement à appliquer jusqu'à la guérison.

---

1. Suivant le même processus qu'ἀντιάδες (voir *supra*, p. 165, n. 2), ὑπογλωσσίς désigne soit le dessous de la langue (*Mal. II* **1**, c. 11, 141, 9), soit l'inflammation de cette partie, ce qui est le cas ici. LSJ donne à tort le sens d'inflammation sublinguale aux deux passages.

2. Même cataplasme qu'au c. 30 (c. 19), 165, 12-14.

3. Les détails de la préparation de ce gargarisme ont été donnés au c. 28 (c. 17), 164, 4 sq.

4. Pour l'éruption spontanée (αὐτόματον) du pus, comp. c. 28 (c. 17), 164, 10 et c. 30 (c. 19) fin.

XXXI (XX). 1 Ἢν ὑπογλωσσὶς γένηται, ἡ γλῶσσα
οἰδίσκεται καὶ τὸ ὑποκάτω, καὶ τὸ ἔξω ψαυόμενον σκληρόν
ἐστι, καὶ τὸ σίελον καταπίνειν οὐ δύναται. 2 Ὅταν οὕτως
ἔχῃ, σπόγγον ἐς ὕδωρ θερμὸν ἐμβάπτων προστιθέναι καὶ
5 τὴν ὠμήλεσιν ἑψῶν ἐν οἴνῳ καὶ ἐλαίῳ καταπλάσσειν ἔξω
ᾖ ἂν ἀποιδῇ · ἀναγαργαρίζειν δὲ τῷ συκίῳ καὶ μὴ λούεσθαι ·
ἐπὴν δὲ διάπυον γένηται, τάμνειν · ἐνίοτε δὲ αὐτόματον
ἐκρήγνυται, καὶ καθίσταται οὐ τμηθέν · ἐπὴν δ᾽ ἔξω ἀπο-
πυήσῃ, διακαῦσαι.

10 XXXII (XXI). 1 Ἢν φλέγμα συστῇ ἐς τὴν ὑπερῴην,
ὑποιδεῖ καὶ ἐμπυΐσκεται. 2 Ὅταν οὕτως ἔχῃ, καίειν τὸ
φῦμα · ἐπὴν δ᾽ ἐξίῃ τὸ πύον, κλύζειν τὸ λοιπόν, πρῶτον μὲν
λίτρῳ καὶ ὕδατι χλιερῷ, ἔπειτα οἴνῳ · ἐπὴν δ᾽ ἐκκλύσῃς,
ἀσταφίδα τρίψας λευκήν, ἐξελὼν τὸ γίγαρτον, ἐντιθέναι
15 ἐς τὸ καῦμα · ἐπὴν δ᾽ ‖ ἐκρυῇ, οἴνῳ ἀκρήτῳ χλιερῷ διακλυ- 50
ζέσθω · καὶ ἐπὴν μέλλῃ ἐσθίειν τι ἢ ῥυμφάνειν, σπογγίον
ἐντιθέναι · 3 ταῦτα ποιεῖν ἔστ᾽ ἂν ὑγιὴς γένηται.

Test. 1 Ἢν — 9 διακαῦσαι] cf. Morb. II 1, c. 11 (141, 9 sqq.) ;
Aff., c. 4 (ed. Littré VI, 212, 6 sq. — Jouanna¹ 268, 1 sq.).
5 ὠμήλεσιν] vide Test. ad c. 30 (c. 19), 165, 13.
6 συκίῳ] vide Test. ad c. 28 (c. 17), 164, 5.
10 sq. Cf. Coac., 233 (ed. Littré V, 636, 2 sq.).
10 φλέγμα] vide supra, 161, 9.

---

1 ante ἢν add. ὑπογλωσσίς Μᵐᵍ edd. ab Ald. ‖ ὑπογλωσσὶς
Μ : ὑπὸ γλώσσης θ ‖ 3 σίελον Jouanna¹ : σίαλον θΜ ‖ 4-5 καὶ
τὴν ὠμήλεσιν Μᵞᵖᵐᵍ (e Gal., Gloss. ?) : καὶ τὴν ὠμήλυσιν θ καὶ
τὴν ὠμὴν λύσιν Μ ‖ 6 ἀποιδῇ Jouanna¹ : ἀποιδέῃ θ ἀποιδέει
Μ ‖ 7 διάπυον Μ : διάπαυον θ ‖ 8 ἐκρήγνυται Μ : ῥήγνυται θ ‖
δ᾽ θ : δὲ Μ ‖ 10 ἢν θ : ἢν δὲ Μ ‖ φλέγμα θΜ : φῦμα Lind. ‖
11 ὑποιδεῖ Jouanna¹ : ὑποιδέει θ ἀποιδέει Μ ‖ 13 χλιερῷ scripsi :
χλιαρῷ θΜ ‖ δ᾽ ἐκκλύσῃς θ apud Mack Ermerins : δὲ κλύσῃς θ
δὲ ἐκλύσῃ Μ δὲ ἐκκλύσῃ edd. a Corn. (Bas.) Eˢ ‖ 15 χλιερῷ
scripsi : χλιαρῷ θΜ ‖ 16 σπογγίον scripsi : σπόγγιον θΜ ‖ 17 ποιεῖν
scripsi : ποιέειν θΜ.

XXXIII (XXII). **1** Si un polype se forme dans la narine, au milieu du cartilage pend une protubérance semblable à la luette ; lors de l'expiration, la protubérance fait saillie au-dehors et elle est molle ; lors de l'inspiration, elle part en arrière ; le malade a une voix sourde, et quand il dort, il ronfle. **2** Quand le malade présente ces symptômes, en taillant une petite éponge, arrondissez-la en forme de pelote, entourez-la d'un fil de lin d'Égypte et rendez-la dure[1] ; son calibre doit être tel qu'elle s'adapte à la narine[2] ; attachez la petite éponge à un fil à quatre endroits ; pour la longueur, chacun des brins aura une coudée[3] ; ensuite, réunissez-les en un seul bout, prenez une verge d'étain fine munie d'un chas à l'une de ses extrémités, faites passer jusque dans la bouche la verge par son extrémité mince[4], et quand vous l'avez saisie, passez le fil dans le chas ; tirez (la verge) jusqu'à ce que vous saisissiez le bout (du fil) ; ensuite, placez un pied de biche[5] sous la luette, et tout en résistant (avec lui), vous tirez le fil jusqu'à ce que vous arrachiez le polype. **3** Quand vous l'avez extrait et que le sang a fini de couler, placez autour de la sonde[6] une compresse de lin fin sèche, et appliquez par tamponnement ; pour finir, faites bouillir de la fleur de cuivre[7] dans du miel, enduisez la compresse et introduisez-la dans le nez[8]. Et quand désormais la plaie se cicatrise, confectionnez-vous une tige de plomb[9] qui vous permette

---

1. Il n'est pas aisé de cerner avec précision la construction et le sens. Littré écrit et traduit : σπόγγιον καταταμὼν στρογγύλον καὶ ποιήσας οἷον σπεῖραν, κατειλίξαι κτλ. « coupez une rondelle d'éponge, faites-en une boule, et liez-la, etc. ». Ce texte de la vulgate (issu d'une innovation de I) ajoute un καὶ qui n'est pas dans les manuscrits anciens. En l'absence de ce καὶ ajouté, deux constructions sont possibles : στρογγύλον peut dépendre soit de καταταμὼν (attribut proleptique), soit de ποιήσας (comp. à la fin de la phrase ποιῆσαι σκληρόν). De toute manière σπεῖρα ne désigne pas une boule mais « un objet tordu ou arrondi » (cf. P. Chantraine, *DELG, s.v.*). L'éponge est tordue et enroulée (cf. οἷον σπεῖραν) pour former une boule compacte (cf. στρογγύλον). Si l'éponge doit être taillée, c'est pour obtenir une boule de la dimension de la narine (cf. la phrase suivante).

XXXIII (XXII). 1 Ἢν πώλυπος γένηται ἐν τῇ ῥινί, ἐκ
μέσου τοῦ χόνδρου κατακρέμαται οἷον γαργαρεών, καὶ
ἐπὴν ὤσῃ τὴν πνοιήν, προέρχεται ἔξω καὶ ἔστι μαλθακόν,
καὶ ἐπὴν ἀναπνεύσῃ, οἴχεται ὀπίσω, καὶ φθέγγεται σομφόν,
5 καὶ ἐπὴν καθεύδῃ, ῥέγκει. 2 Ὅταν οὕτως ἔχῃ, σπογγίον
καταταμών, στρογγύλον ποιήσας οἷον σπεῖραν, κατειλίξαι λίνῳ Αἰγυπτίῳ καὶ ποιῆσαι σκληρόν· εἶναι δὲ
μέγεθος ὥστ' ἐσαρτίζειν ἐς τὸν μυκτῆρα· καὶ δῆσαι τὸ
σπογγίον λίνῳ τετραχόθι· μῆκος δ' ἔστω ὅσον πυγονιαῖον
10 ἕκαστον· ἔπειτα ποιήσας αὐτῶν μίαν ἀρχήν, ῥάβδον
λαβὼν κασσιτερίνην λεπτὴν ἐκ τοῦ ἑτέρου κύαρ ἔχουσαν,
διείρειν ἐς τὸ στόμα τὴν ῥάβδον ἐπὶ τὸ ὀξύ, καὶ ἐπὴν λάβῃς,
διέρσας διὰ τοῦ κύαρος τὸ λίνον, ἕλκειν ἔστ' ἂν λάβῃς τὴν
ἀρχήν· ἔπειτα χηλὴν ὑποθεὶς ὑπὸ τὸν γαργαρεῶνα, ἀντε-
15 ρείδων, ἕλκειν ἔστ' ἂν ἐξειρύσῃς τὸν πώλυπον. 3 Ἐπὴν
δ' ἐκσπάσῃς καὶ παύσηται τὸ αἷμα ῥέον, περιθεὶς περὶ
τὴν μήλην ξηρὸν ὀθόνιον μοτώσαι, καὶ τὸ λοιπὸν ἀναζέσαι
τοῦ ἄνθους ἐν μέλιτι καὶ χρίων τὸν μοτὸν ἐντιθέναι ἐς
τὴν ῥῖνα· καὶ ἐπὴν ἤδη τὸ ἕλκος ἀλθαίνηται, μόλιβδον

TEST. 1 Ἢν — 168, 2 γένηται] cf. *Aff.*, c. 5 (ed. Littré VI, 214,
1-5 = Jouanna¹ 268, 20-23).
4 σομφόν] cf. GAL., *Gloss.*, *s.v.* στόμβον (B 23 *supra*, 98, 21 sq.
= ed. Kühn XIX, 141, 7).
11 κύαρ] cf. EROT., Frg. 58 (ed. Nachmanson 115, 16), GAL.,
Gloss., *s.v.* (C 10 *supra*, 101, 3 sq. = ed. Kühn XIX, 115, 12)
et HESYCH., *s.v.* (13 *supra*, 109, 20 sq. = ed. Latte II, 539, 52).
14 χηλὴν] cf. GAL., *Gloss.*, *s.v.* (B 27 *supra*, 99, 10 sq. = ed.
Kühn XIX, 155, 2 sq.).
19 ἀλθαίνηται] cf. GAL., *Gloss.*, *s.v.* ἀλθαίνειν (B 1 *supra*, 95,
13 sq. = ed. Kühn XIX, 75, 4).

---

1 πώλυπος θΜ : πώλυπος add. Mᵐᵍ ‖ 3 προέρχεται θ : προσέρ-
χεται Μ ‖ μαλθακόν θΜ : μαλθακός Ermerins ‖ 5 ῥέγκει θ :
ῥέγχει Μ ‖ σπογγίον scripsi : σπόγγιον Μ σπόγγον θ ‖ 6 στρογγύλον θ : στογγύλον Μ ‖ ante ποιήσας add. καὶ ΙΗᵃ²R edd. ab
Ald. ‖ 6-7 κατειλίξαι Μ : κατελειξαι θ ‖ 7 ποιῆσαι Μ : ποιήσας θ ‖
δὲ θΜ : δὲ δεῖ Ermerins ‖ 9 σπογγίον scripsi : σπόγγιον θΜ ‖
τετραχόθι Μ : τετραχόοι (<ΤΕΤΡΑΧΟΘΙ) θ ‖ 11 λεπτὴν Μ :
λαβὼν θ ‖ κύαρ θΜ : κύαρ· τὸ τῆς ῥαφίδος τρῆμα καὶ τὸ τῆς
κώπης τοῦ μύλου add. Mᵐᵍ ‖ 12 λάβῃς θ apud Mack : λάβῃ
θΜ ‖ 13 τὸ λίνον om. θ ‖ 15 τὸν θΜ¹ : τὸ Μ ‖ πώλυπον θΜ : -πουν
Μ² ‖ 16 ῥέον θΜ² : ῥέων Μ.

d'atteindre la plaie ; enduisez-la de miel[1], et appliquez jusqu'à la guérison.

XXXIV (XXIII). 1 Autre polype. Le nez se remplit de protubérances charnues, et au toucher la chair est dure ; le malade ne peut respirer par le nez. 2 Quand il présente ces symptômes, il faut introduire une canule dans le nez, et cautériser avec trois ou quatre ferrements[2] ; après la cautérisation, appliquez de l'ellébore noir[3] pilé finement ; et quand la chair s'est totalement mortifiée et s'est détachée, enduisez des compresses de lin avec du miel et de la fleur de cuivre, et appliquez. Quand la plaie se cicatrise, enduisez de miel les tiges de plomb et introduisez jusqu'à la guérison.

XXXV (XXIV). 1 Autre polype. Dans le côté interne du cartilage, une boule de chair fait saillie ; au toucher, elle est molle. 2 Quand le malade présente ces symptômes, prenez une corde de « nerf », faites avec elle une petite boucle[4], nouez avec un fil de lin fin passé tout autour, puis faites passer l'autre extrémité de la corde par la boucle, de façon à former une plus grande boucle ; ensuite, introduisez cette même extrémité dans le chas de la tige d'étain[5], puis introduisez la boucle dans le nez à l'aide de la sonde entaillée[6], placez la boucle autour du polype et serrez ; quand

---

1. L'emploi du miel pour soigner une blessure est à mettre en rapport avec l'ancien pouvoir « mythique » du miel qui a pour vertu d'entretenir la vie, selon F. Kudlien, *Der Beginn des medizinischen Denkens bei den Griechen...*, p. 102. Néanmoins le miel a un pouvoir bactéricide, comme le signale Mirko D. Grmek.

2. La canule est destinée à protéger les parties qu'il ne convient pas de cautériser ; les ferrements sont introduits dans la canule. Même procédé pour cautériser les hémorroïdes en *Hémorroïdes*, c. 6, Littré VI, 442, 8 sq. (= Joly 149, 17 sq.), où plus de détails sont donnés. Le mot employé d'ordinaire pour désigner une canule n'est pas σῦριγξ mais αὐλίσκος ; voir *Archéologie...*, p. 365, n. 5 pour d'autres emplois de la canule (αὐλίσκος) dans la *Collection hippocratique*. C'est du reste le terme αὐλός qui est employé plus bas au c. 47 b (c. 36 b), 181, 2 = canule dans la bouche pour une fumigation.

ποιησάμενος ὥς τοι καθίκη πρὸς τὸ ἕλκος, μέλιτι χρίων,
προστιθέναι ἔστ᾽ ἂν ὑγιὴς γένηται.

XXXIV (XXIII). 1 Ἕτερος πώλυπος· ἐμπίμπλαται ἡ
ῥὶς κρέασι, καὶ ψαυόμενον τὸ κρέας σκληρὸν γίνεται,
5 καὶ διαπνεῖν οὐ δύναται διὰ τῆς ῥινός. 2 Ὅταν οὕτως ἔχῃ,
ἐνθέντα χρὴ σύριγγα καῦσαι σιδηρίοισιν ἢ τρισὶν ‖ ἢ 52
τέσσερσιν· ἐπὴν δὲ καύσῃς, ἐμβάλλειν τοῦ ἐλλεβόρου τοῦ
μέλανος τρίψας λεῖον· καὶ ἐπὴν ἐκσαπῇ καὶ ἐκπέσῃ τὸ
κρέας, μοτοὺς τοὺς λινέους χρίων τῷ μέλιτι καὶ τῷ ἄνθει
10 ἐστιθέναι· ἐπὴν δ᾽ ἀλθαίνηται, τοὺς μολίβδους χρίων τῷ
μέλιτι ἐστίθει, ἔστ᾽ ἂν ὑγιὴς γένηται.

XXXV (XXIV). 1 Ἕτερος πώλυπος· ἔσωθεν τοῦ
χόνδρου προέχει κρέας στρογγύλον· ψαυόμενον δὲ μαλθακόν ἐστιν. 2 Ὅταν οὕτως ἔχῃ, χορδὴν λαβὼν νευρίνην,
15 βρόχον αὐτῆς σμικρὸν ποιήσας, κατειλίξαι λίνῳ λεπτῷ,
ἔπειτα τὴν ἀρχὴν τὴν ἑτέρην διεῖναι διὰ τοῦ βρόχου,
μέζονα ποιήσας τὸν βρόχον· ἔπειτα τὴν ἀρχὴν διεῖραι διὰ
τῆς ῥάβδου τῆς κασσιτερίνης· ἔπειτα ἐνθεὶς τὸν βρόχον
ἐς τὴν ῥῖνα τῇ μήλῃ τῇ ἐντετμημένῃ, περιτείνας περὶ τὸν

Test. 3 Ἕτερος — 4 γίνεται] cf. Aff., c. 5 (ed. Littré VI, 214,
1-5 = Jouanna¹ 268, 20-23).
10 ἀλθαίνηται] cf. Gal., Gloss., s.v. ἀλθαίνειν (B 1 supra,
95, 13 sq. = ed. Kühn XIX, 75, 4).
12 Ἕτερος — 169, 4 πρόσθεν] vide Test. ad c. 34 (c. 23), 168, 3.

---

1 καθίκη M : καοικηι (<ΚΑΘΙΚΗΙ) θ ‖ ante μέλιτι add. τοῦτον M ‖ 3 ἐμπίμπλαται θ : ἐμπίπλαται M ‖ 4 γίνεται θMHᵃ : φαίνεται IHᵃ²R edd. ab Ald. ‖ 6 ἐνθέντα χρὴ σύριγγα M : ἔνθεν τὰ
χρησυρίγγια θ (lege ἐνθέντα χρὴ συρίγγια) ‖ σιδηρίοισιν θM² :
-σι M ‖ τρισὶν θM² : -σὶ M ‖ 7 τέσσερσιν θ : τέσσαρσι M
τέσσαρσιν M² ‖ ἐλλεβόρου M : ἐλλ- θ ‖ 8 λεῖον om. M ‖ 9 λινέους
Lobeck apud Littré : λιμέους θ λιναίους M ‖ 12 ante τοῦ add.
ἐκ M ‖ 14 ἐστιν θM² : ἐστι M ‖ 15 αὐτῆς θ : αὐτῇ M ‖ 17 τὸν
M : τὸ θ ‖ 19 τῇ μήλῃ τῇ ἐντετμημένῃ θM : τῇ χηλῇ fort. legi
debet.

la boucle est en place tout autour, faites passer la tige jusque dans la bouche, saisissez et tirez suivant la même méthode, le pied de biche étant placé (sous la luette) comme point d'appui ; quand vous avez extrait le polype, traitez comme le cas précédent[1].

XXXVI (XXV). **1** Autre polype. Du côté interne, le long du cartilage, naît d'un point quelconque[2] une excroissance dure. Elle a l'apparence de la chair, mais quand on la touche, elle produit le même bruit qu'une pierre. **2** Quand le malade présente ces symptômes, fendez la narine avec un bistouri, nettoyez-la soigneusement, puis cautérisez ; cela fait, recousez la narine et soignez la plaie : enduisez d'onguent une compresse et appliquez-la[3] ; quand les tissus se sont complètement mortifiés, mettez en onguent la fleur de cuivre mélangée au miel ; cicatrisez avec la tige de plomb.

XXXVII (XXVI). **1** Autre (polype). À l'extrémité du cartilage poussent obliquement des espèces de chancres[4]. **2** Tout cela doit être cautérisé ; après la cautérisation, saupoudrez par-dessus de l'ellébore ; quand les tissus se sont mortifiés, nettoyez avec la fleur de cuivre mêlée au miel ; cicatrisez avec la tige de plomb.

XXXVIII (XXVII). **1** Ictère[5]. La surface du corps et le visage deviennent foncés, particulièrement aux parties à l'ombre ; les yeux sont verdâtres ainsi que le dessous de la langue ; les vaisseaux sous la langue

---

1. Les expressions « suivant la même méthode » (τὸν αὐτὸν τρόπον) et « comme le cas précédent » (ὥσπερ τὸν πρόσθεν) renvoient en fait au c. 33 (c. 22), 167, 13 sqq.

2. Ἀπό τευ signifie soit « d'un point quelconque », soit « pour une cause quelconque ».

3. La construction adoptée traditionnellement (cf. par ex. Littré « traitez la plaie en l'oignant avec l'onguent, mettez un linge ») ne paraît pas satisfaisante. Le complément de ἐναλείφων n'est pas ἕλκος, mais ῥάκος ; comp. c. 33 (c. 22), 167, 18 χρίων τὸν μοτὸν ἐντιθέναι et c. 34 (c. 23), 168, 9 sq. μοτοὺς τοὺς λινέους χρίων τῷ μέλιτι καὶ τῷ ἄνθει ἐστιθέναι. Τῷ χρίσματι introduit en asyndète le traitement de la plaie.

πώλυπον τὸν βρόχον, ἐπὴν περικέηται, διείρειν τὴν ῥάβδον
ἐς τὸ στόμα καὶ λαβὼν ἕλκειν τὸν αὐτὸν τρόπον, τῆς χηλῆς
ὑπερειδούσης · ἐπὴν δ᾽ ἐξελκύσῃς, ἰᾶσθαι ὥσπερ τὸν
πρόσθεν.

5   XXXVI (XXV). 1 Ἕτερος πώλυπος · ἔσωθεν παρὰ τὸν
χόνδρον ἀπό τευ σκληρὸν φύεται · δοκεῖ μὲν εἶναι κρέας,
ἢν δὲ ψαύσῃς αὐτοῦ, ψοφεῖ οἷον λίθος. 2 Ὅταν οὕτως
ἔχῃ, σχίσαντα τὴν ῥῖνα σμίλῃ ἐκκαθῆραι, ἔπειτα ἐπικαῦ-
σαι · τοῦτο δὲ ποιήσας, συρράψαι τὴν ῥῖνα, καὶ ἰᾶσθαι
10   τὸ ἕλκος · τῷ χρίσματι ἐναλείφων ῥάκος ἐντιθέναι · καὶ
ἐπὴν περισαπῇ, ἐγχρίειν τὸ ἄνθος τὸ ἐν τῷ μέλιτι ·
ἀλθίσκειν δὲ τῷ μολίβδῳ.

XXXVII (XXVI). 1 Ἕτερος · φύεται ἐκ πλαγίου τοῦ
χόνδρου ἐν ἄκρῳ οἷον καρκίνια · 2 πάντα ταῦτα καίειν
15   χρή · ὅταν δὲ καύσῃς, ἐμπάσαι τοῦ ἐλλεβόρου · ἐπὴν δὲ
σαπῇ, καθαίρειν τῷ ἄνθει τῷ σὺν τῷ μέλιτι · ἀλθίσκειν δὲ
τῷ μολίβδῳ. ||

XXXVIII (XXVII). 1 Ἴκτερος · ἡ χροιὴ μέλαινα 54
γίνεται καὶ τὸ πρόσωπον, μάλιστα δὲ τὰ ἐσκιασμένα, καὶ
20   οἱ ὀφθαλμοὶ χλωροὶ καὶ ἡ γλῶσσα κάτωθεν, καὶ αἱ φλέβες

Test. 5 Ἕτερος — 12 μολίβδῳ] vide Test. ad c. 34 (c. 23), 168, 3
12 ἀλθίσκειν] cf. Gal., Gloss., s.v. (Β 2 supra, 95, 22 = ed.
Kühn XIX, 75, 6).
13 Ἕτερος — 17 μολίβδῳ] vide Test. ad c. 34 (c. 23), 168, 3
16 ἀλθίσκειν] vide Test. ad c. 36 (c. 25), 169, 12.

---

1 πώλυπον θΜ : πώλυπουν Μ² || περικέηται Μ (cf. jam Foes²,
n. 78) : περικαίηται θ || διείρειν Μ (cf. jam Foes², n. 78) : διαί-
ρειν θ || τὴν ῥάβδον om. θ || 3 ἰᾶσθαι θ : ἰῆσθαι Μ || 6 δοκεῖ
scripsi : δοκέει θΜ || 7 ψοφεῖ scripsi : ψοφέει θΜ || 9 συρράψαι
Μ : συνρ- θ || ἰᾶσθαι θ : ἰῆσθαι Μ || 10 ῥάκος Μ : ῥάκκος θ || ἐντι-
θέναι θΜ : ἐντιθείς Ermerins || 11 ἐγχρίειν Μ : ἐνχ- θ ||
12 ἀλθίσκειν θΜ² (λ in ras.) || 15 ἐλλεβόρου Μ : ἐλλ- θ || 19 καὶ
τὸ θΜ : κατὰ τὸ Corn. (Vind.) κατὰ L Lind.

sont gros et noirs ; le malade n'a pas de fièvre ; il émet
une urine épaisse et bilieuse. **2** Quand le malade
présente ces symptômes, commencez par inciser les
vaisseaux sous la langue ; puis donnez-lui un bain
dans beaucoup d'eau chaude, et faites boire à jeun
la préparation de racines d'asphodèle[1] : nettoyez et
faites cuire dans du vin une dose de cinq racines ;
ajoutez-y une poignée pleine de feuilles de céleri et
versez par-dessus trois demi-cotyles éginètes[2] de
vin doux ; faites cuire jusqu'à ce qu'il ne reste qu'une
demi-cotyle. Mélangez le tout et donnez-lui à boire
par sixièmes[3]. Une fois que l'urine flue, le malade
usera d'aliments évacuants, et croquera après le repas
des pois chiches blancs[4] ; il boira en grande quantité
du vin blanc allongé d'eau ; il croquera après le repas
du céleri et des poireaux. Il suivra ce régime durant
sept jours. S'il paraît[5] que dans cet intervalle la surface
de son corps s'est éclaircie de façon satisfaisante, c'est
parfait[6] ; sinon, il prolongera ce régime pendant trois
autres jours. Puis, après une interruption du traitement
pendant un ou deux jours, appliquez un évacuant
dans les narines ; puis faites boire un évacuant par
le bas qui le débarrassera de la bile, et s'il n'est pas
fragile de la rate[7], faites-lui boire par-dessus du lait
d'ânesse ou du petit-lait. **3** En suivant ce traitement,
le malade guérit.

XXXIX (XXVIII). **1** Autre ictère. Le malade est pris
d'une fièvre légère et de lourdeur de tête. Dans certains

---

1. En dehors de ce passage, l'asphodèle n'est prescrit que deux
autres fois dans la *Collection* : *Affections internes*, c. 30, Littré
VII, 246, 12 (grain d'asphodèle pour diminuer la rate gonflée de
bile) ; *Plaies*, c. 22, Littré VI, 426, 21 (racines d'asphodèle pilées
dans du vin pour les brûlures). Il s'agit ici d'une potion diurétique. Dioscoride (II, 169, ed. Wellmann I, p. 235, 4) mentionne les
propriétés diurétiques de la racine d'asphodèle ; cf. aussi Pline,
XXII, 70.
6. Pour l'aposiopèse, voir *supra*, p. 150, n. 2.

αἱ ὑπὸ τῇ γλώσσῃ παχέαι καὶ μέλαιναι, καὶ ἄπυρος
γίνεται, καὶ οὐρεῖ παχὺ χολῶδες. 2 Ὅταν οὕτως ἔχῃ,
πρῶτον μὲν τὰς φλέβας τὰς ὑπὸ τῇ γλώσσῃ ἀποσχᾶν,
ἔπειτα λούοντα πολλῷ καὶ θερμῷ, διδόναι πίνειν νήστει
5 τοῦ ἀσφοδέλου τὰς ῥίζας, ἀποκαθαίρων, ἑψῶν ἐν οἴνῳ
ὅσον πέντε ῥίζας καὶ σέλινα συμμίξας ὅσον χεῖρα πλήρεα
τῶν φύλλων · ἐπιχεῖν δὲ οἴνου γλυκέος τρία ἡμικοτύλια
Αἰγιναῖα καὶ λείπειν ἡμικοτύλιον · τοῦτο κιρνάς, ⟨καθ᾽⟩
ἕκτον αὐτῷ διδόναι πίνειν. Ἐπὴν δὲ οὐρήσῃ, σιτίοισι
10 χρήσθω διαχωρητικοῖσι, καὶ μετὰ τὸ σιτίον ἐρεβίνθους
λευκοὺς τρωγέτω καὶ πινέτω οἶνον λευκόν, πολλόν,
ὑδαρέα, καὶ σέλινα τρωγέτω ἐπὶ τῷ σιτίῳ καὶ πράσα.
Ποιείτω δὲ ταῦτα ἑπτὰ ἡμέρας, καὶ ἢν μέν οἱ δοκῇ ἐν ταύτῃσιν ἡ χροιὴ κεκαθάρθαι ἐπιεικέως · ἢν δὲ μή, ἑτέρας τρεῖς
15 ταῦτα ποιείτω · μετὰ δέ, ἐπισχὼν μίαν ἢ δύο ἡμέρας,
πρόσθες φάρμακον πρὸς τὰς ῥῖνας · μετὰ δέ, φάρμακον
πῖσον κάτω, ὑφ᾽ οὗ χολὴν καθαρεῖται, καὶ ἢν μὴ σπληνώδης
ᾖ, ὄνου γάλα ἢ ὀρὸν μετάπισον. 3 Ταῦτα ποιέων ὑγιὴς
γίνεται.

20 XXXIX (XXVIII) 1 Ἕτερος ἴκτερος · πυρετὸς λαμβά- 20
νει βληχρὸς καὶ τὴν κεφαλὴν βάρος · καὶ οἱ πυρετοὶ ἐπαύ-

TEST. 20 Ἕτερος — 171, 8 γίνεται] cf. Aff. int., c. 37 (ed. Littré
VII, 258, 18 - 260, 6 = Jouanna¹ 218, 1 - 220, 9) ; Morb. III,
c. 11 (ed. Littré VII, 130, 17 - 132, 4 = Jouanna¹ 382-384).

---

1 παχέαι scripsi : παχεες θ παχεῖαι Μ ‖ 2 οὐρεῖ scripsi :
οὐρέει θΜ ‖ 3 γλώσσῃ Μ : γλώσσης θ ‖ 6 pr. ὅσον θ : ἴσον
Μ ‖ συμμίξας edd. ab Ald. : συμμίξαι θΜᵃΙR ‖ πλήρεα Μ :
πλήρη θ ‖ 8 λείπειν Μ : λιπειν θ ‖ καθ᾽ addidi ‖ 9 ἕκτον θΜ²
(ο e corr. Μ² -ω- Μ) ‖ 11-12 πολλόν, ὑδαρέα scripsi : πολύν,
ὑδαρέα Μ ὑδαρέα, πολύν θ ‖ 13 ποιείτω θ : ποιεέτω Μ ‖ οἱ
θΜ : σοι Ald. ‖ δοκῇ scripsi : δοκέη θΜ ‖ 13-14 ταύτῃσιν θ :
-σι Μ ‖ 14 κεκαθάρθαι (ε e corr.) Μ¹ vel Μ² ‖ ἐπιεικέως scripsi :
ἐπιεικῶς θΜ ‖ τρεῖς Μ : τρὶς θ ‖ 15 ταῦτα θΜ : ταὐτὰ Ermerins ‖ ποιείτω θ : ποιέετω Μ¹ ‖ 17 πῖσον Μ : πῖσαι θ ‖ μὴ Mercurialis (vet. cod. et n. 14) θ apud Mack : μὲν θΜ.

14

cas, la fièvre cesse. Le malade devient verdâtre, surtout dans la région des yeux ; il est sans force et impuissant à mouvoir son corps ; il évacue une urine épaisse et verdâtre. **2** A ce malade, donnez un bain chaud et faites boire des diurétiques. Quand vous jugez qu'il est assez évacué et que son teint est meilleur, appliquez un évacuant dans les narines ; après quoi, faites boire un évacuant par le bas. Il prendra des aliments aussi émollients que possible ; il boira du vin blanc, doux, allongé d'eau. **3** S'il suit ce traitement, il guérit.

XL (XXIX). **1** Si le sujet souffre de la bile[1], la fièvre le prend et le quitte chaque jour, atteignant son maximum au milieu de la journée ; la bouche du malade est amère ; quand il est à jeun, il est incommodé ; mais quand il a mangé, il suffoque ; une petite quantité d'aliments suffit à le rassasier, il a la nausée ; des envies de vomir le prennent ; une sensation de pesanteur gagne les lombes et les membres inférieurs ; le malade somnole. **2** Dans ce cas[2], si la fièvre est suivie d'une sueur et si la sueur est froide et abondante, sans que la fièvre cesse, la maladie s'installe pour une longue durée[3] ; s'il n'y a pas de sueur, la crise est plus rapide. **3** Quand le malade présente ces symptômes, au neuvième jour donnez-lui un évacuant ; car si vous le lui donnez dès le début de la fièvre, dès qu'il est purgé la fièvre reprend et à nouveau le malade a besoin d'évacuant. **4** Si la bouche n'est pas amère[4] mais que

---

1. Sur le sens de χολᾶν, voir *supra*, p. 153, n. 2.

3. Comp. *Pronostic*, c. 6, Littré II, 124, 5 sqq. (= Alexanderson, 200, 5-7) : « Les plus mauvaises sont les sueurs froides... car elles annoncent, dans une fièvre aiguë, la mort, et dans une fièvre plus douce, la longueur de la maladie » (cf. aussi *Aphorismes* IV, 37 et *Prénotions coaques*, 562). Comp. surtout *Aphorismes* IV, 56, Littré IV, 522, 10 sqq. (= Jones IV, 150, 6-8) : « chez un sujet fiévreux, la sueur survenue sans que la fièvre cesse est un signe fâcheux ; car la maladie se prolonge et c'est le signe d'un excès d'humidité ».

σαντο οὖν ἐνίοισιν· αὐτὸς δὲ γίνεται χλωρός, οἵ τε ὀφθαλμοὶ
μάλιστα, καὶ ἀσθένεια καὶ ἀκρασίη τοῦ σώματος, καὶ οὐρεῖ
παχὺ καὶ χλωρόν. 2 Τοῦτον θερμῷ λούειν καὶ διδόναι
πίνειν διουρητικά· ἐπὴν δέ σοι δοκῇ καθαρώτερος εἶναι
5 καὶ ἡ χροιὴ βελτίων, πρόσθες φάρμακον πρὸς τὰς ῥῖνας
καὶ ‖ μετάπισον κάτω· σιτίοισι δὲ ὡς μαλθακωτάτοισι 56
χρήσθω· οἶνον δὲ πινέτω λευκόν, γλυκύν, ὑδαρέα.
3 Ταῦτα ποιέων ὑγιὴς γίνεται.

XL (XXIX). 1 Ἢν χολᾷ ὁ ἄνθρωπος, πυρετὸς αὐτὸν
10 λαμβάνει καθ' ἡμέρην καὶ ἀφιεῖ, ἔχει δὲ μάλιστα τὸ μέσον
τῆς ἡμέρης· καὶ τὸ στόμα πικρόν, καὶ ὅταν ἄσιτος ᾖ,
λυπεῖ αὐτόν· ἐπὴν δὲ φάγῃ, πνίγεται καὶ ὑπ' ὀλίγων
τινῶν ἐμπίμπλαται καὶ βδελύσσεται, καὶ ἐμέσιαι μιν λαμβάνουσι καὶ ἐς τὴν ὀσφῦν βάρος ἐμπίπτει καὶ ἐς τὰ σκέλεα,
15 καὶ ὑπνώσσει. 2 Τοῦτον ἢν μὲν μετὰ τὸ πῦρ ἐξιδρῷ καί οἱ
ψυχρὸς καὶ πολλὸς ᾖ, καὶ τοῦ πυρετοῦ μὴ ἀπαλλάσσηται,
ἡ νοῦσος χρονίη γίνεται· ἢν δὲ μὴ ἱδρῷ, θᾶσσον κρίνεται.
3 Ὅταν οὕτως ἔχῃ, ἐπὴν γένηται ἐναταῖος, φάρμακον
δοῦναι· ἢν γὰρ αὐτίκα ἀρχομένου τοῦ πυρετοῦ διδοῖς,
20 ἐπὴν καθαρθῇ, ἐπ' οὖν ἔλαβε πυρετός, καὶ αὖτις φαρμάκου
δεῖται. 4 Ἐπὴν δὲ τὸ μὲν στόμα μὴ πικρὸν ᾖ, ἐς δὲ τὴν

TEST. 13 ἐμέσιαι] cf. GAL., Gloss., s.v. ἔμιαι (B 7 supra, 96,
11 sqq. = ed. Kühn XIX, 97, 12).

---

1 ἐνίοισιν IHᵃ²R : ἐνιοις θ ἐνίοισι ΜΗᵃ ‖ 2 ἀσθένεια Ermerins :
ἀσθενιη θ ἀσθενείη Μ ‖ ἀκρασίη θ : ἀκρησίη Μ ‖ οὐρεῖ Jouannaⁱ :
οὐρέει θΜ ‖ 4 δοκῇ Jouannaⁱ : δοκέη θΜ ‖ 6 μετάπισον I :
μεταπισον Μ μετάπεισον θ ‖ σιτίοισι δὲ Μ : σιτίοισιν θ ‖ 7 χρήσθω
θ : χρῆσθαι Μ ‖ 9 ὁ om. θ ‖ 10 ἀφιεῖ scripsi : ἀφιει θ ἀφίει Μ ‖
12 λυπεῖ scripsi : λυπέει θΜ ‖ δὲ Μ : δὲ καὶ θ ‖ 12-13 ὀλίγων
τινῶν Μ : ὀλίγωι πίνων θ (<ΟΛΙΓΩΝΤΙΝΩΝ) ‖ 13 ἐμπίμπλαται
θ : ἐμπίπλαται Μ ‖ βδελύσσεται Ermerins : βδελύττεται θΜ ‖
13-14 λαμβάνουσι Μ : καμβάνουσι θ (<ΛΑΜΒΑΝΟΥCΙ) ‖ 15 τοῦτον θΜ : τούτῳ Foes² (n. 86) τούτου edd. a Mack qui falso
hoc in θ legit ‖ 16 πολλὸς scripsi : πουλὺς θΜ ‖ 19 διδοῖς θΜ :
διδῷς Littré ‖ 20 ἐπ' οὖν ἔλαβε Μ : ἐπὴν ἔλαβε θ ‖ ante πυρετός
add. ὁ Ermerins ‖ 21 μὴ πικρὸν ᾖ Littré (app. crit. ad loc.) :
πικρὸν ᾖ θ μὴ πονῇ Μ ‖ ἐς Μ : ἐπὴν θ.

le bas-ventre soit pris de coliques, faites boire un évacuant par le bas et faites boire par-dessus du lait d'ânesse ou du petit-lait, ou l'une des décoctions ; si le malade est sans forces, faites un lavement. Avant la prise de l'évacuant, tant que[1] le malade est fiévreux, donnez-lui le matin du mélicrat allongé d'eau, et durant le reste de la journée, quand la fièvre le tient, donnez-lui à boire de l'eau froide à volonté, mais quand la fièvre a lâché prise, donnez-lui en potage de la décoction d'orge mondé ou du millet léger et faites-lui boire par-dessus du vin blanc généreux allongé d'eau. **5** Si le malade est fiévreux et que la fièvre ne tombe ni dans la nuit ni dans la journée[2], et si au toucher[3] le haut du corps est chaud ainsi que le ventre, mais les pieds froids[4] et la langue rugueuse, ne lui donnez pas[5] d'évacuant mais seulement un lavement émollient ; comme potage, donnez de la décoction d'orge mondé froide deux fois par jour[6], et faites boire par-dessus du vin allongé d'eau, et le reste du temps il boira de l'eau aussi froide que possible. **6** Dans ce cas, si le malade transpire le septième jour et que la fièvre le quitte, c'est parfait[7] ; sinon, il meurt le quatorzième jour dans la majorité des cas.

XLI (XXX). **1** Autre fièvre. Quand on touche l'extérieur du corps, le malade est tiède[8], mais l'intérieur du corps est brûlant, la langue rugueuse ; l'haleine

---

1. Pour le sens de ἔστ' ἄν « tant que », comp. c. 27 (c. 16), 163, 2 sq. ἔστ' ἄν μὲν ἡ ὀδύνη τὸ πλευρὸν ἔχῃ. La leçon des manuscrits ὃς ἄν peut être une corruption de ἔστ' ἄν par confusion de O/Є dans un texte en onciale et par perte du T.

2. Ici commence une variété de fièvre différente de la fièvre rémittente décrite au début du chapitre. C'est une fièvre continue avec son pronostic particulier. Pour les fièvres continues, voir par ex. *Épidémies I*, c. 11, Littré II, 670-676 (= Kuehlewein I, c. 24 sq., 200 sq.), et *Nature de l'homme*, c. 15, Littré VI, 66, 13 sqq. (= Jouanna² 202, 13 sqq.).

νείαιραν γαστέρα στρόφος ἐμπίπτῃ, φάρμακον πῖσαι
κάτω καὶ μεταπῖσαι γάλα ὄνου ἢ ὀρὸν ἢ τῶν χυλῶν τινα ·
ἢν δ᾽ ἀσθενὴς ᾖ, ὑποκλύσαι. Πρὸ δὲ τοῦ φαρμάκου τῆς
πόσιος, ἔστ᾽ ἂν πυρεταίνῃ, ἔωθεν μὲν διδόναι μελίκρητον
5 ὑδαρές, τὴν δ᾽ ἄλλην ἡμέρην, ἐπὴν ὁ πυρετὸς ἔχῃ,
ὕδωρ ὁπόσον ἂν θέλῃ διδόναι πίνειν ψυχρόν · ἐπὴν δὲ
ἀνῇ ὁ πυρετός, ῥυφεῖν διδόναι πτισάνης χυλὸν ἢ κέγχρον
λεπτὸν καὶ ἐπιπίνειν οἶνον λευκόν, οἰνώδεα, ὑδαρέα. 5 Ἢν
δ᾽ ἔμπυρος ᾖ καὶ μὴ ἀνιῇ μήτε τῆς νυκτὸς μήτε τῆς ἡμέρης,
10 ψαυομένῳ δὲ ᾖ τὰ μὲν ἄνω ‖ θερμὰ καὶ ἡ κοιλίη, οἱ πόδες δὲ 58
ψυχροί, καὶ ἡ γλῶσσα τρηχέα, τούτῳ μὴ δοῖς φάρμακον,
ἀλλ᾽ ὑποκλύζειν μαλθακῷ κλύσματι καὶ διδόναι ῥυμφάνειν
τὸν χυλὸν τῆς πτισάνης ψυχρὸν δὶς τῆς ἡμέρης καὶ
ἐπιπίνειν οἶνον ὑδαρέα, τὸν δ᾽ ἄλλον χρόνον ὕδωρ ὡς
15 ψυχρότατον. 6 Οὗτος ἢν μὲν ἑβδομαῖος ἐξιδρώσῃ καὶ τὸ
πῦρ αὐτὸν μεθῇ · εἰ δὲ μή, τεσσερεσκαιδεκαταῖος ἀποθνῄσκει ὡς τὰ πολλά.

XLI (XXX). 1 Ἄλλος πυρετός · ἔξωθεν ἀφασσόμενος
βληχρός, ἔσωθεν δὲ καίεται, καὶ ἡ γλῶσσα τρηχέα, καὶ
20 πνεῖ διὰ τῶν ῥινῶν καὶ διὰ τοῦ στόματος θερμόν · ὅταν δὲ

---

1 νείαιραν scripsi : ιεραν θ νειέρην ΜΗΙ νειαίρην R edd. a
Mack ‖ ἐμπίπτῃ θ : ἐμπίπτει Μ (sed η supra ει add. Μ¹) ‖
3 ὑποκλύσαι Μ² (λ in ras.) : ὑποκαῦσαι Μ ? ‖ 4 ἔστ᾽ ἂν scripsi :
ὃς ἂν θΜ ἦν Littré ὅταν Langholf ἕως ἂν Anastassiou ‖ ἔωθεν μὲν
διδόναι Μ : διδόναι μὲν ἔωθεν θ ‖ 6 ὕδωρ ὁπόσον ἂν θέλῃ om. θ ‖
7 ἀνῇ Μ : ἂν ᾖ θ ‖ ῥυφεῖν scripsi : ῥύφειν θ ῥυφᾶν Μ (sed -ᾶν e corr.
Μ²) ‖ 9 ἔμπυρος θΜ : supra -ος add. ετ Μ² sed del. Μ² (al. man.) ‖
ἀνιῇ scripsi : ἀνιῃ θ ἀνίῃ Μ ‖ 10 ψαυομένῳ scripsi : ψαυόμενος
θΜ ‖ ᾖ θΜΗᵃ : ἢν ΙΗᵃ²R edd. ab Ald. ‖ post ἄνω add. ἔχη ΙΗᵃ²R
edd. ante Littré ‖ καὶ ἡ κοιλίη, οἱ (οἱ e corr. Μ¹ vel Μ²) πόδες
δὲ (δὲ om. ΜΗᵃ) θΜΗᵃ : ἡ κοιλίη δὲ καὶ οἱ πόδες εἰσὶ ΙΗᵃ²R edd.
ab Ald. ἡ κοιλίη δὲ καὶ οἱ πόδες Littré ‖ 11 τρηχέα scripsi :
τρηχέη θ τρηχείη Μ ‖ δοῖς θ : δῷς Μ ‖ 14 ante ὕδωρ add. πίνειν
ΙΗᵃ²R edd. ab Ald. ‖ 16 εἰ θ : ἢν Μ ‖ τεσσερεσκαιδεκαταῖος θ :
τεσσαρ- Μ ‖ 19 ἔσωθεν Μ : ἔσωσε θ (< ΕϹΩΘΕ) ἔσωθε Anastassiou ‖ τρηχέα scripsi : τρηχέη θ τρηχείη Μ.

qui sort par les narines et par la bouche est chaude[1].
Au cinquième jour, les hypochondres deviennent
durs et sont douloureux ; la peau a le même aspect
que chez un ictérique ; l'urine est épaisse et bilieuse.
2 Dans ce cas, si au septième jour le malade est pris
de frisson, de fièvre forte et transpire, c'est parfait[2] ;
sinon, il meurt le septième ou le neuvième jour. Cette
maladie se déclare d'ordinaire si l'année n'est pas
sèche[3]. **3** Quand le malade présente ces symptômes,
baignez-le chaque jour dans de l'eau chaude ; donnez-lui
comme boisson du mélicrat allongé d'eau en grande
quantité, et comme potage, de la décoction d'orge
mondé froide deux fois par jour ; par-dessus le potage,
il boira du vin blanc allongé d'eau, en petite quantité.
Si le ventre ne se relâche pas, administrez un lavement
ou appliquez un suppositoire. Ne donnez pas d'aliment
solide, jusqu'à ce que la fièvre soit tombée ; quand
elle a cessé, faites boire un évacuant par le bas ; car la
maladie récidive parfois, si le malade reste sans purgation. **4** La maladie se déclare, quand le sang contient
de la bile en excès[4].

XLII (XXXI). **1** Dans le cas d'une fièvre tierce,
si, sans intermission, après trois accès, la fièvre prend
une quatrième fois, faites boire un évacuant par le
bas. Si le malade ne vous paraît pas avoir besoin
d'évacuant, pilez un oxybaphe de racines de quintefeuille dans de l'eau et donnez-lui à boire[5]. **2** Si, même
avec ce traitement, la fièvre ne cesse pas, faites-lui
boire, après un bain dans beaucoup d'eau chaude,
le trèfle et du suc de silphion dans du vin allongé
d'une égale quantité d'eau[6] ; puis, mettez-le au lit

---

6. Le trèfle *(Psoralea bituminosa L.)* est aussi prescrit pour
la fièvre quarte (c. 43 [c. 32], 174, 12 sq.). Comp. Dioscoride III,
109 : « certains donnent à boire, pour la fièvre tierce, trois feuilles
ou trois petites graines de trèfle, et pour la fièvre quarte, quatre,
dans la pensée qu'elles mettent fin aux périodes de ces fièvres ».
Une telle arithmétique superstitieuse est absente de notre traité.

πεμπταῖος γένηται, τὰ ὑποχόνδρια σκληρὰ καὶ ὀδύνη ἔνεστι
καὶ ἡ χροιὴ οἷον ὑπὸ ἰκτέρου ἐχομένῳ φαίνεται, καὶ οὐρεῖ
παχὺ χολῶδες. 2 Τοῦτον ἢν μὲν ἑβδομαῖον ἐόντα ῥῖγος
λάβῃ καὶ πυρετὸς ἰσχυρὸς καὶ ἐξιδρώσῃ· εἰ δὲ μή, ἀποθνῄσ-
5 κει ἑβδομαῖος ἢ ἐναταῖος. Λαμβάνει δὲ μάλιστα ἢν μὴ
τὸ ἔτος αὐχμηρὸν γένηται αὕτη ἡ νοῦσος. 3 Ὅταν οὕτως
ἔχῃ, λούειν θερμῷ ἑκάστης ἡμέρης καὶ πίνειν διδόναι
μελίκρητον ὑδαρὲς πολλὸν καὶ ῥυμφάνειν τὸν χυλὸν τῆς
πτισάνης ψυχρὸν δὶς τῆς ἡμέρης· ἐπὶ δὲ τῷ ῥυφήματι
10 πίνειν οἶνον ὑδαρέα, λευκόν, ὀλίγον. Ἢν δ᾽ ἡ γαστὴρ μὴ
ὑποχωρῇ, ὑποκλύσαι ἢ βάλανον προσθεῖναι. Σιτίον δὲ μὴ
προσφέρειν ἔστ᾽ ἂν ὁ πυρετὸς ἀνῇ. Ἐπὴν δὲ παύσηται,
φάρμακον πῖσαι κάτω· ὑποστρέφει γὰρ ἔστιν ὅτε ἡ νοῦσος,
ἢν ἀκάθαρτος διαφέρηται. 4 Ἡ δὲ νοῦσος λαμβάνει, ἢν
15 ὑπερχολήσῃ τὸ αἷμα.

XLII (XXXI). 1 Ἢν τριταῖος πυρετὸς ἔχῃ, ἢν μὲν
μὴ παρεὶς τρεῖς λήψιας τῇ τετάρτῃ λάβῃ, φάρμακον πῖσαι
κάτω· ἢν δέ σοι δοκῇ φαρμάκου μὴ δεῖσθαι, τρίψας τοῦ
πενταφύλλου τῶν ῥιζέων ὅσον ὀξύβαφον ἐν ὕδατι, δοῦναι
20 πιεῖν. 2 Ἢν δὲ μηδὲ τούτῳ παύηται, λούσας αὐτὸν πολλῷ ‖
θερμῷ, πῖσαι τὸ τρίφυλλον καὶ ὀπὸν σιλφίου ἐν οἴνῳ 60

TEST. 15 ὑπερχολήσῃ] cf. GAL., *Gloss.*, *s.v.* (B 25 *supra*,
98, 31 sqq. = ed. Kühn XIX, 149, 5).
16 Ἢν — 174, 5 χρήσθω] cf. *Aff.*, c. 18 (ed. Littré VI, 226,
5-15 = Jouanna¹ 276-278).
19 πενταφύλλου] cf. EROT., *s.v.* πεντάφυλλον (Π 56 ed. Nachmanson 73, 12).

---

1 ἔνεστι θ : ἔνεστιν Μ ‖ 2 ἐχομένῳ θ : ἐχομένου Μ ‖ οὐρεῖ
scripsi : οὐρέει θΜ ‖ 3 post παχὺ add. καὶ Μ ‖ ἐόντα scripsi :
ὄντα θΜ ‖ 6 αὕτη ἡ νοῦσος θΜ : del. Ermerins ‖ 10 δ᾽ Μ :
δὲ θ ‖ 11 ὑποχωρῇ scripsi : -ρέῃ θΜ ‖ προσθεῖναι θ : προσθῆναι
Μ ‖ 14 διαφέρηται θΜ : alt. -α- in ras. Μ¹ ᵛᵉˡ ² ‖ δὲ om. Μ ‖
17 τρεῖς θΜᶜᵒʳʳ (-ει- in ras. Μ²) : τρὶς ? Μ ‖ 18 δοκῇ Jouanna¹ :
δοκέῃ θΜ ‖ 19 ῥιζέων Jouanna¹ : ῥιζῶν θΜ ‖ 20-21 πολλῷ θερμῷ
Μ : θερμῷ πολλῷ θ.

et jetez sur lui beaucoup de manteaux jusqu'à ce qu'il transpire ; **3** une fois qu'il a bien transpiré, donnez-lui à boire du gruau avec de l'eau[1]. Vers le soir, il prendra comme potage un bouillon léger de millet et boira par-dessus du vin. Durant les périodes de rémission[2], il usera d'aliments aussi émollients que possible.

XLIII (XXXII). **1** Dans le cas de fièvre quarte, si le malade est atteint à la suite d'une autre maladie sans avoir été purgé, faites boire un évacuant par le haut[3], puis purgez la tête, puis faites boire un évacuant par le bas. **2** Si, même avec ce traitement, la fièvre ne cesse pas, laissez passer deux accès après l'évacuation par le bas, puis, après un bain dans beaucoup d'eau chaude, faites-lui boire de la graine de jusquiame[4] gros comme un grain de millet, de la mandragore en quantité égale, du suc de silphion[5] gros comme trois fèves, du trèfle en quantité égale ; il boira le tout dans du vin pur. **3** Si en revanche le sujet, vigoureux et apparemment en bonne santé, est pris de fièvre à la suite d'une fatigue ou d'une marche, et tombe ainsi dans la fièvre quarte[6], donnez-lui, après un bain de vapeur, de l'ail trempé dans du miel ; ensuite, il boira par-dessus de la décoction de lentilles mêlée de miel et de vinaigre ; après s'être rassasié, il vomira. Ensuite, il prendra un bain chaud ; une fois refroidi, il boira du cycéon à l'eau[7]. Vers le soir, il prendra des aliments émollients en petite quantité. **4** Lors du second accès, après un bain dans beaucoup

1. Avant δοῦναι, les éditions ajoutent avec M recc. ἤν διψῇ « s'il a soif ».
2. L'interprétation traditionnelle de ἕως δ' ἂν διαλείπῃ « jusqu'à la cessation (définitive) » n'est pas satisfaisante. Il s'agit en fait du régime « tant qu'il y a intermission », c'est-à-dire entre les accès de fièvre, comme l'indique la comparaison avec la version parallèle d'*Affections*, c. 18, Littré VI, 226, 11-13 ; « et lors de l'accès, mettez-le au régime des potages et des boissons ; dans les jours intercalaires (τῇσι δὲ διὰ μέσου) au régime des aliments relâchants ».

ἰσοκρατεῖ καὶ κατακλίνας ἐπιβαλεῖν ἱμάτια πολλὰ ἕως
ἱδρώσῃ · 3 ἐπὴν δ᾽ ἐξιδρώσῃ, δοῦναι πιεῖν ἄλφιτον καὶ
ὕδωρ · ἐς ἑσπέρην δὲ κέγχρον ἑψήσας λεπτὸν ῥυφησάτω
καὶ οἶνον ἐπιπιέτω · ἕως δ᾽ ἂν διαλείπῃ, σιτίοισιν ὡς
5 μαλθακωτάτοισι χρήσθω.

XLIII (XXXII). 1 Τεταρταῖος πυρετὸς ὅταν ἔχῃ, ἢν
μὲν ἐξ ἄλλης νούσου λάβῃ ἀκάθαρτον, φάρμακον πῖσαι
ἄνω, ἔπειτα τὴν κεφαλὴν καθῆραι, ἔπειτα φάρμακον πῖσαι
κάτω · 2 ἢν δὲ μηδὲ ταῦτα ποιήσαντι παύηται, διαλείπων
10 δύο λήψιας μετὰ τὴν κάτω κάθαρσιν, λούσας αὐτὸν πολλῷ
θερμῷ, πῖσον τοῦ καρποῦ τοῦ ὑοσκυάμου ὅσον κέγχρον,
καὶ μανδραγόρου ἴσον, καὶ ὁποῦ τρεῖς κυάμους, καὶ τριφύλλου ἴσον, ἐν οἴνῳ ἀκρήτῳ πιεῖν. 3 Ἢν δ᾽ ἐρρωμένος καὶ
ὑγιαίνειν δοκέων, ἐκ κόπου ἢ ἐξ ὁδοιπορίης· πυρετήνας,
15 καταστῇ [αὐτῷ] ἐς τεταρταῖον, πυριήσας αὐτόν, σκόροδα
δοῦναι ἐς μέλι βάπτων · ἔπειτα ἐπιπινέτω φάκιον, μέλι
καὶ ὄξος μίξας · ἐπὴν δ᾽ ἐμπλησθῇ, ἐμεσάτω · ἔπειτα
λουσάμενος θερμῷ, ἐπὴν ψυχθῇ, πιέτω κυκεῶνα ἐφ᾽ ὕδατι ·
ἐς ἑσπέρην δὲ σιτίοισι μαλθακοῖσι καὶ μὴ πολλοῖσι
20 διαχρήσθω · 4 τῇ δ᾽ ἑτέρῃ λήψει λούσας θερμῷ καὶ πολλῷ,

TEST. 6 Τεταρταῖος — 175, 8 πινέτω] cf. *Aff.*, c. 18 (ed. Littré
VI, 226, 15 - 228, 4 = Jouanna[1] 278, 9 - 280, 10).
12 ὁποῦ] cf. GAL., *Gloss.*, *s.v.* ὁπός (C 14 *supra*, 102, 9 sqq.
= ed. Kühn XIX, 126, 10 sq.).

---

1 ἰσοκρατεῖ scripsi : ἰσοκράτει θ ἰσοκρατέει Μ ἰσοκρήτῳ Ermerins ἰσοκρήτι V. Schmidt ‖ ἐπιβαλεῖν Jouanna[1] : ἐπιβάλλειν θ
ἐπιβαλέειν Μ ‖ 2 ἐπὴν δ᾽ ἐξιδρώσῃ θΜ[2 mg] : om. Μ ‖ ante δοῦναι
add. ἢν διψῇ Μ ‖ 3 ἐς om. Μ ‖ 4 σιτίοισιν θ : σιτίοισι Μ ‖ 6 τεταρταῖος θ : τεταρταῖος · τεταρταῖος Μ ‖ 8 ἄνω Jouanna[1] : κάτω θΜ ‖
9 μηδὲ θ : μὴ Μ ‖ διαλείπων Jouanna[1] : διαλειπὼν θΜ διαλιπὼν Μ[2] (-ι- add. Μ[2s1]) ‖ 12 τρεῖς Μ : τρὶς θ ‖ 13 ἀκρήτῳ Μ :
ἀκράτῳ θ ‖ πιεῖν θ : πιέειν Μ ‖ 15 αὐτῷ secl. Jouanna[1] ‖
16 δοῦναι θ : διδόναι Μ ‖ 20 θερμῷ καὶ πολλῷ ΜΙΗ[a2]R : θερμῷ
θΜ[2] (καὶ eras. et πολλῷ expunct.) Η[a].

d'eau chaude, jetez sur lui des manteaux jusqu'à
ce qu'il ait bien transpiré et faites-lui boire aussitôt
des racines d'ellébore blanc de la longueur de trois
doigts[1], une drachme de trèfle, du suc de silphion
gros comme deux fèves, le tout dans du vin pur ;
et s'il a des envies de vomir, il vomira ; sinon, il vomira
tout de même[2] ; après quoi on lui purgera la tête[3].
Il usera d'aliments aussi émollients et aussi âcres
que possible. Quand l'accès le prend, il ne prendra pas
à jeun l'évacuant.

XLIV (XXXIII). 1 Quand la « pleurésie »[4] se déclare
le malade est pris de fièvre, de frisson, et d'une douleur
à travers la colonne vertébrale jusqu'à la poitrine.
Il a de l'orthopnée, tousse, les matières glaireuses
sont blanches[5] et légèrement bilieuses ; il n'arrive pas
facilement à cracher quand il tousse ; une douleur se
fait sentir à travers les aînes et les urines sont sanguinolentes. 2 Dans ce cas[6], si la fièvre abandonne le
malade au septième jour, il guérit. Si elle ne l'abandonne
pas, la maladie va jusqu'au terme des onze ou des
quatorze jours. La majorité des malades meurent
donc à ces dates-là ; mais si le malade dépasse le quatorzième jour, il en réchappe. 3 Quand le malade présente
ces symptômes, appliquez des fomentations à l'endroit

5. A la place de λευκὸν « (expectoration) blanche », Littré'
suivi par Ermerins, conjecture λεπτὸν « (expectoration) ténue ».
En fait la leçon des manuscrits est confirmée par la rédaction
parallèle de Mal. III, c. 16 a (cf. Test.), qui caractérise cette
variété de pneumonie par l'opposition entre l'expectoration
« pure » (καθαρόν) et l'urine sanguinolente. Selon Prénotions
coaques, 384, Littré V, 666, 13-14, les crachats visqueux et blancs
(ce qui est le cas ici, puisque le malade a de la difficulté à expecto-
rer) sont un mauvais signe dans la pleurésie.

6. La formule ὅταν οὕτως ἔχῃ introduit ici le pronostic ;
c'est exceptionnel. Dans tout le reste du traité, elle introduit la
thérapeutique. En tête du pronostic, on attend un démonstratif
en asyndète οὗτος ; c'est effectivement ce que l'on a dans la rédaction parallèle de Mal. III, c. 16 a, Littré VII, 144, 16-17
(= Jouanna[1] 416, 7 sq.) Οὗτος τὴν ἑβδόμην διαφυγὼν ὑγιής.

ἱμάτια ἐπιβαλὼν ἕως ἐξιδρώσῃ, πῖσαι παραχρῆμα λευκοῦ
ἐλλεβόρου τῶν ῥιζέων ὅσον τριῶν δακτύλων μῆκος, καὶ
τοῦ τριφύλλου ὅσον δραχμὴν μέγεθος, καὶ ὁποῦ δύο
κυάμους, ἐν οἴνῳ ἀκρήτῳ · καὶ ἦν ἐμεσίαι μιν ἔχωσιν,
5 ἐμεσάτω · ἦν δὲ μή, ὁμοίως · μετὰ δὲ τὴν κεφαλὴν καθῆραι ·
σιτίοισι δὲ χρήσθω ὡς μαλθακωτάτοισι καὶ δριμυτάτοισιν ·
ὅταν δὲ ἡ λῆψίς μιν ἔχῃ, μὴ νῆστις ἐὼν τὸ φάρμακον
πινέτω. ‖

XLIV (XXXIII). 1 Πλευρῖτις ὅταν λάβῃ, πυρετὸς καὶ 62
10 ῥῖγος ἔχει καὶ ὀδύνη διὰ τῆς ῥάχιος ἐς τὸ στῆθος καὶ
ὀρθόπνοια καὶ βὴξ καὶ τὸ σίελον λευκὸν καὶ ὑπόχολον,
καὶ ἀποβήσσεται οὐ ῥηϊδίως, καὶ διὰ τῶν βουβώνων ὀδύνη
καὶ οὐρεῖ αἱματῶδες. 2 Ὅταν οὕτως ἔχῃ, ἦν μὲν τὸ πῦρ
ἀνῇ ἑβδομαῖον ἐόντα, ὑγιὴς γίνεται. Ἦν δὲ μὴ ἀνῇ, ἀφικνεῖ-
15 ται ἡ νοῦσος ἐς τὰς ἕνδεκα ἡμέρας ἢ τεσσερεσκαίδεκα ·
οἱ μὲν οὖν πολλοὶ ἐν ταύτῃσιν ἀπόλλυνται · ἦν δὲ ὑπερβάλῃ τὴν τεσσερεσκαιδεκάτην, ἐκφυγγάνει. 3 Ὅταν οὕτως
⟨ἔχῃ⟩, ᾗ ⟨ἂν⟩ ὀδύνη ἔχῃ, χλιάσματα προστιθέναι · πινέτω

Test. 3 ὁποῦ] vide Test. ad c. 43 (32), 174, 12.
4 ἐμεσίαι] vide Test. ad c. 40 (c. 29), 171, 13.
9 Πλευρῖτις — 14 γίνεται] cf. Morb. III, c. 16 a (ed. Littré
VII, 144, 13-17 = Jouanna¹ 416, 1-8) ; Aff., c. 7 (ed. Littré VI,
214, 11 - 216, 3) ; Morb. I, c. 26 (et 28, 31 et 32) (ibid., 192,
11 sqq. = Wittern, 76, 2 sqq.).

2 ἐλλεβόρου Μ : ἐλλ- θ ‖ ῥιζέων Μ : ῥιζῶν θ ‖ μῆκος θΜ :
πλῆθος prop. Langholf ‖ 4 ἐμεσίαι Μ : ἐμέσῃε θ ‖ 6 δριμυτάτοισιν θ : -τάτοισι Μ ‖ 9 ante πλευρῖτις add. περὶ πλευρίτιδος θ πλευρῖτις Μ edd. ab Ald. ‖ 10 ἔχει Μ : ἔχῃ θ ‖ 11 ὀρθόπνοια Ermerins : -πνοίη θΜ ‖ σίελον Jouanna¹ : σίαλον θΜ ‖
λευκὸν θΜ : λεπτὸν falso Littré (cf. καθαρὸν Mal. III, c. 16 a) ‖
13 οὐρεῖ Jouanna¹ : οὐρέει θΜ ‖ 14 ἐόντα Ha²R : ὄντα θΜΗa²I ‖
14-15 ἀφικνεῖται θ : -νέεται Μ ‖ 15 τεσσερεσκαίδεκα θ : τεσσαρ-
Μ ‖ 16 ταύτῃσιν θ : -σι Μ ‖ 17 τεσσερεσκαιδεκάτην θ : τεσσαρ- Μ ‖
18 ἔχῃ ᾗ ἂν scripsi : ἡ θΜ an ἔχῃ ᾗ ἂν ἡ ?

de la douleur[1]. Il boira en potion du miel bouilli dans lequel on aura versé du vinaigre en quantité égale au miel ; ensuite, versez sur le miel bouilli et le vinaigre, en fonction de la quantité restante, dix-neuf parties d'eau[2] ; donnez à boire cette préparation par petites quantités fréquemment, et associez ensuite[3] de l'eau, allongée d'un peu de vinaigre. 4 Pour potage, il prendra de la décoction de millet, en y ajoutant quelques gouttes de miel ; il la prendra froide ; la dose sera d'un quart de cotyle pour chacun des deux repas[4] ; et il boira par-dessus[5] du vin blanc généreux allongé d'eau, en petite quantité ; le vin sera aussi émollient que possible, sans odeur. 5 Quand la fièvre a lâché prise, pendant deux jours il prendra en potage le millet, deux fois par jour, et mangera des bettes très bien assaisonnées. Puis après cela, on préparera un jeune chien ou une volaille[6] en faisant bien bouillir ; le malade prendra le bouillon en potage ; quant à la viande, il en mangera une petite quantité. Le reste du temps, surtout pendant la durée de la maladie, il prendra au déjeuner le millet[7], et le soir des aliments en aussi petite quantité que possible et aussi émollients que possible.

XLV (XXXIV). 1 Autre « pleurésie ». Le malade est pris de fièvre, de toux, de frisson ; la douleur gagne le côté et parfois la clavicule ; les matières glaireuses qu'il crache sont légèrement bilieuses, et elles sont teintées de sang lorsqu'il se trouve avoir une rupture[8].

---

8. Par rupture, les médecins hippocratiques entendent une lésion interne due à un déchirement ; comp. c. 62 (c. 51), 201, 14. Sur les ruptures dans la *Collection*, voir par ex. *Vents*, c. 11, Littré VI, 108, 8-10 (= Nelson 24, 8-10) ; *Mal. I*, c. 20, *ibid.*, 176, 9 sqq. (= Wittern 52, 10 sqq.). Ces ruptures se produisent souvent à la suite d'efforts ; cf. par ex. *Mal. II 2*, c. 62 (c. 51), 201, 18 sq. Pour les pleurésies avec rupture, outre la rédaction parallèle de *Mal. III*, c. 16 a (cf. *Test.*), voir *Prénotions coaques*, 376, Littré V, 664, 4-5.

δὲ μέλι ἀναζέσας, ἐπιχέας ὄξος ἴσον τῷ μέλιτι· ἔπειτα
ὁπόσον ἂν γένηται μέτρον τοῦ ἐφθοῦ μέλιτος καὶ τοῦ ὄξους
ἐπιχέαι ὕδατος ἑνὸς δέοντα εἴκοσι· τοῦτο διδόναι πίνειν
κατ' ὀλίγον πυκινὰ καὶ μεταμίσγειν ὕδωρ, ὄξος ὀλίγον
5 παραχέων. 4 Ῥυφείτω δὲ κέγχρου χυλόν, μέλι ὀλίγον
παραστάζων, ψυχρόν, ὅσον τεταρτήμορον κοτύλης ἐφ'
ἑκατέρῳ σιτίῳ, καὶ ⟨ἐπι⟩πινέτω οἶνον λευκόν, οἰνώδεα,
ὑδαρέα, ὀλίγον· ὁ δὲ οἶνος ἔστω ὡς μαλθακώτατος, ὀδμὴν
μὴ ἔχων. 5 Ὅταν δ' ὁ πυρετὸς ἀφῇ, ἡμέρας μὲν δύο τὸν
10 κέγχρον ῥυφείτω δὶς τῆς ἡμέρης, καὶ σεῦτλα ἡδύτατα
ἐσθιέτω· ἔπειτα μετὰ ταῦτα σκύλακα ἢ ὄρνιθα κάθεφθον
ποιήσας, τοῦ ζωμοῦ ῥυφείτω καὶ τῶν κρεῶν φαγέτω ὀλίγα·
τὸν δὲ λοιπὸν χρόνον μάλιστα ὅσον ὑπὸ τῆς νούσου
ἔχεται, ἀριστιζέσθω μὲν τὸν κέγχρον, ἐς ἑσπέρην δὲ
15 σιτίοισιν ὡς ἐλαχίστοισι χρήσθω καὶ μαλθακωτάτοισιν.

XLV (XXXIV). 1 Ἑτέρη πλευρῖτις· πυρετὸς ἔχει καὶ
βὴξ καὶ ῥῖγος καὶ ὀδύνη ἐς τὸ πλευρόν, καὶ ἐς τὴν κληῖδα
ἐνίοτε, καὶ τὸ σίελον πτύει ὑπό‖χολον, καὶ ὕφαιμον ὅταν 64

Test. 16 Ἑτέρη — 177, 1 ἐών] cf. Morb. III, c. 16 a (ed.
Littré VII, 142, 9-12 = Jouanna¹ 415, 1-8), et vide Test. ad c.
44 (c. 33), supra, 175, 9.

1 μέλι IH^{a2}R edd. ab Ald. : μέλι μέτρῳ ΘΜΗ^a ‖ post ἐπιχέας
add. ὕδωρ Θ ‖ τῷ μέλιτι ΘΜΗ^a : τῷ μέτρῳ τοῦ μέλιτος IH^{a2}R
edd. ab Ald. ‖ 3 ἐπιχέαι ΘΜΙR : ἐπιχέας H^aedd. a Mack ‖ 4 μεταμίσγειν ΘΜ : μεταπίνειν Ermerins ‖ 5 ῥυφείτω scripsi : ῥυφίτω Θ
ῥυφεέτω Μ ‖ δὲ Θ : δὲ καὶ Μ ‖ 6 τεταρτήμορον Θ : -όριον Μ ‖ κοτύλης Μ : -λας Θ ‖ 7 καὶ ἐπιπινέτω scripsi (cf. c. 45 [34]) : πινέτω
δὲ Θ καὶ πινέτω Μ ‖ 10 ῥυφείτω scripsi : ῥυφίτω Θ ῥυφεέτω Μ ‖
σεῦτλα Ermerins : τεῦτλα ΘΜ ‖ ἡδύτατα Μ : η δυνατα Θ ‖ 11 σκύλακα ΘΜ^{corr} : -κα in ras. Μ² ‖ κάθεφθον Θ : καθεπτὸν Μ ‖
12 ῥυφείτω scripsi : ῥυφίτω Θ ῥυφεέτω Μ ‖ 14 ἔχεται Θ : εἴχετο Μ ‖
ἀριστιζέσθω Θ : ἀρισταζέσθω Μ sed ἀριστίζω Μ^{mg} ‖ 15 σιτίοισιν
Θ : -σι Μ ‖ μαλθακωτάτοισιν Θ : -σι Μ ‖ 18 σίελον J : σίαλον
ΘΜ.

2 Dans ce cas, appliquez des fomentations surtout à l'endroit de la douleur, et prescrivez un bain chaud, si la fièvre n'est pas trop intense ; sinon[1], n'en faites rien. Donnez à boire un rayon de miel en le faisant macérer dans de l'eau, pour le rendre tout juste légèrement doux ; et associez ensuite[2] de l'eau. **3** Comme potage, le malade prendra de la décoction de millet deux fois par jour et boira par-dessus du vin blanc, allongé d'eau. **4** S'il dépasse le cap de quatorze jours, il guérit.

XLVI (XXXV). **1** Autre « pleurésie ». Le malade est pris de fièvre, de grincements de dents et d'une toux sèche ; il rejette en toussant des matières verdâtres, parfois livides ; le côté est douloureux, et le dos rougit légèrement ; le malade devient tiède à la tête et à la poitrine, parfois au ventre, aux pieds et aux jambes ; quand il est assis, sa toux redouble ; le ventre se dérange, et les selles sont verdâtres et malodorantes. **2** Ce malade meurt dans les vingt jours ; mais s'il franchit ce cap, il guérit. **3** Dans ce cas[3], jusqu'à ce que quatorze jours se soient écoulés, donnez à boire la décoction de farine grossière d'orge, et associez ensuite du vin blanc, généreux, allongé d'eau. **4** En potage, donnez

---

1. Sur l'emploi de ἢν δὲ μή (après une première hypothèse négative) au lieu de ἢν δέ, voir Kühner-Gerth, *Ausführliche Grammatik...* II 2, 486.

2. Même potion à base de rayon de miel prescrite en *Mal. II 2*, c. 54 b (c. 43 b), 193, 5 et c. 58 (c. 47), 198, 7. D'après *Mal. III*, c. 17, Littré VII, 156, 9-10, on fait macérer des rayons (secs) de miel dans de l'eau ; on les broie et on filtre. Pour la correction possible de μεταμίσγειν en μεταπίνειν, voir *supra*, p. 176, n. 3.

3. La transformation de τοῦτον en τούτῳ n'est sans doute pas nécessaire ; voir *supra*, p. 171, n. 2.

τύχῃ ῥηγματίης ἐών. 2 Τούτῳ, ᾗ ἂν ἡ ὀδύνη ἔχῃ μάλιστα,
προστιθέναι χλιάσματα, καὶ λούειν θερμῷ, ἢν μὴ ὁ πυρετὸς
πολλὸς ἔχῃ · ἢν δὲ μή, μή · πίνειν δὲ διδόναι κηρίον ἐν
ὕδατι ἀποβρέχων, ἄρτι ὑπόγλυκυ ποιέων, καὶ μεταμίσγειν
5 ὕδωρ. 3 Ῥυμφάνειν δὲ τὸν χυλὸν τοῦ κέγχρου δὶς τῆς
ἡμέρης, καὶ ἐπιπινέτω οἶνον λευκόν, ὑδαρέα. 4 Καὶ ἢν
ὑπερφύγῃ τεσσερεσκαίδεκα ἡμέρας, ὑγιὴς γίνεται.

XLVI (XXXV). 1 Ἄλλη πλευρῖτις · πυρετὸς ἴσχει
καὶ βρυγμὸς καὶ βὴξ ξηρὴ καὶ ἐκβήσσεται χλωρά, ἔστι
10 δ᾽ ὅτε πελιδνὰ καὶ τὸ πλευρὸν ὀδύνη λαμβάνει καὶ τὸ
μετάφρενον ὑπέρυθρον γίνεται · χλιαίνεται δὲ τὴν κεφαλὴν
καὶ τὰ στήθεα, τοτὲ δὲ τὴν κοιλίην καὶ τοὺς πόδας καὶ τὰ
σκέλεα · καὶ ἀνακαθήμενος μᾶλλον βήσσει · καὶ ἡ γαστὴρ
ταράσσεται καὶ τὸ ἀποπάτημα χλωρὸν καὶ κάκοδμον.
15 2 Οὗτος ἐν εἴκοσιν ἡμέρῃσιν ἀποθνῄσκει · ἢν δὲ ταύτας
ἐκφύγῃ, ὑγιὴς γίνεται. 3 Τοῦτον, ἔστ᾽ ἂν τεσσερεσκαίδεκα
ἡμέραι παρέλθωσι, διδόναι πίνειν τὸ ἀπὸ τοῦ κρίμνου καὶ
μεταμίσγειν οἶνον λευκόν, οἰνώδεα, ὑδαρέα. 4 Ῥυφεῖν

Test. 1 ῥηγματίης] cf. Gal., Gloss., ῥηγματίαν, s.v. ῥωγματίης
(C 17 supra 102, 30 = ed. Kühn XIX, 136, 3 sq.).

8 Ἄλλη — 11 γίνεται] cf. Morb. III, c. 16 a (ed. Littré VII,
144, 17-21 = Joanna¹ 417, 1-10) et vide Test. ad c. 44 (33),
175, 9.

9 βρυγμὸς] cf. Gal., Gloss., s.v. (C 7 supra, 100, 17 sqq. = ed.
Kühn XIX, 90, 2 sq.).

---

1 τύχῃ θ (cf. jam Calvum [τύχῃ W¹ᵐᵍ ; Lat. fit]) : τύχης M ||
ῥηγματίης Joanna¹ : ῥηγματίας θΜ || ἐών Anastassiou : ὤν
θΜ || ἡ om. M || 3 πολλὸς scripsi : πολὺς θΜ || 4 μεταμίσγειν θΜ :
μεταπίνειν Ermerins || 7 post ὑπερφύγῃ add. τὰς ΙΗᵃ²R edd. ab
Ald. || τεσσερεσκαίδεκα θ : τεσσαρ- M || 8 πυρετὸς M : πυρὸς θ ||
10 pr. τὸ M : τό τε θ || 14 χλωρὸν θΜΗᵃ Ermerins : πάνυ χλωρὸν
ΙΗᵃ²R edd. ab Ald. (cf. σφόδρα in Morb. III, c. 16) ||
15 ἡμέρῃσιν θ : -σι M || 16 τοῦτον θΜ : τούτῳ Calvus (W¹ᵐᵍ)
edd. a Lind. || τεσσερεσκαίδεκα θ : τεσσαρ- M || 17 κρίμνου
ΙR : κριμνοῦ θʳᵃˢ (κρημνοῦ θ) κρήμνου ΜΗᵃ || 18 μεταμίσγειν
θΜΗᵃΙ (sed -αμίσγ- del. Ιʳᵃˢ) R : μεταπίνειν Ald. || οἰνώδεα Μ :
οἴνῳ δὲ θ || ῥυφεῖν scripsi : ῥύφειν θ ῥυφέειν M.

de la décoction d'orge mondé, froide, deux fois par jour ; au lieu du miel, mélangez à la décoction du jus de grenade vineuse[1], une fois que la décoction est faite ; et baignez-le dans une petite quantité d'eau. **5** Quand quatorze jours se sont écoulés, il prendra alors au déjeuner le millet, et le soir de la viande de volaille avec le bouillon et des aliments en petite quantité. **6** Rares sont les personnes qui réchappent de cette maladie.

XLVII a (XXXVI a). **1** Péripneumonie. Le malade est pris de fièvre pendant quatorze jours au minimum et au maximum pendant dix-huit[2] ; et durant cette période, il a une toux violente et expectore tout d'abord des matières glaireuses, épaisses et pures ; le septième et le huitième jour, lorsque la fièvre prend le malade, <...> ; le neuvième et le dixième jour, elles sont douceâtres et purulentes, jusqu'au terme des quatorze jours[3]. **2** Si, au quinzième jour, le poumon s'est desséché et si le malade a tout expectoré, il y a guérison ; sinon, soyez attentif aux dix-huit jours ; et si, à cette date, l'expectoration cesse, le malade en réchappe ; si elle

---

1. Comp. c. 65 (c. 54), 204, 8 ; l'auteur du *Régime* (c. 55, Littré VI, 562, 18-20 = Joly 55, 1 sq.) cite trois sortes de grenades : les grenades douces, les grenades vineuses et les grenades aigres ; cf. aussi Dioscoride I, 110, où il apparaît que la grenade vineuse est une variété intermédiaire. La grenade est sans doute recommandée ici pour ses propriétés resserrantes ; cf. Galien, *De simplicium medicamentorum temperamentis*, éd. Kühn XII, 115 ῥοιὰ πᾶσα τῆς στυφούσης μετέχει ποιότητος. En tous les cas, dans le c. 65 (c. 54) comme ici, la grenade est recommandée alors que le malade a des selles malodorantes.

2. La comparaison avec *Mal. III*, c. 15 (cf. *Test.*), indique peut-être une lacune assez importante dans la sémiologie après πυρετὸς ἴσχει ; voir *Archéologie...*, p. 594-596.

3. Tout le passage est altéré dans la tradition manuscrite comme le montre la comparaison avec les deux versions parallèles d'*Affections*, c. 9, et de *Mal. III*, c. 15 (cf. *Test.*). Pour la justification des corrections apportées ou proposées ici au texte, voir *Archéologie...*, p. 596 sq.

δὲ τὸν χυλὸν τῆς πτισάνης ψυχρὸν δὶς τῆς ἡμέρης · ἀντὶ
δὲ τοῦ μέλιτος ὑπὸ τὸν χυλὸν ὑπομίσγειν ῥοιῆς χυλὸν
οἰνώδεος, ὅταν ἤδη ὁ χυλὸς ἐφθὸς ᾖ, καὶ λούειν μὴ πολλῷ.
5 Ἐπὴν δὲ τεσσερεσκαίδεκα ἡμέραι παρέλθωσιν, ἔπειτα
5 ἀριστιζέσθω τὸν κέγχρον, ἐς ἑσπέρην δὲ τοῖσι κρέασι
τοῖσιν ὀρνιθείοισι καὶ τῷ ζωμῷ καὶ τοῖσι σιτίοισιν ὀλίγοισι
χρήσθω. 6 Τὴν δὲ νοῦσον ὀλίγοι ἐκφυγγάνουσι.

XLVII a (XXXVI a) 1 Περιπλευμονίη · πυρετὸς ἴσχει
ἡμέρας τεσσερεσκαίδεκα τὸ ἐλάχιστον, τὸ δὲ μακρότατον
10 δυῶν δεούσας εἴκοσι · καὶ βήσσει ταύτας τὰς ἡμέρας
ἰσχυρῶς καὶ ἀποχρέμπτεται τὸ μὲν πρῶτον σίελον παχὺ
καὶ καθαρόν, ἑβδόμῃ ⟨δὲ⟩ καὶ ὀγδόῃ ἐπὴν [δ᾽] ὁ πυρετὸς
λάβῃ ⟨...⟩, ἐνάτῃ ⟨δὲ⟩ καὶ δεκάτῃ, ὑπόγλυκυ καὶ πυῶδες,
ἔστ᾽ ἂν αἱ τεσσερεσκαίδεκα ἡμέραι ‖ παρέλθωσι · 2 καὶ 66
15 ἢν μὲν ἐν τῇ πεντεκαιδεκάτῃ ἡμέρῃ ξηρανθῇ ὁ πλεύμων
καὶ ἐκβήξῃ, ὑγιάζεται · εἰ δὲ μή, δυῶν δεούσῃσιν εἴκοσι
προσέχειν · καὶ ἢν μὲν ἐν ταύτῃσι παύσηται τοῦ βήγματος,

Test. 8 Περιπλευμονίη — 179, 19 χοιρείων] cf. Morb. III,
c. 15 (ed. Littré VII, 136, 11-142, 8 = Jouanna¹ 398-400) ;
Aff., c. 9 (ed. Littré VI, 216, 6-20 = Jouanna¹ 270, 1-272, 12) ;
Morb. I, c. 27 (ed. Littré VI, 194, 19-196, 8 = Wittern, 80, 2 sqq.)
et c. 28, 31 et 32.
17 βήγματος] cf. Gal., Gloss., s.v. βρῆγμα (Α 5 supra, 94, 5 sqq.
= ed. Kühn XIX, 89, 16 sqq.) ; cf. Hesych., s.v. βρῆγμα
(7 supra, 108, 24 sq. = ed. Latte I, 346, 17).

---

2 τὸν θ M¹ : τῶν M ‖ ὑπομίσγειν θ : μίσγειν M ‖ ῥοιῆς θ : ῥυῆς M ‖
4 τεσσερεσκαίδεκα θ : τεσσαρ- M ‖ 6 τοῖσιν θ : τοῖσι M ‖ ὀρνιθείοισι Ermerins : ὀρνιθίοισι θM ‖ τοῖσι om. θ ‖ σιτίοισιν θ : -σι M ‖
ὀλίγοισι θM²ᵐᵍ : om. M ‖ 9 τεσσερεσκαίδεκα Jouanna¹ : τέσσερας
καὶ δέκα θ τεσσαρεσκαίδεκα M ‖ 10 δυῶν θ : δύο M ‖ 11 σίελον
Jouanna¹ : σίαλον θM ‖ 12 δὲ add. Jouanna¹ ‖ δ᾽ secl.
Ermerins ; cf. etiam Littré app. crit. ‖ 13 post λάβῃ lacunam
ind. Jouanna¹ ἰσχυρότερος, ὑπόχολον καὶ ὑποπέλιον exempli gra-
tia legerim ‖ δὲ add. Ermerins ‖ 14 τεσσερεσκαίδεκα θ :
τεσσαρεσκαίδεκα M ‖ 16 εἰ θ : ἢν M ‖ δυῶν θ : δύο M ‖ δεούσῃσιν Anastassiou δεούσαις M δὲ οὔσαις θ.

15

ne cesse pas, demandez-lui si les matières glaireuses
sont plus douces ; dans l'affirmative, la maladie s'installe
pour un an, car le poumon devient empyématique[1].
3 A ce malade, il faut donner dans les premiers jours
du vin blanc doux, allongé d'eau ; il en boira peu à
chaque fois, fréquemment. Pour potage, donnez-lui
la décoction d'orge mondé, mêlée de miel, trois fois
par jour, jusqu'au terme des dix-huit jours et jusqu'à
la fin de la fièvre. 4 Le malade court les dangers les
plus grands aux sept ou aux quatorze jours. Quand il a
franchi le cap des dix-huit jours, sa vie n'est plus en
danger, mais il crache du pus, souffre de la poitrine
et tousse[2]. 5 Quand le malade présente ces symptômes,
faites-lui boire à jeun la préparation à base de sauge[3]
et, en potage, il prendra une soupe de légumes secs
à laquelle on ajoutera une assez bonne quantité de
graisse[4], sauf s'il fait chaud. S'il fait chaud, il ne prendra
pas de potage, mais usera d'aliments salés et gras
et de produits de la mer plutôt que de viandes. Et si
le poumon ne vous paraît pas se purger convenablement,
infusez ou donnez un bain de vapeur[5]. Si le pus est
épais, donnez le bain de vapeur ; s'il est ténu, infusez.
Le malade mangera autant que possible[6], mais s'abstiendra des aliments âcres, des viandes de bœuf, de porc
et de porcelet[7].

XLVII b (XXXVI b). 1 Lorsqu'à la suite d'une
péripneumonie un « empyème »[8] se forme, le malade
est pris de fièvre, d'une toux sèche et de difficultés
respiratoires ; ses pieds se gonflent et ses ongles des

---

8. Ἔμπυος désigne le malade qui a une collection de pus dans
une cavité néoformée ou dans une cavité naturelle, particulièrement dans le poumon et dans la poitrine ; voir la définition
donnée par Galien dans son *Commentaire au Pronostic*, II, c. 60,
éd. Heeg, CMG V, 9, 2, p. 311, 22 sqq. Le mot empyème ayant
actuellement un sens plus restreint (collection purulente dans une
cavité naturelle, à distinguer d'abcès qui est une suppuration
collectée dans une cavité néoformée), je mets « empyème » entre
guillemets.

ἐκφεύγει · ἢν δὲ μὴ παύηται, εἴρεσθαι εἰ γλυκύτερον τὸ
σίελον, καὶ ἢν φῇ, ἡ νοῦσος ἐνιαυσίη γίνεται · ὁ γὰρ πλεύμων ἔμπυος γίνεται. 3 Τούτῳ χρὴ τὰς μὲν πρώτας ἡμέρας
οἶνον διδόναι γλυκύν, λευκόν, ὑδαρέα, κατ' ὀλίγον πυκινὰ
5 πίνειν · ῥυμφάνειν δὲ τῆς πτισάνης τὸν χυλὸν διδόναι,
μέλι παραμίσγων, τρὶς τῆς ἡμέρης, ἔστ' ἂν αἱ ὀκτωκαίδεκα ἡμέραι παρέλθωσι καὶ ὁ πυρετὸς παύσηται.
4 Κινδυνεύει δὲ μάλιστα ἐν τῇσιν ἑπτὰ ἢ ἐν τῇσι τεσσερεσκαίδεκα · ἐπὴν δὲ τὰς ὀκτωκαίδεκα ἡμέρας ὑπερβάλῃ,
10 οὐκέτι ἀποθνῄσκει ἀλλὰ πτύει πύον καὶ τὰ στήθεα πονεῖ
καὶ βήσσει. 5 Ὅταν οὕτως ἔχῃ, πιπίσκειν τὸ σὺν τῷ
ἐλελισφάκῳ νῆστιν · καὶ ῥυμφάνειν ἔτνος, στέαρ συμμίσγων πλέον, ἢν μὴ θάλπος ᾖ · ἢν δὲ ᾖ, μὴ ῥυμφανέτω,
ἀλλὰ σιτίοισι χρήσθω ἁλυκοῖσι καὶ λιπαροῖσι καὶ τοῖσι
15 θαλασσίοισι μᾶλλον ἢ κρέασι · καὶ ἢν μή σοι δοκῇ καθαί-
ρεσθαι κατὰ λόγον, ἐγχεῖν καὶ πυριᾶν · ἢν μὲν παχὺ ᾖ τὸ
πύον, πυριᾶν · ἢν δὲ λεπτόν, ἐγχεῖν · καὶ τῶν σιτίων
ἔχεσθαι ὡς μάλιστα, καὶ τῶν δριμέων ἀπέχεσθαι καὶ κρεῶν
βοείων καὶ ὑείων καὶ χοιρείων.

20   XLVII b (XXXVI b). 1 Ὅταν ἐκ περιπλευμονίης
ἔμπυος γίνηται, πυρετὸς ἴσχει καὶ βὴξ ξηρὴ καὶ δύσπνοια
καὶ οἱ πόδες οἰδέουσι καὶ οἱ ὄνυχες ἕλκονται τῶν χειρῶν

TEST. 20 Ὅταν — 183, 4 τὸ πύον] cf. Morb. III, c. 16 b
(ed. Littré VII, 150, 18 - 156, 2) ; Morb. I, c. 12 (ed. Littré VI,
158, 21 sqq. = Wittern, 28, 6 sqq.).

---

2 σίελον Jouanna[1] : σίαλον θΜ ‖ 4-5 πυκινὰ πίνειν θ : πίνειν
πυκινά Μ ‖ 8 τῇσιν θ : τῇσι Μ ‖ 8-9 τεσσερεσκαίδεκα θ : τεσσαρεσκαίδεκα Μ ‖ 10 πονεῖ Jouanna[1] : πονέει θΜ ‖ 11 τὸ θΜ[ras] :
τῷ Μ ‖ 12 ἐλελισφάκῳ θ : ἐλισφάκῳ Μ ‖ νῆστιν Μ : νήστι θ ‖
13 δὲ θ : δ' Μ ‖ 15 μή om. Μ ‖ δοκῇ Jouanna[1] : δοκέῃ θΜ ‖
19 βοείων Μ : βοΐων θ ‖ ὑείων ΜΗ[a]Ι : ὑϊῶν θ οἰείων Ι[2]Η[a2]R
edd. ab Ald. ‖ χοιρείων Μ : χοιρίων θ ‖ 21 γίνηται θ : γένηται
Μ ‖ δύσπνοια Ermerins : δυσπνοίη θΜ.

mains et des pieds se rétractent[1]. **2** Dans ce cas, quand le malade en est au dixième jour après le début de l'empyème, donnez-lui un bain dans beaucoup d'eau chaude ; pilez de la racine d'arum, gros comme un osselet, (ajoutez) un grain de sel, du miel, de l'eau, et un peu de graisse ; tirez la langue et infusez (dans le poumon) cette préparation qui sera tiède. Ensuite, secouez (le malade) par les épaules[2]. Si vous arrivez par cette préparation à provoquer l'éruption du pus, c'est parfait[3] ; sinon faites-en une autre[4] : extrayez le jus de grenades âcres[5] et du cyclamen — pour la quantité, vous prendrez un petit oxybaphe de chaque —, ensuite pilez du suc de silphion gros comme une fève, délayez, et mêlez-y un oxybaphe de lait de chèvre ou d'ânesse ; infusez (dans le poumon) cette préparation qui sera tiède. Si ces préparations ne provoquent pas l'éruption du pus, pilez finement de la peau de raifort et de la fleur de cuivre gros comme trois fèves — la dose de raifort sera double —, délayez dans un quart de cotyle[6] d'huile, infusez (dans le poumon) cette préparation qui sera tiède. Et si le pus fait éruption, le malade prendra des aliments aussi salés et aussi huileux que possible. Et si le pus ne sort pas, administrez petit à petit une fumigation par la bouche, avec du jus de sium, du vin « tornien »[7], du lait de vache ou de chèvre, que vous mélangerez à parts égales ; la quantité totale sera de trois cotyles ; ensuite jetez-y des tessons

---

1. La rétractation des ongles (généralement avec l'enflure des pieds) est observée dans le traité lors de plusieurs pneumopathies ; cf. c. 48 (c. 37), 183, 10 ; c. 50 (c. 39), 186, 19 et c. 61 (c. 50), 200, 10. Les ongles s'incurvent ; c'est un des symptômes du phénomène connu aujourd'hui encore sous le nom d'*hippocratisme digital*, phénomène qui comprend, outre l'incurvation latérale et longitudinale des ongles, le renflement de l'extrémité du doigt en baguette de tambour ; ce phénomène est lié à diverses affections thoraciques ; voir Ch. Coury, *L'hippocratisme digital*, Paris, 1960 et Id., *Le signe du doigt hippocratique* in *Pagine Stor. Med.*, 12, 1968, p. 3-12.

καὶ τῶν ποδῶν. 2 Τοῦτον ἐπὴν δεκαταῖος γένηται, ἀφ'
ἧς ἂν ἄρξηται ἔμπυος γίνεσθαι, λούσας πολλῷ θερμῷ,
τρίψας ἄρου ῥίζαν, ὅσον ἀστράγαλον μέγεθος, καὶ ἁλὸς
χόνδρον καὶ μέλι καὶ ὕδωρ καὶ ἄλειφα ὀλίγον, ἐξειρύσας
5 τὴν γλῶσσαν, ἐγχέαι χλιερόν· ἔπειτα κινῆσαι τῶν ὤμων. ‖
Ἢν μέν τοι ὑπὸ τούτου τὸ πύον ῥαγῇ· εἰ δὲ μή, ἕτερον 68
ποιῆσαι· σίδια δριμέα ἐκχυλώσας καὶ κυκλάμινον — ὅσον
ὀξύβαφον τῶν σμικρῶν ἑκατέρου ἔστω —, ἔπειτα ὀπὸν
σιλφίου τρίψας ὅσον κύαμον, διεῖναι καὶ συμμῖξαι γάλακτος
10 ὅσον ὀξύβαφον αἴγειον ἢ ὄνειον, τοῦτο χλιερὸν ἐγχεῖν.
Ἢν δ' ὑπὸ τούτων μὴ ῥαγῇ, ῥαφάνου φλοιὸν καὶ ἄνθος
χαλκοῦ ὅσον τρεῖς κυάμους τρίψας λεῖον — διπλάσιον δ'
ἔστω τῆς ῥαφάνου — ἐλαίῳ διεῖναι ὅσον τεταρτήμορον
κοτύλης, τοῦτο ἐγχεῖν χλιερόν. Καὶ ἢν ῥαγῇ τὸ πύον,
15 σιτίοισιν ὡς ἁλμυρωτάτοισι καὶ λιπαρωτάτοισι χρήσθω.
Καὶ ἢν μὴ ἴῃ τὸ πύον, κατ' ὀλίγον πυριᾶν κατὰ τὸ στόμα
σίου χυλῷ, οἴνῳ τορνίῳ, γάλακτι βοείῳ ἢ αἰγείῳ, ἴσον
ἑκάστου συμμίξας· ἔστω δ' ὅσον τρεῖς κοτύλαι· ἔπειτα

TEST. 4 ἄλειφα] cf. GAL., Gloss., s.v. (C 2 supra, 99, 21 = ed.
Kühn XIX, 74, 18) et HESYCH., s.v. 2(supra, 107, 27 sq. = ed.
Latte I, 101, 52).

1 ἀφ' Μ : ἐφ' θ ‖ 4 ἄλειφα] ἄλειφα · στέαρ · μύρον · χρίσμα ·
ἔλαιον Μ^mg ‖ 5 χλιερόν scripsi : χλιαρόν θΜ ‖ τῶν ὤμων θ : τὸν
ὦμον Μ ‖ 6 ἢν θΜΗ^aIR : καὶ ἢν edd. a Corn. (Bas.) ‖ τοι θΜ :
σοι Ermerins ‖ 6-7 ἕτερον ποιῆσαι θΜ : secl. Ermerins ‖
7 σίδια θ : σιτία Μ ‖ ἐκχυλώσας θ : ἐκχυμώσας Μ ‖ 8 ὀξύβαφον
I (sed -ύ- e ras.) R : ὀξόβαφον θΜ (sed ὀξ- in ras. Μ) Η^a? ‖
σμικρῶν θ : μικρῶν Μ ‖ 9 συμμῖξαι Μ : συνμῖξαι θ ‖ 10 ὀξύβαφον I (sed -ύ- e ras.) R : ὀξόβαφον θΜΗ^a ‖ ἢ ὄνειον Μ^2s1 :
ἢ ὄνιον θ om. Μ ‖ χλιερὸν scripsi : χλιαρὸν θΜ ‖ 11 τούτων θ :
τούτῳ ΜΗ^a τούτου ΙΗ^a2R ‖ 12 τρεῖς Μ : τρὶς θ ‖ 13 τεταρτήμορον
θ : τεταρτημορίῳ Μ -μόριον Littré ‖ 14 χλιερόν scripsi : χλιαρόν
θΜ ‖ 15 σιτίοισιν θ : -σι Μ ‖ καὶ λιπαρωτάτοισι θΜ^2mg : om. Μ ‖
17 βοείῳ Μ : βοίῳ θ ‖ αἰγείῳ Μ : αἰγείου θ ‖ post ἴσον add.
δ' θ ‖ 18 συμμίξας Μ : συνμ- θ ‖ τρεῖς Μ : τρὶς θ.

de four chauffés à blanc[1]. Le malade aspirera cette fumigation à l'aide d'une canule en prenant soin de ne pas se brûler. Quand les crachats sont plus purs, faites-lui une infusion (dans le poumon) avec de la graine d'ortie[2], de l'encens, de l'origan dans du vin blanc, du miel et un peu d'huile ; faites cette infusion tous les deux jours — ; après cela, infusez du beurre et de la résine que l'on fera fondre dans du miel. On cessera de prendre des aliments salés et huileux ; le malade boira à jeun, les jours intermédiaires entre les infusions, de la sauge, de la rue, de la sarriette, de l'origan, à parts égales dans du vin pur ; en saupoudrant en tout un oxybaphe. **3** Si l'éruption du pus ne se produit pas sous l'effet des liquides infusés (il arrive en effet souvent que le pus fasse éruption dans la cavité [thoracique[3]], et aussitôt le malade se sent mieux, quand le pus est passé d'un lieu étroit dans un endroit spacieux), quand un certain temps s'est écoulé[4], la fièvre devient plus forte[5], la toux survient, le côté est douloureux ; le malade ne peut se coucher[6] sur le côté sain, mais seulement sur le côté qui lui fait mal ; les pieds enflent, ainsi que les creux sous les yeux[7]. **4** Dans ce cas, au quinzième jour après l'éruption, donnez au malade un bain dans beaucoup d'eau chaude, faites-le asseoir sur un siège qui ne bougera pas ; un autre lui tiendra les bras ; et vous, le secouant par les épaules, tendez l'oreille pour savoir de quel côté le bruit se fait entendre[8] ; il est souhaitable de faire l'incision du côté gauche, car le risque de mort est moins grand[9]. Si vous n'entendez pas de bruit

---

5. Le comparatif ἰσχυρότερος de θ semble confirmé par la rédaction parallèle de *Mal. III*, c. 16 b (Littré VII, 152, 9) : « La toux, les fièvres et toutes les autres souffrances accablent davantage (μᾶλλον) le malade ».

6. Le composé ἀνακείμενος de θ est la *lectio difficilior* ; voir c. 58 (c. 47), 197, 15 où ἀνακείμενος est donné par θM ; voir aussi c. 59 (c. 48), 198, 16 ἀνακείμενος θ : κατακ. M. Pour le sens de ce composé, comp. LSJ *s.v.* III.

ἐμβάλλειν ἱπνοῦ ὄστρακα διαφήνας · τοῦτο ἑλκέτω διὰ
τοῦ αὐλοῦ φυλασσόμενος ὅπως μὴ κατακαίηται. Ἐπὴν δὲ
καθαρώτερον πτύῃ, ἐγχεῖν αὐτῷ κνίδης σπέρμα, λιβανωτόν,
ὀρίγανον ἐν οἴνῳ λευκῷ καὶ μέλιτι καὶ ἐλαίῳ ὀλίγῳ ·
5 ἐγχεῖν δὲ διὰ τρίτης ἡμέρης · μετὰ δέ, βούτυρον, ῥητίνην,
ἐν μέλιτι διατήκων · καὶ σιτίοισι μηκέτι χρῆσθαι ἁλμυροῖσι
μηδὲ λιπαροῖσι · πινέτω δὲ νῆστις τὰς ἐν μέσῳ ἡμέρας τῶν
ἐγχύτων, ἐλελίσφακον, πήγανον, θύμβρην, ὀρίγανον, ἴσον
ἐν οἴνῳ ἀκρήτῳ, ὅσον ὀξύβαφον συμπάντων, ἐπιπάσσων.
10 3 Ἢν δὲ μὴ ῥαγῇ ὑπὸ τῶν ἐγχύτων — πολλάκις γὰρ ἐκρήγνυται ἐς τὴν κοιλίην καὶ αὐτίκα δοκεῖ ῥηῖον εἶναι ὅταν ἐκ
στενοῦ ἐς εὐρυχωρίην ἔλθῃ — ὅταν ὁ χρόνος ‖ πλείων 70
γένηται, ὅ τε πυρετὸς ἰσχυρότερος καὶ ἡ βὴξ ἐπιλαμβάνει
καὶ τὸ πλευρὸν ὀδυνᾶται καὶ ἐπὶ μὲν τὸ ὑγιὲς οὐκ ἀνέχεται
15 ἀνακείμενος, ἐπὶ δὲ τὸ ἀλγέον, καὶ οἱ πόδες οἰδέουσι καὶ τὰ
κύλα τῶν ὀφθαλμῶν. 4 Τοῦτον ὅταν ἡμέρη πέμπτη καὶ
δεκάτη γένηται ἀπὸ τῆς ἐκρήξιος, λούσας πολλῷ θερμῷ,
καθίσας ἐπὶ ἐφέδρου ὅ τι μὴ ὑποκινήσει, ἕτερος μὲν τὰς
χεῖρας ἐχέτω, σὺ δὲ τῶν ὤμων σείων ἀκοάζεσθαι ἐς ὁπότερον
20 ἂν τῶν πλευρῶν ψοφῇ · βούλεσθαι δ᾽ ἐς τὸ ἀριστερὸν
ταμεῖν · ἧσσον γὰρ θανατῶδες. Ἢν δέ σοι ὑπὸ τοῦ πάχεος

1 τοῦτο θ¹Μ : τούτῳ θ ‖ 2 αὐλοῦ Μ : χυλοῦ θ (<ΑΥΛΟΥ) ‖
3 κνίδης θ (cf. jam Foes² n. 108 cum omnibus interpretibus) : κνίκης Μ (<ΚΝΙΔΗΣ ?) ‖ 4 ὀλίγῳ om. θ ‖ 5 ῥητίνην θ :
ῥιτίνης Μ ‖ 6 χρῆσθαι θΜ : χρήσθω Ermerins ‖ 7-8 τῶν ἐγχύτων
Μ : τῷ ἐγχύτῳ θ ‖ 8 θύμβρην scripsi : θύμβραν θΜ ‖ 9 συμπάντων
Μ : σὺν πάντων θ ‖ 10 ἐγχύτων θΜ : ἐγχύτων οὐδὲν θαυμαστὸν
Foes² (n. 110) ex interpretibus (cf. Calv. Lat. ne mireris ; Corn.
Lat. nihil miri est) θ apud Mack edd. a Mack ‖ 11 δοκεῖ scripsi :
δοκέει θΜ ‖ ῥηῖων scripsi : ῥᾶιον θ ῥάιων Μ ‖ 12 ἔλθῃ θΜ¹ᵐᵍ :
om. Μ ‖ 13 γένηται Μ : γίνηται θ ‖ ἰσχυρότερος θ : ἰσχυρὸς Μ ‖
15 ἀνακείμενος θ : κατακείμενος Μ ‖ 16 κύλα Ermerins : κοῖλα
θΜ ‖ ὀφθαλμῶν θ ΜΗᵃR : ὀμμάτων I edd. ab Ald. ‖ τοῦτον θΜ² :
τοῦτο Μ ‖ 19 ἀκοάζεσθαι θΜΗᵃI : ἀκουάζεσθαι scribi potest
ἀκροάζεσθαι I²Hᵃ²R edd. ab Ald. ‖ 20 πλευρῶν Ermerins : πλευρέων θΜ ‖ ψοφῇ scripsi : ψοφέη θ ψοφέει Μ ‖ τὸ Μ : τὸν θ ‖
21 ταμεῖν scripsi : τάμειν θ ταμέειν Μ ‖ σοι θΜ : τοι Lind.

par suite de la viscosité et de l'abondance du pus — cela
se produit parfois — pratiquez l'incision du côté qui
est enflé et qui est le plus douloureux, le plus bas
possible, plutôt en arrière du gonflement qu'en avant,
afin que vous ménagiez[1] au pus une issue par où il
puisse facilement s'écouler. L'incision se fera entre les
côtes, d'abord avec un bistouri convexe pour la peau,
ensuite avec un bistouri pointu[2] ; entourez l'instrument
d'une bande d'étoffe, laissant à découvert seulement la
pointe du bistouri sur une longueur égale à celle de
l'ongle du pouce, et enfoncez-le. Ensuite, laissez sortir
la quantité de pus que vous jugerez convenable, placez
un tampon de lin écru auquel vous aurez attaché un fil.
Laissez sortir le pus une fois par jour. Au dixième
jour, laissez sortir tout le pus et mettez une compresse
fine[3]. Ensuite, injectez du vin et de l'huile tièdes
à l'aide d'une canule, pour éviter un brusque dessèchement du poumon habitué à être baigné par le pus[4].
On évacuera le soir le liquide injecté le matin, et le
matin le liquide injecté le soir. Une fois que le pus est
fluide comme de l'eau, gluant quand on le touche
avec le doigt et ne sort qu'en petite quantité, placez
une sonde d'étain creuse[5]. Une fois que la cavité
(thoracique) est complètement desséchée, raccourcissez
la sonde progressivement et cicatrisez la plaie, jusqu'à
ce que vous enleviez complètement la sonde. **5** Voici
un signe qui indique si le malade va réchapper : si le

---

4. Il faut respecter l'habitude (ἐωθώς) et éviter les changements
brusques (ἐξαπίνης) ; tout est progressif dans l'opération, depuis
l'extraction du pus jusqu'à l'extraction de la sonde ; voir *supra*,
p. 148, n. 1.

L'emploi de μήτε seul est tout à fait remarquable et difficilement justifiable. On attendrait μή ; comp. *Préceptes*, c. 13,
Littré IX, 270, 2, où Littré corrige μήτε en μή γε.

5. Μοτός, qui a d'ordinaire le sens de « tampon, pansement »
(cf. *supra*, p. 167, n. 8), désigne ici et au c. 59 (c. 48), 199, 8,
une canule pour permettre le passage de liquide ou d'air ; voir
J. S. Milne, *Surgical instruments in Greek and Roman times*,
Oxford, 1907 (réimpr. Chicago, 1970), p. 113.

καὶ τοῦ πλήθεος μὴ ψοφῇ — ποιεῖ γὰρ τοῦτο ἐνίοτε —,
ὁπότερον ἂν ἀποιδῇ τῶν πλευρῶν καὶ ὀδυνᾶται μᾶλλον,
τοῦτο τάμνειν ὡς κατωτάτω ὄπισθεν τοῦ οἰδήματος μᾶλλον
ἢ ἔμπροσθεν, ὅπως σοι ἡ ἔξοδος τῷ πύῳ εὔροος ᾖ · τάμνειν
5 δὲ μεταξὺ τῶν πλευρέων στηθοειδεῖ μαχαιρίδι τὸ πρῶτον
δέρμα, ἔπειτα ὀξυβελεῖ, ἀποδήσας ῥάκει, τὸ ἄκρον τῆς
μαχαιρίδος λιπὼν ὅσον τὸν ὄνυχα τοῦ δακτύλου τοῦ μεγά-
λου, καθεῖναι ἔσω · ἔπειτα ἀφεὶς τὸ πύον ὅσον ἄν σοι δοκῇ,
μοτοῦν ὠμολίνῳ μοτῷ, λίνον ἐκδήσας · ἀφεῖναι δὲ τὸ πύον
10 ἅπαξ τῆς ἡμέρης · ἐπὴν δὲ γένηται δεκαταῖος, ἀφεὶς ἅπαν
τὸ πύον, ὀθονίῳ μοτοῦν. Ἔπειτα ἐγχεῖν οἶνον καὶ ἔλαιον
χλιαίνων αὐλίσκῳ, ὡς μήτε ὁ πλεύμων ἐξαπίνης ἐωθὼς
βρέχεσθαι τῷ πύῳ ἀποξηρανθῇ · ἐξιέναι δὲ τὸ ἔγχυμα τὸ
μὲν ἔωθεν ἐς ἑσπέρην, τὸ δ' ἑσπερινὸν ἔωθεν · ἐπὴν δὲ τὸ
15 πύον λεπτὸν οἶον ὕδωρ ᾖ καὶ γλίσχρον τῷ δακτύλῳ
ψαυόμενον καὶ ὀλίγον, ἐντιθέναι μοτὸν κασσιτέρινον κοῖλον · ἐπὴν δὲ παντάπασι ξηρανθῇ ἡ κοιλίη, ἀποτάμνων τοῦ
μοτοῦ κατὰ σμικρὸν συμφύειν τὸ ἕλκος, ἔστ' ἂν ἐξέλῃς ‖
τὸν μοτόν. 5 Σημήϊον δὲ ἦν μέλλῃ ἐκφεύξεσθαι · ἦν μὲν 72

TEST. 5 στηθοειδεῖ μαχαιρίδι] cf. GAL., *Gloss.*, *s.v.* μαχαιρίδι
στηθοειδεῖ (B 16 *supra*, 97, 24 sq. = ed. Kühn XIX, 120, 10) et
s.v. στηθοειδεῖ (B 22 *supra*, 98, 18 sqq. = ed. Kühn XIX, 140, 13).
6 ὀξυβελεῖ] cf. GAL., *Gloss.*, *s.v.* μαχαιρίδι ὀξυβελεῖ (B 15
supra, 97, 20 sq. = ed. Kühn XIX, 120, 9).
19 ἦν μὲν — 183, 4 πύον] cf. *Aphor. VII*, 44 (ed. Littré IV,
590, 1-3 = Jones IV, 202, 10-13).

---

1 ψοφῇ scripsi : ψοφέῃ ΘΜ ‖ ποιεῖ scripsi : ποιέει ΘΜ ‖ 2 ἀποιδῇ
scripsi : ἀποιδέῃ ΘΜ ‖ πλευρῶν Ermerins : πλευρέων ΘΜ ‖ 4 σοι
ΘΜ : an τοι ? cf. c. 61 (c. 50) ‖ τῷ πύῳ ΘΜΗ ͣ Ermerins : τοῦ
πύου ΙΗ ͣ² R edd. ab Ald. ‖ 5 τὸ πρῶτον ΘΜ : πρῶτον τὸ Ermerins ‖
6 ῥάκει Μ : ῥάκκει θ ‖ 7 λιπὼν Μ : λεπτῶν θ ‖ 8 δοκῇ scripsi :
δοκέῃ ΘΜ ‖ 12 μήτε ΘΜ : μὴ[τε] scripserim ‖ ἐωθὼς θ : εἰωθὼς
Μ ‖ 13 alt. τὸ ΘΜ ͥˢ¹ : om. Μ ‖ 14 ἔωθεν ΘΜ : ἐωθινὸν Ermerins ‖ 18 σμικρὸν θ : μικρὸν Μ ‖ 19 σημήϊον Μ : σημεῖον θ ‖ μὲν
Μ : μὲν ᾖ θ.

pus est blanc, pur, et contient des filaments de sang, le malade guérit dans la majorité des cas ; en revanche, si le pus qui s'écoule le premier jour ressemble à du jaune d'œuf ou si le pus qui s'écoule le lendemain est épais, verdâtre, malodorant, les malades meurent après l'écoulement total du pus[1].

XLVIII (XXXVII). **1** Quand il y a affection[2] du poumon[3], le malade crache en toussant des matières glaireuses qui sont épaisses, verdâtres et douces ; il a des grincements de dents, une douleur gagne la poitrine et le dos, un léger sifflement se fait entendre dans la gorge ; la gorge est sèche, les creux sous les yeux sont rouges, la voix est grave, les pieds enflent et les ongles se rétractent ; le haut du corps s'amincit et le malade maigrit. Les matières glaireuses lui causent du dégoût quand il les a expectorées et qu'elles sont dans la bouche. Il tousse surtout le matin et au milieu de la nuit. Il tousse aussi le reste du temps. La maladie atteint plutôt une femme jeune qu'une femme âgée. **2** Dans ce cas, si désormais les cheveux tombent

---

1. Même pronostic au c. 57 (c. 46), 197, 2 sqq. Comp. *Aphorismes VII, 44* (cf. *Test.*) : « Quand on ouvre un empyème par cautérisation ou incision, si le pus coule pur et blanc, les malades en réchappent ; s'il est sanguinolent, bourbeux et fétide, ils meurent », qui correspond à *Pronostic*, c. 18, Littré II, 162, 6-164, 3 (= Alexanderson 219, 10 app. crit.). Comp. aussi *Prénotions coaques*, 396, Littré V, 674, 11-14.

2. Πλευμᾷ est un *hapax*. La variante πλευμοῖ est faussement attribuée à θ dans la collation de Mack. Cette variante donnée aussi par la vulgate dans le *Glossaire* de Galien (voir *supra*, p. 98) n'était certainement pas non plus la forme que lisait Galien ; car les bons manuscrits donnent également πλευμᾷ. La variante πλευμοῖ ne repose donc sur aucune autorité sérieuse et doit être supprimée des dictionnaires. Galien rangeait cette affection dans les phtisies (cf. l'explication qu'il donne de πλευμᾷ dans son *Glossaire* πλευμώδης γίνεται ἢ φθίνει). Cette maladie ouvre effectivement une série de phtisies : c. 49 (c. 38), 185, 20 ἄλλη φθόη ; c. 50 (c. 39), 187, 2 ἐκ ταύτης τῆς φθίσιος ; c. 51 (c. 40), 188, 8 νωτιὰς φθίσις) et vraisemblablement c. 52 (c. 41), 189, 9 où πλεῦμος est glosé par φθόη dans le *Glossaire* de Galien et où τοῦ ἑτέρου renvoie à une des phtisies précédentes.

τὸ πύον ᾗ λευκὸν καὶ καθαρὸν καὶ ἶνες αἵματος ἐνέωσιν,
ὡς τὰ πολλὰ ὑγιὴς γίνεται · ἢν δὲ οἷον λεκιθοειδὲς ἀπορρυῇ τῇ πρώτῃ, ἢ τῇ ὑστεραίῃ ἀπορρυῇ παχύ, ὑπόχλωρον,
ὄζον, ἀποθνήσκουσιν, ἐπειδὰν ἐκρυῇ τὸ πύον.

5 XLVIII (XXXVII). 1 Ὅταν πλευμᾷ, τὸ σίελον
παχύ, ὑπόχλωρον, γλυκὺ βήσσεται, καὶ βρυγμός, καὶ
ὀδύνη ἐς τὸ στέρνον καὶ ἐς τὸ μετάφρενον, καὶ συρίζει ἐν
τῇ φάρυγγι λεπτόν, καὶ ἡ φάρυγξ σκληρὴ γίνεται καὶ τὰ
κύλα ἐρυθρὰ καὶ ἡ φωνὴ βαρέα, καὶ οἱ πόδες οἰδίσκονται
10 καὶ οἱ ὄνυχες ἕλκονται καὶ καταλεπτύνονται τὰ ἄνω καὶ
μινύθει · καὶ μυσάσσεται τὸ σίελον ἐπὴν ἀποχρεμψάμενος
ἔχῃ ἐν τῷ στόματι, καὶ βήσσει τοὺς ὄρθρους καὶ μεσονύκτιος μάλιστα · βήσσει δὲ καὶ τὸν ἄλλον χρόνον. Καὶ
λαμβάνει μᾶλλον γυναῖκα νεωτέρην ἢ πρεσβυτέρην.
15 2 Τούτῳ ἢν μὲν αἱ τρίχες ἤδη ἐκ τῆς κεφαλῆς ῥέωσι καὶ

Test. 5 Ὅταν — 185, 19 συμμίσγειν] cf. *Aff. int.*, c. 10 (ed. Littré
VII, 188, 26 - 192, 7).
5 πλευμᾷ] cf. Gal., *Gloss.*, *s.v.* (B 20 *supra*, 98, 6 sqq. = ed.
Kühn XIX, 131, 8).
6 βρυγμός] cf. Gal., *Gloss.*, *s.v.* (C 7 *supra*, 100, 17 sqq. = ed.
Kühn XIX, 90, 2 sq.).
9 κύλα] cf. Hesych., *s.v.* (14 *supra*, 109, 28 sqq. = ed. Latte
II, 545, 92).
15 αἱ τρίχες — 184, 5 ἄνθραξι] cf. *Aph.* V, 11, 12 et 14 (ed.
Littré IV, 536, 3-7 et 10 = Jones IV, 160, 4-10 et 13 sq.) ; *Coac.*,
426 et 428 (ed. Littré V, 680, 12-13 et 16-18) ; cf. etiam *Aph.*
VII, 79-80 (ed. Littré IV, 604, 9 sq.).

---

1 καὶ καθαρὸν om. θ ‖ καὶ ἶνες Μ : καίειν ἐς θ (<ΚΑΙΙΝΕϹ) ‖
ἐνέωσιν θ : ἐνέωσι Μ ‖ 4 ἀποθνήσκουσιν θ : -σι Μ ‖ 5 σίελον
scripsi : σίαλον θΜ ‖ 8 σκληρὴ θ : ξηρὴ Μ ‖ 9 κύλα θ (cf. jam
Foes² [n. 119] ex Hesychio) : κοῖλα Μ ‖ βαρέα Ermerins : βαρέη
θΜ ‖ οἷ] ι e ras. Μ (οὐ Μᵃᶜ ?) ‖ 10 καταλεπτύνονται θΜ : κατα-
λεπτύνεται scripserim (cf. c. 50 [c. 39], 186, 18) ‖ τὰ ἄνω καὶ Μ :
καὶ τὰ ἄνω θ ‖ 11 μινύθει Μ : μινυθῇ θ ‖ σίελον scripsi : σίαλον
θΜ ‖ 12 ὄρθρους Μ : ὀρόρους θ (<ΟΡΘΡΟΥϹ) ‖ 12-13 μεσονύκτιος θ : -τίου Μ Ald. -τιον Κ Littré Ermerins ‖ 15 post
τούτῳ add. καὶ ? Μ sed del. Μʳᵃˢ.

et que la tête soit désormais dénudée comme à la suite
d'une maladie, et si, lorsqu'il crache sur des charbons[1],
les matières glaireuses dégagent une odeur forte,
prédisez qu'il mourra dans un bref délai et que la cause
de la mort sera une diarrhée. En effet quand désormais
le pus qui entoure le cœur se corrompt, il dégage une
odeur de viande rôtie sur les charbons, et le cerveau
échauffé émet un flux de saumure qui dérange le ventre.
En voici la preuve : les cheveux tombent[2]. **3** Dans
ce cas, ne traitez pas, si le malade présente de tels
symptômes[3] ; mais si vous vous trouvez au début
de la maladie, donnez à boire de la décoction de
lentilles ; ensuite, après un intervalle d'un jour, donnez
de l'ellébore qui sera mélangé pour éviter un dérangement du ventre. Et quand la nuit de la saumure lui
vient à la bouche, appliquez-lui aux narines des
évacuants assez fréquemment ; si la saumure ne coule
pas, appliquez tout de même les évacuants, mais à
de plus longs intervalles. Et une fois par mois, vous
lui ferez boire d'abord de l'ellébore[4] — pour la quantité,
une pincée prise avec deux doigts — dans du vin
doux coupé d'eau[5], après quoi vous donnerez aussitôt
à boire de la décoction de lentilles[6]. Pour les médicaments évacuants, il en boira le moins possible, sauf
si les fièvres le prennent avec trop d'intensité ; si
elles ne le prennent pas avec intensité, donnez la racine
blanche et de l'ellébore à sucer dans du miel[7]. C'est
de cette façon que le ventre sera le moins dérangé.

---

1. C'est le signe d'une tuberculose caverneuse. Le σίελον
est en fait du tissu pulmonaire mêlé.
4. On donne à boire l'ellébore *avant* la décoction de lentilles ;
cf. quelques lignes plus bas πρὸ τοῦ φακίου προπίνων τὸν
ἐλλέβορον ; c'est donc vraisemblablement un composé en προ-
qu'il faut lire ici et non en προσ- avec les manuscrits et les éditions
jusqu'à Littré. Toutefois, il n'est pas indispensable de rétablir
le nominatif προπιπίσκων comme l'a fait Ermerins ; voir sur cette
question du cas *supra,* p. 164, n. 4.

ψιλῶται ἤδη ἡ κεφαλὴ ὡς ἐκ νούσου, καὶ πτύοντι ἐπ᾽ ἄνθρακας βαρὺ ὄζῃ τὸ σίελον, φάναι αὐτὸν ἀποθανεῖσθαι ἐντὸς
ὀλίγου χρόνου, τὸ δὲ κτεῖνον ἔσεσθαι διάρροιαν · ἐπὴν γὰρ
ἤδη τὸ πύον τὸ περὶ τὴν καρδίην σήπηται, τοῦτο ὄζει
5 κνίσης ἐπὶ τοῖσιν ἄνθραξι καὶ συνθερμαινόμενος ὁ ἐγκέφαλος ῥεῖ ἅλμην, ἢ κινεῖ τὴν κοιλίην · σημήϊον δὲ τούτου ·
ῥέουσιν αἱ ἐκ τῆς κεφαλῆς τρίχες. 3 Τοῦτον μὴ ἰᾶσθαι
ὅταν οὕτως ἔχῃ · ἢν δὲ κατ᾽ ἀρχὰς ἐπιτύχῃς τῇ νούσῳ,
φάκιον δὸς πιεῖν · εἶτα διαλείπων μίαν ἡμέρην ἐλλέβορον
10 δοῦναι κεκρημένον ὅπως τὴν κάτω κοιλίην μὴ κινήσῃ.
Καὶ ἐπὴν ἐς τὸ στόμα τῆς νυκτὸς φοιτᾷ αὐτῷ ἅλμη, πρὸς
τὰς ῥῖνας αὐτῷ προστίθει φάρμακα πυκνότερα · ἢν δὲ μὴ
ῥέῃ, προστίθει μέν, διὰ πλέονος δὲ χρόνου. Καὶ τοῦ ‖ μηνὸς   74
ἅπαξ προπιπίσκοντα ἐλλέβορον, ὅσον τοῖσι δυσὶ δακτύ-
15 λοισιν ἆραι, ἐν οἴνῳ γλυκεῖ κεκρημένῳ, φάκιον δὲ αὐτίκα
δοῦναι ἐπιπίνειν. Φάρμακα δὲ ὡς ἐλάχιστα πινέτω ἢν μὴ
οἱ πυρετοὶ ὀξύτεροι ἐπιλαμβάνωσιν · ἢν δὲ ⟨μὴ⟩ λαμβάνωσι, τὴν ῥίζαν τὴν λευκὴν καὶ τοῦ ἐλλεβόρου λείχειν ἐν
μέλιτι δίδου · οὕτω γὰρ ἥκιστα τὴν κοιλίην κινήσει. Ἢν δὲ

TEST. 8 sqq. Cf. *Aff. int.*, c. 10 (ed. Littré VII, 188, 26 sqq.).
18 τὴν ῥίζαν τὴν λευκὴν] cf. GAL. *Gloss.*, *s.v.* ῥίζαν λευκήν
(C 16 *supra*, 102, 23 sq. = ed. Kühn XIX, 135, 12).

2 σίελον scripsi : σίαλον θΜ ‖ 5 τοῖσιν θ : τοῖσι Μ ‖ συνθερμαινόμενος θ : ξυν- Μ ‖ 6 σημήϊον Μ : σημεῖον θ ‖ τούτου Μ :
τοῦτο θ ‖ 7 ῥέουσιν θ : -σι Μ ‖ αἱ ἐκ τῆς κεφαλῆς θ : ἐκ τῆς κεφαλῆς Μ ἐκ τῆς κεφαλῆς αἱ Ermerins ‖ 8 κατ᾽ ἀρχὰς scripsi :
καταρχὰς θΜ ‖ 9 διαλείπων scripsi : διαλειπὼν θ sed -ε-del. θ^ras
διαλιπὼν Μ ‖ ἐλλέβορον Μ : ἐλλ- θ ‖ 10 κεκρημένον θ : κεχρημένον
Μ ‖ 11 στόμα edd. a Corn. (Bas.) : σῶμα θΜΙR def. H^a folio
evulso ‖ 14 προπιπίσκοντα scripsi : προσπιπίσκοντα θΜ προπιπίσκων Ermerins ‖ ἐλλέβορον Μ : ἐλλ- θ ‖ δυσὶ θ : δύο Μ ‖ 14-15
δακτύλοισιν θ : -σι Μ ‖ 15 κεκρημένῳ θΜΙR def. H^a : κεκρημένον
edd. a Corn. (Bas.) ‖ 16 δοῦναι θ : διδοὺς Μ ‖ 17 ἐπιλαμβάνωσιν
θ : -σι Μ ‖ 17-18 ἢν δὲ μὴ λαμβάνωσι scripsi : ἢν δὲ λαμβάνωσι
θ om. Μ ‖ 18 ἐλλεβόρου Μ : ἐλλ- θ ‖ 19 δίδου θ : δ᾽ οὔ Μ.

Si des coliques se produisent dans le ventre, commencez par prescrire le lavement dans la composition duquel entre le grain de Cnide[1]. Si malgré ce remède les coliques ne cessent pas, purgez avec du lait d'ânesse bouilli ; mais ne donnez pas de médicament qui évacue par le bas. Si l'ellébore absorbé avant la décoction de lentilles cause des vomissements de bile, le malade vomira avec la seule décoction de lentilles. 4 Comme aliments, il prendra, sauf si les fièvres le tiennent avec intensité[2], de la viande de mouton bouillie, de la viande de volaille, de la courge et des bettes ; mais il ne prendra le bouillon ni en potage ni en sauce[3]. Comme poissons, il prendra des scorpènes et des sélaciens bouillis. Il ne mangera rien de chaud et il s'abstiendra des bains, si la fièvre est intense ; et il ne prendra pas de légumes âcres, à l'exception de la sarriette ou de l'origan ; il boira du vin blanc. S'il n'a pas de fièvre, mais seulement des poussées de chaleur de temps à autre, il mangera des poissons aussi excellents et aussi gras que possible, des aliments aussi huileux, doux et salés que possible ; il fera des promenades en évitant le vent et le soleil ; il vomira après le repas, quand vous jugerez le moment opportun[4], et il prendra un bain tiède excepté à la tête. Pour les aliments de céréales, le pain de blé est préférable pour tous ceux qui n'ont pas l'habitude de manger de la galette d'orge ; pour ces derniers, on associera les deux[5].

XLIX (XXXVIII). 1 Autre phtisie[6]. Le malade tousse ; ses crachats sont abondants et humides ;

---

2. Faut-il lire ἦν μὲν avec les manuscrits ou ἦν μὴ (attribué faussement par Mack à θ) avec Calvus et les éditeurs depuis Mack ? La restriction (ἦν μὴ) est sans doute préférable, car les médecins hippocratiques évitent de donner une alimentation solide pendant la période la plus intense de la maladie. Comp. par ex. Mal II 2, c. 42 (c. 31), 174, 4 sq. (où l'alimentation solide est recommandée dans le cas de la fièvre tierce uniquement pendant les périodes de rémission) et c. 44 (c. 33), 176, 9 sqq. (où l'alimentation solide, dans le cas de pleurésie, n'est prescrite que quand la fièvre a disparu).

στρόφος ἐγγένηται ἐν τῇ κάτω κοιλίῃ, πρῶτον μὲν κλύσαι
κείνῳ ἐς ὃ ὁ κόκκος συμμίσγεται · ἢν δὲ μηδ᾽ οὕτω παύσηται, γάλακτι ὀνείῳ ἐφθῷ κάθηρον · φάρμακον δὲ μὴ δίδου
κατωτερικόν. Ἢν δὲ πρὸ τοῦ φακίου προπίνων τὸν ἐλλέβο-
5 ρον χολὴν ἐμῇ, αὐτῷ τῷ φακίῳ ἐμείτω. 4 Σιτίοισι δὲ
χρήσθω, ἢν μὴ οἱ πυρετοὶ ὀξεῖς ἔχωσι, κρέασι μηλείοισιν
ἐφθοῖσι καὶ ὀρνιθείοισι καὶ κολοκύντῃ καὶ σεύτλοισι·
ζωμὸν δὲ μὴ ῥυφείτω, μηδ᾽ ἐμβάπτεσθαι · ἰχθύσι δὲ χρήσθω
σκορπίοισι καὶ σελάχεσιν ἐφθοῖσι · θερμὸν δὲ μηδὲν
10 ἐσθιέτω, μηδὲ λούσθω, ἢν ὁ πυρετὸς ἔχῃ πολλός · μηδὲ
λαχάνοισι δριμέσι χρήσθω, ὅτι μὴ θύμβρῃ ἢ ὀριγάνῳ·
οἶνον δὲ λευκὸν πινέτω. Ἢν δ᾽ ἄπυρος ᾖ, θέρμαι δὲ λαμβάνωσιν ἄλλοτε καὶ ἄλλοτε, ἐσθιέτω ἰχθῦς ὡς ἀρίστους
καὶ πιοτάτους, καὶ λιπαρὰ καὶ γλυκέα καὶ ἁλμυρὰ ὡς
15 μάλιστα. Καὶ περιπάτοισι χρήσθω μήτε ἐν ἀνέμῳ μήτε
ἐν ἡλίῳ καὶ ἐμείτω ἀπὸ τῶν σιτίων, ὅταν σοι δοκῇ καιρὸς
εἶναι, καὶ λοῦσθαι χλιερῷ πλὴν τῆς κεφαλῆς · σιτίων δὲ
ἄρτος ἀμείνων, ὅσοι μὴ μαζοφάγοι εἰσί · τούτοισι δὲ
ἀμφότερα συμμίσγειν.

20 XLIX (XXXVIII). 1 Ἄλλη φθόη · βὴξ ἔχει, καὶ
τὸ πτύσμα πολλὸν καὶ ὑγρόν, καὶ ἐνίοτε ῥηϊδίως ἀναβήσ-

---

1 ἐγγένηται M (sed ι add. supra ἐ M¹) : ἐνγίνηται θ an ἐγγίνηται ? ǁ 2 συμμίσγεται M : συνμ- θ ǁ 2-3 παύσηται θ : παύηται
M ǁ 3 ὀνείῳ M : ὀνίῳ θ ǁ 4 φακίου θ : φαρμακίου M ǁ 4-5 ἐλλέβορον M : ἐλλ- θ ǁ 5 ἐμῇ scripsi : ἐμέῃ θM ǁ ἐμείτω θ :
ἐμεέτω M ǁ 6 μὴ Calvus (Lat.) θ apud Mack : μὲν θM ǁ ὀξεῖς
scripsi : ὀξέες θM ǁ μηλείοισιν scripsi : μηλιοισιν θ μηλείοισι M
μήλειον κρέας Mᵐᵍ ǁ 7 ὀρνιθείοισι EJ Ermerins : ὀρνιθίοισι
θMIR def. Hᵃ folio evulso ǁ σεύτλοισι Ermerins : τεύτλοισι
θM ǁ 8 ῥυφείτω scripsi : ῥυφίτω θ ῥυφεέτω M ǁ μηδ᾽ ἐμβάπτεσθαι θ : μηδὲ βάπτεσθαι M μηδ᾽ ἐμβαπτέσθω legi potest ǁ 9 σελάχεσιν θ : -σι M ǁ 10 λούσθω θ : λουέσθω M ǁ πολλός scripsi :
πουλύς θ πολύς M ǁ 11 δριμέσι χρήσθω M : χρήσθω δριμέσιν θ ǁ
12 alt. δὲ M : τε θ ǁ 12-13 λαμβάνωσιν θ : -σι M ǁ 14 γλυκέα καὶ
ἁλμυρὰ M : ἁλμυρὰ καὶ γλυκέα θ ǁ 16 ἐμείτω scripsi : ἐμίτω θ
ἐμεέτω M ǁ σοι Ermerins : οἱ θM ǁ δοκῇ scripsi : δεκέῃ θ (<ΔΟ-
ΚΕΗΙ) δοκέῃ M ǁ 17 χλιερῷ scripsi : χλιαρῷ θM ǁ 19 συμμίσγειν M : συνμ- θ ǁ 20 φθόη θM : φθόη φθίσις Mᵐᵍ.

parfois, sans effort, il expectore en toussant du pus comme un grêlon[1] ; écrasé entre les doigts, ce pus est dur et malodorant. La voix est claire, et le malade n'éprouve pas de douleur[2]. Il n'est pas pris de fièvre mais parfois de chaleur ; et surtout il est faible. **2** Dans ce cas, il faut lui faire boire l'ellébore et la décoction de lentilles, régaler au mieux le malade qui s'abstiendra toutefois d'aliments âcres, de viande de bœuf, de porcelet ou de porc[3]. Il fera des exercices, mais peu, et des promenades ; il vomira après le repas et s'abstiendra du coït. **3** Cette maladie dure sept ou neuf ans. Dans ce cas, si le malade est traité dès le début, il guérit.

L (XXXIX). **1** Si le conduit pulmonaire devient aphteux[4], le malade est pris d'une fièvre légère, d'une douleur au milieu de la poitrine, de démangeaisons sur le corps ; sa voix est sujette à l'enrouement ; il crache des matières glaireuses liquides et ténues, mais parfois épaisses et semblables à de la décoction d'orge mondé ; dans la bouche lui vient une odeur forte semblable à celle de poissons crus et de temps en temps dans les matières glaireuses apparaissent des fragments durs semblables à une excroissance fongueuse provenant d'un ulcère[5]. Le haut du corps maigrit et surtout le corps tout entier[6] ; les joues[7] rougissent ; les ongles avec le temps se rétractent, deviennent secs et verdâtres. **2** Le malade meurt aussitôt, s'il ne reçoit pas de soins : il crache du sang et du pus ; puis de surcroît surviennent des fièvres

---

1. Cette comparaison des vomiques avec un grain de grêle se retrouve chez Arétée dans la sémiologie d'une affection du poumon (III, 12 éd. Hude², 53, 21 (sc. ἀνάγουσι) σμικρόν, λευκόν, στρογγύλον, χαλαζῶδες). Du reste χάλαζα et ses dérivés (χαλαζώδης, χαλαζιάω, χαλάζιον et χαλάζωσις) ont des emplois techniques chez les médecins. Voir LSJ sous les mots concernés.

6. L'expression τὰ ἄνω λεπτύνεται, μάλιστα δὲ ἅπας est étonnante ; on attendrait plutôt l'inverse ἅπας λεπτύνεται, μάλιστα δὲ τὰ ἄνω. ou τὰ ἄνω λεπτύνεται μάλιστα [δὲ ἅπας].

σεται οἷον χάλαζα τὸ πύον καὶ διατριβόμενον ἐν τοῖσι
δακτύλοισι σκληρὸν καὶ κάκο‖δμον γίνεται · ἡ δὲ φωνὴ   76
καθαρή · καὶ ἀνώδυνος · καὶ οἱ πυρετοὶ οὐ λαμβάνουσι,
θέρμη δ᾽ ἐνίοτε, ἄλλως τε καὶ ἀσθενής. 2 Τοῦτον χρὴ
5 ἐλλέβορον πιπίσκειν καὶ φάκιον καὶ εὐωχεῖν ὡς μάλιστα,
ἀπεχόμενον δριμέων καὶ κρεῶν βοείων καὶ χοιρείων καὶ
ὑείων · καὶ γυμνάζεσθαι ὀλίγα καὶ περιπατεῖν, καὶ ἀπὸ
σιτίων ἐμέτοισι χρῆσθαι καὶ λαγνείης ἀπέχεσθαι. 3 Αὕτη
ἡ νοῦσος γίνεται ἑπτὰ ἔτεα ἢ ἐννέα · οὗτος ἢν ἐξ ἀρχῆς
10 θεραπευθῇ, ὑγιὴς γίνεται.

L (XXXIX). 1 Ἢν ἀφθήσῃ ἡ σύριγξ τοῦ πλεύμονος,
πυρετὸς ἴσχει βληχρός, καὶ ὀδύνη μέσον τὸ στῆθος, καὶ
τοῦ σώματος κνησμός, καὶ ἡ φωνὴ βραγχώδης, καὶ τὸ
σίελον ὑγρὸν καὶ λεπτὸν πτύει, ἐνίοτε δὲ παχὺ καὶ οἷον
15 πτισάνης χυλόν, καὶ ἐν τῷ στόματι ὀδμή οἱ ἐγγίνεται
βαρέα οἷον ἀπὸ ἰχθύων ὠμῶν, καὶ ἄλλοτε καὶ ἄλλοτε ἐν
τῷ σιέλῳ ἐμφαίνεται σκληρὰ οἷον μύκης ἀφ᾽ ἕλκεος, καὶ
τὰ ἄνω λεπτύνεται, μάλιστα δὲ ἅπας, καὶ οἱ κύκλοι τοῦ
προσώπου ἐρυθριῶσι, καὶ οἱ ὄνυχες τῷ χρόνῳ ἕλκονται
20 καὶ ξηροὶ καὶ χλωροὶ γίνονται. 2 Τελευτᾷ δὲ αὐτίκα, ἢν
μὴ θεραπευθῇ, αἷμα πτύων καὶ πύον · ἔπειτα καὶ πυρετοὶ

TEST. 18-19 οἱ κύκλοι τοῦ προσώπου] cf. GAL., Gloss., s.v.
κύκλοι προσώπου (A 8 supra, 94, 31 sq. = ed. Kühn XIX, 115,
15-16).

---

1 οἷον χάλαζα τὸ πύον ΘMR : καὶ τὸ πύον οἷον χάλαζα I edd.
ab Ald. def. Hᵃ folio evulso ‖ 5 ἐλλέβορον M : ἐλλ- Θ ‖ εὐωχεῖν
scripsi : εὐωχέειν ΘM ‖ 6 δριμέων M : δριων Θ ‖ βοείων M : βοῖων
Θ ‖ χοιρείων M : χοιρίων Θ ‖ 7 ὑείων MIR : ὑῖων Θ οἰείων Iᵃ
οἰείων edd. ab Ald. def. Hᵃ folio evulso ‖ περιπατεῖν Θ : -τέειν M ‖
8 σιτίων M : σίτων Θ ‖ 12 βληχρός M : ἰσχυρός Θ ‖ στῆθος Θᶜᵒʳʳ
M : -ῆθ- e corr. Θ¹ ‖ 14 σίελον scripsi : σίαλον ΘM ‖ 15 ἐγγίνεται
M : ἐνγ- Θ ‖ 16 βαρέα Ermerins : βαρέη ΘM ‖ 17 σιέλῳ scripsi :
σιάλῳ ΘM ‖ 18 οἱ κύκλοι ΘM cf. GAL., Gloss. : an τὰ κύλα ?

16

fortes qui emportent alors le malade. En revanche s'il reçoit des soins, très souvent il réchappe de cette phtisie. **3** Il faut le traiter, en lui faisant boire les décoctions de lentilles pour qu'il vomisse[1] ; si vous jugez le moment opportun, il boira de l'ellébore : si le sujet est fort, il le prendra seul, sinon on mélangera à la décoction de lentilles la moitié de la potion, et on interrompra à la cinquième ou à la sixième potion. Quant au ventre, ne le dérangez pas avec un médicament évacuant, sauf si les fièvres prennent le malade avec force ; si elles ne le prennent pas avec force[2], évacuez par le bas avec du lait d'ânesse. S'il est trop faible pour le boire, prescrivez les lavements[3]. Et si les matières glaireuses lui viennent à la bouche en abondance et sont salées, appliquez aux narines un errhin qui n'attirera pas la bile. Si en revanche le flux ne vient pas à la bouche, ne faites pas d'application à la tête. Quand les matières glaireuses sont malodorantes, infusez un médicament dans le poumon les jours où il ne prend pas la décoction de lentilles, et laissant un intervalle d'un jour après l'infusion dans le poumon, faites une fumigation[4]. **4** Pour les aliments, il prendra de la viande de mouton et de volaille, et comme poissons des sélaciens et des scorpions de mer, le tout bouilli. Tous les trois jours, il mangera des poissons salés, les meilleurs et les plus gras possibles. Au déjeuner, il prendra de la galette d'orge, et au dîner il y associera aussi le pain de blé. Il ne prendra aucun potage ni ne boira du cycéon, s'il est capable de manger.

---

4. La forme ἔχης de M recc. edd. est un non-sens ; c'est une corruption pour ἐγχῆς *vel* ἐγχέῃς qui reprend ἐγχεῖν de la ligne précédente. Pour évacuer le pus du poumon, le médecin combine ici l'infusion (ἐγχεῖν) et l'inhalation de fumées sèches (θυμιᾶν). Sur ces deux thérapeutiques, voir *supra* p. 163, n. 5 et 179, n. 5.

ἰσχυροὶ ἐπιγινόμενοι κατ' οὖν ἔκτειναν. Ἢν δὲ θεραπευθῇ,
πλεῖστοι ἐκφυγγάνουσιν ἐκ ταύτης τῆς φθίσιος. 3 Θεραπεύειν δὲ χρὴ φάκια πιπίσκοντα ἐμεῖν · ἢν δέ σοι καιρὸς
δοκῇ εἶναι, ἐλλέβορον πίνειν · ἢν μὲν δυνατὸς ᾖ ὤνθρωπος,
5 αὐτόθεν · ἢν δὲ μή, παραμίσγειν τῷ φακίῳ ἥμισυ πόσιος,
διαλείπων ἐν πέμπτῃ ἢ ἐν ἕκτῃ πόσει. Τὴν δὲ κάτω κοιλίην
μὴ κινεῖν φαρμάκῳ, ἢν μὴ οἱ πυρετοὶ λαμβάνωσιν ἰσχυροί ·
ἢν δὲ μὴ λαμβάνωσι, γάλακτι ὄνου ὑποκαθαίρειν · ἢν δ'
ἀσθενὴς ᾖ ὥστε πίνειν ὑποκλύσαι [ἧσσον δὲ κεφαλήν].
10 Καὶ ἢν μὲν τὸ σίελον ἐς τὸ στόμα ἴῃ πολλὸν καὶ ἁλμυρόν,
πρὸς τὰς ῥῖνας προσθεῖναι ὅ τι χολὴν μὴ ἄξει · ἢν δὲ μὴ
ἴῃ τὸ ῥεῦμα ἐς τὸ στόμα, μὴ προστιθέναι ‖ πρὸς τὴν 78
κεφαλήν. Ἐπὴν δὲ τὸ σίελον δυσῶδες ᾖ, τὰς μεταξὺ τῶν
φακίων ἐγχεῖν ἐς τὸν πλεύμονα φάρμακον, μίαν δὲ δια-
15 λιπὼν ἐπὴν ἐγχέῃς ἡμέρην, θυμιᾶν. 4 Σιτίοισι δὲ χρῆσθαι
κρέασι μηλείοισι καὶ ὀρνιθείοισι καὶ ἰχθύσι σελάχεσι καὶ
σκορπίοισιν ἐφθοῖσι · διὰ τετάρτης ἡμέρης τάριχον
ἐσθιέτω ὡς ἄριστον καὶ πιότατον · καὶ ἀριστάτω μὲν μάζαν,
δειπνείτω δὲ συμμίσγων καὶ ἄρτον · καὶ μήτε ῥυμφανέτω
20 μηδὲν μήτε κυκεῶνα πινέτω, ἢν ἐσθίειν δυνατὸς ᾖ · τὰ δ'

2 ἐκφυγγάνουσιν θ : -σι Μ ‖ 3 ἐμεῖν scripsi : ἐμέειν θΜ ‖ 4 δοκῇ
scripsi : δοκέῃ θΜ ‖ ἐλλέβορον Μ : ἐλλ- θ ‖ 5 ἥμισυ πόσιος Μ :
ημιευποσιος θ (<ΗΜΙCΥ ΠΟCΙΟC) ‖ 6 διαλείπων Μ : διαλειπὼν θ ‖ ἐν ... ἐν θΜ : secl. Ermerins ‖ 7 κινεῖν scripsi :
κινέειν θʳᵃˢ (κεινέειν θ) Μ ‖ 9 ἀσθενὴς ᾖ θ : ἀσθενήσῃ Μ ‖ post
ὑποκλύ[σαι def. θ usque ad c. 51 (c. 40) γαλακτο]ποτέῃ (infra,
189, 2), folio evulso ‖ ἧσσον (ἧττον Μ) δὲ κεφαλήν seclusi ‖
10 σίελον scripsi : σίαλον Μ ‖ πολλὸν] -λῶν Μ sed corr. Μ¹ ‖
11 ἄξει] ἄξῃ͞ει Μ (ῃ del. Μ²) ‖ 12 ἴῃ edd. a Corn. (Bas.) : ᾖ
ΜᵃΙR ‖ 13 σίελον scripsi : σίαλον Μ ‖ 15 ἐγχέῃς scripsi : ἔχῃς
Μ ‖ 16 μηλείοισι Μ (fol. 224 v)] κρέας μήλειον · τὸ τοῦ προβάτου
καὶ τὸ τῆς αἰγὸς · μῆλα δὲ πάντα τὰ τετράποδα · ὅθεν καὶ πᾶσα
βύρσα μηλωτὴ Μᵐᵍ (sed fol. 225 r) ‖ ὀρνιθείοισι Ermerins :
ὀ͞ρ͞ᵛ͞ιθίοισι Μ ‖ ἰχθύσι R (ἰχθῦσι Ι) : ἰχῦσι ΜΗᵃ ‖ 17 σκορπίοισιν
ΙΗᵃ²R : -σι ΜΗᵃ ‖ 19 δειπνείτω ΙR : διᵃπνείτω Μ² (sed δειπνείτω
fort. Μ) διαπνείτω Ηᵃ (sed -α- del. Ηᵃʳᵃˢ).

Assaisonnez les mets avec du sésame au lieu de fromage, avec du coriandre et de l'aneth ; mais il ne prendra point de silphion[1], ni de légumes âcres à l'exception de l'origan, du thym[2] et de la rue. **5** Il fera des promenades, aussi bien avant qu'après le repas, en évitant le vent et le soleil. Il s'abstiendra des excès de vin et des rapports sexuels. Il prendra des bains tièdes, excepté à la tête. Pour la tête, il espacera les bains autant que possible[3].

LI (XL). 1 Phtisie dorsale[4]. Elle provient de la moelle ; elle attaque surtout les jeunes mariés et les gens portés sur les relations sexuelles ; ils sont sans fièvre, ont bon appétit et dépérissent ; si vous interrogez le malade, il déclarera que depuis sa tête descendent le long de sa colonne vertébrale comme des fourmis ; quand il urine ou va à la selle, il lui vient un sperme abondant et liquide[5] ; la procréation ne se produit pas ; il a des émissions spermatiques en rêvant[6], qu'il couche ou non avec une femme. Quand il marche ou court, surtout dans une montée, il est pris de difficultés respiratoires et de faiblesse, de lourdeurs de tête, et ses oreilles tintent. **2** Dans ce cas, avec le temps, quand de fortes fièvres surviennent, il meurt alors[7] de lipyrie[8]. **3** Quand le malade présente ces symptômes, si vous intervenez dès le début, après lui avoir donné un bain de vapeur sur tout le corps, faites boire un évacuant par le haut ; ensuite, purgez la tête ; puis faites boire un évacuant par le bas (pour intervenir, choisissez de préférence le printemps)[9] ; et après l'évacuant faites boire du petit-lait ou du lait d'ânesse. Don-

---

9. Cette remarque sur l'époque la plus favorable pour intervenir vient interrompre curieusement la formule πῖσαι κάτω καὶ μεταπῖσαι ὀρὸν ἢ γάλα ὄνειον que l'on retrouve sous cette forme avec des variantes dans plusieurs endroits du traité ; voir par ex. c. 72 (c. 61), 212, 3 sq. κάτω πῖσαι φάρμακον καὶ μετὰ ταῦτα πίνειν γάλα ὄνου ; cf. aussi c. 12 (c. 1), 144, 18-145, 1 ; c. 40 (c. 29), 172, 1 sq. ; c. 55 (c. 44), 194, 3 sq. ; c. 67 (c. 56), 206, 18 ; c. 74 (c. 63), 214, 8 sq.

ὄψα ἡδύνειν σησάμῳ ἀντὶ τοῦ τυροῦ καὶ κοριάννῳ καὶ
ἀνήθῳ · σιλφίῳ δὲ μηδὲν χρῆσθαι · μηδὲ λαχάνῳ δριμεῖ
ὅ τι μὴ ὀριγάνῳ ἢ θύμῳ ἢ πηγάνῳ. 5 Περιπάτοισι δὲ
χρήσθω καὶ πρὸ τοῦ σιτίου καὶ μετὰ τὸ σιτίον, φυλασσό-
5 μενος τὸν ἄνεμον καὶ τὸν ἥλιον · θωρηξίων ἀπεχέσθω καὶ
ἀφροδισίων · λούσθω δὲ χλιερῷ, πλὴν τῆς κεφαλῆς ·
ταύτην δὲ ὡς διὰ πλείστου χρόνου.

LI (XL). 1 Νωτιὰς φθίσις · ἀπὸ τοῦ μυελοῦ γίνεται ·
λαμβάνει δὲ μάλιστα νεογάμους καὶ φιλολάγνους · γίνονται
10 δὲ ἄπυροι καὶ ἐσθίειν ἀγαθοὶ καὶ τήκονται · καὶ ἢν ἐρωτᾷς
αὐτόν, φήσει οἱ ἄνωθεν ἀπὸ τῆς κεφαλῆς κατὰ τὴν ῥάχιν
ὁδοιπορεῖν οἷον μύρμηκας, καὶ ἐπὴν οὐρῇ ἢ ἀποπατῇ,
προέρχεταί οἱ θορὸς πολλὸς καὶ ὑγρός, καὶ γενεὴ οὐκ
ἐγγίνεται καὶ ὀνειριάζει καὶ ἢν συγκοιμηθῇ γυναικὶ καὶ ἢν
15 μή · καὶ ὅταν ὁδοιπορήσῃ ἢ δράμῃ, ἄλλως τε καὶ πρὸς
αἶπος, ἄσθμά μιν καὶ ἀσθένεια ἐπιλαμβάνει καὶ τῆς κεφαλῆς
βάρος καὶ τὰ ὦτα ἠχεῖ. 2 Τοῦτον χρόνῳ ὅταν ἐπιλάβωσι
πυρετοὶ ἰσχυροί, ἀπ᾽ οὖν ὤλετο ὑπὸ λιπυρίου. 3 Ὅταν
οὕτως ἔχῃ, ἢν ἐξ ἀρχῆς μεταχειρίσῃ, πυριήσας αὐτὸν
20 ὅλον, φάρμακον δοῦναι πίνειν ‖ ἄνω, καὶ μετὰ τοῦτο τὴν   80
κεφαλὴν καθῆραι · μετὰ δὲ πῖσαι κάτω · ἐγχειρεῖν δὲ
βούλεσθαι μάλιστα τοῦ ἦρος · καὶ μεταπῖσαι ὀρὸν ἢ γάλα

TEST. 8 Νωτιὰς — 189, 8 χλιερῷ] cf. Aff. int., c. 13 (ed. Littré
VII, 198, 25 - 200, 23).

---

1 τυροῦ Littré : πυροῦ Μ ‖ 2 δριμεῖ scripsi : δριμέϊ Μ ‖
6 χλιερῷ scripsi : χλιαρῷ Μ ‖ 9 νεογάμους καὶ φιλολάγνους Μ :
νεογάμους · φιλολάγνους Μᵐᵍ ‖ 12 ὁδοιπορεῖν scripsi : -ρέειν
Μ ‖ οὐρῇ ... ἀποπατῇ scripsi : οὐρέῃ ... ἀποπατέῃ Μ ‖ 13 πολλὸς
scripsi : πουλὺς Μ ‖ 14 ὀνειριάζει scripsi : ὀνειριάει ΜΗᵃR
ὀνειριάσει Ι ὀνειρώσσει edd. ab Ald. ‖ 16 αἶπος Foes¹ (s.v.
αἶπος) Foes² (n. 134) ; cf. jam Corn. (Lat.) acclivem locum :
ἔπος Μ ‖ ἀσθένεια Ermerins : ἀσθενείη Μ ‖ 17 ἠχεῖ scripsi :
ἠχέει Μ ‖ 19 πυριήσας Ι : πυριάσας ΜΗᵃR ‖ 21 ἐγχειρεῖν scripsi :
-ρέειν Μ.

nez à boire du lait de vache pendant quarante jours[1] ;
le soir, tant que le malade est au régime lacté, donnez-lui
en potage de la décoction de gruau ; il s'abstiendra
d'aliments solides. 4 Une fois qu'il a cessé le régime
lacté, restaurez-le avec des aliments émollients en
commençant par une petite quantité et faites-le grossir
le plus possible[2]. 5 Et durant une année il s'abstiendra
des excès de vin, des rapports sexuels et des exercices,
mises à part les promenades qu'il pratiquera en se
gardant du froid et du soleil ; il prendra des bains
tièdes.

LII (XLI). 1 Maladie du poumon[3]. Le malade
crache en toussant des matières glaireuses, épaisses
et noires comme de la suie[4] ; la peau est noire et légèrement boursouflée ; des douleurs légères se font
sentir sous la poitrine et sous les omoplates ; chez
ces malades la cicatrisation est difficile. 2 Ce cas est
moins dangereux que l'autre[5] : plus de gens en réchappent. 3 Dans ce cas, il faut faire boire l'ellébore, aussi
bien pur que mélangé aux décoctions de lentilles,
infuser dans le poumon et faire des fumigations et il
faut régaler le malade qui s'abstiendra toutefois des
viandes de bœuf, de porc et de porcelet, et des légumes
âcres, à l'exception de l'origan et de la sarriette. Le
malade fera des promenades ; le matin il gravira une
côte à jeun ; puis il prendra la potion faite avec les
feuilles[6], en les saupoudrant dans du vin allongé

---

4. L'adjectif λιγνυώδης (« couleur de suie ») qualifie aussi
des crachats en *Prénotions coaques*, 384, Littré V, 666, 21 et
401 *ibid.*, 674, 26. Appliqué à la langue en *Épidémies III*, c. 17,
Littré III, 136, 2 (= Kuehlewein I, 241, 21), l'adjectif a été
relevé par les commentateurs, Érotien (éd. Nachmanson Γ 5,
30, 9-12) et Galien (éd. Kühn XIX, 118, 14). Pour tous les emplois
de λιγνυώδης dans la *Collection*, voir D. op de Hipt, *Adjektive
auf -ώδης im Corpus Hippocraticum*, Hamburg, 1972, p. 117 sq.

ὄνειον. Βόειον δὲ γάλα διδόναι πιεῖν τεσσεράκοντα ἡμέρας ·
ἐς ἑσπέρην δὲ ἕως ἂν γαλακτοποτῇ, χόνδρον διδόναι
ῥυφεῖν · σιτίων δὲ ἀπεχέσθω. 4 Ἐπὴν δὲ παύσηται γαλα-
κτοποτέων, σιτίοισι διακομίζειν αὐτὸν μαλθακοῖσιν ἐξ
5 ὀλίγου ἀρχόμενος καὶ παχῦναι ὡς μάλιστα. 5 Καὶ ἐνιαυτοῦ
θωρηξίων ἀπεχέσθω καὶ ἀφροδισίων καὶ ταλαιπωριῶν ὅτι
μὴ περιπάτοισι, φυλασσόμενος τὰ ψύχεα καὶ τὸν ἥλιον ·
λούσθω δὲ χλιερῷ.

LII (XLI). 1 Πλεῦμος · τὸ σίελον παχὺ καὶ λιγνυ-
10 ῶδες βήσσεται καὶ ἡ χροιὴ μέλαινα καὶ ὑποιδαλέη, καὶ
ὀδύναι λεπταὶ ὑπὸ τὸ στῆθος καὶ ὑπὸ τὰς ὠμοπλάτας
καὶ δυσελκεῖς γίνονται. 2 Ἧσσον δ᾽ ἐπικίνδυνος τοῦ
ἑτέρου οὗτος καὶ ἐκφυγγάνουσι πλέονες. 3 Τοῦτον χρὴ
ἑλλέβορον πιπίσκειν καὶ αὐτὸν καὶ τοῖσι φακίοισι
15 μίσγοντα, καὶ ἐγχεῖν ἐς τὸν πλεύμονα καὶ θυμιᾶν, καὶ
εὐωχεῖν ἀπεχόμενον κρεῶν βοείων καὶ ὑείων καὶ χοιρείων
καὶ λαχάνων δριμέων, ὅτι μὴ ὀριγάνῳ ἢ θύμβρῃ. Καὶ
περιπάτοισι χρήσθω · ἐξ ἠοῦς δὲ πρὸς αἶπος ὁδοιπορεῖν νῆστιν · ἔπειτα πίνειν τῶν φύλλων ἐπ᾽ οἴνῳ ἐπιπάσαντα

TEST. 9 Πλεῦμος] cf. GAL., *Gloss.*, *s.v.* (B 21 *supra*, 98, 12 sq.,
= ed. Kühn XIX, 131, 9).

1 πιεῖν scripsi : πιέειν M ‖ 2 γαλακτοποτῇ scripsi : γαλακτο-
ποτέῃ M γαλακτο]ποτέῃ θ ‖ 3 ῥυφεῖν M : ῥύφειν θ ‖ 3-4 γαλακ-
τοποτέων M : γαλακτοποωτέων θ ‖ 4 μαλθακοῖσιν θ : -σι M ‖ 6 ταλαιπωριῶν θ : -ριέων M ‖ 8 χλιερῷ scripsi : χλιαρῷ θM ‖ 9 πλεῦμος
scripsi e GAL., *Gloss.* : πλεύμονος θMHᵃIR πλεύμονος νοῦσος edd.
ab Ald. ‖ σίελον scripsi : σίαλον θM ‖ 12 δυσελκεῖς scripsi : δυσελ-
κέες θM ‖ 13 ἑτέρου M : στερου θ (< ΕΤΕΡΟΥ) ‖ 14 ἑλλέβορον M :
ἐλλ- θ ‖ 15 ἐγχεῖν θ : ἐγχέειν M ‖ 16 εὐωχεῖν scripsi : εὐωχέειν
θM ‖ βοείων καὶ ὑείων καὶ χοιρείων MHᵃIR : βοΐων καὶ ὑΐων καὶ
χοιρίων θ βοείων καὶ οἰείων καὶ χοιρείων Hᵃ²I²R¹ edd. ab Ald. ‖
17 θύμβρῃ M : οὐμβρῃ θ (<ΘΥΜΒΡΗΙ) ‖ 18 αἶπος θ (cf. jam
Foes¹ [*s.v.* αἶπος] Foes² [n. 138]) : ἔπος M ‖ 18-19 ὁδοιπορεῖν
scripsi : ὁδοιπορέειν θM.

d'eau ; pour le reste du temps, il prendra les aliments qui ont été prescrits.

LIII (XLII). **1** S'il y a lésion de la trachée[1], le malade est pris de toux, et en toussant il expectore du sang. Sans qu'on s'en doute, la gorge se remplit de sang. Le malade rejette des caillots[2]. Une douleur va de la poitrine jusqu'au dos ; elle est aiguë. Les glaires sont visqueuses et abondantes. La gorge est sèche. La fièvre et le frisson surviennent ; un râle se fait entendre dans la gorge comme s'il y avait quelque chose de gras[3]. Jusqu'au terme de quinze jours[4], tels sont les symptômes. **2** Après quoi, le malade crache du pus et des squames semblables à celles qui proviennent d'un ulcère[5] ; la toux reprend, et, avec elle, l'éruption de sang ; après quoi, le pus craché est plus épais, la fièvre est plus intense ; la maladie, pour finir, se porte sur le poumon et le malade est dit « atteint d'une rupture du poumon »[6]. **3** Si, après la première évacuation de sang, le malade ne crache pas de pus, il faut cesser les efforts physiques et les exercices, et en particulier ne pas monter en voiture, tout en

5. La glose de Galien à κροτῶνας (« fragments de bronche cartilagineux ») est plus une explication qu'une traduction, mais elle s'accorde assez bien avec le passage parallèle d'*Affections internes*, c. 1 (Littré VII, 166, 20 sq.), où il est question de « squames (λεπίδας) provenant de la trachée semblables à celles qui proviennent de phlyctènes ». Pour ce sens de κροτών, -ῶνος « croûte (d'ulcères) », voir Pollux IV, 190 où κροτών est cité comme synonyme d'ἐφελκίς. C'est à tort que les dictionnaires LSJ, Frisk et Chantraine citent notre passage et la glose s'y rapportant *s.v.* κροτώνη.

6. Le terme ῥηγματίης désigne un malade atteint d'une rupture interne (voir *supra* p. 176, n. 8). Ici, le pus résultant de la lésion de la trachée se rassemble dans le poumon ; et il est censé faire éruption par suite d'une rupture du poumon analogue à celle d'un ulcère. Comp. *Affections internes*, c. 2 (Littré VII, 174, 12 sq.), où des malades atteints d'une distension de la trachée peuvent être victimes aussi d'une rupture du poumon (πλευμορ-ρωγεῖς). Il n'est pas nécessaire de faire ici de ῥηγματίης πλεύμονος un nom de maladie avec les traducteurs et LSJ.

κεκρημένῳ · τὸ δὲ λοιπὸν σιτίοισι χρήσθω τοῖσιν εἰρημέ-
νοισιν.

LIII (XLII). 1 ῍Ην τρωθῇ ἡ ἀρτηρίη, βὴξ ἔχει καὶ
αἷμα βήσσεται, καὶ λανθάνει ἡ φάρυγξ πιμπλαμένη τοῦ
5 αἵματος καὶ ἐκβάλλει θρόμβους καὶ ὀδύνη γίνεται ἐκ τοῦ
στήθεος ἐς τὸ μετάφρενον ὀξέα καὶ τὸ σίελον γλίσχρον
καὶ πολλόν, καὶ ἡ φάρυγξ ξηρὴ καὶ || πυρετὸς καὶ ῥῖγος 82
ἐπιλαμβάνει καὶ κέρχεται ἡ φάρυγξ οἷον ὑπὸ λιπαροῦ ·
καὶ ἔστε μὲν πεντεκαίδεκα ἡμέρας τοιαῦτα πάσχει · 2 μετὰ
10 δὲ πύον πτύει καὶ οἷον ἕλκεος κροτῶνας, καὶ αὖτις βὴξ
καὶ ἐρράγη οὖν τὸ αἷμα, καὶ μετὰ τὸ πύον παχύτερον πτύει,
καὶ ὁ πυρετὸς ἰσχυρότερος γίνεται καὶ τελευτᾷ ἐς πλεύμονα,
καὶ καλεῖται ῥηγματίης πλεύμονος. 3 ῍Ην δὲ μετὰ τὸ
πρῶτον αἷμα μὴ πτύσῃ πύον, παυσάμενον χρὴ ταλαι-
15 πωρίης καὶ γυμνασίων [καὶ] ἐπ' ὄχημα μὴ ἀναβαίνειν

Test. 3 ῍Ην — 191, 7 σῶμα] cf. *Aff. int.*, c. 1 (ed. Littré VII,
166, 1 - 172, 13 = Jouanna¹ 178, 1 - 192, 6).
3 τρωθῇ] cf. Gal., *Gloss.*, *s.v.* (C 20 *supra*, 103, 22 sq. = ed.
Kühn XIX, 147, 10).
8 κέρχεται] cf. Gal., *Gloss.*, *s.v.* κερχαλέον (B 11 *supra*,
96, 32 sqq. = ed. Kühn XIX, 111, 11).
10 κροτῶνας] cf. Gal., *Gloss.*, *s.v.* (A 7 *supra*, 94, 25 sqq. =
ed. Kühn XIX, 115, 5-6).
13 ῥηγματίης] cf. Gal., *Gloss.* ῥηγματίαν, *s.v.* ῥωγματίης (C 17
supra, 102, 29 sqq. = ed. Kühn XIX, 136, 3 sq.).

---

1 τοῖσιν IHᵃ²R : τοῖς θ τοῖσι MHᵃ || 1-2 εἰρημένοισιν θ : -σι M ||
5 ἐκβάλλει θM : ἐκβράσσει vel ἐκβρήσσει prop. Jouanna¹ ||
6 ὀξέα Ermerins : ὀξέη θM || σίελον Jouanna¹ : σίαλον θM ||
7 πολλόν Jouanna¹ : πολύ θM || 8 κέρχεται θMHᵃIR Ald. Lind. :
κέρχνεται edd. a Corn. (Bas.) || ὑπὸ θ² (-ὸ e corr.) M || 9 ἔστε
M : ἔσται θ ἔς τε edd. a Corn. (Bas.) || 10 οἷον θ : οἷα M || κρο-
τῶνας Jouanna¹ (cf. jam κρότωνας Corn. [Vind.] Foes¹ [*s.v.* κρό-
των] Foes² [n. 140]) e Gal., *Gloss.* : κρότωνες θM κρότωνα
Ermerins || 13 καλεῖται Jouanna¹ : καλέεται θM || ῥηγματίης
scripsi : ῥηγματίας θM || πλεύμονος M : πλευμος θ || 15 καὶ secl.
Littré || μὴ om. M.

s'abstenant des aliments salés, huileux et gras, et des légumes âcres. **4** Quand le malade se sent au mieux de sa condition physique, cautérisez-lui la poitrine et le dos, chacun tour à tour[1]. Et après la guérison des plaies, durant une année, il s'abstiendra des excès de boisson, proscrira les repas trop copieux, les travaux manuels, les voyages en voiture ; donnez-lui en revanche autant d'embonpoint que possible.

LIV a (= XLIII a). **1** Quand un lobe du poumon est distendu[2], le malade crache des matières blanches et parfois rejette une écume sanguinolente[3] ; il a de la fièvre et ressent de la douleur à la poitrine, dans le dos et au côté ; s'il se tourne, il tousse et éternue. **2** Dans ce cas, appliquez des fomentations là où la douleur se fait sentir et donnez au préalable un potage ; pour cela, pilez de la centaurée[4], du daucus, des feuilles de sauge et versez du miel, du vinaigre et de l'eau ; donnez le tout en potage. Il prendra aussi au préalable en potage de la décoction d'orge mondé et boira par-dessus du vin allongé d'eau. **3** Une fois que la douleur l'a quitté, prenez de la sauge, de l'hypéricon, de l'érysimon que vous pilerez et tamiserez finement, et du gruau d'orge, une part égale de chaque, saupoudrez le tout dans du vin allongé d'eau et donnez à boire à

---

1. La correction de Cornarius (καὶ au lieu de κατὰ M ἐπὶ θ) s'impose ; comp. dans la rédaction parallèle d'*Affections internes*, c. 1, Littré VII, 172, 11 sq. (= Jouanna¹ 192, 3 sq.) καῦσαι τὰ στήθεα καὶ τὸ μετάφρενον ; voir aussi une formule analogue en *Mal. II* **2**, c. 62 (c. 51), 201, 20 καίειν καὶ ἔμπροσθεν καὶ ἐξόπισθεν μοίρῃ ἴσῃ ἑκάτερον.

4. La centaurée, plante médicinale qui doit son nom au « centaure » c'est-à-dire à Chiron, est recommandée ici pour soigner la distension d'un organe ; comp. Dioscoride III, 6, 2 : ἁρμόζει δὲ ἡ ῥίζα ῥήγμασι, σπάσμασι « La racine de centaurée est utile pour les ruptures et les distensions ». Elle est prescrite dans une potion analogue (avec le daucus) pour soigner l'affection du poumon du c. 59 (c. 48), 199, 1, sous la variante κενταυρίη. En dehors de *Mal. II*, la centaurée n'est recommandée qu'une autre fois dans la *Collection*, en *Affections internes*, c. 1 (Littré VII, 172, 3 = Jouanna¹ 190, 5), pour soigner une rupture de la trachée ; comp. Dioscoride cité ci-dessus.

σιτίων ἀπεχόμενον ἁλμυρῶν καὶ λιπαρῶν καὶ πιόνων καὶ
λαχάνων δριμέων · 4 καὶ ἐπὴν αὐτὸς ἑωυτοῦ δοκῇ ἄριστα
τοῦ σώματος ἔχειν, καῦσαι τὰ στήθεα καὶ τὸ μετάφρενον
ἐν μοίρῃ ἑκάτερον · καὶ ἐπὴν τὰ ἕλκεα ὑγιὴς γένηται,
5 ἐνιαυτὸν ἀπεχέσθω θωρηξίων, καὶ μὴ ὑπερπίμπλασθαι
μηδὲ τῇσι χερσὶ ταλαιπωρεῖν, μηδ' ἐπ' ὄχημα ἀναβαίνειν,
ἀλλὰ παχύνειν αὐτὸν ὡς μάλιστα τὸ σῶμα.

LIV a (XLIII a). 1 Ἐπὴν ἄορτρον σπασθῇ τοῦ πλεύμονος, τὸ πτύσμα λευκὸν πτύει, ἐνίοτε δὲ αἱματώδεα
10 ἀφρὸν ἱεῖ καὶ πυρετὸς ἴσχει καὶ ὀδύνη τὸ στῆθος καὶ τὸ
μετάφρενον καὶ τὸ πλευρὸν καὶ ἢν στραφῇ βήσσεται
καὶ πτάρνυται. 2 Τοῦτον ᾗ ἂν ἡ ὀδύνη ἔχῃ, χλιάσματα
προστιθέναι, καὶ διδόναι προρυμφάνειν κενταύριον καὶ
δαῦκον καὶ ἐλελισφάκου φύλλα τρίβων, μέλι καὶ ὄξος
15 ἐπιχέων καὶ ὕδωρ, διδόναι καταρυμφάνειν · καὶ πτισάνης
χυλὸν προρυμφανέτω καὶ ἐπιπινέτω οἶνον ὑδαρέα. 3 Ἐπὴν
δὲ τῆς ὀδύνης παύσηται, ἐλελίσφακον κόψας καὶ σήσας
καὶ ὑπερικὸν καὶ ἐρύσιμον λεῖον καὶ ἄλφιτον, ἴσον ἑκάστου,
ταῦτ' ἐπιβαλὼν ἐπ' οἶνον ‖ κεκρημένον, διδόναι πίνειν 84

TEST. 8 Ἐπὴν — 192, 4 νῶτον] cf. *Aff. int.*, c. 2 (ed. Littré
VII, 172, 14 - 174, 18).
8 ἄορτρον] cf. GAL., *Gloss.*, s.v. (A 2 *supra*, 93, 14 sqq. =
ed. Kühn XIX, 82, 14-17).

---

1 σιτίων θ : σι ἴί τίων M ‖ ante ἁλμυρῶν add. καὶ M sed del.
M^ras ‖ 2 δοκῇ Jouanna¹ : δοκέῃ θM ‖ 3 καὶ edd. a Corn. (Bas.) :
ἐπὶ θ κατὰ MH^aIR ‖ 5 ὑπερπίμπλασθαι M : -πλάσθω θ ‖ 6 ταλαιπωρεῖν Jouanna¹ : -ρέειν θM ‖ 8 ἄορτρον Foes¹ (*s.v.* ἀορτή) e GAL.,
Gloss. : ἄρθρα θM ἀορτρὴ Dioscorides apud GAL., *Gloss.* ἄορτρα
vel ἀόρτρα Mercurialis (n. 18) L Foes² (n. 143) ‖ 9 λευκὸν θM :
λεπτὸν FG Littré λευκόν, λεπτὸν Ermerins (cf. c. 54 b [43 b],
192, 6 παχὺ λευκόν) ‖ πτύει M : πτύειν θ ‖ 10 ἀφρὸν ἱεῖ scripsi :
ἀφρονιει θ ἀφρονέει MH^a ἀφρονέει τε IH^a²R edd. a Corn. (Bas.) ‖
11 βήσσεται θM : βήσσει τε Ermerins ‖ 12 ᾗ om. M ‖ 14 ante
μέλι add. καὶ M ‖ 17 καὶ om. M ‖ σήσας M : σείσας θ.

jeun ; et, s'il ne fait pas chaud, donnez-lui en potage
une soupe de légumes secs sans sel ; mais s'il fait chaud,
il usera en revanche d'aliments aussi émollients que
possible, sans sel et sans graisse. **4** Et quand son corps
a retrouvé un état convenable, cautérisez la poitrine
et le dos[1].

LIV b (XLIII b). **1** Si les deux lobes du poumon
ont des distensions[2], le malade est pris de toux ; en
toussant il expectore[3] des matières glaireuses épaisses
et blanches ; une douleur aiguë se fait sentir à la poitrine
et sous les omoplates ; le côté est brûlant ; le malade
se couvre de cloques et a des démangeaisons ; il ne
supporte d'être ni assis ni couché ni debout, mais il
est mal en point[4]. **2** Ce malade meurt d'ordinaire le
quatrième jour ; s'il franchit ce terme, les chances
de salut, à vrai dire, ne sont pas nombreuses ; il est en
danger également aux sept jours ; s'il passe aussi ce
terme, il guérit. **3** Quand le malade présente ces
symptômes, donnez-lui un bain dans beaucoup d'eau
chaude, deux fois par jour, et quand la douleur se
fait sentir, faites des applications tièdes ; donnez-lui
à boire du miel et du vinaigre ; et en potage[5] de la
décoction d'orge mondé, et par-dessus faites-lui boire

---

4. Le verbe δυσθενεῖν n'est pas attesté ailleurs, mise à part la
rédaction parallèle du c. 58 (c. 47), 197, 16. Il est rattaché dans les
dictionnaires LSJ et Bailly à σθένος (aucune mention n'en est
faite dans les dictionnaires étymologiques de Frisk et de Chantraine). En fait δυσ-θενεῖν est le contraire de εὐ-θενεῖν « être
florissant » et doit signifier « être mal en point ». D'autres variantes
ont été adoptées par certains éditeurs ; δυσθυμέει (van der Linden
et Mack, qui attribue faussement cette leçon à θ) et δυσθανατέει
(Ermerins) ; mais elles ne reposent sur aucun témoignage digne de
foi. Comp. l'emploi de δυσθετεῖν au c. 67 (c. 56), 205, 22 et voir
la note ad loc.

5. L'erreur des manuscrits (ρυμφάνειν καὶ) résulte d'une
simple interversion ; comp. la version parallèle du c. 58 (c. 47),
198, 4 : καὶ ῥυμφάνειν. La correction de van der Linden
ῥοφάνειν δὲ est préférée à tort par Littré et Ermerins à καὶ
ῥοφάνειν de P' Mack.

νήστει · καὶ ἢν μὴ θάλπος ᾖ, διδόναι δὲ ῥυμφάνειν ἔτνος
ἄναλτον · ἢν δὲ θάλπος ᾖ, σιτίοισι διαχρῆσθαι ὡς μαλθακωτάτοισιν, ἀνάλτοισι καὶ ἀκνίσοισιν. 4 ⟨Καὶ⟩ ἐπὴν ἤδη
ἐπιεικέως ἔχῃ τὸ σῶμα, καῦσαι τὸ στῆθος καὶ τὸν νῶτον.

5　LIV b (XLIII b). 1 Ἢν δ' ἀμφότερα σπασθέωσι, βὴξ
ἴσχει καὶ τὸ σίελον βήσσεται παχὺ λευκὸν καὶ ὀδύνη ὀξέα
ἴσχει ἐς τὸ στῆθος καὶ ὑπὸ τὰς ὠμοπλάτας καὶ τὸ πλευρὸν
καῦμα ἔχει καὶ καταπίμπλαται φῴδων καὶ ξυσμὴ ἔχει καὶ
οὐκ ἀνέχεται οὔτε καθήμενος οὔτε κείμενος οὔτε ἑστηκώς,
10　ἀλλὰ δυσθενεῖ. 2 Οὗτος τεταρταῖος μάλιστα ἀποθνῄσκει ·
ἢν δὲ ταύτας ὑπερφύγῃ, ἐλπίδες μὲν οὐ πολλαί · κινδυνεύει
δὲ καὶ ἐν τῇσιν ἑπτά · ἢν δὲ καὶ ταύτας διαφύγῃ, ὑγιάζεται.
3 Τοῦτον, ὅταν οὕτως ἔχῃ, λούειν πολλῷ θερμῷ δὶς τῆς
ἡμέρης, καὶ ὅταν ἡ ὀδύνη ἔχῃ, χλιάσματα προστιθέναι
15　καὶ πίνειν διδόναι μέλι καὶ ὄξος, καὶ ῥυμφάνειν χυλὸν

TEST. 5 Ἢν — 193, 7 θανατώδης] cf. *Morb. II* 2, c. 58 (c. 47),
197, 11 sqq.; *Morb. III*, c. 7 (ed. Littré VII, 124, 18 - 126, 16 =
Jouanna¹ 376-378); *Aff. int.*, c. 7 (ed. Littré VII, 182, 22 - 186, 2 =
Jouanna¹ 200-202).

8 φῴδων] cf. EROT., *s.v.* φῷδες (Φ 19, ed. Nachmanson
92, 6 sqq.); GAL., *Gloss.*, *s.v.* φωΐδες (B 26 *supra*, 99, 1 sqq. =
ed. Kühn XIX, 154, 3); HESYCH., *s.v.* φωΐδες (23 *supra*, 111, 6
sq. = ed. Schmidt IV, 265, 83) ‖ ξυσμή] cf. GAL., *Gloss.*, *s.v.*
(C 13 *supra*, 102, 1 sqq. = ed. Kühn XIX, 125, 3).

---

1 νήστει M : νήστι θ ‖ θάλπος scripsi (cf. c. 47 a [36 a],
179, 13) : νῆστις θM ‖ 2 θάλπος ᾖ M : θαλποσιη θ ‖ 2-3 μαλθακωτάτοισιν θ : -σι M ‖ 3 ἀκνίσοισιν IHᵃ² : ἀκνίσοις θ ἀκνίσοισι MHᵃ
ἀκνίσσοισιν R ‖ καὶ addidi ‖ 4 ἐπιεικέως M : -κῶς θ ‖ καῦσαι
scripsi (cf. c. 53 [c. 42], 191, 3) : καὶ θM ‖ τὸν θMHᵃI : τὸ R ‖
5 σπασθέωσι scripsi : -θῶσι θM ‖ 6 σίελον Jouanna¹ : σίαλον θM ‖
βήσσεται Jouanna¹ : βλέπεται θM πτύεται L Portus edd. a
Lind. ἔπεται Langholf coll. 197, 3 ‖ ὀξέα Ermerins : -έη θM ‖
8 καῦμα θMHᵃ Mack : καὶ καῦμα IHᵃ²R edd. ab Ald. ‖ φῴδων
Littré : φωδων θ φωιδῶν M τὰ ἐκ τοῦ πυρὸς γινόμενα οἰδήματα ·
οἱ δὲ τὰς φλύκτεις Mᵐᵍ ‖ 10 δυσθενεῖ Jouanna¹ : -νέει θMHᵃI
δυσθανατέει Hᵃ²R ‖ 12 τῇσιν θ : τῆσι M ‖ 13 ὅταν θMᵃˢ¹ : om. M ‖
14 προστιθέναι θMᵃ : προτιθέναι M (σ add. Mᵉᵐᵍ) ‖ 15 post πίνειν
add. δὲ M ‖ καὶ ῥυμφάνειν Jouanna¹ (cf. jam καὶ ῥοφάνειν Corn.
[Vind.] P' Mack) : ῥυμφάνειν καὶ θM.

du vin blanc généreux. Si, avec le bain et les applications tièdes, il continue à souffrir et s'il ne peut les supporter, appliquez-lui des morceaux d'étoffe froids[1] : trempez-les dans de l'eau et placez-les sur la poitrine et sur le dos[2] ; mettez à macérer un rayon de miel dans de l'eau et donnez-lui cette boisson aussi froide que possible ; il prendra de la décoction d'orge froide et boira de l'eau par-dessus ; il restera couché au frais. **4** Voilà ce qu'il faut faire ; mais la maladie est généralement mortelle.

LV (XLIV). **1** Si un érysipèle[3] se produit dans le poumon, le malade est pris de toux ; il expectore des matières glaireuses, abondantes et liquides, comme dans le cas d'un enrouement[4] ; l'expectoration n'est pas sanguinolente[5] ; une douleur se fait sentir dans le dos, dans les flancs et dans les côtés[6] ; les viscères grondent[7] ; le malade vomit des matières écumeuses[8] et d'autres semblables à du vinaigre ; les dents sont agacées ; le malade est pris de fièvre, de frisson et de soif ; et quand il mange quelque chose, il a dans les viscères des grondements, il a des renvois aigres, son ventre gargouille et son corps est pris d'engourdissement ; quand il a vomi, il se sent mieux ; mais quand il n'a pas vomi, vers la fin de la journée, il a des coliques et mal au ventre ; puis il évacue des selles devenues liquides.

---

1. L'adjectif ψυχρά donné par θ est omis à tort par M et les éditions ; comp. dans la rédaction parallèle du c. 68 (c. 57), 198, 6 ψύγματα.

2. Pour l'hésitation entre le neutre τὸ νῶτον et le masculin τὸν νῶτον, voir *supra*, p. 155, n. 2.

4. La comparaison avec le passage parallèle d'*Affections internes*, c. 6, indique peut-être une lacune de πολλάκις δὲ λευκὸν καὶ παχύ (« et souvent blanches et épaisses ») après ὑγρὸν ; pour des expectorations épaisses dans le cas d'enrouement, voir *Prénotions coaques*, 407, Littré V, 676, 9 sq.

5. La mention ἔστι δὲ οὐχ αἱματῶδες vient rompre la série des symptômes reliés par καί. Elle n'apparaît pas dans le passage parallèle d'*Affections internes*, c. 6. Est-ce une remarque marginale insérée dans le texte ?

πτισάνης καὶ ἐπιπίνειν οἶνον λευκὸν οἰνώδεα · ἦν δὲ πρὸς
τὸ λουτρὸν καὶ τὰ χλιάσματα πονῇ καὶ μὴ ἀνέχηται,
προσφέρειν αὐτῷ ψυχρὰ ῥάκεα ἡμιτυβίου · βάπτων ἐς ὕδωρ
ἐπὶ τὰ στήθεα ἐπιτιθέναι καὶ ἐπὶ τὸ νῶτον · καὶ πίνειν
5 διδόναι κηρίον ἐν ὕδατι ἀποβρέχων ὡς ψυχρότατον καὶ
τὸν χυλὸν ψυχρὸν καὶ ὕδωρ ἐπιπίνειν καὶ κεῖσθαι πρὸς
τὸ ψῦχος. 4 Ταῦτα ποιεῖν · ἡ δὲ νοῦσος θανατώδης.

LV (XLIV). 1 Ἢν ἐρυσίπελας ἐν πλεύμονι γένηται,
βὴξ ἔχει καὶ τὸ σίελον ἀποπτύει πολλὸν καὶ ὑγρὸν οἶον
10 ἀπὸ βράγχου · ἔστι δὲ οὐχ αἱματῶδες · καὶ ὀδύνη ἴσχει τὸ
μετάφρενον καὶ τοὺς κενεῶνας καὶ τὰς λαπάρας, καὶ τὰ
σπλάγχνα μύζει καὶ ἐμεῖ λάπην καὶ οἶον ὄξος καὶ τοὺς
ὀδόντας αἱμωδιᾷ καὶ πυρετὸς καὶ ‖ ῥῖγος καὶ δίψα λαμβάνει, 86
καὶ ὅταν τι φάγῃ ἐπὶ τοῖσι σπλάγχνοισι μύζει καὶ ἐρεύγεται
15 ὀξὺ καὶ ἡ κοιλίη τρύζει καὶ ναρκᾷ τὸ σῶμα καὶ ὅταν ἐμέσῃ
δοκεῖ ῥηῖων εἶναι · ὅταν δὲ μὴ ἐμέσῃ, ἀπιούσης τῆς ἡμέρης,
στρόφος καὶ ὀδύνη ἐγγίνεται ἐν τῇ γαστρὶ καὶ ὁ ἀπόπατος

Test. 3 ἡμιτυβίου] cf. Gal., Gloss., s.v. (C 8 supra, 100, 25 sqq.
= ed. Kühn XIX, 102, 13).

8 Ἢν — 195, 12 μετάφρενον] cf. Aff. int., c. 6 (ed. Littré
VII, 180, 3-182, 21 = Jouanna¹ 192-200) ; Morb. I, c. 18 (ed.
Littré VI, 172, 1-23 = Jouanna¹ 317 sq.).

11-13 καὶ τὰ σπλάγχνα — αἱμωδιᾷ] cf. Pseudo-Gal., Comm.
Epid. II (ed. Kühn XVII A 429, 16 sq.) ; vide supra, 113.

---

2 πονῇ Jouanna¹ : πονέῃ ΘΜ ‖ 3 ψυχρὰ om. Μ ‖ ῥάκεα Μ :
ρακκεα θ ‖ βάπτων ΘΜΗᵃR : καὶ βάπτων I edd. ab Ald. ‖ 4 τὸ
νῶτον Littré : τὸν ὦτον θ τὸν νῶτον Μ ‖ 7 ποιεῖν Jouanna¹ :
ποιέειν ΘΜ ‖ 8 πλεύμονι θ : πνεύμονι Μ ‖ 9 σίελον Jouanna¹ :
σίαλον ΘΜ ‖ πολλὸν Jouanna¹ : πολὺ ΘΜ ‖ post ὑγρὸν lacuna
esse videtur, coll. Aff. int. c. 6 ‖ 10 βράγχου Littré, coll. Aff.
int., c. 6 : βρόγχου ΘΜ ‖ ἔστι δὲ οὐχ αἱματῶδες secl. Jouanna¹ ‖
ἴσχει Μ : ἔχει θ ‖ 12 ἐμεῖ Jouanna¹ : ἐμέει ΘΜ ‖ λάπην Μ :
λαππην θ ‖ alt. καὶ secl. Ermerins ‖ 13 αἱμωδιᾷ Ηᵃ²IR edd. ab
Ald. αἱμοδιᾷ ΘΜΗᵃ ‖ 16 δοκεῖ Jouanna¹ : δοκέει θᶜᵒʳʳ (-ει e
corr. θ² ?) Μ ‖ ῥηῖων Jouanna¹ : ῥέων θ ῥάιων Μ ‖ 17 ἐγγίνεται
Μ : ἐνγίνεται θ ‖ ὁ om. Μ.

2 La maladie d'ordinaire se produit à la suite d'excès de boisson, d'une alimentation riche en viande ou d'un changement d'eau ; elle est due également à d'autres causes. **3** A ce malade, faites boire un évacuant par le bas ; après quoi, faites boire du lait d'ânesse, s'il n'est pas naturellement fragile de la rate. S'il est fragile de la rate, n'employez pour le purger ni les jus de cuisson, ni le lait, ni le petit-lait, mais ce qui, ingéré en petite quantité, produira une grande évacuation. Donnez des lavements ou mettez des suppositoires si le ventre ne se relâche pas. Le malade prendra des bains froids et fera des exercices quand les fièvres se seront calmées et quand il se sentira dans une condition physique satisfaisante. **4** Au printemps et en automne, faites-le vomir[1] : prenez des têtes d'ail et de l'origan, juste une pincée prise avec les doigts[2] ; faites bouillir en y versant[3] deux cotyles de vin doux, une de vinaigre aussi fort que possible et un quart de cotyle[4] de miel ; faites bouillir jusqu'à ce qu'il ne reste plus qu'un tiers ; et ensuite, après avoir prescrit au malade des exercices et un bain dans de l'eau tiède, faites-lui boire cette préparation chaude, et par-dessus faites-lui boire[5] de la décoction de lentilles, à laquelle vous mêlerez du miel et du vinaigre, jusqu'à satiété ; ensuite il vomira, et de toute cette journée ne boira que du gruau d'orge et de l'eau, observant pour le reste une abstinence complète. Sur le soir, il mangera des bettes,

---

1. Par suite de la tendance générale à l'omission des monosyllabes ou des préverbes lors de la transmission du texte, j'ai écrit ici ἔμετόν οἱ ἐμποιεῖν (au lieu de ἔμετόν οἱ ποιεῖν Jouanna[1]), en admettant que οἱ a été omis dans la branche de M et ἐμ- dans la branche de θ. Pour l'expression, comp. par ex. *Mal. III*, c. 8, Littré VII, 126, 22 sq. (= Jouanna[1] 378, 16 sq.) τούτοισι πταρμούς τε ἐμποιεῖν ἰσχυρούς.

3. L'infinitif d'ordre ἐψεῖν s'adressant au médecin, on attendrait plutôt le nominatif ἐπιχέας ; comp. dans ce même chapitre γυμνάσας ... καὶ λούσας ... συμμίσγων (194, 16 sqq.). Mais la restitution du nominatif ne s'impose pas ; voir *supra* p. 164, n. 4.

ὑγρὸς γενόμενος διεχώρησεν. 2 Ἡ δὲ νοῦσος μάλιστα
γίνεται ἐκ θωρηξίων καὶ ἐκ κρεηφαγιῶν καὶ ἐξ ὕδατος μετα-
βολῆς · ἴσχει δὲ καὶ ἄλλως. 3 Τοῦτον φάρμακον πιπίσκειν
κάτω καὶ μεταπιπίσκειν γάλα ὄνου, ἢν μὴ σπληνώδης ᾖ
5 φύσει · ἢν δὲ σπληνώδης ᾖ, μὴ καθαίρειν μήτε χυλοῖσι
μήτε γάλακτι μήτε ὀρῷ, ἀλλ᾽ ὅ τι ὀλίγον ἐσελθὸν πολλὸν
ἐξάξει · ὑποκλύζειν δὲ [τὰς κοιλίας] ἢ βαλάνους προστιθέναι, ἢν μὴ ἡ κοιλίη ὑποχωρῇ [ἐν πάσῃσι τῇσι νούσοισι]
καὶ ψυχρολουτεῖν [ἐν ταύτῃ τῇ νούσῳ] καὶ γυμνάζεσθαι
10 ὅταν οἱ πυρετοὶ ἀνῶσι καὶ δοκῇ ἐπιεικέως ἔχειν τοῦ σώματος · 4 καὶ τοῦ ἦρος καὶ τοῦ μετοπώρου ἔμετόν οἱ ἐμποιεῖν ·
σκορόδων δὲ κεφαλὰς καὶ ὀριγάνου δραχμίδα, ὅσην τοῖσι
δακτύλοισι περιλαβεῖν, ἑψεῖν ἐπιχέαντα δύο κοτύλας οἴνου
γλυκέος καὶ κοτύλην ὄξεος ὡς ὀξυτάτου καὶ μέλιτος ὅσον
15 τεταρτήμορον · ἑψεῖν δ᾽ ἔστ᾽ ἂν ἡ τρίτη μοῖρα λειφθῇ · καὶ
ἔπειτα γυμνάσας τὸν ἄνθρωπον καὶ λούσας ὕδατι χλιερῷ
πῖσαι θερμὸν καὶ ἐπιπιπίσκειν φάκιον, μέλι καὶ ὄξος συμμίσγων, ἔστ᾽ ἂν ἐμπλησθῇ · ἔπειτα ἐμείτω καὶ τὴν ἡμέρην
ταύτην πιὼν ἄλφιτον καὶ ὕδωρ ἐκνηστευέτω · ἐς ἑσπέρην

2 κρεηφαγιῶν Jouanna[1] : κρεηφαγίων θ κρεηφαγιέων Μ ‖
5 καθαίρειν Μ : καθαίρει θ ‖ χυλοῖσι Μ : χυλῷ θ ‖ 6 ὀρῷ Μ : ὀρῷ
θ ‖ πολλὸν Jouanna[1] : πολὺ θΜ ‖ 7 τὰς κοιλίας secl. Ermerins ‖
ἢ Jouanna[1] : καὶ θΜ ‖ 8 ὑποχωρῇ Jouanna[1] : ὑπάγῃ θ ὑποχωρέῃ
Μ ‖ ἐν — νούσοισι secl. Ermerins ‖ 9 ψυχρολουτεῖν Jouanna[1] :
-τέειν θΜ ‖ ἐν ταύτῃ τῇ νούσῳ secl. Ermerins ‖ 10 δοκῇ
Jouanna[1] : δοκέῃ θΜ ‖ ἐπιεικέως Μ : -κῶς θ ‖ τοῦ θ : τοῦ τοῦ
Μ (sed del. pr. τοῦ Μ[ras]) ‖ 11 οἱ om. Μ ‖ ἐμποιεῖν scripsi :
ποιέειν θ ἐμποιέειν Μ ‖ 12 τοῖσι θΜ edd. ante Mack : τρισὶ
Corn. (Vind.) Foes[2] (n. 149) e Calvo (Lat.) Corn. (Lat.) tribus,
θ falso apud Mack edd. post Mack τοῖσι τρισὶ Jouanna[1] ‖
13 ἐπιχέαντα θΜ : ἐπιχέας Jouanna[1] ‖ 14 ὄξεος Μ : ὄξους θ ‖
15 τεταρτήμορον θ : τεταρτημόριον Μ ‖ δ᾽ ἔστ᾽ ἂν θ : δὲ ὅταν
(<Δ ΕϹΤΑΝ) Μ ‖ 15-16 καὶ ἔπειτα θ : κἄπειτα Μ ‖ 16 χλιερῷ
Jouanna[1] : χλιαρῷ θΜ ‖ 17 πῖσαι θερμὸν Μ : παῖσαι θερμῷ θ ‖
ἐπιπιπίσκειν Jouanna[1] : ἐπιπίσκειν θ πιπίσκειν Μ ‖ 17-18
συμμίσγων Μ : συνμ- θ ‖ 18 ἐμείτω θ : ἐμεέτω Μ.

un petit morceau de pain d'orge et boira du vin allongé d'eau. Le reste du temps, il vomira avec la décoction de lentilles après le repas. **5** Et si la douleur se détourne sous les omoplates, appliquez une ventouse et incisez les vaisseaux des bras. **6** Le malade usera d'aliments sans sel qui ne seront ni huileux ni gras ; en revanche, il mangera des aliments âcres et aigres, le tout étant froid. Il fera des promenades. **7** S'il applique ces instructions, le malade suivra le meilleur des régimes et l'espace qui séparera les manifestations de la maladie sera le plus long[1]. La maladie n'est pas mortelle, mais quitte les gens quand ils vieillissent. Si, ayant affaire à un jeune homme, vous désirez le délivrer plus rapidement de la maladie, après une purgation, cautérisez-lui la poitrine et le dos[2].

LVI (XLV). 1 Maladie du dos[3]. Le malade est pris de frisson, de fièvre, de toux et de dyspnée ; les matières glaireuses qu'il crache sont verdâtres, parfois teintées de sang ; il souffre surtout du dos et des aines ; le troisième ou le quatrième jour, ses urines sont sanguinolentes. **2** Il meurt le septième jour ; toutefois, s'il passe le cap des quatorze jours, il guérit ; cependant il n'en réchappe guère. **3** Dans ce cas, donnez du mélicrat que vous aurez fait bouillir dans un pot neuf[4], laissé refroidir et dans lequel vous ferez macérer de la peau de céleri ou de fenouil[5] ; donnez à boire cette préparation. (Pour potage, il prendra) de la décoction d'orge mondé[6] deux fois par jour et il boira par-dessus du vin blanc allongé d'eau. Là où la douleur

---

5. Le fenouil et le céleri sont-ils ici recommandés pour leurs propriétés diurétiques ? Comp. *Régime*, c. 54, Littré VI, 562, 1-2 (= Joly 53, 23 - 54, 1) où il est dit que les jus de céleri et de fenouil sont diurétiques. Dans *Nature de la femme*, c. 32, Littré VII, 350, 15-16, des racines de fenouil macérées dans du mélicrat chaud sont prescrites comme emménagogue.

6. Dans le texte des manuscrits et des éditions, πτισάνης χυλὸν est complément de διδόναι πίνειν. Cela n'est pas conforme à l'usage du traité, où πτισάνης χυλὸν est régulièrement complément de ῥυμφάνειν. Il faudrait écrire καὶ <ῥυμφάνειν> πτισάνης χυλόν.

δὲ σεῦτλα φαγέτω καὶ μάζης σμικρὸν καὶ πινέτω οἶνον
ὑδαρέα · ἀνὰ δὲ τὸν ἄλλον χρόνον ἐμείτω τοῖσι φακίοισι
καὶ ἀπὸ σιτίων. 5 Καὶ ἢν ἀφίστηται ἡ ὀδύνη ὑπὸ τὰς
ὠμοπλάτας, σικύην προσβάλλειν καὶ τὰς φλέβας ἀποτύψαι
5 τὰς ἐν τῆσι χερσί · 6 σιτίοισι δὲ χρήσθω ἀνάλτοισι καὶ μὴ
λιπαροῖσι μηδὲ πίοσι · δριμέα δὲ καὶ ὀξέα ἐσθιέτω καὶ
ψυχρὰ πάντα · καὶ περιπάτοισι χρήσθω. 7 Ταῦτα ποιέων
ἄριστ᾽ ἂν διαιτῷτο, καὶ διὰ πλείστου χρόνου ἡ νοῦ‖σος 88
γίνοιτο · ἔστι δὲ οὐ θανατώδης, ἀλλ᾽ ἀπογηράσκοντας
10 ἀπολείπει. Εἰ δὲ βούλοιο νεώτερον ἐόντα θᾶσσον ἀπαλλάξαι
τῆς νούσου, καθήρας αὐτὸν καῦσαι τὰ στήθεα καὶ τὸ
μετάφρενον.

LVI (XLV). 1 Νωτιάς · ῥῖγος καὶ πυρετὸς καὶ βὴξ
καὶ δύσπνοια λαμβάνει καὶ τὸ σίελον πτύει χλωρόν, ἔστι
15 δ᾽ ὅτε ὕφαιμον καὶ πονεῖ μάλιστα τὸ μετάφρενον καὶ τοὺς
βουβῶνας, καὶ ἡμέρη τρίτῃ ἢ τετάρτῃ οὐρεῖ αἱματῶδες ·
2 καὶ ἀποθνήσκει ἑβδομαῖος · ἐπὴν δὲ τὰς τεσσερεσκαίδεκα
ὑπερφύγῃ, ὑγιὴς γίνεται · ἐκφυγγάνει δ᾽ οὐ μάλα. 3 Τούτῳ
διδόναι μελίκρητον ἀναζέσας ἐν καινῇ χύτρῃ, ψύχων,
20 σελίνου φλοιὸν ἀποτέγγων ἢ μαράθου · τοῦτο διδόναι
πίνειν, καὶ πτισάνης χυλὸν δὶς τῆς ἡμέρης, καὶ ἐπιπίνειν
οἶνον λευκὸν ὑδαρέα. Ἧι δ᾽ ἂν ἡ ὀδύνη προσίστηται,

Τεστ. 13 Νωτιάς — 18 μάλα] cf. Morb. III, c. 16 a (ed. Littré
VII, 144, 7-13 = Jouanna¹ 421, 1-14).

---

1 σεῦτλα Ermerins : τεῦτλα ΘΜ ‖ σμικρὸν Μ : μικρὸν θ ‖
2 ἐμείτω θ : ἐμεέτω Μ ‖ 5 χρήσθω θ : χρῆσθαι Μ ‖ 10 ἀπολείπει
ΘΜ sed prius ε del. θʳᵃˢ ‖ ἐόντα Ι edd. a Foes : ὄντα ΘΜΗᵃR
14 σίελον Jouanna¹ : σίαλον ΘΜ ‖ 15 πονεῖ Jouanna¹ : πονέει
ΘΜ ‖ 16 οὐρεῖ Jouanna¹ : οὐρέει ΘΜ ‖ 17 τεσσερεσκαίδεκα Jouanna¹ : τεσσαρεσ- θ τεσσαρασ- Μ ‖ 18 δ᾽ θ : δὲ Μ sed ε del.
Μʳᵃˢ ‖ 20 ἀποτέγγων Μ : ἀποτειτων θ (<ΑΠΟΤΕΓΓΩΝ) ‖ 21 pr.
αἱ ΘΜ : καὶ ῥυμφάνειν scripserim ‖ 22 δ᾽ om. Μ ‖ ἡ om. Μ.

se fixe, faites des applications tièdes et des bains chauds, sauf si la fièvre est forte[1]. **4** Quand les quatorze jours sont passés, le malade prendra au déjeuner de la décoction de millet, et le soir il mangera de la viande de jeune chien ou de volaille bouillie et prendra une partie du bouillon en potage[2]. Pour les aliments, il en usera le moins possible durant les premiers jours.

LVII (XLVI). **1** Quand une tuméfaction[3] s'est formée dans le poumon, le malade est pris de toux, d'orthopnée et d'une douleur aiguë à la poitrine et aux côtés. Durant quatorze jours, tels sont les symptômes qu'il présente[4] ; dans la plupart des cas, en effet, c'est le nombre de jours qui correspond au plus fort de l'inflammation de la tuméfaction. Il a mal à la tête et aux paupières et ne peut pas voir ; son corps prend une couleur rougeâtre et se couvre de cloques[5]. **2** Dans ce cas, prescrivez un bain dans beaucoup d'eau chaude ; donnez-lui à boire du mélicrat allongé d'eau ; il prendra en potage de la décoction d'orge mondé et boira par-dessus du vin allongé d'eau. Si la douleur l'accable, faites des applications tièdes. Quand la douleur l'a quitté, il prendra des aliments aussi émollients que possible. **3** Si, une fois débarrassé de la maladie, il est pris de dyspnée en montant une pente

---

1. Même restriction dans la thérapeutique de la pleurésie au c. 45 (c. 34), 177, 2 sq.

2. Pour le régime après les quatorze jours (ἐπὴν — ῥυμφάνειν), comp. le régime après les quatorze jours dans la troisième variété de pleurésie (c. 46 [c. 35]) : les deux développements sont presque identiques. Comp. aussi la fin de la première variété de pleurésie (c. 44 [c. 33]). Il y a du reste de grandes ressemblances entre cette maladie du dos et les trois variétés de pleurésie (c. 44 [c. 33], c. 45 [c. 34] et c. 46 [c. 35]) aussi bien pour la sémiologie et le pronostic que pour la thérapeutique. Ces ressemblances expliquent sans doute le fait que dans *Mal. III*, c. 16 a (cf. *Test.*), cette affection du dos devienne une variété de pleurésie.

5. À φῴδων ἐμπίμπλαται, comp. καταπίμπλαται φῴδων aux c. 54 b (c. 43 b), 192, 8 et c. 58 (c. 47), 197, 14.

χλιαίνειν καὶ λούειν θερμῷ, ἢν μὴ ὁ πυρετὸς πολλὸς ἔχῃ.
4 Ἐπὴν δ᾽ αἱ τεσσερεσκαίδεκα ἡμέραι παρέλθωσιν, ἀριστίζεσθαι μὲν τὸν κέγχρον, ἐς ἑσπέρην δὲ κρέα σκυλακίου
ἢ ὀρνίθεια ἑφθὰ ἐσθίειν καὶ τοῦ ζωμοῦ ρυμφάνειν · σιτίοισι
5 δὲ ὡς ἐλαχίστοισι χρῆσθαι τὰς πρώτας ἡμέρας.

LVII (XLVI). 1 Ἐπὴν φῦμα φυῇ ἐν τῷ πλεύμονι,
βὴξ ἔχει καὶ ὀρθόπνοια καὶ ὀδύνη ἐς τὸ στῆθος ὀξέα καὶ
ἐς τὰ πλευρά · καὶ ἔστε μὲν τεσσερεσκαίδεκα ἡμέρας
⟨τοιαῦτα⟩ πάσχει · τοῖσι γὰρ πλείστοισι τοσαύτας ἡμέρας
10 μάλιστα φλεγμαίνει τὸ φῦμα · καὶ τὴν κεφαλὴν δὲ ἀλγεῖ
καὶ τὰ βλέφαρα καὶ ὁρᾶν οὐ δύναται, καὶ τὸ σῶμα ὑπόπυρρον γίνεται καὶ φῴδων ἐμπίμπλαται. 2 Τοῦτον λούειν
πολλῷ θερμῷ, καὶ μελίκρητον διδόναι πίνειν ὑδαρές, καὶ
τῆς πτισάνης τὸν χυλὸν ρυμφάνειν καὶ οἶνον ὑδαρέα
15 ἐπιπίνειν. Ἢν δ᾽ ἡ ὀδύνη πιέζῃ, χλιαίνειν. Ἐπὴν δὲ παύσηται, σιτίοισιν ὡς μαλθακωτάτοισι χρῆσθαι. 3 Ἢν δ᾽ ἀπηλ-
λαγμένον τῆς νούσου δύσπνοια λαμβάνῃ, ‖ ἐπὴν πρὸς 90

Test. 6 Ἐπὴν — 197, 10 καῦσαι] cf. Aff. int., c. 3 (ed. Littré
VII, 174, 19 sqq.) ; cf. etiam Morb. I, c. 19 (ed. Littré VI, 172,
24 sqq. = Wittern, 48, 8 sqq.).
12 φῴδων] vide Test. supra, 192, 8.

1 χλιαίνειν — θερμῷ Μ : καὶ χλιαίνειν θερμῷ καὶ λούειν θ ‖
πολλὸς scripsi : πουλὺς θ πολὺς Μ ‖ 2 δ᾽ θ : δὲ Μ ‖ αἱ Μ : ἐς ?
θ sed del. θras ‖ τεσσερεσκαίδεκα scripsi : τέσσερες καὶ δέκα θ
sed mut. τέσσερες in τέσσαρες θras τεσσαρεσκαίδεκα Μ ‖ παρέλθωσιν θ : -σι Μ ‖ 3 κρέα Μ : κρέας θ ‖ σκυλακίου θΜ : σκυλακείου
Μ1 ‖ 4 ὀρνίθεια Μ : -θια θ ‖ 6 φυῇ Μ : ῇ θ ‖ 7 ὀρθόπνοια Ermerins : -πνοίη θΜ ‖ ὀξέα Ermerins : ὀξέη θΜ ‖ 8 ἔστε Μ : ἔσται
θ ‖ τεσσερεσκαίδεκα θ : τεσσαρ- Μθras ‖ 9 τοιαῦτα addidi, coll.
Aff. int., c. 3 et Morb. II, 2, c. 53 (c. 42), 190, 9 ‖ πάσχει om. θ ‖
10 ἀλγεῖ scripsi : ἀλγέει θΜ ‖ 11-12 ὑπόπυρρον θ : ὑπόπυρον
Μ ‖ 12 φῴδων Littré (cf. jam φωδῶν Mercurialis [n. 19] Foes2
[n. 153] apud Mack) : φλεβῶν θΜ ‖ ἐμπίμπλαται scripsi :
ἐνπίμπλαται θ ἐμπίπλαται Μ ‖ τοῦτον Μ : τοῦτο θ ‖ 16 σιτίοισιν
θ : -σι Μ ‖ 17 δύσπνοια Ermerins : -πνοίη θΜ.

raide ou en faisant un effort d'une autre manière, donnez-lui un évacuant qui n'agira pas sur le ventre. Dans le cas où le vomissement est accompagné de pus, si le pus est blanc et contient des filaments légèrement teintés de sang, le malade en réchappe ; en revanche, si le pus est livide, verdâtre et malodorant, le malade meurt[1]. Les malades se purgent du pus en quarante jours à partir du moment où il a fait éruption. **4** Toutefois, dans bien des cas, la maladie dure un an. Il faut, dans ce cas, traiter comme pour l'empyème[2]. Si (malgré cela) le pus ne fait pas éruption — dans quelques cas, avec le temps, il y a déplacement vers le côté[3] avec production d'un gonflement —, il faut, quand une telle chose se produit, inciser ou cautériser le malade[4].

LVIII (XLVII). **1** Si le poumon se gonfle[5], le malade est pris de toux, d'orthopnée et de difficultés respiratoires ; il tire la langue ; son corps est brûlant ; une douleur aiguë se fait sentir à la poitrine et sous les omoplates ; tout le corps se couvre de cloques : le malade a des démangeaisons et ne supporte d'être ni assis, ni couché, ni debout, mais il est mal en point. **2** Ce malade meurt d'ordinaire le quatrième jour ; s'il franchit ce terme, il y a des chances de salut, dans la majorité des cas[6] ; mais il est encore en danger aux sept jours ; s'il franchit aussi ce terme, il guérit.

---

1. Ce pronostic est tout à fait comparable à celui du c. 47 b (c. 36 b) fin (empyème). Il ne réapparaît pas dans la version parallèle d'*Affections internes*, c. 3 ; le pronostic du c. 47 b (c. 36 b) n'a pas non plus son équivalent dans la version parallèle de *Mal. III*, c. 16 b ; on est en droit de s'interroger sur l'existence d'un tel pronostic dans le modèle.

2. Comp. *Mal. III*, c. 15, Littré VII, 138, 11-13 = Jouanna[1] 400, 15-17 (péripneumonie) : « le poumon devient empyématique et la maladie s'installe pour un an, si le pus n'est pas hâtivement évacué dans les quarante jours » ; cf. aussi *Mal. II 2*, c. 47 a (c. 36 a), 179, 2 sq. Il est donc naturel que le traitement de l'empyème soit appliqué ici. Il consiste à provoquer l'évacuation du pus par des infusions dans le poumon ; voir c. 47 b (c. 36 b), 180, 3 sqq. avec la rédaction parallèle de *Mal. III*, c. 16 b.

ὀρθὸν χωρίον ἴῃ ἢ σπεύσῃ τι ἄλλως, φάρμακον διδόναι
ὑφ᾽ οὗ ἡ κοιλίη ἡ κάτω μὴ κινήσεται· καὶ ἢν ἅμα τῷ
ἐμέσματι πύον ἔπηται, ἢν μέν τοι τὸ πύον ᾖ λευκὸν καὶ ἶνες
ἐν αὐτῷ ὕφαιμοι ἔωσιν, ἐκφυγγάνει· ἢν δὲ πελιδνὸν καὶ
5 χλωρὸν καὶ κάκοδμον, ἀποθνήσκει. Καθαίρονται δ᾽ ἐν
τεσσεράκοντα ἡμέρῃσιν ἀφ᾽ ἧς ἂν ῥαγῇ. 4 Πολλοῖσι δὲ
καὶ ἐνιαυσίη γίνεται ἡ νοῦσος· ποιεῖν δὲ χρὴ τοῦτον ἅπερ
τὸν ἔμπυον· ἢν δὲ μὴ ῥαγῇ — ἐνίοισι γὰρ τῷ χρόνῳ ἀφίσταται ὡς τὸ πλευρὸν καὶ ἐξοιδίσκεται —, τοῦτον χρή, ἢν τοι-
10 οῦτο γένηται, τάμνειν ἢ καῦσαι.

LVIII (XLVII). 1 Ἢν πρησθῇ ὁ πλεύμων, βὴξ ἴσχει
καὶ ὀρθόπνοια καὶ ἆσθμα καὶ τὴν γλῶσσαν ἐκβάλλει καὶ
πίμπραται καὶ ὀδύνη ὀξέα ἴσχει ἐς τὸ στῆθος καὶ ὑπὸ τὰς
ὠμοπλάτας καὶ καταπίμπλαται φῴδων καὶ ξυσμὸς ἔχει
15 καὶ οὐκ ἀνέχεται οὔτε καθήμενος οὔτ᾽ ἀνακείμενος οὔθ᾽
ἑστηκώς, ἀλλὰ δυσθενεῖ. 2 Οὗτος τεταρταῖος μάλιστα
ἀποθνήσκει· ἢν δὲ ταύτας ὑπερφύγῃ, ἐλπίδες ὡς τὰ πολλά·
κινδυνεύει δὲ καὶ ἐν τῇσιν ἑπτά· ἢν δὲ καὶ ταύτας

TEST. 11 Ἢν — 198, 9 θανατώδης] cf. *Morb. II* 2, c. 54 b
(c. 43 b), 192, 5-193, 7 ; *Morb. III*, c. 7 (ed. Littré VII, 124, 18-
126, 16 = Jouanna[1] 376-378) ; *Aff. int.*, c. 7 (ed. Littré VII,
182, 22-186, 2 = Jouanna[1] 200-202).
14 φῴδων] vide *supra*, c. 54 b (c. 43 b), 192, 8. — ξυσμὸς] cf.
HESYCH., *s.v.* (19 *supra*, 110, 21 = ed. Latte II 730, 92).

---

1 ἄλλως M : ἀλλ᾽ ὡς θ ‖ 3 τοι om. M ‖ 4 ἔωσιν θ : ἔωσι M ‖
6 ἡμέρῃσιν θ : -σι M ‖ 7 ποιεῖν scripsi : ποιέειν θM ‖ 9 ὡς θM : ἐς
Ermerins ‖ 9-10 ἢν τοιοῦτο γένηται θM : secluserim ‖ 10 τάμνειν
ἢ καῦσαι θMH[a]R : τάμνειν ἢ καίειν I edd. ab Ald. ταμεῖν ἢ
καῦσαι legi potest ‖ 11 πρησθῇ Jouanna[1], coll. *Morb. III*,
c. 7 et *Aff. Int.*, c. 7 : πλη''σθῇ θM ‖ 12 ὀρθόπνοια Ermerins :
-πνοίη θM ‖ 13 πίμπραται θ : πίμπλαται M ‖ ὀξέα Ermerins :
ὀξέη θM ‖ 14 φῴδων Littré : φωδων θ φωιδῶν M ‖ ξυσμὸς M :
ψυσμὸς θ ‖ 15 οὔθ᾽ θ : οὔτ᾽ M ‖ 17 ἢν δὲ — 18 ἑπτά θM[2mg] :
om. M ‖ ὡς τὰ πολλά θM : μὲν οὐ πολλαί Littré (coll. c. 54 b
[c. 43 b]) ‖ 18 τῇσιν θ : τῇσι M[2] ‖ alt. καὶ θM[2s1] : om. M.

3 Quand le malade présente ces symptômes, donnez-lui un bain dans beaucoup d'eau chaude, deux fois par jour, et quand la douleur se fait sentir, faites des applications tièdes ; donnez-lui à boire du miel et du vinaigre bouilli, et en potage de la décoction d'orge mondé, et par-dessus faites-lui boire du vin. Si, avec le bain et les applications tièdes, il continue à souffrir et s'il ne peut les supporter, faites-lui des applications froides ; mettez à macérer un rayon de miel dans de l'eau et donnez-lui cette boisson aussi froide que possible[1] ; il restera couché au frais. **4** Voilà ce qu'il faut faire ; mais la maladie est pénible et généralement mortelle.

LIX (XLVIII). **1** Si le poumon s'affaisse contre le côté[2], le malade est pris de toux et d'orthopnée ; il vomit des matières glaireuses blanches ; il est pris de douleur à la poitrine et au dos. Le poumon appuyé contre le côté exerce une pression ; le malade a l'impression d'avoir quelque chose de lourd dans la poitrine, des douleurs aiguës le piquent ; cela crisse comme du cuir[3] ; le malade retient sa respiration ; il supporte d'être couché sur le côté douloureux, mais non sur le côté sain[4], car dans ce cas il lui semble qu'une sorte de poids pend du côté (atteint) ; il semble respirer par la poitrine[5]. **2** Dans ce cas, donnez un bain dans beaucoup d'eau chaude deux fois par jour, faites boire du mélicrat, et au sortir du bain (faites la préparation suivante) : mêlez du vin blanc et une petite quantité de miel ; pilez la graine du daucus et de la

---

1. La comparaison avec le c. 54 b (c. 43 b) indique-t-elle l'omission après ψυχρότατον de καὶ τὸν χυλὸν ψυχρὸν καὶ ὕδωρ ἐπιπίνειν, « donnez-lui la décoction d'orge mondé froide et à boire par-dessus de l'eau » ?

2. On trouve une allusion à cette affection pulmonaire dans *Mal. III*, c. 16 b, Littré VII, 156, 1 προσπεσόντος τοῦ πλεύμονος τῇσι πλευρῇσι.

5. Voir Littré VII, 2, 3-5 : « Une telle phrase nous montre l'auteur hippocratique essayant de rendre compte du bruit insolite que son oreille percevait dans l'acte de la respiration ».

ὑπερφύγῃ, ὑγιάζεται. 3 Τοῦτον, ὅταν οὕτως ἔχῃ, λούειν
πολλῷ καὶ θερμῷ δὶς τῆς ἡμέρης, καὶ ὅταν ἡ ὀδύνη ἔχῃ,
χλιάσματα προστιθέναι καὶ πίνειν διδόναι μέλι καὶ ὄξος
ἑφθὸν καὶ ῥυμφάνειν χυλὸν πτισάνης καὶ ἐπιπίνειν οἶνον ·
5 ἢν δὲ πρὸς τὸ λουτρὸν καὶ τὰ χλιάσματα πονῇ καὶ μὴ
ἀνέχηται, προσφέρειν αὐτῷ ψύγματα καὶ πίνειν διδόναι
κηρίον ἐν ὕδατι ἀποβρέχων ὡς ψυχρότατον καὶ κεῖσθαι
πρὸς τὸ ψῦχος. 4 Ταῦτα ποιεῖν · ἡ δὲ νοῦσος χαλεπὴ καὶ
θανατώδης. ‖

10 LIX (XLVIII). 1 Ἢν ὁ πλεύμων πρὸς τὸ πλευρὸν 92
προσπέσῃ, βὴξ ἴσχει καὶ ὀρθόπνοια, καὶ τὸ σίελον βήσσεται
λευκόν, καὶ ὀδύνη τὸ στῆθος καὶ τὸ μετάφρενον ἴσχει, καὶ
ὠθεῖ προσκείμενος, καὶ δοκεῖ τι ἐγκεῖσθαι βαρὺ ἐν τοῖσι
στήθεσι, καὶ κεντέουσιν ὀδύναι ὀξέαι, καὶ τρίζει [τὸ δέρμα]
15 οἷον μάσθλης, καὶ τὴν πνοιὴν ἐπέχει καὶ ἐπὶ μὲν τὸ πονέον
ἀνέχεται ἀνακείμενος, ἐπὶ δὲ τὸ ὑγιὲς οὔ, ἀλλὰ δοκεῖ τι
αὐτῷ οἷον ἐκκρέμασθαι βαρὺ ἐκ τοῦ πλευροῦ καὶ διαπνεῖν
δοκεῖ διὰ τοῦ στήθεος. 2 Τοῦτον λούειν θερμῷ πολλῷ δὶς
τῆς ἡμέρης καὶ μελίκρητον πιπίσκειν καὶ ἐκ τοῦ λουτροῦ,
20 οἶνον λευκὸν κεραννὺς καὶ μέλι ὀλίγον, καὶ δαύκου καρπὸν

TEST. 15 μάσθλης] cf. GAL., Gloss., s.v. (B 14 supra, 97, 16 =
ed. Kühn XIX, 120, 4) et HESYCH., s.v. (17 supra, 110, 5 sq. =
ed. Latte II 631, 32).

---

1 ὑπερφύγῃ ΘΜ : ὑπεκφύγῃ L Lind. ‖ 2 πολλῷ καὶ om. Θ ‖ ἡ
om. Μ ‖ 5 πονῇ Jouanna[1] : πονέῃ ΘΜ ‖ 6 ψύγματα Θ : ψύγμα Μ ‖
7 post ψυχρότατον lacuna esse videtur, coll. c. 54 b (c. 43 b) ‖
8 ποιεῖν Jouanna[1] : ποιέειν ΘΜ ‖ 11 ὀρθόπνοια Ermerins : -πνοίη
ΘΜ ‖ τὸ om. Μ ‖ σίελον scripsi : σίαλον ΘΜ ‖ βήσσεται Θ : βήσεται
Μ sed corr. Μ[1] (σ add. s[1]) ‖ 13 ὠθεῖ scripsi : ὠθέει ΘΜ ‖ δοκεῖ
scripsi : δοκέει ΘΜ ‖ ἐγκεῖσθαι Θ : ἐγκέεσθαι Μ ‖ 14 κεντέουσιν
Θ : -σι Μ ‖ ὀξέαι Θ : ὀξεῖαι Μ ‖ τὸ δέρμα secl. Littré : τὸ δέρμα
Θ τὸ αἷμα Μ ‖ 15 πνοιὴν Μ : πνοὴν Θ ‖ 16 ἀνακείμενος Θ : κατα-
κείμενος Μ ‖ δοκεῖ scripsi : δοκέει ΘΜ ‖ 17 διαπνεῖν Θ : διαπνέειν
Μ ‖ 18 δοκεῖ scripsi : δοκέει ΘΜ ‖ διὰ Μ : ἐκ Θ ‖ θερμῷ πολλῷ
Μ : πολλῷ θερμῷ Θ ‖ 20 μέλι ὀλίγον Μ : μελιογον Θ.

centaurée, délayez dans ce mélange, et donnez le tout
en potage tiède ; faites au côté des applications d'eau
tiède que vous aurez versée dans une petite outre ou
dans une vessie de bœuf ; et serrez la poitrine avec un
bandage ; le malade se couchera sur le côté sain.
Donnez-lui la décoction d'orge mondé tiède ; il boira
par-dessus du vin allongé d'eau. **3** Si cette affection
se produit à la suite d'une blessure ou de l'incision
dans le cas d'empyème[1] — cela se produit en effet —,
attachez une vessie à une canule, remplissez-la d'air,
et insufflez l'air dans la poitrine ; puis placez-y une
sonde rigide d'étain et poussez-la en avant[2]. C'est
avec un tel traitement que vous avez les meilleures
chances de réussir.

LX (XLIX). **1** Quand une tuméfaction se forme
au côté, le malade est pris d'une toux sèche, de douleur
et de fièvre ; un poids presse le côté et une douleur
aiguë prend le malade toujours au même endroit ;
la soif est intense ; le malade régurgite la boisson
chaude ; il ne supporte pas d'être couché sur le côté
douloureux mais seulement sur le côté sain[3], car lorsqu'il s'est étendu, il lui semble avoir comme une pierre
qui est suspendue ; ce côté enfle et rougit fortement[4], et
les pieds enflent. **2** Dans ce cas, incisez ou cautérisez ;
ensuite, laissez sortir le pus jusqu'au dixième jour
et placez un tampon de lin écru ; au dixième jour,
après avoir laissé sortir tout le pus, injectez du vin

---

1. L'incision dans le cas de l'empyème a été décrite au c. 47 b
(c. 36 b), 181, 16 sqq.
3. Le texte est vraisemblablement corrompu dans les manuscrits comme l'indiquent les passages analogues du traité, c. 59
(c. 48), 198, 15 sq. et c. 47 b (c. 36 b), 181, 14 sq. C'est la position sur
le côté sain qui est insoutenable, parce que, dans l'esprit du médecin
la poche de pus pèse comme une pierre suspendue au côté malade.
Le sens est le suivant avec les corrections proposées : « il supporte
d'être couché sur le côté souffrant mais non sur le côté sain, car
quand il s'est étendu (sur ce côté), il lui semble avoir comme une
pierre qui est suspendue (au côté atteint) ».

τρίψας καὶ τῆς κενταυρίης, διεὶς τούτοισι, διδόναι χλιερὸν
καταρυμφάνειν · καὶ προστιθέναι πρὸς τὸ πλευρὸν ἐς
ἀσκίον ἢ ἐς βοείην κύστιν ὕδωρ χλιερὸν ἐγχέων, καὶ ταινίῃ
συνδεῖν τὰ στήθεα καὶ κεῖσθαι ἐπὶ τὸ ὑγιές · καὶ τὸν χυλὸν
5 διδόναι τῆς πτισάνης χλιερὸν καὶ ἐπιπίνειν οἶνον ὑδαρέα.
3 Ἢν δ' ἐκ τρώματος τοῦτο γένηται ἢ τμηθέντι ἐμπύῳ
— γίνεται γὰρ τοῦτο —, κύστιν πρὸς σύριγγα προσδήσας
ἐμπιμπλάναι τῆς φύσης καὶ ἐσιέναι ἔσω, καὶ μοτὸν στερεὸν
κασσιτέρινον ἐντιθέναι καὶ ἀπωθεῖν πρόσω. Οὕτω διαιτῶν
10 τυγχάνοις ἂν μάλιστα.

LX (XLIX). 1 Ἐπὴν ἐν πλευρῷ φῦμα φυῇ, βὴξ
ἔχει σκληρὴ καὶ ὀδύνη καὶ πυρετός, καὶ ἔγκειται βαρὺ ἐν
τῷ πλευρῷ, καὶ ὀδύνη ὀξέα ἐς τὸ αὐτὸ αἰεὶ χωρίον λαμβάνει,
καὶ δίψα ἰσχυρή, καὶ ἀπερεύγεται τὸ πόμα θερμόν, καὶ
15 ἐπὶ μὲν τὸ ἀλγέον οὐκ ἀνέχεται κατακείμενος, ἐπὶ δὲ τὸ
ὑγιές, ἀλλ' ἐπὴν κατακλινῇ, δοκεῖ οἷόν‖περ λίθος 94
ἐκκρέμασθαι, καὶ ἐξοιδεῖ, καὶ ἐξερύθει, καὶ οἱ πόδες οἰδέουσι. 2 Τοῦτον τάμνειν ἢ καίειν · ἔπειτ' ἀφιέναι τὸ πύον,
ἔστ' ἂν γένηται δεκαταῖος, καὶ μοτοῦν ὠμολίνῳ · ἐπὴν δὲ
20 γένηται δεκαταῖος, ἐξιεὶς τὸ πύον πᾶν ἐσιέναι οἶνον καὶ

TEST. 11 Ἐπὴν — 200, 7 μοτόν] cf. *Aff. int.*, c. 9 (ed. Littré
VII, 186, 19-188, 25) ; *Morb. I*, c. 20 (ed. Littré VI, 176,
7 sqq. = Wittern, 52, 7 sqq.).

---

1 κενταυρίης I edd. ab Ald. : κεταυρίας θ sed ε del. θ^{ras}
κενταυρίας ΜΗ^aR ‖ διεὶς θ : διῆς Μ ‖ χλιερὸν scripsi : χλιαρὸν
θΜ ‖ 3 βοείην Μ : βοΐην θ ‖ χλιερὸν scripsi : χλιαρὸν θΜ ‖
4 τὸν χυλὸν θΜ^{ras} : τῶν χυλῶν Μ ‖ 5 χλιερὸν scripsi : χλιαρὸν θΜ ‖
6 δ' Μ : δὲ θ ‖ 7 τοῦτο θ : τούτῳ Μ ‖ κύστιν Μ : κύστι θ ‖ 9 ἀπωθεῖν
scripsi : ἀπωθέειν θΜ ‖ 11 φυῇ θ : ἢ Μ ‖ 12 ἔχει θ : ἔχῃ Μ ‖
13 ὀξέα Ermerins : ὀξέη θΜ ‖ αἰεὶ θ : ἀεὶ Μ ‖ 14 πόμα Μ :
πώμα θ ‖ 15 οὐκ secluserim ‖ 16 post ὑγιές addiderim οὖ ‖ δοκεῖ
scripsi : δοκέει θΜ ‖ 17 ἐξοιδεῖ scripsi : ἐξοιδέει θΜ ‖ ἐξερύθει
θΜΗ^aI : ἐξερεύθει R Littré Ermerins ‖ 18 ἔπειτ' θ : ἔπειτα Μ ‖
20 ἐξιεὶς θ : ἐξιὴς Μ (sed ει add. supra ἢ Μ¹).

et de l'huile, que vous aurez fait tiédir, pour éviter un brusque dessèchement du côté, et placez un tampon de lin fin ; et après évacuation du liquide injecté pratiquez une autre injection ; renouvelez l'opération pendant cinq jours. Quand le pus est sorti, fluide comme de la décoction d'orge mondé et en petite quantité, et qu'il est collant au toucher, placez une sonde d'étain ; et quand le côté est complètement desséché, raccourcissez progressivement la sonde et cicatrisez la plaie contre la sonde[1].

LXI (L). 1 Si une hydropisie survient dans le poumon, le malade est pris de fièvre et de toux ; sa respiration est précipitée ; les pieds enflent et les ongles se rétractent tous[2] ; il présente des symptômes tout à fait analogues à ceux de l'empyématique, mais ils sont moins intenses et durent plus longtemps. Que vous fassiez des infusions dans le poumon, des fumigations ou des inhalations, le pus ne suit pas[3]. A ce fait, vous reconnaîtrez la présence d'eau et non de pus. Et si vous écoutez un long moment en appliquant l'oreille contre les côtés, cela grésille à l'intérieur comme du vinaigre[4]. 2 Pendant un certain temps, le malade présente donc ces symptômes. Ensuite, le liquide fait éruption dans la cavité (thoracique) ; et sur le moment il semble être guéri et délivré de la maladie[5] ; mais, avec le temps, la cavité (thoracique) s'enflamme et ces mêmes symptômes reviennent, mais avec plus d'intensité. Dans certains cas, même, il y a gonflement du ventre, des bourses et du visage ;

1. Tout ce traitement est identique à celui de l'empyème du poumon exposé au c. 47 b (c. 36 b). Contrairement aux éditions précédentes, je rattache αἰεί à ὀλίγον et non à συμφύειν. Ici, ὀλίγον αἰεί est le synonyme de κατὰ σμικρόν de c. 47 b (c. 36 b), 182, 18. Pour l'expression ὀλίγον αἰεί, voir c. 12 (c. 1), 144, 15 ; c. 15 (c. 4), 149, 14.
3. Sur ces divers procédés pour faire remonter le pus (infusion de liquide ; inhalation de fumées sèches ou de vapeur humide), voir *supra*, p. 163, n. 5 et p. 179, n. 5.

ἔλαιον χλιήνας, ὡς μὴ ἐξαπίνης ἀποξηρανθῇ καὶ μοτοῦν
ὀθονίῳ· ἐξιεὶς δὲ τὸ ἐγκεχυμένον, ἐγχεῖν ἕτερον· ποιεῖν
δὲ ταῦτα πέντε ἡμέρας· ἐπὴν δὲ τὸ πύον λεπτὸν ἀπορρυῇ
οἷον πτισάνης χυλὸς καὶ ὀλίγον καὶ κολλῶδες ἐν τῇ χειρὶ
5 ψαυόμενον ᾖ, κασσιτέρινον μοτὸν ἐντιθέναι καὶ ἐπὴν παντάπασι ξηρανθῇ, ἀποτάμνων [τε] τοῦ μοτοῦ ὀλίγον αἰεί,
συμφύειν τὸ ἕλκος πρὸς τὸν μοτόν.

LXI (L). 1 Ἢν ὕδερος ἐν τῷ πλεύμονι γένηται,
πυρετὸς καὶ βὴξ ἴσχει καὶ ἀναπνεῖ ἀθρόον καὶ οἱ πόδες
10 οἰδέουσι καὶ οἱ ὄνυχες ἕλκονται πάντες καὶ πάσχει οἷά περ
ἔμπυος γενόμενος, βληχρότερον δὲ καὶ πολυχρονιώτερον·
καὶ ἢν ἐγχέῃς ἢ θυμιᾷς ἢ πυριᾷς, οὐχ ὁμαρτεῖ πύον· τούτῳ
ἂν γνοίης ὅτι οὐ πύον ἀλλὰ ὕδωρ ἐστί· καὶ ἢν πολλὸν
χρόνον προσέχων τὸ οὖς ἀκουάζῃ πρὸς τὰ πλευρά, σίζει
15 ἔσωθεν οἷον ὄξος. 2 Καὶ ἕως μέν τινος ταῦτα πάσχει·
ἔπειτα δὲ ῥήγνυται ἐς τὴν κοιλίην· καὶ αὐτίκα μὲν δοκεῖ
ὑγιὴς εἶναι καὶ τῆς νούσου ἀπηλλάχθαι, τῷ δὲ χρόνῳ ἡ κοιλίη ἐμπίμπραται καὶ τά τε αὐτὰ κεῖνα πάσχει καὶ μᾶλλον·
ἔνιοι δὲ καὶ οἰδίσκονται τὴν γαστέρα καὶ τὴν ὄσχην καὶ τὸ

Test. 8 Ἢν — 201, 13 ἀποθνῄσκει] cf. Aff. int., c. 23 (ed.
Littré VII, 224, 3 - 226, 22 = Jouanna¹ 208-216).

---

1 ἀποξηρανθῇ M : ξηρανθῇ θ ‖ 2 ἐγκεχυμένον θ : ἐκκεχυμένον
M ‖ ἐγχεῖν scripsi : ἐνχεῖν θ ἐγχέειν M ‖ ποιεῖν scripsi : ποιέειν θM ‖
3 ἀπορρυῇ θ : ἀπορρέῃ M ‖ 4 καὶ κολλῶδες om. M ‖ ἐν secl.
Foes² (n. 160) Ermerins ‖ 5 ᾖ R edd. a Lind. : ἢ θMHªI secludi
potest, cf. c. 47 b (c. 36 b), 182, 16 et vide Foes² (n. 160) ‖
6 ἀποτάμνων M : ἀποτάμων θ ‖ τε seclusi (cf. c. 47 b [c. 36 b],
182, 17) om. cum Voss. Ermerins : τε θM ‖ αἰεί θ : ἀεί M ‖
7 συμφύειν scripsi : ξυνφύει θ ξυμφύειν M ‖ 9 ἀναπνεῖ Jouanna¹ :
-πνέει θM ‖ 11 γενόμενος M : γινόμενος θ ‖ πολυχρονιώτερον M :
πουλυχρονιώτερον θ ‖ 12 ἢ θυμιᾷς ἢ πυριᾷς θ : ἢ πυριᾷς ἢ θυμιᾷς M ‖
ὁμαρτεῖ Jouanna¹ : ὁμαρτέει θM ‖ τούτῳ — 13 ἐστί secl. Ermerins ‖ 14 σίζει Langholf : ὄζει θM ζέει Corn. (apud Foes² [n. 162]
e Corn. [Lat.] ebullit) Littré Ermerins ὤζει Lind. τρίζει Jouanna¹ ‖ 16 δοκεῖ Jouanna¹ : -κέει θM ‖ 18 ἐμπίμπραται M :
ἐνπίμπραται θ.

et d'aucuns pensent que cela provient de la cavité inférieure, du moment qu'ils voient le ventre gros et les pieds gonflés[1]. Mais ces gonflements se produisent si vous laissez passer le moment opportun pour l'incision. **3** Chez ce malade, il faut, si un gonflement se manifeste à l'extérieur, faire une incision à travers les côtes et soigner. S'il n'y a pas gonflement, après avoir donné un bain dans beaucoup d'eau chaude, faites asseoir le malade comme dans le cas de l'empyème[2], et, à l'endroit même où le bruit se fait entendre, incisez ; vous devez désirer que ce soit le plus bas possible, pour vous faciliter l'écoulement. Après l'incision, mettez un tampon de lin écru qui sera épais et se terminera en pointe, et laissez sortir avec ménagement la plus petite quantité possible d'eau. Et si vous constatez la présence de pus sur le tampon, au cinquième ou au sixième jour, dans la majorité des cas le malade en réchappe. Sinon, quand vous avez retiré toute l'eau[3], la soif survient ainsi que la toux et le malade meurt.

LXII (LI). 1 Si une rupture se produit dans la poitrine et dans le haut du dos[4], des douleurs transpercent la poitrine et le haut du dos ; la fièvre de temps à autre survient ; le malade en toussant rejette des glaires légèrement teintées de sang : une sorte de filament sanglant court à travers les glaires. **2** Généralement, ces symptômes se manifestent à la suite d'efforts manuels ou d'un voyage en voiture ou à cheval[5]. **3** En ce cas, cautérisez le devant et le dos, chacun de la même manière ; et de la sorte le malade guérit.

---

4. Les éditions lisent avec M recc. « la poitrine *ou* le dos » (cf. Littré) ; mais la leçon de θ « la poitrine *et* le dos » est confirmée par la rédaction parallèle d'*Affections internes*, c. 8 (cf. *Test.*) : τὸ στῆθος καὶ τὸ μετάφρενον. Μετάφρενον désigne plus précisément le « haut du dos » ; cf. Pollux, *Onomasticon*, II, 136 et 177.

5. Ce qui est ici cause déclenchante de l'affection est mentionné dans la rédaction parallèle d'*Affections internes*, c. 8, Littré VII, 186, 11 sq. (= Jouanna[1] 204, 2-7) comme cause d'une récidive de la maladie.

πρόσωπον · καὶ ἔνιοι δοκέουσιν εἶναι ἀπὸ τῆς κοιλίης τῆς
κάτω, ὁρῶντες τὴν γαστέρα μεγάλην καὶ τοὺς πόδας
οἰδέοντας · οἰδίσκεται δὲ ταῦτα, ἢν ὑπερβάλλῃς τὸν καιρὸν
τῆς τομῆς. 3 Τοῦτον χρή, ἢν μὲν ἀποιδήσῃ ἔξω, ταμόντα
5 διὰ τῶν πλευρέων ἰᾶσθαι · ἢν δὲ μὴ ἀποιδῇ, λούσαντα 96
πολλῷ θερμῷ καθίσαι ὥσπερ τοὺς ἐμπύους καὶ ὅπῃ ἂν
ψοφῇ, ταύτῃ τάμνειν · βούλεσθαι δὲ ὡς κατωτάτω, ὅπως
τοι εὔροον ᾖ. Ἐπὴν δὲ τάμῃς, μοτοῦν ὠμολίνῳ, παχὺν καὶ
ἔπακρον ποιήσας τὸν μοτὸν καὶ ἀφιέναι τοῦ ὕδατος φειδό-
10 μενος ὡς ἐλάχιστον. Καὶ ἢν μέν σοι ἐν τῷ μοτῷ πύον περιγένηται πεμπταίῳ ἐόντι ἢ ἑκταίῳ, ὡς τὰ πολλὰ ἐκφυγγάνει ·
ἢν δὲ μὴ περιγένηται, ἐπὴν δ᾽ ἐξεράσῃς τὸ ὕδωρ, δίψα
ἐπιλαμβάνει καὶ βήξ, καὶ ἀποθνήσκει.

LXII (LI). 1 Ἢν τὸ στῆθος καὶ τὸ μετάφρενον ῥαγῇ,
15 ὀδύναι ἴσχουσι τὸ στῆθος καὶ τὸ μετάφρενον διαμπερὲς
καὶ θέρμη ἄλλοτε καὶ ἄλλοτε ἐπιλαμβάνει καὶ τὸ σίελον
ὕφαιμον βήσσεται, τὸ δ᾽ οἷον θρὶξ διατρέχει διὰ τοῦ σιέλου
αἱματώδης. 2 Μάλιστα δὲ ταῦτα πάσχει, ἢν τῇσι χερσί
τι πονήσῃ ἢ ἐπ᾽ ἄμαξαν ἐπιβῇ ἢ ἐφ᾽ ἵππον. 3 Τοῦτον
20 καίειν καὶ ἔμπροσθεν καὶ ἐξόπισθεν μοίρῃ ἴσῃ ἑκάτερον, καὶ

TEST. 6 ὥσπερ τοὺς ἐμπύους] cf. c. 47 b (c. 36 b), 181, 18 sqq.
9 ἔπακρον] cf. GAL., *Gloss.*, *s.v.* ἔπακρα (B 8 *supra*, 96, 16 sq.
= ed. Kühn XIX, 99, 2).
14 Ἢν — 202, 2 καύσιος] cf. *Aff. int.*, c. 8 (ed. Littré VII,
186, 3-18 = Jouanna[1] 202-204).

---

1 δοκέουσιν θ : -σι Μ ‖ 5 πλευρέων Μ : πλευρῶν θ ‖ ἰᾶσθαι θ :
ἰῆσθαι Μ ‖ ἀποιδῇ Jouanna[1] : -δέῃ θΜ ‖ 6 πολλῷ θερμῷ θ :
θερμῷ πολλῷ Μ ‖ 7 ψοφῇ Jouanna[1] : -φέῃ θΜ ‖ 9 ὕδατος Μ :
αἵματος θ ‖ 10 ἐλάχιστον θ : -χιστα Μ ‖ ἐν Μ : περὶ θ secl.
Ermerins ‖ 11 ἢ ἑκταίῳ om. Μ ‖ 12 δὲ ξεράσῃς (= δ᾽ ἐξεράσῃς)
θ : ἐξεράσῃς Μ δ᾽ ἐξαρύσῃς Mack δ᾽ ἐξερήσῃς Jouanna[1] ‖ 14 καὶ
θ : ἢ Μ ‖ 16 σίελον Jouanna[1] : σίαλον θΜ ‖ 17 σιέλου Jouanna[1] : σιάλου θΜ ‖ 19 ἐπ᾽ ἄμαξαν I edd. ab Ald. : ἐπάμαξαν θ
ἐπ᾽ ἄμαξαν ΜΗ[a] ἐφ᾽ ἄμαξαν R Foes edd. post Mack ‖ 20 μοίρῃ
ἴσῃ θ : μοιρήσῃ Μ.

Interdisez-lui les efforts pendant un an et donnez-lui de l'embonpoint après la cautérisation.

LXIII (LII). **1** Maladie causode[1]. Le malade est pris de fièvre et de soif intense ; sa langue est rugueuse, noire, verdâtre, sèche, fortement rouge ; les yeux sont verdâtres ; les selles sont rouges et verdâtres, et l'urine est d'une couleur analogue ; le malade crache beaucoup. Souvent aussi, la maladie se change en péripneumonie, et le malade délire. Voici le signe par lequel vous pouvez reconnaître qu'il y a péripneumonie[2]. **2** Ce malade, s'il n'est pas atteint de péripneumonie, guérit s'il franchit le cap des quatorze jours ; mais s'il en est atteint, c'est au bout de dix-huit jours, à moins que, par suite d'une absence d'évacuation, il ne devienne empyématique[3]. **3** Ce malade doit boire l'eau de farine grossière d'orge, et ensuite du vinaigre blanc aussi odorant que possible ; il prendra en potage la décoction d'orge mondé deux fois par jour (et s'il est faible, trois fois), et boira par-dessus du vin blanc généreux coupé d'eau ; on le baignera le moins possible. S'il devient empyématique, on le traitera comme tel[4].

LXIV (LIII). **1** Maladie du hoquet. Le malade est pris d'une fièvre violente, de frisson, de toux et de hoquet ; il rejette en toussant, en même temps

---

2. Ermerins supprime τούτῳ — γίνεται (« Voici le signe ... péripneumonie ») comme une remarque marginale insérée dans le texte ; cf. sa suppression de τούτῳ — ἐστί en c. 61 (c. 50), 200, 12 sq.. La phrase suivante, introduite par οὗτος en asyndète, ne développe pas τούτῳ — γίνεται mais est, en fait, le début de la partie sur le pronostic.

4. Le traitement de l'empyème est exposé au c. 47 b (c. 36 b), 180, 1 sqq.

οὕτως ὑγιὴς γίνεται · ἐπισχεῖν δὲ τῶν πόνων ἐνιαυτόν, καὶ
παχῦναι ἐκ τῆς καύσιος.

LXIII (LII). 1 Καυσώδης · πυρετὸς ἴσχει καὶ δίψα
ἰσχυρή, καὶ ἡ γλῶσσα τρηχέα καὶ μέλαινα καὶ χλωρὴ καὶ
5 ξηρὴ καὶ ἐξέρυθρος ἰσχυρῶς, καὶ οἱ ὀφθαλμοὶ χλωροί, καὶ
ἀποπατεῖ ἐρυθρὸν καὶ χλωρόν, καὶ οὐρεῖ τοιοῦτον καὶ
πτύει πολλόν · πολλάκις δὲ καὶ μεθίσταται ἐς περιπλευ-
μονίην καὶ παρακόπτει · τούτῳ ἂν γνοίης ὅτι περιπλευμονίη γίνεται. 2 Οὗτος ἢν μὲν ⟨μὴ⟩ γένηται περιπλευμο-
10 νικός, ἢν τεσσερεσκαίδεκα ἡμέρας ὑπερφύγῃ, ὑγιὴς
γίνεται · ἢν δὲ γένηται, ‖ ἐν ὀκτωκαίδεκα ἡμέρησιν, ἢν μὴ   98
ἀκάθαρτος γενόμενος ἔμπυος γένηται. 3 Τοῦτον χρὴ πίνειν
τὸ ἀπὸ τοῦ κρίμνου καὶ μεταπίνειν ὄξος ὡς εὐωδέστατον
λευκὸν καὶ ῥυμφάνειν τὸν χυλὸν τῆς πτισάνης δὶς τῆς
15 ἡμέρης, ἢν δ᾽ ἀσθενήσῃ, τρὶς καὶ ἐπιπίνειν οἶνον οἰνώδεα
λευκόν, ὑδαρέα, καὶ λούειν ὡς ἐλάχιστα · ἢν δ᾽ ἔμπυος
γένηται, διαιτᾶν ὡς ἔμπυον.

LXIV (LIII). 1 Λυγγώδης · πυρετὸς ἴσχει σπερχνὸς
καὶ ῥῖγος καὶ βὴξ καὶ λύγξ, καὶ βήσσει ἅμα τῷ σιέλῳ

TEST. 3 Καυσώδης — 17 ἔμπυον] cf. Morb. III, c. 6 (ed.
Littré VII, 122, 23 - 124, 17 = Jouanna¹ 318, 22 - 322, 13);
Aff., c. 11 (ed. Littré VI, 218, 13 - 220, 4 = Jouanna¹ 274, 1 - 276,
6) ; et c. 14 (ed. Littré VI, 222, 9-14) ; Morb. I, c. 29 (ed. Littré
VI, 198, 6 sq. = Jouanna¹ 318, 22 sqq. = Wittern, 84, 6 sqq.)
et c. 33.
18 Λυγγώδης — 203, 4 ἡμέρῃσι] cf. Morb. III, c. 16 a (ed.
Littré VII, 142, 15-20 = Jouanna¹ 420, 1-10).

4 τρηχέα Jouanna¹ : τρηχέη θ τραχείη M ‖ 6 ἀποπατεῖ
Jouanna¹ : -τέει θM ‖ οὐρεῖ Jouanna¹ : οὐραίει θ sed ί del.
θ^ras οὐρέει M ‖ τοιοῦτον θ : τοιοῦτο M ‖ 7 ἐς θ : ὡς M ‖ 8-9 τούτῳ
— γίνεται secl. Ermerins ‖ 9 μὴ add. Jouanna¹ ‖ 10 ἢν θ :
καὶ M ‖ τεσσερεσκαίδεκα θ : τεσσαρεσκαίδεκα θ^ras M ‖ 11 μὴ
M : μὲν θ ‖ 12 ἔμπυος M : ἔνπυος θ ‖ 13 κρίμνου I : κριμνοῦ θR
κρήμνου MH^a ‖ 15 δ᾽ ἀσθενήσῃ θ : δὲ ἀσθενὴς ἦ M ‖ 16 ἐλάχιστα
M : ἐλαχίστωι θ ‖ 19 σιέλῳ Jouanna¹ : σιάλῳ θM.

que des glaires, des caillots de sang. **2** Il meurt le septième jour ; si toutefois il passe le cap de dix jours, son état s'améliore ; mais au vingtième jour il devient empyématique et rejette en toussant du pus, les premiers jours en petite quantité, et par la suite davantage ; il s'en purge en quarante jours[1]. **3** Dans ce cas, durant les premiers jours, faites boire le vinaigre et le miel cuit ; associez ensuite du vinaigre et de l'eau en faisant un mélange aqueux[2]. En potage, il prendra de la décoction d'orge mondé à laquelle il mêlera une petite quantité de miel, et il boira par-dessus du vin blanc généreux. Quand les dix jours sont passés, si la fièvre cesse et que l'expectoration soit pure, il prendra en potage la décoction d'orge entière ou le millet. **4** Si au vingtième jour il crache le pus, il prendra la potion suivante : après avoir haché et filtré la sauge, la rue, la sarriette, l'origan et l'hypéricon, en mêlant chacun à part égale de manière à remplir avec le tout une petite scaphis[3], il ajoutera une quantité égale de gruau d'orge et boira le tout dans du vin doux allongé d'eau, à jeun. Il prendra en potage de la soupe de légumes secs[4] en hiver, en automne ou au printemps ; en été, il n'en prendra pas ; à la place il pilera des amandes, de la graine de courge grillée, du sésame, prenant une part égale de chaque, et pour la quantité totale une scaphis, versera par-dessus une cotyle éginète d'eau, saupoudrera de la farine de froment et du rayon de miel ; tel est le potage qu'il prendra après la potion. **5** Il usera d'aliments gras, salés, de produits de mer plutôt que de

---

1. Comp. c. 57 (c. 46), 197, 5 sq. ; abcès au poumon où la purgation du pus a lieu également en quarante jours.

2. Sur le sens de μεταμίσγειν et sur la correction possible de μεταμίσγειν en μεταπιπίσκειν, voir *supra*, p. 176, n. 3. La simplification de ΜΕΤΑΠΙΠΙΣΚΕΙΝ en ΜΕΤΑΠΙΣΚΕΙΝ dans un texte en onciale expliquerait assez facilement la corruption en μεταμίσγειν. Toutefois, on explique assez mal que la corruption de μεταπιπίσκειν (vel μεταπίνειν) ait pu se produire dans quatre passages différents du traité.

θρόμβους αἵματος · 2 καὶ ἑβδομαῖος ἀποθνῄσκει · ἢν δὲ
δέκα ἡμέρας ὑπερφύγῃ, ῥηΐων γίνεται · εἰκοστῇ δ᾽ ἡμέρῃ
ἐμπυΐσκεται καὶ βήσσει τὰς πρώτας ἡμέρας πύον ὀλίγον,
ἔπειτα ἐπὶ πλέον · καθαίρεται δ᾽ ἐν τεσσεράκοντα ἡμέρῃσι.

5 3 Τοῦτον τὰς μὲν πρώτας ἡμέρας πιπίσκειν τὸ ὄξος καὶ
τὸ μέλι ἐφθόν, καὶ μεταμίσγειν ὄξος καὶ ὕδωρ ὑδαρὲς
ποιέων · ῥυμφάνειν δὲ χυλὸν πτισάνης μέλι ὀλίγον παραμίσγων, καὶ οἶνον ἐπιπίνειν λευκὸν οἰνώδεα · ἐπὴν δὲ αἱ
δέκα ἡμέραι παρέλθωσιν, ἢν τὸ πῦρ παύσηται καὶ τὸ

10 πτύελον καθαρὸν ᾖ, τὴν πτισάνην ὅλην ῥυμφανέτω ἢ τὸν
κέγχρον · 4 ἢν δ᾽ εἰκοσταῖος τὸ πύον πτύσῃ, πινέτω κόψας
καὶ σήσας τὸν ἐλελίσφακον καὶ πήγανον καὶ θύμβρην καὶ
ὀρίγανον καὶ ὑπερικόν, ἴσον ἑκάστου συμμίσγων, ὅσον
σκαφίδα σμικρὴν συμπάντων καὶ ἀλφίτων τὸ αὐτὸ ἐπ᾽ οἴνῳ

15 γλυκεῖ κεκρημένῳ νήστει πίνειν · καὶ ῥυμφανέτω ⟨ἔτνος⟩
ἢν χειμὼν ᾖ ἢ μετόπωρον ἢ ἔαρ · ἢν δὲ θέρος ᾖ, μή · ἀλλ᾽
ἀμυγδάλια τρίβων καὶ σικύου σπέρμα πεφωγμένον καὶ
σήσαμον, ἴσον ἑκάστου, σύμπαν δὲ ὅσον σκαφίδα, ἐπιχέας
ὕδατος ὅσον κοτύλην Αἰγιναίην, ἄλητον ἐπιπάσσων καὶ

20 κηρίον, τοῦτο ῥυμφανέτω μετὰ τὸ πόμα. 5 Σιτίοισι δὲ
χρήσθω λιπαροῖσι καὶ ἁλμυροῖσι καὶ θαλασσίοισι μᾶλλον

TEST. 14 et 18 σκαφίδα] cf. GAL., Gloss., s.v. (C 19 supra,
103, 9 sqq. = ed. Kühn XIX, 138, 7-10).

1 δὲ om. θ ‖ 2 ῥηΐων Jouanna¹ : ῥάων θ ῥαίων Μ ‖ 2-3 ἡμέρῃ
ἐμπυΐσκεται Μ : ἡμέρᾳ ἐνπυΐσκεται θ ‖ 4 δ᾽ θ : δὲ Μ ‖ 6 μεταμίσγειν θΜ : μεταπιπίσκειν scribi potest ‖ 7 μέλι θ : μὲν Μ
(<ΜΕΛΙ) ‖ 8 αἱ om. Μ ‖ 9 παρέλθωσιν θ : -σι Μ ‖ 10 πτύελον
scripsi : πτύαλον θΜ ‖ 12 σήσας Μ : σείσας θ ‖ θύμβρην Μ : οὔμβρην
θ (<ΘΥΜΒΡΗΝ) ‖ 13 συμμίσγων Μ : ξυνμίσγων θ ‖ 14 σκαφίδα
σμικρὴν θ : σκαφίδας μικρὴν Μ ‖ συμπάντων scripsi : ξυνπάντων θ
ξυμπάντων Μ ‖ 15 νήστει Μ : νήστι θ ‖ ἔτνος addidi ‖ 16-17 ἀλλ᾽
ἀμυγδάλια Μ : ἄλα μυγδάλια θ ‖ 17 πεφωγμένον θΜ : πεφωσμένον Μ² (σ in ras.) ‖ 18 σήσαμον Μ : σίσσαμον θ ‖ σύμπαν Μ :
σύνπαν θ ‖ ὅσον θΜ² (ὅ in ras.) · ἴσον Μ ? ‖ 19 αἰγιναίην scripsi :
αἰγιναίαν θΜ ‖ 20 πόμα ΙΗᵃᶜᵒʳʳ (-ό- e ras.) R edd. ab Ald. :
πῶμα θΜΗᵃ.

viandes. Il prendra des bains chauds, mais évitera autant que possible les bains de tête. **6** Grâce à ce traitement, il se débarrasse de la maladie.

LXV (LIV). **1** Léthargie[1]. Le malade est pris de toux et crache des matières glaireuses abondantes et liquides ; il déraisonne, et quand il cesse de déraisonner, il s'endort ; il a des selles nauséabondes. **2** A ce malade, faites boire de l'eau de farine grossière d'orge, et faites boire ensuite du vin blanc généreux ; pour potage, il prendra de la décoction d'orge mondé, à laquelle on mêlera du jus de grenade, et il boira par-dessus du vin blanc généreux ; il ne prendra pas de bains[2]. **3** Ce malade meurt dans les sept jours ; s'il passe ce cap, il guérit.

LXVI (LV). **1** Maladie desséchante[3]. Le malade ne supporte pas d'être à jeun ni d'avoir mangé ; mais quand il est à jeun, il a des gargouillements dans les viscères, il a mal au cœur[4], et il vomit des matières qui varient suivant les moments, de la bile, des matières glaireuses, des matières écumeuses, ou aigres, et après les vomissements, il se sent plus à l'aise pendant un petit moment ; et quand il a mangé, il souffre de renvois[5], il est brûlant et s'imagine sans cesse qu'il va avoir des selles abondantes, mais quand il est sur le

---

4. L'expression française « avoir mal au cœur » est aussi ambiguë que le grec καρδιώσσει. Étant donné le contexte, il s'agit vraisemblablement de douleurs d'estomac.

5. Le sens d'« avoir des renvois » ne fait pas de doute ; mais la forme à adopter reste problématique. Le manuscrit M donne ἐρύγματα ; le terme en lui-même est satisfaisant, bien que ce soit un *hapax* ; cf. le dérivé ἐρυγματώδης au c. 69 (c. 58), 208, 6 ; mais ce nom isolé mis sur le même plan que des verbes a paru étonnant ; aussi Cornarius, suivi par le reste des éditeurs, a-t-il écrit ἐρύγματά οἱ γίνεται. Cette adjonction est inutile ; pour la construction, comp. par exemple au c. 25 (c. 14), 158, 14 ἀκρασίη καὶ μινύθει. Mais la leçon de θ préserve, avec une faute d'accent, un verbe ἐρυγμᾶν (non attesté ailleurs) qui est un dénominatif formé régulièrement sur ἐρυγμός ou ἔρυγμα désignant une maladie. Ἐρυγμᾶν signifie « souffrir d'ἐρυγμός » et n'a donc pas le même sens qu'ἐρεύγομαι. Avec la leçon de θ, le sens est plus plein.

ἢ κρέασι · καὶ λούσθω θερμῷ, τὴν δὲ κεφαλὴν ὡς ἐλάχιστα.
6 Ταῦτα ποιέων ἀπαλλάσσεται τῆς νούσου. ‖

LXV (LIV). 1 Λήθαργος · βὴξ ἴσχει καὶ τὸ σίελον 100
πτύει πολλὸν καὶ ὑγρόν, καὶ φλυηρεῖ καὶ ὅταν παύσηται
5 φλυηρέων, εὕδει καὶ ἀποπατεῖ κάκοδμον. 2 Τοῦτον
πιπίσκειν τὸ ἀπὸ τοῦ κρίμνου καὶ μεταπιπίσκειν οἶνον
οἰνώδεα λευκόν, καὶ ῥυμφάνειν τὸν χυλὸν τῆς πτισάνης ·
συμμίσγειν δὲ σίδης χυλόν · καὶ οἶνον ἐπιπίνειν λευκὸν
οἰνώδεα καὶ μὴ λούειν. 3 Οὗτος ἐν ἑπτὰ ἡμέρῃσιν ἀπο-
10 θνήσκει · ἢν δὲ ταύτας ὑπεκφύγῃ, ὑγιὴς γίνεται.

LXVI (LV). 1 Αὐαντή · οὐκ ἀνέχεται ἄσιτος οὐδὲ
βεβρωκώς, ἀλλὰ ὅταν μὲν ἄσιτος ᾖ, τὰ σπλάγχνα μύζει,
καὶ καρδιώσσει καὶ ἐμεῖ ἄλλοτε ἀλλοῖα καὶ χολὴν καὶ
σίελα καὶ λάπην καὶ δριμύ · καὶ ἐπὴν ἐμέσῃ, ῥῆϊον δοκεῖ
15 εἶναι ἐπ᾽ ὀλίγον · ἐπὴν δὲ φάγῃ, ἐρυγμᾷ τε καὶ φλογιᾷ καὶ
ἀποπατήσειν αἰεὶ οἴεται πολλόν · ἐπὴν δὲ καθίζηται, φῦσα

TEST. 3 Λήθαργος — 10 γίνεται] cf. *Morb. III*, c. 5 (ed.
Littré VII, 122, 15-22 = Jouanna[1] 374-376).
11 Αὐαντή] cf. GAL., *Gloss., s.v.* (B 3 *supra*, 95, 27 sqq. =
ed. Kühn XIX, 86, 18).
13 καὶ (ἐμεῖ) — 14 δριμύ] cf. PSEUDO-GAL., *Comm. Epid. II*,
(ed. Kühn, XVII A 430, 1 sq.) ; vide *supra*, 113.
15 φλογιᾷ] cf. GAL., *Gloss., s.v.* (C 22 *supra*, 103, 34 sqq. =
ed. Kühn XIX, 152, 10).

---

1 δὲ om. M ‖ 3 σίελον Jouanna[1] : σίαλον θM ‖ 4 πολλὸν
Jouanna[1] : πολὺ θM ‖ φλυηρεῖ θ : -ρέει M ‖ 5 ἀποπατεῖ Jouanna[1] : -τέει θM ‖ ante κάκοδμον add. καὶ M ‖ 6 κρίμνου θ :
κρήμνου M ‖ 8 συμμίσγειν Jouanna[1] : ξυνμ- θ ξυμμ- M ‖ 9 ἡμέρῃσιν θ : -σι M ‖ 10 ὑπεκφύγῃ θ : ὑπερφύγῃ M ‖ 11 αὐαντή M
GAL., *Gloss.* : λυαντή θ (<ΑΥΑΝΤΗ) ‖ 13 ἐμεῖ scripsi : ἐμέει
θM ‖ 14 σίελα scripsi : σίαλα θM ‖ λάπην M : λάππη θ ‖ ῥῆϊον
scripsi : ῥάων θ ῥαίων M ‖ δοκεῖ scripsi : δοκέειν θ δοκέει M ‖
15 ἐρυγμᾷ τε scripsi : ἐρύγμαι τε θ ἐρύγματα MHᵃIR : ἐρύγματά οἱ
γίνεται edd. a Corn. (Bas.) E³ ‖ 16 ἀποπατήσειν M (sed ει e corr.
M¹) : ἀποπάτησιν θ ‖ πολλόν scripsi : πολύ θM.

siège, il ne vient que des vents. Il a mal à la tête et
son corps tout entier semble être piqué comme par
une aiguille tantôt à un endroit tantôt à un autre ;
ses jambes sont pesantes et faibles ; il maigrit, et
devient faible. **2** Dans ce cas, faites boire un évacuant,
d'abord un évacuant par le bas, puis un évacuant
par le haut, et purgez la tête. Le malade s'abstiendra
des aliments doux, huileux et gras, et des excès de vin.
Il vomira à l'aide des décoctions et après les repas.
Et pendant la saison faites-lui boire du lait d'ânesse
ou du petit-lait, et en plus un médicament qui évacue
par la voie qui vous paraît en avoir le plus besoin ;
il prendra des bains froids en été et au printemps ;
en automne et en hiver, il usera d'onctions. Il fera
des promenades et des exercices en petite quantité :
s'il est trop faible pour faire des exercices, il ne fera
que de la marche ; et il usera d'aliments froids et
relâchants ; et si le ventre ne se relâche pas, donnez
un clystère doux[1]. **3** La maladie est chronique, et ne
quitte les malades que quand ils vieillissent si elle est
soignée[2] ; sinon, elle ne finit qu'avec le malade.

LXVII (LVI). **1** Maladie meurtrière[3]. Le malade
est pris de fièvre et de frisson ; les sourcils semblent
pendre ; il a mal à la tête ; il vomit des matières
glaireuses chaudes et beaucoup de bile ; parfois aussi
il évacue par le bas ; quant à ses yeux, leurs cavités
ne sont plus assez grandes pour les contenir ; de la
douleur se fait sentir[4] vers le cou et vers les aines ;
le malade reste difficilement en place[5] et délire. **2** Ce
malade meurt le septième jour ou plus tôt[6] ; s'il franchit
ce cap, dans la majorité des cas il en réchappe. Mais

---

1. Deux sens sont possibles ici pour μαλθακός : soit « doux »
(Fuchs-Kapferer), soit « émollient » (Littré). Il en est de même
au c. 67 (c. 56), 206, 16 et 17 et au c. 73 (c. 62), 213, 13.
3. Cette maladie dite « meurtrière » n'est pas connue par
ailleurs. Voir Strömberg, *Griechische Wortstudien...*, p. 71.
4. L'omission de ἴσχει dans θ n'est pas nécessairement fautive ;
la phrase nominale est peut-être même la *lectio difficilior*.

ὑποχωρεῖ · καὶ τὴν κεφαλὴν ὀδύνη ἔχει, καὶ τὸ σῶμα πᾶν
ὥσπερ ῥαφὶς κεντεῖν δοκεῖ ἄλλοτε ἄλλη, καὶ τὰ σκέλεα
βαρέα καὶ ἀσθενέα, καὶ μινύθει, καὶ ἀσθενὴς γίνεται.
2 Τοῦτον φάρμακον πιπίσκειν, πρῶτον μὲν κάτω, ἔπειτα
5 ἄνω, καὶ τὴν κεφαλὴν καθαίρειν. Καὶ σιτίων ἀπέχεσθαι
γλυκέων καὶ ἐλαιηρῶν καὶ πιόνων καὶ θωρηξίων. Ἐμεῖν
δὲ τοῖσι χυλοῖσι καὶ ἀπὸ σιτίων · καὶ τὴν ὥρην ὄνου γάλα
ἢ ὀρὸν πιπίσκων, φάρμακον προσπῖσαι, ὁποτέρου ἄν σοι
δοκῇ μᾶλλον δεῖσθαι · ψυχρολουτεῖν δὲ τὸ θέρος καὶ τὸ
10 ἔαρ · τὸ φθινόπωρον δὲ καὶ τὸν χειμῶνα ἀλείμματι χρῆσθαι · καὶ περιπατεῖν καὶ γυμνάζεσθαι ὀλίγα · ἢν δ᾽ ἀσθε-
νέστερος ᾖ ⟨ἢ⟩ ὥστε γυμνάζεσθαι, ὁδοιπορίη χρῆσθαι ·
καὶ σιτίοισι ψυχροῖσι ‖ καὶ διαχωρητικοῖσι χρήσθω · καὶ 102
ἢν ἡ γαστὴρ μὴ ὑποχωρῇ, ὑποκλύζειν κλύσματι μαλθακῷ.
15 3 Ἡ δὲ νοῦσος χρονίη καὶ ἀπογηράσκοντας, ἢν μελεδανθῇ,
ἀπολείπει · ἢν δὲ μή, συναποθνήσκει.

LXVII (LVI). 1 Φονώδης · πυρετὸς ἴσχει καὶ ῥῖγος
καὶ αἱ ὀφρύες ἐπικρέμασθαι δοκέουσι, καὶ τὴν κεφαλὴν
ἀλγεῖ, καὶ ἐμεῖ σίελον θερμὸν καὶ χολὴν πολλήν · ἐνίοτε
20 καὶ κάτω ὑποχωρεῖ · καὶ τοὺς ὀφθαλμοὺς αἱ χῶραι οὐ
χωρέουσι, καὶ ὀδύνη ἐς τὸν αὐχένα καὶ ἐς τοὺς βουβῶνας
ἴσχει · καὶ δυσθετεῖ καὶ φλυηρεῖ. 2 Οὗτος ἑβδομαῖος ἢ
πρότερον ἀποθνήσκει · ἢν δὲ ταύτας ὑπερφύγῃ, τὰ πολλὰ

1 ὑποχωρεῖ scripsi : -ρέει ΘΜ ‖ 2 κεντεῖν scripsi : -τέειν ΘΜ ‖
δοκεῖ scripsi : δοκέει ΘΜ ‖ 4 φάρμακον Μ : φάρμακα Θ ‖ ἔπειτα
ΘΜΗᵃ : ἔπειτα δὲ IR edd. ab Ald. ‖ 6 ἐμεῖν scripsi : ἐμέειν ΘΜ ‖
7 δὲ Μ : δ᾽ ἐν θ ‖ 8 ὀρὸν Μ : ὀρον θ ‖ ἄν om. Μ ‖ 9 δοκῇ scripsi :
δοκέῃ ΘΜ ‖ ψυχρολουτεῖν scripsi : -τέειν ΘΜ ‖ δὲ om. Μ ‖
11 περιπατεῖν scripsi : -τέειν ΘΜ ‖ 12 ἢ add. Littré ‖ 14 ἡ om.
Μ sed add. Μ¹ˢ¹ ‖ ὑποχωρῇ scripsi : -ρέῃ ΘΜ ‖ 15 μελεδανθῇ
scripsi : μέλλη ΘΜ ‖ 16 ἀπολείπει θ (cf. jam Corn. apud Foes²
[n. 175] e Corn. [Lat.] relinquit) : -πειν Μ ‖ 17 φονώδης]
φονώδης Μᵃᵐᵍ ‖ 18 ἐπικρέμασθαι θ : ἐπικρέμμασθαι Μ ‖ 19 ἀλγεῖ
scripsi : ἀλγέει ΘΜ ‖ ἐμεῖ scripsi : ἐμέει ΘΜ ‖ σίελον scripsi :
σίαλον ΘΜ ‖ 20 ὑποχωρεῖ scripsi : -ρέει ΘΜ ‖ 21 ἐς om. Μ ‖
22 ἴσχει om. θ ‖ δυσθετεῖ ΘΜΗᵃIR : δυσθενεῖ Ald. ‖ φλυηρεῖ θ :
-ρέει Μ ‖ 22-23 ἢ πρότερον secluserim.

la maladie est généralement mortelle. **3** Dans ce cas, il faut appliquer des réfrigérants sur les viscères et à la tête, et donner la potion suivante : concassez de l'orge grillée avec sa balle, faites macérer les feuilles[1], passez l'eau, mettez-y du mélicrat allongé d'eau ; donnez à boire cette potion. N'administrez pas d'aliment ni de potage de sept jours, sauf si le malade vous paraît faible ; s'il est faible, donnez-lui de la décoction d'orge mondé froide et légère, en petite quantité, deux fois par jour, et faites boire de l'eau par-dessus. Quand les sept jours sont passés et que la fièvre lâche prise, le malade sucera du millet. Le soir, donnez-lui de la citrouille et des bettes en petite quantité, et par-dessus du vin blanc allongé d'eau, jusqu'au neuvième jour. Ensuite il prendra des aliments en aussi petite quantité que possible, en déjeunant avec du millet. Pour les bains, tant qu'il y aura douleur et fièvre, il s'en abstiendra ; mais quand elles auront cessé, il se baignera dans peu d'eau. Si le ventre ne se relâche pas, administrez un clystère doux, ou appliquez des suppositoires. Quand le malade a recouvré ses forces, appliquez à ses narines un évacuant doux, et purgez le ventre par le bas ; puis, faites boire après la purgation du lait d'ânesse.

---

1. D'après le *Glossaire* de Galien (cf. *Test.*), φύλλα désignent les herbes du jardin employées comme condiments ; comp. par ex. c. 26 (c. 15), 160, 17. Le texte n'est pas très satisfaisant, car il offre un raccourci assez rude. Il faut faire macérer non seulement les feuilles mais aussi la farine d'orge. Et il faut aussi hacher finement les feuilles avant de les faire macérer (cf. c. 26 [c. 15], 160, 16 sq. λεῖα τρίψας). Cela n'est pas une raison suffisante pour supprimer τὰ φύλλα avec Cornarius et tous les éditeurs postérieurs.

ὑπεκφυγγάνει · ἡ δὲ νοῦσος θανατώδης. 3 Τούτῳ ψύγματα
χρὴ προσίσχειν πρὸς τὰ σπλάγχνα καὶ πρὸς τὴν κεφαλήν,
καὶ πίνειν διδόναι ἐρείξαντα κάχρυς σὺν τοῖσιν ἀχύροισι,
τὰ φύλλα ἀποβρέχοντα, ἀπηθέοντα τὸ ὕδωρ, ἐν τούτῳ
5 μελίκρητον ποιέοντα ὑδαρές, τοῦτο διδόναι. Σιτίον δὲ μὴ
προσφέρειν μηδὲ ῥύφημα ἑπτὰ ἡμερέων, ἢν μὴ ἀσθενής
σοι δοκῇ εἶναι · ἢν δ᾽ ἀσθενὴς ᾖ, χυλὸν πτισάνης ψυχρὸν
καὶ λεπτὸν ὀλίγον διδόναι δὶς τῆς ἡμέρης καὶ ἐπιπίνειν
ὕδωρ · ἐπὴν δὲ αἱ ἑπτὰ ἡμέραι παρέλθωσι καὶ τὸ πῦρ
10 μεθῇ, κέγχρον λείχειν · ἐς ἑσπέρην δὲ κολοκύντην ἢ σεῦτλα
διδόναι ὀλίγα, καὶ οἶνον λευκὸν ὑδαρέα ἐπιπίνειν, ἔστ᾽ ἂν
γένηται ἐναταῖος · ἔπειτα σιτίῳ ὡς ἐλαχίστῳ διαχρήσθω,
ἀριστιζόμενος κέγχρον · λουτρῷ δέ, ἔστ᾽ ἂν μὲν ἡ ὀδύνη
ἔχῃ καὶ ὁ πυρετός, μὴ χρήσθω · ἐπὴν δὲ παύσηται, λούσθω
15 μὴ πολλῷ · ἢν δ᾽ ἡ γαστὴρ μὴ ὑποχωρῇ, ὑποκλύζειν
κλύσματι μαλθακῷ, ἢ βαλάνους προστιθέναι. Ἐπὴν δ᾽
ἰσχύσῃ, προσθεὶς πρὸς τὰς ῥῖνας φάρμακον μαλθακόν, τὴν
κοιλίην κάτω κάθηρον · ἔπειτα γάλα ὄνου μετάπισον. ‖

Test. 3 κάχρυς] cf. Gal., Gloss. κάχρυας vel κάχρυς, s.v.
κάχρυος ῥίζαν (C 9 supra, 100, 32 sqq. = ed. Kühn XIX, 111,
3 sq.).
4 φύλλα] cf. Gal., Gloss., s.v. (C 23 supra, 104, 1 sq. = ed.
Kühn XIX, 153, 11).

1 ὑπεκφυγγάνει θ : ἐκφυγγάνει M ‖ 3 ἐρείξαντα Foes² (n. 178) :
ἐρίξαντα θ ἐριξάντας M sed ἐριυξάντας Mᶜᵒʳʳ (υ inseruit M²) ‖
ante κάχρυς add. τὰς edd. a Corn. (Bas.) ‖ τοῖσιν θ : -σι M ‖
4 τὰ φύλλα om. edd. a Corn. (Bas.) ‖ 7 σοι M : τοι θ ‖
δοκῇ scripsi : δοκέη θM ‖ 7-8 ψυχρὸν καὶ λεπτὸν ὀλίγον add.
M²ᵐᵍ ‖ 8 alt. καὶ om. M ‖ 10 σεῦτλα Ermerins : τεῦτλα θM ‖
11 διδόναι ὀλίγα M : ὀλίγα διδόναι θ ‖ 15 pr. μὴ om. M ‖ δ᾽ M :
δὲ θ ‖ ὑποχωρῇ scripsi : -ρέῃ θM ‖ ὑποκλύζειν M : -ζει θ ‖ 16 δ᾽
M : δὲ θ ‖ 18 μετάπισον M : -πεισον θ.

LXVIII (LVII). **1** Maladie livide[1]. Le malade est
pris de fièvre sèche, et, de temps à autre, de frissons ;
il a mal à la tête ; il éprouve de la douleur dans les
viscères ; il vomit de la bile et quand il éprouve de
la douleur, il ne peut pas voir, mais il a des lourdeurs.
Son ventre est dur ; son teint livide ; ses lèvres et le
blanc de ses yeux sont livides[2] ; il a les yeux exorbités
comme dans le cas de strangulation. Parfois même
son teint change de couleur, et de livide il devient
verdâtre. **2** A ce malade, donnez à boire un évacuant
par le bas et par le haut ; donnez un lavement et
purgez la tête ; évitez au maximum les bains chauds,
et quand le malade se baignera, ce sera avec une eau
chauffée au soleil[3] ; donnez à boire du petit-lait, si

---

1. Dans son *Commentaire à Épidémies VI (cf. Test.)*, Galien,
illustrant un passage des *Épidémies VI* sur les fièvres livides,
cite d'abord un extrait d'Euryphon, puis la sémiologie du c. 68
de *Mal. II*, pour montrer que les fièvres livides doivent leur nom
à la coloration livide de la peau et non, comme certains l'ont
pensé, à la coloration livide des selles. Les deux citations se
correspondent à peu près littéralement sans que Galien fasse la
moindre remarque sur cette coïncidence. Elle existe malgré tout
et ne peut être due au hasard. Sur les discussions relatives à cette
coïncidence, voir Notice, p. 45-48. Sur le détail de la comparaison
entre la tradition directe et indirecte pour l'établissement du
texte, voir *Archéologie...*, p. 20-22 et Notice, p. 81 sq. et 112 sq.

2. La comparaison avec la citation d'Euryphon invite à penser
qu'il y a une lacune après τὰ χείλεα. Dans la citation d'Euryphon
on lit en effet : « et ses lèvres ressemblent exactement à celles
d'un homme qui a mangé des mûres » (καὶ τὰ χείλεα οἷά περ
μόρα τρώξαντι). Voir Notice, p. 81 sq.

3. J'ai donné par prudence le texte de l'archétype des manuscrits anciens. Pour la forme et pour le sens de ἐλειθέρει, voir
c. 27 (c. 16), 162, 1, avec la note *ad loc.* et *Archéologie...*, p. 21 sq.
Toutefois, la comparaison avec les passages analogues des c. 70
(c. 59), 210, 7 sq. et c. 71 (c. 60), 210, 18 indique que l'auteur recommande *à la place* de la chaleur humide par les bains, la chaleur
sèche par le soleil. Je préférerais écrire (cf. Jouanna[1] 19, 18 sq.)
ἀλλ' [ἐπὴν λούηται] ἐλειθερείτω et traduire : « évitez au maximum les bains chauds, mais le malade se chauffera au soleil ».
Les manuscrits récents reprenant une correction de M[2] et les
éditions précédentes entendent : « Il faut donner le moins possible
de bains chauds, mais quand le malade prendra des bains, il se
chauffera au soleil ».

LXVIII (LVII). 1 Πελιή · πυρετὸς ἴσχει ξηρὸς καὶ φρὶξ 104
ἄλλοτε καὶ ἄλλοτε καὶ τὴν κεφαλὴν ἀλγεῖ καὶ τὰ σπλάγχνα
ὀδύνη ἔχει καὶ ἐμεῖ χολὴν καὶ ὅταν ἡ ὀδύνη ἔχῃ οὐ δύναται
ἀνορᾶν, ἀλλὰ βαρύνεται · καὶ ἡ γαστὴρ σκληρὴ γίνεται
5 καὶ ἡ χροιὴ πελιδνὴ καὶ τὰ χείλεα καὶ τῶν ὀφθαλμῶν τὰ
λευκὰ πελιδνὰ καὶ ἐξορᾷ ὡς ἀγχόμενος · ἐνίοτε καὶ τὴν
χροιὴν μεταβάλλει καὶ ἐκ πελιδνοῦ ὑπόχλωρος γίνεται.
2 Τοῦτον φάρμακον πιπίσκειν καὶ κάτω καὶ ἄνω καὶ ὑποκλύζειν καὶ ἀπὸ τῆς κεφαλῆς ἀποκαθαίρειν καὶ θερμῷ
10 ὡς ἥκιστα λούειν · ἀλλ᾽ ἐπὴν λούηται, ἐλειθέρει · καὶ

Test. 1 Πελιή — 7 γίνεται] cf. Gal., *Comm. Epid. VI* (ed.
Wenkebach, CMG V, 10, 2, 2, 2ᵉ ed., 1956, 56, 2-8).
1 Πελιή — 7 μεταβάλλει] cf. Euryphon in Gal., *Comm.
Epid. VI* (ed. Wenkebach, CMG V, 10, 2, 2, 2ᵉ éd., 1956, 55,
11-15).
6 ἀγχόμενος] cf. Gal., *Gloss.*, *s.v.* (C 1 *supra*, 99, 17 = ed.
Kühn XIX, 69, 15).
10 ἐλειθέρει] vide Test. ad c. 30 (c. 19), 165, 12.

---

1 πελιή ΘΜ : πελιὴν Gal. πελιὴ νοῦσος IR edd. ab Ald.
def. vel om. Hᵃ ‖ ξηρὸς καὶ φρὶξ ΘΜ Gal. : καὶ βρυγμὸς
Euryphon Ermerins ἰσχυρὸς καὶ φρὶξ propos. Ermerins in
adnot. ‖ 2 ἀλγεῖ Jouanna¹ : ἀλγέει ΘΜ Gal. ‖ 3 ἔχει ΘΜ : ἴσχει
Gal. fort. recte Euryphon ‖ καὶ ἐμεῖ χολὴν καὶ om. θ ‖ ἐμεῖ
Jouanna¹ : ἐμέει Μ Gal. ‖ ἡ om. Euryphon ‖ οὐ δύναται
post ἀνορᾶν transp. Euryphon ‖ 4 ἀνορᾶν ΜΗᵃIR Euryphon :
ἀν ὁρᾶν θ ἐνορρᾶν Gal. ἐνορᾶν edd. ab Ald. ‖ ἀλλὰ ΘΜ Gal. : ὅτι
Euryphon ‖ σκληρὴ ΘΜ : ξηρὰ Gal. ξηρὴ Euryphon ‖ 5 ἡ
χροιὴ ΘΜ : ἡ χρόα Gal. ὁ χρὼς Euryphon ‖ πελιδνὴ ΘΜ Gal. :
πελιὸς ἅπας Euryphon ‖ post τὰ χείλεα lacunam ind. Jouanna¹ οἷά περ μόρα τρώξαντι fort. legi debet ex Euryhonte ‖
5-6 τὰ λευκὰ πελιδνὰ Μ Gal. : πελιδνὰ τὰ λευκὰ θ τὰ λευκὰ
πελιὰ Euryphon ‖ 6 ὡς ἀγχόμενος ΘΜ Gal. : ὥσπερ ἀπαγχόμενος
Euryphon ‖ ἐνίοτε ΘΜ Gal. : ὅτε δὲ ἧσσον τοῦτο πάσχει Euryphon ‖ 6-7 τὴν χροιὴν ΘΜ : τὴν χρόαν Gal. om. Euryphon ‖
7 post μεταβάλλει add. πολλάκις Euryphon ‖ ἐκ πελιδνοῦ Μ
Gal. : ἐκπελιδνοῦται θ ‖ 10 ἀλλ᾽ θ : ἀλλὰ Μ ‖ ἐπὴν λούηται secl.
Jouanna¹ ‖ ἐλειθέρει scripsi : ελειθερει θ ἐλιθέρει Μ ἐλιθερεῖν
Μᶜᵒʳʳ (add. -ν Μ² et -θ- e corr.) Ηᵃ εἰληθερεῖν I Ald. εἰλιθερεῖν
R ἐλειθερεῖν legi potest ἐλειθερείτω Jouanna¹, coll. c. 70
(c. 59), 210, 8.

c'est la saison, ainsi que du lait d'ânesse[1] ; pour les aliments, il les choisira aussi émollients que possible et il les prendra froids, s'abstenant des aliments âcres et salés ; ses aliments seront plutôt huileux, doux et gras. **3** La maladie, dans la majorité des cas, ne finit qu'avec le malade.

LXIX (LVIII). **1** Maladie de l'éructation[2]. Le malade est pris d'une douleur vive ; il souffre fortement ; il s'agite en tous sens et crie ; il a des éructations fréquentes, et après les éructations, il se sent plus à l'aise ; souvent aussi, il vomit de la bile en petite quantité, l'équivalent d'une gorgée[3]. Le malade est pris d'une douleur qui part des viscères et gagne le bas-ventre et les flancs, et quand cela se produit, il se sent plus à l'aise ; son ventre se gonfle de vents et devient dur ; il fait du bruit ; les vents ne s'évacuent pas non plus que les selles. **2** Dans ce cas, quand le malade est en proie à la douleur, baignez-le dans beaucoup d'eau chaude et faites des applications tièdes. Et quand le ventre est douloureux et a des vents, administrez un clystère. Faites bouillir de la mercuriale et mélangez la décoction obtenue à la décoction d'orge mondé[4] ; par-dessus le malade boira du vin doux allongé d'eau ; proscrivez les aliments jusqu'à ce que la douleur se soit relâchée ; le malade boira pendant six jours de l'eau de marcs de raisins

---

1. C'est une des formules du traité qui ont été mises en rapport depuis longtemps avec la critique de la pharmacologie cnidienne par l'auteur du *Régime dans les maladies aiguës* ; voir Notice, p. 33 sq.

2. De même que la maladie précédente, l'affection décrite ici doit sa dénomination à un symptôme caractéristique : comp. ἐρυγματώδης et ἐρεύγεται θαμινά.

3. L'auteur de *Mal. II 2* se sert de βρόχθος, « gorgée », comme d'une petite unité de mesure ; comp. c. 74 (c. 63), 214, 4 κατὰ δύο βρόχθους. Cet usage ne réapparaît pas dans le reste de la *Collection* (où le mot n'est pas attesté).

4. Pour ce mélange de décoction de mercuriale et d'orge mondé, comp. c. 12 (c. 1), 144, 2-6 avec la note *ad loc.* La préparation est destinée à relâcher le ventre.

ὀρὸν τὴν ὥρην καὶ γάλα ὄνου πιπίσκειν · καὶ σιτίοισιν ὡς
μαλθακωτάτοισι χρῆσθαι καὶ ψυχροῖσιν, ἀπεχόμενον τῶν
δριμέων καὶ τῶν ἁλμυρῶν · λιπαρωτέροισι δὲ καὶ γλυκυτέ-
ροισι καὶ πιοτέροισι χρήσθω. 3 Ἡ δὲ νοῦσος ὡς τὰ πολλὰ
5 συναποθνήσκει.

LXIX (LVIII). 1 Ἐρυγματώδης · ὀδύνη λάζυται ὀξέα,
καὶ πονεῖ ἰσχυρῶς, καὶ ῥιπτάζει αὐτὸς ἑωυτόν, καὶ
βοᾷ καὶ ἐρεύγεται θαμινά, καὶ ἐπὴν ἀπερύγῃ, δοκεῖ ῥηΐων
εἶναι · πολλάκις δὲ καὶ χολὴν ἀπεμεῖ ὀλίγην ὅσον βρόχθον ·
10 καὶ ὀδύνη λαμβάνει ἀπὸ τῶν σπλάγχνων ἐς τὴν νείαιραν
γαστέρα καὶ τὴν λαπάρην, καὶ ἐπὴν τοῦτο γένηται, ῥηΐων
δοκεῖ εἶναι καὶ ἡ γαστὴρ φυσᾶται καὶ σκληρὴ γίνεται καὶ
ψοφεῖ καὶ ἡ φῦσα οὐ διαχωρεῖ οὐδὲ ὁ ἀπόπατος. 2 Τοῦτον
ἐπὴν ἡ ὀδύνη ἔχῃ, λούειν πολλῷ θερμῷ καὶ χλιάσματα
15 προστιθέναι · ὅταν δ᾿ ἐν τῇ γαστρὶ ἡ ὀδύνη ᾖ καὶ ἡ φῦσα,
ὑποκλύζειν · καὶ τῆς λινοζώστιος ἑψῶν τὸν χυλὸν συμμίσγειν τῆς πτισάνης τῷ χυλῷ · καὶ ἐπιπίνειν οἶνον ‖ γλυ- 106
κὺν ὑδαρέα · σιτίον δὲ μὴ προσφέρειν ἔστ᾿ ἂν ἡ ὀδύνη
χαλάσῃ · πινέτω δὲ ἐξ ἡμέρας, ἐκ νυκτὸς στέμφυλα βρέχων

Test. 6 Ἐρυγματώδης] cf. Gal., Gloss., s.v. (B 9 supra,
96, 23 sqq. = ed. Kühn XIX, 100, 15 sq.).
16 λινοζώστιος] cf. Gal., Gloss., s.v. ἐκμάξαι (A 6 supra,
94, 11 sqq. = ed. Kühn XIX, 95, 14 - 96, 2).

---

1 ὀρὸν ΜΗ^a : ὅρον θ ὀρρὸν ΙΗ^a2R edd. ab Ald. ‖ σιτίοισιν θ :
-σι Μ ‖ 2 ψυχροῖσιν θ : -σι Μ ‖ 4 δὲ om. Μ ‖ 5 συναποθνήσκει
θΜΗ^aR : συναποθνήσκει τῷ κάμνοντι Ι edd. ab Ald. ‖ 6 λάζυται
θ : λάζεται Μ ‖ ὀξέα Ermerins : ὀξέη θΜ ‖ 7 πονεῖ scripsi :
πονέει θΜ ‖ 8 ἐπὴν θ : ἐὰν Μ ‖ δοκεῖ scripsi : -κέει θΜ ‖ ῥηΐων
scripsi : ῥάων θ ῥαίων Μ ‖ 9 ἀπεμεῖ scripsi : -μέει θΜ ‖ βρόχθον Μ : βροχοον θ (<ΒΡΟΧΘΟΝ) ‖ 10 νείαιραν Μ^corr (νείεραν Μ
sed αι add. Μ^2s1) : ἱεραν θ ‖ 11 ῥηΐων scripsi : ῥάων θ ῥάιων Μ ‖
12 δοκεῖ scripsi : -κέει θΜ ‖ 13 ψοφεῖ scripsi : -φέει θΜ ‖ διαχωρεῖ scripsi : -ρέει θΜ ‖ 14 ἐπὴν θ : ἦν Μ ‖ ἡ om. Μ ‖ 16-17
συμμίσγειν Μ : συνμίσγειν θ ‖ 17-18 γλυκὺν ὑδαρέα Μ : ὑδαρέα
γλυκύν θ.

doux qui auront macéré une nuit ; s'il n'a pas de marcs de raisins, il prendra du miel et du vinaigre bouilli. **3** Quand le malade est débarrassé de sa douleur[1], purgez son ventre avec un évacuant par le bas[2] ; il usera d'aliments émollients et laxatifs, de produits de mer plutôt que de viandes ; et comme viandes, de la volaille et du mouton bouilli ; il prendra des bettes et de la citrouille ; et s'abstiendra de tout le reste[3]. **4** Quand la maladie atteint un jeune homme, elle disparaît avec le temps ; mais si elle atteint une personne âgée, elle ne finit qu'avec le malade.

LXX (LIX). **1** Phlegmasie[4]. Elle atteint l'homme, mais de préférence la femme. La femme a de l'embonpoint et de belles couleurs, mais quand elle fait de la marche elle est faible, surtout quand elle gravit une côte[5]. Le malade est pris d'une fièvre légère, parfois aussi de suffocation ; il vomit, lorsqu'il est à jeun, beaucoup de bile et beaucoup de matières glaireuses, souvent aussi quand il a mangé, mais il ne rejette aucun aliment ; et quand il a fait un effort, il éprouve de la douleur tantôt ici tantôt là dans la poitrine et dans le dos ; il se couvre de papules semblables à celles que provoque l'ortie[6]. **2** Dans ce cas, faites boire un évacuant ; et le malade boira du petit-lait et du lait d'ânesse ; s'il boit du petit-lait, donnez-lui à boire en plus un évacuant par le bas, pendant le plus de jours possible[7] ; et s'il cesse de boire du petit-lait[8],

---

1. Ἀποκινεῖν n'est pas attesté ailleurs dans la *Collection*. Pour le génitif d'éloignement après ἀποκινεῖν, comp. *Iliade* XI, 636 et *Odyssée* XXII, 107, et, pour le sens intransitif de ἀποκινεῖν voir Énée le Tacticien, 10, 5. LSJ a tort de ranger ce passage parmi les emplois transitifs.

2. L'ordre de M κάτω τὴν κοιλίην est préférable à celui de θ τὴν κάτω κοιλίην ; voir l'ordre τὴν κοιλίην κάτω dans la même expression en c. 67 (c. 56), 206, 17 sq. attesté à la fois par M et par θ. En revanche le composé ἀποκαθαίρειν de θ semble préférable au simple καθαίρειν de M, par suite de la tendance générale à la simplification des composés dans la transmission du texte.

γλυκέα, τὸ ὕδωρ τὸ ἀπὸ τούτων · ἢν δὲ μὴ ἔχῃ στέμφυλα,
μέλι καὶ ὄξος ἐφθόν · 3 ἐπὴν δὲ τῆς ὀδύνης ἀποκινήσῃ,
φαρμάκῳ κάτω τὴν κοιλίην ἀποκαθαίρειν · σιτίοισι δὲ
χρήσθω μαλθακοῖσι καὶ διαχωρητικοῖσι καὶ θαλασσίοισι
5 μᾶλλον ἢ κρέασι, κρέασι δὲ ὀρνιθείοισι καὶ μηλείοισιν
ἐφθοῖσι · καὶ σεῦτλα καὶ κολοκύντην · τῶν δ᾽ ἄλλων ἀπέχεσθαι. 4 Ἡ δὲ νοῦσος ὅταν μὲν νέον λάβῃ, χρόνῳ ἐξέρχεται · ἢν δὲ πρεσβύτερον, συναποθνήσκει.

LXX (LIX). 1 Φλεγματώδης · λάζεται μὲν καὶ ἄνδρα,
10 μᾶλλον δὲ γυναῖκα · καὶ παχέα μέν ἐστι καὶ εὔχρως,
ὁδοιπορέουσα δὲ ἀσθενεῖ, μάλιστα δ᾽ ἐπὴν πρὸς αἶπος ἴῃ ·
καὶ πυρετὸς λεπτὸς λαμβάνει, ἐνίοτε καὶ πνῖγμα · καὶ ἀπεμεῖ, ὅταν ἄσιτος ᾖ, χολὴν πολλὴν καὶ σίελα πολλά,
πολλάκις δὲ καὶ ὅταν φάγῃ, τοῦ δὲ σιτίου οὐδέν · καὶ
15 ὅταν πονήσῃ, ὀδυνᾶται ἄλλοτ᾽ ἄλλῃ τὸ στῆθος καὶ τὸ
μετάφρενον · καὶ καταπίμπλαται πολφῶν ὡς ὑπὸ κνίδης.
2 Τοῦτον φάρμακον πιπίσκειν · καὶ ὀρὸν καὶ γάλα ὄνου
πινέτω · ἢν δὲ ὀροποτῇ, προ⟨σ⟩πῖσαι φάρμακον κάτω ὡς
πλείστας ἡμέρας · καὶ ἢν ἀπολήγῃ τῆς ὀροποτίης, μετα-

TEST. 16 πολφῶν] cf. EROT., Π 62, πολφοί et GAL., Gloss., s.v.
πολφοί (C 15 supra, 102, 17 sqq. = ed. Kühn XIX, 132, 4-5).

1 ἔχῃ ΘΜ : ἔχῃς Ermerins ‖ 2 μέλι in ras. Μ¹ ‖ 3 κάτω τὴν
κοιλίην Μ : τὴν κάτω κοιλίην θ ‖ ἀποκαθαίρειν θ : καθαίρειν Μ ‖
4 διαχωρητικοῖσι θ : ὑποχωρητικοῖσι Μ ‖ 5 ὀρνιθείοισι Μ : ὀρνιθίοισι θ ‖ μηλείοισιν Ηᵃ²R : μηλίοισιν θ μηλείοισι ΜΗᵃΙ ‖ 6 σεῦτλα
Ermerins : τεῦτλα ΘΜ ‖ κολοκύντην Μ : -τηι θ ‖ post κολοκύντην
add. ἐσθιέτω Ermerins ‖ 10 παχέα scripsi : παχέη θ παχείη Μ ‖
εὔχρως ΘΜ : vel εὔχροος ? (cf. c. 1, 133, 5 εὔχροοι) ‖ 11 ἀσθενεῖ
scripsi : -νέει ΘΜ ‖ αἶπος ἴῃ R (cf. jam Foes¹ s.v. αἶπος Foes³
[n. 187]) θ apud Mack edd. a Mack : ἐποσίη θ ἔπος ἴῃ Μ ἔπος
ἴῃ Ηᵃ ἔπος ἴῃ Ι ‖ 12-13 ἀπεμεῖ scripsi : -μέει ΘΜ ‖ 13 πολλὴν om.
Μ ‖ σίελα scripsi : σίαλα ΘΜ ‖ 15 ἄλλοτ᾽ Μ : ἄλλοτε θ ‖ 17 ὀρὸν
Μ : ὄρον θ ‖ 18 ὀροποτῇ scripsi : ὀροποτέη θ ὀροποτέη Μ ‖
προσπῖσαι scripsi : προπῆσαι θ προπῖσαι Μ ‖ 19 ἀπολήγῃ Μᶜᵒʳʳ
(ἀπο- in ras. Μ² et 1 litt. eras. post η [ς ?]) ‖ ὀροποτίης V.
Schmidt : ὀροπωτίης θ ὀροπωτίης Μ.

il passera au lait d'ânesse ; tant qu'il le boit, il s'abstiendra des aliments, mais boira un vin aussi doux que possible une fois la purgation finie. Quand il cesse le régime lacté, il prendra au déjeuner du millet et le soir des aliments aussi émollients que possible et en aussi petite quantité que possible ; il s'abstiendra des aliments gras, doux, et huileux. Et de temps à autre, surtout en hiver, il vomira avec la décoction de lentilles, après avoir croqué au préalable des légumes. Il s'abstiendra autant que possible des bains chauds, mais il se chauffera au soleil[1]. **3** La maladie ne finit qu'avec le malade.

LXXI. (LX) **1** Leucophlegmasie[2]. Tout le corps se gonfle d'un œdème blanc ; le ventre est épais au toucher ; les pieds et les cuisses enflent, ainsi que les jambes et les bourses ; le malade a une respiration précipitée ; son visage est légèrement rouge ; sa bouche est sèche ; il est altéré ; et quand il a mangé, sa respiration devient brusquement haletante. Ce malade, au cours de la même journée, est tantôt mieux, tantôt plus mal. **2** Dans ce cas, si le ventre se dérange de lui-même au commencement de la maladie, la guérison est très proche ; en revanche, s'il ne se dérange pas, donnez un médicament qui évacuera l'eau par le bas ; proscrivez les bains chauds, transportez le malade à l'air libre[3] et scarifiez-lui les bourses quand elles se tuméfient.

---

1. C'est probablement à ce passage que se rapporte la glose de Galien ἐλειθερείσθω · ἡλιούσθω, comme le remarquait déjà A. Foes, *Oeconomia Hippocratis*, p. 183, car la forme n'est pas attestée dans la *Collection* en dehors de ces deux passages de *Mal. II 2*. Galien lisait-il pour autant le moyen, là où les manuscrits donnent l'actif ? Ce n'est pas certain, car la forme moyenne de la glose ἡλιούσθω a pu entraîner le passage au moyen d'un primitif ἐλειθερείτω.

3. Pour cette prescription (« transporter le malade à l'air libre »), comp. *Affections internes*, c. 7, Littré VII, 184, 14 (= Jouanna[1] 200, 15 sq.) : καὶ ἐν τῇ αἰθρίῃ κοιμάσθω, « le malade dormira à l'air libre ». Cette prescription est analogue à celle de l'exposition du malade au soleil (c. 68 [c. 57], 207, 10 et c. 70 [c. 59], 210, 8) ; comme elle, elle s'accompagne de l'interdiction des bains chauds.

πιέτω γάλα ὄνειον· ἐπὴν δὲ πίνῃ, σιτίων μὲν ἀπεχέσθω,
οἶνον δὲ πινέτω ὡς ἥδιστον, ἐπὴν παύσηται καθαιρόμενος·
ἐπὴν δ᾽ ἀπολήξῃ τῆς πόσιος, ἀριστιζέσθω μὲν κέγχρον,
ἐς ἑσπέρην δὲ σιτίῳ ὡς μαλθακωτάτῳ χρήσθω καὶ ἐλαχίστῳ·
5 ἀπεχέσθω δὲ πιόνων καὶ γλυκέων καὶ ἐλαιηρῶν· καὶ ἄλλοτε
καὶ ἄλλοτε, μάλιστα τοῦ ‖ χειμῶνος, ἀπεμείτω τῷ φακίῳ,   108
λάχανα προτρώγων· καὶ θερμῷ ὡς ἥκιστα λούσθω, ἀλλὰ
ἐλειθερείτω. 3 Ἡ δὲ νοῦσος συναποθνῄσκει.

LXXI (LX). 1 Φλέγμα λευκόν· οἰδεῖ ἅπαν τὸ σῶμα λευ-
10 κῷ οἰδήματι καὶ ἡ γαστὴρ παχέα ψαυομένη καὶ οἱ πόδες καὶ
οἱ μηροὶ οἰδέουσι καὶ αἱ κνῆμαι καὶ ἡ ὄσχη καὶ ἀναπνεῖ
ἀθρόον καὶ τὸ πρόσωπον ἐνερευθὲς καὶ τὸ στόμα ξηρὸν καὶ
δίψα ἴσχει, καὶ ἐπὴν φάγῃ τὸ πνεῦμα πυκινὸν ἐπιπίπτει·
οὗτος τῆς αὐτῆς ἡμέρης τοτὲ μὲν ῥήϊων γίνεται, τοτὲ δὲ
15 κάκιον ἴσχει. 2 Τούτῳ ἢν μὲν ἡ γαστὴρ ταραχθῇ αὐτομάτη
ἀρχομένης τῆς νούσου, ἐγγυτάτω ὑγιὴς γίνεται· ἢν δὲ μὴ
ταραχθῇ, φάρμακον διδόναι κάτω, ὑφ᾽ οὗ ὕδωρ καθαρεῖται,
καὶ θερμῷ μὴ λούειν καὶ πρὸς τὴν αἰθρίην κομίζειν καὶ τὴν

Test. 8 ἐλειθερείτω] cf. Gal., Gloss., s.v. ἐλειθερείσθω (B 6
supra, 96, 5 sqq. = ed. Kühn XIX, 97, 6) et Hesych. s.v.
εἰληθερεῖν (9 supra, 108, 35 sq. = ed. Latte II, 29, 76).
9 Φλέγμα] vide Test. ad c. 26 (c. 15), supra, 161, 9.
9 Φλέγμα — 211, 14 οὐδενί] cf. Aff. int., c. 21 (ed. Littré VII,
218, 6-220, 18 = Jouanna¹ 206, 1-208, 15); Aff., c. 19 (ed.
Littré VI, 228, 6-19 = Jouanna¹ 100-102).
15 Τούτῳ — 16 γίνεται] cf. Aph. VII, 29 (ed. Littré IV, 584,
4 sq. = Jones IV, 198, 5 sq.); Coac., 472 (ed. Littré V, 690, 6 sq.).

---

1 ὄνειον M : ὄνιον θ ‖ πίνῃ θ : πίνει M ‖ 2 ἐπὴν θM : ἔστ᾽ ἂν
Corn. (Κ΄) ‖ 4 ἐς om. M ‖ 5 ἐλαιηρῶν M : ἐλατήρων θ (<ΕΛΑΙΗ-
ΡΩΝ) ‖ 6 μάλιστα τοῦ χειμῶνος M : τοῦ χειμῶνος μάλιστα θ ‖
ἀπεμείτω θ ἀπεμεέτω M ‖ 8 ἐλειθερείτω scripsi : ελειθερειτωι θ
εἰλιθερείτω M ἐλειθερείσθω Gal., Gloss. ‖ 9 οἰδεῖ Jouanna¹ :
οἰδέει θM ‖ 10 παχέα Ermerins : παχέη θM ‖ 13 πυκινὸν θ :
πυκνὸν M ‖ 14 ῥήϊων Jouanna¹ : ῥάων θ ῥάιων M ‖ 15 post τούτῳ
add. δὲ θ ‖ 17 καθαρεῖται θMᶜᵒʳʳ (-εῖ- e corr. M²) : καθαρῆ-
ται M.

Comme aliments, il prendra du pain de farine pure, froid, des bettes, des scorpions de mer bouillis, des sélaciens[1], et de la viande de mouton hachée et bouillie ; quant au bouillon (de la viande), il en prendra le moins possible[2]. Le tout sera froid ; point d'aliments doux ni huileux[3], mais des aliments hachés, acides et âcres, excepté l'ail, l'oignon ou le poireau ; il mangera de l'origan et de la sarriette en grande quantité, boira par-dessus du vin généreux, et fera une marche avant le repas. 3 Si, à la suite des évacuants, il continue à enfler, donnez-lui des lavements et faites-le maigrir par le régime, les marches et l'absence de bains. Quant aux évacuants, évitez le plus possible de lui en donner ; ne donnez même pas les évacuants par le haut avant que les œdèmes ne soient descendus dans la partie inférieure du corps. Si, une fois désenflé, le malade ressent une oppression dans la poitrine, faites-lui boire de l'ellébore, purgez-lui la tête, puis donnez-lui à boire un évacuant par le bas. 4 La maladie généralement ne se juge chez personne.

LXXII (LXI). 1 Anxiété. Le malade semble avoir dans les viscères comme une épine qui le pique[4] ; il est en proie à la nausée, fuit la lumière et les hommes, aime les ténèbres ; il est en proie à l'angoisse ; la région phrénique fait saillie à l'extérieur[5] ; il souffre quand on le touche ; il est angoissé ; il a des visions effrayantes,

---

4. Même comparaison dans *Maladies des femmes I*, c. 36, Littré VIII, 88, 3 sq. (ulcères de la matrice dus à la corruption des lochies) : « quand la purgation vient, il semble qu'une épine passe par la matrice » (ἐπὴν χωρῇ ἡ κάθαρσις, δοκεῖ ὡς ἄκανθα (θΜ : ἀκάνθια V Littré) διὰ τῶν μητρέων ἰέναι). Pour les douleurs comparées à des piqûres, voir dans le traité c. 66 (c. 55), 205, 2 (ὥσπερ ῥαφίς « comme une aiguille ») et c. 73 (c. 62), 213, 4 (οἷον γραφείοισι, « comme par de petites aiguilles »).

5. L'auteur sentait-il le rapport étymologique entre φροντίς et φρένες ? Mettait-il en relation le gonflement des φρένες avec les dérangements mentaux ? Il y a peut-être ici une trace de la croyance archaïque selon laquelle les φρένες sont la source de l'intelligence.

ὅσχην ἀποτύπτειν ἐπὴν πιμπρῆται · σιτίοισι δὲ χρῆσθαι
ἄρτῳ καθαρῷ ψυχρῷ καὶ σεύτλοισι καὶ σκορπίοισι ἐφθοῖσι
καὶ σελάχεσι, καὶ κρέασι τετριμμένοισι μηλείοισιν ἐφθοῖσι,
τῷ δὲ ζωμῷ ὡς ἐλαχίστῳ · καὶ ψυχρὰ πάντα καὶ μὴ γλυκέα
5 μηδὲ λιπαρά, ἀλλὰ τετριμμένα καὶ ὀξέα καὶ δριμέα, πλὴν
σκορόδου ἢ κρομμύου ἢ πράσου · ὀρίγανον δὲ καὶ θύμβρην
πολλὴν ἐσθίειν καὶ οἶνον ἐπιπίνειν οἰνώδεα καὶ ὁδοιπορεῖν
πρὸ τοῦ σιτίου. 3 Ἤν δ᾽ ὑπὸ τῶν φαρμάκων οἰδίσκηται,
κλύζειν καὶ τῷ σιτίῳ πιέζειν καὶ περιπάτοισι καὶ ἀλουσίῃσι ·
10 φάρμακα δὲ ὡς ἐλάχιστα δοῦναι, ἄνω δὲ μηδ᾽ ἔμπροσθεν
ἢ τὰ οἰδήματα κατέλθῃ ἐς τὸ κάτω · ἢν δὲ ἰσχνοῦ ἤδη
ἐόντος πνῖγμα ἐν τοῖσι στήθεσιν ἐγγίνηται, ἐλλέβορον δὸς
πιεῖν καὶ τὴν κεφαλὴν καθῆραι κἄπειτα κάτω πῖσαι. 4 Ἡ
δὲ νοῦσος μάλιστα διακρίνει ἐν οὐδενί.

15 LXXII (LXI). 1 Φροντίς · δοκεῖ ἐν τοῖσι σπλάγ-
χνοισιν εἶναι ‖ οἷον ἄκανθα καὶ κεντεῖν, καὶ ἄση αὐτὸν 110
λάζυται, καὶ τὸ φῶς φεύγει καὶ τοὺς ἀνθρώπους, καὶ τὸ
σκότος φιλεῖ καὶ φόβος λάζεται, καὶ αἱ φρένες οἰδέουσιν
ἐκτός, καὶ ἀλγεῖ ψαυόμενος, καὶ φοβεῖται, καὶ δείματα
20 ὁρᾷ καὶ ὀνείρατα φοβερὰ καὶ τοὺς τεθνηκότας ἐνίοτε · καὶ

---

1 πιμπρῆται Jouanna¹ : πίμπρηται ΘΜ edd. ab Ald. ‖ 2 σεύτλοισι Ermerins : τεύτλοισι ΘΜ ‖ σκορπίοισι Μ : σκορπίοις θ ‖
3 καὶ σελάχεσι — ἐφθοῖσι om. Μ ‖ τετριμμένοισι Littré : τετρυ-
μένοισι θ fort. recte ‖ μηλείοισιν Littré : μηλιοισιν θ ‖ 4 μὴ om.
θ ‖ 5 τετριμμένα I edd. ab Ald. : τετρυμένα θ fort. recte
τετρυμμένα ΜΗᵃR ‖ 6 θύμβρην I edd. a Corn. (Bas.) : οὔμβραν
θ (<ΘΥΜΒΡΑΝ) θύμβραν ΜΗᵃR ‖ 7 ὁδοιπορεῖν Jouanna¹ :
ὁδοιπορέειν ΘΜ ‖ 9 καὶ τῷ σιτίῳ πιέζειν Μ²ᵐᵍθ : om. Μ ‖
ἀλουσίῃσι θ : ἀλουσίη Μ ‖ 10 μηδ᾽ ἔμπροσθεν ΘΜ : μηδὲν
πρόσθεν prop. Anastassiou ‖ 11 τὸ Μ : τὰ θ ‖ 11-12 ἤδη ἐόντος
Μ : ἠδήσοντος θ (<ΗΔΗΕΟΝΤΟΣ) ‖ 12 στήθεσιν θ : στήθεσι Μ ‖ ἐγγίνηται Μ : ἐνγίνηται θ ‖ ἐλλέβορον Μ : ἐλλ- θ ‖
13 πιεῖν θ : πιέειν Μ ‖ 15 δοκεῖ θ : δοκέει Μ ‖ 15-16 σπλάγχνοι-
σιν θ : -σιν Μ ‖ 16 κεντεῖν scripsi : -τέειν ΘΜ ‖ 18 φιλεῖ
scripsi : φιλέει ΘΜ ‖ οἰδέουσιν θ : -σι Μ ‖ 19 ἀλγεῖ scripsi :
-γέει ΘΜ.

des cauchemars et parfois voit les morts[1]. La maladie se déclare chez la plupart au printemps[2]. **2** Dans ce cas, donnez à boire de l'ellébore ; purgez la tête ; et après la purgation de la tête, donnez à boire un évacuant par le bas, et ensuite le malade boira du lait d'ânesse. Pour les aliments, il les prendra en aussi petite quantité que possible, s'il n'est pas faible ; ils seront froids, laxatifs, et ne seront pas âcres, ni salés, ni huileux, ni doux. Il ne prendra pas de bains chauds. Il ne boira pas de vin, mais de préférence de l'eau, ou, à défaut, du vin allongé d'eau. Il ne fera ni gymnastique ni promenades. **3** S'il suit ce traitement, il se débarrasse de la maladie avec le temps ; mais si vous ne soignez pas la maladie, elle ne finit qu'avec le malade[3].

LXXIII (LXII). **1** Maladie noire[4] : le malade vomit des matières noires comme de la lie[5], parfois sanguinolentes, parfois semblables à du vin de deuxième pression, parfois de la couleur de l'encre de poulpe, parfois âcres comme du vinaigre ; parfois des glaires et des matières écumeuses, parfois de la bile verte. Quand le malade vomit les matières noires et les matières sanguinolentes, il a l'impression d'exhaler une odeur semblable à celle du sang versé ; la gorge et la bouche sont brûlées par les vomissures, les dents agacées[6], et les vomissures, au contact de la terre, font effervescence. Quand il a vomi, le malade se sent mieux pour quelque temps[7]. Il ne supporte[8] ni d'être

---

7. Ἐπ' ὀλίγον a ici plutôt le sens temporel (« pour un petit moment ») que quantitatif (« un peu mieux ») ; comp., pour le sens temporel, *Nature de la femme*, c. 12, Littré VII, 328, 18-19.

8. A partir de « Il ne supporte » (οὐκ ἀνέχεται) jusqu'à « il dépérit » (μινύθει), la description des symptômes est proche de celle de la maladie dite « desséchante » du c. 66 (c. 55), 204, 11 sqq. Pour l'établissement du texte, la comparaison indique que les *recentiores* du groupe de I (et les éditeurs) ont tort d'ajouter ὢν après ἄσιτος (cf. Kühner-Gerth, *Ausführliche Grammatik...*, II, 2, p. 67 b).

ἡ νοῦσος [ἐνίοτε] λαμβάνει τοὺς πλείστους τοῦ ἦρος.
2 Τοῦτον πιπίσκειν ἐλλέβορον καὶ τὴν κεφαλὴν καθαίρειν
καὶ μετὰ τὴν κάθαρσιν τῆς κεφαλῆς κάτω πῖσαι φάρμακον
καὶ μετὰ ταῦτα πίνειν γάλα ὄνου. Σιτίοισι δὲ χρῆσθαι ὡς
5 ἐλαχίστοισιν, ἢν μὴ ἀσθενήσῃ, καὶ ψυχροῖσι καὶ διαχωρητικοῖσι καὶ μὴ δριμέσι μηδ᾽ ἁλμυροῖσι μηδὲ λιπαροῖσι μηδὲ
γλυκέσι· μηδὲ θερμῷ λούσθω· μηδ᾽ οἶνον πινέτω ἀλλὰ
μάλιστα μὲν ὕδωρ, εἰ δὲ μή, οἶνον ὑδαρέα· μηδὲ γυμναζέσθω μηδὲ περιπατείτω. 3 Ταῦτα ποιέων ἀπαλλάσσεται
10 τῆς νούσου χρόνῳ· ἢν δὲ μὴ ἐπιμελήσῃ, συναποθνῄσκει.

LXXIII (LXII). 1 Μέλαινα· μέλαν ἐμεῖ οἷον τρύγα,
τοτὲ δὲ αἱματῶδες, τοτὲ δὲ οἷον οἶνον τὸν δεύτερον, τοτὲ
δὲ οἷον πωλύπου θολόν, τοτὲ δὲ δριμὺ οἷον ὄξος, τοτὲ δὲ
σίελον καὶ λάπην, τοτὲ δὲ χολὴν χλωρήν· καὶ ὅταν μὲν τὸ
15 μέλαν καὶ τὸ αἱματῶδες ἐμῇ, δοκεῖ οἷον φόνου ὄζειν, καὶ ἡ
φάρυγξ καὶ τὸ στόμα καίεται ὑπὸ τοῦ ἐμέσματος, καὶ τοὺς
ὀδόντας αἱμωδιᾷ καὶ τὸ ἔμεσμα τὴν γῆν αἴρει, καὶ ἐπὴν
ἀπεμέσῃ, δοκεῖ ῥῆϊον εἶναι ἐπ᾽ ὀλίγον· καὶ οὐκ ἀνέχεται

TEST. 11 Μέλαινα] cf. GAL., *Gloss.*, *s.v.* (B 17 *supra*, 97, 28 sq.
= ed. Kühn XIX, 120, 11-12).
13 θολόν] cf. GAL., *Gloss.*, *s.v.* ὀλόν (B 18 *supra*, 97, 35 sq. =
ed. Kühn XIX, 126, 4) et HESYCH., *s.v.* ὀλός (20 *supra*, 110,27 sq.
= ed. Latte II 754, 26).
13 τοτὲ (prius) — 14 χλωρήν] cf. PSEUDO-GAL., *Comm. Epid. II*
(ed. Kühn XVII A, 430, 3-4); vide *supra*, 113.

---

1 ἐνίοτε secl. Ermerins (cf. jam Littré in app. crit. ad loc.) ‖
2 ἐλλέβορον M : ἐλλ- θ ‖ 5 ἐλαχίστοισιν θ : -σι M ‖ ἀσθενήσῃ
θ : ἀσθενὴς ἦ M ‖ alt. καὶ om. θ ‖ 7 μηδ᾽ θ : μηδὲ M ‖ 10 ἐπιμελήσῃ θM : ἐπιμελήθῃ scripserim ‖ συναποθνῄσκει θ : ξυν- M ‖
11 ἐμεῖ Jouanna[1] : ἐμέει θM ‖ 13 πωλύπου θM : πολύπου H[a]IR
edd. ab Ald. ‖ θολόν θM : ὀλόν GAL., *Gloss.* ‖ 14 σίελον Jouanna[1] : σίαλον θM ‖ λάπην M : λάππην θ ‖ 14-15 τὸ μέλαν M :
μέλαν θ ‖ 15 ἐμῇ Jouanna[1] : ἐμέη θ ἐμέει M ‖ δοκεῖ Jouanna[1] :
δοκέει θM ‖ 17 αἱμωδιᾷ θ : αἱμοδιᾷ M ‖ 18 δοκεῖ Jouanna[1] :
δοκέει θM ‖ ῥῆϊον Jouanna[1] : ῥάων θ ῥάιων M ‖ ἀνέχεται θ
(cf. jam Corn. [Vind.] Foes[2] [n. 199]) : ἄχθεται M.

à jeun, ni d'avoir fait un repas assez copieux ; mais quand il est à jeun, les viscères gargouillent et les glaires sont acides ; et quand il a mangé quelque chose, il a une sensation de pesanteur sur les viscères ; il a l'impression d'avoir la poitrine et le dos piqués comme par des stylets[1] ; ses flancs sont douloureux, il est légèrement fiévreux, a mal à la tête, ses yeux ne voient plus, ses jambes sont pesantes, son teint est noir ; il dépérit. **2** Dans ce cas, faites boire un évacuant fréquemment, ainsi que du petit-lait et du lait pendant la saison ; interdisez les aliments doux, huileux et gras. Il usera d'aliments aussi froids et aussi laxatifs que possible ; purgez la tête, et après l'absorption des évacuants par le haut, tirez du sang des bras, si le malade n'est pas faible. Si le ventre ne se relâche pas, administrez un clystère doux. Le malade s'abstiendra des excès de vin et du coït ; s'il use du coït, il prendra à jeun un bain de vapeur. Il s'abstiendra du soleil, ne fera pas beaucoup d'exercices, ne fera pas de promenades, ne prendra pas de bains chauds, et ne mangera pas d'aliments âcres ni salés. **3** Faites ce traitement ; la maladie vieillit avec le corps[2] ; mais si elle n'est pas soignée, elle ne finit qu'avec le malade.

LXXIV (LXIII). **1** Autre maladie noire. Le

---

2. Le texte des manuscrits paraît corrompu. Ἅμα τῇ ἡλικίῃ ἀποφεύγει (« le malade en réchappe avec l'âge ») n'est qu'une glose de ἡ νοῦσος καταγηράσκει σὺν τῷ σώματι (« la maladie vieillit avec le corps », c'est-à-dire « la maladie persiste jusqu'à la vieillesse »). Dans le même emploi et avec le même sens, on rencontre συγκαταγηράσκει au c. 74 (c. 63), 214, 15 sq. Cela s'oppose à συναποθνήσκει qui signifie « la maladie meurt avec le malade », c'est-à-dire « la maladie persiste jusqu'à la mort ». Comp. Aristote, *Gén. an.* 775 b 33-34 : ἔτι δὲ καὶ συγκαταγηράσκει καὶ συναποθνήσκει τοῦτο τὸ πάθος, « Cette affection peut du reste persister jusqu'à la vieillesse ou jusqu'à la mort de la malade » (= *Hist. an.* 638 a 17-18). L'insertion de la glose a entraîné une perturbation syntaxique (absence de liaison entre ποιεῖν et la phrase suivante). Cette absence de liaison a été supprimée dans θ par la modification de ποιεῖν en ποιέων, et dans les *recentiores* et les éditions par l'adjonction d'un καὶ devant ἅμα. Pour ταῦτα ποιεῖν, comp. c. 74 (c. 63), 214, 15.

οὔτ᾽ ἄσιτος οὔθ᾽ ὁπόταν πλέον βεβρώκῃ · ἀλλ᾽ ὁπόταν
μὲν ἄσιτος ᾖ, τὰ σπλάγχνα μύζει, καὶ τὰ σίελα ὀξέα, ὅταν
δέ τι φάγῃ, βάρος ἐπὶ τοῖσι σπλάγχνοισι, καὶ τὸ στῆθος
καὶ τὸ μετάφρενον δοκεῖ οἷον γραφείοισι κεντεῖσθαι καὶ
5 τὰ πλευρὰ ἔχει ὀδύνη καὶ πυρετὸς βληχρὸς καὶ τὴν
κεφαλὴν ἀλγεῖ ‖ καὶ τοῖσιν ὀφθαλμοῖσιν οὐχ ὁρᾷ καὶ τὰ 112
σκέλεα βαρέα καὶ ἡ χροιὴ μέλαινα καὶ μινύθει. 2 Τοῦτον
φάρμακον πιπίσκειν θαμὰ καὶ ὀρὸν καὶ γάλα τὴν ὥρην ·
καὶ σιτίων ἀπέχειν γλυκέων καὶ ἐλαιηρῶν καὶ πιόνων ·
10 καὶ χρῆσθαι ὡς ψυχροτάτοισι καὶ ὑποχωρητικωτάτοισι, καὶ
τὴν κεφαλὴν καθαίρειν καὶ μετὰ τὰς φαρμακοποσίας τὰς
ἄνω ἀπὸ τῶν χειρῶν τοῦ αἵματος ἀφιέναι, ἢν μὴ ἀσθενήσῃ ·
ἢν δ᾽ ἡ κοιλίη μὴ ὑποχωρῇ, ὑποκλύζειν μαλθακῷ κλύσματι · καὶ θωρηξίων ἀπέχεσθαι καὶ λαγνείης — ἢν δὲ
15 λαγνεύῃ, νῆστις πυριᾶσθαι — · καὶ τοῦ ἡλίου ἀπέχεσθαι,
μηδὲ γυμνάζεσθαι πολλά, μηδὲ περιπατεῖν, μηδὲ θερμολουτεῖν, μηδὲ δριμέα ἐσθίειν μηδὲ ἁλυκά. 3 Ταῦτα ποιεῖν ·
[ἅμα τῇ ἡλικίῃ ἀποφεύγει] καὶ ἡ νοῦσος καταγηράσκει
σὺν τῷ σώματι · ἢν δὲ μὴ μελεδανθῇ, συναποθνήσκει.

20   LXXIV (LXIII). 1 Ἄλλη μέλαινα · ὑπόπυρρος καὶ

Test. 20 μέλαινα] vide Test. c. 73 (c. 62), supra, 212, 11.

---

1 ἄσιτος ΘΜΗᵃR : ἄσιτος ὢν I edd. ab Ald. ‖ οὔθ᾽ ὁπόταν
πλέον βεβρώκῃ ΘΜΗᵃ (sed -η mut. in -ει Ηᵃᶜᵒʳʳ et -ως supra
-η add. Ηᵃᶜᵒʳʳ) : οὔτε πλέον βεβρωκώς I edd. ab Ald. οὔθ᾽
ὁπόταν πλέον βεβρωκὼς ᾖ R ‖ 2 σίελα Jouanna¹ : σίαλα ΘΜ ‖
4 δοκεῖ Jouanna¹ : δοκέει ΘΜ ‖ γραφείοισι Μ : γραφίοισι Θ
ῥαφείοισι FG Jouanna¹ ῥαφίοισι Littré ‖ 6 ἀλγεῖ Jouanna¹ :
ἀλγέει ΘΜ ‖ τοῖσιν Θ : -σι Μ ‖ ὀφθαλμοῖσιν Θ : -σι Μ ‖ 9 σιτίων Θ :
τίων Μ sed σι- add. Μ¹ˢ¹ ‖ 11 φαρμακοποσίας Μ : φαρμακωπωσίας
Θ ‖ 12 ἀσθενήσῃ Θ : ἀσθενὴς ᾖ Μ ‖ 13 ὑποχωρῇ scripsi : ὑπο-
χωρέη ΘΜ ‖ 15 ante πυριᾶσθαι add. καὶ Θ ‖ 16 περιπατεῖν Θ :
-τέειν Μ ‖ 16-17 θερμολουτεῖν scripsi : -τέειν ΘΜ ‖ 17 ποιεῖν
scripsi : ποιέειν Θ ποιεῖειν Μ ‖ 18 ἅμα τῇ ἡλικίῃ ἀποφεύγει seclusi ‖
19 σὺν Μ : ἐν Θ ‖ μελεδανθῇ Littré : μελαιδανθῇ Θ μελανθῇ Μ ‖
20 ὑπόπυρρος Θ : ὑπόπυρος Μ.

malade prend un teint légèrement rougeâtre ; il maigrit et ses yeux deviennent verdâtres ; sa peau s'amincit et il devient faible. Plus le temps passe, plus la maladie[1] le fait souffrir. Il vomit à tout moment de la journée comme des gouttes de bave[2], en petite quantité, deux gorgées[3] à la fois, souvent aussi des aliments, et avec les aliments de la bile et du phlegme ; et après le vomissement, tout son corps est douloureux, parfois aussi avant de vomir. Il a de légers frissons et de la fièvre, et c'est surtout après l'ingestion d'aliments doux et huileux qu'il vomit. **2** Dans ce cas, il faut purger avec des évacuants par le bas et par le haut et faire boire ensuite du lait d'ânesse. Pour les aliments, il les prendra aussi émollients que possible et froids : des poissons de rivage[4], des sélaciens, des bettes, de la courge et des viandes hachées ; il boira du vin blanc généreux passablement coupé d'eau ; comme exercice, il fera des promenades. Il ne prendra pas de bains chauds et évitera le soleil. **3** Voilà le traitement à suivre. La maladie n'est pas mortelle, mais elle vieillit avec le malade.

LXXV (LXIV). **1** Maladie sphacélique[5]. Dans l'ensemble le malade éprouve les mêmes symptômes, mais il vomit des caillots coagulés de bile, et par le bas, les matières ont un aspect semblable, quand il rejette les aliments dans les selles. **2** Il faut appliquer le même traitement que dans le cas précédent et administrer un clystère.

---

1. Ermerins supprime ἡ νοῦσος. Dans ce cas le sujet de πονεῖ est « le malade » ; pour πονεῖν ayant pour sujet le malade, comp. dans le traité c. 47 a (c. 36 a), 179, 10 ; c. 54 b (c. 43 b), 193, 2 ; c. 58 (c. 47), 198, 5.

2. La traduction traditionnelle de σταλαγμός par « goutte » n'est pas satisfaisante, car elle ne tient pas compte de οἷον qui indique une comparaison. Il s'agit de « gouttes de bave » ; pour ce sens de « gouttes de bave », « bave qui dégoutte », voir Eschyle, *Sept*, v. 61, *Eum.* v. 783, v. 813 ; comp. aussi σπάλαγμα Eschyle, *Eum.* v. 802 ; Sophocle, *Antigone*, v. 1239.

ἰσχνὸς καὶ τοὺς ὀφθαλμοὺς ὑπόχλωρος γίνεται, καὶ λεπτόδερμος καὶ ἀσθενὴς τελέθει · ὅσῳ δ᾽ ἂν χρόνος πλείων ᾖ,
ἡ νοῦσος μᾶλλον πονεῖ · καὶ ἐμεῖ πᾶσαν ὥρην οἷον
σταλαγμὸν ὀλίγον κατὰ δύο βρόχθους, καὶ τὸ σιτίον
5 θαμινά, καὶ σὺν τῷ σιτίῳ χολὴν καὶ φλέγμα, καὶ μετὰ τὴν
ἔμεσιν ἀλγεῖ τὸ σῶμα πᾶν, ἔστι δ᾽ ὅτε καὶ πρὶν ἐμέσαι · καὶ
φρῖκαι λεπταὶ καὶ πυρετὸς ἴσχει, καὶ πρὸς τὰ γλυκέα καὶ
ἐλαιώδεα μάλιστα ἐμεῖ. 2 Τοῦτον καθαίρειν χρὴ φαρμά-
κοισι καὶ κάτω καὶ ἄνω καὶ μεταπιπίσκειν γάλα ὄνου · καὶ
10 σιτίοισι χρῆσθαι ὡς μαλθακωτάτοισι καὶ ψυχροῖσιν,
ἰχθύσιν ἀκταίοισι καὶ σελάχεσι καὶ σεύτλοισι καὶ κολοκύντῃ καὶ κρέασι τετριμμένοισιν · οἶνον δὲ πίνειν λευκὸν
οἰνώδεα ὑδαρέστερον · ταλαιπωρίη δὲ περιπάτοισι χρῆσθαι · καὶ μὴ θερμολουτεῖν καὶ τοῦ ἡλίου ἀπέχεσθαι.
15 3 Ταῦτα ποιεῖν · ἡ δὲ νοῦσος θανατώδης μὲν οὔ · συγκαταγηράσκει δέ. ǁ

LXXV (LXIV). 1 Σφακελώδης · τὰ μὲν ἄλλα τὰ 114
αὐτὰ πάσχει, ἐμεῖ δὲ θρόμβους πεπηγότας χολῆς καὶ κάτω
ὁμοιοῦται, ἐπὴν τὰ σιτία ἀποπατήσῃ. 2 Δρᾶν δὲ χρὴ τὰ
20 αὐτὰ ἅπερ ἐπὶ τῆς προτέρης καὶ ὑποκλύζειν.

TEST. 11 ἰχθύσιν ἀκταίοισι] cf. HESYCH., s.v. ἀκταῖοι ἰχθύες
(1 supra, 107, 22 sq. = ed. Latte I, 94, 57).

---

2 τελέθει]-ει in ras. M¹ ǁ 3 ἡ νοῦσος secl. Ermerins ǁ
πονεῖ scripsi : πονέει ΘΜ ǁ ἐμεῖ scripsi : ἐμέει ΘΜ ǁ 4 post
ὀλίγον add. καὶ ὀλίγον θ ǁ 6 ἀλγεῖ scripsi : ἀλγέει ΘΜ ǁ
8 ἐμεῖ scripsi : ἐμέει ΘΜ ǁ 9 pr. καὶ om. θ ǁ 10 ψυχροῖσιν θ : -σι
M ǁ 11 ἰχθύοιν θ : -σι M ǁ ἀκταίοισι M : ἀκταίοις θ ǁ σεύτλοισι
Ermerins : τεύτλοις θ τεύτλοισι M ǁ 11-12 κολοκύντῃ ΘΜΗᵃ :
-τῃσι R edd. ab Ald. -τοισι IHᵃᶜᵒʳʳ (-οισι add. Hᵃ²ˢ¹) ǁ
12 τετριμμένοισιν IHᵃ² edd. a Foes : τετρυμμένοις θ fort. recte
τετρυμμένοισι ΜΗᵃR ǁ 14 θερμολουτεῖν scripsi : -τέειν ΘΜ ǁ
15 ποιεῖν scripsi : ποιέειν ΘΜ ǁ 15-16 συγκαταγηράσκει scripsi :
ξυγκαταγηράσκει ΘΗᵃ²IR ξυγκαταγηράσκοι M (<-CKEΙ ?) Ηᵃ ǁ
17-18 τὰ αὐτὰ M : ταῦτα θ (ταῦτὰ legi potest) ǁ 18 ἐμεῖ scripsi :
ἐμέει ΘΜ ǁ 19 ὁμοιοῦται ΘΜΗᵃ : ὁμοίως IHᵃ²R edd. ab Ald. ǁ
20 post ὑποκλύζειν add. περὶ νούσων Γ̅ θ περὶ νούσων Β̅ M.

NOTES COMPLÉMENTAIRES

P. 132.

3. La leçon des manuscrits, « le malade éprouve les symptômes de la strangurie » a été conservée par prudence ; mais elle est en contradiction flagrante avec le contexte, car l'auteur veut expliquer pourquoi le malade urine beaucoup (οὐρεῖ en 132, 5 reprend οὐρεῖται πολλὸν de 132, 1) ; or dans le passage parallèle du c. 12 (c. 1) de *Mal. II 2*, une urine abondante marque la fin de la strangurie (142, 6) ; παύεται τῆς στραγγουρίης doit être rétabli d'après ce passage. Pour plus de détails, voir *Archéologie...*, p. 522-524.

4. Pour l'explication des troubles de la vision, comp. *Lieux dans l'homme*, c. 3, Littré VI, 280 21 sqq. (= Joly 41, 11-16), « la pupille est nourrie par l'humeur provenant de l'encéphale ; quand elle reçoit de l'humeur provenant des vaisseaux, cet afflux la trouble. Les objets ne s'y réfléchissent plus, et on dirait qu'il s'y meut tantôt comme des formes d'oiseaux, tantôt comme des lentilles noires, et plus généralement la vue a perdu toute sa netteté. » Les deux explications sont très proches et supposent une théorie de la vision par la réflexion des objets dans la partie brillante et diaphane de l'œil (comparer καταφαίνεται de *Mal. II 1* et ἐμφαίνεται de *Lieux dans l'homme*) ; une telle théorie est énoncée clairement dans le traité des *Chairs*, c. 17, Littré VIII, 606, 4-6 (= Joly 199, 5-7) : « c'est dans cette partie diaphane de l'œil que la lumière et toutes les choses brillantes se réfléchissent (ἀνταυγεῖ) ; c'est donc par cette partie réfléchissante que la vision s'opère ». Cette théorie est déjà attribuée par Théophraste à Alcméon de Crotone ; cf. DK 24 A 5 (26) : « la vision est due au brillant et au diaphane, quand il réfléchit les objets (ὅταν ἀντιφαίνῃ) et plus la substance est pure, plus la vision est nette ».

P. 133.

2. La leçon de M edd. ἐντραφῇ est sans doute très satisfaisante ; mais la leçon de θ ἐντράχῃ (forme dorienne = ἐντρέχῃ) n'est pas impossible ; comp. c. 3, 134, 5 κεκινημένης τῆς χολῆς. Pour les dorismes dans la *Collection hippocratique*, voir V. Schmidt, *Dorismen im Corpus hippocraticum* in *Corpus Hippocraticum* (Colloque de Mons, sept. 1975), Mons, 1977, p. 49 sqq.

3. L'interprétation traditionnelle, conservée ici par prudence,

n'est peut-être pas la meilleure. Au c. 1 (133, 3 sq.), ἀραιός forme un couple avec διάβροχος : les chairs imbibées (διάβροχοι) par le phlegme deviennent plus lâches (ἀραιότεραι). Il n'est pas impossible qu'ici également ἀραιόν forme un couple avec διάβροχον et qualifie βρέγμα. Dans ce cas, il faudrait comprendre : « quand le bregma imbibé de phlegme et de bile est spongieux et que ces deux humeurs s'y sont accumulées ». Pour l'hysteron proteron, voir Kühner-Gerth, *Ausführliche Grammatik...* II 2, 603.

4. Les manuscrits donnent : « par suite de la corruption simultanée du sang et de la bile ». Cette leçon, conservée par prudence, paraît en discordance aussi bien avec le contexte qu'avec la théorie de l'auteur. Contexte : les ulcères de la tête ; comme ces derniers ont été expliqués par un amas de phlegme et de bile (133, 12 sq.), il est logique de retrouver ici le même couple d'humeurs. Théorie : l'auteur au c. 4 a (134, 11 sqq.) conteste que le sang puisse être cause d'une maladie. La conjecture d'Ermerins est vraisemblablement meilleure que la leçon des manuscrits.

P. 134.

3. Il s'agit en fait non de la maladie précédente, mais de celle du c. 1 ; les causes de la dysurie étaient exposées dans le début du c. 1 qui ne nous est pas parvenu.

4. Au lieu de « regorgent de sang », les manuscrits donnent « revomissent » ; la conjecture d'Ermerins (ὑπεραιμήσῃ, de ὑπεραιμέω, « avoir du sang en excès », au lieu de ὑπερεμήσῃ, de ὑπερεμέω « vomir à l'excès ») est excellente ; en effet le contenu de la discussion qui suit sur l'impropriété du terme indique clairement qu'il désigne un « excès de sang ». Selon l'auteur, un excès de sang ne saurait causer une maladie car le sang n'est pas une humeur morbifique ; seule la corruption du sang par les humeurs morbifiques bile et phlegme peut entraîner une maladie. Paléographiquement, la correction est élégante : elle consiste en fait à corriger une faute d'orthographe (confusion ε/αι). Pour la formation de ce composé, comp. dans *Mal. II* 2, c. 41 (c. 30), 173, 15 ὑπερχολήσῃ de ὑπερχολάω, « avoir de la bile en excès ».

5. Tout ce développement sur l'impropriété du terme « regorger de sang » (ὑπεραιμεῖν) constitue une parenthèse qui n'existait pas dans le modèle. En effet, cette parenthèse est insérée entre la subordonnée présentant la maladie et la principale décrivant les symptômes, comme le montre clairement la comparaison avec la version parallèle de *Mal. II* 2, c. 17 (c. 6), 151, 17 sqq., où la syntaxe du modèle n'a pas été perturbée. Il s'agit soit d'une addition tardive (comme le pense F. Z. Ermerins *ad loc.*), soit, plus vraisemblablement, d'une adjonction de l'auteur de *Mal. II* 1 ; il n'y a aucun signe dans le vocabulaire de la parenthèse qui trahisse une date tardive, et le système étiologique mis en jeu dans la parenthèse est le même que celui du reste de l'ouvrage. Une telle parenthèse, si l'on admet qu'elle remonte à l'auteur, témoigne

d'une réflexion critique du médecin sur son modèle. Cela ne peut se concevoir qu'à un moment où la doctrine du modèle ne s'imposait plus avec la force d'un dogme, et où la réflexion sur l'ὀρθότης du langage, développée par les philosophes présocratiques et les sophistes (voir F. Heinimann, *Nomos und Physis*, Bâle, 1965 [= 1945], p. 48 sqq. et p. 156 sqq.), était chose répandue. Pour une discussion comparable sur l'inexactitude d'un mot dans la *Collection*, voir *Maladie sacrée*, c. 17, Littré VI, 392, 5 sqq. (= Grensemann 86, 14 sqq.) : selon cet auteur, le diaphragme est inexactement appelé φρένες, car le rapport linguistique entre φρένες, « diaphragme », et φρονεῖν, « penser », ne correspond pas à la réalité ; ce n'est pas le diaphragme, mais le cerveau qui est l'organe de la pensée ; voir aussi *Chairs*, c. 4, Littré VIII, 588, 20 sqq. (= Joly 191, 1 sqq.) où l'emploi de ὁ μυελός est critiqué pour désigner la moelle épinière : « ce n'est donc pas à juste titre qu'on lui donne le nom de moelle, car elle n'est pas semblable à la moelle qui se trouve dans les autres os ».

6. L'affirmation selon laquelle un mal ne saurait naître d'un bien ni un bien d'un mal semble être une critique d'un proverbe attesté chez Théognis 661-662 καὶ ἐκ κακοῦ ἐσθλὸν ἔγεντο / καὶ κακὸν ἐξ ἀγαθοῦ ; cf. aussi Eschyle, *Agamemnon*, 755 sq. ἐκ δ' ἀγαθᾶς τύχας γένει / βλαστάνειν ἀκόρεστον οἰζύν.

P. 135.

1. *Mal. II* **1** ne connaît pas la distinction entre les veines et les artères, qui sont désignées indistinctement par le terme de φλέβες. Il ne mentionne pas non plus l'existence de la pulsation normale des artères ; le battement des vaisseaux, observé ici à la tête, est en effet considéré comme un phénomène pathologique ; cf. aussi c. 8, 139, 3 ; il en est de même dans *Mal. II* **2**, c. 25 (c. 14), 158, 12 sq., à propos du battement des vaisseaux des tempes, et partant dans le modèle, puisque ce chapitre de *Mal. II* 2 est la rédaction parallèle de *Mal. II* **1**, c. 8 ; cf. aussi *Mal. II* **2**, c. 16 (c. 5), 150, 14. Pour faire cesser ce battement anormal des vaisseaux, l'auteur de *Mal. II* **2** au c. 12 (c. 1) recommande la cautérisation. Cet état des connaissances correspond au niveau de la majorité des traités de la *Collection*.

2. La théorie de l'ouïe qui sous-tend cette explication des troubles auditifs est à rapprocher de celle d'Alcméon de Crotone, que nous connaissons par la doxographie malheureusement peu explicite du *De sensibus* de Théophraste (c. 25 = DK 24 A 5) : ἀκούειν μὲν οὖν φησι τοῖς ὠσίν, διότι κενὸν ἐν αὐτοῖς ἐνυπάρχει · τοῦτο γὰρ ἠχεῖν · φθέγγεσθαι δὲ τῷ κοίλῳ · τὸν ἀέρα δ' ἀντηχεῖν, « l'ouïe, selon Alcméon, est due aux oreilles, parce qu'elles possèdent une cavité : cette cavité résonne — tout son provient de ce qui est creux — ; quant à l'air (interne), il répercute le son ». Comp. aussi Aët. IV, 16, 2 (DK 24 A 6). Ajoutons que pour Alcméon toutes les sensations ont pour centre le cerveau

et que son déplacement les perturbe (Théophraste, *De sensibus*, c. 26 = DK 24 A 5 : ἀπάσας δὲ τὰς αἰσθήσεις συνηρτῆσθαί πως πρὸς τὸν ἐγκέφαλον · διὸ καὶ πηροῦσθαι κινουμένου καὶ μεταλλάττοντος τὴν χώραν, « toutes les sensations sont, d'une façon ou d'une autre, rattachées au cerveau ; c'est pourquoi elles sont émoussées quand le cerveau bouge et change de place »). Même si tout n'est pas clair dans le détail de la théorie d'Alcméon rapportée par Théophraste, le mécanisme de l'ouïe est dans les deux cas analogue : importance de la cavité auriculaire, résonance de l'air, transmission au cerveau ; le dérangement de l'ouïe est dû à un déplacement du cerveau. Comp. aussi la théorie de l'ouïe exposée au c. 15 du traité des *Chairs* (Littré VIII, 602, 19 sqq. = Joly 197, 17 sqq.), qui toutefois combine les vues d'Alcméon (cavité qui résonne) et d'Empédocle (choc de l'air contre un corps dur).

3. Par rapport au passage parallèle de *Mal. II* **2**, c. 17 (c. 6), 150, 16 sq. il existe deux différences : flux par la bouche et non par les oreilles (voir déjà supra p. 132, n. 2), flux d'eau et de phlegme, alors que *Mal. II* **2**, c. 17 (c. 6) ne signale qu'un flux d'eau.

P. 136.

1. La leçon de I (θολερωτέρου) est ici supérieure à celle des manuscrits anciens, car le couple θολερωτέρου καὶ νοσωδεστέρου reprend manifestement θολερὸν καὶ νοσῶδες (c. 4 b, 135, 19 sq.). Est-ce une conjecture heureuse de I ou une leçon issue d'une tradition parallèle ?

2. Le sphacèle (σφακελίζειν ; cf. σφάκελος au c. 23 [c. 12] et σφακελώδης au c. 75 [c. 64]) désigne la nécrose, tout particulièrement la carie osseuse (voir note *s.v.* σφάκελος au c. 23 [c. 12]), mais aussi la gangrène des autres tissus ; cf. par ex. la définition donnée par Galien dans son *Glossaire hippocratique s.v.* σφάκελος (éd. Kühn XIX, 144, 1-3) : « nécrose (φθορά) de toute sorte, quelle que soit la manière dont elle se produit », et voir par ex. *Articulations*, c. 69, Littré IV, 282, 13 sqq. (sphacèle des chairs). Ce sens de « nécrose » des tissus ne rend pas compte toutefois de tous les emplois de σφακελίζειν (σφάκελος, σφακελισμός). Déjà chez les anciens, le sens de σφάκελος était discuté. Galien dans les *Parties affectées* II (éd. Kühn VIII, 92, 13 sqq.) déclare : « Il n'y a pas accord non plus sur le sens du terme σφάκελος ; selon certains, il désigne une grande douleur, selon d'autres un excès d'inflammation tel qu'il entraîne le risque de nécrose de la partie, ce que certains nomment « gangrène » ; selon quelques autres, c'est la nécrose elle-même de la partie affectée qui est nommée sphacèle ; selon d'autres c'est le spasme ; et selon d'autres, non pas le spasme simplement, mais celui qui survient lors de l'inflammation des corps nerveux ; selon quelques-uns, non pas le spasme qui est en train de se produire, mais celui qu'on attend par suite de l'intensité de l'inflammation ; selon quelques autres simplement

une tension forte ; selon d'autres une putréfaction » ; comp.
Hésychius *s.v.* σφακελίζει ; la *Souda*, éd. Adler IV, 484, 2 sqq. ;
Bekker, *Anecd.* 433, 21. Dans certains passages de la *Collection*
σφάκελος ne peut désigner la nécrose ; c'est le cas en *Épidémies*
VII, c. 56, Littré V, 422, 17, où ὁ ... σφάκελος δεινός désigne
vraisemblablement une convulsion douloureuse dans la tête ; cf.
aussi *ibid.*, c. 84, 440, 18 κεφαλῆς σφάκελος et comp. Eschyle,
Prométhée, 878. Quel sens faut-il donner à σφακελίζειν (*vel*
σφάκελος) dans cette affection du cerveau? Les anciens enten-
daient-ils par là une « gangrène du cerveau » ou une « inflammation
du cerveau avec convulsion douloureuse » ? Dans *Airs, eaux, lieux*,
les « sphacèles du cerveau » (σφάκελοι τοῦ ἐγκεφάλου) sont cités
à côté des céphalalgies ; comp. aussi Euripide, *Hippolyte*, v. 1352.
Un tel rapprochement ferait pencher pour le second sens. Mais
rien ne prouve que l'affection décrite dans *Mal. II* 1 et dans les
versions parallèles de *Mal. II* 2, c. 20 (c. 9), de *Mal. III*, c. 4
(cf. *Test.*), d'*Aphorismes* VII, 50 et de *Prénotions coaques*, 183
(cf. *Test.* ad c. 20 [c. 9]), soit identique à celle d'*Airs, eaux, lieux*.
C'est, en tout cas, une maladie dangereuse qui entraîne rapidement la mort. Il n'est pas impossible qu'elle fût conçue à l'origine
comme une « nécrose » du cerveau.

3. L'addition de ἐς devant τὴν ῥάχιν, proposée mais non
justifiée par Ermerins, s'impose, car ἐς τὴν ῥάχιν est donné par
les deux rédactions parallèles de *Mal. II* 2, c. 20 (c. 9), 154, 8 et
Mal. III, c. 4, Littré VII, 122, 6 (= Jouanna[1] 374, 2). La chute
de ἐς après la finale -ῆς n'a rien d'étonnant.

4. Par suite de la simple addition ou omission d'un καί,
les leçons de θ et de M donnent un sens différent ; θ : « le malade
est en proie à une douleur qui va de la tête jusqu'à la colonne
vertébrale et gagne le cœur ; il y a défaillance ». M : « le malade
est en proie à une douleur qui va de la tête jusqu'à la colonne
vertébrale, et une défaillance gagne le cœur ». Les deux leçons
sont possibles. Littré et Ermerins ont choisi la leçon de θ. De
fait, elle correspond à un usage des traités nosologiques cnidiens :
quand ἀψυχίη y est mentionné comme symptôme, on rencontre,
comme dans θ, καὶ ἀψυχίη (voir *Maladies des Femmes* I, c. 24, Littré VIII, 64, 7 et c. 63, *ibid.*, 128, 3) et le verbe est sous-entendu.
Toutefois, les rédactions parallèles et le contexte semblent confir-
mer la leçon de M. Rédactions parallèles : dans *Mal. II* 2, c. 20
(c. 9), 154, 9, ψῦχος, correspondant à ἀψυχίη, n'est pas précédé
de καί et est sujet de ἐπὶ τὴν καρδίην καταφοιτᾷ ; cf. du reste dans
la thérapeutique du même chapitre καὶ ἐπὶ τὴν καρδίην ἴῃ τὸ
ψῦχος (155, 6 sq.) qui reprend et confirme ainsi l'énoncé du symptôme ; cf. aussi *Mal. III*, c. 4, Littré VII, 122, 7-8 (= Jouanna[1]
374, 3) καὶ ψῦχος ἐπέρχεται ἐπὶ τὴν κεφαλήν. Contexte : l'explication du symptôme dans la partie étiologique (c. 5, 136, 14 sq.)
met en rapport la défaillance avec le cœur puisqu'elle est due à un
flux de bile et de phlegme se fixant sur le cœur, tandis que l'explication du symptôme de la douleur se termine avec la douleur de

la colonne vertébrale (136, 14). La douleur ne va donc pas en direction du cœur. C'est une confirmation du texte de M.

5. La leçon de θ ἴδρωι ici, de même qu'en 136, 17 ἴδρω, n'est autre que la troisième personne du singulier du verbe ἰδρώω avec une faute d'accent. C'est peut-être la *lectio difficilior*. Toutefois la rédaction parallèle de *Mal. II* 2, c. 20 (c. 9), 154, 9 donne ἰδρώς avec l'accord de θ et de M.

P. 137.

4. Comp. *Aphorismes* VII, 40, Littré IV, 588, 8-9 (= Jones IV, 202, 1-3) : « si subitement, la langue devient impuissante (ἀκρατής) ou quelque autre partie frappée de paralysie (ἀπόπληκτον), c'est signe d'atrabile (μελαγχολικόν). Pour des impotences dues à la bile noire, voir aussi *Mal. I*, c. 3, Littré VI, 144, 15 sq. (= Wittern 8, 16 sq.).

5. Le flux dans la région du cou est destiné à expliquer la perte de la parole.

6. Τῇ ἄλλῃ signifie ici « partout ailleurs », c'est-à-dire « dans le reste du corps », par rapport au cou et à la poitrine ; pour ce sens de τῇ ἄλλῃ, comparer Hérodote II, 36, 1 ; IV, 28, 3 et 192, 2 ; voir, dans la *Collection*, *Épidémies III*, c. 4, Littré III, 74, 10 (= Kuehlewein I, 226, 3) ἄλλη τοῦ σώματος et *Blessures de tête*, c. 8, *ibid.*, 210, 4 (= Kuehlewein II, 9, 18) ἄλλη τῆς κεφαλῆς, etc. Toutes les éditions précédentes ont adopté un texte qui dérive d'une innovation de I τῇ ἐξῆς et comprennent « le lendemain ».

7. Ἀπόπληκτος signifie littéralement « frappé » et ἀκρατής « impuissant ». Mais les deux termes, qui reprennent dans la partie étiologique ἀκρατής ἑωυτοῦ de la sémiologie, ont un sens voisin ; ils s'appliquent tous deux à des impotences, ἀπόπληκτος désignant une paralysie soudaine. Les deux termes sont employés conjointement dans deux autres passages de la *Collection hippocratique* : *Mal. I*, c. 3, Littré VI, 144, 14 sq. (= Wittern 8, 15 sq.) et *Aphorismes* VII, 40, cité *supra*, p. 137, n. 4. L'auteur décrit ici un cas d'*apoplexie cérébrale* ; sur l'apoplexie dans la *Collection hippocratique*, voir A. Souques, *Étapes de la neurologie dans l'Antiquité grecque*, Paris, 1936, p. 73-75 et E. Clarke, *Apoplexy in the Hippocratic Writings* in *Bulletin of the History of Medicine*, XXXVII, 1963, p. 301-314.

8. Le contexte implique que, pour l'auteur, la bile noire est une humeur froide, comme le phlegme. Les effets produits par ces deux humeurs sur le sang sont identiques ; comp. à toute cette fin du c. 6 a les explications très voisines du c. 8 fin (paralysie due au refroidissement du sang par le phlegme.)

P. 138.

1. Comme A. Anastassiou le fait remarquer, les leçons de θ (ἀφριει) et de M (ἀφριεῖ) permettent de postuler le verbe ἀφρίω

(*vel* ἀφριέω), d'autant plus qu'il existe des traces de ce verbe dans le reste de la *Collection hippocratique*. En *Maladie sacrée*, c. 7, Littré VI, 374, 6 (= Grensemann 72, 4), ἀφρίει est donné par θ ; de même en *Mal. IV*, c. 51, Littré VII, 584, 15 (= Joly 108, 11) M donne ἀφριεῖ. La forme ἀφρίω (*vel* ἀφριέω) est une *lectio difficilior* : elle a été adoptée dans l'*Index hippocratique* de Hambourg (à paraître).

2. Il y a une ambiguïté sur le sujet des verbes ψύχεται ... ψυχθῇ ... ἐκλίπῃ ... πήγνυται ... κινηθῆναι οὐ δύναται. On peut entendre soit « le sang » soit « le malade ». J'ai choisi « le sang », par suite du parallélisme avec la phrase précédente où « le sang » est sujet des verbes διαχεῖται καὶ κινεῖται auxquels s'opposent ici les verbes πήγνυται καὶ κινηθῆναι οὐ δύναται ; comp. aussi c. 8 (140, 3 sq.) ἐπιψύχεται μᾶλλον τὸ αἷμα καὶ πήγνυται. Dans cette interprétation, le changement de sujet (du « sang » au « malade ») s'effectue les deux fois de façon parallèle dans le dernier verbe de la série : à καὶ ὑγιὴς γίνεται s'oppose ἀλλ' ἀποθνήσκει.

3. Le pluriel θωρηξίων, mises à part des variantes d'orthographe et d'accentuation, a été adopté par tous les éditeurs jusqu'à Mack compris. Littré, suivi par Ermerins, adopte le singulier θωρήξιος, leçon dont l'origine reste indéterminée. Les *recentiores* du haut du stemma donnent le pluriel. Est-ce une conjecture par comparaison avec la rédaction parallèle de *Mal. II 2*, c. 22 (c. 11), 156, 10 ? Littré n'en dit rien. Le pluriel, qui est la leçon des manuscrits, doit être conservé ; ce mot fréquemment employé dans *Mal. II 1* et *2* (8 fois contre 5 dans le reste de la *Collection hippocratique*) est régulièrement employé au pluriel, sauf en *Mal. II 2*, c. 22 (c. 11).

P. 139.

3. Ἀκρασίη a un sens technique qui n'est pas clairement mentionné dans les dictionnaires ; c'est « l'impuissance à se mouvoir » plus ou moins prononcée (cf. ἀκρασίη πολλή dans *Affections internes*, c. 10, Littré VII, 190, 14 ; c. 33, *ibid.*, 250, 22 sq.) qui atteint une partie du corps ou l'ensemble du corps et qui va de « l'engourdissement » à la « paralysie ». Ce sens d'ἀκρασίη, *impotentia*, est fréquent dans la *Collection hippocratique*. Le terme est ancien puisqu'il est attesté ici dans les trois rédactions parallèles et remonte au modèle. Comp. le sens d'ἀκρατής au c. 6 a *(bis)* et en *IG* 4.951.22 (Épidaure).

P. 140.

1. La glose de Galien κεκωμῶσθαι · ἐν κώματι εἶναι qui se rapporte selon toute vraisemblance à ce passage (voir *supra*, 96, 28 sqq.) donne une variante intéressante. Κεκωμῶσθαι (parfait de κωμόομαι) signifie que le corps « est pris de somnolence » ; comp. κωμαίνει (139, 3).

2. La comparaison avec le c. 6 a ἢν δὲ μὴ κρατήσῃ, ψύχεται

ἐπὶ μᾶλλον suggère que l'auteur pouvait avoir écrit également ici ψύχεται ἐπὶ μᾶλλον. Comp. aussi Hérodote III, 104 ἐπὶ μᾶλλον ψύχει (sc. ὁ ἥλιος). L'expression ἐπὶ μᾶλλον est bien attestée dans la prose ionienne d'Hérodote (3 fois) et surtout d'Hippocrate (14 fois). Pour cette expression, voir Kühner-Gerth, *Ausführliche Grammatik...* II 1, 540. Le composé ἐπιψύ-χεσθαι n'apparaît qu'une autre fois dans la *Collection hippocratique* comme *varia lectio*, en *Maladies des femmes I*, c. 54, Littré VIII, 112, 16 (MV : ἀπο- θ).

3. Il est inutile de corriger avec Littré et Ermerins ἐπιδιδοῖ en ἐπιδιδῷ ; il peut s'agir d'un subjonctif ionien contracte ; cf. F. Bechtel, *Die griechischen Dialekte...*, III, p. 179.

4. Ermerins, Fuchs et Kapferer font de αἷμα le sujet de πήγνυται, tandis que Littré donne à πήγνυται le même sujet qu'à ἐκψύχεται (ὤνθρωπος). On a adopté ici la construction des premiers, bien que le texte ne paraisse pas entièrement satis-faisant ; de même que πήγνυται παντελῶς reprend πηγνύμενον, ἐκψύχεται reprend ψυχόμενον et devrait avoir pour sujet le sang ; il faudrait dans ce cas écrire καὶ ὤνθρωπος au lieu de ὤνθρωπος καὶ, ou supprimer ὤνθρωπος ; pour cette dernière solution, comp. c. 6 a (138, 5) où ὤνθρωπος n'est pas exprimé.

5. Tout ce développement sur l'explication de la paralysie par le refroidissement et le ralentissement du sang sous l'effet d'un flux de phlegme provenant de la tête doit être rapproché de *Maladie sacrée*, c. 6, Littré VI, 370, 14 sqq. (= Grensemann 70, 26 sqq.) et c. 7, *ibid.*, 374, 2 sqq. (Grensemann 72, 24 sqq.) ; mais sur la nature des relations qui peuvent exister entre ces deux traités, aucune certitude n'est possible. Toutes les solutions ont été proposées pour expliquer les ressemblances : 1) influence de *Mal. II* sur *Maladie sacrée* (cf. H. Grensemann, *Die Hippo-kratische Schrift « Über die heilige Krankheit »*, Berlin, 1968, p. 18-21) ; 2) influence de *Maladie sacrée* sur *Mal. II* (cf. M. Pohlenz, *Hippokratesstudien* in *Nachrichten von der Gesellschaft der Wissenschaften zu Göttingen*, Phil.-hist. Klasse, Neue Folge, F. I, 2. Band, 1936-1938, p. 91 sqq.) ; 3) *Mal. II* et *Maladie sacrée* remontent à un modèle commun (cf. M. Well-mann, *Die Schrift* Περὶ ἱρῆς νούσου in *Archiv für Geschichte der Medizin*, XXI, 1929, p. 304 sqq.).

6. Κυνάγχη (cf. fr. *esquinancie*) désigne primitivement une maladie du chien, qui le tuait par étouffement ; cf. Aristote, *Histoire des animaux*, VIII, 22, 604 a 5 et 9. Le terme a été trans-posé à l'homme à cause de la similitude de certains symptômes ; voir R. Strömberg, *Griechische Wortstudien*, Göteborg, 1944, p. 97-99.

La brièveté de ce développement sur l'angine contraste avec la longueur des développements parallèles dans *Mal. II 2*, c. 26-28 (c. 15-17) ; l'auteur de *Mal. II 1* semble avoir simplifié considéra-blement son modèle. En particulier, il n'a pas retenu la distinction entre les trois variétés d'angine. Pour l'angine dans la *Collection hippocratique*, outre la troisième rédaction parallèle de *Mal. III*,

c. 10, Littré VII, 128, 16 sqq. (= Jouanna[1] 380, 10 sqq.), voir surtout *Pronostic*, c. 23, Littré II, 176, 2 sqq. (= Alexanderson 224, 8 sqq.) ; *Prénotions coaques*, 357-372, Littré V, 660, 5-662, 17 et *Lieux dans l'homme*, c. 30, Littré VI, 322 21 sqq. (= Joly 65 16 sqq.).

P. 141.

2. La leçon δι' ὀλίγου « rapidement » (ΘIR éditions sauf Littré) est préférable à δι' ὅλου « complètement » (MHᵃ Littré) ; comp. *Mal. I*, c. 16, Littré VI, 168, 24 (= Wittern 42, 9) δι' ὀλίγου ἀπόλλυνται.

3. La mention du froid dans les causes d'échauffement semble paradoxale. C'est peut-être la raison qui explique l'omission de καὶ ψύχεος dans les éditions, à la suite de Corn. (Bas.), jusqu'à Littré compris. Toutefois dans l'édition de Bâle, il devait s'agir d'une omission accidentelle, car Cornarius a réintroduit καὶ ψύχεος en marge dans son exemplaire de Vienne et dans sa traduction latine (voir *supra*, p. 118 n. 1). Le texte des manuscrits doit être conservé, car ce n'est pas le seul passage où, selon l'auteur de *Mal. II* **1**, le froid peut entraîner par réaction le chaud ; cf. c. 5, 136, 11-13..

P. 143.

4. Pour le double accusatif après ἀποξυρεῖν, comp. Hérodote V, 35, 3. Il n'y a pas lieu de préférer avec les éditeurs, depuis van der Linden, la construction de certains *recentiores* (αὐτοῦ au lieu de αὐτόν).

5. L'article τὸν indique que l'utilisation en thérapeutique de l'outre remplie d'eau chaude est bien connue, comme le remarque déjà R. Fuchs (*Hippokrates*, II, München, 1897, p. 413, n. 10) ; dans le traité, voir aussi c. 14 (c. 3), 147, 18, c. 16 (c. 5), 151, 11 ; cf. c. 59 (c. 48), 199, 3 où l'outre est appliquée au côté. Cette fomentation par l'outre est bien attestée dans le reste de la *Collection*. On pouvait aussi employer des vessies (cf. c. 59 [c. 48] cité *supra*), des vases de bronze ou d'argile ; voir en particulier *Régime dans les maladies aiguës*, c. 7, Littré II, 268, 10 sq. (= Joly c. 21, 45, 1 sq.).

6. L'infinitif d'ordre διδόναι s'adressant au médecin (= 2ᵉ personne), on attendrait normalement le nominatif πιπίσκων et non l'accusatif πιπίσκοντα (cf. quelques lignes plus haut διαλείπων ... ποιεῖν). Voir toutefois *supra*, p. 20, n. 1.

P. 144.

4. La prescription du millet (κέγχρος) est fréquente dans le traité. Le millet y est cité 16 fois alors qu'il n'apparaît que 14 fois dans le reste de la *Collection*. Le millet est prescrit en eclegme également au c. 67 (c. 56), 206, 10 (où l'on retrouve aussi la pres-

cription de la courge et des bettes). D'ordinaire, dans le reste du traité, il est donné en potage.

5. Pour ce sens de ἐξέρχομαι, voir les exemples donnés par LSJ *s.v.* II, 1. Il est vrai que les deux autres fois où le verbe est employé dans *Mal. II 2*, il ne marque pas l'écoulement du temps, mais désigne une maladie qui guérit (c. 13 [c. 2], 146, 17 ; c. 69 [c. 58], 209, 7 sq.) ; s'il faut proposer une correction, ce n'est pas διέρχομαι (innovation de I adoptée par les éditeurs), qui n'est pas attesté dans le reste de la *Collection*, mais παρέρχομαι, qui y est régulièrement employé pour l'écoulement du temps : c. 46 (c. 35), 177, 17 ; c. 47 a (c. 36 a), 178, 14 ; c. 64 (c. 53), 203, 9 ; c. 67 (c. 56), 206, 9.

6. Pour la place de ἔπειτα, Littré dit très justement (t. VII, p. 22) : « Si l'on consulte les passages parallèles, on approuvera la correction de van der Linden ». Outre le c. 13 (c. 2) cité par Littré (= *infra*, p. 146, 5), voir *Maladies des femmes I*, c. 63, Littré VIII, 128, 11-12 et *Maladies des femmes II*, c. 118, *ibid.*, 254, 13-15.

P. 145.

1. Le bain de vapeur sur tout le corps est destiné à favoriser l'évacuation par le haut ; comp. la même prescription dans un contexte similaire au c. 51 (c. 40), 188, 19 sq. : πυριήσας αὐτὸν ὅλον, φάρμακον δοῦναι πίνειν κάτω.

2. C'est le seul passage du traité où M et θ s'accordent pour donner ἐλλέβορος avec un esprit doux. Dans tous les autres passages (voir index), M offre régulièrement l'esprit doux, alors que θ présente aussi régulièrement l'esprit rude. Pour les diverses variétés d'ellébore et leur emploi en médecine, voir *infra*, p. 150, n. 4.

3. Le mot κοτίς n'est pas attesté dans la *Collection* en dehors de *Mal. II 2* où il se rencontre quatre fois (voir aussi le c. 20 [c. 9], trois fois). S'agit-il d'une particularité du style de l'auteur de *Mal. II 2* ou d'une survivance du modèle ? Toujours est-il que dans les rédactions parallèles nous lisons κεφαλή et non κοτίς (cf. *Mal. II 1*, c. 5, 136, 8 et *Mal. III*, c. 4). Toutefois pour l'auteur de *Mal. II 2*, κοτίς n'est pas l'exact synonyme de κεφαλή ; d'après le contexte, κοτίς désigne une partie de l'arrière de la tête, l'« occiput » ; cf. la glose de Galien à notre passage (*supra*, 97, 11 sq.) : κοτίδι · τῷ ἰνίῳ, plus exacte que celle de MR à c. 20 (c. 9), 154, 8, que l'on attribue sans preuve décisive à Érotien (éd. Nachmanson 115, 10-11 : κοτίς · ἔστι τῆς κεφαλῆς ἡ κορυφή). D'après Pollux (2, 29, éd. Bethe, p. 89), κοτίς est un mot dorien. Avons-nous affaire ici à une trace du dialecte local dorien dans l'ionien littéraire ? Pour ce problème des dorismes dans l'ionien hippocratique, voir F. Bechtel, *Die griechischen Dialekte*, III, p. 27-28, et dernièrement V. Schmidt, *Dorismen im Corpus Hippocraticum* in *Corpus Hippocraticum* (Colloque de

Mons, septembre 1975), Mons, 1977, p. 49-64 ; comp. *supra*, c. 2, 133, 10 le dorisme ἐντράχῃ *v.l.* in θ.

4. Ces huit escarres sont faites sur le trajet des vaisseaux. Comme l'a remarqué M.-P. Duminil (*Le sang, les vaisseaux, le cœur dans la Collection hippocratique*, thèse d'État dactyl., Paris, 1977, p. 199 sq.), les connaissances anatomiques de *Mal. II 2* sur les vaisseaux de la tête correspondent à celles de Polybe dans la *Nature de l'homme*, c. 11, Littré VI, 58, 1 sqq. (= Jouanna[2] 192, 15 sqq.). Ce dernier distingue quatre paires de vaisseaux partant de la tête : 1re paire, dans la partie postérieure de la tête ; 2e paire, le long des oreilles; 3e paire, aux tempes ; 4e paire, dans la partie antérieure de la tête, aux yeux. Pour la cautérisation des tempes, comp. Hérodote IV, 187, 2.

5. Pour cette cautérisation oblique traversante, comparer *Lieux dans l'homme*, c. 40, Littré VI, 330, 13-14 (= Joly 69, 25) διακαίειν ἐπικαρσίην.

P. 146.

4. Les évacuants sont conjugués : 1) évacuant par le haut, 2) purgatif de la tête, 3) évacuant par le bas, 4) absorption de petit-lait ou de lait d'ânesse. Cette accumulation des évacuants est fréquente dans le traité ; voir déjà W. Artelt, *Studien zur Geschichte der Begriffe « Heilmittel » und « Gift », Urzeit — Homer — Corpus Hippocraticum*, Leipzig, 1937 (Darmstadt 1968), p. 62. La médication purgative est accompagnée d'un régime laxatif. Par tous les moyens, il faut donc débarrasser le malade de son état de pléthore, et si les bains sont proscrits, c'est parce qu'ils humidifieraient le corps et favoriseraient ainsi un état que l'on veut combattre.

5. Le singulier κηκῖδα (« noix de galle ») donné par θ (avec une faute d'onciale) est préférable au pluriel κηκίδας de M adopté par les éditions. Le singulier est de règle dans la *Collection* : comp. par exemple *Maladies des femmes I*, c. 63, Littré VIII, 130, 4-5 où l'auteur donne une recette d'onction pour ulcères analogue à celle de *Mal. II 2* : « oindre les ulcères avec de la fleur d'argent, de la noix de galle (κηκῖδα), de la myrrhe et de l'encens, etc. ».

P. 147.

3. L'addition de ἢ πλέον après ἧσσον, jugée nécessaire par Littré, est inutile comme l'a déjà remarqué Ermerins (*ad loc.*) ; le comparatif ἧσσον a ici sa valeur intensive.

4. Comme au c. 12 (c. 1), la thérapeutique suit les phases d'évolution de la maladie : 1) avant l'éruption par les narines et par les oreilles (147, 15-22) ; comp. dans le pronostic 147, 12 sq. 2) après l'éruption (148, 1 sqq.) ; comp. dans le pronostic 147, 12 sq. ; c'est sans doute le rapprochement de ces deux passages qui a suggéré à Calvus la conjecture *per nares auresve*. Les deux

développements thérapeutiques des c. 12 (c. 1) et c. 14 (c. 3) sont du reste comparables dans leurs grandes lignes.

5. La présence de ἆσσον est ici singulière ; προστιθέναι est très fréquemment employé dans les parties thérapeutiques pour prescrire des applications sans qu'il soit accompagné de cet adverbe. Toutefois, il est hors de question de supprimer ce terme homérique et poétique et certainement ionien (cf. Hérodote ἆσσον ἰέναι en III, 52, 3 ; IV, 3, 4 ; V, 3 ; VII, 233, 1). Ἆσσον ne se rencontre qu'une fois dans la *Collection*, en *Femmes stériles*, c. 221, Littré VIII, 428, 14, dans l'expression attendue ἆσσον ἰέναι +gén.

6. Il s'agit en fait de l'avant-dernière maladie, c. 12 (c. 1), 143, 11.

7. Le sens de la subordonnée ἢν δὲ μηδ' ἀπὸ τοῦ μελικρήτου n'est pas certain. Il faut sous-entendre un verbe ; comp. quelques lignes plus bas (148, 16) ἢν δὲ μηδ' οὕτω ῥηγνύηται. On a pensé à χαλᾷ exprimé quelques lignes plus haut (Fuchs, Kapferer, Jouanna[1]). Toutefois la prescription de l'hydromel, comme du reste celle de l'eau de farine grossière (τὸ ἀπὸ κρίμνων), est destinée non pas à apaiser la douleur de tête mais à évacuer le ventre ; comp. les passages analogues du c. 12 (c. 1), 143, 17 (pour l'hydromel) et du c. 16 (c. 5), 151, 8 (pour l'eau de farine grossière). Le texte est vraisemblablement lacunaire. Avant πινέτω δέ, il doit manquer au moins une phrase telle que καὶ ἢν ἡ κοιλίη (vel γαστὴρ) μὴ ὑποχωρῇ, ὑποκλύσαι qui peut être rétablie par comparaison avec c. 12 (c. 1), 143, 15 sq. et c. 16 (c. 5), 151, 7 ; dans ce cas, après ἢν δὲ μηδ' ἀπὸ τοῦ μελικρήτου, il faudrait sous-entendre ἡ κοιλίη (vel γαστὴρ) ὑποχωρῇ. Le sens précis de la subordonnée est vraisemblablement : « Et si même avec le mélicrat le ventre n'est pas évacué ».

P. 148.

1. Comp. le c. 12 (c. 1), 144, 14 sq. προστιθεὶς ὀλίγον αἰεί ; comp. aussi c. 15 (c. 4), 149, 14 ὀλίγα αἰεὶ προστιθείς. Dans ces trois passages, l'auteur insiste sur le caractère progressif des changements dans le régime. La gradation est une idée essentielle de la médecine diététique dans la *Collection hippocratique*, quelle que soit l'origine des traités. C'est aussi une idée importante dans la chirurgie ; voir par ex. c. 47 b (36 b), 182, 12, avec la note 4 de la page 182.

4. Pour le double accusatif πυριᾶν αὐτὸ<ν> τὸ οὖς, comp. quelques lignes plus haut πυριᾶν αὐτὸν ... τὰ ὦτα. Si l'on conserve la leçon des manuscrits anciens (αὐτό), l'expression désigne un bain de vapeur *localisé* à l'oreille (par opposition au bain chaud qui vient d'être prescrit et qui concerne vraisemblablement tout le corps).

5. Bien que la correction d'Ermerins ῥυφήμασι, que j'ai adoptée en *Archéologie...*, p. 46, 2 paraisse évidente au premier

abord, il convient de s'en tenir à la leçon des manuscrits anciens et de certains *rcentiores* ῥύμμασι que tous les éditeurs ont négligée à tort. Cette forme ionienne, ῥύμμα (-ατος) est confirmée par Galien qui lisait encore la forme atticisée ῥόμμα dans la *Collection* (cf. son *Glossaire s.v.* ῥόμματος · ῥοφήματος ἢ ῥοφήσεως). Le copiste de M a répété ῥύμμασι en marge parce qu'il jugeait la leçon remarquable ; voir J. Jouanna, *Une forme ionienne inédite:* ῾Ρύμμα « le potage » *dans le traité hippocratique des Maladies II (Littré VII, 26, 22)* in *Revue de Philologie*, LV, 1981, p. 205-213. Autre attestation (non signalée dans l'article) chez Arétée VIII, 13, 9 (éd. Hude², 169, 24) : πτισάνης χυλοῦ ῥύμμα.

6. Allusion probable à c. 14 (c. 3), 147, 21 sqq. et à c. 12 (c. 1), 144, 1 sqq.

P. 149.

2. A. Anastassiou note que le verbe ἥδεται (« éprouve du plaisir ») est douteux ; le passage est unique dans la *Collection* ; d'ordinaire on rencontre dans ce contexte les verbes indiquant la douleur et non le plaisir : ἀλγεῖ, οὐκ ἀνέχεται, ἄχθεται.

3. La décoction de lentilles (φάκιον) avec addition de miel et de vinaigre est recommandée plusieurs fois dans le traité comme vomitif ; comp. c. 43 (c. 32), 174, 16 et c. 55 (c. 44), 194, 17.

P. 150.

3. Littré, suivi par Ermerins, propose de remplacer τοῦ ἦρος par « ἄνω ou quelque chose d'analogue » ; il est difficile d'accepter cette correction ; paléographiquement, elle ne s'explique guère ; et surtout, le printemps est mentionné comme une saison favorable pour un traitement évacuant au c. 51 (c. 40), 188, 21 sq. ἐγχειρεῖν δὲ βούλεσθαι μάλιστα τοῦ ἦρος ; cf. aussi c. 55 (c. 44), 194, 11. Ce qui est plus gênant, c'est la syntaxe peu correcte de la phrase. Il faudrait écrire προκαθῆραι ... πρῶτον μὲν ..., ἔπειτα ... ἐγχέαι ou bien προκαθήρας πρῶτον [μὲν] ..., ἔπειτα ... ἐγχέαι. La fréquence de πρῶτον μὲν ... ἔπειτα dans ce développement thérapeutique (3 fois πρῶτον μέν, 5 fois ἔπειτα) contraste avec le « style καί » des développements thérapeutiques de la fin du traité ; dans ce passage, πρῶτον μὲν est même redondant (cf. προκαθήρας).

4. L'ellébore est un des remèdes les plus célèbres de la médecine antique. Les anciens distinguaient deux variétés d'ellébore : l'ellébore blanc (cf. c. 43 [c. 32], 175, 1 sq.) et l'ellébore noir (cf. c. 34 [c. 23], 168, 7 sq.). L'ellébore blanc est un évacuant par le haut (c. 43 cité *supra*) ; l'ellébore noir est un évacuant par le bas (cf. par ex. *Régime dans les maladies aiguës*, c. 7, Littré II, 274, 3 [= Joly, c. 23, 46, 4 sq.] ; cf. Pausanias X, 36). Sur les effets opposés des deux variétés d'ellébore, voir aussi Rufus d'Éphèse in Oribase, *Coll. Med.* VII, 26, éd. Bussemaker et Daremberg II, 105, 11-106, 1 (κάτω μὲν οὖν καθαίρει μέλας ἑλλέβορος) et

107, 2 (ἄνω δὲ καθαίρει ἐλλέβορος λευκός). Sur l'usage de
l'ellébore dans la médecine antique, voir la longue note de l'éd.
Bussemaker et Daremberg II, p. 800-806. Généralement l'ellébore
est prescrit dans le traité sans précision de variété ; quand la variété
n'est pas mentionnée, il faut entendre l'ellébore blanc. Ici, l'ellébore est un évacuant par le haut conjugué, comme c'est souvent
le cas dans le traité, avec un évacuant de la tête et un évacuant
par le bas ; comp. c. 71 (c. 60), 211, 12 sq. ἐλλέβορον δὸς πιεῖν καὶ
τὴν κεφαλὴν καθῆραι κἄπειτα κάτω πῖσαι ; voir aussi c. 12 (c. 1),
145, 3 et c. 72 (c. 61), 212, 2. D'après ces exemples, il va de soi
pour l'auteur que l'ellébore est un évacuant par le haut ; ἄνω
n'y est pas précisé ; c'est une raison supplémentaire pour rejeter
la conjecture de ἄνω par Littré à la place de τοῦ ἦρος en 150, 3.

5. On notera la synonymie entre les expressions « introduire
dans les narines un évacuant » (150, 4) et « purger la tête »
149, 11 sq.). La purgation de la tête s'opère par l'introduction
d'une substance dans le nez qui provoque des éternuements. Comp.
Affections, c. 2, Littré VI, 210, 2 sq. Sur la méthode pour introduire les errhins, voir Antyllus in Oribase, *Coll. Med.* VIII, 12,
éd. Bussemaker et Daremberg II, 187, 9 - 188, 1 : « On emploie les
errhins de la manière suivante : on prend un tuyau mince, percé,
droit, long de six doigts, et disposé de façon à pouvoir entrer dans
le nez. On remplit toute la vacuité du tuyau avec le médicament.
On peut choisir un roseau ou un tuyau en cuivre. Après avoir
fixé le tuyau dans le nez, on souffle dedans par le côté opposé à
celui par lequel on fait entrer le médicament dans le nez ».

6. La trépanation est destinée à faire sortir l'eau du cerveau.
Elle se fait ici avec un trépan perforatif, vraisemblablement
droit et pointu (τρύπανον ; τρυπῆσαι ; cf. Gal. *Gloss. s.v.*
περητηρίῳ · τρυπάνῳ τῷ εὐθεῖ καὶ ὀξεῖ, ed. Kühn XIX, 129,
15 sq.). Comp. *Blessures de la tête*, c. 18, Littré III, 250, 20 sq.
(= Kuehlewein II, 25, 4 sq.) : ἀφεῖναι τοῦ αἵματος τρυπῶντα
τὸ ὀστέον σμικρῷ τρυπάνῳ, « enlever du sang en perçant l'os
avec un petit trépan perforatif ». A côté du trépan perforatif,
il existe le trépan à couronne rotatif qui « scie » l'os (πρίων ;
πρίειν). Πρῖσμα a le sens technique de « plaie résultant de
l'action du trépan à scie ». Sur la trépanation par le trépan à
scie et par le trépan perforatif, voir *Blessures de la tête*, c. 21,
ibid., 256, 11 - 260, 8 (= Kuehlewein II, 27, 10 - 29, 12). Sur les
différentes sortes de trépans, voir J. S. Milne, *Surgical instruments
in Greek and Roman times*, Oxford, 1907 (réimp. Chicago,
1970), p. 126 sqq. ; voir aussi G. Majno, *The healing hand*,
Cambridge (Mass.), 1975, p. 169. Le fait que la trépanation soit
recommandée dans une maladie qui ne paraît pas particulièrement
dangereuse implique que cette opération était pratiquée sans trop
de danger à l'époque de *Mal. II* **2**.

7. La correction d'Ermerins sur l'ordre des mots ὀδύνη καὶ
πυρετὸς est excellente, mais la suppression d'ἀλγεῖ n'est pas
heureuse. S'il avait comparé avec le début du c. 15 (c. 4), 149, 2-4

il aurait trouvé une confirmation de sa première retouche et une infirmation de la seconde ; cf. aussi c. 19 (c. 8), 153, 5 sq.

9. Ici encore le texte des manuscrits est altéré, mais la restitution est très probable. Littré adopte la leçon de M τοὺς ὀδόντας ναρκᾷ καὶ αἱμωδίη ἔχει ; Ermerins, dont les intuitions sont souvent justes, mais qui a une propension exagérée à modifier le texte, lit τοὺς ὀδόντας ναρκᾷ καὶ αἱμωδιᾷ. Aucun de ces deux textes n'est satisfaisant, comme l'indique la comparaison avec les passages analogues de *Mal. II 2*, c. 55 (c. 44), 193, 12 sqq. (τοὺς ὀδόντας αἱμωδιᾷ ... καὶ ναρκᾷ τὸ σῶμα), c. 73 (c. 62), 212, 16 sq. (τοὺς ὀδόντας αἱμωδιᾷ) et *Affections internes*, c. 6, Littré VII, 180, 14 et 16 (= Jouanna[1] 194, 9 et 13 sq.) τοὺς ὀδόντας αἱμωδιᾷ ... καὶ τὸ σῶμα ἅπαν νάρκα ἔχει. De ces passages il ressort qu'il faut lire ici, avec une légère correction dans θ, τοὺς ὀδόντας αἱμωδιᾷ καὶ νάρκα ἔχει ; pour la forme νάρκᾰ donnée aussi par θ en *Mal. II 2*, c. 12 (c. 1), 142, 1, voir note *ad loc*. Le complément de νάρκα ἔχει n'est pas τοὺς ὀδόντας mais « le malade » sous-entendu.

P. 151.

3. M, suivi par les éditeurs, omet « donnez à boire de l'eau de farine grossière d'orge en potage ». En fait, cette omission, due à un saut du même au même (de διδόναι à διδόναι) est fautive ; on trouvera une confirmation de la leçon de θ dans le passage parallèle de *Mal. III*, c. 1, Littré VII, 118, 18 (= Jouanna[1] 370, 4-5) ῥυφεῖν δὲ πτισάνης χυλὸν ψυχρόν et dans les passages analogues de *Mal. II 2*, c. 14 (c. 3), 147, 20-22 et c. 18 (c. 7), 153, 2 sq.

5. La subordonnée ἥν — ἐγκέφαλον introduisant la maladie est sans doute altérée dans la tradition manuscrite, comme l'indique la comparaison avec la rédaction parallèle de *Mal. II 1*, c. 4 a (134, 10) et la variété de *Mal. II 2*, c. 18 (c. 7), 152, 7 sq. Pour une discussion détaillée du passage, voir *Archéologie...*, p. 541 sq.

Pour les médecins de la *Collection*, les vaisseaux renferment non seulement du sang, mais aussi de l'air et de la nourriture, et certains d'entre eux contiennent plus de sang que les autres ; de là l'expression φλὲψ ἔναιμος ; voir *Nature des os*, c. 17, Littré IX, 192, 5 ; cf. aussi c. 16, *ibid*., 190, 13 et 192, 1 ; c. 18, *ibid*., 192, 20 et 21. On trouve également l'expression φλὲψ αἱμόρροος ; voir par ex. *Mal. II 1*, c. 5, 137, 6 ; *Mal. I*, c. 3, Littré VI, 144, 2 (= Wittern 6, 18) ; c. 8, *ibid*., 156, 12 (= Wittern 24, 12 sq.) ; *Affections*, c. 29, *ibid*., 240, 23 et 242, 1, etc. Cette distinction entre les φλέβες et les φλέβες αἱμόρροοι était déjà connue d'Alcméon qui, selon Aétius (DK 24 A 18), expliquait le sommeil par le retrait du sang dans les vaisseaux sanguins (εἰς τὰς αἱμόρρους φλέβας) ; cf. aussi Eschyle, frg. 230 (αἱμόρρυτοι φλέβες) et Sophocle, *Philoctète*, 824-825 (μέλαινα ... αἱμορραγὴς φλέψ).

P. 152.

1. Le développement sur la thérapeutique est singulièrement court quand on le compare à celui des maladies qui précèdent ou qui suivent. Il semble du reste que la phrase sur le pronostic qui, dans le modèle, devait précéder la thérapeutique y a été insérée. Ce qui en tout cas correspond à ἢν γὰρ ῥαγῇ — τὰς ἔξ constitue dans la rédaction parallèle de *Mal. II* **1**, c. 4 a (135, 12-14), le pronostic exposé de façon autonome suivant les normes d'exposition attendues.

2. La conjecture de Cornarius (apud Foes[2]) reprise par van der Linden, Mack et Ermerins (βαρύς au lieu de βραχύς) trouve une confirmation dans la rédaction parallèle de *Mal. II* **1**, c. 4 b, 136, 2 (βάρος τὴν κεφαλήν). La confusion de βαρύς et de βραχύς dans les manuscrits n'est pas exceptionnelle ; cf. *Épidémies I*, c. 3, Littré II, 612, 4 (= Kuehlewein I, 183, 10) βραχύτατα V edd. *recte* : βαρύτατα A.

3. On peut se demander s'il n'y a pas une lacune après τὴν κεφαλήν par comparaison avec les c. 12 (c. 1) et c. 16 (c. 5). On rase la tête du malade pour lui faire des applications chaudes ou froides ; cf. c. 12 (c. 1), 143, 10 sqq. et c. 16 (c. 5), 151, 6 sq. Par ailleurs, l'indication des applications chaudes devrait normalement précéder la thérapeutique de remplacement introduite par la subordonnée ἢν — ὑπακούῃ ; comp. c. 16 (c. 5), 151, 6-11 τὴν κεφαλὴν ξυρήσας ψύγματά οἱ προσφέρειν ... ἢν δέ οἱ πρὸς τὰ ψύγματα μὴ χαλᾷ ... θερμαίνειν. Il conviendrait peut-être d'écrire ici : ξυρήσας τὴν κεφαλὴν <χλιάσματά οἱ προσφέρειν> · ἢν <δὲ> μὴ τοῖσι χλιάσμασιν ὑπακούῃ, σχίσαι κτλ., « Rasez-lui la tête et faites des applications tièdes ; si par les applications tièdes la douleur ne cède pas, incisez, etc. ».

P. 153.

3. Il y a une contradiction dans la sémiologie ; d'un côté il est dit que la douleur se fait sentir dans la tête tout entière (διὰ τῆς κεφαλῆς πάσης) et de l'autre que la douleur dans la tête tout entière (ἐν πάσῃ τῇ κεφαλῇ) est moins fréquente que l'hémicrânie. Faut-il supprimer πάσης ? La remarque καὶ τοῖσι μὲν — κεφαλῇ a-t-elle été ajoutée postérieurement ?

4. Le jus de céleri instillé dans les narines était un purgatif de la tête ; cf. par ex. *Mal. III*, c. 1, Littré VII, 118, 16-17 (= Jouanna[1] 370, 1-2).

5. Le chou est connu pour ses vertus laxatives ; cf. par ex. *Affections*, c. 55, Littré VI, 266, 4 et surtout *Régime*, c. 54, Littré VI, 560, 4 (= Joly 53, 6 sq.), où il est dit que le chou est laxatif et évacue les matières bilieuses. Est-ce un hasard si le chou est recommandé ici comme laxatif dans une maladie due à une pléthore de bile ? C'est le seul passage du traité où le chou soit prescrit.

On s'explique mal que Littré soit revenu à la leçon de la

vulgate κράμβας ἐσθιέτω (I Ald., Cornarius, Foes, Mercurialis) alors que κράμβας τρωγέτω, déjà adopté par van der Linden, était repris par Mack et confirmé par sa collation de θ. Ermerins n'a pas suivi Littré. Comp. au c. 15 (c. 4), 149, 16 λάχανα προτρώγων.

P. 157.

2. Les manteaux sont destinés à provoquer la transpiration ; voir c. 42 (c. 31) 174, 1 et c. 43 (c. 32), 175, 1 ; comp. *Affections internes*, c. 12, Littré VII, 194, 16-17 ; c. 27, *ibid.*, 238, 18 ; c. 52, *ibid.*, 298, 22-23 (= Jouanna[1] 394, 5-7) ; *Mal. III*, c. 13, *ibid.* 134, 4-6 (= Jouanna[1] 398, 3-5) et *Semaines*, c. 30, Littré VIII, 654, 13 et IX, 452, 9 sq. (= Roscher 51, 13 sq.). Pour l'interdiction d'allumer une lumière, comp. *Mal. III*, c. 13, cité *supra* : πῦρ δὲ μὴ προσφέρειν.

4. Sur les divers sens de σφάκελος, voir *supra*, p. 136, n. 2. Le sens de « carie osseuse » est bien attesté dans la *Collection*, particulièrement dans les traités chirurgicaux ; voir *Articulations*, c. 50, Littré IV, 224, 2 (= Kuehlewein II, 188, 15) ; *Fractures*, c. 11, Littré III, 454, 8 (= Kuehlewein II, 64, 11) et comp. *Épidémies V*, 41, Littré V, 232, 6 ; *Blessures de la tête*, c. 19, Littré III, 254, 2 (= Kuehlewein II, 25, 21). Il est attesté aussi chez Hérodote III, 66 et VI, 136. Bien que la partie affectée par le « sphacèle » ne soit pas précisée, la thérapeutique oriente vers une carie de l'os du crâne (τὸ ὀστέον) ; comp. la maladie suivante, c. 24 (c. 13), qui est une autre variété de carie de l'os du crâne pour laquelle le traitement est analogue (cf. 158, 9 ὥσπερ τὴν πρόσθεν). Des manuscrits récents (cf. I[mg] H[2mg] ἑτέρη νοῦσος · ἐὰν σφακελίσῃ ὁ ἐγκέφαλος) et les éditions (cf. σφάκελος ἐγκεφάλου) ajoutent au titre « sphacèle du cerveau ». C'est une innovation fâcheuse qui a entraîné dans les esprits une confusion avec le sphacèle du cerveau du c. 20 (c. 9) ; elle rend caduque, en particulier, l'argumentation de Littré dans son exposé sur le sphacèle (t. V, p. 581-583).

5. Pour l'opération qui consiste à ruginer (ξύειν) l'os du crâne, voir surtout *Blessures de la tête*, c. 14, Littré III, 236, 10-242, 8 : la rugine (ξυστήρ) sert à diagnostiquer les contusions et les fractures qui ne sont pas manifestes et à soigner les contusions et les fractures qui ne sont pas profondes ; en cas de fractures plus graves, on recourt au trépan (voir *supra*, p. 150, n. 6). Sur la rugine dans l'Antiquité, voir J. S. Milne, *Surgical instruments in Greek and Roman times* ..., p. 121 sq.

Διπλοΐς avec le sens de διπλόη (« tissu spongieux des os du crâne séparant les deux tables compactes ») n'est pas attesté en dehors des c. 23 (c. 12) et 24 (c. 13) de *Mal. II 2* ; dans *Mal. II 1*, c. 7, qui est la rédaction parallèle de *Mal. II 2*, c. 24 (c. 13), on a le terme usuel διπλόη.

P. 158.

3. Le texte de ce développement sémiologique n'est pas certain dans le détail. Contrairement aux éditions précédentes qui suivent les *recentiores* descendant de M, il faut lire avec θ « la peau s'amincit » et non « l'os s'amincit ». La leçon τὸ δέρμα est confirmée par la rédaction parallèle de *Mal. II* **1**, c. 7 (138, 10). Mais que signifie dans ce contexte κάτηγμα ? S'agit-il d'une fissure de la peau, ou d'une fracture spontanée de l'os ? Quant à ἀνατεῖνον des manuscrits conservés par les éditions jusqu'à Mack, peut-il signifier, comme ils l'entendent, que l'os est « soulevé » (cf. Corn. (Lat.) *elevatum* ; Mack *sublatum*), ou « distendu » (cf. Calv. (Lat.) et Foes² *distentum* ? On attendrait un participe parfait et non un participe présent ; comp. un passage assez proche de *Prénotions coaques*, 183, Littré V, 624, 3 sq. (sphacèle du cerveau) : οἶσι δ᾽ ἂν τμηθεῖσι τῶν τοιούτων διεστηκὸς εὑρεθῇ τὸ ὀστέον, ἀπόλλυνται : « ceux de ces malades chez qui, une incision ayant été faite, l'os a été trouvé disjoint, succombent ». On a proposé des conjectures (ἄναιμον Littré acceptée par Ermerins, Fuchs et Kapferer et ἀνατείνων Jouanna¹ 556). Toutefois le texte des manuscrits n'est peut-être pas impossible ; comp. un emploi analogue du participe présent intransitif d'un composé de τείνω en *Nat. hom.* c. 9 (Littré VI, 52, 9 sq. = Jouanna² 188, 8-9 τὰ συντείνοντα λύειν καὶ τὰ λελυμένα συντείνειν), là où l'on aurait pu attendre le participe parfait συντεταμένα.

P. 159.

4. Seul exemple pour ἔμπλεος *vel* ἔμπλεως de la forme masculine employée avec un féminin.

5. Le traitement de cette variété d'angine, longuement développé, comprend l'application de ventouses (159, 17-160, 4), des fumigations (160, 4-12), des fomentations (160, 12 sq.) et des gargarismes 160, 13-161, 4).

Dans les autres passages de *Mal. II* **2** où apparaît cette formule d'introduction au développement thérapeutique, ἐπιτύχῃς est construit avec le datif ἔχοντι qui suit οὕτως et qui précède ἐπιτύχῃς ; voir c. 12 (c. 1), 143, 8 ; c. 22 (c. 11), 156, 13 ; c. 24 (c. 13), 158, 6 ; du reste, c'est le seul passage de la *Collection* où ἐπιτυγχάνω est construit avec l'accusatif ; la correction d'Ermerins est donc fondée, mais il est inutile de changer τοῦτον en τούτῳ comme il le fait. Τοῦτον est séparé du verbe dont il dépend (ποιεῖν+double accusatif ; cf. c. 22 [c. 11], 156, 20) par une subordonnée où il est sous-entendu à un autre cas ; comp. c. 54 b (c. 43 b), 192, 13 et c. 58 (c. 47), 198, 1.

P. 160.

1. Le développement sur l'application des ventouses n'est pas sûr dans le détail. Selon la plupart des éditeurs et des traduc-

teurs, il y a application d'abord (πρῶτον μὲν) de ventouses (le pluriel σικύας est une innovation de I) à la première vertèbre cervicale, puis (ἔπειτα) à la tête le long de chaque oreille. Dans les premières éditions jusqu'à Mack compris, ἐν τῇ κεφαλῇ est complément de τιθέναι placé après παρὰ τὸ οὖς. Mais cet infinitif est une innovation de I. En partant des manuscrits anciens la correction la plus sobre consiste à supprimer ἐν avec Ermerins et à faire du datif τῇ κεφαλῇ le complément de προσβαλεῖν. Mais il n'est pas impossible de conserver ἐν ; pour ἐν+datif après un verbe de mouvement, voir LSJ *s.v.* ἐν, A I 8. Littré s'écarte de l'interprétation traditionnelle ; il corrige ἔπειτα en ἐπὶ τὰ καὶ ἐπὶ τὰ et traduit : « d'abord mettre des ventouses vers la première vertèbre du cou de chaque côté, ayant rasé la tête près de l'oreille deçà et delà ». Une autre difficulté est de savoir si les ventouses sont ou non scarifiées. Pour les variantes ἀποσφίγξῃ, ἀποσφίγξῃς, ἀποσκίμψῃς et pour le sens technique de ἀποσκίμπτω « scarifier », voir *Archéologie...*, p. 562-564.

P. 161.

3. Le sens de τὸ φλέγμα est ici discuté. Galien dans son *Glossaire s.v.* φλέγμα (ed. Kühn XIX, 151 16 sq.) rappelle que φλέγμα dans la *Collection hippocratique* « désigne non seulement l'humeur blanche et froide, mais aussi l'inflammation ». Φλέγμα est en effet un dérivé de φλέγω « enflammer ». Pour ce passage, le sens d'« inflammation » a été proposé depuis longtemps ; voir Foes[1] (1588) *s.v.* φλέγμα p. 659. Foes n'est pas, du reste, le premier à adopter ce sens ; cf. « *inflammatio* » dans la traduction latine de Cornarius (1546) ; ce sens a été repris par Mercurialis (1588), par Foes[2] (1595), par van der Linden (1665), par Mack (1749). Littré traduit par « phlegmasie » et Ermerins par « *inflammatio* » ; voir aussi C. Fredrich, *Hippokratische Untersuchungen...*, p. 38 et J. Jouanna, *Archéologie...*, p. 92 sq. C'est aussi le sens adopté par les traducteurs Fuchs et Kapferer (« Entzündung »). Ce qui correspond à τὸ φλέγμα dans *Aphorismes* VII, 49 (vide *Test.*) est τὸ νόσημα (ἔξω γὰρ τρέπεται τὸ νόσημα) ; comp. *Mal. II* 2 c. 27 (c. 16), 162, 5-11 où ἦν ... τράπηται ... τὸ φλέγμα est suivi par ἦν δὲ ... τρεφθῇ ... ἡ νοῦσος. Certains modernes contestent ce sens et veulent traduire ici par « phlegme ». Voir R. Joly, *Sur une chronologie des traités cnidiens du Corpus hippocratique* in *Episteme* VI, 1972, p. 5-6 et *Hippocrate*, t. XIII, p. 24, n. 3. Il rejoint ainsi Calvus (1525) qui traduit par « pituita ». Même parmi les partisans du sens d'« inflammation », il n'y a pas accord sur l'interprétation de cette particularité. Selon les uns, c'est un signe d'archaïsme ; cf. le sens de φλέγμα « incendie » dans l'*Iliade* XXI, v. 337. Selon les autres, c'est plutôt un signe de modernisme et d'influence de la sophistique ; comp. Prodicos DK 84 B 4 : par le mot φλέγμα, qu'il met en rapport avec le verbe πεφλέχθαι, il désigne « ce qui est brûlé et pour ainsi dire rôti à l'excès dans les humeurs »,

et l'humeur que tout le monde appelle φλέγμα, il la désigne sous le nom de βλέννα.

4. Référence à c. 26 (c. 15), 159, 17 sqq. L'ensemble du traitement est, du reste, très voisin de la variété d'angine précédente : même application de ventouse, même fumigation, gargarisme et fomentation analogues. Il n'y a que des variantes subtiles. Par exemple les éponges chaudes au c. 26 (c. 15), 160, 12 sq. sont appliquées aux mâchoires et à la zone maxillaire ; au c. 27 (c. 16), 161, 19 sq. au cou et à la zone maxillaire.

P. 162.

2. Ce paragraphe 4 concernant le déplacement de l'inflammation (φλέγμα ; voir p. 161, n. 3) est très semblable au paragraphe 7 de la variété précédente. Le pronostic est identique. Quant au texte du traitement, il a été corrigé depuis la traduction latine de Cornarius (1546) par comparaison avec celui du chapitre précédent. Les manuscrits donnent : « prendre en potage (ἐπιρυμφανέτω) des bettes ... trempées dans de l'eau tiède (χλιαρὸν) et boire froid » (ψυχρόν). Dans le chapitre précédent, il est recommandé d'appliquer (προστιθέναι) des bettes trempées dans de l'eau froide (ψυχρὸν) et de prendre des gargarismes tièdes (χλιαροῖσι). De telles contradictions sont singulières dans un contexte par ailleurs identique. Cornarius traduit « betas ... in frigidam aquam tinctas superimponat et frigidam aquam bibat ». Foes[2] (n. 60) restitue à partir de ce texte latin : ἐμβάπτων ἐς ὕδωρ ψυχρὸν ἐπιτιθέναι vel ἐπιτιθέτω. Cornarius conjecturait en fait (cf. Corn. [Vind.]) : ἐμβάπτων ἐς ὕδωρ ψυχρὸν ἐπιρριπτέτω καὶ πινέτω (ψυχρόν). Quoi qu'il en soit, il fait disparaître deux contradictions sur trois. En cela, il est suivi par Littré qui écrit ἐς ὕδωρ ψυχρὸν ἐπιτιθέσθω, καὶ πινέτω ψυχρόν ; Ermerins, tout en admettant la correction de ἐπιρυμφανέτω en ἐπιτιθέσθω, conserve ἐς ὕδωρ χλιαρόν. Ou bien il faut supprimer les trois contradictions (par la modification de ἐπιρυμφανέτω et par la simple interversion de ψυχρόν et de χλιερὸν Jouanna[1]), ou bien il faut conserver le texte des manuscrits. Une solution intermédiaire, comme celle d'Ermerins ou même celle de Cornarius et de Littré, n'est pas souhaitable.

P. 163.

5. Θυμιᾶν désigne des fumigations sèches ; le malade doit aspirer les fumées d'un médicament sec brûlé. A distinguer de πυριᾶν qui désigne des inhalations où le malade aspire les vapeurs d'une préparation liquide chauffée (cf. c. 26 [c. 15], 160, 4). L'auteur fait nettement la distinction entre les deux procédés au c. 61 (c. 50), 200, 12 (ἢ θυμιᾷς ἢ πυριᾷς). Ici les fumigations doivent faciliter l'évacuation du pus contenu dans le poumon ; comp., outre c. 61 (c. 50) déjà cité, c. 52 (c. 41), 189, 15 et c. 50 (c. 39), 187, 15.

6. Pour le traitement de l'« empyème » (= pus dans le poumon), voir c. 47 b (c. 36 b), 180, 1 sqq.

7. Galien, dans sa glose à κλήϊθρον (B 12, *supra*, 97, 6 sq.), ne fait aucune allusion à βρόγχος et il explique le mot comme s'il lisait τὸ κλήϊθρον sans aucune détermination. Du reste, τῷ κλήϊθρῳ à la fin du chapitre n'est pas accompagné d'un déterminatif. Il est fort possible que τὸ ὑπὸ τῷ βρόγχῳ soit une glose marginale insérée dans le texte, glose analogue à τόπος ὑπὸ τοῖς παρισθμίοις de Galien. Τὸ κλήϊθρον désignerait « l'isthme de la gorge » ; cf. Galien : « l'endroit de la déglutition sous les amygdales ». Le sens d'épiglotte (cf. LSJ *s.v.*) paraît trop précis. La croyance en la possibilité de l'infusion dans le poumon (voir *infra*, p. 179, n. 5) est peu compatible avec une connaissance précise de l'épiglotte.

P. 164.

3. Tous les éditeurs, à l'exception de van der Linden, éditent un texte qui remonte à une innovation de I τῷ συκίῳ τούτῳ, καὶ ἀναγαργαρίζειν ἐὰν δύνηται. L'adjonction d'un καὶ devant ἀναγαργαρίζειν et aussi le déplacement de ἐὰν δύνηται proviennent d'une mauvaise construction. Τούτῳ ne se rapporte pas à τῷ συκίῳ ; il désigne la préparation formée avec tous les ingrédients mentionnés auparavant et est complément de ἀναγαργαρίζειν. Le pronom démonstratif en tête de phrase, sans mot de liaison, est fréquent dans le traité ; pour le datif avec ἀναγαργαρίζειν, comp. c. 26 (c. 15), 161, 10 sq. et c. 30 (c. 19), 165, 12.

4. Comp. c. 30 (c. 19), 165, 12 sqq. ἔξωθεν δὲ καταπλάσσειν ... ὠμήλεσιν, ἐν οἴνῳ καὶ ἐλαίῳ ἑψῶν, χλιερήν. Le participe se rapportant à un infinitif d'ordre 2ᵉ personne est généralement au nominatif. Néanmoins la transformation de ἔψοντα en ἔψων (*Archéologie...*, p. 568 sq.) n'est pas nécessaire. Voir *supra*, p. 20, n. 1.

5. Pour la leçon de θ τύψαι (litt. « frapper »), comp. dans un passage analogue, c. 30 (c. 19), 165, 15 ὑποτύψαι donné par θM ; voir aussi c. 55 (c. 44), 195, 4 ἀποτύψαι donné également par θM.

6. Le texte des manuscrits est corrompu et aucune restitution n'est certaine. Ils présentent avant ταῦτα le datif τοῖσι πλείστοισι qui ne s'intègre pas dans la phrase sans des modifications importantes. Du reste, il est normal que la formule de conclusion sur le traitement commence par le démonstratif ταῦτα en asyndète ; comp. c. 26 (c. 15) fin ; c. 38 (c. 27), fin ; c. 39 (c. 28), fin ; c. 64 (c. 53) fin ; c. 72 (c. 61), fin. D'après tous ces passages, il est clair que la leçon de θ ποιήσαντες qu'aucun éditeur n'a adoptée est conforme à l'usage du traité et que le nominatif n'implique pas que le traitement soit fait par le malade lui-même. Le datif ποιήσαντι de M (se rapportant à un σοι sous-entendu désignant le médecin) n'est pas impossible (cf. par ex. c. 25 [c. 14], 159, 4

ταῦτα ποιέοντι ῥηΐων γίνηται) et paraîtra à certains la *lectio
difficilior*.

7. Pour cette affection de la gorge, voir *supra*, p. 140, n. 8

P. 165.

4. La «fleur de cuivre» est l'écaille de cuivre qui se détache
spontanément des lingots de cuivre en fusion, quand on les
refroidit brusquement avec de l'eau ; voir Dioscoride V, 77 et
Pline XXXIV, 107. Elle est utilisée en médecine pour des usages
variés ; voir Dioscoride V, 77 et Pline XXXIV, 109. Dans *Mal. II
2*, elle a trois utilisations : 1) comme évacuant avec de la myrrhe ;
comp. c. 19 (c. 8), 154, 4 et c. 25 (c. 14), 159, 3 ; 2) comme
cicatrisant soit seule (dans ce passage), soit avec du miel aux
c. 34 (c. 23), 168, 9, c. 36 (c. 25), 169, 11 ; 3) elle entre dans la
composition d'une infusion dans le poumon, pour faire sortir le
pus ; c. 47 b (c. 36 b), 180, 11 sq.

Dioscoride (V, 77) et Pline (XXXIV, 109) signalent que la
fleur de cuivre (en poudre Pline) réduit l'enflure de la luette.
Ici la fleur de cuivre « sèche » désigne sans doute la poudre non
mélangée à du miel.

5. Même dénomination du gargarisme qu'aux c. 27 (c. 16),
162, 1 et c. 29 (c. 18), 165, 5. Pour la forme ἐλειθερεῖ, voir
supra, p. 162, n. 1.

6. Le grillage des céréales est une vieille technique méditerra-
néenne pour nettoyer les grains avant de les moudre ; cf. Pline
XVIII, 61 et voir J. André, *L'alimentation et la cuisine à Rome*,
2ᵉ éd., Paris, 1981, p. 55-56. La farine d'orge non grillée est utilisée
essentiellement en cataplasme contre les inflammations. Outre
Mal. II 2, c. 31 (c. 20), 166, 5, voir par ex. *Nature de la femme*,
c. 27, Littré VII, 344, 3 et *Maladies des femmes I*, c. 53, Littré
VIII, 112, 9 (cataplasmes dans le cas d'inflammation de la
matrice) ; voir aussi Galien (ed. Kühn X, 282, 18-283, 2) : selon
lui, l'emploi de la farine d'orge non grillée dans les inflammations
apaise le mal plutôt qu'il ne le guérit et le combat. Les dictionnaires connaissent deux formes pour ce terme (voir LSJ et
Frisk) : à côté de ὠμήλυσις, la variante ὠμὴν λύσιν en deux mots,
qui est donnée par M au c. 31 (c. 20), 166, 5. On sait que la
forme ὠμ-ήλυσις est issue d'une fausse étymologie (rapport avec
λύσις λύω), alors que la forme attendue est *ὠμ-ήλεσιν (cf.
Frisk, p. 1149). Cette forme étymologique, que l'on ne connaissait
pas dans les textes, apparaît comme une variante de première
main en marge de M au c. 31 (c. 20) 166, 5. Or ce même manuscrit, qui possède une version abrégée du *Glossaire* de Galien dont
la collation était inédite, donne les deux fois où le mot apparaît
la forme ὠμηλέσειν (*lege* ὠμήλεσιν) en face de la vulgate ὠμήλυσιν.
Comme c'est le manuscrit le plus ancien, il est vraisemblable
qu'il conserve la leçon lue par Galien, leçon qui reparaît en marge
de M au c. 31 (c. 20). La forme étymologique est donc maintenant

attestée. Voir J. Jouanna, *Une forme étymologique retrouvée :* ὠμήλεσις *dans le Glossaire hippocratique de Galien et dans le traité hippocratique des Maladies II c. 31* in *Revue de Philologie*, LIII, 1979, p. 260-263.

7. Le présent contracte ἐψῶ est moins rare et moins douteux que ne le disent les dictionnaires (cf. LSJ : « ἐψέω is dub., imper. ἔψεε v. l. in Hp. *Acut. (Sp.)* 63, impf. ἤψεε v. l. ἔψεε Hdt. l. 48 ; elsewh. in Hdt. and Hp. the uncontracted forms are found »). Pour ce qui concerne notre traité, la forme contracte est donnée par les manuscrits anciens θM, non seulement ici, mais aussi en c. 31 (c. 20), 166, 5, c. 38 (c. 27), 170, 5 (ἐψῶν θM), en c. 55 (c. 44), 194, 13 et 15 (ἐψεῖν *bis* θM) ; voir toutefois ἔψοντα en c. 28 (c. 17), 164, 8..

P . 166.

5. Pour les divergences sur le sens de φλέγμα, voir c. 26 (c. 15), 161, n. 3. Alors que tous les éditeurs et traducteurs, à l'exception de Calvus, étaient d'accord pour traduire φλέγμα par « inflammation » aux c. 26 (c. 15) et c. 27 (c. 16), 162, 6, un partage net se fait ici entre les anciens et les modernes. Jusqu'à Littré, à l'exception évidemment de Calvus, φλέγμα n'est pas traduit par « phlegme » (*inflammatio* Cornarius [Lat.], Foes 1 et 2, Mack ; *tuberculum* Mercurialis, Lind. avec la conjecture φῦμα). À partir de Littré, dont on peut mesurer ici l'influence sur ses successeurs, φλέγμα désigne l'humeur (*pituita* Ermerins ; « Schleim » Fuchs, Kapferer). En dehors de tout contexte, le sens de « phlegme » peut paraître le plus obvie ; comp. c. 19 (c. 8) ἦν δὲ χολᾷ ὁ ἐγκέφαλος. Mais si l'on compare avec l'emploi de φλέγμα aux c. 26 (c. 15) et c. 27 (c. 16), et si l'on replace la maladie dans la série des maladies de la gorge, on peut penser que cette interprétation banalise le texte. Dans les trois cas, φλέγμα se manifeste par un gonflement : comp. c. 26 (c. 15), 161, 7-9 οἴδημα ... οἰδίσκηται ... τὸ φλέγμα ; c. 27 (c. 16), 162, 5-8 : τὸ φλέγμα ... ἐξοιδήσῃ et c. 32 (c. 21), 166, 10 sq. φλέγμα ... ὑποιδεῖ De plus, cette affection du palais termine la série des maladies de la gorge commencée au c. 26 (c. 15) ; ce sont des maladies inflammatoires ; cf. l'emploi fréquent de φλεγμαίνειν c. 27 (c. 16), 161, 15 ; c. 28 (c. 17), 163, 14 ; c. 29 (c. 18), 164, 18 et 165, 2 ; c. 30 (c. 19), 165, 9. Dans cette série, quand la maladie est introduite par la subordonnée conditionnelle (c. 29 [c. 18] ; c. 30 [c. 19] ; c. 31 [c. 20]), cette subordonnée précise la partie de la gorge qui est enflammée et le début de la principale, donnant la description des symptômes, indique que l'inflammation se manifeste par un gonflement avec formation de pus. Il ne semble pas en être autrement ici. À ὑποιδεῖ du c. 32 (c. 21) correspond συνοιδεῖ du c. 30 (c. 19), 165, 7 et οἰδίσκεται du c. 31 (c. 20), 166, 2. À ἐμπυΐσκεται du c. 32 (c. 21), comp. c. 28 (c. 17), 164, 9 ἀποπυΐσκεται et c. 31 (c. 20), 166, 7 διάπυον ; à φῦμα du c. 32 (c. 21), comp. φύματα du c. 30 (c. 19), 165, 14.

La variante dans la formation de la subordonnée vient peut-être de ce que le terme ὑπερῴη ne semble pas avoir été employé pour désigner l'inflammation du palais. Pour le sens de συνίστημι, voir LSJ *s.v.* B IV c/d *vel* V ; comp. Démosthène, *Sur la couronne*, 62, τοῦ συνισταμένου καὶ φυομένου κακοῦ.

P. 167.

2. L'infinitif εἶναι est douteux ; on attendrait plutôt ἔστω (cf. ἔστω à la phrase suivante) ou εἶναι δὲ δεῖ (Ermerins) *vel* χρή. Le composé ἐσαρτίζειν est un *hapax*.

3. L'adjectif πυγονιαῖος signifie exactement « long d'un πυγών » ; c'est la distance entre le coude et la première articulation du doigt ; cette mesure de longueur équivaut à 20 dactyles (= 37 cm).

4. La verge d'étain est évidemment introduite par le nez jusque dans la bouche.

5. Χηλή désigne le sabot fourchu de certains quadrupèdes tels que le mouton, la chèvre et le cerf ; puis par métonymie un instrument de chirurgie qui est fourchu à une de ses extrémités ; cf. la glose de Galien à notre passage (voir *Test.*) : « sonde fourchue, fendue à son extrémité comme un sabot fourchu (χηλῇ) ». Le bout de l'instrument doit être arrondi pour ne pas blesser la gorge, mais muni d'une fente pour le passage du fil ; voir J. S. Milne, *Surgical instruments in Greek and Roman times ...*, p. 83. L'instrument joue ici le rôle de point d'appui pour l'extraction du polype qui se fait par la bouche.

6. La présence de l'article τὴν (μήλην) indique vraisemblablement que la sonde n'est autre que le pied de biche (χηλή) utilisé juste auparavant pour l'extraction du polype.

7. La fleur (τὸ ἄνθος) désigne la fleur de cuivre dont il a été question au c. 30 (c. 19), 165, 11 ; voir note *ad loc.*

8. Il y a d'abord application d'un tampon sec, puis d'un tampon enduit de miel et de fleur de cuivre. Μοτοῦν signifie appliquer (sur une plaie) un tampon (μοτός) ; voir par ex. *Blessures de la tête* c. 13, Littré III, 230, 11 (= Kuehlewein II, 17, 12) ; c. 14, *ibid.*, 236, 3 (= Kuehlewein II, 19, 5). Ce tampon est constitué de charpie faite soit avec du linge fin (ὀθόνιον ; outre notre passage, voir c. 47 b [c. 36 b], 182, 11 ; c. 60 [c. 49], 200, 2 ; *Mal. III*, c. 16 b, Littré VII, 154, 19), soit avec du lin écru (ὠμόλινον ; cf. par ex. c. 47 b [c. 36 b], 182, 9 ; c. 60 [c. 49], 199, 19 ; c. 61 [c. 50], 201, 8 ; *Affections internes*, c. 9, Littré VII, 188, 11 ; c. 23, Littré VII, 226, 7 sq. ; *Maladies des femmes II*, c. 157, Littré VIII, 332, 17). Ces deux sortes de tampon sont utilisées surtout lors de l'opération des empyèmes ; dans les passages cités ci-dessus, voir *Mal. II* 2, c. 47 b (c. 36 b) ; *Mal. III*, c. 16 b ; *Affections internes*, c. 9 et c. 23 ; cf. aussi *Maladies des femmes II*, c. 157, où l'on recommande un tampon « semblable à celui dont on se sert dans les empyèmes ».

9. Les tiges de plomb étaient usuellement employées après des opérations du nez (du rectum, du vagin, etc.) pour prévenir les adhérences et pour introduire des médicaments destinés à favoriser la cicatrisation. Pour l'utilisation de tiges de plomb dans les narines après l'extraction d'un polype, comp. Paul d'Égine VI, 25. Voir J. S. Milne, *Surgical instruments in Greek and Roman times* ..., p. 113 sq.

P. 168.

3. Sur l'ellébore noir, voir *supra*, p. 150, n. 4. Pour l'usage externe de l'ellébore noir, comp. *Hémorroïdes*, c. 5, Littré VI, 440, 19 (= Joly 149, 1 sq.) : onction d'ellébore noir après l'extraction d'un condylome ; *Plaies*, c. 17, Littré VI, 420, 14-15 : ellébore noir saupoudré sur une plaie pour la sécher et la cicatriser.

4. Dans l'anatomie hippocratique, la distinction n'est pas encore faite entre les nerfs proprement dits et les tendons. Ces deux réalités sont désignées par le même terme, νεῦρον, « nerf ». Il s'agit évidemment d'une corde de tendon. La leçon de θ αὐτῆς = ἐξ αὐτῆς est la *lectio difficilior* ; voir Kühner-Gerth, *Ausführliche Grammatik...* II 1, 376 et Schwyzer-Debrunner, *Griechische Grammatik...* II, 128.

5. Il s'agit de la même sonde d'étain qu'au c. 33 (c. 22), 167, 10 sq. Ce type de sonde était également employé pour le traitement des fistules ; cf. *Fistules*, c. 4, Littré VI, 450, 15 (= Joly 139, 24 sq.) μήλην κασσιτερίνην ἐπ' ἄκρου τετρημένην.

6. La sonde fendue (sc. à son bout) ne paraît pas différente du pied de biche (χηλή) mentionné au c. 33 (c. 22), 167, 14. La grande ressemblance entre l'expression τῇ μήλῃ τῇ ἐντετμημένῃ et la glose de Galien à χηλήν · μήλην ... ἐκτετμημένην (B 27 *supra*, 99, 10 sq. = éd. Kühn XIX, 155, 2 sq.) invite à penser qu'ici τῇ μήλῃ τῇ ἐντετμημένῃ est une glose qui a remplacé un primitif τῇ χηλῇ.

P. 169.

4. Unique exemple dans la *Collection* de καρκίνιον diminutif de καρκίνος. C'est un exemple parmi d'autres (cf. dans les chapitres précédents πώλυπος) d'un nom d'affection provenant d'un nom d'animal. Καρκίνος est le nom du crabe, et désigne un genre de tumeur. Les anciens expliquaient l'emploi médical du terme soit par la ressemblance de la tumeur avec le crabe (cf. Galien, *De methodo medendi*, II, c. 2, éd. Kühn X, 83, 14, ἀπὸ δὲ τῆς πρὸς τὸ ζῷον ὁμοιότητος ὁ καρκίνος ; cf. aussi *Ad Glauconem de medendi methodo*, II, c. 12, éd. Kühn XI, 141, 1-4, où il compare les veines gonflées qui partent de la tumeur du sein appelée καρκίνος aux pattes du crabe), soit par le caractère tenace de l'affection qui ne lâche pas sa proie plus facilement qu'un crabe (cf. Paul d'Égine IV, 26, 1).

5. L'auteur distingue deux variétés d'ictère, l'une sans fièvre et avec une coloration plutôt noire (c. 38 [c. 27]), l'autre avec fièvre et une coloration jaune (c. 39 [c. 28]). Cela ne semble pas correspondre aux subdivisions des *Sentences cnidiennes*, qui devaient connaître quatre variétés, à en croire Galien, *Comm. au Régime dans les maladies aiguës*, éd. Helmreich, 122, 3. L'auteur d'*Affections internes* connaît lui, quatre variétés (c. 35-38). Si la variété de *Mal. II* **2**, c. 39 (c. 28), correspond à celle d'*Affections internes*, c. 37, la variété décrite au c. 38 (c. 27) n'a pas de parallèle dans *Affections internes*. En réunissant les témoignages de *Mal. II* **2** et d'*Affections internes*, nous disposons donc de cinq variétés d'ictères. Cela montre la complexité de la tradition médicale aux ve et ive siècles.

P. 170.

2. La cotyle d'Égine équivant à 0,253 l (cotyle attique : 0,27 l). Pour la cotyle d'Égine, voir aussi c. 64 (c. 53), 203, 19 et *Nature de la femme*, c 33, Littré VII, 370, 4. Autres mesures d'Égine dans la *Collection* : le statère en *Nature de la femme*, c. 32, Littré VII, 348, 1 et 4 et en *Maladies des femmes I*, c. 78, Littré VIII, 178, 9 ; c. 84, *ibid.*, 210, 1 ; la drachme en *Maladies des femmes I*, c. 78, *ibid.*, 182, 5 ; l'obole en *Superfétation*, c. 28, Littré VIII, 492, 22 (= Lienau 84, 23).

3. La leçon des manuscrits anciens (ἕκτον αὐτῷ) adoptée par Littré est rejetée par Ermerins qui conjecture ἐν τῷ λουτρῷ. La vulgate, issue d'une innovation de I lit κἀκ τῶν αὐτῶν. Le sens n'est pas certain : doit-on donner au malade un sixième de la préparation (texte des manuscrits anciens) ? Doit-on donner la préparation par sixièmes ? C'est la solution adoptée par Littré ; elle est vraisemblable : comp. c. 50 (c. 39), 187, 6 διαλείπων ἐν πέμπτῃ ἢ ἐν ἕκτῃ πόσει. Mais elle nécessite la correction, qu'il n'a pas faite, de ἕκτον en καθ' ἕκτον.

4. Le pois chiche blanc est diurétique et évacuant ; cf. *Régime II*, c. 45, Littré VI, 542, 16-18 (= Joly 44, 14 sq.). Unique prescription dans le traité. Le poireau est également diurétique et évacuant ; cf. *Régime II*, c. 54, *ibid.*, 558, 2 sq. (= Joly 52, 5 sq.) où il est recommandé, comme ici, de manger du poireau après les autres aliments. Quant au céleri, il possède également les mêmes propriétés ; voir *Régime II*, c. 54, *ibid.*, 558, 13 sq. (= Joly 52, 18 sq.) ; cf. aussi *supra*, p. 153, n. 4.

5. La restitution de σοι proposée dès l'Aldine (cf. aussi Ermerins), est possible. Comp. dans la thérapeutique de la seconde variété d'ictère ἐπὴν δέ σοι δοκῇ καθαρώτερος εἶναι. *Mal. II* **2** fait souvent appel à l'appréciation personnelle du praticien dans des subordonnées conditionnelles de ce type avec σοι δοκῇ ; voir c. 12 (c. 1), 145, 4 ; c. 16 (c. 5), 151, 5 sq. ; c. 19 (c. 8), 153, 19 ; c. 20 (c. 9), 154, 16-155, 1 ; c. 21 (c. 10), 156, 5 ; c. 30 (c. 19), 165, 14 ; c. 39 (c. 28), 171, 4 ; c. 42 (c. 31), 173, 18 ; c. 67 (c. 56), 206, 7.

7. La correction de μὲν en μὴ est certaine ; la prescription du
lait et du petit-lait est déconseillée si le sujet est fragile de la
rate ; comp. c. 55 (c. 44), 194, 4 sq. καὶ μεταπιπίσκειν γάλα ὄνου,
ἢν μὴ σπληνώδης ᾖ φύσει ; *Maladies des femmes II*, c. 118, Littré
VIII, 254, 14 ; c. 119, *ibid.*, 258, 19 ; c. 125, *ibid.*, 268, 18 ;
c. 128, *ibid.*, 276, 4 ; c. 131, *ibid.*, 278, 22. Voir *Archéologie...*,
p. 477 sqq.

P. 171.

2. Du point de vue de la syntaxe, le démonstratif τοῦτον à l'accusatif demeure isolé ; il dépend théoriquement de la principale
ἡ νοῦσος χρονίη γίνεται. On attendrait plutôt un datif (cf.
τούτῳ Foes[a] [n. 86] van der Linden) ; mais par suite de l'éloignement, il vaut mieux laisser l'anacoluthe ou interpréter ce
τοῦτον comme un accusatif de relation. Comp. Kühner-Gerth,
Ausführliche Grammatik..., II 1, 330 sq. ; Schwyzer-Debrunner,
Griechische Grammatik..., II 88.
4. La conjecture proposée par Littré dans son apparat critique
μὴ πικρὸν ᾖ est excellente ; il est étonnant qu'Ermerins n'en
dise rien. La négation μὴ conservée par M a été omise par θ et
πονῇ de M est une corruption de π<ικρ>ὸν ᾖ ; pour ce genre de
faute, comp. au c. 20 (c. 9), 154, 9 καινὸς de M qui est une corruption de καὶ <ἄπ>ν<ο>ος. Τὸ μὲν στόμα μὴ πικρὸν ᾖ s'oppose à
τὸ στόμα πικρόν (171, 11). La traduction de στόμα par « orifice
cardiaque » (Littré) n'est pas heureuse. L'absence d'amertume
dans la bouche signifie pour le médecin que la bile n'occupe pas
le haut du corps ; cf. *Aphorismes* IV, 17, Littré IV, 506, 12 sq.
(= Jones IV, 138, 6 sq.) « l'amertume dans la bouche indique
qu'on a besoin d'être évacué par le haut ». En revanche les
coliques dans le ventre indiquent que la bile occupe le bas du
corps et doit être évacuée par le bas ; cf. *Aphorismes* IV, 20, *ibid.*,
508, 3 sq. (= Jones IV, 138, 14-16).

P. 172.

3. Le nominatif ψαυόμενος des manuscrits et des éditions
(Littré, Ermerins) est impossible. Le participe qui se rapporte
au malade (sous-entendu) ne peut être qu'au datif. Le texte de
la vulgate, issu d'une innovation de I, avait résolu la difficulté
syntaxique par la transformation de ᾖ en ἢν et par l'adjonction
de ἔχῃ avant θερμά. En ne reprenant que l'une des deux modifications (ἢν et non pas ἔχῃ), Littré ne résout rien.
4. Le texte des manuscrits anciens, conservé ici, est différent
de celui des éditions. Dans le texte de la vulgate, issu d'une innovation de I, on a rétabli une opposition qui peut paraître plus
naturelle entre la partie supérieure et la partie inférieure du
corps, ventre compris. Mais l'opposition entre la froideur des
pieds et la chaleur du reste du corps est mentionnée aussi dans le

Régime dans les Maladies aiguës (App.), c. 8, Littré II, 424, 10 sq. (= Joly c. 15, 75, 15 sq.). On a une observation inverse en *Épidémies IV*, c. 54, Littré V, 194, 5 πόδες καὶ ἐν τῆσι φρίκῃσι θερμοί à propos de la femme de Démarate.

5. Δοῖς est vraisemblablement un subjonctif ionien, de même que διδοῖς au début du chapitre (171, 19).

6. Tout potage est en revanche fortement déconseillé quand les pieds sont froids par l'auteur du *Régime dans les maladies aiguës* (App.), c. 7, Littré II, 420, 5 sqq. (= Joly c. 13, 74, 9 sqq.).

7. Pour l'aposiopèse, voir *supra*, p. 150, n. 2.

8. Le texte des manuscrits n'est pas à l'abri de tout soupçon. Βληχρός qualifie régulièrement dans *Mal. II* 2 la fièvre (πυρετός) et non le malade. Cet usage n'est pas propre au traité ; il se vérifie pour les descriptions sémiologiques, quelle que soit l'origine des traités. Βληχρός, qui signifie « de faible intensité », est employé par les auteurs hippocratiques à propos d'un vent « de faible intensité » (*Airs, eaux, lieux*, c. 15, Littré II, 62, 11 [= Diller 60, 22]), d'une maladie ou d'une douleur « de faible intensité » (*Maladies des femmes I*, c. 36, Littré VIII, 88, 15 ; c. 64, *ibid.*, 134, 7 ; c. 65, *ibid.*, 134, 21 sq.; *Maladies des femmes II*, c. 176, *ibid.*, 358, 14), surtout d'une fièvre « de faible intensité », ou enfin de bains de vapeurs « légers » (*Mal. II* 2, c. 14 [c. 3], 148, 11 ; emploi fréquent dans les traités gynécologiques). Dans ces conditions, il vaudrait peut-être mieux lire soit ἄλλος πυρετός · ἔξωθεν ἀφασσομένῳ βληχρός (sc. ἐστιν ὁ πυρετός) « autre fièvre : quand on touche la surface du corps du malade, la fièvre est légère », soit de préférence, ἄλλη (sc. νοῦσος ; cf. à la fin du chapitre ἡ δὲ νοῦσος) · πυρετὸς ἔξωθεν ἀφασσομένῳ βληχρός « autre maladie : la fièvre, quand on touche l'extérieur du corps du malade, est légère ». Pour la correction ἔξωθεν ἀφασσομένῳ comp. Thucydide dans la sémiologie de la «peste » (II, 49, 5) ἔξωθεν ἁπτομένῳ.

P. 173.

1. Ces premiers symptômes peuvent être rapprochés de ceux de la fièvre causode et du causus d'*Affections*, c. 14, Littré VI, 222, 9-10 et c. 11, *ibid.*, 218, 13-16 ; cf. aussi les symptômes du causus dans *Mal. I*, c. 29, *ibid.*, 198, 18-20 (= Wittern 84, 19-21).

2. On a rapproché depuis longtemps ce pronostic d'*Aphorismes* IV, 58, Littré IV, 522, 14 (= Jones IV, 150, 11 sq.) et *Prénotions coaques*, 132, Littré V, 610, 8 sq. : « chez un malade pris de causus, si un frisson survient, c'est la solution ».

3. Ermerins remplace μὴ par μὲν (« mirum sane, si negationem hic posuisset auctor »). Fuchs, qui suit généralement Ermerins, supprime ici la négation parce que le texte contredit une théorie courante sur les maladies causées par la bile ; cf. par ex. *Nature de l'homme*, c. 7, Littré VI, 48, 6 sqq. (= Jouanna[2] 184, 3 sqq.),

où la bile, humeur sèche et chaude, augmente dans le corps en été, saison sèche et chaude.

4. La place de cette remarque sur l'étiologie est exceptionnelle. D'ordinaire l'étiologie est contenue dans la subordonnée conditionnelle qui introduit la maladie ; comp. par. ex. c. 18 (c. 7), 152, 7 sq. ἢν ὑπεραιμήσωσιν αἱ φλέβες ἐν τῇ κεφαλῇ.

5. Les racines de quintefeuille (πεντάφυλλον) entrent aussi dans la préparation d'une potion rafraîchissante à donner dans le cas de causus en *Mal. III*, c. 17, Littré VII, 158, 8 sq. Un oxybaphe = 1/4 de cotyle (0,068 l).

P. 174.

3. Pour la correction de κάτω en ἄνω, comp. la rédaction parallèle d'*Affections*, c. 18, où une purgation par le haut est prescrite avant une purgation par le bas ; du reste la triple purgation (1) par le haut, 2) de la tête, 3) par le bas) est fréquente dans *Mal. II 2* ; voir *supra*, p. 146, n. 4.

4. Dioscoride (IV, 68 ; cf. aussi Galien XII, 147) décrit trois sortes de jusquiame, l'une dont les fleurs sont presque pourpres et la graine noire *(Hyoscyamus reticulatus L.)*, l'autre dont les fleurs sont vertes et la graine légèrement jaune *(Hyoscyamus aureus L.)* et enfin une autre dont les fleurs et les graines sont blanches *(Hyoscyamus albus L.)* ; comp. Pline XXV, 35-38. Selon Dioscoride et Galien, seule la troisième espèce constitue un bon médicament. Les médecins de la *Collection* ne précisent pas la variété ; outre notre passage, voir *Nature de la femme*, c. 47, Littré VII, 392, 5 ; *Maladies des femmes I*, c. 78, Littré VIII, 196, 13 ; *Maladies des femmes II*, c. 140, *ibid.*, 314, 5 ; c. 178, *ibid.*, 360, 20 ; c. 196, *ibid.*, 380, 10 ; *Femmes stériles*, c. 224, *ibid.*, 434, 8. Il est singulier que LSJ range notre passage dans la variété noire qui est, selon Dioscoride, la moins bonne des trois et qui est déconseillée pour les usages médicaux.

5. Selon Galien (*Glossaire, s.v.*, éd. Kühn XIX, 126, 10 sq.), ὀπός employé sans déterminatif désigne le suc de silphion. Ce suc est de consistance solide, car il est susceptible d'être broyé ; cf. c. 47 b (36 b), 180, 8 sq.

6. Le pronom αὐτῷ n'a guère de sens ; il ne peut apparemment pas représenter le malade qui est sujet ; s'il représente la fièvre (cf. πυρετήνας) on devrait lire ἐξ αὐτοῦ. Comp. par ex. *Affections internes*, c. 15, Littré VII, 204, 15. La seule façon de sauver le texte est de supposer une anacoluthe, le sujet de καταστῇ étant la fièvre et αὐτῷ représentant le malade, mais une telle anacoluthe est rude.

7. Sur le cycéon, voir *supra*, p. 149, n. 4. Pour l'expression κυκεῶνα ἐφ' ὕδατι comp. *Régime*, c. 41, Littré VI, 538, 14 (= Joly 42, 9) κυκεὼν ... ἐφ' ὕδατι qui désigne le cycéon à l'eau par opposition au cycéon préparé avec le vin ou le miel ou le lait.

P. 175.

1. V. Langholf propose de lire πλῆθος à la place de μῆκος et compare à *Affections internes*, c. 35, Littré VII, 254, 21 (= Jouanna[1] 388, 9-11) μαράθου ῥίζας λεπτὰς πλῆθος ὅσον τοῖσι τρισὶ δακτύλοισι περιλαβεῖν δραχμίδα.

2. C'est-à-dire que le vomissement sera provoqué ; par exemple le malade se chatouillera la gorge avec une plume ; comp. *Affections internes*, c. 6, Littré VII, 180, 24 - 182, 1 (= Jouanna[1] 196, 8-11) : « ensuite, si le vomissement vient, il vomira sans hésitation ; en revanche, si le vomissement n'arrive pas, qu'il le provoque à l'aide d'une plume » ; voir aussi dans le même traité c. 27, *ibid.*, 238, 20.

3. Littré (suivi par Ermerins) lit avec certains *recentiores* μετὰ δὲ τὸ τὴν κεφαλὴν καθῆραι ; l'adjonction de τὸ est fautive ; μετὰ est ici adverbe et καθῆραι est un infinitif d'ordre. La purgation de la tête ne précède pas le vomissement (interprétation traditionnelle), mais le suit. Pour cet emploi de μετὰ δὲ dans notre traité, voir par ex. c. 13 (c. 2), 146, 4, c. 38 (c. 27), 170, 15, c. 47 b (c. 36 b), 181, 5.

4. Je conserve la traduction traditionnelle de πλευρῖτις par pleurésie ; toutefois, je mets le terme entre guillemets, car la πλευρῖτις de *Mal. II* **2** ne correspond pas à notre pleurésie qui est due à un épanchement pleural ; la plèvre était en effet inconnue des médecins de la *Collection hippocratique*.

P. 176.

1. Le texte des manuscrits et des éditions ὅταν οὕτως ἡ ὀδύνη ἔχῃ n'est pas conforme aux normes d'exposition du traité. Le développement sur la thérapeutique est introduit soit par un démonstratif en asyndète soit par la formule ὅταν οὕτως ἔχῃ (avec pour sujet le malade). Il ne faut pas pour autant supprimer ὀδύνη ; comp. c. 45 (c. 34), 177, 1 ᾗ ἂν ἡ ὀδύνη ἔχῃ μάλιστα, προστιθέναι χλιάσματα ; cf. aussi c. 54 a (c. 43 a), 191, 12 ; c. 54 b (c. 43 b), 192, 14 ; c. 56 (c. 45), 195, 22 et c. 58 (c. 47), 198, 2. En rétablissant ὅταν οὕτως ἔχῃ, ᾗ ἂν ὀδύνη ἔχῃ, on est sans doute assez proche du texte originel. L'omission de ἂν a pu entraîner l'omission secondaire du premier ἔχῃ. On peut se demander toutefois si le texte des manuscrits ὅταν οὕτως ἡ ὀδύνη ἔχῃ n'est pas le résultat d'une lacune plus importante du genre ὅταν οὕτως <ἔχῃ, λούειν θερμῷ καὶ ᾗ ἂν> ἡ ὀδύνη ἔχῃ : comp. c. 54 b (c. 43 b), 192, 13 sq. et c. 58 (c. 47), 198, 1 sq., et aussi, pour la mention des bains avec les fomentations, la seconde variété de pleurésie, c. 45 (c. 34), 177, 1 sq.

2. Ce médicament à base de vinaigre et de miel bouillis avec de l'eau n'est autre que de l'oxymel. Comp. la préparation de l'oxymel dans Galien, *De sanitate tuenda* IV, éd. Kühn VI, 271 sq. Toutefois le terme d'oxymel (ὀξύμελι), à la différence du mélicrat (μελίκρητον) ne semble pas connu dans les traités les plus anciens

de la *Collection*. La manière dont le mot, très fréquemment employé dans le *Régime dans les maladies aiguës* (et dans son *Appendice*), est introduit pour la première fois dans ce traité (c. 16, Littré II, 348, 7 τὸ δὲ ὀξύμελι καλεύμενον = Joly c. 58, 61, 14) peut indiquer que le mot n'était pas encore très familier ; cf. les fines remarques de Galien dans son *Commentaire au Régime dans les maladies aiguës*, éd. Helmreich 243, 6 sqq. En dehors du *Régime dans les maladies aiguës*, le terme ὀξύμελι n'est attesté que dans *Épidémies VII*, c. 9, Littré V, 380, 14 (qui datent des années 375-350, selon K. Deichgräber, *Die Epidemien...*, p. 145 sq.), et dans *Maladies des femmes II*, c. 177, Littré VIII, 360, 9 ; c. 201, *ibid.*, 384, 9 ; c. 203, *ibid.*, 388, 16 sq. ; l'emploi d'ὀξύμελι ne plaide pas en faveur d'une rédaction très ancienne de ces trois passages gyné-cologiques. En dehors de la *Collection*, la première attestation d'ὀξύμελι est chez Lysias, *Contre Théopompe* : ἐγὼ δ᾽ ὀξύμελι πίνω (éd. Thalheim, Frg. 42 = Athénée II, 67 b). Ce médicament est destiné ici à favoriser l'expectoration ; comp. *Régime dans les maladies aiguës*, c. 16, Littré II, 348, 9 (= Joly c. 58, 61, 16) : « l'oxymel ... facilite l'expectoration et la respiration » ; cf. aussi c. 16, *ibid.*, 352, 6 (= Joly c. 59, 62, 11 sq.) : « l'oxymel peu acide facilite l'expectoration et ne provoque pas la soif ».

3. Les manuscrits θM présentent le composé rare μεταμίσγειν ; ce verbe revient dans trois autres passages du traité qui sont analogues, aux c. 45 (c. 34), 177, 4, c. 46 (c. 35), 177, 18 et c. 64 (c. 53), 203, 6 ; mais il n'apparaît pas ailleurs dans la *Collection hippocratique* et n'est attesté en dehors que dans deux passages de l'*Odyssée* (cf. LSJ *s.v.*). On ne peut donner ici à ce verbe le sens de « mélanger après », car il ne fait pas partie de la recette de l'oxymel. Cette recette est bien délimitée par les verbes πινέτω et τοῦτο διδόναι qui l'encadrent. Il s'agit en fait de la boisson que l'on prend après le médicament. On est donc tenté de restituer μεταπίνειν avec Ermerins ou μεταπιπίσκειν. Comp. c. 65 (c. 54), 204, 5-7 τοῦτον πιπίσκειν τὸ ἀπὸ τοῦ κρίμνου (potion) καὶ μεταπιπίσκειν οἶνον οἰνώδεα λευκόν (bois-son) ; cf. aussi c. 63 (c. 52), 202, 13. Toutefois συμμίσγειν est employé au sens d'« associer » dans le régime et non de « mélanger » au c. 50 (c. 39), 187, 19 ; cf. aussi c. 48 (c. 37), 185, 19. On peut donc vraisemblablement conserver le texte des manuscrits dans les quatre passages en donnant à μεταμίσγειν le sens d'« associer après ».

4. La traduction de ἐφ' (ἑκατέρῳ σιτίῳ) par « après » (le repas du matin et le repas du soir » (Littré ; cf. aussi Fuchs) ne convient pas dans le contexte ; on est dans la période de fièvre, où le malade est au régime du seul potage ; c'est seulement lorsque la fièvre sera tombée que le malade reviendra partiellement à une alimentation solide. Kapferer traduit correctement par « bei jeder Mahlzeit ».

5. La restitution du composé <ἐπι>πινέτω « boire par-dessus » est exigée par la comparaison avec les passages analogues. La

boisson qui est prescrite après le potage est régulièrement introduite par le composé ἐπιπίνειν ; c. 12 (c. 1), 144, 6 ; c. 14 (c. 3), 147, 22 ; c. 16 (c. 5), 151, 9 sq. ; c. 18 (c. 7), 153, 4 ; c. 26 (c. 15), 161, 6 ; c. 40 (c. 29), 172, 8 ; c. 40 (c. 29), 172, 14 ; c. 45 (c. 34), 177, 6, etc. La fréquence de ἐπιπίνειν dans le traité est remarquable : 27 fois sans compter cette restitution, autant que dans tout le reste de la *Collection*.

6. Pour la prescription du jeune chien ou de la volaille, comp. *Affections internes*, c. 9, Littré VII, 188, 3 sq. : « il prendra ... des viandes de petits chiens ou de poulets, chaudes ; on en fera un bon bouillon qu'il boira ». La viande de jeune chien, selon l'auteur du *Régime II*, c. 46, Littré VI, 546, 15 sq. (= Joly 46, 14 sq.), est humectante, laxative et diurétique ; comp. aussi *Affections* c. 43, *ibid*., 252, 5-6, où le jeune chien et la volaille bouillis sont énumérés parmi les aliments humectants qui relâchent le ventre. La viande de chien adulte est au contraire desséchante (cf. *Régime* II, c. 46, *ibid*., 546, 14 = Joly 46, 13 sq.). D'après ces passages, il est clair que la viande de chien et de chiot faisait partie de l'alimentation des Grecs.

7. L'expression ἀριστίζεσθαι τὸν κέγχρον est caractéristique de *Mal. II 2* (voir *Index*). En dehors du traité, ἀριστίζεσθαι est rarement employé dans la *Collection* ; voir seulement *Maladies des femmes II*, c. 115, Littré VIII, 250, 17 et *Ancienne Médecine*, c. 10, Littré I, 594, 1 (= Heiberg 43, 5) et c. 11, *ibid*., 594, 13 (= Heiberg 43, 16).

P. 179.

1. Comp., outre la rédaction parallèle de *Mal. III*, c. 15 (cf. *Test*.), *Prénotions coaques*, 397, Littré V, 674, 18 : « Ceux qui doivent devenir empyématiques rendent des crachats d'abord salés, puis plus doux (γλυκύτερον) ». Que se passe-t-il si le malade ne trouve pas que les matières glaireuses sont plus douces ? D'après *Mal. III*, c. 15, si les matières glaireuses ont un goût désagréable, la maladie est mortelle. Le texte de *Mal. II 2* est-il lacunaire ?

2. Au bout de dix-huit jours, si le malade ne meurt pas, la maladie se transforme normalement en « empyème » (cf. 179, 3) ; il semble donc que cette phrase décrive les symptômes de l'« empyème » et que le traitement qui suit (introduit par la formule attendue ὅταν οὕτως ἔχῃ) soit celui de l'« empyème ». Or le c. 47 b (c. 36 b) décrit avec beaucoup plus de détails les symptômes et le traitement de l'« empyème » qui précisément résulte de la pneumonie. Sommes-nous en présence de deux rédactions différentes de la même maladie ? S'il en est ainsi, la seconde rédaction est beaucoup plus développée que la première. Une autre explication pourrait être suggérée par la comparaison avec la rédaction parallèle de *Mal. III*, c. 15, qui donne une précision sur le pronostic de la péripneumonie : le malade devient

empyématique pour un an, sauf s'il évacue le pus dans les quarante jours. Est-ce la thérapeutique de cette période qui est exposée dans la fin du c. 47 a (36 a) de *Mal. II* 2 ?

3. Cette préparation à base de sauge est destinée à faciliter l'évacuation du pus ou à le résorber ; comp. c. 47 b (c. 36 b), 181, 8 et c. 64 (c. 53), 203, 12 ; cf. aussi c. 54 a (c. 43 a), 191, 14. D'après l'auteur du *Régime* (c. 54, Littré VI, 558, 18 = Joly 52, 22 sq.), la sauge est desséchante et astringente.

4. Le potage gras est censé faciliter l'expectoration ; comp. *Mal. III*, c. 15, Littré VII, 140, 8-9.

5. La pratique de l'infusion dans le poumon (ἐγχεῖν) est caractéristique des médecins cnidiens, selon Galien (*De la meilleure secte*, c. 10, éd. Kühn I, 128-129) ; voir *supra*, p. 39 sq. Le traitement consistait, nous dit Galien, à tirer la langue du patient (comp. c. 47 b [c. 36 b], 180, 4 sq.), pour infuser dans la trachée un liquide qui provoquait une toux violente et ainsi l'expulsion du pus qui s'était formé dans le poumon. Et pour faciliter cette expulsion du pus, on pouvait secouer le patient par les épaules : cf. c. 47 b (c. 36 b), 180, 5. Cette pratique se fonde sur la croyance erronée qu'une partie de la boisson passe dans le poumon. Le bain de vapeur (πυριᾶν) dont il est question ici, consistait à aspirer par la bouche à l'aide d'une canule (cf. c. 47 b [c. 36 b], 181, 2) les vapeurs humides se dégageant d'une préparation médicamenteuse chauffée. Sur πυριᾶν, voir *supra*, p. 163, n. 5.

6. Selon H. Kühlewein (*Observationes de usu particularum in libris qui vulgo Hippocratis nomine circumferuntur*, Göttingen, 1870, p. 103), cette phrase est lacunaire ; il propose d'écrire καὶ τῶν σιτίων † † χρῆσθαι ὡς μάλιστα καὶ τῶν δριμέων ἀπέχεσθαι κτλ. Selon lui, après le génitif partitif τῶν σιτίων, il manque un adjectif au datif. Cette supposition est gratuite. Les prescriptions analogues des c. 49 (c. 38), 186, 5 et c. 52 (c. 41), 189, 16, confirment qu'il ne manque rien. À τῶν σιτίων ἔχεσθαι ὡς μάλιστα correspond dans les deux autres passages cités εὐωχεῖν (ὡς μάλιστα).

7. Toutes les éditions, à la suite de certains *recentiores*, lisent οἰείων καὶ χοιρείων « de mouton et de porc » ; il en est de même aux c. 49 (c. 38), 186, 6 sq. et c. 52 (c. 41), 189, 16. La correction de ὑείων en οἰείων n'est pas heureuse : ὑείων désigne « la viande de porc » et χοιρείων « la viande de porcelet ». Pour la distinction entre ces deux viandes, voir *Régime* II, c. 46, Littré VI, 546, 10 (= Joly, 46, 8).

P. 180.

2. Sur la pratique de l'infusion dans le poumon, vois *supra* p. 179 n. 5. Le génitif de la partie τῶν ὤμων de θ est préférable à l'accusatif τὸν ὦμον de M edd. ; cf. dans le même chapitre, 181, 19 τῶν ὤμων σείων. Tout le développement qui suit sur la composition des médicaments à infuser (jusque 181, 9

ἐπιπάσσων) est absent de la rédaction parallèle de *Mal. III*, c. 16 b
(cf. *Test.*) qui est pourtant très proche pour le reste. Il n'est donc
pas possible de savoir si ce développement existait déjà dans le
modèle ou s'il a été ajouté par *Mal. II* **2**.

3. Pour l'aposiopèse après ἤν ... ῥαγῇ, voir *supra*, p. 150, n. 2.

4. Ἕτερον ποιῆσαι n'est peut-être qu'une remarque marginale insérée dans le texte, comme le note Ermerins ; comp. la
phrase suivante 180, 11-14, ἤν δ' ὑπὸ — χλιερόν.

5. Sur les différentes variétés de grenades, voir *supra*, p. 178, n. 1.

6. La forme τεταρτήμορον de θ en face de la forme en -ιον
est la *lectio difficilior*. Comp. la forme ὀγδοήμορον attestée dans
les inscriptions (cf. LSJ) ; voir aussi LSJ *s.v.* τριτήμορον et
ποστήμορον. La forme τεταρτήμορον est toujours donnée par θ
alors que MV ont -ιον ; outre *Mal. II* **2**, c. 55 (c. 44), 194, 15 voir
Affections internes, c. 51, Littré VII, 294, 20, *Maladies des femmes
I*, c. 78, Littré VIII, 188, 2 et 10 ; *ibid.*, c. 96, 224, 2 ; *Maladies
des femmes II*, c. 118, Littré VIII, 256, 20 ; *ibid.*, c. 133, 294, 15.
De même θ donne τριτήμορον en face de -ιον MV en *Maladies
des femmes I*, c. 96, Littré VIII, 224, 1 et en *Maladies des femmes
II*, c. 206, 400, 12. *ibid.*

7. L'adjectif τόρνιος est confirmé par Pollux, *Onomasticon* VI,
82 où τορνία désigne une variété de grappe de raisin. La conjecture de οἴνῳ ἀνδρείῳ (« vin d'Andros ») proposée par Littré
à partir d'une glose non localisée d'Érotien et adoptée dans le
texte par Ermerins est donc périmée. Mais le sens de τόρνιος
n'est pas clair pour autant. La grappe de raisin était-elle désignée
par sa forme ronde (cf. Chantraine, *DELG, s.v.* τόρνος) ou par
son lieu d'origine (cf. Bethe qui dans son édition de l'*Onomasticon*
écrit Τορνία) ? Le témoignage de Pollux ne permet pas de décider.
Le vin « tornien » est le vin tiré de cette variété de raisin.

P. 181.

1. Pour ce procédé d'échauffement de la préparation à administrer en fumigation, comp. *Maladies des femmes I*, c. 75, Littré
VIII, 162, 10 sq., à propos d'une fumigation vaginale : « Jetez
trois à trois, chauffés au rouge, les fragments de scorie ». Une
technique analogue de fumigation était pratiquée en Égypte ;
comp. à ce c. 47 b (c. 36 b) de *Mal. II* **2** (et aussi au c. 26 [c. 15])
le papyrus Ebers n° 325 à propos du traitement de la toux :
« Autre remède : Myrrhe 1 ; résine aromatique 1 ; pulpe (de
dattes) 1. A broyer en une seule masse. Tu iras chercher sept
pierres et tu les feras chauffer au feu. Puis tu apporteras l'une
d'elles et tu mettras dessus une partie de ce médicament. Tu la
recouvriras au moyen d'un vase neuf, dont le fond aura été per-
foré ; tu mettras ensuite la tige creuse d'un roseau dans ce trou,
et tu placeras ta bouche à cette tige, de telle sorte que tu avales
la vapeur s'en exhalant. De même pour les six autres pierres »
(trad. G. Lefèbvre). Comp. aussi le papyrus de Berlin n° 60 où

le liquide à donner en fumigation est échauffé par sept tessons de potier.

2. Même recommandation au c. 26 (c. 15), 160, 11 sq. Dioscoride (IV, 93, ed. Wellmann II, 252, 8) signale que la graine d'ortie « fait remonter ce qui est dans la poitrine » (ἀνάγει ... τὰ ἐκ θώρακος).

3. Κοιλίη ne désigne pas ici « le ventre » (interprétation traditionnelle jusqu'à Mack), mais « la cavité d'en haut », « la cavité thoracique ». Cette traduction est confirmée par la rédaction parallèle de *Mal. III*, c. 16 b (Littré VII, 152, 5), ἐς τὸν θώρηκα ; cf. aussi c. 57 (c. 46) de *Mal. II 2*, 197, 9 ὡς τὸ πλευρόν.

4. Le texte de cette longue phrase, longtemps altéré, a été progressivement amélioré par les éditeurs du XIXe siècle, sans que la syntaxe en ait été complètement comprise. La vulgate ajoutait ἄλλη νοῦσος devant ὅταν. Dans ces conditions, les traducteurs (voir Foes[2], n. 108) étaient obligés de sous-entendre οὐδὲν θαυμαστὸν après ἐγγύτων. En supprimant ἄλλη νοῦσος et en remarquant qu'il s'agit non d'une autre maladie, mais de ce qui arrive quand le pus se fait jour dans la cavité thoracique, Littré a amélioré le texte, mais en conservant οὐδὲν θαυμαστόν sur la foi de la collation erronée de θ par Mack, ainsi qu'une ponctuation forte devant ὅταν, il a été indirectement victime de l'interprétation des traducteurs du XVIe siècle. Ermerins supprime à juste titre οὐδὲν θαυμαστόν mais conserve à tort la ponctuation forte avant ὅταν. En fait, il n'y a pas aposiopèse après ἢν δὲ μὴ — τῶν ἐγγύτων : le membre de phrase πολλάκις γὰρ — ἔλθῃ n'est qu'une parenthèse ; la phrase se poursuit avec ὅταν κτλ., et l'apodose correspondant à ἢν δὲ μὴ ῥαγῇ est ὅ τε πυρετὸς ἰσχυρότερος κτλ. Comp., pour la syntaxe, le passage analogue du c. 57 (c. 46), 197, 8-10.

7. Ermerins a sans doute raison de rétablir ici κύλα ; au c. 48 (c. 37), 183, 9, κύλα est donné par θ en face de κοῖλα donné par M. Comp. Soranus 1, 44 τὰ κύλα τῶν ὀφθαλμῶν ὑπόχλωρα. Pour le sens du mot, voir la glose d'Hésychius *s.v.* κύλα : « les creux sous les yeux ».

8. Première attestation dans l'histoire de la médecine de l'auscultation clinique ; cf. aussi c. 59 (c. 48), 198, 14 sq. et c. 61 (c. 50), 200, 13-16. Comme ce procédé de diagnostic est décrit également dans la rédaction parallèle de *Mal. III*, c. 16 b (avec la mention expresse de l'oreille appliquée sur les côtés), il est certain qu'il était déjà connu des auteurs du modèle. Ce procédé de l'auscultation, attesté chez les médecins cnidiens, a été par la suite oublié ou méconnu jusqu'à Laennec (voir Notice p. 51 sqq.).

Pour la forme verbale ἀκοάζεσθαι des manuscrits anciens, comp. Hésychius ἀκοάζῃ · ἀκούεις (cf. *ibid.* ἀκοαστῆρες). Au c. 61 (c. 50), 200, 14, dans un passage analogue, les manuscrits donnent ἀκουάζῃ. On peut donc hésiter entre ἀκοάζεσθαι et ἀκουάζεσθαι. De toute manière, la correction de certains *recentiores* (ἀκροάζεσθαι) adoptée par les éditeurs est inopportune. Même emploi de ἄν dans une interrogation indirecte en *Affections internes*, c. 23, Littré VII, 226, 4 (= Jouanna¹ 212, 22) qui, du reste, pour le contenu, est identique à notre passage (auscultation par le procédé de la fluctuation). Le rétablissement du neutre, πλευρῶν, au lieu du féminin πλευρέων proposé par Ermerins, est nécessaire à cause du neutre ὁπότερον ; cf. dans la sémiologie qui précède τὸ πλευρὸν ... τὸ ὑγιὲς ... τὸ ἀλγέον.

9. Cette remarque, tout en correspondant à une réalité, repose sur une valorisation de la droite ; le côté gauche étant moins essentiel à la vie que le côté droit, l'opération sera moins dangereuse. Comp. par ex. *Pronostic*, c. 7, Littré II, 126 7 sqq. (= Alexanderson 201, 6 sqq.) : une tumeur de l'hypocondre est moins dangereuse à gauche qu'à droite.

P. 182.

1. La conjecture de τοι à la place de σοι est possible ; comp. c. 61 (c. 50), 201, 7 sq., dans un contexte analogue, ὡς κατωτάτω, ὅπως τοι εὔροον ᾖ. Sur l'interprétation ambiguë de τοι, voir *supra*, p. 148, n. 2.

2. Le bistouri στηθοειδής a la lame convexe comme la poitrine d'une femme (στῆθος) ; Galien dans son *Glossaire hippocratique* (voir *Test.*) glose στηθοειδεῖ par γαστρώδει « ventru ». Le bistouri ὀξυβελής a la lame pointue comme un trait (cf. fr. lancette) ; selon Galien, *ibid.* (voir *Test.*), c'est celui dont on se sert pour les phlebotomies. Pour ces deux variétés de bistouris, voir J. S. Milne, *Surgical instruments in Greek and Roman times ...*, p. 27 sq. et p. 32 sq. avec les planches IV (représentant un relief votif provenant de l'Acropole), V et VII (bistouris des musées de Londres, Naples et Cologne).

3. Sur les tampons de lin écru (ὠμολίνῳ) ou de linge fin (ὀθονίῳ), voir *supra*, p. 167, n. 8.

P. 183.

3. Pour la phtisie (= consomption) dans l'Antiquité, voir W. Pagel, *Die Krankheitslehre der Phtisie in den Phasen ihrer geschichtlichen Entwicklung* in *Beiträge zur Klinik der Tuberkulose*, LXVI, 1927, p. 66 sqq. ; E. D. Baumann, *De phthisi antiqua* in *Janus*, XXXIV, 1930, p. 209-225 et p. 253-272 ; B. Meinecke, *Consumption (tuberculosis) in classical antiquity* in *Annals of Medical History*, IX, 1927, p. 379-402 (qui recense et analyse tous les passages chez les auteurs grecs et latins) ; voir aussi R. Bochalli, *Die Geschichte der Schwindsucht*, Leipzig, 1940 et Ch. Coury, *La tuberculose au cours des âges*, Paris, 1972. Selon M. D. Grmek, les phtisies des c. 48 (c. 37), c. 49 (c. 38) et c. 50 (c. 39) « comportent des symptômes qui peuvent signifier la tuberculose pulmonaire au sens actuel, et, en même temps, chacune d'elles déborde le cadre de cette maladie ; le découpage nosologique du médecin hippocratique ne correspond pas à celui de la médecine moderne ».

P. 184.

2. Ce développement sur le pronostic (183, 15 - 184, 7) trouve de nombreuses correspondances dans les *Aphorismes* et les *Prénotions coaques* (cités dans les *Test.*) qui traitent du pronostic des phtisies en général. Il présente plusieurs particularités par rapport aux autres développements du traité sur le pronostic ; voir *Archéologie...*, p. 146, n. 3.

3. Le refus de soigner est déjà attesté dans la médecine égyptienne (papyrus Edwin Smith) ; voir L. Buchheim, *Das Verdikt der « nicht behandelbaren Krankheit » in der altägyptischen Medizin* in *Sudhoffs Archiv*, XLIX, 1965, p. 170-184. Sur le refus de soigner chez les médecins de la *Collection hippocratique*, voir W. Müri, *Arzt und Patient bei Hippocrates*, Bern, 1936 (III. Das Gebot des Nichteingreifens), p. 15-20 ; F. Kudlien, *Der Beginn des medizinischen Denkens bei den Griechen...*, p. 116 sq. ; R. Wittern, *Die Unterlassung ärztlicher Hilfeleistung in der griechischen Medizin der klassischen Zeit* in *Münch. med. Wschr.* CXXI, 1979, Nr. 21, p. 731-734. Selon l'auteur du traité de l'*Art* (c. 3, Littré VI, 4, 18 - 6, 1), le médecin doit s'abstenir de prendre en charge les cas désespérés, car ils ne relèvent pas de l'art de la médecine (on trouvera un écho de cette conception dans *Articulations*, c. 58, Littré IV, 252, 8 sq. [= Kuehlewein II, 205, 11 sq.] : « Mais, dira-t-on, tout cela est en dehors de la médecine ; à quoi bon s'inquiéter désormais de ces affections devenues incurables ? »). Voir aussi *Prorrhétique II*, c. 12, Littré IX, 34, 18 - 36, 1 et *Fractures*, c. 36, Littré III, 538, 12 (= Kuehlewein II, 109, 14 sqq.). Le refus de soigner formulé ici est unique dans *Mal. II* **2**. D'ordinaire dans ce traité, même quand le malade n'a pas grande chance d'en réchapper, le médecin est invité à le soigner ; voir par ex. c. 20 (c. 9), 155, 8 sq. : « C'est par ce traitement que vous avez le plus de chances d'être utile, mais peu en réchappent ». La situation est comparable pour les traités cnidiens de gynécologie. Les médecins soignent même si les chances de salut sont minces (voir par ex. *Maladies des femmes II*, c. 129, Littré VIII, 278, 4 sq. : « la maladie est mortelle, et peu en réchappent, même ainsi traitées »). Il y a une seule exception en *Maladies des femmes I*, c. 71, *ibid.*, 150, 12 sq. (avec la rédaction identique de *Femmes stériles*, c. 233, *ibid.*, 446, 20 sq.). On pourrait montrer que ces deux passages de *Mal. II* **2** et des traités gynécologiques où apparaît exceptionnellement l'interdiction de soigner, appartiennent à deux exposés de maladie où des remaniements sont décelables.

5. Alors que les manuscrits donnent κεκρημένῳ (= « de l'ellébore dans du vin coupé d'eau »), les éditions depuis Cornarius (Bas.) corrigent en κεκρημένον (= « de l'ellébore mélangé à du vin doux »). La correction a probablement été suggérée par ἐλλέβορον ... κεκρημένον donné quelques lignes plus haut. Il n'y a pas lieu de changer le texte des manuscrits qui trouve un parallèle au c. 64 (c. 53), 203, 14 sq. ἐπ' οἴνῳ γλυκεῖ κεκρημένῳ.

6. La phrase est mal ponctuée dans les éditions (jusqu'à Littré compris) qui mettent un point en haut avant φάκιον δέ ; en fait le participe προπιπίσκοντα dépend de δοῦναι, comme l'a vu Ermerins ; ce n'est cependant pas une raison suffisante pour supprimer avec lui δέ. Pour cet emploi de δέ apodotique après un participe, voir J. D. Denniston, *The Greek particles*, Oxford, 1959, p. 181-182, qui cite plusieurs exemples tirés de la *Collection*.

7. Le texte de M recc. repris par les éditeurs est fautif, comme l'indique la comparaison avec le passage analogue du c. 50 (c. 39), 187, 6-8 : τὴν δὲ κάτω κοιλίην μὴ κινεῖν φαρμάκῳ, ἢν μὴ οἱ πυρετοὶ λαμβάνωσιν ἰσχυροί · ἢν δὲ μὴ λαμβάνωσι, γάλακτι ὄνου ὑποκαθαίρειν. La subordonnée ἢν δὲ λαμβάνωσι donnée par θ a été omise dans M par suite d'un saut du même au même. Toutefois, d'après le c. 50 (c. 39), μὴ doit sans doute être rétabli avant λαμβάνωσι. Comme l'auteur insiste sur l'effet très modéré sur le ventre de la racine blanche et de l'ellébore en eclegme, il est probable qu'il prescrit là un laxatif très doux à donner lorsque les fièvres ne sont pas fortes. Comp. l'emploi du lait d'ânesse au c. 50 (c. 39) cité ci-dessus. En tout cas, la solution de Littré qui donne le texte de M en corrigeant μὴ en μὲν est irrecevable par suite de la comparaison avec le c. 50 (c. 39).

La racine blanche est celle du dracontion, d'après le *Glossaire* de Galien (cf. *Test.*). Le dracontion ou serpentaire *(arum draconculus)* est employé en électuaire avec du miel en *Affections internes*, c. 1 (Littré VII, 172, 4-5 = Jouanna[1] 190, 8-10), pour calmer la toux ; comp. Théophraste, *Histoire des Plantes*, IX, 20, 3 (δρακοντίου δὲ ῥίζα βῆχας ἐν μέλιτι διδομένη παύειν χρησίμη, « la racine du dracontion donnée dans du miel est utile pour faire cesser la toux »). C'est peut-être un des effets recherchés par l'électuaire prescrit ici (cf. dans la sémiologie βήσσει [*bis*], 183, 12 sq.). Pour la prescription de la racine du dracontion en électuaire avec du miel, comp. Dioscoride II, 166 et Pline XXIV, 144 qui signalent son effet diurétique. Le dracontion est assez rarement prescrit dans la *Collection* ; en dehors de *Mal. II 2*, c. 48, et *Affections internes*, c. 1 *(bis)*, voir *Nature de la femme*, c. 32, Littré VII, 358, 3 et *Femmes stériles*, c. 230, Littré VIII, 442, 26.

P. 185.

1. La formulation même indique que l'auteur fait allusion à un lavement dont la préparation est trop connue pour être détaillée. Par grain, il faut entendre le grain de Cnide (ὁ κνίδιος κόκκος) ; c'est la graine du *Daphne Cnidium L.* appelé par les Grecs θυμελαία, κνέωρον ou κνῆστρον (cf. Dioscoride IV, 172 ; Pline XIII, 114). Ce grain ne sert qu'en médecine (Pline XIII, 114). C'est un évacuant par le bas (Théophraste, *Hist. Plant.* IX, 20, 2 πρὸς κοιλίας λύσιν ; Dioscoride IV, 172 καθαίρει κάτω). Il est administré ici en lavement ; comp. le lavement (de l'utérus) dans les traités gynécologiques ; voir par ex. *Maladies des femmes*

I, c. 78, Littré VIII, 192, 9 sq. (cf. aussi 196, 1 sq. ; 200, 6 sq.) où des détails sont donnés sur la préparation du clystère : soixante grains de Cnide sont pilés et mélangés à du miel, de l'huile et de l'eau. Le grain de Cnide est administré aussi par voie orale sous forme de pilule ; voir par ex. *Nature de la femme*, c. 34, Littré VII, 374, 8 (= *Maladies des femmes I*, c. 85, Littré VIII, 210, 14), et comp. Théophraste, *Hist. Plant.* IX, 20, 2, Dioscoride IV, 172. Selon Rufus d'Éphèse, *Des médicaments évacuants* in Oribase, *Coll. Med.*, XII, 26, éd. Bussemaker et Daremberg II, 102, 12 - 103, 1 (= Test. 25 Grensemann), le grain de Cnide serait particulièrement employé par les Asclépiades de Cnide. Si son emploi est fréquent dans des traités que l'on a rattachés à Cnide (*Affections internes* 20 fois, traités gynécologiques 49 fois), il n'est employé qu'une fois dans *Mal. II* 2. Sur le grain de Cnide dans la *Collection hippocratique*, voir H. Grensemann, *Knidische Medizin*, I..., p. 67-70.

3. La leçon de θ μηδ' ἐμϐάπτεσθαι est préférable à celle de M recc. edd. μηδὲ βάπτεσθαι ; cf. *Affections internes*, c. 22, Littré VII, 222, 14 : ἐς τὸν ζωμὸν μὴ ἐμϐαπτέσθω.

4. La conjecture d'Ermerins (σοι au lieu de οἱ) est justifiée ; on trouve en effet σοι dans les deux autres passages du traité où cette expression revient : c. 19 (c. 8), 153, 19 sq. ἐπὴν σοι δοκῇ καιρὸς εἶναι ; c. 50 (c. 39), 187, 3 sq. : ἢν δέ σοι καιρὸς δοκῇ εἶναι ; comp. aussi l'emploi fréquent de cette expression dans les traités gynécologiques : *Nature de la femme*, c. 35, Littré VII, 378, 10-11 ὅσον ἂν δοκῇ σοι καιρὸς εἶναι ; cf. aussi *Maladies des femmes I*, c. 64, Littré VIII, 132, 9 et 15 ; c. 78, *ibid.*, 188, 13 ; *Maladies des femmes II*, c. 118, *ibid.*, 254, 18 ; c. 119, *ibid.*, 258, 21 ; c. 133, *ibid.*, 294, 8 ; *Femmes stériles*, c. 217, *ibid.*, 422, 2. Tous ces exemples prouvent que la détermination du moment opportun (καιρός) est laissée à l'appréciation du médecin et non du malade.

5. C'est l'unique exemple de *Mal. II* 2 où il soit tenu compte, dans la prescription du régime, des habitudes du malade. Comp. *Affections*, c. 61, Littré VI, 268, 13 sq. : « A ceux qui en santé ont l'habitude de manger du pain de blé, on en donnera aussi dans les maladies ». Ce souci repose sur l'idée que tout changement brusque du régime habituel, même vers un régime meilleur, est nocif. Comp. *Régime dans les maladies aiguës*, c. 10, Littré II, 298, 10 - 300, 3 (= Joly, c. 37, 51, 2-6) : « ... si l'on réalise combien la galette d'orge (μᾶζα) provoque de troubles, de gonflement, de vents et de coliques au ventre, quand elle est mangée contre l'habitude, chez celui qui a l'habitude de manger du pain de blé, et quelle pesanteur et quelle constipation ce pain de blé (ἄρτος) provoque chez celui qui a l'habitude de manger de la galette d'orge (τῷ μαζοφαγεῖν εἰθισμένῳ) ». Pour l'opposition entre les mangeurs de galette et les mangeurs de pain, voir aussi *Nature de l'homme*, c. 9, Littré VI, 54, 2 sq. (= Jouanna² 188, 19).

6. Il est difficile de préciser le sens de φθόη par rapport à φθίσις employé au c. 50 (c. 39) et c. 51 (c. 40). Les deux termes

sont de la même racine et désignent une « consomption » ; mais rien dans le traité ne permet de dire s'ils sont exactement synonymes ou si φθόη désigne une consomption particulière. Dans *Mal. I*, c. 3, Littré VI, 144, 5 et 17 (= Wittern 8, 4 et 10, 1), les deux termes sont également employés, mais le contexte n'est pas plus explicite. Dans la médecine plus tardive, la φθόη désigne une forme particulière de la φθίσις, la consomption due à une ulcération du poumon ; voir Galien, *De sanitate tuenda*, VI, c. 9, éd. Kühn VI, 421 ; mais Galien reconnaît qu'Hippocrate peut appeler φθίσις ce que « les Grecs et particulièrement les Athéniens » appellent φθόη (*Commentaire aux Aphorismes* I, 16, éd. Kühn XVIII A, 116). Φθόη désigne-t-il ici une phtisie par suite d'une ulcération du poumon, comme dans le cas précédent ?

P. 186.

2. Cette partie de la sémiologie peut s'interpréter de deux façons. L'adjectif ἀνώδυνος peut se rapporter à φωνή (interprétation traditionnelle ; cf. Littré : « la voix est nette et ne cause aucune douleur ») ou au malade (interprétation proposée ici ; comp. pour la syntaxe ἀσθενής à la fin du développement sémiologique). L'absence de toute douleur (cf. aussi ῥηϊδίως en 185, 21) semble une caractéristique de cette phtisie qui l'oppose à d'autres (c. 48 [c. 37] 183, 7 ; c. 50 [c. 39], 186, 12 ; c. 52 [c. 41], 189, 11).

3. La prescription concernant le régime alimentaire est tout à fait comparable à celle du c. 47 a (c. 36 a), 179, 19. Ici comme là, il convient de lire avec les manuscrits anciens χοιρείων καὶ ὑείων (« viandes de porcelet et de porc ») et non χοιρείων καὶ οἰείων avec certains manuscrits récents et les éditions (« viandes de porc et de mouton ») ; il en est de même au c. 52 (c. 41), 189, 16.

4. Cette affection est une phtisie (cf. 187, 2) attribuée à une ulcération de la trachée. Le verbe ἀφθάω est le dénominatif de ἄφθα ; ce nom désigne une sorte d'ulcère de la bouche, un aphte ; voir Hésychius *s.v.* ἄφθα ; cf. *Maladies des femmes II*, c. 116, Littré VIII, 252, 5 ἐν τῷ στόματι ἄφθαι ; comp. l'expression στόματα ἀφθώδεα en *Épidémies III*, c. 3, Littré III, 70, 6 (= Kuehlewein I, 225, 2), c. 7, *ibid.*, 84, 2 (avec le commentaire de Galien au premier passage, ed. Wenkebach, CMG V 10, 2, 1, 117, 21 sqq.) et en *Prénotions coaques*, 504, Littré V, 700, 14 ; 533, *ibid.*, 706, 9. Les aphtes se rencontrent particulièrement chez les jeunes enfants qui tètent (*Aphorismes* III, 24, Littré IV, 496, 13 [= Jones IV, 130, 14] avec le commentaire de Galien *ad loc.*, éd. Kühn XVII B 627, 5-12 ; cf. aussi Érotien *s.v.* ἀφθώδεα A 22 et Galien *Définitions médicales*, éd. Kühn XIX, 441, 8 sq.). C'est par une interprétation abusive du passage des *Aphorismes* que LSJ, Frisk et Chantraine donnent comme sens premier à ἄφθαι « maladie d'enfant ». Du sens d'ulcère de la bouche, on est passé facilement à celui d'ulcère de l'orifice de l'utérus (qui est appelé aussi par les Grecs στόμα) ; voir en *Prénotions coaques*, 518, Littré V, 704, 5

et 21 sq. l'expression ἀφθώδεα ῥεύματα « flux qui ulcèrent l'orifice utérin », et surtout l'emploi du verbe ἀφθάω dans l'expression τὰ αἰδοῖα ἀφθᾶν pour désigner l'ulcération des parties de la femme en plusieurs passages des traités gynécologiques (par ex. *Nature de la femme*, c. 60, Littré VII, 398, 15 et c. 86, *ibid.*, 408, 3 ; *Maladies des femmes I*, c. 34, Littré VIII, 82, 9 = *Nature de la femme*, c. 100, Littré VII, 416, 4, etc.). La présence d'ἀφθᾶν dans ce passage de *Mal. II 2* témoigne d'un nouvel élargissement de l'emploi (qui est unique dans la *Collection*) : l'aphte atteint une autre partie du corps. Selon M. D. Grmek, dans la description donnée ici, il est facile de reconnaître l'affection tuberculeuse du larynx, complication fréquente de la tuberculose pulmonaire.

5. Dans la langue médicale, μύκης *vel* μύκη (« champignon ») désigne des excroissances fongueuses qui proviennent d'une plaie (Galien, *Parties affectées* I, éd. Kühn VIII, 6, 4 ὥσπερ τῶν μυκήτων τοῖς ἐν τῇ κεφαλῇ κατάγμασιν, ὅταν ἡ μῆνιγξ ᾖ πεπονθυῖα) ou qui naissent d'ulcères (Galien, *Comm. Épidémies III*, éd. Kühn XVII A 703, 1 sq. καλοῦσι δ' αὐτὰς (sc. τὰς τοιαύτας ἐπιφύσεις) οἱ πολλοὶ μύκητας ; cf. aussi Gal. *Gloss. s.v.* ἐμυκώθη éd. Kühn XIX, 97, 16 ἐπιφύσεις ... πλαδαράς, ὥσπερ καὶ οἱ μύκητες). Comp. l'emploi de μύκης chez Théophraste, *Hist. Plant.* IV, 14, 3 à propos d'excroissances fongueuses sur l'olivier. De notre passage doit être rapproché *Épidémies VII*, c. 84, Littré V, 440, 12-13 : « Avant sa mort (Phérécyde) expectora comme une excroissance fongueuse, formée de mucosités, compacte et entourée de phlegme blanc πρὸ τῆς τελευτῆς ἐνέβηξεν οἷον ἐκ μύξης μύκητα συνεστηκότα (V : ξυνεστ. M) λευκῷ φλέγματι περιεχόμενον ». Comp. aussi *Maladies des femmes I*, c. 40, Littré VIII, 96, 12-14 (μύκη ... ἐμυκώθη τὰ ἕλκεα) où des ulcères de la matrice produisent des excroissances fongueuses.

7. Galien (cf. *Test.*) glose κύκλοι προσώπου par τὰ μῆλα « les joues ». C'est la leçon et le sens adoptés par tous les éditeurs. Toutefois cette leçon n'est pas à l'abri de tout soupçon. La sémiologie du c. 48 (c. 37), 183, 8 sq., qui est très proche, a pour symptôme correspondant « les *creux sous les yeux* deviennent rouges » τὰ κύλα ἐρυθρά. Or dans les traités gynécologiques ce même symptôme se retrouve avec le génitif τοῦ προσώπου ; voir *Maladies des femmes I*, c. 37, Littré VIII, 88, 23 - 90, 1 κύλα (κύλα θ : κοῖλα MV) τοῦ προσώπου ἐρυθρὰ γίνεται = *Nature de la femme*, c. 9, Littré VII, 324 13-14 τὰ κύλα (κύλα Littré : κοῖλα θM κοινὰ V) τοῦ προσώπου ἐξερυθριᾷ. Ici οἱ κύκλοι τοῦ προσώπου est peut-être une *lectio facilior* ayant remplacé un primitif τὰ κύλα τοῦ προσώπου.

P. 187.

1. La syntaxe de la phrase dans les éditions n'est pas satisfaisante. Πιπίσκοντα, étant un factitif (c'est le médecin qui fait

boire), ne peut se rapporter à ἐμεῖν (c'est le malade qui vomit).
On ne peut donc pas traduire : « voici comment on le traitera :
boire des décoctions de lentilles et vomir » (trd. Littré).
Πιπίσκοντα se rapporte au médecin, sujet sous-entendu de
θεραπεύειν « il faut traiter en faisant boire les décoctions de lentilles » ; comp. c. 49 (c. 38), 186, 5 πιπίσκειν ... φάκιον et c. 48
(c. 37), 184, 9 φάκιον δὸς πιεῖν. Ici, comme dans les deux chapitres
précédents, il va de soi que la décoction de lentilles est un vomitif.
L'infinitif ἐμεῖν semble superflu ; si l'on veut le conserver, il
faut en faire un infinitif de destination.

2. Rien ne doit être changé au texte des manuscrits.
H. Kühlewein, *Observationes de usu particularum in libris qui
vulgo Hippocratis nomine circumferuntur...*, p. 103, voudrait lire
ἦν μὲν ... ἦν δὲ μή ; mais la première négation est confirmée
par le passage analogue du c. 48 (c. 37), 184, 16. Quant à Littré,
il écrit ἦν μή ... ἦν δέ. Cette correction introduit en fait dans
le texte une inconséquence, car le lait d'ânesse n'est pas un
φάρμακον ; comp. c. 48 (c. 37), 185, 3 sq. : γάλακτι ὀνείῳ ἐφθῷ
κάθηρον · φάρμακον δὲ μὴ δίδου κατωτερικόν. Pour une critique des corrections de Littré et de Kühlewein, voir déjà
R. Fuchs *Hippokrates. Sämmtliche Werke...* II, p. 442, n. 62.

3. Après ὑποκλύσαι, les manuscrits et les éditions donnent
ἧσσον δὲ κεφαλήν que Littré traduit par « On agira moins sur
la tête ». Mais il n'y a aucun infinitif dans ce qui précède dont
l'accusatif κεφαλήν puisse raisonnablement dépendre. Seule
la restitution de καθαίρειν ou καθῆραι après κεφαλήν donnerait
une syntaxe satisfaisante ; cf. par ex. c. 13 (c. 2), 146, 4. Mais
les purgations de la tête sont indiquées dans la phrase suivante
καὶ ἦν μὲν — κεφαλήν. La comparaison avec le développement
thérapeutique du c. 48 (c. 37), où les purgations de la tête sont
indiquées dans la phrase analogue καὶ ἐπὴν ἐς τὸ στόμα — χρόνου
(184, 11-13) amène à penser que ἧσσον δὲ κεφαλήν est une
insertion. V. Langholf ajoute que ἧσσον δὲ κεφαλήν est vraisemblablement une *varia lectio* marginale de πλὴν τῆς κεφαλῆς
(188, 6) qui a été insérée dans le texte à un mauvais endroit.
La *varia lectio* donnerait plus de logique à la phrase : λούσθω δὲ
χλιερῷ, ἧσσον δὲ κεφαλήν · ταύτην δὲ ὡς διὰ πλείστου χρόνου.
Cette faute qui existait déjà dans l'archétype de θM s'expliquerait
par la disposition en colonnes d'un rouleau de papyrus ; ἧσσον
δὲ κεφαλήν, situé dans la marge de gauche, aurait été inséré dans
la colonne précédente ; cela permettrait de calculer le nombre
de lettres de la colonne de papyrus : environ 700 lettres.

P. 188.

1. La correction de πυροῦ (« froment ») en τυροῦ (« fromage »),
due à Littré et acceptée par Ermerins, a été suggérée par la
comparaison avec *Affections internes*, c. 41, Littré VII, 268, 17
ἄνευ τυροῦ καὶ σησάμου καὶ ἁλός. La confusion dans les manus-

crits entre πυρός et τυρός se retrouve en *Nature de la femme,*
c. 44, Littré VII, 388, 16 (τυρῷ **θ** : πυρῷ M πυρὶ V). Si le
silphium est aussi déconseillé, c'est en tant que condiment. Le
fromage et le silphium râpés étaient pour les Grecs des condiments
familiers pour assaisonner les viandes ; voir par ex. Aristophane,
Oiseaux, 1579-1586. L'abus de silphium comme condiment
dérangeait le ventre et donnait des gaz fétides (voir par ex.
Aristophane, *Cavaliers,* 894-898).

2. Le θύμον (*vel* θύμος) est traditionnellement traduit par
« thym » ; il ne correspond pas toutefois à notre thym. Il y en a
deux espèces, une blanche et une noire ; voir Théophraste, *Hist.
Plant.* VI, 2, 3 ; Pline XXI, 56 (et 154-157 pour leur usage en
médecine). Ce sont deux espèces de sarriette ; le thym blanc
(voir Dioscoride III, 36) est la *Satureia thymbra L.* L'espèce noire
est indéterminée. Dans la *Collection hippocratique,* il n'est pas
établi de distinction entre ces deux espèces. A la place de θύμῳ,
qui n'est pas mentionné ailleurs dans le traité, on attendrait
plutôt θύμβρη (autre variété de sarriette ; *Satureia capitata L.* ;
cf. Théophraste *Hist. Plant.* VI, 1, 4 ; 2, 3 ; Dioscoride III, 37 ;
Pline XIX, 165). En effet dans tous les passages du traité qui
sont comparables, c'est θύμβρη qui est prescrit et non θύμον ;
voir c. 48 (c. 37), 185, 11 ὅτι μὴ θύμβρῃ ἢ ὀριγάνῳ et c. 52 (c. 41),
189, 17 ὅτι μὴ ὀριγάνῳ ἢ θύμβρῃ. Sans doute ne serait-il pas
prudent de modifier le texte car la série ὀρίγανον ἢ θύμον ἢ
πήγανον se rencontre aussi dans *Nature de la femme,* c. 12, Littré
VII, 330, 8 sq. et dans la rédaction parallèle de *Maladies des
femmes II,* c. 174 *bis,* Littré VIII, 356, 15 ; cf. aussi *Affections,*
c. 43, Littré VI, 252, 10 sq. Toutefois la confusion a pu se produire ici ou là entre ces deux variétés de sarriette qui ont des
propriétés voisines (cf. Dioscoride III, 37 δύναται [sc. θύμβρα]
δὲ τὰ αὐτὰ τῷ θύμῳ ; cf. aussi l'auteur du *Régime,* c. 54, Littré
VI, 560, 11-12 [= Joly 53, 13 sq.]).

3. Tout ce développement thérapeutique (187, 2-188, 7) présente
de grandes analogies avec celui du c. 48 (c. 37), 184, 7-185, 19 ;
certaines de ces ressemblances sont des particularités qui ne se
retrouvent pas dans le reste du traité ; voir *Archéologie...,* p. 469 sq.

4. Cette phtisie de la moelle épinière est à rapprocher de
l'affection de la moelle épinière exposée dans *Affections internes,*
c. 13, Littré VII, 198, 25 - 200, 23, bien qu'il ne s'agisse pas de
rédactions parallèles ; les excès vénériens y sont mentionnés aussi
comme cause de l'affection de la moelle (200, 2-3). C'est une
vésiculite infectieuse.

5. La relation établie par le médecin entre les pertes spermatiques et l'affection de la moelle épinière correspond à une croyance
ancienne selon laquelle le sperme provient de la moelle épinière
et du cerveau, voir E. Lesky, *Die Zeugungs- und Vererbungslehre
der Antike und ihr Nachwirken* in *Abhandl. Akad. Wiss. Lit.
Geistes- u. sozialwiss. Kl.* Mainz, XIX, 1950, p. 1233 sqq.

6. La forme ὀνειρώσσει adoptée par les éditions depuis l'Aldine

est éloignée de la leçon des manuscrits. Bien que fautive, la leçon de MHªR ὀνειριάει est sans doute une corruption de ὀνειριάζει ; ce verbe n'est pas attesté dans les dictionnaires, mais le composé ἐξονειριάζειν est présupposé par ἐξονειριασμός (Dioclès frg. 141, éd. Wellmann 182, 18) ; voir Frisk et Chantraine *s.v.* ὄναρ. On a aussi le composé ἐξονειράζω en *Épidémies* IV, c. 57, Littré V, 196, 5, où le texte des manuscrits ἐξωνείρασε est corrigé à tort dans les éditions en ἐξωνείρωσε (vulg.) ou en ἐξωνείρωξε (Littré) ; voir V. Langholf, *Syntaktische Untersuchungen...*, p. 173. Ainsi, à côté de la forme courante (ἐξ)ονειρώσσω, les médecins devaient employer les variantes (ἐξ)ονειρόω (attesté dans les dictionnaires avec la référence à *Maladies des femmes II*, c. 175, Littré VIII, 358, 1), (ἐξ)ονειριάζω et (ἐξ)ονειράζω. Entre ces diverses formes des confusions ont pu se produire au profit de la forme la plus courante. Tous ces verbes ont un sens technique : « avoir des émissions spermatiques en rêvant ». La spermatorrhée nocturne est signalée plusieurs fois dans la *Collection* dans des traités d'origine diverse ; voir *Affections internes*, c. 43, Littré VII, 274, 7 (variété de typhus avec spermatorrhée nocturne et diurne) et c. 47, *ibid.*, 282, 17 sq., voir *Épidémies* IV, c. 57, Littré V, 196, 5 et *Épidémies* VI, c. 29, *ibid.*, 354, 7 (spermatorrhée nocturne et diurne chez un sujet qui fut atteint de phtisie cinq ans plus tard) ; voir aussi *Génération*, c. 1, Littré VII, 470, 21 sqq. = Joly 45, 3 sq. (essai d'explication de la spermatorrhée nocturne).

7. Sur la place de οὖν entre le préverbe et le verbe, voir *supra*, p. 143, n. 2.

8. Sur la lipyrie, voir *supra*, p. 151, n. 1. Le neutre λιπύριον (au lieu du féminin λιπυρίη) est un *hapax*. Selon les *Prénotions coaques*, 117, Littré V, 608, 2-3, les affections lipyriques ne guérissent pas, si un choléra ne survient pas. Sur la description de la lipyrie, voir Pseudo-Soranos, *Quaestiones medicinales*, in V. Rose, *Anecdota graeca et graecolatina*, 1870, II, p. 260 (nº 115).

P. 189.

1. La prescription du lait de vache (βόειον ... γάλα) jointe à celle du lait d'ânesse (γάλα ... ὄνειον) est unique dans le traité. Le lait d'ânesse y est normalement recommandé seul ; cf. c. 13 (c. 2), 146, 6 ; c. 38 (c. 27), 170, 18 ; c. 40 (c. 29), 172, 2 ; c. 48 (c. 37), 185, 3 ; c. 50 (c. 39), 187, 8 ; c. 55 (c. 44), 194, 4 ; c. 66 (c. 55), 205, 7 ; c. 67 (c. 56), 206, 18 ; c. 68 (c. 57), 208, 1 ; c. 70 (c. 59), 209, 17 ; c. 72 (c. 61), 212, 4 ; c. 74 (c. 63), 214, 9. Mais si l'on compare avec les traités cnidiens de gynécologie, cette prescription perd son caractère exceptionnel, car la cure de lait de vache d'une durée de quarante jours y est recommandée parfois après la prise de lait d'ânesse dans des formules tout à fait analogues ; voir par ex. *Nature de la femme*, c. 15, Littré VII, 334, 5-8 (leucorrhée) : φάρμακον πῖσαι κάτω ... καὶ γάλα

ὄνειον πινέτω · ἐπὴν δὲ κάτω καθαρθῇ, βόειον γάλα πινέτω
ἐπὶ τεσσεράκοντα ἡμέρας, ἢν δύνηται « donnez un évacuant par
le bas et elle boira du lait d'ânesse ; quand elle est purgée par le
bas, elle boira du lait de vache pendant quarante jours, si elle
le peut » ; c. 52, Littré VII, 394, 8-10 (= *Maladies des femmes I*,
c. 43, Littré VIII, 102, 1-3 et c. 78, *ibid.*, 196, 6-8) ; cf. c. 38,
ibid., 382, 11 sq. (= *Maladies des femmes II*, c. 129, Littré VIII,
278, 3-4) ; cf. aussi *Maladies des femmes II*, c. 118, Littré VIII,
256, 6. Sur la médication par le lait dans la *Collection hippocratique*,
voir K. Deichgräber, *Zur Milchtherapie der Hippokratiker (Epid.
VII)* cité *supra*, p. 34, n. 1.

2. Le régime conseillé pendant et après la cure de lait de
vache trouve aussi des correspondances étroites dans les traités
gynécologiques. Pendant la cure de lait, le traité de la *Nature de
la femme*, c. 15 (cité à la note précédente), conseille également de
prendre en potage le soir du gruau : ἑσπέρης δὲ ἐπὴν ἐκπίῃ
ῥυφείτω χόνδρον. Après la cure, *Maladies des femmes I*, c. 63,
Littré VIII, 130, 15 sq., recommande également de donner le plus
d'embonpoint possible : μετὰ δὲ τὴν γαλακτοποσίην παχῦναι
σιτίοισιν ὡς μάλιστα, « après la cure de lait, donnez autant
d'embonpoint que possible par les aliments ».

3. Dans certains manuscrits récents et dans les éditions, la
maladie a pour titre πλεύμονος νοῦσος « maladie du poumon ».
Ce titre est intelligible, mais ne saurait être retenu ; le mot νοῦσος,
qui est régulièrement ajouté dans les titres par certains *recentiores*
et par les éditions, n'apparaît pas dans les manuscrits anciens
qui ne donnent que πλεύμονος. Un génitif de πλεύμων en guise
de titre ne paraît pas acceptable. Les autres titres de maladie
sont soit des noms au nominatif, soit des adjectifs (avec νοῦσος
sous-entendu). Pour éclairer ce passage, on dispose de deux témoignages qui n'ont pas encore été utilisés. D'une part *Affections
internes*, c. 3, Littré VII, 174, 19 décrit une affection du poumon
dont le titre est πλευμονίς M edd. : πλεύμονος θ (pour ce rapprochement voir déjà *Archéologie...*, p. 221, n. 1). D'autre part Galien
dans son *Glossaire* (cf. *Test.*) connaît une phtisie pulmonaire
intitulée πλεῦμος qui n'a pas été située jusqu'ici dans la *Collection
hippocratique*. Entre ces trois passages, il y a vraisemblablement
un lien. Il paraît probable que la glose de Galien s'applique à ce
passage de *Mal. II* 2 et que πλεύμονος de θM n'est pas le génitif
de πλεύμων, mais une corruption de πλεῦμος. Il n'est pas impossible qu'en *Affections internes*, c. 3, la leçon de θ πλεύμονος soit
également une corruption de πλεῦμος et que la forme πλευμονίς
de M edd. dictionnaires soit une réfection dans la branche de
M à partir de la forme corrompue πλεύμονος. Les dictionnaires
étymologiques (Frisk-Chantraine) disent que πλεῦμος est une
« forme abrégée » chez les médecins. N'est-ce pas plutôt une forme
avec un autre suffixe ? Quoi qu'il en soit, l'existence de la forme
πλεῦμος semble confirmée non seulement par le dénominatif
πλευμᾶν (*supra*, p. 183, n. 2), déjà rapproché par Frisk et

Chantraine, mais aussi par l'adjectif en -ώδης, πλευμώδης (*vel* πνευμώδης) doublet de πλευμονώδης, attesté deux fois dans le *Glossaire* de Galien pour expliquer πλευμᾷ et πλεῦμος (éd. Kühn XIX, 131, 8 sq.) et aussi par Arétée, *Maladies chroniques I*, 12 (= III, 12 éd. Hude² 53, 10 sq.) : Ἄσθματος ἰδέη τὸ πνευμῶδες καὶ ἀπὸ τοῦ πνεύμονος τὸ πάθος, ὅκως ἐπ' ἄσθματι. « Par πνευμώδης, on entend une forme d'asthme ; c'est une affection du poumon comme pour l'asthme ».

5. Il est peu probable qu'il soit fait allusion au c. 51 (c. 40) ; l'emploi de τοῦ ἑτέρου implique qu'il s'agit de deux cas voisins et sans doute de deux variétés d'une même maladie ; or la phtisie dorsale due à la moelle épinière du c. 51 (c. 40) n'a pas de rapport avec l'affection du poumon du c. 52 (c. 41). Faut-il y voir une allusion à la phtisie pulmonaire du c. 50 (Littré VII, 81, 14-17) ou à la phtisie du c. 49 (*Archéologie...*, p. 468-474) ? On notera en tout cas une grande ressemblance, concernant le schéma et le contenu de la thérapeutique, entre la φθόη du c. 49 (c. 38) et cette affection du poumon du c. 52 (c. 41) qui, si l'on admet le rapprochement avec πλεῦμος de Galien, est aussi une φθόη. Ces deux variétés de phtisie se distinguent par certains symptômes (en particulier la couleur des vomiques blanches dans un cas, noires dans l'autre).

6. Ce sont les feuilles des plantes potagères (τὰ φύλλα) qui entraient dans la composition d'un gargarisme au c. 26 (c. 15), 160, 17, au c. 27 (c. 16), 162, 1, au c. 29 (c. 18), 165, 5 et au c. 30 (c. 19), 165, 12.

P. 190.

1. Ἀρτηρίη désigne « la trachée-artère ». A l'époque du traité, le sens d'« artère » n'existait pas encore, car la distinction entre les artères et les veines n'était pas faite. Sur le sens et l'étymologie d'ἀρτηρίη, voir J. Irigoin, *La formation du vocabulaire de l'anatomie en grec : du mycénien aux principaux traités de la Collection hippocratique* in *Hippocratica*, Colloques internationaux du C.N.R.S., n° 583, Paris, 1980, p. 254-256.

2. C'est la comparaison avec le passage parallèle d'*Affections internes*, c. 1, Littré VII, 166, 12 qui suggère que le mot courant ἐκβάλλει a remplacé un primitif ἐκβράσσει *vel* ἐκβρήσσει ; voir *Archéologie...*, p. 578 sq.

3. Le verbe κέρχ(ν)εται est traduit traditionnellement par « être enroué ». Mais Galien dans son *Glossaire* (cf. *Test.*) donne deux sens à κέρχ(ν)ος, soit « la rugosité de la gorge » (ἡ τραχύτης τῆς φάρυγγος) soit « le bruit dans le poumon » (ὁ ἐν τῷ πνεύμονι ψόφος). Le sens de « rugosité » est donné aussi par Érotien K 8 qui glose κερχνώδεα par « ce qui a des aspérités » (τὰ τραχείας ἐπαναστάσεις ἔχοντα). On peut donc comprendre aussi : « la gorge est rugueuse comme s'il y avait quelque chose de gras ». Pour les variantes κέρχεται/κέρχνεται, il apparaît que les formes sans ν

sont anciennes dans la tradition manuscrite de la *Collection* ; voir
Archéologie..., p. 582 sq.

4. Ἔστε doit être lu en un seul mot (et non ἔς τε comme
dans Cornarius et plusieurs autres éditions comme celles de
Littré et d'Ermerins) ; c'est la préposition gouvernant l'accusatif ;
même emploi au c. 57 (c. 46), 196, 8. Cet emploi qui, d'après
Schwyzer (II, 533) et LSJ (s.v. III), est essentiellement restreint
aux inscriptions de Rhodes et de Cos est vraisemblablement un
dorisme ; voir V. Schmidt, *Dorismen im Corpus Hippocraticum...*,
p. 60.

P. 191.

2. On a remarqué depuis longtemps (cf. Foes[1] *s.v.* ἀορτή)
qu'ἄρθρα des manuscrits est une corruption d'ἄορτρα « lobes du
poumon », litt. « ce qui est suspendu » ; sur le sens et l'étymologie
d'ἄορτρα, voir J. Irigoin, *La formation du vocabulaire de l'anatomie
en grec...*, p. 253 sq. Toutefois le singulier ἄορτρον lu par Galien
dans son *Glossaire* (cf. *Test.*) s'impose dans l'état actuel du traité
puisque la maladie suivante (c. 54 b [c. 43 b]) concerne une distension des deux lobes du poumon à la fois (ἀμφότερα) ; comp. *Prénotions coaques*, 394 (Littré V, 670, 21 sqq.), où, suivant les cas,
l'inflammation n'atteint qu'un lobe ou s'étend aux deux à la fois.
Toutefois, il est peu probable que le singulier ἄορτρον soit la leçon
primitive : l'adjonction du c. 54 b (c. 43 b) (voir *infra*, p. 192, n. 2)
a eu nécessairement des répercussions sur la formulation de la
maladie du c. 54 a (c. 43 a). Il n'y avait primitivement qu'une
maladie traitant vraisemblablement de la distension des lobes du
poumon (ἄορτρα). On pourrait penser aussi à une distension de
la trachée (ἀρτηρίη) ; comp. en effet la succession des maladies du
c. 53 (c. 42) (ἢν τρωθῇ ἡ ἀρτηρίη) et du c. 54 a (c. 43 a) (ἐπὴν ...
σπασθῇ τοῦ πλεύμονος) avec celle d'*Affections internes*, c. 1 (ἢν ἡ
τοῦ πλεύμονος ἀρτηρίη ἑλκωθῇ), et c. 2 (ἢν δὲ ἀρτηρίη σπασθῇ) ;
cependant les parallélismes entre *Affections internes*, c. 2, et *Mal.
II 2*, c. 54 a (c. 43 a), sont beaucoup moins nets qu'entre *Affections internes*, c. 1, et *Mal. II 2*, c. 53 (c. 42).

La traduction traditionnelle de σπασθῇ par « être en spasme »
(cf. Littré) n'est pas correcte. Le « spasme » correspond actuellement à une contraction ; en grec, le mot désigne au contraire
une « distension ».

3. Reprenant le texte de la vulgate, Littré traduit : « l'expectoration est ténue et parfois sanguinolente ; le patient a du délire »
(ἀφρονέει τε). Ce texte reprend une innovation de I qui essaie de
supprimer par l'adjonction d'un τε l'absence de liaison entre
αἱματώδεα et ἀφρονέει dans son modèle M. Outre que cet emploi
de τε ne correspond pas au style du traité, la difficulté de syntaxe
disparaît si l'on admet que la bonne leçon a été conservée par
θ en dépit d'une mécoupure : ἀφρονιει *(sic)* = ἀφρὸν ἱεῖ « rejette
de l'écume ». Ainsi compris, le symptôme trouve un correspondant
dans *Affections internes*, c. 2 (Littré VII, 172 16 sq.), qui traite de

la distension de la trachée : « Le malade crache en abondance des glaires blanches et *écumeuses*, parfois légèrement teintées de sang » (λευκὸν καὶ ἀφρῶδες, ἄλλοτε καὶ ὕφαιμον). Pour αἱματώδεα ἀφρόν, comp. Sophocle, *Trachiniennes*, v. 702 θρομβώδεις ἀφροί ; pour ἀφρὸν ἱεῖ (ionien = ἵησι), comp. *Maladie sacrée*, c. 1, Littré VI, 362, 2 sq. (= Grensemann 66, 3), ἀφρὸν ... ἀφιῇ, et, en dehors de la *Collection*, Euripide, *Bacchantes*, v. 1122 ἀφρὸν ἐξιεῖσα.

P. 192.

1. Toute la fin de cette partie thérapeutique est corrompue, comme l'indique la comparaison avec des passages analogues du traité : 1) tout d'abord au c. 47 a (c. 36 a), 179, 11 sqq. une potion avec la sauge (σὺν τῷ ἐλελισφάκῳ) prise à jeun est accompagnée de « soupe épaisse... s'il ne fait pas trop chaud » (ῥυμφάνειν ἔτνος ... ἢν μὴ θάλπος ᾖ), et s'il fait chaud (ἢν δὲ ᾖ) cette soupe est remplacée par des aliments (μὴ ῥυμφανέτω, ἀλλὰ σιτίοισι χρήσθω) ; comp. aussi c. 64 (c. 53), 203, 15 sq. Ces rapprochements montrent clairement qu'il faut lire dans notre passage (en 192, 1) ἢν μὴ θάλπος ᾖ au lieu de ἢν μὴ νῆστις ᾖ donné par les manuscrits et les éditions. Le régime qui suit la potion prise à jeun varie donc avec les saisons ; 2) dans les manuscrits et les éditions, la subordonnée ἐπὴν ἤδη ἐπιεικέως ἔχῃ τὸ σῶμα καὶ τὸ στῆθος καὶ τὸν νῶτον (192, 3 sq.) est reliée au régime précédent. En fait ce régime qui fait immédiatement suite à la prise de la potion à jeun appartient à l'étape de la maladie où la douleur a quitté le malade (191, 16 sq. ἐπὴν δὲ τῆς ὀδύνης παύσηται). La subordonnée ἐπὴν ἤδη ἐπιεικέως ἔχῃ τὸ σῶμα désigne une autre période de la maladie. La comparaison avec la fin de la maladie précédente (191, 4-6 καὶ ἐπὴν αὐτὸς ἑωυτοῦ δοκῇ ἄριστα τοῦ σώματος ἔχειν, καῦσαι τὰ στήθεα καὶ τὸ μετάφρενον) indique qu'il faut rattacher ἐπὴν ἤδη ἐπιεικέως ἔχῃ τὸ σῶμα à ce qui suit et lire καῦσαι (τὸ στῆθος καὶ τὸν νῶτον) à la place de καί. Pour la séquence <καὶ> ἐπὴν ἤδη (192, 3), comp. c. 33 (c. 22), 167, 19. Afin de ne pas sortir des modifications indispensables, je conserve τὸ σῶμα sujet de ἔχῃ ; le style du traité demanderait pourtant de lire ἐπιεικέως ἔχῃ τοῦ σώματος, le sujet sous-entendu de ἔχῃ étant le malade ; comp. c. 53 (c. 42) cité ci-dessus (ἄριστα τοῦ σώματος ἔχειν) et c. 55 (c. 44), 194, 10 (ὅταν ... δοκῇ ἐπιεικέως ἔχειν τοῦ σώματος).

2. Cette affection des deux lobes du poumon possède, à quelques variantes de détail près, la même sémiologie, le même pronostic et la même thérapeutique que l'inflammation du poumon du c. 58 (c. 47). Cette répétition est sans doute le témoignage de remaniements postérieurs à la composition de l'ouvrage. Comme l'existence de la maladie du c. 58 (c. 47) dans le modèle est assurée par l'existence de rédactions parallèles dans d'autres traités qui en dérivent (*Affections internes*, c. 7, et *Mal. III*, c. 7 ; cf. *Test.*), il est vraisemblable que le contenu du c. 58 (c 47) a été remployé

ici pour introduire une subdivision dans une maladie qui n'en comportait pas primitivement ; voir *supra*, p. 191, n. 2, et pour plus de détails *Archéologie*, p. 162-172.

3. Dans le contexte, βλέπεται (donné par les manuscrits anciens ΘM) est déplacé. La variante πτύεται « il crache » (cod. Serv. apud Foes) adoptée par les éditeurs à partir de van der Linden et attribuée à tort par Mack à Θ, est satisfaisante pour le sens ; mais elle est très éloignée pour la forme de la leçon ancienne. La conjecture de βήσσεται, assez proche de βλέπεται dans un texte en onciale, est à cet égard préférable ; comp. par ex. c. 53 (c. 42), 190, 3 sq. βὴξ ἔχει καὶ αἷμα βήσσεται.

P. 193.

3. L'érysipèle désigne étymologiquement une « maladie qui fait rougir la peau » ; pour ce sens, voir par ex. *Pronostic*, c. 23, Littré II, 178, 3 (= Alexanderson 225, 5 sq.) ; *Épidémies III*, c. 4, Littré III, 70, 14 (= Kuehlewein I, 225, 10) ; *Prénotions coaques*, 196, Littré V, 626, 12 sq. Mais dans la *Collection hippocratique* il ne désigne pas seulement une inflammation des téguments externes, comme de nos jours, mais aussi une inflammation interne, particulièrement du poumon et de la matrice. Pour le poumon, voir en dehors de ce passage les rédactions parallèles d'*Affections internes*, c. 6, et de *Mal. I*, c. 18 ; pour la matrice, voir *Nature de la femme*, c. 12, Littré VII, 328, 10, *Maladies des femmes II*, c. 174 et 174 *bis*, Littré VIII, 354, 6 et 16 ; cf. *Mal. I*, c. 3, Littré VI, 144, 7-8 (= Wittern 8, 6) ; *Aphorismes* V, 43, Littré IV, 546, 6 (= Jones IV, 168, 11 sq.). Aussi les médecins de la *Collection* envisagent-ils le transfert d'un érysipèle de l'extérieur vers l'intérieur et inversement ; voir *Mal. I*, c. 7, Littré VI, 152, 18-19, *Aphorismes* VI, 25, Littré IV, 568, 14-15 (= Jones IV, 184, 13-15) et *Prénotions coaques*, 360, Littré V, 660, 15-18.

6. Κενεών et λαπάρη sont des termes anatomiques anciens, déjà attestés chez Homère, qui désignent les parties molles situées entre les côtes et l'os de la hanche, « les flancs ». La distinction établie entre les deux termes dans notre passage et dans *Affections internes*, c. 17, Littré VII, 206, 12 sq. (ἐς τὴν λαπάρην καὶ ἐς τὸν κενεῶνα) est difficile à préciser, car ils sont généralement considérés comme des synonymes ; cf. par ex. Gal. *Comm. Pronostic II* (éd. J. Heeg, CMG V 9, 2, 260). Dans la rédaction parallèle d'*Affections internes*, c. 6 (Littré VII, 180, 11 = Jouanna[1] 194, 3), on lit τὰ πλευρά à la place de τὰς λαπάρας ; comp. la glose d'Érotien Λ 4 (ed. Nachmanson 56, 19) λαπάρην · τὴν πλευράν.

7. Le symptôme τὰ σπλάγχνα μύζει semble faire double emploi avec ἐπὶ τοῖσι σπλάγχνοισι μύζει (193, 14). Dans la rédaction parallèle d'*Affections internes*, c. 6, qui est très proche, le symptôme correspondant, loin de faire double emploi, mentionne des gargouillements provenant de la poitrine et du poumon qui sont sem-

blables à ceux du ventre (καὶ ἐκ τῶν πλευμόνων καὶ στηθέων οἷον γαστὴρ τρυλίζει). Il pouvait en être de même dans *Mal. II* ; dans ce cas il faudrait supposer une lacune du genre καὶ τὰ <στήθεα ὥσπερ τὰ> σπλάγχνα μύζει. Mais une harmonisation entre les deux traités ne s'impose pas.

8. Λάπη (*vel* λάππη *vel* λάμπη ; voir *supra*, p. 101) désigne au sens propre la pellicule écumeuse qui se forme à la surface du vin se transformant en vinaigre, d'une marinade d'olives, du lait, ou de tout autre liquide stagnant ; voir surtout Érotien Λ 7 λαπῶδες (ed. Nachmanson 57, 6 sqq.) et Hésychius *s.v.* λά(μ)πη et λάπ(τ)ης. Dans la *Collection hippocratique*, le sens propre de λάπη est attesté en *Épidémies II*, c. 11, Littré V, 114, 7 où une évacuation d'urine est λάπῃ ὁμοίη. Au sens dérivé, comme c'est le cas dans notre passage, λάπη désigne une « humeur écumeuse » qui est vomie. La traduction traditionnelle par « pituite, phlegme » (cf. par ex. LSJ et Bailly *s.v.*) est trop restreinte et vide le terme de son sens concret. Dans cet emploi, le terme est attesté plusieurs fois dans *Mal. II* et dans *Affections internes* ; en particulier, la présence de λάπη dans les deux rédactions parallèles de *Mal. II 2*, c. 55 (c. 44), et *Affections internes*, c. 6, indique que cet emploi est ancien et remonte au modèle ; pour plus de détails sur λάπη dans la *Collection hippocratique*, voir *Archéologie...*, p. 140, n. 1. En dehors de la *Collection*, l'humeur λάπη n'est attestée que chez Diphile, 17, 15 (ed. Kock II, 541).

P. 194.

2. La leçon τρισί adoptée par Littré et Ermerins est attribuée à tort par Mack à **θ**. Les manuscrits donnent τοῖσι. Τρισί est en fait une conjecture des traducteurs latins Calvus et Cornarius (cf. Foes², n. 149). Cette conjecture n'est pas impossible à condition de lire τοῖσι τρισί. Pour l'expression ὅσην τοῖσι τρισὶ δακτύλοισι περιλαβεῖν, « une pincée prise avec trois doigts », comp. *Affections internes*, c. 35, Littré VII, 254, 21 (= Jouanna¹ 388, 10) ; *Mal. III*, c. 15, *ibid.*, 142, 3 ; c. 16, *ibid.*, 150, 8 et 12 ; *Nature de la femme*, c. 32, *ibid.*, 348, 6. Toutefois, la leçon des manuscrits est également possible ; elle désigne une pincée prise avec les doigts, c'est-à-dire avec les cinq doigts. Dans un autre passage du traité, au c. 48 (c. 37), 184, 14 sq., la pincée est prise avec deux doigts ὅσον τοῖσι δυσὶ δακτύλοισιν ἄραι.

4. Pour la forme τεταρτήμορον, voir *supra*, p. 180, n. 6.

5. Pour l'*hapax* ἐπιπιπίσκειν qui doit être ajouté aux dictionnaires, voir *Archéologie...*, p. 586.

P. 195.

1. Dans l'interprétation traditionnelle, διὰ πλείστου χρόνου ἡ νοῦσος γίνοιτο est traduit par « la maladie durera le plus longtemps possible ». Mais est-ce un idéal à atteindre, quand la maladie

n'est pas mortelle ? Διά + gén. peut indiquer les intervalles qui séparent les manifestations de la maladie ; ce sens paraît mieux s'adapter au contexte. Même sens de διὰ πλείστου χρόνου en c. 50 (c. 39), 188, 7.

2. La même prescription se retrouve dans la rédaction parallèle d'*Affections internes*, c. 6, Littré VII, 182, 14 sq. (= Jouanna[1] 198, 15 sq.) καῦσαι τὰ στήθεα καὶ τὸ μετάφρενον ; elle apparaît toutefois dans un contexte différent : cas où le médecin n'intervient pas dès le début de la maladie. C'est un exemple parmi d'autres de la liberté avec laquelle le modèle a été utilisé dans le domaine de la thérapeutique.

3. Cette maladie dorsale ne présente aucun point commun avec la phtisie dorsale du c. 51 (c. 40), 188, 8 sqq. malgré le même emploi de νωτιάς. En revanche elle est comparable à la « pleurésie » dorsale (ἡ δ' ἐς τὸ νῶτον πλευρῖτις) de *Mal. III*, c. 16, Littré VII, 144, 7-13 (= Jouanna[1] 421, 1-14) pour la sémiologie et pour le pronostic.

4. Les médecins de la *Collection* recommandent assez souvent, comme ici, d'utiliser un récipient neuf ; comp. *Mal. III*, c. 17, Littré VII, 156, 12 (ἐν καινῇ χύτρῃ) et 158, 21 (χύτρην καινήν) ; *Affections internes*, c. 27, *ibid.*, 238, 16 (χυτρίδιον καινόν) ; c. 52, *ibid.*, 298, 20 (χυτρίδα καινήν) ; *Nature de la femme*, c. 107, *ibid.*, 422, 9-10 (ἐχῖνον καινόν) = *Maladies des femmes II*, c. 172, Littré VIII, 352, 21 = *Maladies des femmes II*, c. 206, *ibid.*, 400, 13 ; *Maladies des femmes II*, c. 140, *ibid.*, 314, 6. Comp. le « vase neuf » dans le papyrus Ebers, n° 325, cité *supra*, p. 181, n. 1.

P. 196.

3. Φῦμα (de la racine de φύεσθαι « croître ») signifie étymologiquement « ce qui résulte de l'action de croître ». Spécialisé dans le domaine médical, il désigne toute tuméfaction externe ou interne contre nature. La traduction de φῦμα par « abcès » serait trop étroite, car la tuméfaction n'est pas nécessairement ici au départ une collection purulente ; le pus (cf. 197, 3) apparaît seulement lors d'une séquelle de la maladie.

4. La sémiologie de cette affection est-elle lacunaire ? D'une part après ἔστε μὲν on attend μετὰ δὲ introduisant une autre série de symptômes. Comp. dans *Mal. II 2* l'autre emploi de ἔστε μὲν au c. 53 (c. 42), 190, 9. La rédaction parallèle d'*Affections internes*, c. 3 (cf. *Test.*), comporte justement ces deux séries. D'autre part, il est étonnant qu'il ne soit pas question de crachats dans la sémiologie de cette maladie du poumon, alors que des crachats de pus sont formellement mentionnés dans la rédaction parallèle d'*Affections internes*, c. 3. Comp. *Mal. II 2*, c. 53 (c. 42) (cité ci-dessus) ἔστε μὲν πεντεκαίδεκα ἡμέρας τοιαῦτα πάσχει · μετὰ δὲ πύον πτύει et *Affections internes*, c. 3, Littré VII, 176, 1 sqq. Οὗτος μέχρι μὲν τεσσερεσκαίδεκα

ἡμερέων τοιαῦτα πάσχων διατελεῖ ... ἔπειτα ῥήγνυται πύα, καὶ ἀποπτύει πολλόν. D'après ces passages, il semble qu'un complément tel que τοιαῦτα (ou ταῦτα) fasse défaut à πάσχει dans notre passage.

P. 197.

3. On sait que la préposition ὡς+acc. s'emploie à propos des personnes. Mais il est probablement abusif de remplacer systématiquement ὡς par ἐς dans les rares cas où l'archétype donne ὡς+acc. avec un nom de lieu ou de chose. C'est l'un des rares exemples dans la *Collection hippocratique* où ὡς+un nom de chose soit donné par l'ensemble des manuscrits anciens. Dans plusieurs autres passages, ὡς est une *varia lectio* de ἐς ; ὡς pourrait bien être la *lectio difficilior*.

4. La subordonnée ἢν δὲ μὴ ῥαγῇ doit se comprendre par référence au traitement de l'empyème ; il faut entendre « si le pus ne fait pas éruption grâce aux infusions dans le poumon » ; comp. c. 47 b (c. 36 b), 181, 10 ἢν δὲ μὴ ῥαγῇ ὑπὸ τῶν ἐγχύτων. Le pus ne sort pas (par la bouche) car, dans l'esprit du médecin, il est passé du poumon dans la cavité thoracique et doit être évacué par une incision ou une cautérisation du côté. Pour la description détaillée de l'opération par incision, voir c. 47 b (c. 36 b), 181, 16 sqq. avec la rédaction parallèle de *Mal. III*, c. 10 b, qui signale aussi le procédé par la cautérisation (Littré VII, 154, 8 sq. et 12).

5. La leçon des manuscrits πλησθῇ « se remplit » est une faute pour πρησθῇ « se gonfle (par suite d'une inflammation) », comme l'indique la comparaison avec les rédactions parallèles ou analogues ; cf. en particulier *Mal. III*, c. 7 πρισθῇ (= πρησθῇ) donné par θ, et pour plus de détails voir *Archéologie...*, p. 166 sqq. (où l'on corrigera toutefois p. 169 et p. 170 les variantes des manuscrits pour *Lieux dans l'homme*, c. 47, Littré VI, 344, 18 [= Joly, 77, 24] : lire πρησθεῖσαι Littré : πλησθεῖσαι V deest A, au lieu de πρησθεῖσαι A : πλησθεῖσαι V). Du reste, la variante πίμπλαται de M, quelques mots plus bas, au lieu de πίμπραται *recte* θ (cf. c. 54 b [c. 43 b], 192, 8 καῦμα ἔχει), atteste à un autre stade de la tradition le passage de -πρ- à -πλ-. Le verbe πίμπρασθαι / πρήθεσθαι et ses dérivés signifient chez les médecins non seulement « s'enflammer », mais aussi « se gonfler », les deux sens étant parfois liés ; cf. Gal. *Gloss. s.v.* πρῆσμα (éd. Kühn XIX, 132, 12 sq.) et voir Chantraine, *DELG*, s.v. πίμπρημι ; cf. aussi É. Benveniste, *Origines de la formation des noms en Indo-européen*, Paris, 1935, p. 192. À ἢν πρησθῇ ὁ πλεύμων, comp. chez Arétée *CA* 2, 1 πρῆσις τοῦ πνεύμονος éd. C. Hude² 119, 4.

L'exposé de cette maladie a été réutilisé au c. 54 b (c. 43 b) ; voir *supra*, p. 192 n. 2.

6. La seule divergence importante entre les rédactions des c. 54 b (c. 43 b) et c. 58 (c. 47) porte sur le pronostic. Après le cap

du quatrième jour, les chances de salut ne concernent qu'un petit nombre de cas au c. 54 b (c. 43 b) (μὲν οὐ πολλαί), la majorité des cas au c. 58 (c. 47) (ὡς τὰ πολλά). Littré, suivi par Ermerins, adopte ici la leçon du c. 54 b (c. 43 b). Les deux autres versions parallèles (*Mal. III*, c. 7, et *Affections internes*, c. 7), ne permettent pas de trancher. Sans doute la version du c. 54 b (c. 43 b) est-elle la plus probable, mais le texte du c. 58 n'est pas dépourvu de sens.

P. 198.

3. La glose de Galien μάσθλης · θέρμης s'applique à ce passage. Toutefois θέρμης est une corruption de δέρμα comme le suggérait déjà Foes (*Oeconomia Hippocratis s.v.* μάσθλης) en s'appuyant sur la glose d'Hésychius μάσθλης · δέρμα. Et comme l'a justement souligné Littré (VII, 92 *app. crit.*), τὸ δέρμα est ici une glose marginale qui a été insérée dans le texte. Conservée par θ, cette glose a été modifiée dans la branche de M en αἷμα lors d'une tentative pour redonner un sens au passage.

L'observation de ce bruit de cuir présuppose l'usage de l'auscultation directe ; voir Notice, *supra*, p. 51 sqq. Les frottements respiratoires dits « de cuir neuf » sont actuellement encore un symptôme de la pleurite.

4. Comp. c. 47 b (c. 36 b), 181, 14 sq.

P. 199.

2. Il s'agit d'une sonde creuse pour ménager l'évacuation des liquides. Comp. l'emploi de cette sonde d'étain dans le traitement de l'empyème, c. 47 b (c. 36 b) (fin) et de la tumeur dans le côté, c. 60 (c. 49), 200, 5.

4. Ἐξερύθει (*vel* ἐξερεύθει) est un *hapax* non signalé dans les dictionnaires ; comp. le surcomposé συνεξερεύθειν (vel -ρύθειν) en *Pronostic*, c. 23, Littré II, 176, 11 (= Alexanderson 225, 3), et en *Prénotions coaques*, 359, Littré V, 660, 9 ; comp. aussi ἐξερυθριᾶν en *Nature de la femme*, c. 9, Littré VII, 324, 14. Il semble que la forme en -υ- soit mieux attestée que la forme en -ευ- non seulement dans *Mal. II 2* mais aussi dans *Pronostic* et *Prénotions coaques*.

P. 200.

2. Pour l'incurvation des ongles, symptôme qui fait partie de l'*hippocratisme digital*, voir *supra*, p. 180, n. 1. La même expression se retrouve dans la rédaction parallèle d'*Affections internes*, c. 23, Littré VII, 224, 19 (= Jouanna[1] 212, 9 sq.) οἱ πόδες οἰδέουσι καὶ οἱ ὄνυχες ἕλκονται ; cf. aussi c. 10, *ibid.*, 190, 11 (phtisie) οἱ πόδες (sc. οἰδέουσι) καὶ οἱ ὄνυχες ἕλκονται. Le symptôme de l'incurvation des ongles est également observé dans d'autres traités comme caractéristique de l'empyème ; voir

Pronostic, c. 17, Littré II, 154, 3 sq. (= Alexanderson 215, 5 sq.) οἱ μὲν ὄνυχες τῶν χειρῶν γρυποῦνται repris dans *Prénotions coaques*, 396, Littré V, 672, 20 γρυποῦνται δὲ ὄνυχας ; cf. aussi *Lieux dans l'homme*, c. 14, Littré VI, 308, 7 sq. (= Joly 57, 10) οἱ ὄνυχες περιτεταμένοι εἰσί. Mais la réunion formulaire des deux symptômes (gonflement des pieds et rétractation des ongles) ainsi que l'identité d'expression indiquent une parenté entre *Mal. II 2* et *Affections internes*.

4. C'est l'un des passages qui témoignent le plus explicitement de la pratique de l'auscultation directe chez les Cnidiens (voir Notice p. 51 sqq. et *supra*, p. 181, n. 8). Mais le verbe qui indique le bruit perçu est corrompu. La correction de Cornarius ζέει est adoptée par Littré et Ermerins. Par comparaison avec le passage analogue du c. 59 (c. 48), 198, 14, j'ai proposé de lire τρίζει (voir *REG*, LXXIX, 1966, p. 542) ; mais la correction ne s'explique guère paléographiquement. En revanche la conjecture de V. Langholf a le très grand avantage de donner un verbe indiquant un bruit qui s'explique parfaitement d'un point de vue paléographique : confusion dans un texte en onciale de CI et de O. C'est le bruit du vinaigre qui fermente.

5. Comp. c. 47 b (c. 36 b), 181, 10-12 : « il arrive en effet souvent que le pus fasse éruption dans la cavité (thoracique), et aussitôt le malade se sent mieux quand le pus est passé d'un lieu étroit dans un endroit spacieux ».

P. 201.

1. Précisément dans la rédaction parallèle d'*Affections internes*, c. 23, Littré VII, 224, 20 sq. (= Jouanna[1] 212, 12 sq.), il est dit que l'hydropisie se déplace dans la cavité inférieure, ἐς τὴν κάτω κοιλίην. Voir *Archéologie...*, p. 256, n. 2.

2. Tout ce traitement est effectivement comparable à celui de l'empyème exposé au c. 47 b (c. 36 b), 181, 17 sqq.

3. Faut-il laisser ἐξεράσῃς des manuscrits (malgré le ᾱ long ; cf. H. W. Smyth, *The Sounds and Inflections of the Greek Dialects...*, p. 492 sq.), ou écrire ἐξερήσῃς ? De toute manière le δ' conservé par θ ne doit pas être supprimé. Pour cet emploi de δέ apodotique après la seconde protase d'une alternative, voir J. D. Denniston, *The Greek particles...*, p. 180 sq.

P. 202.

1. L'affection appelée ici « (maladie) causode » (cf. Test. *Mal. III*, c. 6) n'est pas différente de celle qui est appelée « causus » dans d'autres traités de la *Collection hippocratique* (cf. Test. *Aff.*, c. 11, et *Mal. I*, c. 29). Elle doit son nom à un symptôme qui devait paraître caractéristique aux anciens, la fièvre ardente (cf. l'aoriste καῦσαι « brûler ») ; sur la formation de καῦσος,

καυσώδης et sur leur sens, voir R. Strömberg, *Griechische Wort-studien...*, p. 87 sq. avec le complément de P. Chantraine, *DELG*, s.v. καίω, p. 481. Sur l'adjectif καυσώδης (avec le suffixe causatif -ώδης) dans la *Collection hippocratique*, voir Dieter op de Hipt, *Adjektive auf -ώδης im Corpus Hippocraticum*, Hambourg, 1972, p. 89-92 où l'on ajoutera ce passage de *Mal. II 2* pour l'emploi de καυσώδης avec νοῦσος sous-entendu. Selon M. D. Grmek (*Le cas de Philiscos* in *Actualités hématologiques*, 12e série, 1978, p. 299 sq.), « le terme grec n'est pas traduisible dans le langage médical actuel, car il recouvre une notion périmée, sans équivalent dans la conceptualisation nosologique moderne... Compte tenu de la réalité clinique sous-jacente aux descriptions anciennes, le causus est un *syndrome* de deshydratation fébrile toxi-infectieuse ».

3. Cette partie sur le pronostic est altérée, comme l'a déjà souligné Ermerins. Mais il a apporté sur un point une amélioration certaine par rapport aux éditions précédentes. La subordonnée ἢν δὲ γένηται ne dépend pas de τοῦτον χρή. Suivant le schéma d'exposition du traité, τοῦτον introduit en asyndète la partie sur la thérapeutique.

Ce pronostic, dans les manuscrits, présente la singularité étrange de ne donner aucune indication sur la maladie décrite ; tout concernerait la péripneumonie. L'adjonction de μή après ἢν μὲν rétablit une opposition entre deux hypothèses : 1. Pronostic concernant la maladie causode, s'il n'y a pas transformation en péripneumonie ; comp. *Affections*, c. 11 (cf. *Test.*), où l'espèce la plus longue de causus dure quatorze jours ; 2. Pronostic dans le cas de transformation en péripneumonie. Rien en tout cas ne doit être changé dans cette seconde partie du pronostic ; elle correspond exactement au pronostic de la péripneumonie donné au c. 47 a (c. 36 a), 178, 16 sqq. Voir, pour plus de détails, *Archéologie...*, p. 597 sq.

P. 203.

3. Selon Galien, (*Glossaire, s.v.* σκαφίδα éd. Kühn XIX, 138, 7-10), σκαφίς désigne chez Hippocrate un coquillage assez allongé que beaucoup appellent μύαξ (« moule ») ; sa coquille devait donc servir d'unité de mesure ; comp. l'emploi de κόγχη « coquillage » comme unité de mesure in *Mal. III*, c. 15, Littré VII, 142, 2 et *Nature de la femme*, c. 32, Littré VII, 346, 16, ou de χήμη « came » également comme unité de mesure en *Maladies des femmes I*, c. 75, Littré VIII, 164, 6 et c. 78, *ibid.*, 180, 18.

4. La potion préparée avec la sauge ainsi que le potage qui y fait suite sont comparables à ce qui est prescrit pour la péripneumonie (c. 47 a [c. 36 a], 179, 11-13). Cela est destiné dans les deux cas à faciliter l'évacuation du pus ; comp. aussi c. 54 a (c. 43 a), 191, 17 sqq. D'après ces deux passages, il est clair que ἔτνος doit être restitué après ῥυμφανέτω. La comparaison avec la thérapeu-

tique du c. 47 a (c. 36 a) se poursuit pour le régime alimentaire qui est identique (aliments gras et salés, poissons de mer de préférence aux viandes).

P. 204.

1. La léthargie est citée avec la péripneumonie et la phrénitis dans *Aphorismes* III, 30, Littré IV, 500, 12-13 (= Jones IV, 132, 18 sq.) et dans *Semaines*, c. 24, Littré VIII, 649, 9 (= Roscher 43, 18 sq.). Pour la léthargie dans la *Collection*, outre la rédaction parallèle de *Mal. III*, c. 5, citée dans les *Test.*, voir *Prénotions coaques*, 136, Littré V, 610, 13 sqq., *Aphorismes* VII, 18 *bis*, Littré IV, 582, 3 (= Jones IV, 196, 10).

2. Ce traitement de la léthargie est tout à fait comparable à celui de la troisième variété de pleurésie (c. 46 [c. 35]) et il est proche aussi de celui du causus (c. 63 [c. 52]).

3. Αὐαντή (sc. νοῦσος) est un *hapax*. C'est un dérivé de αὖος « sec », αὐαίνω « dessécher ». Il s'agit donc d'une maladie desséchante. Pour αὐαντή et la variante αὐαψή donnée par une branche des manuscrits de Galien dans son *Glossaire hippocratique*, voir Strömberg, *Griechische Wortstudien*, p. 100. La dénomination de cette affection rappelle les « maladies desséchantes » (αὐχμηραί... νόσοι) d'Empédocle (DK 31 B 121).

Cette affection a de grandes analogies avec la maladie noire du c. 73 (c. 62), tant pour la sémiologie que pour la thérapeutique.

P. 205.

2. Μέλλη est très probablement une corruption de μελεδανθῇ ; comp. en effet au c. 73 (c. 62), 213, 18 sq. ἡ νοῦσος καταγηράσκει σὺν τῷ σώματι · ἢν δὲ μὴ μελεδανθῇ, συναποθνῄσκει ; cf. aussi c. 72 (c. 61), 212, 10. Le verbe μελεδαίνειν, synonyme de θεραπεύειν chez les médecins (cf. les gloses d'Érotien *s.v.* M 27 μελεδωνέων et de Galien *s.v.* μελεδαίνοντι) est employé souvent dans la *Collection* au passif avec pour sujet le malade ou la maladie. Pour la maladie, voir *Affections internes*, c. 48, Littré VII, 288, 5 τοῖσι πολλοῖσι μελεδαινομένη ἐξέρχεται (sc. ἡ νοῦσος).

5. Au lieu de δυσθετεῖ des manuscrits anciens, Littré lit avec la vulgate δυσθενεῖ « être sans forces », vraisemblablement par suite de l'emploi de δυσθενεῖ aux c. 54 b (c. 43 b), 192, 10 et c. 58 (c. 47), 197, 16 ; et Ermerins conjecture δυσθανατεῖ « mourir d'une mort difficile ». Ces corrections sont inutiles. Δυσθετεῖν est fort probablement un mot ionien (comp. dans la *Collection* δύσθετος *Fractures*, c. 38, Littré III, 544, 16 et δυσθεσίη *Fractures*, c. 33, *ibid.*, 534, 12) qui réapparaît dans la *koinè* (Polybe et Diodore de Sicile). Il signifie que le malade « a de la difficulté à rester en place », qu'il est « agité », « inquiet ». Pour l'emploi intransitif de δυσθετεῖν, comp. Diodore de Sicile XIV, 113. S'il fallait unifier les trois passages (c. 54 b [c. 43 b], c. 58 [c. 47] et

c. 67 [c. 56]), c'est sans doute le verbe δυσθετεῖ qui conviendrait le mieux, car les verbes qui, dans les rédactions parallèles du c. 58 (c. 47), correspondent à δυσθενεῖ des manuscrits sont ἀπορεῖ ἀλύων βληστρίζει τε ἑωυτόν (*Mal. III*, c. 7) et αὐτὸς ἑωυτὸν ῥίπτει ἀλύων (*Affections internes*, c. 7), donc des verbes qui désignent son inquiétude et son agitation, comme δυσθετεῖ.

6. Il n'est pas impossible que ἢ πρότερον soit une addition fautive ; car dans les autres passages sur le pronostic, l'auteur précise à chaque fois les jours critiques. Sans ἢ πρότερον, ce pronostic est tout à fait comparable à celui de la léthargie du c. 65 (c. 54), 204, 9 sq.

P. 209.

3. Tous les aliments indiqués ici sont choisis pour leurs propriétés relâchantes. Comp. *Affections*, c. 43, Littré VI, 252, 3 sqq. où est donnée une liste d'aliments relâchants et où la plupart des aliments indiqués ici sont cités. Pour l'expression θαλασσίοισι μᾶλλον ἢ κρέασι, comp. c. 47 a (c. 36 a), 179, 15 et c. 64 (c. 53), 203, 21 - 204, 1. Cette expression se retrouve dans les traités gynécologiques : voir *Nature de la femme*, c. 9, Littré VII, 324, 20 θαλασσίοισι δὲ μᾶλλον ; *Maladies des femmes I*, c. 37, Littré VIII, 92, 10-11 θαλασσίοισι μᾶλλον ἢ κρέασι ; c. 59, *ibid.*, 118, 18 ; *II*, c. 169, *ibid.*, 350, 5. Pour la séquence κρέασι δὲ — κολοκύντην, comp. c. 48 (c. 37), 185, 6 sq. L'addition de ἐσθιέτω après κολοκύντην, proposée par Ermerins n'est pas indispensable ; l'accusatif peut se rencontrer seul, particulièrement dans les recettes ; voir V. Langholf, *Syntaktische Untersuchungen...*, p. 166 qui cite entre autres exemples *Articulations*, c. 86, Littré IV, 326, 3 (= Kuehlewein II, 243, 21) ἴησις · ἢν μὲν ἀπύρετος ᾖ, ἐλλέβορον.

4. Φλεγματώδης par suite du double sens de φλέγμα attesté dans la *Collection hippocratique* (voir c. 26 [c. 15], 161, 9 et note *ad loc.* ; c. 32 [c. 21], 166, 10 et note *ad loc.*) peut signifier soit « (maladie) inflammatoire » soit « (maladie) causée par le phlegme ». Que les éditeurs et traducteurs modernes aient entendu ici « maladie due à une abondance de phlegme » n'est pas étonnant, car ils ont oublié que φλέγμα pouvait avoir ce sens d'« inflammation » dans la *Collection hippocratique*. La traduction par « morbus pituitosus » est beaucoup plus surprenante sous la plume de Foes, qui avait signalé dans son *Oeconomia Hippocratis s.v.* φλέγμα (p. 659) que φλεγματώδης dans la *Collection* pouvait avoir les deux sens. Il critique à juste titre ceux qui traduisent en *Airs, eaux, lieux* c. 4, Littré II, 20 16 sq. (= Diller 30, 19) ἕλκεα ... φλεγματώδεα par « pituitosa ulcera » et propose « inflammata ulcera » ; cf. la traduction correcte de H. Diller : « Wunden *entzünden sich* bei ihnen nicht ». Rien n'indique dans la sémiologie et dans la thérapeutique de ce chapitre de *Mal. II 2* que la maladie soit causée par une abondance de phlegme. Le malade vomit en abondance aussi bien de la bile que des matières glai-

reuses (qu'il serait du reste abusif de confondre avec des matières pituiteuses). En revanche, c'est une maladie dont un symptôme caractéristique est l'inflammation de la peau qui « se couvre de papules semblables à celles que provoque l'ortie ». Il semble donc naturel de traduire par « maladie inflammatoire ». Comme les affections précédentes (c. 68 [c. 57] πελιή et c. 69 [c. 58] ἐρυγματώδης), le nom de la maladie s'explique par référence à un symptôme caractéristique. Dans *Maladies des femmes II*, c. 119, Littré VIII, 258, 8, il est question aussi d'une maladie φλεγματώδης, mais dans un contexte médical plus récent où le couple bile — phlegme est constamment cité.

5. Le début de la sémiologie présente des particularités. Entre le titre et la description des symptômes proprement dits se trouve une parenthèse avec une distinction entre l'homme et la femme, et avec des symptômes qui ne s'appliquent qu'à la femme (λάζεται — ἵη). Cela est exceptionnel dans le traité. Voir déjà *Archéologie...*, p. 107 n. 4 ; toutefois, l'hypothèse d'une addition postérieure, qui y est formulée, n'est peut-être pas nécessaire ; l'expression ὁδοιπορεῖν ... πρὸς αἶπος, située dans la parenthèse, se rencontre deux autres fois dans le traité (c. 51 [c. 40], 188, 15 sq. et c. 52 [c. 41], 189, 18 sq.). En dehors de *Mal. II 2*, πρὸς αἶπος se rencontre dans deux passages analogues de la *Collection* : *Affections internes*, c. 44, Littré VII, 276, 5 et *Épidémies VII*, c. 107, Littré V, 458, 2.

6. Le terme πολφοί est attesté deux fois dans la *Collection* ; outre notre passage, voir *Maladies des femmes II*, c. 118, Littré VIII, 254, 6 (sémiologie lors d'un écoulement utérin) : ἐν τῇσι κνήμῃσι πολφοὶ ἀνίστανται, « sur les jambes, des cloques naissent ». Tous les dictionnaires (LSJ, Bailly, Frisk, Chantraine) donnent la forme πομφοί sans mentionner de *v.l.* et la mettent en parallèle avec πέμφιξ. Cf. Chantraine *s.v.* πέμφιξ : « L'alternance e/o et le mot πομφός donnent l'impression d'un système archaïque ». Mais la forme πομφοί n'a aucun support sérieux dans la tradition manuscrite. Dans les deux passages de la *Collection* où le mot apparaît, les manuscrits anciens donnent le radical πολφ-. C'est aussi πολφοί que lisait Érotien (cf. *Test.*) en *Maladies des femmes II*, c. 118. Littré remarquait déjà à notre passage (VII, 107 *app. crit.*) : « Dans le fait, nos mss laissent sans appui la leçon πομφῶν », mais il n'en continuait pas moins à éditer πομφῶν de la vulgate introduit par Cornarius, très vraisemblablement sous l'influence du *Glossaire* de Galien qui donne πομφοί ; c'est en tout cas la seule source alléguée par les éditeurs qui justifient leur choix de πομφοί (Mack, Ermerins). Mais l'accord de l'archétype de ΘΜ (dans les deux passages) avec Érotien rend douteuse la leçon du *Glossaire* de Galien, d'autant plus que dans le manuscrit R, la glose de Galien est citée en marge de notre passage sous la forme πολφοί, forme qui convient du reste aussi bien que πομφοί à l'ordre alphabétique des gloses de Galien (entre πολύκαρπον et πόσῳ). Érotien donne à πολφοί le sens de βολϐοί (« bulbe »,

« plante bulbeuse » et plus particulièrement le *muscari comosum L.*)
et cite un fragment de Métagène (16 éd. Kock) où πολφῶν apparaît
dans une énumération d'aliments et de boisson (ῥαφανῖδος, ἀμύλου,
λεκίθων, καρύων, ζωμοῦ, πολφῶν, οἴνου, κολοκύνθης). Il ajoute
que, selon certains, cela désigne un « aliment sous forme de
bouillie » (βρῶμά τι πολτῶδες). Pollux (VI, 63) donne à πολφοί
un autre sens : « boules (ou filaments ?) de pâte que l'on mettait
dans les légumes, d'où encore aujourd'hui chez certains le terme
πολφοφάκη » (καὶ πολφοὶ δέ τι ἐκαλεῖτο μηρύματα ἐκ σταιτός,
ἃ τοῖς ὀσπρίοις ἐνέβαλλον, ἀφ' ὧν ἔτι καὶ νῦν ὀνομάζεται παρά
τισι τὸ πολφοφάκη) et cite un fragment d'Aristophane (frg.
681) où πολφοὶ ne peut pas être confondu avec βολβοὶ (πολφοὺς
δ' οὐχ ἥψον ὁμοῦ βολβοῖς : « ils ne faisaient pas bouillir des
πολφοὺς en même temps que les bulbes ») ; voir aussi Hésychius,
s.v. πολφοί · τὰ ἐκ τῶν χίδρων καὶ τῆς ἐρι(κτ)τῆς ἑψόμενα ; cf.
aussi Photius, *s.v.* πόλφοι, éd. Porson, 381, 22. Quel rapport
y a-t-il entre le sens culinaire de πολφοί et son emploi dans les
textes hippocratiques ? Πολφοί désignait-il des « boules » avec
deux emplois distincts, l'un culinaire (boules de pâte), l'autre
médical (pustules) ?

7. Cette prescription d'un évacuant en relation avec l'absorption de petit-lait doit être rapprochée de celle du c. 66 (c. 55),
205, 8. Mais dans un cas (c. 66 [c. 55]) les manuscrits donnent
προσπῖσαι (c'est-à-dire que l'évacuant est pris après le petit-lait),
et dans l'autre (c. 70 [c. 59]) les manuscrits donnent προπῖσαι
(l'évacuant est pris avant le petit-lait). Une harmonisation des
deux passages paraît s'imposer, d'autant plus que la prescription
d'un évacuant avant le régime lacté est indiqué par φάρμακον
πιπίσκειν (209, 17).

8. On sait que la prescription du petit-lait est une caractéristique des *Sentences cnidiennes* ; cf. *Régime dans les maladies
aiguës*, c. 1, Littré II, 226, 4 (= Joly 36, 16). Il n'est pas étonnant
que le composé ὀροποτέω se rencontre essentiellement dans les
traités cnidiens de *Mal. II 2* (cf. aussi c. 13 [c. 2], 146, 16) et
d'*Affections internes*, c. 16, Littré VII, 206, 6 et c. 48, *ibid.*, 288,
10-11. En dehors de ces traités, voir seulement *Épidémies VII*,
c. 3, Littré V, 368, 16 sq. Quant au composé ὀροποτίη, c'est un
hapax.

P. 210.

2. De même que φλεγματώδης désigne une maladie inflammatoire, φλέγμα λευκόν signifie ici une « inflammation blanche »
(leucophlegmasie). Pour la comparaison avec les rédactions
parallèles d'*Affections internes*, c. 21, et d'*Affections*, c. 19, citées
dans les témoignages, voir *Archéologie...*, p. 100 sqq. et p. 239 sqq.

P. 211.

1. Les scorpions de mer et les sélaciens correspondent sans doute aux θαλάσσια « fruits de mer » dont il était question au c. 69 (c. 58), 209, 4. Ces deux sortes de poissons étaient déjà prescrites conjointement aux c. 48 (c. 37) et 50 (c. 39). Les sélaciens, ou poissons cartilagineux, comprennent les poissons plats, tels que la torpille et la raie, et les poissons longs tels que les squales ; cf. Aristote, *Hist. an.*, 505 a.

2. Ζωμός désigne le bouillon dans lequel la viande a bouilli ; voir c. 44 (c. 33), c. 49 (c. 38) et c. 56 (c. 45).

3. Pour l'interdiction des aliments doux et gras, comp. c. 66 (c. 55), c. 70 (c. 59), c. 72 (c. 61) et c. 73 (c. 62).

La place du participe τετριμμένα (« broyés ») précisant le mode de préparation des aliments, est singulière dans le système μὴ ... ἀλλὰ qui oppose des termes désignant des propriétés alimentaires.

P. 212.

1. Sur la vision des morts, comp. *Régime IV*, c. 92, Littré VI, 658, 13 sqq. (= Joly 107, 21 sqq.) où l'on trouve un essai d'interprétation médicale des rêves sur les morts.

2. Pour la suppression de ἐνίοτε, voir Littré VII, 110, app. crit. *ad loc.* « Je pense que cet ἐνίοτε doit être supprimé et qu'il a été répété par erreur à cause de l'ἐνίοτε qui précède immédiatement. Comme il est dans tous nos manuscrits et qu'il influe sur le sens, je n'ai pas osé le retrancher » ; voir aussi Ermerins II, 242, *ad loc.* « ἐνίοτε errore librariorum e superiore repetitum est, quod jam vidit Littr., licet delere noluerit ». R. Joly (*Indices lexicaux...*, p. 142 sq.) pense que l'emploi fréquent de ἐνίοτε dans *Maladies II* 2 (26 fois), comparable en cela à *Affections internes* (27 fois), ne plaide pas en faveur d'une date ancienne du traité, car ἐνίοτε n'apparaît dans le reste de la littérature qu'à partir de 412 (Euripide, *Hélène*, v. 1213). Mais il n'est guère possible de tirer argument du comportement de ἐνίοτε dans la littérature attique pour dater des œuvres ioniennes. La famille de ἐνίοτε apparaît pour la première fois dans la prose ionienne (ἔνιοι chez Hérodote — 3 fois — et chez Démocrite — 2 fois — ; ἐνιαχῇ, dérivé de ἔνιοι, chez Hérodote : 2 fois). Si l'on n'avait pas plus de repère chronologique pour Hérodote que pour les écrits de la *Collection hippocratique*, faudrait-il conclure à une date basse par suite des emplois de ἐνιαχῇ, sous prétexte que le mot ne réapparaît pas avant Plutarque et Athénée (d'après LSJ) ? Certaines innovations de la langue ionienne ont pénétré avec retard dans la langue attique et d'autres lui sont restées étrangères mais se sont perpétuées dans la *koinè*. Et chacun des deux grands corpus ioniens conservés (Hérodote et Hippocrate) ne nous donne qu'un tableau partiel de la langue ionienne

au vᵉ siècle : si ἐνίοτε est absent d'Hérodote, ἐνιαχῇ est en revanche absent de la *Collection hippocratique*).

3. Si l'on accepte la leçon des manuscrits ἐπιμελήσῃ, cette deuxième personne du subjonctif aoriste moyen est de loin l'attestation la plus ancienne que l'on ait d'un aoriste sigmatique de ἐπιμελεῖσθαι ; la première attestation donnée par LSJ *s.v.* date du 1ᵉʳ siècle après J.-C. Cette deuxième personne est évidemment à l'adresse du médecin (comp. c. 59 [c. 48], 199, 10 τυγχάνοις ἄν). Pour le sens technique de ἐπιμελεῖσθαι « donner des soins médicaux », sens qui n'est pas signalé par LSJ, voir N. van Brock, *Recherches sur le vocabulaire médical du Grec ancien...*, p. 237-238. Néanmoins, si l'on compare la formule finale du c. 72 (c. 61) avec celle du c. 73 (c. 62) (ἢν δὲ μὴ μελεδανθῇ, συναποθνήσκει, « si la maladie n'est pas soignée, elle finit avec le malade »), on peut se demander si ἐπιμελήσῃ n'est pas une faute, par mélecture d'onciale, pour ἐπιμεληθῇ. Le sujet, dans ce cas, est la maladie ; pour cet emploi, comp. aussi, par ex., *Affections internes*, c. 30, Littré VII, 246, 21 sq. : la maladie est difficile et de longue durée, « si elle n'est pas traitée immédiatement » (ἢν μὴ παραχρῆμα μελετηθῇ). Le sens passif de ἐπιμελέομαι *vel* ἐπιμέλομαι, qui n'est signalé ni par LSJ ni par N. van Brock, est bien attesté dans la *Collection hippocratique* ; voir *Mochlique*, c. 21, Littré IV, 364, 11 (= Kuehlewein II, 257, 6) : ἐαθέντα κακοῦται, ἐπιμεληθέντα δὲ ὠφελεῖται, « les lésions abandonnées à elles-mêmes s'aggravent ; soignées, elles s'améliorent » ; cf. aussi *ibid.*, 364, 9 ; c. 24, *ibid.*, 368, 8 ; *Maladies des femmes I*, c. 9, Littré VIII, 40, 9 sq. ἐπιμελομένη (θMV ἐπιμελεδαινομένη Littré) δὲ ὑγιαίνει, « soignée, la malade guérit ».

4. Voir la glose de Galien μέλαινα · λέγεταί τε καὶ ἡ νόσος οὕτως ἀπὸ μελαίνης χολῆς συνισταμένη « noire : est désignée ainsi la maladie causée par la bile noire ». Toutefois, rien dans la description ne permet d'affirmer que la notion de bile noire (μέλαινα χολή) était familière à l'auteur de *Mal. II* 2. L'abondance des comparaisons suggère au contraire que nous sommes encore dans une médecine archaïque où les humeurs n'étaient pas codifiées dans un système.

5. Pour la comparaison des vomissements avec de la lie de vin, cf. *Prénotions coaques*, 542, Littré V, 708, 3-5 : « chez les femmes à qui, à la suite de fièvres, il survient une douleur des seins, un crachement de sang ne devenant pas comme de la lie (οὐ τρυγώδης) dissipe les souffrances » ; voir aussi *Épidémies VII*, c. 67, Littré V, 430, 15-16 διὰ τοὺς ἐμέτους τρὺξ μαλθακὴ ἦλθε « par le vomissement, il rendit une lie molle » (= *Épidémies V*, c. 79, Littré V, 248, 22).

6. C'est le vomissement *acide* (cf. οἷον ὄξος) qui cause l'agacement des dents ; comp. *Mal. II* 2, c. 55 (c. 44), 193, 12 sq. et *Affections internes*, c. 6, déjà cité, où il est dit que le vomissement fait effervescence sur la terre « comme lorsque l'on verse du vinaigre ».

P. 213.

1. J'ai conservé le terme donné par les manuscrits anciens γραφεῖον « le stylet » (litt. « instrument qui égratigne »). Mais la variante ῥαφεῖον « l'aiguille » est peut-être préférable ; voir *Archéologie...*, p. 574 sq.

P. 214.

3. Pour βρόχθος qui est ici une unité de mesure, voir *supra*, p. 208, n. 3 ; κατά a son sens distributif.

4. Pour les poissons de rivage, comp. *Affections*, c. 52, Littré VI, 264, 4.

5. Pour le sens de σφάκελος (σφακελίζειν), voir *supra*, p. 136, n. 2 et p. 157, n. 4. Il n'est pas certain que cette affection soit, comme on l'entend traditionnellement, une variété de maladie noire. Voir Notice, p. 13, n. 3.

INDEX VERBORVM[1]

A

ἀγαθός **4** a, 1 (*ter*) ; **51 (40)**, 1.
ἄγχω **68 (57)**, 1.
ἄγω **1**, 1 ; **15 (4)**, 2 ; **50 (39)**, 3.
ἀθρόος **61 (50)**, 1 ; **71 (60)**, 1.
αἴγειος **47** b **(36** b), 2 (*bis*).
Αἰγιναῖος **38 (27)**, 2 ; **64 (53)**, 4.
Αἰγύπτιος **33 (22)**, 2.
αἰδοῖον **1**, 1 (*bis*).
αἰεί **12 (1)**, 4 ; **13 (2)**, 1 ; **14 (3)**, 4 ; **15 (4)**, 3 ; **60 (49)**, 1 ; 2 ; **66 (55)**, 1.
αἰθρίη **71 (60)**, 2.
αἷμα **1**, 2 ; **2**, 2 ; **3**, 2 ; **4** b, 1 ; **4** b, 2 (*ter*) ; **5**, 1 (*bis*) ; 2 (*bis*) ; **6** a, 3 (*bis*) ; **8**, 2 (*quater*) ; **10**, 1 (*bis*) ; **13 (2)**, 5 ; **16 (5)**, 4 ; **18 (7)**, 2 (*bis*) ; **20 (9)**, 1 ; 3 (*bis*) ; **25 (14)**, 3 ; **33 (22)**, 3 ; **41 (30)**, 4 ; **47** b **(36** b), 5 ; **50 (39)**, 2 ; **53 (42)**, 1 (*bis*) ; 2 ; 3 ; **59 (48)**, 1 (*v.l.*) ; **61 (50)**, 3 (*v.l.*) ; **64 (53)**, 1 ; **73 (62)**, 2.
αἱματώδης **44 (33)**, 1 ; **54** a **(43** a), 1 ; **55 (44)**, 1 ; **56 (45)**, 1 ; **62 (51)**, 1 ; **73 (62)**, 1 (*bis*).

αἱμόρροος **5**, 2.
αἱμωδιάω **16 (5)**, 1 ; **55 (44)**, 1 ; **73 (62)**, 1.
αἶπος **51 (40)**, 1 ; **52 (41)**, 3 ; **70 (59)**, 1.
αἴρω **1**, 2 (*bis*) ; **16 (5)**, 1 ; **48 (37)**, 3 ; **73 (62)**, 1.
ἀκάθαρτος **16 (5)**, 3 ; **41 (30)**, 3 ; **43 (32)**, 1 ; **63 (52)**, 2.
ἄκανθα **72 (61)**, 1.
ἄκνισος **54** a **(43** a), 3.
*ἀκοάζομαι **47** b **(36** b), 4.
ἀκουάζω **61 (50)**, 1.
ἀκούω **4** a, 1 ; **12 (1)**, 2 ; **15 (4)**, 1 ; **17 (6)**, 1.
ἀκρασίη **8**, 1 ; 2 ; **25 (14)**, 1 ; **39 (28)**, 1.
ἀκρατής **6** a, 1 ; 3.
ἄκρητος **27 (16)**, 6 ; **32 (21)**, 2 ; **43 (32)**, 2 ; 4 ; **47** b **(36** b), 2.
ἄκρος **26 (15)**, 4 ; **29 (18)**, 1 (*bis*) ; 3 ; **37 (26)**, 1 ; **47** b **(36** b), 4.
ἀκταῖος **74 (63)**, 2.
ἀκτή **19 (8)**, 2.
ἀλγέω **8**, 1 ; 2 ; **15 (4)**, 1 ; **16 (5)**, 1 ; **20 (9)**, 4 ; **25 (14)**, 1 ; **47** b **(36** b), 3 ; **57 (46)**, 1 ; **60 (49)**, 1 ; **67 (56)**, 1 ;

---

1. Les termes précédés d'un astérisque ne sont pas recensés dans les dictionnaires.

68 (57), 1 ; **72** (61), 1 ; **73** (62), 1 ; **74** (63), 1.
ἄλειμμα **66** (55), 2.
ἄλειφα **13** (2), 3 ; **22** (11), 4 ; **26** (15), 3 ; **47** b (**36** b), 2.
ἀλείφω **22** (11), 4.
ἀλής **2**, 2 ; **4** b, 2 ; **9**, 1.
ἀλητόν **20** (9), 3 ; **28** (17), 2 ; **29** (18), 3 ; **64** (53), 4.
ἀλθαίνω **33** (22), 3 ; **34** (23), 2.
ἀλθίσκω **36** (25), 2 ; **37** (26), 2.
ἀλίζω **2**, 2.
ἀλλά *passim*.
ἄλλη (adv.) **2**, 1 ; **7**, 1 (*bis*) ; **13** (2), 1 ; **15** (4), 1 ; **18** (7), 1 ; **66** (55), 1 ; **70** (59), 1.
ἀλλοῖος **66** (55), 1.
ἄλλος *passim*.
ἄλλοτε **2**, 1 (*ter*) ; **9**, 3 (*bis*) ; **13** (2) (*ter*) ; **15** (4), 1 (*ter*) ; **18** (7), 1 ; **48** (37), 4 (*bis*) ; **50** (39), 1 (*bis*) ; **62** (51), 1 (*bis*) ; **66** (55), 1 (*bis*) ; **68** (57), 1 (*bis*) ; **70** (59), 1 ; 2 (*bis*).
ἀλλοφρονέω **16** (5), 1.
ἄλλως **49** (38), 1 ; **51** (40), 1 ; **55** (44), 2 ; **57** (46), 3.
ἄλμη **48** (37), 2 ; 3.
ἁλμυρός **47** b (**36** b), 2 (*bis*) ; **48** (37), 4 ; **50** (39), 3 ; **53** (42), 3 ; **64** (53), 5 ; **68** (57), 2 ; **72** (61), 2.
ἀλουσίη **71** (60), 3.
ἀλουτέω **13** (2), 2 ; **15** (4), 3 ; **19** (8), 2 ; **26** (15), 7.
ἅλς **18** (7), 2 ; **47** b (**36** b), 2.
ἁλυκός **27** (16), 6 ; **47** a (**36** a), 5 ; **73** (62), 2.
ἀλύω **16** (5), 1 ; **17** (6), 1.
ἄλφιτον **42** (31), 3 ; **54** a (**43** a), 3 ; **55** (44), 4 ; **64** (53), 4.
ἅμα **57** (46), 3 ; **64** (53), 1 ; **73** (62), 3 (*seclusi*).
ἀμαλῶς (*vel* ἀμ.) **8**, 1 (*v.l.*).
ἄμαξα **62** (51), 2.
ἀμβλυώσσω **1**, 1 ; **15** (4), 1 ; **19** (8), 1.
ἀμείνων **48** (37), 4.

ἀμυγδάλιον **64** (53), 4.
ἀμφότερος **48** (37), 4 ; **54** b (**43** b), 1.
ἄν *passim*.
ἀνά *passim*.
ἀναβαίνω **53** (42), 3 ; 5.
ἀναβήσσω **49** (38), 1.
ἀναγαργαρίζω **26** (15), 4 ; 7 ; **27** (16), 2 ; **28** (17), 2 ; **29** (18), 3 ; **30** (19), 2 ; **31** (20), 2.
ἀναγαργάριστον **26** (15), 3.
ἀναγκάζω **27** (16), 2 ; **28** (17), 1.
ἀνάγκη **5**, 2 ; **8**, 2.
ἀναζέω **26** (15), 3 ; **28** (17), 2 ; **33** (22), 3 ; **44** (33), 3 ; **56** (45), 3.
ἀνακάθημαι **46** (35), 1.
ἀνάκειμαι **47** b (**36** b), 3 ; **58** (47), 1 ; **59** (48), 1.
ἀνακομίζω **15** (4), 3 ; 4 ; **21** (10), 3.
ἄναλτος **54** a (**43** a), 3 (*bis*) ; **55** (44), 6.
ἀναπνέω **9**, 2 ; **33** (22), 1 ; **61** (50), 1 ; **71** (60), 1.
ἀνατείνω **22** (11), 3 ; **24** (13), 1.
ἀνατέμνω **24** (13), 1.
ἀνατρίβω **13** (2), 5.
ἀναφυσάω **24** (13), 1.
ἄνεμος **15** (4), 1 ; 3 ; **48** (37), 3 ; **50** (39), 5.
ἀνέχω **12** (1), 3 ; **15** (4), 1 ; **16** (5), 1 ; **26** (15), 1 ; **47** b (**36** b), 3 ; **54** b (**43** b), 1 ; 3 ; **58** (47), 1 ; 3 ; **59** (48), 1 ; **60** (49), 1 ; **66** (55), 1 ; **73** (62), 1.
ἄνηθον **50** (39), 4.
ἀνήρ **70** (59), 1.
ἄνθος **13** (2), 3 ; **14** (3), 4 ; **19** (8), 3 ; **25** (14), 2 ; **30** (19), 2 ; **33** (22), 3 ; **34** (23), 2 ; **36** (25), 2 ; **37** (26), 2 ; **47** b (**36** b), 2.
ἄνθραξ **26** (15), 3 ; **48** (37), 2 (*bis*).

ἀποπυέω **31** (20), 2.
ἀποπυΐσκω **28** (17), 2.
ἀπορρέω **13** (2), 5 ; **18** (7), 2 (*bis*) ; **25** (14), 3 ; **47** b (**36** b), 5 (*bis*) ; **60** (49), 2.
ἀποσμήχω **13** (2), 3.
ἀποσπαράσσω **10**, 1 (*v.l.*).
ἀποσπαρθάζω **10**, 1.
ἀποσφίγγω **26** (15), 2.
ἀποσχάω **38** (27), 2.
ἀποτάμνω **47** b (**36** b), 4 ; **60** (49), 2.
ἀποτέγγω **56** (45), 3.
ἀποτύπτω **55** (44), 5 ; **71** (60), 2.
ἀποφεύγω **73** (62), 3 (*seclusi*).
ἀποφλεγμαίνω **13** (2), 1.
ἀποχέω **28** (17), 2.
ἀποχρέμπτομαι **27** (16), 4 ; **47** a (**36** a), 1 ; **48** (37), 1.
ἀποψύχω **12** (1), 3.
ἄπυρος **38** (27), 1 ; **48** (37), 4 ; **51** (40), 1.
ἀπωθέω **59** (48), 3.
ἀραιός **1**, 2 ; **2**, 2 ; **7**, 2 ; **13** (2), 5.
ἄργυρος **13** (2), 3 ; **14** (3), 4.
ἀριστάω **50** (39), 4.
ἀριστερός **47** b (**36** b), 4.
ἀριστίζομαι **44** (33), 5 ; **46** (35), 5 ; **56** (45), 4 ; **67** (56), 3 ; **70** (59), 2.
ἄριστος **24** (13), 2 ; **48** (37), 4 ; **50** (39), 4 ; **53** (42), 4 ; **55** (44), 7.
ἀρκέω **15** (4), 3.
ἄρον **47** b (**36** b), 3.
ἀρτηρίη **53** (42), 1.
ἄρτι **45** (34), 2.
ἄρτος **28** (17), 2 ; **48** (37), 4 ; **50** (39), 4 ; **71** (60), 2.
ἀρχή **8**, 2 ; **14** (3), 2 ; **33** (22), 2 (*bis*) ; **35** (24), 2 (*bis*) ; **48** (37), 3 ; **49** (38), 3 ; **51** (40), 3.
ἄρχομαι **12** (1), 3 ; **14** (3), 4 ; **27** (16), 6 ; **40** (29), 3 ; **47** b (**36** b), 2 ; **51** (40), 4 ; **71** (60), 2.

ἄση **72** (61), 1.
ἀσθένεια **39** (28), 1 ; **51** (40), 1.
ἀσθενέω **12** (1), 3 ; 5 ; **20** (9), 3 ; **63** (52), 3 ; **70** (59), 1 ; **72** (61), 2 ; **73** (62), 2.
ἀσθενής **40** (29), 4 ; **49** (38), 1 ; **50** (39), 3 ; **63** (52), 3 (*v.l.*) ; **66** (55), 1 (*bis*) ; 2 ; **67** (56), 3 (*bis*) ; **72** (61), 2 (*v.l.*) ; **73** (62), 2 (*v.l.*) ; **74** (63), 1.
ἄσθμα **51** (40), 1 ; **58** (47), 1.
ἄσιτος **40** (29), 1 ; **66** (55), 1 (*bis*) ; **70** (59), 1 ; **73** (62), 1 (*bis*).
ἀσκίον **59** (48), 2.
ἀσκός **12** (1), 3 ; 4 ; **14** (3), 3 ; **16** (5), 4.
ἄσσον **14** (3), 3.
ἀσταφίς **32** (21), 2.
ἀστράγαλος **47** b (**36** b), 2.
ἀσφόδελος **38** (27), 2.
ἅτε **1**, 2 ; **3**, 2 ; **4** a, 2 (*bis*) ; **4** b, 2 ; **6** a, 3 ; **7**, 2.
ἀτμίς **26** (15), 3 (*bis*).
ἀτρεμίζω **8**, 2.
αὐανθῇ **66** (55), 1.
αὐγή **12** (1), 2.
αὐλίσκος **47** b (**36** b), 4.
αὐλός **47** b (**36** b), 2.
ἄϋπνος **5**, 1.
αὔριον **12**, 1, 6.
αὐτίκα **22** (11), 1 ; **27** (16), 5 ; **40** (29), 3 ; **47** b (**36** b), 3 ; **48** (37), 3 ; **50** (39), 2 ; **61** (50), 2.
αὖτις **12** (1), 3 ; **13** (2), 5 ; **21** (10), 3 ; **40** (29), 3 ; **53** (42), 2.
αὐτόθεν **50** (39), 3.
αὐτόματος **28** (17), 3 ; **30** (19), 3 ; **31** (20), 2 ; **71** (60), 2.
αὐτός *passim*.
αὐχήν **28** (17), 2 ; **67** (56), 1.
αὐχμηρός **41** (30), 2.
ἀφάσσω **30** (19), 3 ; **41** (30), 1.
ἀφθάω **50** (39), 1.
ἀφίημι **16** (5), 4 (*bis*) ; **40** (29), 1 ; **44** (33), 5 ; **47** b

(**36** b), 4 (*ter*) ; **60 (49)**, 2 ;
61 (50), 3 ; **73 (62)**, 2.
ἀφικνέομαι **1**, 1 ; **23 (12)**, 2 ;
44 (33), 2.
ἀφίστημι **7**, 1 ; 2 ; **55 (44)**, 5 ;
57 (46), 4.
ἀφριέω (*vel* -ίω) **6** a, 3.
ἀφροδίσιος **50** (39), 5 ; **51 (40)**,
5.
ἀφρός **54** a (**43** a), 1 (*conj.*).
ἄφωνος **6** a, 1 ; **21 (10)**, 1 ; **22
(11)**, 1.
ἄχθομαι **15 (4)**, 1 ; **73 (62)** 1
(*v.l.*).
ἄχυρον **67 (56)**, 3.
ἀψυχέω **5**, 2.
ἀψυχίη **5**, 1.

B

βάλανος **13 (2)**, 3 ; **26 (15)**, 5 ;
41 (30), 3 ; **55 (44)**, 3 ; **67
(56)**, 3.
βάπτω **22 (11)**, 2 ; **26 (15)**, 3 ;
43 (32), 3 ; **48 (37)**, 4 (*v.l.*) ;
54 b (**43** b), 3.
βάρος **4** b, 1 ; 2 ; **16 (5)**, 1 ;
19 (8), 3 ; **39 (28)**, 1 ; **40
(29)**, 1 ; **51 (40)**, 1 ; **73
(62)**, 1.
βαρυηκοέω **4** a, 2 (*bis*).
βαρύνω **68 (57)**, 1.
βαρύς **18 (7)**, 1 (*conj.*) ; **48 (37)**,
1 ; 2 ; **50 (39)**, 1 ; **59 (48)**,
1 (*bis*) ; **60 (49)**, 1 ; **66
(55)**, 1 ; **73 (62)**, 1.
βδελύσσομαι **40 (29)**, 1.
βελτίων **39 (28)**, 2.
βῆγμα **47** a (**36** a), 2.
βήξ **27 (16)**, 5 ; 6 (*bis*) ; **44
(33)**, 1 ; **45 (34)**, 1 ; **46
(35)**, 1 ; **47** b (**36** b), 1 ; 3 ;
49 (38), 1 ; **53 (42)**, 1 ; 2 ;
54 b (**43** b), 1 ; **55 (44)**, 1 ;
56 (45), 1 ; **57 (46)**, 1 ; **58
(47)**, 1 ; **59 (48)**, 1 ; **60
(49)**, 1 ; **61 (50)**, 1 ; 3 ; **64
(53)**, 1 ; **65 (54)**, 1.
βήσσω **46 (35)**, 1 ; **47** a (**36** a),
1 ; 4 ; **48 (37)**, 1 (*ter*) ; **52**

(**41**), 1 ; **53 (42)**, 1 ; **54** a
(**43** a), 1 ; **54** b (**43** b), 1
(*conj.*) ; **59 (48)**, 1 ; **62 (51)**,
1 ; **64 (53)**, 1 ; 2.
βιαίως **9**, 2.
βιβρώσκω **24 (13)**, 2 (*conj.*) ; **66
(55)**, 1 ; **73 (62)**, 1.
βλάπτω **12 (1)**, 1 (*v.l.*).
βλέννα **12 (1)**, 1 (*v.l.*).
βλεννώδης **12 (1)**, 4.
βλέπω **54** b (**43** b), 1 (*v.l.*).
βλέφαρον **57 (46)**, 1.
βλητός **8**, 1 ; **25 (14)**, 1.
βληχρός **8**, 1 ; **14 (3)**, 4 ; **19
(8)**, 1 ; **25 (14)**, 1 ; **39 (28)**,
1 ; **41 (30)**, 1 ; **50 (39)**, 1 ;
61 (50), 1 ; **73 (62)**, 1.
βοάω **69 (58)**, 1.
βόειος **47** a (**36** a), 5 ; **47** b
(**36** b), 2 ; **49 (38)**, 2 ; **51
(40)**, 3 ; **52 (41)**, 3 ; **59
(48)**, 2.
βουβών **44 (33)**, 1 ; **56 (45)**, 1 ;
67 (56), 1.
βούλομαι **47** b (**36** b), 4 ; **51
(40)**, 3 ; **55 (44)**, 7 ; **61 (50)**,
3.
βούτυρον **47** b (**36** b), 2.
βράγχος **55 (44)**, 1.
βραγχώδης **50 (39)**, 1.
βραχίων **20 (9)**, 3.
βραχύς **18 (7)**, 1 (*v.l.*).
βρέγμα **2**, 2 ; **15 (4)**, 1 ; 4 ;
16 (5), 1 ; **17 (6)**, 1 ; **19 (8)**,
1 ; **25 (14)**, 3.
βρέχω **13 (2)**, 5 ; **14 (3)**, 3 ; 5 ;
27 (16), 2 ; **47** b (**36** b), 4 ;
69 (58), 2.
βρόγχος **28 (17)**, 1 (*secl.*) ; **55
(44)**, 1 (*v.l.*).
βρόχθος **69 (58)**, 1 ; **74 (63)**, 1.
βρόχος **28 (17)**, 1 (*v.l.*) ; **35
(24)**, 2 (*quinquies*).
βρυγμός **46 (35)**, 1 ; **48 (37)**, 1.

Γ

γάλα **13 (2)**, 2 ; **38 (27)**, 2 ; **40
(29)**, 4 ; **47** b (**36** b), 2
(*bis*) ; **48 (37)**, 3 ; **50 (39)**,

ἐκκρέμαμαι 59 (48), 1 ; 60
 (49), 1.
ἐκλείπω 6 a, 3 ; 7, 2 ; 12 (1), 2.
ἔκλεμμα 13 (2), 3.
ἐκμάσσω 14 (3), 5.
ἐκνηστεύω 55 (44), 4.
ἐκπίπτω 34 (23), 2.
ἐκρέω 32 (21), 2 ; 47 b (36 b), 5.
ἐκρήγνυμι 31 (20), 2 ; 47 b
 (36 b), 5.
ἔκρηξις 47 b (36 b), 4.
ἐκσήπω 34 (23), 2.
ἐκσπάω 33 (22), 3.
ἐκταῖος 17 (6), 2 ; 61 (50), 3.
ἐκτός 72 (61), 1.
ἕκτος 38 (27), 2 ; 50 (39), 3.
ἐκφεύγω 14 (3), 2 ; 17 (6), 3 ;
 20 (9), 4 ; 21 (10), 3 ; 27
 (16), 4 ; 46 (35), 2 ; 47 a
 (36 a), 2 ; 47 b (36 b), 5.
ἐκφυγγάνω 17 (6), 3 ; 21 (10),
 4 ; 26 (15), 8 (bis) ; 44 (33),
 2 ; 46 (35), 6 ; 50 (39), 2 ;
 52 (41), 2 ; 56 (45), 2 ; 57
 (46), 3 ; 61 (50), 3 ; 67 (56),
 2 (v.l.).
ἐκχρέμπτομαι 26 (15), 1.
ἐκχυλόω 47 b (36 b), 2.
ἐκψύχω 8, 2.
ἐλαιηρός 66 (55), 2 ; 70 (59),
 2 ; 73 (62), 2.
ἔλαιον 13 (2), 3 ; 5 ; 28 (17), 2 ;
 30 (19), 2 ; 31 (20), 2 ; 47 b
 (36 b), 2 (bis) ; 4 ; 60 (49), 2.
ἐλαιώδης 74 (63), 1.
ἐλάσσων 4 a, 1 ; 12 (1), 5.
ἐλάχιστος 13 (2), 2 ; 44 (33),
 5 ; 47 a (36 a), 1 ; 48 (37),
 3 ; 56 (45), 4 ; 61 (50), 3 ;
 63 (52), 3 ; 64 (53), 5 ; 67
 (56), 3 ; 70 (59), 2 ; 71 (60),
 2 ; 3 ; 72 (61), 2.
*ἐλειθερέω (vel ἐλ.) 68 (57), 2 ;
 70 (59), 2.
*ἐλειθερής (vel ἐλ.) 27 (16), 2 ;
 30 (19), 2 ; 68 (57), 2.
ἐλελίσφακος 47 a (36 a), 5 ;
 47 b (36 b), 2 ; 54 a (43 a),
 2 ; 3 ; 64 (53), 4.

ἕλκος 2, 1 (bis) ; 2 (bis) ; 13
 (2), 1 (bis) ; 5 ; 18 (7), 2 ;
 24 (13), 2 ; 33 (22), 3 (bis) ;
 36 (25), 2 ; 47 b (36 b), 4 ;
 50 (39), 1 ; 53 (42), 2 ; 4 ;
 60 (49), 2.
ἑλκόω 2, 2 (bis) ; 13 (2), 3.
ἕλκω 1, 2 ; 3, 2 (bis) ; 10, 1 ;
 11, 1 (ter) ; 26 (15), 3 ; 33
 (22), 2 (bis) ; 35 (24), 2 ;
 47 b (36 b), 1 ; 2 ; 48 (37),
 1 ; 50 (39), 1 ; 61 (50), 1.
ἐλλέβορον 12 (1), 6 ; 15 (4), 4 ;
 34 (23), 2 ; 37 (26), 2 ; 43
 (32), 4 ; 48 (37), 3 (quater) ;
 49 (38), 2 ; 50 (39), 3 ; 52
 (41), 3 ; 71 (60), 3 ; 72 (61), 2.
ἐλπίς 25 (14), 3 ; 26 (15), 7 ;
 54 b (43 b), 2 ; 58 (47), 2.
ἐμβάλλω 14 (3), 4 ; 27 (16),
 4 (v.l.) ; 34 (23), 2 ; 47 b
 (36 b), 2.
ἐμβάπτω 14 (3), 4 ; 26 (15),
 7 ; 31 (20), 2 ; 48 (37), 4.
ἐμεσίη 40 (29), 1 ; 43 (32), 4.
ἔμεσις 74 (63), 1.
ἔμεσμα 57 (46), 3 ; 73 (62),
 1 (bis).
ἔμετος 13 (2), 4 ; 15 (4), 3 ;
 20 (9), 3 ; 49 (38), 2 ; 55
 (44), 4.
ἐμέω 3, 1 ; 2 (bis) ; 5, 1 ; 2 ;
 14 (3), 1 ; 15 (4), 1 ; 3 ; 16
 (5), 1 ; 20 (9), 1 ; 3 (bis) ;
 22 (11), 3 ; 43 (32), 3 ; 4 ;
 48 (37), 3 (bis) ; 4 ; 50 (39),
 3 ; 55 (44), 1 (ter) ; 4 (bis) ;
 66 (55), 1 (bis) ; 2 ; 67 (56),
 1 ; 68 (57), 1 ; 73 (62),
 1 (bis) ; 74 (63), 1 (ter) ;
 75 (64), 1.
ἐμπάσσω 37 (26), 2.
ἐμπίμπλημι 4 a, 2 ; 10, 1 ; 12
 (1), 3 ; 14 (3), 4 ; 16 (5),
 3 ; 4 ; 17 (6), 1 ; 29 (18),
 1 ; 34 (23), 1 ; 40 (29), 1 ;
 43 (32), 3 ; 55 (44), 4 ; 57
 (46), 1 ; 59 (48), 3.
ἐμπίμπρημι 61 (50), 2.

ἐμπίπτω **40** (**29**), 1 ; 4.
ἐμπλάσσω **13** (**2**), 1.
ἔμπλεος **26** (**15**), 1.
ἐμποιέω **55** (**44**), 4.
ἔμπροσθεν **8**, 2 ; **47** b (**36** b), 4 ;
  62 (**51**), 3 ; **71** (**60**), 3.
ἐμπυΐσκω **32** (**21**), 1 ; **64** (**53**),
  2.
ἔμπυος **27** (**16**), 5 ; 6 (*bis*) ;
  47 a (**36** a), 2 ; **47** b (**36** b),
  1 ; 2 ; **57** (**46**), 4 ; **59** (**48**),
  3 ; **61** (**50**), 1 ; 3 ; **63** (**52**),
  2 ; 3 (*bis*).
ἔμπυρος **40** (**29**), 5.
ἐμφαίνω **50** (**39**), 1.
ἔμφρων **21** (**10**), 3.
ἐν *passim*.
ἔναιμος **17** (**6**), 1.
ἐναλείφω **36** (**25**), 2.
*ἐναποξηραίνομαι **7**, 2.
ἐναταῖος **14** (**3**), 2 ; **40** (**29**), 3 ;
  41 (**30**), 2 ; **67** (**56**), 3.
ἔνατος **47** a (**36** a), 1.
ἔνδεκα **44** (**33**), 2.
ἐνδεκαταῖος **14** (**3**), 2.
ἔνειμι **4** a, 2 (*bis*) ; **41** (**30**), 1 ;
  47 b (**36** b), 5.
ἐνερευθής **71** (**60**), 1.
ἔνθεν **12** (**1**), 6 (*bis*) ; **26** (**15**),
  2 (*bis*) ; **29** (**18**), 1 (*bis*) ;
  30 (**19**), 1 (*bis*).
ἐνιαύσιος **47** a (**36** a), 2 ; **57**
  (**46**), 4.
ἐνιαυτός **51** (**40**), 5 ; **53** (**42**),
  4 ; **62** (**51**), 2.
ἔνιοι **24** (**13**), 1 ; **30** (**19**), 3 ;
  39 (**18**), 1 ; **57** (**46**), 4 ; **61**
  (**50**), 2 (*bis*).
ἐνίοτε **12** (**1**), 2 ; **14** (**3**), 1 ; 2 ;
  15 (**4**), 1 ; **19** (**8**), 1 ; **31**
  (**20**), 2 ; **45** (**34**), 1 ; **47** b
  (**36** b), 4 ; **49** (**38**), 1 (*bis*) ;
  50 (**39**), 1 ; **54** a (**43** a), 1 ;
  67 (**56**), 1 ; **68** (**57**), 1 ; **70**
  (**59**), 1 ; **72** (**61**), 1 ; 1
  (*seclusi*).
ἐννέα **12** (**1**), 2 ; **49** (**38**), 3.
ἐνσημαίνω **4** a, 2.
ἐνστάζω **19** (**8**), 2 ; **21** (**10**), 3.

ἐντάμνω **35** (**24**), 2.
ἐντίθημι **14** (**3**), 4 ; **21** (**10**), 3 ;
  22 (**11**), 2 ; **26** (**15**), 3 ; **32**
  (**21**), 2 (*bis*) ; **33** (**22**), 3 ;
  34 (**23**), 2 ; **35** (**24**), 2 ; **36**
  (**25**), 2 ; **47** b (**36** b), 4 ; **59**
  (**48**), 3 ; **60** (**49**), 2.
ἐντός **48** (**37**), 2.
ἐντρέφω **2**, 2.
ἕξ **17** (**6**), 3 ; **69** (**58**), 2.
ἐξάγω **55** (**44**), 3.
ἐξαιρέω **32** (**21**), 2 ; **47** b
  (**36** b), 4.
ἐξαπίνης **6** a, 1 ; **20** (**9**), 1 ; **21**
  (**10**), 1 ; **47** b (**36** b), 4 ; **60**
  (**49**), 2.
ἐξειρύω **33** (**22**), 2 ; **47** b
  (**36** b), 2.
ἐξελκύω **35** (**24**), 2.
ἐξεράω **61** (**50**), 3.
ἐξέρυθρος **63** (**52**), 1.
*ἐξερύθω **60** (**49**), 1.
ἐξέρχομαι **12** (**1**), 5 ; **13** (**2**),
  5 ; **32** (**21**), 2 ; **69** (**58**), 4.
ἐξιδρώω **40** (**29**), 2 ; 6 ; **41**
  (**30**), 2 ; **42** (**31**), 3 ; **43**
  (**32**), 4.
ἐξίημι **47** b (**36** b), 4 ; **60** (**49**),
  3 (*bis*).
ἔξοδος **47** b (**36** b), 4.
ἐξοιδέω **23** (**12**), 2 ; **27** (**16**),
  4 ; **60** (**49**), 1.
ἐξοιδίσκω **57** (**46**), 4.
ἐξόπισθεν **62** (**51**), 3.
ἐξοράω **68** (**57**), 1.
ἔξω **26** (**15**), 7 ; **31** (**20**), 1 ;
  2 (*bis*) ; **33** (**22**), 1 ; **61**
  (**50**), 3.
ἔξωθεν **26** (**15**), 3 ; **28** (**17**), 2 ;
  30 (**19**), 1 ; 2 ; **41** (**30**), 1.
ἐπαίρω **4** a, 2.
ἐπαΐω **21** (**10**), 1.
ἔπακρος **61** (**50**), 3.
ἐπειδάν *passim*.
ἔπειτα *passim*.
ἐπεμβάλλω **14** (**3**), 4.
ἐπέχω **38** (**27**), 2 ; **59** (**48**), 1 ;
  62 (**51**), 2.
ἐπήν *passim*.

ἐπί *passim.*
ἐπιβαίνω 62 (51), 2.
ἐπιβάλλω 22 (11), 4 ; 42 (31),
 2 ; 43 (32), 4 ; 54 a (43 a),
 3.
ἐπιγίνομαι 50 (39), 2.
ἐπίδεσμος 13 (2), 5.
ἐπιδέω 13 (2), 5.
ἐπιδίδωμι 8, 2.
ἐπιεικέως 38 (27), 2 ; 54 a
 (43 a), 4 ; 55 (44), 3.
ἐπίθημα 26 (15), 3 (*bis*).
ἐπικαίω 36 (25), 2.
ἐπικάμπτω 26 (15), 4.
ἐπίκειμαι 16 (5), 1.
ἐπικίνδυνος 52 (41), 2.
ἐπικρέμαμαι 19 (8), 1 ; 67
 (56), 1.
ἐπιλαμβάνω 6 a, 2 (*bis*) ; 27
 (16), 5 (*ter*) ; 29 (18), 1 ;
 40 (29), 3 ; 47 b (36 b), 3 ;
 48 (37), 3 ; 51 (40), 1 ; 2 ;
 53 (42), 1 ; 61 (50), 3 ; 62
 (51), 1.
ἐπιλύω 18 (7), 2.
ἐπιμελέομαι 72 (61), 3.
ἐπιπάσσω 13 (2), 5 ; 20 (9), 3 ;
 47 b (36 b), 2 ; 52 (41), 3 ;
 64 (53), 4.
ἐπιπίνω 12 (1), 3 (*bis*) ; 14 (3),
 3 ; 16 (5), 4 ; 18 (7), 3 ; 26
 (15), 6 ; 27 (16), 6 ; 29 (18),
 3 ; 40 (29), 4 ; 5 ; 42 (31),
 3 ; 43 (32), 3 ; 44 (33), 4 ;
 45 (34), 3 ; 48 (37), 3 ; 54 a
 (43 a), 2 ; 54 b (43 b), 3
 (*bis*) ; 56 (45), 3 ; 57 (46),
 2 ; 58 (47), 3 ; 59 (48), 2 ;
 63 (52), 3 ; 64 (53), 3 ; 65
 (54), 2 ; 67 (56), 3 (*bis*) ;
 69 (58), 2 ; 71 (60), 2.
*ἐπιπιπίσκω 55 (44), 4.
ἐπιπίπτω 71 (60), 1.
ἐπίπλεος 64 (53), 2.
ἐπιστάζω 26 (15), 3 ; 4.
ἐπιτάμνω 4 b, 1.
ἐπιτίθημι 18 (7), 2 (*bis*) ; 26
 (15), 3 (*bis*) ; 27 (16), 4 ;
 54 b (43 b), 3.

ἐπιτυγχάνω 12 (1), 3 ; 22 (11),
 2 ; 24 (13), 2 ; 26 (15), 2 ;
 48 (37), 3.
ἐπιχέω 38 (27), 2 ; 44 (33),
 3 (*bis*) ; 54 a (43 a), 2 ; 55
 (44), 4 ; 64 (53), 4.
ἐπιψύχομαι 8, 2.
ἕπομαι 57 (46), 3.
ἑπτά 6 a, 2 ; 12 (1), 5 ; 14 (3),
 5 ; 16 (5), 2 ; 18 (7), 2 ; 20
 (9), 2 ; 21 (10), 2 ; 38 (27),
 2 ; 47 a (36 a), 4 ; 49 (38),
 3 ; 54 b (43 b), 2 ; 58 (47),
 2 ; 65 (54), 3 ; 67 (56),
 3 (*bis*).
ἐρέβινθος 38 (27), 2.
ἐρείκω 67 (56), 3.
ἐρεύγομαι 55 (44), 1 ; 69 (58),
 1.
ἔρυγμα 66 (55), 1 (*v.l.*).
ἐρυγματώδης 69 (58), 1.
*ἐρυγμάω 66 (55), 1.
ἐρυθριάω 50 (39), 1.
ἐρυθρός 4 b, 1 ; 10, 1 ; 26 (15),
 7 ; 28 (17), 2 ; 48 (37), 1 ;
 63 (52), 1.
ἐρύκω 22 (11), 5.
ἐρύσιμον 54 a (43 a), 3.
ἐρυσίπελας 55 (44), 1.
ἔρχομαι 20 (9), 4 ; 26 (15), 3 ;
 27 (16), 3 ; 47 b (36 b), 2 ;
 3 ; 50 (39), 3 (*bis*) ; 57
 (46), 3 ; 70 (59), 1.
ἐρωτάω 51 (40), 1.
ἐς *passim.*
ἐσάγω 6 a, 3.
ἐσαρτίζω 33 (22), 2.
ἐσβάλλω 27 (16), 4.
ἐσέρχομαι 1, 1 ; 2, 2 ; 4 a, 1 ;
 55 (44), 3 ; 59 (48), 3 ; 60
 (49), 2.
ἐσθίω 12 (1), 4 ; 27 (16), 6 ;
 32 (21), 2 ; 40 (29), 1 ; 44
 (33), 5 (*bis*) ; 48 (37), 4
 (*bis*) ; 50 (39), 4 (*bis*) ; 51
 (40), 1 ; 55 (44), 1 ; 4 ; 6 ;
 56 (45), 4 ; 66 (55), 1 ; 70
 (59), 1 ; 71 (60), 1 ; 2 ; 73
 (62), 1 ; 2.

ἐσοράω 12 (1), 2.
ἑσπέρη 15 (4), 3 ; 42 (31), 3 ;
    43 (32), 3 ; 44 (33), 5 ; 46
    (35), 5 ; 47 b (36 b), 4 ; 51
    (40), 3 ; 55 (44), 4 ; 56 (45),
    4 ; 67 (56), 3 ; 70 (59), 2.
ἑσπερινός 47 b (36 b), 4.
ἔστε 12 (1), 1 (v.l.) ; 3 ; 6 ; 13
    (2), 5 ; 18 (7), 3 ; 22 (11),
    4 ; 23 (12), 2 ; 27 (16), 6 ;
    32 (21), 3 ; 33 (22), 2 (bis) ;
    3 ; 34 (23), 2 ; 40 (29), 4 ;
    41 (30), 3 ; 46 (35), 3 ;
    47 a (36 a), 1 ; 3 ; 47 b
    (36 b), 4 ; 53 (42), 1 ; 55
    (44), 4 (bis) ; 57 (46), 1 ;
    60 (49), 2 ; 67 (56), 3 (bis) ;
    69 (58), 2.
ἐστίθημι 34 (23), 2 (bis).
ἐσφοιτάω 19 (8), 1.
ἐσχάρα 12 (1), 6.
*ἐσχρίω 28 (17), 2.
ἔσω 26 (15), 3 ; 47 b (36 b),
    4 ; 59 (48), 2.
ἔσωθεν 4 a, 2 ; 4 b, 2 (v.l.) ;
    26 (15), 1 ; 28 (17), 2 ; 30
    (19), 3 ; 35 (24), 1 ; 36
    (25), 1 ; 41 (30), 1 ; 61
    (50), 1.
*ἔσωσε 41 (30), 1 (v.l.).
ἕτερος 2, 1 ; 3, 1 ; 12 (1), 3 ;
    13 (2), 1 ; 14 (3), 1 ; 16
    (5), 1 ; 17 (6), 1 ; 27
    (16), 1 ; 28 (17), 1 ; 33
    (22), 2 ; 34 (23), 1 ; 35
    (24), 1 ; 2 ; 36 (25), 1 ; 37
    (26), 1 ; 38 (27), 2 ; 39
    (28), 1 ; 43 (32), 4 ; 45
    (34), 1 ; 47 b (36 b), 2 ; 4 ;
    52 (41), 2 ; 60 (49), 2.
ἔτνος 47 a (36 a), 5 ; 54 a
    (43 a), 3 ; 64 (53), 4 (conj.).
ἔτος 12 (1), 2 ; 5 ; 41 (30), 2 ;
    49 (38), 3.
εὕδω 65 (54), 1.
εὐπετής 27 (16), 4.
εὑρίσκω 24 (13), 1.
εὔροος 47 b (36 b), 4 ; 61 (50),
    3.

εὐρυχωρίη 47 b (36 b), 3.
εὐχροέω 1, 2.
εὔχροος 1, 2.
εὔχρως 12 (1), 2 ; 70 (59), 1.
εὐώδης 63 (52), 3.
εὐωχέω 49 (38), 2 ; 52 (41), 3.
ἔφεδρον 47 b (36 b), 4.
ἑφθός 44 (33), 3 ; 46 (35), 4 ;
    48 (37), 3 ; 4 (bis) ; 50
    (39), 4 ; 56 (45), 4 ; 58
    (47), 3 ; 64 (53), 3 ; 69
    (58), 2 ; 3 ; 71 (60), 2 (bis).
ἔχω passim.
ἕψω (vel ἑψάω) 12 (1), 3 ; 28
    (17), 2 ; 30 (19), 2 ; 31 (20),
    2 ; 38 (27), 2 ; 42 (31), 3 ;
    55 (44), 4 (bis) ; 69 (58), 2.
ἔξωθεν 40 (29), 4 ; 47 b (36 b),
    4 (bis).
ἕως 14 (3), 3 ; 19 (8), 2 ; 42
    (31), 2 ; 3 ; 43 (32), 4 ; 51
    (40), 3 ; 61 (50), 2.
ἑωυτόν, -ήν, -ό 3, 2 (bis) ; 4 a,
    2 ; 6 a, 1 ; 3 ; 8, 2 (bis) ; 11,
    1 ; 17 (6), 1 ; 22 (11), 3 ;
    4 ; 5 ; 29 (18), 2 ; 53 (42),
    4 ; 69 (58), 1.

Z

ζέω 5, 2 ; 61 (50), 1 (conj. ap.
    crit.).
ζωμός 44 (33), 5 ; 46 (35), 5 ;
    48 (37), 4 ; 56 (45), 4 ; 71
    (60), 2.

H

ἡ passim.
ᾗ 2, 2 ; 18 (7), 2 ; 23 (12), 2 ;
    28 (17), 2 ; 30 (19), 2 ; 31
    (20), 2 ; 44 (33), 3 ; 45
    (34), 2.
ἤδη 15 (4), 3 ; 3 (v.l.) ; 33
    (22), 3 ; 46 (35), 4 ; 48 (37),
    2 (ter) ; 54 a (43 a), 3 ; 71
    (60), 3.

ἥδομαι **15** (**4**), 1.

ἡδύνω **50** (**39**), 4.

ἡδύς **44** (**33**), 5 ; **70** (**59**), 2.

ἠήρ **4** a, 2.

ἥκιστα **28** (**17**), 4 ; **48** (**37**), 3 ;
    68 (**57**), 2 ; **70** (**59**), 2.

ἡλικίη **73** (**62**), 3 (*seclusi*).

ἥλιος **11**, 1 ; **15** (**4**), 1 ; 3 ; **16**
    (**5**), 3 ; **48** (**37**), 4 ; **50** (**39**),
    5 ; **51** (**40**), 5 ; **73** (**62**), 2 ;
    74 (**63**), 2.

ἡμέρη **1**, 2 ; **6** a, 2 ; **12** (**1**),
    2 (*bis*) ; 3 ; 4 (*bis*) ; 5 (*bis*) ;
    13 (**2**), 2 ; **14** (**3**), 5 ; **15** (**4**),
    3 ; **16** (**5**), 2 ; 4 ; **17** (**6**), 3 ;
    18 (**7**), 2 ; **20** (**9**), 2 (*bis*) ;
    21 (**10**), 2 ; 3 ; **22** (**11**), 3
    (*bis*) ; 5 (*bis*) ; **27** (**16**), 5 ;
    6 (*bis*) ; **38** (**27**), 2 (*bis*) ; **40**
    (**29**), 1 (*bis*) ; 4 ; 5 (*bis*) ; **41**
    (**30**), 3 (*bis*) ; **44** (**33**), 2 ;
    5 (*bis*) ; **45** (**34**), 3 ; 4 ;
    46 (**35**), 2 ; 3 ; 4 ; 5 ; **47** a
    (**36** a), 1 (*ter*) ; 2 ; 3 (*ter*) ;
    4 ; **47** b (**36** b), 2 (*bis*) ; 4
    (*bis*) ; **48** (**37**), 3 ; **50** (**39**),
    3 ; 4 ; **51** (**40**), 3 ; **53** (**42**),
    1 ; **54** b (**43** b), 3 ; **55** (**44**),
    1 ; 4 ; **56** (**45**), 1 ; 3 ; 4
    (*bis*) ; **57** (**46**), 1 (*bis*) ; 2 ;
    58 (**47**), 3 ; **59** (**48**), 2 ; **60**
    (**49**), 2 ; **63** (**52**), 2 (*bis*) ; 3 ;
    64 (**53**) 2 (*quater*) ; 3 (*bis*) ;
    65 (**54**), 3 ; **67** (**56**), 3 (*ter*) ;
    69 (**58**), 2 ; **70** (**59**), 2 ; **71**
    (**60**), 1.

ἡμικοτύλιον **38** (**27**), 2 (*bis*).

ἥμισυ **12** (**1**), 2 ; **19** (**8**), 1 ; **50**
    (**39**), 3.

ἡμιτύβιον **54** b (**43** b), 3.

ἤν *passim*.

ἠρεμέω **16** (**5**), 1.

ἧσσον **14** (**3**), 1 ; **29** (**18**), 2 ;
    47 b (**36** b), 4 ; **50** (**39**), 3
    (*seclusi*) ; **52** (**41**), 2.

ἠχέω **4** a, 1 ; 2 ; **17** (**6**), 1 ; **51**
    (**40**), 1.

ἦχος **4** a, 2 (*ter*).

ἠώς **52** (**41**), 3.

Θ

θαλάσσιος **47** a (**36** a), 5 ; **64**
    (**53**), 5 ; **69** (**58**), 3.

θάλπος **47** a (**36** a), 5 ; **54** a
    (**43** a), 3 ; 3 (*conj.*).

θάλπω **12** (**1**), 3 ; **21** (**10**), 3.

θαμά **73** (**62**), 2.

θαμινά **12** (**1**), 1 ; **69** (**58**), 1 ;
    74 (**63**), 1.

θανάσιμος **7**, 3.

θανατώδης **19** (**8**), 4 ; **26** (**15**),
    8 ; **28** (**17**), 4 ; **47** b (**36** b),
    4 ; **54** b (**43** b), 4 ; **55** (**44**),
    7 ; **58** (**47**), 4 ; **67** (**56**), 2 ;
    74 (**63**), 3.

θᾶσσον **40** (**29**), 2 ; **55** (**44**), 7.

θέλω (*vel* ἐθέλω) **1**, 1 ; **40** (**29**),
    4.

θεραπεύω **49** (**38**), 3 ; **50** (**39**),
    2 (*bis*) ; 3.

θερμαίνω **5**, 2 (*bis*) ; **6** a, 3 ; **8**,
    2 (*bis*) ; **10**, 1 (*bis*) ; **16** (**5**),
    4 ; **17** (**6**), 1 ; 3.

θερμασίη **10**, 1 (*bis*).

θέρμη **48** (**37**), 4 ; **49** (**38**), 1 ;
    62 (**51**), 1.

θερμολουτέω **13** (**2**), 4 ; **73** (**62**),
    2 ; **74** (**63**), 2.

θερμός **6** a, 2 ; **12** (**1**), 1 (*v.l.*) ;
    3 ; 4 ; **13** (**2**), 1 ; 2 ; 3 ; **14**
    (**3**), 3 ; 4 ; 5 (*bis*) ; **19** (**8**),
    3 ; **20** (**9**), 3 ; **21** (**10**), 3 ; **22**
    (**11**), 2 (*bis*) ; 4 ; **25** (**14**),
    2 ; **26** (**15**), 3 ; **27** (**16**), 2 ;
    6 ; **28** (**17**), 2 ; **31** (**20**), 2 ;
    38 (**27**), 2 ; **39** (**28**), 2 ;
    40 (**29**), 5 ; **41** (**30**), 1 ; 3 ;
    42 (**31**), 2 ; **43** (**32**), 2 ; 3 ;
    4 ; **45** (**34**), 2 ; **47** b (**36** b),
    2 ; 4 ; **48** (**37**), 4 ; **54** b
    (**43** b), 3 ; **55** (**44**), 4 ; **56**
    (**45**), 3 ; **57** (**46**), 2 ; **58** (**47**),
    3 ; **59** (**48**), 2 ; **60** (**49**), 1 ;
    61 (**50**), 3 ; **64** (**53**), 5 ; **67**
    (**56**), 1 ; **68** (**57**), 2 ; **69** (**58**),
    2 ; **70** (**59**), 2 ; **71** (**60**), 2 ;
    72 (**61**), 2.

θέρος **64** (**53**), 4 ; **66** (**55**), 2.

θνήσκω 72 (61), 1.
θολερός 1, 1 ; 4 b, 1 ; 2.
θολός 73 (62), 1.
θορός 51 (40), 1.
θρίξ 48 (37), 2 (bis) ; 62 (51), 1.
θρόμβος 53 (42), 1 ; 64 (53), 1 ; 75 (64), 1.
θύμβρη 26 (15), 4 ; 47 b (36 b), 2 ; 48 (37), 4 ; 52 (41), 3 ; 64 (53), 4 ; 71 (60), 2.
θυμιάω 27 (16), 6 ; 50 (39), 3 ; 52 (41), 3 ; 61 (50), 1.
θύμον 50 (39), 4.
θώρηξις 6 b, 1 ; 22 (11), 1 ; 50 (33), 5 ; 51 (40), 5 ; 53 (42), 4 ; 55 (44), 2 ; 66 (55), 2 ; 73 (62), 2.
θωρήσσομαι 16 (5), 2.

I

ἰάομαι 15 (4), 4 ; 23 (12), 2 ; 24 (13), 2 (bis) ; 25 (14), 3 ; 27 (16), 6 ; 35 (24), 2 ; 36 (25), 2 ; 48 (37), 3 ; 61 (50), 3.
ἰδρώς 5, 1 ; 2 ; 20 (9), 1.
ἰδρώω 40 (29), 2 ; 42 (31), 2.
ἵημι 54 a (43 a), 1.
ἰκμάς 7, 2.
ἴκτερος 38 (27), 1 ; 39 (28), 1 ; 41 (30), 1.
ἰκτερώδης 2, 1 ; 13 (2), 1.
ἱμάτιον 22 (11), 4 ; 42 (31), 2 ; 43 (32), 4.
ἰπνός 47 b (36 b), 2.
ἵππος 62 (51), 2.
ἴς 47 b (36 b), 5 ; 57 (46), 3.
ἰσοκρατής 42 (31), 2.
ἰσοπληθής 4 a, 2.
ἴσος 4 a, 2 ; 12 (1), 3 ; 13 (2), 3 ; 14 (3), 4 ; 43 (32), 2 (bis) ; 44 (33), 3 ; 47 b (36 b), 2 (bis) ; 54 a (43 a), 3 ; 62 (51), 3 ; 64 (53), 4 (bis).
ἰσόχοος 26 (15), 3.

ἵστημι 2, 2 ; 8, 2 ; 9, 1 ; 54 b (43 b), 1 ; 58 (47), 1.
ἰσχνός 71 (60), 3 ; 74 (63), 1.
ἰσχυρός 17 (6), 1 ; 41 (30), 2 ; 47 b (36 b), 3 ; 50 (39), 2 ; 3 ; 51 (40), 2 ; 53 (42), 2 ; 60 (49), 1 ; 63 (52), 1.
ἰσχυρῶς 47 a (36 a), 1 ; 63 (52), 1 ; 69 (58), 1.
ἰσχύω 21 (10), 3 ; 67 (56), 3.
ἴσχω 3, 1 ; 4 b, 1 ; 8, 1 ; 9, 2 ; 12 (1), 1 ; 15 (4), 1 ; 17 (6), 1 ; 18 (7), 1 (bis) ; 19 (8), 1 ; 23 (12), 1 ; 26 (15), 4 ; 46 (35), 1 ; 47 a (36 a), 1 ; 47 b (36 b), 1 ; 50 (39), 1 ; 54 a (43 a), 1 ; 54 b (43 b), 1 (bis) ; 55 (44), 1 ; 2 ; 58 (47), 1 (bis) ; 59 (48), 1 (bis), 61 (50), 1 ; 62 (51), 1 ; 63 (52), 1 ; 64 (53), 1 ; 65 (54), 1 ; 67 (56), 1 (bis) ; 68 (57), 1 ; 71 (60), 1 (bis) ; 74 (63), 1.
ἰχθύς 48 (37), 4 (bis) ; 50 (39), 1 ; 4 ; 74 (63), 2.

K

καθαίρω 12 (1), 5 (bis) ; 6 ; 13 (2), 2 (bis) ; 5 ; 15 (4), 2 ; 4 ; 21 (10), 3 ; 37 (26), 2 ; 38 (27), 2 (bis) ; 40 (29), 3 ; 43 (32), 1 ; 4 ; 47 a (36 a), 5 ; 48 (37), 3 ; 51 (40), 3 ; 55 (44), 3 ; 7 ; 57 (46), 3 ; 64 (53), 2 ; 66 (55), 2 ; 67 (56), 3 ; 70 (59), 2 ; 71 (60), 2 ; 3 ; 72 (61), 2 ; 73 (62), 2 ; 74 (63), 2.
καθαρός 1, 1 ; 14 (3), 4 ; 39 (28), 2 ; 47 a (36 a), 1 ; 47 b (36 b), 2 ; 5 ; 49 (38), 1 ; 64 (53), 3 ; 71 (60), 2.
κάθαρσις 13 (2), 2 ; 43 (32), 2 ; 72 (61), 2.
καθεύδω 27 (16), 6 ; 33 (22), 1.
κάθεφθος 44 (33), 5.

κορίαννον **50** (**39**), 4.

κοτίς **12** (**1**), 6 ; **20** (**9**), 1 ; 4
(bis).

κοτύλη **44** (**33**), 4 ; **47** b (**36** b),
2 (bis) ; **55** (**44**), 4 (bis) ;
64 (**53**), 4.

κράμβη **19** (**8**), 2.

κρατέω **6** a, 3 (bis) ; **8**, 2 (bis).

κρέας **34** (**23**), 1 (bis) ; 2 ; **35**
(**24**), 1 ; **36** (**25**), 1 ; **44** (**33**),
5 ; **46** (**35**), 5 ; **47** a (**36** a),
5 (bis) ; **48** (**37**), 4 ; **49** (**38**),
2 ; **50** (**39**), 4 ; **52** (**41**), 3 ;
56 (**45**), 4 ; **64** (**53**), 5 ; **69**
(**58**), 3 (bis) ; **71** (**60**), 2 ;
74 (**63**), 2.

κρεηφαγίη **55** (**44**), 2.

κρῖμνον **14** (**3**), 3 ; **16** (**5**), 4 ;
18 (**7**), 3 ; **28** (**17**), 2 ; **46**
(**35**), 3 ; **63** (**52**), 3 ; **65**
(**54**), 2.

κρίνω **40** (**29**), 2.

κρόκη **18** (**7**), 2.

κρόμμυον (vel κρόμυον) **22** (**11**),
2 ; **71** (**60**), 2.

κρόταφος **12** (**1**), 6 ; **15** (**4**), 1 ;
16 (**5**), 1 ; **17** (**6**), 1 ; **19**
(**8**), 1 ; **20** (**9**), 3 ; **25** (**14**),
1.

κροτών **53** (**42**), 2.

κτείνω **48** (**37**), 2.

κύαμος **43** (**32**), 2 ; 4 ; **47** b
(**36** b), 2 (bis).

κύαρ **33** (**22**), 2 (bis).

κυκεών **15** (**4**), 3 ; **43** (**32**), 3 ;
50 (**39**), 4.

κυκλάμινος **47** b (**36** b), 2.

κύκλος **50** (**39**), 1.

κύλον **47** b (**36** b), 3 ; **48** (**37**),
1.

κυνάγχη **9**, 1 ; **26** (**15**), 1 ; **27**
(**16**), 1 ; **28** (**17**), 1.

κυπάρισσος **13** (**2**), 5.

κύστις **59** (**48**), 2 ; 3.

κῶμα **25** (**14**), 1.

κωμαίνω **8**, 1 ; **22** (**11**), 3.

κωμόω **8**, 2 (v.l.).

κωφός **14** (**3**), 4.

κωφόω **8**, 2.

Λ

λαγνείη **49** (**38**), 2 ; **73** (**62**), 2.

λαγνεύω **73** (**62**), 2.

λάζομαι **20** (**9**), 1 ; **70** (**59**), 1 ;
72 (**61**), 1.

λάζυμαι **69** (**58**), 1 ; **72** (**61**), 1.

λαμβάνω **2**, 1 ; **6** a, 1 ; **7**, 1 ;
13 (**2**), 1 ; **14** (**3**), 1 ; **15**
(**4**), 1 ; **18** (**7**), 1 ; **21** (**10**),
1 ; 2 (bis) ; **22** (**11**), 1 (bis) ;
23 (**12**), 1 (bis) ; **24** (**13**),
1 ; **26** (**15**), 1 ; 4 ; **27** (**16**),
1 ; **29** (**18**), 3 ; **33** (**22**),
2 (ter) ; **35** (**24**), 2 (bis) ;
39 (**28**), 1 ; **40** (**29**), 1 (bis) ;
41 (**30**), 2 (bis) ; 4 ; **42**
(**31**), 1 ; **43** (**32**), 1 ; **44** (**33**),
1 ; **46** (**35**), 1 ; **47** a (**36** a),
1 ; **48** (**37**), 1 ; 3 ; 4 ; **49**
(**38**), 1 ; **50** (**39**), 3 (bis) ;
51 (**40**), 1 ; **55** (**44**), 1 ; **56**
(**45**), 1 ; **57** (**46**), 3 ; **60**
(**49**), 1 ; **69** (**58**), 1 ; 4 ; **70**
(**59**), 1 ; **72** (**61**), 1.

λαμπρός **1**, 1 (ter).

λανθάνω **53** (**42**), 1.

λαπάρη **55** (**44**), 1 ; **69** (**58**), 1.

λαπαρός **26** (**15**), 1.

λάπη (vel. λάππη vel λάμπη)
15 (**4**), 1 ; **55** (**44**), 1 ; **66**
(**55**), 1 ; **73** (**62**), 1.

λάχανον **15** (**4**), 3 ; **48** (**37**), 4 ;
50 (**30**), 4 ; **52** (**41**), 3 ; **53**
(**42**), 3 ; **70** (**59**), 2.

λέγω **3**, 2 ; **4** a, 2 ; **4** b, 1 ; **52**
(**41**), 3.

λεῖος **13** (**2**), 3 ; **14** (**3**), 4 ; **26**
(**15**), 3 ; 4 (bis) ; **34** (**23**),
2 ; **47** b (**36** b), 2 ; **54** a
(**43** a), 3.

λείπω **38** (**27**), 2 ; **47** b (**36** b),
4 ; **55** (**44**), 4.

λείχω **12** (**1**), 4 ; **29** (**18**), 3 ;
48 (**37**), 3 ; **67** (**56**), 3.

λεκιθοειδής **47** b (**36** b), 5.

λεπτόδερμος **74** (**63**), 1.

λεπτός **3**, 2 ; **11**, 1 ; **12** (**1**), 3 ;

15 (4), 3 ; 18 (7), 2 ; 19 (8),
2 ; 22 (11), 5 ; 24 (13), 1 ;
33 (22), 2 ; 35 (24), 2 ; 40
(29), 4 ; 42 (31), 3 ; 47 a
(36 a), 5 ; 47 b (36 b), 4 ;
48 (37), 1 ; 50 (39), 1 ; 52
(41), 1 ; 60 (49), 2 ; 67 (56),
3 ; 70 (59), 1 ; 74 (63), 1.
λεπτύνομαι 2, 2 ; 15 (4), 1 ; 50
(39), 1.

λευκός 12 (1), 2 ; 3 ; 14 (3),
3 ; 20 (9), 3 ; 32 (21), 2 ;
38 (27), 2 (bis) ; 39 (28),
2 ; 40 (29), 4 ; 41 (30), 1 ;
43 (32), 4 ; 44 (33), 1 ; 4 ;
45 (34), 3 ; 46 (35), 3 ; 47 a
(36 a), 3 ; 47 b (36 b), 2 ;
5 ; 48 (37), 3 ; 4 ; 54 a (43 a),
1 ; 54 b (43 b), 1 ; 3 ; 56
(45), 3 ; 57 (46), 3 ; 59 (48),
1 ; 2 ; 63 (52), 3 (bis) ; 64
(53), 3 ; 65 (54), 2 (bis) ;
67 (56), 3 ; 68 (57), 1 ; 71
(60), 1 (bis) ; 74 (63), 2.

λήθαργος 65 (54), 1.

λῆψις 42 (31), 1 ; 43 (32), 2 ;
4 (bis).

λιβανωτός 13 (2), 3 ; 47 b
(36 b), 2.

λιγνυώδης 52 (41), 1.

λίθος 36 (25), 1 ; 60 (49), 1.

λίνεος 34 (23), 2.

λινόζωστις 12 (1), 3 (bis) ; 69
(58), 2.

λίνον 33 (22), 2 (ter) ; 35 (24),
2 ; 47 b (36 b), 4.

λιπαρός 27 (16), 6 ; 47 a (36 a),
5 ; 47 b (36 b), 2 (bis) ; 48
(37), 4 ; 53 (42), 1 ; 3 ; 55
(44), 6 ; 64 (53), 5 ; 68
(57), 2 ; 71 (60), 2 ; 72
(61), 2.

λιπυρίη 16 (5), 2.

λιπύριον 51 (40), 2.

λίτρον 13 (2), 3 ; 26 (15), 3 ;
4 (bis) ; 28 (17), 2 ; 32
(21), 2.

λόγος 2, 2 ; 47 a (36 a), 5.

λοιπός 32 (21), 2 ; 33 (22), 3 ;
44 (33), 5 ; 52 (41), 3.

λουτρόν 22 (11), 4 ; 54 b (43 b),
3 ; 58 (47), 3 ; 59 (48), 2 ;
67 (56), 3.

λούω 12 (1), 3 ; 13 (2), 2 ; 3 ;
14 (3), 4 ; 5 ; 19 (8), 4 ; 20
(9), 3 ; 21 (10), 3 ; 22 (11),
2 ; 4 ; 25 (14), 2 ; 27 (16),
6 ; 29 (18), 3 ; 31 (20), 2 ;
38 (27), 2 ; 39 (28), 2 ; 41
(30), 3 ; 42 (31), 2 ; 43 (32),
2 ; 3 ; 4 ; 45 (34), 2 ; 46
(35), 4 ; 47 b (36 b), 2 ; 4 ;
48 (37), 4 (bis) ; 50 (39),
5 ; 51 (40), 5 ; 54 b (43 b),
3 ; 55 (44), 4 ; 56 (45), 3 ;
57 (46), 2 ; 58 (47), 3 ;
59 (48), 2 ; 61 (50), 3 ; 63
(52), 3 ; 64 (53), 5 ; 65
(54), 2 ; 67 (56), 3 ; 68
(57), 2 (bis) ; 69 (58), 2 ;
70 (59), 2 ; 71 (60), 2 ; 72
(61), 2.

λυγγώδης 64 (53), 1.

λύγξ 64 (53), 1.

λυπέω 40 (29), 1.

λύχνος 22 (11), 4.

M

μάζα 50 (39), 4 ; 55 (44), 4.

μαζοφάγος 48 (37), 4.

μαίνομαι 22 (11), 3.

μακρός 47 a (36 a), 1.

μάλα 21 (10), 4 ; 56 (45), 2.

μαλθακός 12 (1), 4 ; 22 (11),
5 ; 26 (15), 4 ; 28 (17), 3 ;
30 (19), 3 ; 33 (22), 1 ;
35 (24), 1 ; 39 (28), 2 ; 40
(29), 6 ; 42 (31), 3 ; 43
(32), 3 ; 4 ; 44 (33), 4 ; 5 ;
51 (40), 4 ; 54 a (43 a), 3 ;
57 (46), 2 ; 66 (55), 2 ; 67
(56), 3 (bis) ; 68 (57), 2 ;
69 (58), 3 ; 70 (59), 2 ; 73
(62), 2 ; 74 (63), 2.

μαλθακῶς 22 (11), 4.

μάλιστα **1**, 2 ; **4** a, 1 ; 3 ; **6** a,
3 ; **12 (1)**, 3 ; 5 ; **13 (2)**, 1 ;
16 (5), 1 ; 3 ; **19 (8)**, 1 ;
20 (9), 4 ; **21 (10)**, 3 ; **22
(11)**, 3 ; **23** (12), 1 ; **26
(15)**, 8 ; **38** (27), 1 ; **39
(28)**, 1 ; **40** (29), 1 ; **41
(30)**, 2 ; **44 (33)**, 5 ; **45
(34)**, 2 ; **47** a (36 a), 4 ; 5 ;
48 (37), 1 ; 4 ; **49 (38)**, 2 ;
50 (39), 1 ; **51 (40)**, 1 ; 3 ;
4 ; **53 (42)**, 4 ; **54** b **(43** b),
2 ; **55 (44)**, 2 ; **56 (45)**, 1 ;
57 (46), 1 ; **58 (47)**, 2 ; **59
(48)**, 3 ; **62 (51)**, 2 ; **70
(59)**, 1 ; 2 ; **71 (60)**, 4 ; **72
(61)**, 2 ; **74 (63)**, 1.
μᾶλλον **3**, 2 ; **5**, 2 ; **6** a, 3 ; **8**,
2 (ter) ; **21 (10)**, 2 ; **46 (35)**,
1 ; **47** a (36 a), 5 ; **47** b
(36 b), 4 (bis) ; **48 (37)**, 1 ;
61 (50), 2 ; **64 (53)**, 5 ; **66
(55)**, 2 ; **69 (58)**, 3 ; **70
(59)**, 1 ; **74 (63)**, 1.
μανδραγόρης **43 (32)**, 2.
μάραθον **56 (45)**, 3.
μάσθλης **59 (48)**, 1.
μαχαίριον **30 (19)**, 3.
μαχαιρίς **47** b **(36** b), 4 (bis).
μέγας **26 (15)**, 1 ; **47** b **(36** b),
4 ; **61 (50)**, 2.
μέγεθος **33 (22)**, 2 ; **43 (32)**, 4 ;
47 b **(36** b), 2.
μεθίημι **40 (29)**, 6 ; **67 (56)**, 3.
μεθίστημι **63 (52)**, 1.
μείζων (vel μέζων) **4** a, 1 ; **35
(44)**, 2.
μελαίνομαι **10**, 1 (ter).
μέλας **4** b, 1 ; **6** a, 3 ; **34 (23)**,
2 ; **38 (27)**, 1 (bis) ; **52 (41)**,
1 ; **63 (52)**, 1 ; **73 (62)**, 1
(quater) ; **74 (63)**, 1.
μελεδαίνω **66 (55)**, 3 (conj.) ;
73 (62), 3.
μέλι **12 (1)**, 3 ; **14 (3)**, 4 ; **15
(4)**, 3 ; **19 (8)**, 2 ; **28 (17)**,
2 ; **33 (22)**, 3 (bis) ; **34
(23)**, 2 (bis) ; **36 (25)**, 2 ;
37 (26), 2 ; **43 (32)**, 3 (bis) ;

44 (33), 3 (ter) ; 4 ; **46 (35)**,
4 ; **47** a (36 a), 3 ; **47** b
(36 b), 2 (ter) ; **48 (37)**, 3 ;
54 a **(43** a), 2 ; **54** b **(43** b),
3 ; **55 (44)**, 4 (bis) ; **58
(47)**, 3 ; **59 (48)**, 2 ; **64 (53)**,
3 (bis) ; **69 (58)**, 2.
μελιηδής **22 (11)**, 5.
μελίκρητον **12 (1)**, 3 ; 4 ; **14
(3)**, 3 (bis) ; **21 (10)**, 3 ; **26
(15)**, 4 ; **27 (16)**, 2 ; **40
(29)**, 4 ; **41 (30)**, 3 ; **56
(45)**, 3 ; **57 (46)**, 2 ; **59 (48)**,
2 ; **67 (56)**, 3.
μελιχρός **12 (1)**, 3.
μέλλω **27 (16)**, 6 ; **32 (21)**, 2 ;
47 b **(36** b), 5 ; **66 (55)**, 3 (v.l.).
μέν passim.
μεσονύκτιος **48 (37)**, 1.
μέσος **33 (22)**, 1 ; **40 (29)**, 1 ;
47 b **(36** b), 2 ; **50 (39)**, 1.
μετά passim.
μεταβάλλω **16 (5)**, 4 ; **18 (7)**,
1 ; **68 (57)**, 1.
μεταβολή **55 (44)**, 2.
μεταμίσγω **44 (33)**, 3 ; **45 (34)**,
2 ; **46 (35)**, 3 ; **64 (53)**, 3.
μεταξύ **47** b **(36** b), 4 ; **50 (39)**,
3.
μεταπίνω **13 (2)**, 2 ; **63 (52)**,
3 ; **70 (59)**, 2.
μεταπιπίσκω **12 (1)**, 5 ; **13
(2)**, 5 ; **38 (27)**, 2 ; **39 (28)**,
2 ; **40 (29)**, 4 ; **51 (40)**, 3 ;
55 (44), 3 ; **65 (54)**, 2 ;
67 (56), 3 ; **74 (63)**, 2.
μετάφρενον **46 (35)**, 1 ; **48
(37)**, 1 ; **53 (42)**, 1 ; 4 ; **54** a
(43 a), 1 ; **55 (44)**, 1 ; 7 ;
56 (45), 1 ; **59 (48)**, 1 ; **62
(51)**, 1 (bis) ; **70 (59)**, 1 ;
73 (62), 1.
μεταχειρίζω **51 (40)**, 3.
μετεωρίζομαι **4** a, 1 ; **6** a, 3.
μετόπωρον **55 (44)**, 4 ; **64
(53)**, 4.
μέτρον **44 (33)**, 3.
μέτωπον **12 (1)**, 3 ; **18 (7)**, 2.
μηδέ passim.

(19), 2 ; **33** (**22**), 3 ; **46**
(**35**), 1 ; **47** b (**36** b), 1 ;
48 (**37**), 1 (v.l.) ; **50** (**39**), 1 ;
53 (**42**), 1 ; **63** (**52**), 1 ; **68**
(**57**), 1 ; **71** (**60**), 1.
ξυνίημι **21** (**10**), 1.
ξυρέω **13** (**2**), 5 ; **16** (**5**), 4 ;
18 (**7**), 2.
ξυσμή **54** b (**43** b), 1.
ξυσμός **58** (**47**), 1.
ξύω **23** (**12**), 2 ; **24** (**13**), 2.

O

ὁ, ἡ, τό passim.
ὄγδοος **47** a (**36** a), 1.
ὅδε, ἥδε, τόδε **4** b, 1 ; **8**, 2
(bis) ; **13** (**2**), 5 (v.l.) ; **22**
(**11**), 4 ; **26** (**15**), 2 ; 7.
ὀδμή **44** (**33**), 4 ; **50** (**39**), 1.
ὁδοιπορέω **51** (**40**), 1 (bis) ;
52 (**41**), 3 ; **70** (**59**), 1 ; **71**
(**60**), 2.
ὁδοιπορίη **43** (**32**), 3 ; **66** (**55**), 2.
ὁδούς **16** (**5**), 1 ; **55** (**44**), 1 ;
73 (**62**), 1.
ὀδυνάομαι **47** b (**36** b), 3 ; 4 ;
70 (**59**), 1.
ὀδύνη **4** a, 1 ; **4** b, 1 ; 2 ; **5**,
1 ; 2 ; **6** a, 1 ; **7**, 1 ; **12**
(**1**), 2 ; 4 ; **14** (**3**), 4 ; **15**
(**4**), 1 ; **16** (**5**), 1 (bis) ;
4 (bis) ; **17** (**6**), 1 (bis) ;
18 (**7**), 1 ; 2 ; **19** (**8**), 1
(ter) ; 2 (bis) ; 3 ; **20** (**9**),
1 ; **21** (**10**), 1 ; **23** (**12**),
1 ; **24** (**13**), 1 ; **26** (**15**), 1 ;
27 (**16**), 1 ; 5 ; 6 ; **41** (**30**),
1 ; **44** (**33**), 1 (bis) ; 3 ;
45 (**34**), 1 ; 2 ; **46** (**35**) 1 ;
48 (**37**), 1 ; **50** (**39**), 1 ;
52 (**41**), 1 ; **53** (**42**), 1 ;
54 a (**43** a), 1 ; 2 ; 3 ;
54 b (**43** b) ; 1 ; 3 ; **55**
(**44**), 1 (bis) ; 5 ; **56** (**45**),
3 ; **57** (**46**), 1 ; 2 ; **58**
(**47**), 1 ; 3 ; **59** (**48**), 1
(bis) ; **60** (**49**), 1 (bis) ;
62 (**51**), 1 ; **66** (**55**), 1 ;

67 (**56**), 1 ; 3 ; **68** (**57**),
1 (bis) ; **69** (**58**), 1 (bis) ;
2 (ter) ; 3 ; **73** (**62**), 1.
ὄζω **47** b (**36** b), 5 ; **48** (**37**),
2 (bis) ; **61** (**50**), 1 (v.l.) ;
73 (**62**), 1.
ὅθεν περ **5**, 2.
ὀθόνιον **33** (**22**), 3 ; **47** b
(**36** b), 4 ; **60** (**49**), 2.
οἰδέω **2**, 1 ; **28** (**17**), 2 ; **47** b
(**36** b), 1 ; 3 ; **60** (**49**), 1 ;
61 (**50**), 1 ; 2 ; **71** (**60**), 1
(bis) ; **72** (**61**), 1.
οἴδημα **26** (**15**), 7 ; **27** (**16**), 5 ;
47 b (**36** b), 4 ; **71** (**60**),
1 ; 3.
οἰδίσκομαι **13** (**2**), 1 ; **26** (**15**),
1 ; 7 ; **31** (**20**), 1 ; **48** (**36**),
1 ; **61** (**50**), 2 (bis) ; **71**
(**60**), 3.
οἰνηρός **13** (**2**), 3.
οἶνος **12** (**1**), 3 ; **13** (**2**), 5 ;
14 (**3**), 3 ; **22** (**11**), 5 ;
27 (**16**), 6 ; **28** (**17**), 2 ;
30 (**19**), 2 ; **31** (**20**), 2 ;
32 (**21**), 2 (bis) ; **38** (**27**),
2 (ter) ; **39** (**28**), 2 ; **40**
(**29**), 4 ; 5 ; **41** (**30**), 3 ;
42 (**31**), 2 ; 3 ; **43** (**32**), 2 ;
4 ; **44** (**33**), 4 (bis) ; **45**
(**34**), 3 ; **46** (**35**), 3 ; **47** a
(**36** a), 3 ; **47** b (**36** b), 2
(bis) ; 4 ; **48** (**37**), 3 ; 4 ;
52 (**41**), 3 ; **54** a (**43** a), 2 ;
3 ; **54** b (**43** b), 3 ; **55** (**44**),
4 (bis) ; **56** (**45**), 3 ; **57**
(**46**), 2 ; **58** (**47**), 3 ; **59**
(**48**), 2 (bis) ; **60** (**49**), 2 ;
63 (**52**), 3 ; **64** (**53**), 3 ;
4 ; **65** (**54**), 2 (bis) ; **67**
(**56**), 3 ; **69** (**58**), 2 ; **70**
(**59**), 2 ; **71** (**60**), 2 ; **72**
(**61**), 2 (bis) ; **73** (**62**), 1 ;
74 (**63**), 2.
οἰνώδης **27** (**16**), 6 ; **40** (**29**),
4 ; **44** (**33**), 4 ; **46** (**35**), 3 ;
4 ; **54** b (**43** b), 3 ; **63** (**52**),
3 ; **64** (**53**), 3 ; **65** (**54**), 2
(bis) ; **71** (**60**), 2 ; **74** (**63**), 2.

οἴομαι **66** (**55**), 1.
οἷος **4** a, 1 (*bis*) ; **8**, 2 ; **33**
(**22**), 1 ; 2 ; **36** (**25**), 1 ;
37 (**26**), 1 ; **41** (**30**), 1 ;
47 b (**36** b), 4 ; 5 ; **49** (**38**),
1 ; **50** (**39**), 1 (*ter*) ; **51**
(**40**), 1 ; **53** (**42**), 1 ; 2 ;
55 (**44**), 1 (*bis*) ; **59** (**48**),
1 (*bis*) ; **60** (**49**), 1 ; 2 ;
61 (**50**), 1 ; **62** (**51**), 1 ;
72 (**61**), 1 ; **73** (**62**), 1
(*sexies*) ; **74** (**63**), 1.
οἷός περ **1**, 1 ; **61** (**50**), 1.
οἴχομαι **33** (**22**), 1.
ὀκτώ **12** (**1**), 6.
ὀκτωκαίδεκα **47** a (**36** a), 3 ;
4 ; **63** (**52**), 2.
ὀκτωκαιδεκαταῖος **25** (**14**), 3.
ὀλίγος **9**, 3 ; **10**, 1 ; **12** (**1**), 2 ;
3 (*bis*) ; 4 ; **14** (**3**), 3 ; 4 ;
15 (**4**), 3 (*bis*) ; 4 ; **19** (**8**),
2 ; **20** (**9**), 4 ; **21** (**10**), 3 ;
22 (**11**), 5 ; **26** (**15**), 1 ; 3 ;
4 (*bis*) ; 8 ; **28** (**17**), 2 ;
40 (**29**), 1 ; **41** (**30**), 3 ;
44 (**33**), 3 (*bis*) ; 4 (*bis*) ;
5 ; **46** (**35**), 5 ; 6 ; **47** a
(**36** a), 3 ; **47** b (**36** b), 2
(*ter*) ; 4 ; **48** (**37**), 2 ; **49**
(**38**), 2 ; **51** (**40**), 4 ; **55**
(**44**), 3 ; **59** (**48**), 2 ; **60**
(**49**), 2 (*bis*) ; **64** (**53**), 2 ;
3 ; **66** (**55**), 1 ; 2 ; **67** (**56**),
3 (*bis*) ; **69** (**58**), 1 ; **73**
(**62**), 1 ; **74** (**63**), 1.
ὅλος **10**, 1 (*v.l.*) ; **12** (**1**), 6 ;
30 (**19**), 1 ; **51** (**40**), 3 ;
64 (**53**), 3.
ὁμαλῶς **4** a, 2 ; **8**, 1.
ὁμαρτέω **61** (**50**), 1.
ὁμοιόω **75** (**64**), 1.
ὁμοίως **1**, 1 (*bis*) ; **43** (**32**), 4.
ὄνειος **47** b (**36** b), 2 ; **48** (**37**),
3 ; **51** (**40**), 3 ; **70** (**59**), 2.
ὀνείρατα **72** (**61**), 1.
*ὀνειριάζω **51** (**40**), 1.
ὀνομαίνω **4** a, 1.
ὄνος **13** (**2**), 2 ; **38** (**27**), 2 ;
40 (**29**), 4 ; **50** (**39**), 3 ;

55 (**44**), 3 ; **66** (**55**), 2 ;
67 (**56**), 3 ; **68** (**57**), 2 ;
70 (**59**), 2 ; **72** (**61**), 2 ;
74 (**63**), 2.
ὄνυξ **47** b (**36** b), 1 ; 4 ; **48**
(**37**), 1 ; **50** (**39**), 1 ; **61**
(**50**), 1.
ὄξος **15** (**4**), 3 ; **19** (**8**), 3 ;
20 (**9**), 3 ; **26** (**15**), 3 (*bis*) ;
4 ; **43** (**32**), 3 ; **44** (**33**),
3 (*ter*) ; **54** a (**43** a), 2 ;
54 b (**43** b), 3 ; **55** (**44**),
1 ; 4 (*bis*) ; **58** (**47**), 3 ;
61 (**50**), 1 ; **63** (**52**), 3 ;
64 (**53**), 3 (*bis*) ; **69** (**58**),
2 ; **73** (**62**), 1.
ὀξύβαφον **42** (**31**), 1 ; **47** b
(**36** b), 2 (*ter*).
ὀξυβελής **47** b (**36** b), 4.
ὀξύς **12** (**1**), 2 ; **15** (**4**), 1 ;
28 (**17**), 3 ; **33** (**22**), 2 ;
48 (**37**), 3 ; 4 ; **53** (**42**), 1 ;
54 b (**43** b), 1 ; **55** (**44**), 1 ;
4 ; 6 ; **57** (**46**), 1 ; **58** (**47**),
1 ; **59** (**48**), 1 ; **60** (**49**), 1 ;
69 (**58**), 1 ; **71** (**60**), 2 ; **73**
(**62**), 1.
ὅπῃ **61** (**50**), 3.
ὄπισθεν **8**, 2 ; **12** (**1**), 6 ; **17**
(**6**), 1 ; **28** (**17**), 1 ; **47** b
(**36** b), 4.
ὀπίσω **33** (**22**), 1.
ὁπόθεν **16** (**5**), 4.
ὀπός **42** (**31**), 2 ; **43** (**32**), 2 ;
4 ; **47** a (**36** a), 2.
ὁπόσος **12** (**1**), 6 ; **40** (**29**), 4 ;
44 (**33**), 3.
ὁπόταν **73** (**62**), 1 (*bis*).
ὁπότερος **47** b (**36** b), 4 (*bis*) ;
66 (**55**), 2.
ὅπως **27** (**16**), 4 ; **47** b (**36** b),
2 ; 4 ; **48** (**37**), 3 ; **61**
(**50**), 3.
ὁράω **1**, 1 ; **8**, 1 ; 2 ; **12** (**1**),
2 (*v.l.*) ; 2 ; **15** (**4**), 1 ; **25**
(**14**), 1 ; **57** (**46**), 1 ; **61**
(**50**), 2 ; **72** (**61**), 1 ; **73**
(**62**), 1.
ὀργάω **10**, 1.

ὀρθόπνοια **44** (**33**), 1 ; **57** (**46**),
  1 ; **58** (**47**), 1 ; **59** (**48**), 1.
ὀρθός **4** a, 1 ; **57** (**46**), 3.
ὄρθρος **15** (**4**), 3 ; **48** (**37**), 1.
ὀρίγανον **19** (**8**), 3 ; **26** (**15**),
  3 ; 4 ; **28** (**17**), 2 ; **47** b
  (**36** b), 2 (*bis*) ; **48** (**37**),
  4 ; **50** (**39**), 4 ; **52** (**41**), 3 ;
  55 (**44**), 4 ; **64** (**53**), 4 ;
  71 (**60**), 2.
ὀρνίθειος **46** (**35**), 5 ; **48** (**37**),
  4 ; **50** (**39**), 4 ; **56** (**45**), 4 ;
  69 (**58**), 3.
ὄρνις **44** (**33**), 5.
ὄροβος **20** (**9**), 4.
ὀροποτέω **13** (**2**), 4 ; **70** (**59**), 2.
ὀροποτίη **70** (**59**), 2.
ὀρός **12** (**1**), 5 ; **13** (**2**), 2 ;
  38 (**27**), 2 ; **40** (**29**), 4 ;
  51 (**40**), 3 ; **55** (**44**), 3 ;
  66 (**55**), 2 ; **68** (**57**), 2 ;
  70 (**59**), 2 ; **73** (**62**), 2.
ὅς, ἥ, ὅ *passim*.
ὅσος **11**, 1 ; **33** (**22**), 2 ; **38**
  (**27**), 2 (*bis*) ; **42** (**31**), 1 ;
  43 (**32**), 2 ; 4 (*bis*) ; **44**
  (**33**), 4 ; 5 ; **47** b (**36** b), 2
  (*octies*) ; **4** (*bis*) ; **48** (**37**),
  3 ; 4 ; **55** (**44**), 4 (*bis*) ; **64**
  (**53**), 4 (*ter*) ; **69** (**58**), 1 ;
  74 (**63**), 1.
ὅσος περ **12** (**1**), 1 (*v.l.*), **27**
  (**16**), 6.
ὅσπερ **12** (**1**), 1 ; **14** (**3**), 3 ;
  5 ; **57** (**46**), 4 ; **75** (**64**), 2.
ὀστέον **7**, 1 (*bis*) ; 2 ; **23** (**12**),
  2 ; **24** (**13**), 1 (*ter*).
ὅστις **15** (**4**), 2 ; **55** (**44**), 3.
ὄστρακον **47** b (**36** b), 2.
ὀσφύς **40** (**29**), 1.
ὄσχη **61** (**50**), 2 ; **71** (**60**), 1 ; 2.
ὅταν *passim*.
ὅτε *passim*.
ὅτι *passim*.
οὐ (οὐκ, οὐχ) *passim*.
οὐδέ *passim*.
οὐδείς **4** a, 1 (*bis*), **17** (**6**), 1 ;
  21 (**10**), 1 ; **28** (**17**), 1 ;
  70 (**59**), 1 ; **71** (**60**), 4.

οὐκέτι **47** a (**36** a), 4.
οὖλον **11**, 1.
οὖν **5**, 2 ; **8**, 2 (*v.l.*) ; **9**, 3 ; **12**
  (**1**), 2 ; **22** (**11**), 4 ; **27** (**16**),
  5 (*bis*) ; **39** (**28**), 1 ; **40** (**29**),
  3 ; **44** (**33**), 2 ; **50** (**39**), 2 ;
  51 (**40**), 2 ; **53** (**42**), 2.
οὔνομα **4** a, 1 ; **4** b, 1.
οὐρέω **1**, 1 (*bis*) ; **3**, 2 (*v.l.*) ;
  12 (**1**), 1 ; 2 ; 4 ; **16** (**5**), 1 ;
  21 (**10**), 1 (*bis*) ; **38** (**27**),
  1 ; 2 ; **39** (**28**), 1 ; **41** (**30**),
  1 ; **44** (**33**), 1 ; **51** (**40**), 1 ;
  56 (**45**), 1 ; **63** (**52**), 1.
*οὐρησείω **16** (**5**), 1.
οὐρητικός **12** (**1**), 3.
οὖς **2**, 1 ; 2 ; **4** a, 1 ; 2 ; **12**
  (**1**), 2 ; 3 ; **6** (*bis*) ; **13** (**2**),
  1 ; **14** (**3**), 2 ; 3 ; 4 (*quin-*
  quies) ; 5 (*ter*) ; **15** (**4**), 1 ;
  16 (**5**), 1 ; 2 ; **17** (**6**) ; 1 ; 3 ;
  19 (**8**), 1 ; **26** (**15**), 2 ; **51**
  (**40**), 1 ; **61** (**50**), 1.

οὔτε *passim*.
οὗτος **1**, 2 (*quater*) ; **2**, 2
  (*bis*) ; **3**, 2 (*bis*) ; **4** a, 2 ;
  3 ; **4** b, 1 ; **5**, 2 (*bis*) ; 3 ;
  6 a, 2 ; 3 ; **6** b, 1 ; **7**, 2
  (*bis*) ; 3 ; **8**, 2 (*quinquies*) ;
  9, 2 ; 3 ; **10**, 1 ; **11**, 1 (*bis*) ;
  12 (**1**), 2 (*ter*) ; 3 (*bis*) ;
  3 ; 6 ; **13** (**2**), 3 (*bis*) ; 5 ;
  14 (**3**), 2 ; 3 ; 5 ; **15** (**4**),
  2 ; 3 ; 4 ; **16** (**5**), 2 ; 3 ;
  17 (**6**), 2 ; **19** (**8**), 4 ; **20**
  (**9**), 2 ; 3 ; 4 ; 5 ; **21** (**10**),
  2 ; 3 ; **22** (**11**), 3 (*bis*) ;
  4 (*bis*) ; **24** (**13**), 1 (*secl.*) ;
  1 ; **25** (**14**), 3 (*bis*) ; **26**
  (**15**), 2 ; 3 ; 4 ; 8 ; **27** (**16**),
  3 ; 5 ; 6 ; **28** (**17**), 2 ;
  4 (*bis*) ; **29** (**18**), 2 ; **32**
  (**21**), 3 ; **33** (**22**), 3 (*v.l.*) ;
  36 (**25**), 2 ; **37** (**26**), 2 ; **38**
  (**29**), 2 (*quater*) ; 3 ; **39** (**28**),
  2 ; 3 ; **40** (**29**), 2 ; 5 ; 6 ;
  41 (**30**), 2 (*bis*) ; **42** (**31**) 2 ;
  43 (**32**), 2 ; **44** (**33**), 2 ; 3 ;
  5 ; **45** (**34**), 2 ; **46** (**35**), 2

(59), 2 (*ter*) ; **71** (60), 3 ;
72 (61), 2 (*bis*) ; **74** (63), 2.

πιπίσκω **12** (1), 3 ; **13** (2),
2 ; **15** (4), 2 ; **16** (5), 4 ;
38 (27), 3 ; **40** (39), 4 ;
41 (30), 3 ; **42** (31), 1 ; 2 ;
43 (32), 1 (*bis*) ; 2 ; 4 ;
47 a (36 a), 5 ; **49** (38), 2 ;
50 (39), 3 ; **51** (40), 3 ;
52 (41), 3 ; **55** (44), 3 ; 4 ;
59 (48), 2 ; **64** (53), 3 ; **65**
(54), 2 ; **66** (55), 2 (*bis*) ;
68 (57), 2 (*bis*) ; **70** (59),
2 ; **71** (60), 3 ; **72** (61), 2
(*bis*) ; **73** (62), 2.

πίων **48** (37), 4 ; **50** (39), 4 ;
53 (42), 3 ; **55** (44), 6 ; **66**
(55), 2 ; **68** (57), 2 ; **70**
(59), 2 ; **73** (62), 2.

πλάγιος **12** (1), 6 ; **37** (26), 1.

πλεῖστος **6** a, 3 ; **19** (8), 1 ;
26 (15), 2 ; **27** (16), 6 ; **50**
(39), 2 ; 5 ; **55** (44), 7 ; **57**
(46), 1 ; **70** (59), 2 ; **72**
(61), 1.

πλείων (*vel* πλέων) **4** a, 1 ; **4** b,
2 ; **10**, 1 ; **20** (9), 3 ; **26**
(15), 7 ; **27** (16), 4 ; **47** a
(36 a), 5 ; **47** b (36 b), 3 ;
48 (37), 3 ; **52** (41), 2 ;
64 (53), 2 ; **73** (62), 1 ; **74**
(63), 1.

πλέννα **12** (1), 2.

πλευμάω **48** (37), 1.

πλεῦμος **52** (41), 1.

πλεύμων **27** (16), 5 ; **47** a
(36 a), 2 (*bis*) ; **47** b (36 b),
4 ; **50** (39), 1 ; 3 ; **52** (41),
3 ; **53** (42), 2 (*bis*) ; **54** a
(43 a), 1 ; **55** (44), 1 ; **57**
(46), 1 ; **58** (47), 1 ; **59**
(48), 1 ; **61** (50), 1.

πλευρά **47** b (36 b) 4 ; **61** (50),
3.

πλευρῖτις **44** (33), 1 ; **45** (34),
1 ; **46** (35), 1.

πλευρόν **27** (16), 5 ; 6 (*bis*) ;
45 (34), 1 ; **46** (35), 1 ;
47 b (36 b), 3 ; 4 (*bis*) ; **54** a

(43 a), 1 ; **54** b (43 b), 1 ;
57 (46), 1 ; 4 ; **59** (48), 1
(*bis*) ; 2 ; **60** (49), 1 (*bis*) ;
61 (50), 1 ; **73** (62), 1.

πλῆθος **47** b (36 b), 4.

πλήν **48** (37), 4 ; **50** (39), 5 ;
71 (60), 2.

πλήρης **11**, 1 ; **38** (27), 2.

πνεῦμα **17** (6), 1 ; **71** (60), 1.

πνέω **41** (30), 1.

πνῖγμα **70** (59), 1 ; **71** (60), 3.

πνίγομαι **26** (15), 1 ; **40** (29), 1.

πνοίη **6** a, 3 ; **29** (18), 1 ; **33**
(22), 1 ; **59** (48), 1.

ποιέω **12** (1), 3 ; 6 (*bis*) ; **13**
(2), 3 ; 5 ; **15** (4), 4 ; **19**
(8), 4 ; **20** (9), 4 ; **22** (11),
4 (*bis*) ; **25** (14), 3 ; **26**
(15), 2 ; 4 (*bis*) ; 7 ; 8 ; **27**
(16), 3 ; **28** (17), 2 ; 4 ; **32**
(21), 3 ; **33** (22), 2 (*ter*) ;
3 ; **35** (24), 2 (*bis*) ; **36**
(25), 2 ; **38** (27), 2 (*bis*) ;
3 ; **39** (28), 3 ; **43** (32), 2 ;
44 (33), 5 ; **45** (34), 2 ;
47 b (36 b), 2 ; 4 ; **54** b
(43 b), 4 ; **55** (44), 4 ; 7 ;
57 (46), 4 ; **58** (47), 4 ;
60 (49), 2 ; **61** (50), 3 ; **64**
(53), 3 ; 5 ; **67** (56), 3 ;
72 (61), 3 ; **73** (62), 3 ; **74**
(63), 3.

πολλάκις **5**, 1 ; **47** b (36 b), 3 ;
63 (52), 1 ; **69** (58), 1 ; **70**
(59), 1.

πολλός **1**, 1 ; 2 ; **5**, 3 ; **12** (1),
2 ; 4 ; **14** (3), 5 ; **16** (5), 1 ;
2 ; **19** (8), 4 ; **20** (9), 1 ; 2 ;
21 (10), 1 ; 2 ; 3 ; **22** (11),
2 ; 4 (*ter*) ; **25** (14), 2 ; 3 ;
27 (16), 1 ; 5 ; **28** (17), 2 ;
38 (27), 2 (*bis*) ; **40** (29), 2 ;
6 ; **41** (30), 3 ; **42** (31), 2
(*bis*) ; **43** (32), 2 ; 3 ; 4 ;
44 (33), 2 ; **45** (34), 2 ;
46 (35), 4 ; **47** b (36 b), 2 ;
4 ; 5 ; **48** (37), 4 ; **49** (38),
1 ; **50** (39), 3 ; **51** (40), 1 ;
53 (42), 1 ; **54** b (43 b), 2 ;

σήπω 2, 2 (*bis*) ; 14 (3), 2 ;
    37 (26), 2 ; 48 (37), 2.
σήσαμον 50 (39), 4 ; 64 (53), 4.
σητάνιος 20 (9), 3.
σίδη 65 (54), 2.
σιδήριον 12 (1), 6 ; 28 (17),
    3 ; 34 (23), 2.
σίδιον 47 b (36 b), 2.
σίελον 9, 2 ; 15 (4), 1 ; 26
    (15), 1 (*bis*) ; 4 (*bis*) ;
    27 (16), 1 ; 3 ; 4 ; 28 (17),
    1 ; 31 (20), 1 ; 44 (33), 1 ;
    45 (34), 1 ; 47 a (36 a), 1 ;
    2 ; 48 (37), 1 (*bis*) ; 2 ;
    50 (39), 1 (*bis*) ; 3 (*bis*) ;
    52 (41), 1 ; 53 (42), 1 ; 54 b
    (43 b), 1 ; 55 (44), 1 ; 56
    (45), 1 ; 59 (48), 1 ; 62 (51),
    1 (*bis*) ; 64 (53), 1 ; 65
    (54), 1 ; 66 (55), 1 ; 67
    (56), 1 ; 70 (59), 1 ; 73
    (62), 1 (*bis*).
σίζω 61 (50), 1 (*conj.*).
σιηγόνιον 26 (15), 1 ; 3 ; 27
    (16), 1 ; 3 ; 28 (17), 2 ;
    29 (18), 1.
σιηγών 9, 1.
σικύη 26 (15), 2 (*bis*) ; 27
    (16), 2 ; 55 (44), 5.
σίκυος 64 (53), 4.
σίλφιον 42 (31), 2 ; 47 b
    (36 b), 2 ; 50 (39), 4.
σίον 47 b (36 b), 2.
σιτίον 11, 1 ; 12 (1), 2 ; 4 (*bis*) ;
    13 (2), 2 ; 14 (3), 4 ; 15
    (4), 1 ; 3 (*quater*) ; 4 ; 16
    (5), 3, 4 ; 19 (8), 2 ; 21 (10),
    3 ; 22 (11), 5 (*bis*) ; 27
    (16), 6 ; 38 (27), 2 (*ter*) ;
    39 (28), 2 ; 41 (30), 3 ; 42
    (31), 3 ; 43 (32), 3 ; 4 ;
    44 (33), 4 ; 5 ; 46 (35), 5 ;
    47 a (36 a), 5 (*bis*) ; 47 b
    (36 b), 2 (*bis*) ; 48 (37), 4
    (*ter*) ; 49 (38), 2 ; 50 (39),
    4 ; 5 (*bis*) ; 51 (40), 3 ; 4 ;
    52 (41), 3 ; 53 (42), 3 ;
    54 a (43 a), 3 ; 55 (44), 4 ;
    6 ; 56 (45), 4 ; 57 (46), 2 ;

    64 (53), 5 ; 66 (55), 2 (*ter*) ;
    67 (56), 3 (*bis*) ; 68 (57),
    2 ; 69 (58), 2 (*bis*) ; 70 (59),
    1 ; 2 (*bis*) ; 71 (60), 2
    (*bis*) ; 3 ; 72 (61), 2 ; 73
    (62), 2 ; 74 (63), 1 (*bis*) ;
    2 ; 75 (64), 1.
σκαφίς 64 (53), 4 (*bis*).
σκέλος 13 (2), 1 ; 40 (29), 1 ;
    46 (35), 1 ; 66 (55), 1 ;
    73 (62), 1.
σκέπτομαι 26 (15), 1.
σκιάζω 38 (27), 1.
σκληρός 26 (15), 1 ; 30 (19), 1 ;
    31 (20), 1 ; 33 (22), 2 ; 34
    (23), 1 ; 36 (25), 1 ; 41 (30),
    1 ; 48 (37), 1 ; 49 (38), 1 ;
    50 (39), 1 ; 60 (49), 1 ; 68
    (57), 1 ; 69 (58), 1.
σκόροδον 27 (16), 6 ; 43 (32),
    3 ; 55 (44), 4 ; 71 (60), 2.
σκορπίος 48 (37), 4 ; 50 (39),
    4 ; 71 (60), 2.
σκοτοδινίη 4 b, 1 ; 2 ; 15 (4),
    1 ; 18 (7), 1.
σκότος 72 (61), 1.
σκυλάκιον 56 (45), 4.
σκύλαξ 44 (33), 5.
σκύτινος 12 (1), 3.
σμῆγμα 13 (2), 3.
σμικρός 23 (12), 1 ; 35 (24), 2 ;
    47 b (36 b), 2 ; 4 ; 55 (44),
    4 ; 64 (53), 4.
σμίλη 36 (25), 2.
σμύρνα 13 (2), 3 ; 19 (8), 3 ;
    25 (14), 2.
σόμφος 33 (22), 1.
σπάω 54 a (43 a), 1 ; 54 b
    (43 b), 1.
σπεῖρα 33 (22), 2.
σπέρμα 26 (15), 3 ; 47 b (36 b),
    2 ; 64 (53), 4.
σπερχνός 64 (53), 1.
σπεύδω 57 (46), 3.
σπλάγχνον 55 (44), 1 (*bis*) ;
    66 (55), 1 ; 67 (56), 3 ; 68
    (57), 1 ; 69 (58), 1 ; 72 (61),
    1 ; 73 (62), 1 (*bis*).
σπλήν 20 (9), 3.

σπληνίσκος 18 (7), 2.
σπληνώδης 38 (27), 2 ; 55
 (44), 3 (bis).
σπογγίον 14 (3), 4 ; 32 (21), 2 ;
 33 (22), 2 (bis).
σπόγγος 14 (3), 3 ; 5 ; 22 (11),
 2 ; 26 (15), 3 ; 27 (16), 2 ;
 31 (20), 2.
σταλαγμός 74 (63), 1.
σταφύλη 10, 1 ; 29 (18), 1.
στέαρ 47 a (36 a), 5.
στέμφυλον 69 (58), 2 (bis).
στενάζω 21 (10), 1.
στενός 47 b (36 b), 3.
στερεός 59 (48), 3.
στέρνον 20 (9), 4 ; 48 (37), 1.
στηθοειδής 47 b (36 b), 4.
στῆθος 6 a, 3 ; 9, 3 ; 26 (15),
 7 ; 27 (16), 4 (bis) ; 44 (33),
 1 ; 46 (35), 1 ; 47 a (36 a),
 4 ; 50 (39), 1 ; 52 (41), 1 ;
 53 (42), 1 ; 4 ; 54 a (43 a),
 1 ; 3 ; 54 b (43 b), 1 ; 3 ;
 55 (44), 7 ; 57 (46), 1 ; 58
 (47), 1 ; 59 (48), 1 (ter) ; 2 ;
 62 (51), 1 (bis) ; 70 (59), 1 ;
 71 (60), 3 ; 73 (62), 1.
στόμα 1, 1 ; 4 a, 3 ; 5, 2
 (conj.) ; 21 (10), 1 ; 3 ; 33
 (22), 2 ; 35 (24), 2 ; 40 (29),
 1 ; 4 ; 41 (30), 1 ; 47 b
 (36 b), 2 ; 48 (37), 1 ; 3 ;
 50 (39), 1 ; 3 (bis) ; 71
 (60), 1 ; 73 (62), 1.
στραγγουρίη 1, 1 ; 12 (1), 1 ; 2.
στρέφω 54 a (43 a), 1.
στρογγύλος 29 (18), 1 ; 33
 (22), 2 ; 35 (24), 1.
στρόφος 40 (29), 4 ; 48 (37), 3 ;
 55 (44), 1.
στρῶμα 22 (11), 4.
σύ 12 (1), 6 ; 13 (2), 5 ; 16
 (5), 4 ; 18 (7), 2 ; 19 (8), 2 ;
 20 (9), 3 ; 21 (10), 3 ; 30
 (19), 3 ; 39 (28), 2 ; 42 (31),
 1 ; 47 a (36 a), 5 ; 47 b
 (36 b), 4 (quater) ; 48 (37),
 4 ; 50 (39), 3 ; 61 (50), 3 ;
 66 (55), 2 ; 67 (56), 3.

συγκαταγηράσκω 74 (63), 3.
συγκοιμάω 51 (40), 1.
συκίον 28 (17), 2 ; 31 (20), 2.
σῦκον 28 (17), 2.
συμμίσγω 12 (1), 3 ; 13 (2),
 3 (bis) ; 15 (4), 3 ; 38 (27),
 2 ; 47 a (36 a), 5 ; 47 b
 (36 b), 2 (bis) ; 48 (37), 3 ;
 4 ; 50 (39), 4 ; 55 (44), 4 ;
 64 (53), 4 ; 65 (54), 2 ; 69
 (58), 2.
σύμπας 47 b (36 b), 2 ; 64 (53),
 4 (bis).
συμφύω 47 b (36 b), 4 ; 60
 (49), 2.
σύν passim.
συναποθνήσκω 66 (55), 3 ; 68
 (57), 3 ; 69 (58), 4 ; 70 (59),
 3 ; 72 (61), 3 ; 73 (62), 3.
συνδέω 59 (48), 2.
συνίστημι 32 (21), 1.
συνοιδέω 30 (19), 1.
συντίθημι 18 (7), 2 ; 25 (14), 3.
συρίγγιον 34 (23), 2 (v.l.).
σῦριγξ 34 (23), 2 ; 50 (39), 1 ;
 59 (48), 3.
συρίζω 48 (37), 1.
συρράπτω 36 (25), 2.
συσσήπομαι 2, 2.
σφακελίζω 5, 1 ; 2 ; 20 (11), 1.
σφάκελος 23 (12), 1.
σφακελώδης 75 (64), 1.
σφηνίσκος 12 (1), 6.
σφόνδυλος 26 (15), 2.
σφύζω 4 a, 1 ; 2 ; 8, 1 ; 12 (1),
 6 ; 16 (5), 1 ; 25 (14), 1.
σχίζω 15 (4), 1 ; 18 (7), 2 ;
 25 (14), 3 (bis) ; 36 (25), 2.
σῶμα 1, 2 ; 2, 1 (bis) ; 2 ;
 3, 2 ; 4 b, 1 ; 5, 2 (v.l.) ;
 8, 1 ; 2 (ter) ; 11, 1 (ter) ;
 13 (2), 5 ; 25 (14), 1 ; 39
 (28), 1 ; 50 (39), 1 ; 53 (42),
 4 (bis) ; 54 a (43 a), 3 ; 55
 (44), 1 ; 3 ; 57 (46), 1 ; 66
 (55), 1 ; 71 (60), 1 ; 73 (62),
 3 ; 74 (63), 1.
σωτηρίη 26 (15), 7.

T

ταινίη 59 (48), 2.

ταλαιπωρέω 53 (42), 4.

ταλαιπωρίη 51 (40), 5 ; 53 (42), 3 ; 74 (63), 2.

τάμνω 10, 1 ; 15 (4), 4 ; 18 (7), 2 ; 23 (12), 2 ; 31 (20), 2 (bis) ; 47 b (36 b), 4 (ter) ; 57 (46), 4 ; 59 (48), 3 ; 60 (49), 2 ; 61 (50), 3 (ter).

ταράττω 46 (35), 1 ; 71 (60), 2 (bis).

τάριχος 50 (39), 4.

ταύτη (adv.), 2, 2 ; 7, 2 ; 8, 2 ; 11, 1 ; 61 (50), 3.

ταχέως 13 (2), 1.

τάχιστα 24 (13), 2.

τε passim.

τελέθω 5, 1 ; 20 (9), 1 ; 74 (63), 1.

τελευτάω 50 (39), 2 ; 53 (42), 2.

τερηδών 7, 1 ; 24 (13), 1.

τεσσεράκοντα 1, 2 ; 12 (1), 5 ; 51 (40), 3 ; 57 (46), 3 ; 64 (53), 2.

τεσσερακοσταῖος 12 (1), 2.

τέσσερες 22 (11), 5 ; 34 (23), 2.

τεσσερεσκαίδεκα 44 (33), 2 ; 45 (34), 4 ; 46 (35), 3 ; 5 ; 47 a (36 a), 1 (bis) ; 4 ; 56 (45), 2 ; 4 ; 57 (46), 1 ; 63 (52), 2.

τεσσερεσκαιδεκαταῖος 40 (29), 6.

τεσσερεσκαιδέκατος 12 (1), 2 ; 44 (33), 2.

τεταρταῖος 43 (32), 1 ; 3 ; 54 b (43 b), 2 ; 58 (47), 2.

*τεταρτήμορον (vel -ριον), 44 (33), 4 ; 47 b (36 b), 2 ; 55 (44), 4.

τέταρτος 42 (31), 1 ; 50 (39), 4 ; 56 (45), 1.

τετραχόθι 33 (22), 1.

τήκω 1, 1 (bis) ; 51 (40), 1.

τηνικαῦτα 4 a, 2.

τις 4 a, 2 ; 4 b, 1 (bis) ; 5, 2 ; 11, 1 ; 14 (3), 1 ; 16 (5), 1 ; 21 (10), 1 ; 32 (21), 2 ; 36 (25), 1 ; 40 (29), 1 ; 4 ; 55 (44), 1 ; 59 (48), 1 ; 61 (50), 2 ; 62 (51), 1 ; 73 (62), 1.

τιτρώσκω 24 (13), 2 (v.l.) ; 53 (42), 1.

τοι 14 (3), 4 ; 15 (4), 4 ; 33 (22), 3 ; 47 b (36 b), 2 ; 57 (46), 3 ; 61 (50), 3.

τοιοῦτος 4 b, 1 ; 11, 1 ; 15 (4), 4 (v.l.) ; 53 (42), 1 ; 57 (46), 4 ; 63 (52), 1.

τομή 13 (2), 5 ; 18 (7), 2 (bis) ; 61 (50), 2.

τόρνιος 47 b (36 b), 2.

τοσοῦτος 12 (1), 5 ; 57 (46), 1.

τότε 12 (1), 6 ; 46 (35), 1 ; 71 (60), 1 (bis) ; 73 (62), 1 (sexies).

τράχηλος 6 a, 3 ; 9, 1 ; 18 (7), 1 ; 20 (9), 4 (bis) ; 26 (15), 2 ; 27 (16), 2 ; 4.

τρεῖς 12 (1), 4 ; 13 (2), 2 ; 16 (5), 4 ; 20 (9), 2 ; 22 (11), 5 ; 34 (23), 2 ; 38 (27), 2 (bis) ; 42 (31), 1 ; 43 (32), 2 ; 4 ; 47 b (36 b), 2 (bis).

τρέπω 1, 2 ; 26 (15), 7 ; 27 (16), 4 ; 5.

τρέχω 51 (40), 1.

τρηχύς 24 (13), 1 ; 2 ; 40 (29), 5 ; 41 (30), 1 ; 63 (52), 1.

τρίβω 12 (1), 3 ; 13 (2), 3 (bis) ; 14 (3), 4 ; 26 (15), 3 ; 4 ; 28 (17), 2 (bis) ; 32 (21), 2 ; 34 (23), 2 ; 42 (31), 1 ; 47 b (36 b), 2 (ter) ; 54 a (43 a), 2 ; 59 (48), 2 ; 64 (53), 4 ; 71 (60), 2 (bis) ; 74 (63), 2.

τρίζω 15 (4), 1 ; 59 (48), 1.

τρίς 12 (1), 3 ; 13 (2), 4 ; 47 a (36 a), 3 ; 63 (52), 3.

τριταῖος 5, 3 ; 22 (11), 1 ; 42 (31), 1.

τρίτος 47 b (36 b), 2 ; 55 (44), 4 ; 56 (45), 1.

τρίφυλλον **42** (**31**), 2 ; **43** (**32**),
2 ; 4.
τρόπος **4** b, 1 ; **14** (**3**), 3 ;
19 (**8**), 2 ; **27** (**16**), 2 ; 3 ;
35 (**24**), 2.
τρύζω **55** (**44**), 1.
τρύξ **13** (**2**), 3 ; **73** (**62**), 1.
τρυπάω **15** (**4**), 4 ; **26** (**15**), 3.
τρώγω **19** (**8**), 2 ; **27** (**16**), 6 ;
38 (**27**), 2 (*bis*).
τρῶμα **59** (**48**), 3.
τυγχάνω **2**, 2 ; **11**, 1 ; **45** (**34**),
1 ; **59** (**48**), 3.
τύπτω **28** (**17**), 3.
τυρός **50** (**39**), 4.

Υ

ὑγιάζομαι **1**, 2 ; **47** a (**36** a), 2 ;
54 b (**43** b), 2 ; **58** (**47**), 2.
ὑγιαίνω **21** (**10**), 1 ; **43** (**32**), 3.
ὑγιείη **12** (**1**), 6.
ὑγιής **4** a, 3 ; **6** a, 2 ; 3 ; **12**
(**1**), 2 ; **13** (**2**), 1 ; 5 ; **15**
(**4**), 4 ; **16** (**5**), 2 ; **18** (**7**),
3 ; **19** (**8**), 4 ; **20** (**9**), 2
(*conj.*) ; **21** (**10**), 2 ; **22** (**11**),
1 ; 3 ; 4 ; **27** (**16**), 5 ; **28**
(**17**), 3 ; 4 ; **32** (**21**), 3 ; **33**
(**22**), 3 ; **34** (**25**), 2 ; **38** (**27**),
3 ; **39** (**28**), 3 ; **44** (**33**), 2 ;
45 (**34**), 4 ; **46** (**35**), 2 ;
47 b (**36** b), 3 ; 5 ; **49** (**38**),
3 ; **53** (**42**), 4 ; **56** (**45**), 2 ;
59 (**48**), 1 ; 2 ; **60** (**49**), 1 ;
61 (**50**), 2 ; **62** (**51**), 2 ; **63**
(**52**), 2 ; **65** (**54**), 3 ; **71** (**60**),
2.
ὑγραίνω (*vel* ὑγράζω) **5**, 2.
ὑγρός **49** (**38**), 1 ; **50** (**39**), 1 ;
51 (**40**), 1 ; **55** (**44**), 1 (*bis*) ;
65 (**54**), 1.
ὑδαρής **1**, 1 ; **12** (**1**), 3 (*bis*) ;
4 ; **14** (**3**), 3 (*bis*) ; **20** (**9**), 3 ;
26 (**15**), 4 ; **27** (**16**), 2 ; **38**
(**27**), 2 ; **39** (**28**), 2 ; **40** (**29**),
4 (*bis*) ; 5 ; **41** (**30**), 3
(*bis*) ; **44** (**33**), 4 ; **45** (**34**),
3 ; **46** (**35**), 3 ; **47** a (**36** a),
3 ; **54** a (**43** a), 2 ; **55** (**44**),
4 ; **56** (**45**), 3 ; **57** (**46**), 2
(*bis*) ; **59** (**48**), 2 ; **63** (**52**),
3 ; **64** (**53**), 3 ; **67** (**56**), 3
(*bis*) ; **69** (**58**), 2 ; **72** (**61**),
2 ; **74** (**63**), 2.
ὕδερος **61** (**50**), 1.
ὑδρωψ **16** (**5**), 2.
ὕδωρ **2**, 1 ; **4** a, 3 ; **12** (**1**), 2 ;
3 (*ter*) ; **13** (**2**), 1 (*bis*) ; **14**
(**3**), 2 ; 3 (*bis*) ; 4 ; 5 ; **15**
(**4**), 1 ; **16** (**5**), 4 (*bis*) ; **17**
(**6**), 3 ; **18** (**7**), 3 ; **19** (**8**),
2 ; 3 (*bis*) ; **20** (**9**), 3 ; **22**
(**11**), 2 ; **25** (**14**), 2 ; **26** (**15**),
3 (*bis*) ; 6 ; 7 ; **27** (**16**), 2 ;
4 ; **28** (**17**), 2 (*bis*) ; **29**
(**18**), 1 ; 3 ; **31** (**20**), 2 ; **32**
(**21**), 2 ; **40** (**29**), 4 ; 5 ; **42**
(**31**), 1 ; 3 ; **43** (**32**), 3 ; **44**
(**33**), 3 (*bis*) ; **45** (**34**), 2
(*bis*) ; **47** b (**36** b), 2 ; 4 ;
54 a (**43** a), 2 ; **54** b (**43** b),
3 (*ter*) ; **55** (**44**), 2 ; 4 (*bis*) ;
58 (**47**), 3 ; **59** (**48**), 2 ; **61**
(**50**), 1 ; 3 (*bis*) ; **64** (**53**), 3 ;
4 ; **67** (**56**), 3 (*bis*) ; **69** (**58**),
2 ; **71** (**60**), 2 ; **72** (**61**), 2.
ὕειος **13** (**2**), 3 ; **47** a (**36** a), 5 ;
49 (**38**), 2 ; **52** (**41**), 3.
ὑοσκύαμος **43** (**32**), 2.
ὑπακούω **18** (**7**), 2.
ὑπείκω **12** (**1**), 2.
ὑπεκφεύγω **20** (**9**), 2 (*conj.*) ; 2 ;
27 (**16**), 5 ; 6 ; **65** (**54**), 3.
ὑπεκφυγγάνω **14** (**3**), 2 ; **67**
(**56**), 2.
ὑπέρ **9**, 3 ; **19** (**8**), 3.
ὑπεραιμέω **4** a, 1 (*quinquies*) ;
4 b, 1 (*quater*) ; **17** (**6**), 1 ;
18 (**7**), 1.
ὑπερβάλλω **44** (**33**), 2 ; **47** a
(**36** a), 4 ; **61** (**50**), 2.
ὑπερείδω **35** (**24**), 2.
ὑπερεμέω **4** a, 1 (*v.l.*) (*quinquies*) ; **4** b, 1 (*v.l.*) (*quater*),
17 (**6**), 1 (*v.l.*) ; **18** (**7**), 1
(*v.l.*).

ὑπερθερμαίνω **1**, 1 ; **3**, 2 ; **5**, 2 (*bis*).

ὑπερθερμασίη **3**, 2 (*bis*) ; **4** a, 2 ; **4** b, 2.

ὑπερικόν **54** a (**43** a), 3 ; **64** (**53**), 4.

ὑπερπίμπλημι **53** (**42**), 4.

ὑπέρυθρον **46** (**35**), 1.

ὑπερφεύγω **20** (**9**), 2 (*v.l.*) ; 2 (*v.l.*) ; **27** (**16**), 5 (*v.l.*) ; 6 (*v.l.*) ; **45** (**34**), 4 ; **54** b (**43** b), 2 ; **56** (**45**), 2 ; **58** (**47**), 2 (*bis*) ; **63** (**52**), 2 ; **64** (**53**), 2 ; **65** (**54**), 3 (*v.l.*) ; **67** (**56**), 2.

ὑπερχολάω **41** (**30**), 4.

ὑπερψύχω **5**, 2.

ὑπερῴη **29** (**18**), 3 ; **32** (**21**), 1.

ὑπνώσσω **40** (**29**), 1.

ὑπό *passim.*

ὑπογίνομαι **7**, 1.

ὑπόγλυκυς **45** (**34**), 2 ; **47** a (**36** a), 1.

ὑπογλωσσίς **11**, 1 ; **31** (**20**), 1.

ὑποιδαλέος **52** (**41**), 1.

ὑποιδέω **32** (**21**), 1.

ὑποκαθαίρω **50** (**39**), 3.

ὑποκαίω **16** (**5**), 4 (*v.l.*).

ὑποκάτω **31** (**20**), 1.

ὑποκινέω **47** b (**36** b), 4.

ὑποκλύζω **12** (**1**), 3 ; **16** (**5**), 4 ; **26** (**15**), 5 ; **40** (**29**). 4 ; 5 ; **41** (**30**), 3 ; **50** (**39**), 3 ; **55** (**44**), 3 ; **66** (**55**), 2 ; **67** (**56**), 3 ; **68** (**57**), 2 ; **69** (**58**), 2 ; **73** (**62**), 2 ; **75** (**64**), 2.

ὑπομίσγω **46** (**35**), 4.

ὑπόπυος **16** (**5**), 2.

ὑπόπυρρος **57** (**46**), 1 ; **74** (**63**), 1.

ὑποστρέφω **1**, 1 ; **12** (**1**), 2 ; 6 ; **21** (**10**), 3 ; **41** (**30**), 3.

ὑποτίθημι **20** (**9**), 3 ; **33** (**22**), 2.

ὑποτύπτω **30** (**19**), 3.

ὑπόχλωρος **47** b (**36** b), 5 ; **48** (**37**), 1 ; **68** (**57**), 1 ; **74** (**63**), 1.

ὑπόχολος **2**, 2 ; **14** (**3**), 2 ; **44** (**33**), 1 ; **45** (**34**), 1.

ὑποχόνδριον **41** (**30**), 1.

ὑποχρέμπτομαι **27** (**16**), 5.

ὑποχρίω **13** (**2**), 5.

ὑποχωρέω **12** (**1**), 3 (*bis*) ; **16** (**5**), 4 ; **19** (**8**), 2 ; **26** (**15**), 5 ; **41** (**30**), 3 ; **55** (**44**), 3 ; **66** (**55**), 1 ; 2 ; **67** (**56**), 1 ; 3 ; **73** (**62**), 2.

ὑποχωρητικός **15** (**4**), 3 ; **19** (**8**), 2 ; **73** (**62**), 2.

ὑστεραῖος **22** (**11**), 3 ; **27** (**16**), 6 ; **47** b (**36** b), 5.

ὕστερον **1**, 2.

ὕφαιμος **45** (**34**), 1 ; **56** (**45**), 1 ; **57** (**46**), 3 ; **62** (**51**), 1.

Φ

φαίνομαι **12** (**1**), 2 ; **13** (**2**), 1 ; **41** (**30**), 1.

φάκιον **15** (**4**), 3 ; **43** (**32**), 3 ; **48** (**37**), 3 (*quater*) ; **49** (**38**), 2 ; **50** (**39**), 3 (*ter*) ; **52** (**41**), 3 ; **55** (**44**), 4 (*bis*) ; **70** (**59**), 2.

φάρμακον **12** (**1**), 5 ; 6 ; **13** (**2**), 2 (*bis*) ; 5 ; **14** (**3**), 4 (*bis*), **15** (**4**), 2 (*bis*) ; 4 ; **16** (**5**), 4 (*bis*) ; **21** (**10**), 3 (*bis*) ; **38** (**27**), 2 (*bis*) ; **39** (**28**), 2 ; **40** (**29**), 3 (*bis*) ; 4 (*bis*) ; 5 ; **41** (**30**), 3 ; **42** (**31**), 1 (*bis*) ; **43** (**32**), 1 (*bis*) ; 4 ; **48** (**37**), 3 (*ter*) ; **50** (**39**), 3 (*bis*) ; **51** (**40**), 3 ; **55** (**44**), 3 ; **57** (**46**), 3 ; **66** (**55**), 2 (*bis*) ; **67** (**56**), 3 ; **68** (**57**), 2 ; **69** (**58**), 3 ; **70** (**59**), 2 (*bis*) ; **71** (**60**), 2 ; 3 (*bis*) ; **72** (**61**), 2 ; **73** (**62**), 2 ; **74** (**63**), 2.

φαρμακοποσίη **73** (**62**), 2.

φάρυγξ **26** (**15**), 1 (*bis*) ; 3 ; 4 ; **27** (**16**), 1 ; 5 ; **29** (**18**), 1 ; **48** (**37**), 1 (*bis*) ; **53** (**42**), 1 (*ter*) ; **73** (**62**), 1.

φείδομαι **61** (**50**), 3.

χλιερός **14 (3)**, 5 ; **26 (15)**, 7 ;
27 (16), 4 (v.l.) ; 4 (conj.) ;
28 (17), 2 ; **30 (19)**, 2 ; **32
(21)**, 2 (bis) ; **47** b **(36** b),
2 (ter) ; **48 (37)**, 4 ; **50 (39)**,
5 ; **51 (40)**, 5 ; **55 (44)**, 4 ;
59 (48), 2 (ter).

χλῶρος **28 (17)**, 2 ; **38 (27)**, 1 ;
39 (28), 1 (bis) ; **46 (35)**, 1
(bis) ; **50 (39)**, 1 ; **56 (45)**,
1 ; **57 (46)**, 3 ; **63 (52)**, 1
(ter) ; **73 (62)**, 1.

χοίρειος **47** a **(36** a), 5 ; **49
(38)**, 2 ; **52 (41)**, 3.

χολάω **19 (8)**, 1 ; **40 (29)**, 1.

χολή **2**, 2 (quater) ; **3**, 1 ; 2
(ter) ; **4** a, 1 ; **5**, 2 ; **6** a,
3 (bis) ; **13 (2)**, 2 ; **14 (3)**,
1 ; **19 (8)**, 1 ; **22 (11)**, 3 ;
38 (27), 2 ; **48 (37)**, 3 ; **50
(39)**, 3 ; **66 (55)**, 1 ; **67
(56)**, 1 ; **68 (57)**, 1 ; **69
(58)**, 1 ; **70 (59)**, 1 ; **73
(62)**, 1 ; **74 (63)**, 1 ; **75
(64)**, 1.

χολώδης **5**, 2 ; **38 (27)**, 1 ; **41
(30)**, 1.

χόνδρος **33 (22)**, 1 ; **35 (24)**, 1 ;
36 (25), 1 ; **37 (26)**, 1,
47 b **(36** b), 3 ; **51 (40)**, 3.

χορδή **35 (24)**, 2.

χρή **12 (1)**, 3 ; **21 (10)**, 3 ; **22
(11)**, 4 ; **23 (12)**, 1 ; **34
(23)**, 2 ; **37 (24)**, 2 ; **47** a
(36 a), 3 ; **49 (38)**, 2 ; **50
(39)**, 3 ; **52 (41)**, 3 ; **53
(42)**, 3 ; **57 (44)**, 4 (bis) ;
61 (50), 3 ; **63 (52)**, 3 ; **67
(56)**, 3 ; **74 (63)**, 2 ; **75
(64)**, 2.

χρήομαι **12 (1)**, 4 (bis) ; **13
(2)**, 2 ; 3 (v.l.) ; 4 ; 5 ;
14 (3), 3 ; 4 ; 5 ; **15 (4)**,
3 (bis) ; **16 (5)**, 4 (bis) ;
22 (11), 5 ; **38 (27)**, 2 ;
39 (28), 2 ; **42 (31)**, 3 ; **43
(32)**, 4 ; **44 (33)**, 5 ; **46
(35)**, 5 ; **47** a **(36** a), 5 ;
47 b **(36** b), 2 (bis) ; **48

(37), 4 (quater) ; **49 (38)**,
2 ; **50 (39)**, 4 (bis) ; 5 ; **52
(41)**, 3 (bis) ; **55 (44)**, 6
(bis) ; **56 (45)**, 4 ; **57 (46)**,
2 ; **64 (53)**, 5 ; **66 (55)**, 2
(ter) ; **67 (56)**, 3 ; **68 (57)**,
2 (bis) ; **69 (58)**, 3 ; **70 (59)**,
2 ; **71 (60)**, 2 ; **72 (61)**, 2 ;
73 (62), 2 ; **74 (63)**, 2 (bis).

χρῖσμα **36 (25)**, 2.

χρίω **13 (2)**, 3 (bis) ; **33 (22)**,
3 (bis) ; **34 (23)**, 2 (bis).

χροιή **2**, 1 ; **13 (2)**, 1 ; **38 (27)**,
1 ; 2 ; **39 (28)**, 2 ; **41 (30)**,
1 ; **52 (41)**, 1 ; **68 (57)**, 1
(bis) ; **73 (62)**, 1.

χρόνιος **14 (3)**, 4 ; **40 (29)**, 2 ;
66 (55), 3.

χρόνος **1**, 2 ; **4** a, 2 ; **7**, 1 ;
8, 2 ; **10**, 1 ; **12 (1)**, 5 ; 6 ;
13 (2), 4 ; **14 (3)**, 2 ; 4 ; **15
(4)**, 4 ; **24 (13)**, 1 ; **26
(15)**, 2 ; **40 (29)**, 5 ; **44
(33)**, 5 ; **47** b **(36** b), 3 ;
48 (37), 1 ; 2 ; 3 ; **50 (39)**,
1 ; 5 ; **51 (40)**, 2 ; **55 (44)**,
4 ; 7 ; **57 (46)**, 4 ; **61 (50)**,
1 ; 2 ; **69 (58)**, 4 ; **72 (61)**,
3 ; **74 (63)**, 1.

χυλός **12 (1)**, 3 (quater) ; **14
(3)**, 3 ; **16 (5)**, 4 ; **18 (7)**, 3 ;
19 (8), 2 (bis) ; **20 (9)**, 3
(conj.) ; **22 (11)**, 5 ; **25 (14)**,
2 ; **26 (15)**, 6 ; **27 (16)**, 2 ;
40 (29), 4 (bis) ; 5 ; **41
(30)**, 3 ; **44 (33)**, 4 ; **45
(34)**, 3 ; **46 (35)**, 4 (quater) ;
47 a **(36** a), 3 ; **47** b **(36** b),
2 ; **50 (39)**, 1 ; **54** a **(43** a),
2 ; **54** b **(43** b), 3 (bis) ; **55
(44)**, 3 ; **56 (45)**, 3 ; **57
(46)**, 2 ; **58 (47)**, 3 ; **59
(48)**, 2 ; **60 (49)**, 2 ; **63
(52)**, 3 ; **64 (53)**, 3 ; **65
(54)**, 2 (bis) ; **66 (55)**, 2 ;
67 (56), 3 ; **69 (58)**, 2 (bis).

χύτρη **56 (45)**, 3.

χυτρίς **26 (15)**, 3.

χωρέω **1**, 1 ; **4** b, 2 ; **67 (56)**, 1.

TABLE DES MATIÈRES

ACHEVÉ D'IMPRIMER
EN MARS 1983
SUR LES PRESSES
DE
L'IMPRIMERIE A. BONTEMPS
A LIMOGES (FRANCE)

———————

DÉPÔT LÉGAL : MARS 1983
IMPR. N° 6101-81, ÉDIT. N° 2366